Skauradszun

Verbraucherrechtedurchsetzungsgesetz

Verbraucherrechtedurchsetzungsgesetz (VDuG)

Kommentar

Herausgegeben von

Prof. Hon.-Prof. Dr. Dominik Skauradszun, LL.M.,
Richter am Oberlandesgericht

Bearbeitet vom Herausgeber und von

Prof. Dr. Lukas **Beck**
Michael **Dahl,** Rechtsanwalt
Prof. Dr. Patrick **Gödicke,** Richter am Bundesgerichtshof
Frank **Linnenbrink,** Rechtsanwalt
PD Dr. David **Paulus,** Akademischer Oberrat a.Z.
Johannes **Schröder,** Rechtsanwalt
PD Dr. Tobias **Voigt,** Akademischer Oberrat
Prof. Dr. Eric **Wagner,** Rechtsanwalt
PD Dr. Hannes **Wais,** LL.M., Akademischer Rat a.Z.

2024

C.H.BECK

Zitiervorschlag:

Skauradszun/Bearbeiter VDuG § 1 Rn. 1

beck.de

ISBN 978 3 406 82049 6

Wilhelmstraße 9, 80801 München
Druck und Bindung: Friedrich Pustet GmbH & Co. KG
Gutenbergstraße 8, 93051 Regensburg

Satz: Jung Crossmedia Publishing GmbH
Gewerbestraße 17, 35633 Lahnau

myclimate
shape our future

chbeck.de/nachhaltig

Gedruckt auf säurefreiem, alterungsbeständigem Papier
(hergestellt aus chlorfrei gebleichtem Zellstoff)

Vorwort

Die Kommentierung eines neuen Stammgesetzes ist eine Herkulesaufgabe. Das Autorenteam kann noch auf wenig Fälle zurückblicken und erste Literatur fokussiert häufig das neue Gesetz im Ganzen, aber noch wenig Details. Oft ist der Kommentator also allein auf weiter Flur. So weiter man in unbekannte, neue Situationen der Abhilfeklagen und des Umsetzungsverfahrens vordringt, umso mehr Fragen tun sich auf.

Der Kommentar versucht möglichst viele dieser Fragen zu beantworten. Er entstand in ungewöhnlich enger Abstimmung: Zweimal haben sich die Autoren online in großer Runde zu Arbeitssitzungen getroffen und zentrale dogmatische Rechtsfiguren und Weichenstellungen beraten. In unzählig vielen kleineren Runden wurden die einzelnen Kommentierungen abgestimmt und Manuskripte ausgetauscht, um dem Rechtsanwender ein homogenes Werk anbieten zu können. Wo immer möglich hat das Autorenteam durch Querverweise deutlich gemacht, wenn andere Autoren aus dem Team zu gleichen oder vergleichbaren Ergebnissen gelangt sind.

Mit gleicher Intensität war unsere Lektorin, Frau Rechtsanwältin Astrid Stanke, am Werk, die ein jedes Manuskript verfeinerte und für zahlreiche Abstimmungen zur Verfügung stand, um das Werk ideal für die Leserschaft und die Onlinevariante vorzubereiten. Ihr, jedem einzelnen Autor wie auch meinen (ehemaligen) Mitarbeitenden Ass. iur. Johannes Schröder, Ass. iur. Sebastian Böhning, Ass. iur. Clara Wrede, Jeremias Kümpel, LL.B., M.Sc., Stella Hasenauer, Alicia Richter, Konstantin Stäblein, Selina Schweizer, LL.B., Alana Julia Harnack, LL.B. und Maurice Niwek, LL.B. bin ich für die intensive Arbeitsphase und jeden guten, oft korrigierenden Gedanken dankbar.

Für das vorliegende Werk konnte das bis Mitte Juni 2024 erschienene Schrifttum ausgewertet werden. Von den fünf ersten Verbandsklageverfahren konnten die Entscheidungen des OLG Hamm aus dem Februar 2024 und des BayObLG aus dem Juli 2024 berücksichtigt werden. Die über das Verbandsklageregister bekanntgemachten Informationen wurden ebenfalls verarbeitet.

Der Herausgeber

Inhaltsverzeichnis

Literaturverzeichnis

Anders/Gehle	Anders/Gehle, ZPO, Kommentar, 82. Aufl. 2024 (zitiert als Anders/Gehle/Bearbeiter)
HK-VDuG	Röthemeyer, VDuG, Kommentar, 1. Aufl. 2024 (zitiert als HK-VDuG/Bearbeiter)
Köhler/Bornkamm/Feddersen	Köhler/Bornkamm/Feddersen, UWG, Kommentar, 42. Aufl. 2024 (zitiert als Köhler/Bornkamm/Feddersen/Bearbeiter)
Musielak/Voit	Musielak/Voit, ZPO, Kommentar, 21. Aufl. 2024 (zitiert als Musielak/Voit/Bearbeiter)
Welling	Welling, Was kann die Verbandsklage vom KapMuG lernen?, 1. Aufl. 2024
Zöller	Zöller, ZPO, Kommentar, 35. Aufl. 2024 (zitiert als Zöller/Bearbeiter)

Einleitung

Literatur: Bruns, Dogmatische Grundfragen der Verbandsklage auf Abhilfeleistung, ZZP 137 (2024), 3; Gsell, Die Umsetzung der Verbandsklagenrichtlinie – Effektiver Rechtsschutz für Verbraucher und Entlastung der Justiz durch die neue Verbands-Abhilfeklage?, GRUR 2024, 979; Heerma, Das geplante Verbraucherrechtedurchsetzungsgesetz: Abhilfeurteile und deren Umsetzung nach dem VDuG, ZZP 136 (2023), 425; Maultzsch, Das neue Verbraucherrechtedurchsetzungsgesetz – VDuG, ZZP 137 (2024), 119; Mekat/Amrhein, Die Umsetzung der Verbandsklagen-RL in Deutschland nach dem Referentenentwurf, RAW 2023, 23; Röß, Die Abhilfeklage zugunsten namentlich benannter Verbraucher, NJW 2024, 1302; Schaub, Die Umsetzung der Verbandsklagenrichtlinie – Veränderungen beim Rechtsschutz für Verbraucher, GRUR 2024, 655; Stadler, Die neue Verbands(abhilfe)klage – Umsetzung der Richtlinie 2020/1828, ZZP 136 (2023), 129.

Übersicht

A. Gesamtüberblick, Entstehungsgeschichte und Praxis

1 Das Verbraucherrechtedurchsetzungsgesetz **(VDuG)** stellt ein Umsetzungsgesetz dar. Es ist in Art. 1 des Verbandsklagenrichtlinienumsetzungsgesetzes **(VRUG)** enthalten, einem sog. Artikelgesetz. Das VRUG vom 8.10.2023 wurde am 12.10.2023 im Bundesgesetzblatt veröffentlicht (→ Rn. 4f.), trat nach Art. 31 Abs. 1 VRUG am **13.10.2023 in Kraft** und enthält 31 Artikel. Grundlage für die Umsetzung ist die Richtlinie (EU) 2020/1828 über Verbandsklagen zum Schutz der Kollektivinteressen der Verbraucher und zur Aufhebung der Richtlinie 2009/22/EG **(Verbandsklagen-RL),** die eigentlich bis zum 25.12.2022 hätte umgesetzt werden müssen (Art. 24 Abs. 1 S. 1 Verbandsklagen-RL).[1] Stand August 2024 wurde das VDuG einmal verändert (→ Rn. 5).

2 Thematisch ist das VDuG im Zusammenhang mit dem Unterlassungsklagengesetz **(UKlaG)** und dem Gesetz gegen den unlauteren Wettbewerb **(UWG)** zu sehen, die beide materielle Unterlassungsansprüche regeln (vgl. §§ 1ff. UKlaG) und auch Unternehmerverbänden zustehen.[2]

3 Die europäische Grundlage ist für die Auslegung des VDuG bedeutsam, da bei jeder Norm des Umsetzungsgesetzes zu fragen ist, wie diese im Lichte der konkre-

[1] In BT-Drs. 20/6520, 64 wurde die Verzögerung nicht begründet.

[2] BT-Drs. 20/6520, 62. Zu dem Nebeneinander von VDuG und UWG Schaub GRUR 2024, 655 (656).

ten Artikel und Erwägungsgründe der Verbandsklagen-RL zu verstehen ist **(richtlinienkonforme Auslegung).** Dies gilt primär für das Erkenntnisverfahren; für das Umsetzungsverfahren ist zu sehen, dass dieses nicht auf konkreten Vorschriften der Verbandsklagen-RL beruht.

4 Die maßgeblichen Schritte im **europäischen Gesetzgebungsverfahren** waren:

- 11.4.2018, Vorschlag der Europäischen Kommission für eine Richtlinie des Europäischen Parlaments und des Rates über Verbandsklagen zum Schutz der Kollektivinteressen der Verbraucher und zur Aufhebung der Richtlinie 2009/22/EG (COM(2018) 184 final). Dieser Vorschlag ist Teil des **New Deals for Consumers,** wie er am gleichen Tag von der Europäischen Kommission vorgelegt wurde,
- 7.12.2018, Bericht des Rechtsausschusses des Europäischen Parlaments (A8-0447/2018),
- 3.4.2019, Ergebnis der ersten Lesung des Europäischen Parlaments (7714/19),
- 21.11.2019, Allgemeine Ausrichtung des Rates der Europäischen Union (14210/19),
- 12.3.2020, Trilogfassung (6759/20),
- 16.6.2020, Politische Einigung im Trilog (9592/20),
- 21.10.2020, Standpunkt des Rates in erster Lesung (9573/20),
- 5.11.2020, **Abstimmung** im Rat: 77,98% Zustimmung, 0% Ablehnung, 22,02% Stimmenthaltung. **Enthalten** haben sich Belgien, **Deutschland,** Estland und Litauen.

5 Die maßgeblichen Schritte im **deutschen Gesetzgebungsverfahren** als Gegenstand der **konkurrierenden Gesetzgebung** nach Art. 74 Abs. 1 Nr. 1 GG für das bürgerliche Recht und das gerichtliche Verfahren[3] einschließlich der anschließenden Änderungsgesetze waren:

- 16.2.2023, Referentenentwurf des Bundesministeriums der Justiz (VRUG-RefE),
- 24.4.2023, Regierungsentwurf (BT-Drs. 20/6520),
- 17.5.2023, Unterrichtung der Bundesregierung zur Stellungnahme des Bundesrats und deren Gegenäußerung (BT-Drs. 20/6878),
- 5.7.2023, Beschlussempfehlung des 6. Ausschusses [Rechtsausschuss] (BT-Drs. 20/7631),
- 7.7.2023, Plenarprotokoll 20/116, 14371, stenografischer Bericht der 116. Sitzung des 20. Deutschen Bundestags mit Abstimmung in zweiter Beratung (**Zustimmung:** SPD, BÜNDNIS 90/DIE GRÜNEN, FDP. **Ablehnung:** CDU/CSU-Fraktion, AfD-Fraktion. **Enthaltung:** Fraktion Die Linke),
- 8.10.2023, Veröffentlichung im Bundesgesetzblatt (BGBl. 2023 I Nr. 272),
- 19.7.2024, Änderung des VDuG (§ 1) durch das Zweite Gesetz zur Reform des Kapitalanleger-Musterverfahrensgesetzes (BGBl. 2024 I Nr. 240; Art. 5; Regierungsentwurf und Begründung in BT-Drs. 20/10942, 23 und 47).

6 Das VDuG stellt ein eigenständiges **Stammgesetz** dar,[4] welches als Nachbargesetz zur umfangreicheren Zivilprozessordnung zu sehen ist (→ § 13 Rn. 1). Das federführende BMJ hatte sich gegen Verwaltungsverfahren entschieden, mit denen die Verbandsklagen-RL alternativ hätte umgesetzt werden können.[5] Grund dafür war, dass man in Deutschland mit den gerichtlichen Unterlassungsklagen nach dem UKlaG eher gute Erfahrungen gesammelt hatte und daher an zivilprozessualen Ver-

[3] BT-Drs. 20/6520, 64.
[4] Zu den Erwägungen hierzu BT-Drs. 20/6520, 64.
[5] BT-Drs. 20/6520, 61.

fahren festhalten wollte.[6] Neben einzelnen Vorschriften der ZPO standen auch zahlreiche Vorschriften der InsO Modell. Soweit die Referenten des BMJ ausweislich ihrer Entwurfsbegründung als Vorlage einige Male auf die 1972 erlassene Schiffahrtsrechtliche Verteilungsordnung abgestellt haben, hatte dies im Schrifttum Staunen hervorgerufen, da die dortigen Parallelvorschriften bislang kaum zur Anwendung gelangten und hierzu wenig Rechtsprechung und Schrifttum existiert, während die sehr viel näherliegenden insolvenzrechtlichen Parallelregelungen in Rechtsprechung und Schrifttum intensiv erprobt und erörtert wurden (→ § 20 Rn. 10).

Die 50 Vorschriften des VDuG teilen sich auf in 7
- einen **Allgemeinen Teil** (AT, 13 Vorschriften),
- Vorschriften für das **Erkenntnisverfahren** (§§ 14–21, §§ 39–42, mithin 12 Vorschriften),
- Vorschriften für ein besonderes **(Gesamt-)Zwangsvollstreckungsverfahren,** das Umsetzungsverfahren (§§ 22–38, somit 17 Vorschriften) und
- Vorschriften zum Verbandsklageregister (§§ 43–49, sieben Vorschriften), die das Erkenntnisverfahren und das besondere (Gesamt-)Zwangsvollstreckungsverfahren gleichermaßen betreffen.

Der Aufbau entspricht daher dem typischen Gesetzesaufbau eines Verfahrensgesetzes, wonach nach dem AT zunächst das Erkenntnisverfahren und sodann Fragen der Vollstreckung geregelt werden. Innerhalb der Erkenntnisverfahren ist grundlegend zwischen den bisherigen **Musterfeststellungsklagen** (§§ 1 Abs. 1 Nr. 2, 41), **Abhilfeklagen** (§§ 1 Abs. 1 Nr. 1, 14 ff.) sowie **Individualklagen** (§ 39) zu unterscheiden. Individuelle Klagen von Verbrauchern gegen den Unternehmer (Einzelklagen), die nicht aus dem Umsetzungsverfahren entspringen, richten sich weiter ausschließlich nach der ZPO.

Kernidee der Verbandsklagen-RL und des VDuG ist, dass Verbraucher meist 8
kein Interesse aufbringen können, einen Zivilprozess gegen einen Unternehmer anzustrengen, da dieser dem einzelnen Verbraucher strukturell grundsätzlich überlegen ist und der einzelne Verbraucher meist Rechtsverhältnisse bzw. Ansprüche zum Streitgegenstand machen würde, die gemessen am Prozesskostenrisiko in keinem angemessenen Verhältnis stehen. Daher sehen Verbraucher häufig von einer Rechtsdurchsetzung ab.[7] Verbandsklagen sollen ein solches **rationales Desinteresse überwinden.** Ziel der Verbandsklagen-RL und des VDuG ist es, die Durchsetzung des europäischen Verbraucherrechts zu verbessern.[8] Denn das die Verbraucher schützende Recht hat wenig Schlagkraft, wenn die Verbraucher aufgrund des rationalen Desinteresses regelmäßig davon absehen, Verbraucherrechte durchzusetzen. Zur Verbesserung der Rechtsdurchsetzung sind Verbandsklagen so konzipiert, dass die Verbraucher **keine Gerichts- und Rechtsanwaltskosten** zu tragen haben.[9]

Gemessen an dem Innovationsgehalt des VDuG, der notwendigen organisatori- 9
schen Vorbereitung bei klageberechtigten Stellen, der Sortierung, welche Fälle für eine Verbandsklage geeignet sind, und der prozessualen Vorbereitung mit Mandatierung und Klageerstellung, kam das VDuG in der **Rechtspraxis** eher schnell an. Dies mag auch daran liegen, dass die nun in §§ 41, 42 geregelte Musterfeststellungsklage bereits vor Einführung des VDuG in den §§ 606 ff. ZPO aF verankert war. Nach rund einem halben Jahr haben die klageberechtigten Stellen fünf Ver-

---

6 BT-Drs. 20/6520, 61.

7 BT-Drs. 20/6520, 66.

8 BT-Drs. 20/6520, 59 und 68.

9 BT-Drs. 20/6520, 67.

bandsklagen erhoben, davon in vier Fällen als Abhilfeklage und Musterfeststellungsklage **(Dual Track).** Während das OLG Schleswig die erste Verbandsklage erhielt (5 VKl 1/23), musste das OLG Hamm nach kurzer Zeit gleich drei Verbandsklagen zu bearbeiten beginnen (I-2 VKl 1/23, I-2 VKl 2/23, I-12 VKl 1/23); für Nordrhein-Westfalen besteht allerdings beim OLG Hamm auch eine Zuständigkeitskonzentration nach § 3 Abs. 3 (→ § 3 Rn. 10). Das BayObLG bearbeitet die einzige Verbandsklage ohne Dual Track (102 VKl 1/24e). Verklagte Unternehmer sind in allen genannten Fällen **GmbHs,** die im Bereich Energie bzw. Telekommunikation und Videostreaming tätig sind. In einem Fall wurden zwei Unternehmer verklagt (§ 7 Abs. 1 S. 2, passive Streitgenossenschaft). Die Bundesregierung ging in der Gesetzesbegründung davon aus, dass **jährlich im Durchschnitt** 15 Abhilfeklagen und zehn Musterfeststellungsklagen erhoben werden.[10] Diese durchschnittlich 15 Abhilfeklagen würden statistisch 22.500 Einzelklagen ersetzen, was die Verbraucher um etwa EUR 15,6 Mio. entlasten soll.[11] Die Justiz, insbesondere in erster Instanz bei den Amts- und Landgerichten, soll um eine hohe Anzahl an Einzelklagen entlastet werden.[12] Hinsichtlich der Umsetzungsverfahren ging die Bundesregierung indes von einer geringeren Anzahl aus, nämlich jährlich im Durchschnitt von knapp vier Umsetzungsverfahren mit im Durchschnitt jeweils 3.000 Anmeldungen.[13]

B. Dogmatik der Verbandsklagen

10 Hinsichtlich des **persönlichen Anwendungsbereichs** gilt, dass an allen Varianten von Verbandsklagen nur klageberechtigte Stellen (§ 2) und Unternehmer beteiligt sind, nicht aber Verbraucher. Verbraucher – auch **kleine Unternehmen,** die als Verbraucher gelten (§ 1 Abs. 2) – sind nur über das Verbandsklageregister (§§ 43ff.) beteiligt.

11 Der **sachliche Anwendungsbereich** der deutschen Umsetzung ist sehr weit. Verbandsklagen sind in allen Rechtsstreitigkeiten zwischen Unternehmern und Verbrauchern zulässig. Es muss sich allerdings um bürgerlich-rechtliche Rechtsstreitigkeiten handeln.[14] Dieser weite Anwendungsbereich ist der Grund dafür, warum das VDuG keine Auflistung von Gegenständen enthält, die mit einer Verbandsklage verfolgt werden können. Eine solche Auflistung wäre möglich gewesen (vgl. Art. 2 Abs. 1 iVm Anhang I Verbandsklagen-RL), wäre aber im deutschen Recht ein Rückschritt gewesen, da die bisherige Musterfeststellungsklage nach den §§ 606ff. ZPO aF ohne einen solchen limitierenden Katalog konzipiert worden war. Die 66 in Anhang I Verbandsklagen-RL genannten europäischen Rechtsakte machen eine Prüfung des sachlichen Anwendungsbereichs mühsam, was in der deutschen Umsetzung einfacher gelöst wurde. **Arbeitsrechtliche** Streitigkeiten fallen indes nicht in den sachlichen Anwendungsbereich der Verbandsklagen.[15]

12 Verbandsklagen in Form von **Musterfeststellungsklagen** (§ 1 Abs. 1 Nr. 2) setzen die bisherigen Musterfeststellungsklagen nach den §§ 606ff. ZPO aF fort. Es handelt sich um besondere Feststellungsklagen, deren Regelungen zur Statthaftigkeit, zum Antrag und zum Feststellungsinteresse sich nicht mehr nach der ZPO,

---

[10] BT-Drs. 20/6520, 66.
[11] BT-Drs. 20/6520, 67.
[12] Vgl. BT-Drs. 20/6520, 68.
[13] BT-Drs. 20/6520, 67.
[14] BT-Drs. 20/6520, 69.
[15] BT-Drs. 20/6520, 69.

sondern dem spezielleren VDuG bestimmen (→ § 13 Rn. 1). Obwohl in den Verbandsklagen des ersten halben Jahres seit Inkrafttreten des VDuG in vier von fünf Verfahren primär Klageanträge auf Abhilfe und erst als zweites in der Klageschrift Klageanträge auf Feststellung gestellt wurden, ist die Musterfeststellungsklage **nicht nachrangig** gegenüber den neuen Leistungsklagen (→ § 41 Rn. 18).[16] Musterfeststellungsklagen können aufgrund ihrer einfacheren Struktur geeignet sein, schneller kollektivrechtliche Fragen klären zu lassen.[17]

Abhilfeklagen stellen im deutschen Recht einen **neuen zivilprozessualen Rechtsbehelf** dar (→ § 14 Rn. 8f.).[18] Die Dogmatik der Abhilfeklagen unterscheidet sich danach, ob mit diesen die Leistung an namentlich benannte Verbraucher (vgl. § 16 Abs. 1 S. 2) oder die Zahlung eines kollektiven Gesamtbetrags (§ 14 S. 2) begehrt wird. Ein solcher kollektiver Gesamtbetrag ist der Verbandsklagen-RL nicht bekannt und folglich eine Schöpfung der Referenten des BMJ (→ § 19 Rn. 4). In der ersten Kategorie ist wiederum zu differenzieren, ob eine Geldzahlung oder eine andere vertretbare Handlung als Zahlung oder eine nicht vertretbare Handlung begehrt wird (zu den vier unterschiedlichen Abhilfeklagen → § 14 Rn. 3). In der Folge ändern sich auch die Zwangsmittel (→ § 29 Rn. 9ff.). Von den Verbandsklagen ist die **Individualklage** nach § 39 abzugrenzen, die systematisch zum Umsetzungsverfahren gehört und das Problem adressiert, dass der Sachwalter die Erfüllung eines vom Verbraucher geltend gemachten Anspruchs vollständig oder teilweise abgelehnt oder einen Anspruch bis zur Beendigung des Umsetzungsverfahrens nicht oder nur teilweise erfüllt hat. 13

Entsprechend der unterschiedlichen Klageziele der klageberechtigten Stelle verändern sich die möglichen Ergebnisse eines Abhilfeverfahrens: Zulässige und begründete Abhilfeklagen, aufgrund derer Unternehmer zur Leistung an namentlich benannte Verbraucher verurteilt werden, führen zu einem **„Urteil"** iSd § 16 Abs. 1 S. 2. Zulässige und begründete Abhilfeklagen, die zur Verurteilung des Unternehmers zur Leistung eines kollektiven Gesamtbetrags oder einer anderen Leistung als Zahlung (etwa: Reparatur → § 29 Rn. 10) führen, schließen zunächst mit einem **„Abhilfegrundurteil"** iSv § 16 Abs. 1 S. 1 ab. Zwischen diesem Grundurteil und dem späteren „Abhilfeendurteil" ist eine Phase vorgesehen, die der Vergleichsverhandlung gewidmet ist (§ 17). Nur dann, wenn das Abhilfeverfahren nicht durch wirksamen Vergleich beendet wird und Rechtskraft des Abhilfegrundurteils eingetreten ist, setzt das OLG das Abhilfeverfahren fort und entscheidet dann durch **„Abhilfeendurteil"** (§ 17 Abs. 2). Durch diese besondere Abschichtung lässt sich das Abhilfeverfahren in fünf Phasen einteilen:[19] 14

- Phase 1: Klageerhebung bis Erlass des Abhilfegrundurteils,
- Phase 2: Vergleichsphase (§ 17),
- Phase 3: Fortsetzung Abhilfeverfahren bis Erlass des Abhilfeendurteils,
- Phase 4: Prüfung der angemeldeten Ansprüche der Verbraucher und Befriedigung selbiger im Umsetzungsverfahren (§§ 22ff.),
- Phase 5: Erhöhungsverfahren (§ 21).

Die Phasen 1 bis 3 können in einem **verkürzten Erkenntnisverfahren** kombiniert werden, wenn beide Parteien dies beantragen und Phase 2 aussichtslos erscheint (§ 16 Abs. 4).[20]

---

[16] Röß NJW 2024, 1302 (1303).
[17] Röß NJW 2024, 1302 (1303).
[18] BT-Drs. 20/6520, 61.
[19] BT-Drs. 20/6520, 61 („drei Phasen"); Zöller/Vollkommer VDuG § 13 Rn. 4.
[20] Zöller/Vollkommer VDuG § 13 Rn. 4.

C. Dogmatik des Umsetzungsverfahrens

15 Das Umsetzungsverfahren ist ohne Vorbild in der Verbandsklagen-RL. Es tritt im deutschen Umsetzungsgesetz sinngemäß an die Stelle des Vollstreckungsverfahrens.[21] Da jedoch die angemeldeten, berechtigten Verbraucher aus dem Umsetzungsfonds gemeinschaftlich befriedigt werden, ist besser von einem **Gesamtvollstreckungsverfahren** zu sprechen. Dessen Struktur ähnelt einem **Insolvenzverfahren,** da auch das Umsetzungsverfahren mit einem Eröffnungsbeschluss beginnt (vgl. § 24, der § 27 Abs. 1 InsO entspricht), die Bestellung eines Sachwalters als Partei kraft Amtes vorsieht, der über die Sondermasse des Umsetzungsfonds verwaltungs- und verfügungsbefugt ist (vgl. §§ 23 Abs. 1, 25 Abs. 2 S. 2, die §§ 27 Abs. 1, 80 Abs. 1 InsO entsprechen), und die Anmeldung von Ansprüchen oder Rechtsverhältnissen zum Verbandsklageregister (§§ 26, 46), die der Forderungsanmeldung nach den §§ 174 ff. InsO ähnelt. Auch sonst ist auffallend, dass das Umsetzungsverfahren mit zahlreichen insolvenzrechtlichen Regelungen angereichert wurde (vgl. zur Vermögenstrennung etwa → § 25 Rn. 18 ff., zu Insolvenzverfahren im Umsetzungsverfahren → § 38 Rn. 12). Während des gesamten Umsetzungsverfahrens tritt die klageberechtigte Stelle in den Hintergrund, obwohl nur sie Titelgläubigerin ist (→ § 13 Rn. 41) und nur sie das Erhöhungsverfahren anstrengen kann (→ § 21 Rn. 8).

16 Das Umsetzungsverfahren ist gesetzlich nicht nur dann vorgesehen, wenn mit der Abhilfeklage erfolgreich die Zahlung eines kollektiven Gesamtbetrags begehrt wurde (vgl. § 14 S. 2). Das Umsetzungsverfahren ist bei nicht angenommenem Vergleichsvorschlag auch dann zu durchlaufen, wenn der **Umsetzungsfonds nur** aus dem vorläufig festgesetzten **Kostenbetrag** besteht – insoweit sind §§ 24, 25 Abs. 1 eindeutig, die diesen Fall adressieren – und der Unternehmer zu einer **anderen vertretbaren Handlung als Zahlung** oder zu einer nicht vertretbaren Handlung verurteilt wurde (→ § 14 Rn. 21). Denn diesen Fall adressieren § 29 Abs. 1 S. 1 und § 34 Abs. 2 Nr. 1 Buchst. b, woraus folgt, dass der Gesetzgeber auch für diesen Fall ein Umsetzungsverfahren vorsehen wollte (zu einem Korrekturvorschlag → § 14 Rn. 22). Auch aus §§ 17 Abs. 2, 18 Abs. 1 Nr. 1 folgt, dass das Umsetzungsverfahren anzuordnen ist. Ferner ist zu sehen, dass die **Gesetzesbegründung** auch für diesen Fall das Umsetzungsverfahren erwähnt.[22] Wenn der Unternehmer im Urteil zu einer **Zahlung an namentlich benannte Verbraucher** verurteilt wird (vgl. § 16 Abs. 1 S. 2), wird allerdings **kein Umsetzungsverfahren** angeordnet, sondern der Vollstreckungstitel nach dem Zwangsvollstreckungsrecht der ZPO vollstreckt (→ § 14 Rn. 21; → § 22 Rn. 5; → § 29 Rn. 1; → § 29 Rn. 9).[23] Es spricht im Übrigen nach Sinn und Zweck der Regelung des § 16 Abs. 1 S. 2 viel dafür, dass das OLG in **geeigneten Fällen** nach eigenem **Ermessen** auch dann direkt durch (End-)Urteil entscheiden darf und kein Umsetzungsverfahren anordnen muss, wenn **beide Ausnahmefälle zusammen auftre-**

---

[21] Vgl. BT-Drs. 20/6520, 76 und 83.

[22] BT-Drs. 20/6520, 93 zum Schlussbericht nach § 34 im Umsetzungsverfahren: „Oder dem Gericht ist ersichtlich, dass ein bestimmter, weil namentlich bezeichneter, Verbraucher einen Nachlieferungsanspruch über ein bestimmtes Produkt geltend gemacht hat und der Unternehmer der Aufforderung des Sachwalters nachgekommen ist und diesem Verbraucher an einem bestimmten Tag ein neues Produkt geliefert hat."

[23] BT-Drs. 20/6520, 79 („bedarf es eines Abhilfegrundurteils nicht"); HK-VDuG/Röthemeyer VDuG § 29 Rn. 1.

ten: Die Verurteilung des Unternehmers zu einer **anderen** Leistung als Zahlung an **namentlich** benannte Verbraucher (ebenso und ausführlicher → § 14 Rn. 22 und 34; → § 16 Rn. 42; → § 22 Rn. 5). **Beispiel** für diesen doppelten Ausnahmefall ist die Verurteilung des Unternehmers zu einer Reparatur bei 500 namentlich benannten Verbrauchern. Zur Vollstreckung dieses Urteils → § 29 Rn. 10.

Das Umsetzungsverfahren ist auf die Umsetzung des Vollstreckungstitels gegen **17** einen Unternehmer ausgerichtet. Da § 7 Abs. 1 S. 2 jedoch die Streitgenossenschaft auf Beklagtenseite zulässt, der klageberechtigten Stelle also ermöglicht, **mehrere Unternehmer** zu verklagen, kann im Umsetzungsverfahren die Komplikation auftreten, dass die Vorschriften nunmehr auf mehrere Unternehmer anzuwenden sind. Dies wurde konzeptionell offenbar nicht bedacht. Beispielsweise kann über das Vermögen von einem verurteilten Unternehmer ein Insolvenzverfahren eröffnet werden, über das Vermögen eines anderen verurteilten Unternehmers wird ein solches Verfahren hingegen nicht eröffnet. Die Einstellung des Umsetzungsverfahrens nach § 38 Abs. 1 S. 2 ist für diesen Fall offenbar nicht gedacht.

D. Zentrale Fragen des VDuG

I. Dogmatische Rolle der klageberechtigten Stelle

Klageberechtigte Stellen iSv § 2 verfolgen Feststellungsziele oder begehren eine **18** Leistung, mitunter auch einen kollektiven Gesamtbetrag (§ 14 S. 2), obwohl sie im Regelfall materiell-rechtlich nicht Inhaber derjenigen Rechtsposition sind, aus der sie auf eine Feststellung oder Leistung klagen könnten. In der Terminologie der Verbandsklagen-RL wird von qualifizierten Einrichtungen gesprochen. Materiellrechtlicher Inhaber der genannten Rechtsposition ist im Regelfall der einzelne Verbraucher.[24] Die dogmatische Rolle der klageberechtigten Stelle ähnelt einer **gesetzlichen Prozessstandschaft,** da die klageberechtigte Stelle ein fremdes Recht geltend zu machen scheint.[25] Ungewöhnlich wäre allerdings, dass ein Prozessstandschafter auftritt, obwohl derzeit noch keine Person identifiziert werden muss bzw. kann (vgl. § 4 Abs. 1 S. 1 Nr. 1), die Inhaber des materiellen Rechts ist.[26] Die Auslegung als gesetzliche Prozessstandschaft könnte folglich schwerlich erklären, warum die klageberechtigte Stelle klagen können soll, obwohl die davon materiell-rechtlich Begünstigten zu diesem Zeitpunkt noch nicht feststehen.

Die Interpretation des VDuG dergestalt, dass die klageberechtigte Stelle aus **19** **eigenem materiellen Recht** vorgehe, überzeugt noch weniger.[27] Dies widerspricht auch unzweifelhaft der Gesetzesbegründung (ebenso → § 14 Rn. 13).[28] Eine solche Sichtweise könnte zwar erklären, warum die Aktivlegitimation und die

---

24 BT-Drs. 20/6520, 62 und 76.

25 So daher DAV Stellungnahme VRUG, Rn. 5; ähnlich aber nicht eindeutig Gsell GRUR 2024, 979 (986).

26 Insoweit übereinstimmend mit Köhler/Bornkamm/Feddersen/Scherer VDuG § 13 Rn. 4.

27 So der Vorschlag von Köhler/Bornkamm/Feddersen/Scherer VDuG § 13 Rn. 3; teilweise auch Maultzsch ZZP 137 (2024), 119 (149), der auf der einen Seite die eigene originäre Klagebefugnis betont, gleichzeitig aber eigene Verbandsansprüche erkennen will. Dagegen DAV Stellungnahme VRUG, Rn. 5. Auch die Gesetzesbegründung spricht dagegen (BT-Drs. 20/6520, 62), die von materiellen Rechten von Verbrauchern spricht.

28 BT-Drs. 20/6520, 76: „Da die klageberechtigte Stelle […] keine eigenen Ansprüche verfolgt […]".

Prozessführungsbefugnis bei der klageberechtigten Stelle zusammenfallen, denn beides würde aus dem eigenen materiellen Recht entspringen. Allerdings könnte dann nicht erklärt werden, warum daneben materiell-rechtliche Ansprüche der Verbraucher bestehen, die nicht nur in Individualklagen außerhalb des VDuG verfolgt werden können, sondern die materiell-rechtlich auch im Umsetzungsverfahren vom Sachwalter erfüllt werden. Da die materiell-rechtliche Inhaberschaft der Verbraucher nicht zu leugnen ist – bei den einzelnen Verbrauchern werden Rechtsverhältnisse begründet und bzw. oder entstehen zunächst Ansprüche –, sollte das VDuG nicht so verstanden werden, dass dieses zu einer Verdopplung der materiell-rechtlichen Rechtspositionen führt.

20 Die dogmatische Rolle der klageberechtigten Stelle kann daher reibungsfreier – aber nicht gänzlich reibungsfrei – so erklärt werden, dass die klageberechtigte Stelle aufgrund von §§ 14, 41 ein **eigenes prozessuales kollektives**[29] **Recht** verfolgt, allerdings im Interesse der angemeldeten, berechtigten Verbraucher, denen das materielle Recht zusteht.[30] Das VDuG als Verfahrensgesetz ist daher primär verfahrensrechtlich zu interpretieren. Das hier empfohlene dogmatische Verständnis kann sodann besser erklären, warum die klageberechtigte Stelle eine Verbandsklage erheben kann, obwohl zu diesem Zeitpunkt die später Begünstigten noch nicht einmal konkret feststehen, und warum ein Abhilfegrundurteil möglich ist, obwohl bis zuletzt kein Verbraucher seinen Anspruch im Verbandsklageregister anmelden wollte: Dies liegt daran, dass später angemeldete und berechtigte Verbraucher gemeinschaftlich an einem Umsetzungsfonds partizipieren können. Für dieses eigene prozessuale kollektive Recht genügt, dass eine Mindestanzahl an Verbrauchern betroffen sein **kann** (§ 4 Abs. 1 Nr. 1). Das Gewähren des prozessualen eigenen Rechts der klageberechtigten Stelle bedeutet aber nicht, dass die klageberechtigte Stelle dann auch materiell-rechtlicher Inhaber der Rechtsverhältnisse bzw. Ansprüche sein muss.[31] Zur Erfüllung der materiell-rechtlichen Ansprüche der Verbraucher kommt es indes nur, wenn diese prozessuale Möglichkeit genutzt wurde, sich Verbraucher also angemeldet haben und als berechtigt bewertet wurden und diese daher gemeinschaftlich an der Befriedigung aus dem Umsetzungsfonds partizipieren. Die Interpretation als eigenes prozessuales kollektives Recht hat zudem den Vorteil, dass es dann keiner weiteren Unterscheidung bedarf, was für eine Art Abhilfeklage erhoben wird, während die Anhänger der Interpretation vom eigenen materiellen Recht der klageberechtigten Stelle in Begründungsnot kommen, wenn in der Klageschrift von Anfang an namentlich benannte Verbraucher gelistet werden.[32] Überdies hat die Interpretation als eigenes prozessuales kollektives Recht den Vorteil, dass damit erklärt werden kann, warum die klageberechtigte Stelle einen **Vergleich** mit Wirkung für die angemeldeten Verbraucher schließen kann, denn das Recht zum Vergleichsschluss folgt ungezwungen aus ihrem Prozessrecht zur Verbandsklage. Mit einem solchen Vergleich verschafft sie den Verbrauchern die **Möglichkeit einer Partizipation** (→ § 9 Rn. 14). Ferner führt die hier vertretene Inter-

---

[29] Dass es sich um ein kollektives Recht handelt, sieht auch Köhler/Bornkamm/Feddersen/Scherer VDuG § 13 Rn. 4 so.

[30] Deshalb spricht BT-Drs. 20/6520, 100 zurecht von einer „repräsentativen Wahrnehmung ihrer Interessen" und davon, dass dieses Verfahren für die Verbraucher „Vorteile" bringe. Ähnlich → § 14 Rn. 13: atypische und vertypte gesetzliche Prozessstandschaft. Teilweise ähnlich Maultzsch ZZP 137 (2024), 119 (149): eigene originäre Klagebefugnis.

[31] So aber Köhler/Bornkamm/Feddersen/Scherer VDuG § 13 Rn. 3.

[32] Zu beobachten bei Köhler/Bornkamm/Feddersen/Scherer VDuG § 13 Rn. 7.

pretation dazu, dass **Abhilfeklagen nicht unzulässig werden,** wenn sich – aus welchem Grund auch immer – **alle Verbraucher** während des rechtshängigen Verfahrens wieder **abgemeldet** haben (vgl. § 46 Abs. 4 S. 1). Dies bedeutet nur, dass die Verbraucher die prozessuale Möglichkeit nicht länger nutzen wollen. Die klageberechtigte Stelle kann gleichwohl voll obsiegen. Eine Anmeldung wäre im Übrigen auch noch nach dem Schluss der mündlichen Verhandlung zulässig (§ 46 Abs. 1 S. 1). Die Interpretation als eigenes prozessuales kollektives Recht hat schließlich den Vorteil, dass damit der **Wechsel ins Umsetzungsverfahren** besser erklärt werden kann. Dort wechselt das prozessuale kollektive Recht nämlich ausweislich § 25 Abs. 2 S. 2 auf den Sachwalter. Dieser übernimmt prozessual den Stab von der klageberechtigten Stelle. Da die materielle Inhaberschaft betreffend die Rechtsverhältnisse bzw. Ansprüche bei den Verbrauchern verbleibt, kann die Stabübergabe vom Erkenntnis- zum Umsetzungsverfahren einfach auf prozessualer Ebene vorgenommen werden.

Die klageberechtigte Stelle steht in einem Prozessrechtsverhältnis zum Unter- **21**
nehmer. Ihr kommt im Regelfall die **Klägerrolle** zu (zur etwaigen Widerbeklagtenrolle → § 13 Rn. 10), dem Unternehmer im Regelfall die Beklagtenrolle. Ob die klageberechtigte Stelle auch den angemeldeten, berechtigten Verbrauchern gegenüber in einem Rechtsverhältnis steht, ist etwa für die Frage wichtig, ob die klageberechtigte Stelle im Laufe des Umsetzungsverfahrens eine Erhöhungsklage nach § 21 erheben muss. Versteht man § 21 so, dass der klageberechtigten Stelle diesbezüglich ein Ermessen zukommt (→ § 21 Rn. 10), spricht dies dafür, dass die angemeldeten, berechtigten Verbraucher von der klageberechtigten Stelle nichts fordern können. § 13 Abs. 2 verhindert sogar, dass Verbraucher, die in den dortigen Katalog fallen, Streithelfer der klageberechtigten Stelle werden können und damit prozessual in ein Rechtsverhältnis zur klageberechtigten Stelle gelangen. Aus § 48 Abs. 4 geht auch deutlich hervor, welche Distanz zwischen den Parteien des Verbandsklageverfahrens und den Verbrauchern aus der Perspektive des VDuG besteht: Die Parteien der Verbandsklage erhalten Informationen über die beteiligten Verbraucher nicht unmittelbar oder gar automatisch, sondern nur auf Anforderung gegenüber dem Bundesamt für Justiz.

Materiell-rechtlich besteht zwischen der klageberechtigten Stelle und (angemel- **22**
deten) Verbrauchern im Grundsatz **kein sich aus dem VDuG abzuleitendes Rechtsverhältnis.**[33] Da es zwischen der klageberechtigten Stelle und Verbrauchern im Grundsatz kein Rechtsverhältnis gibt, existiert zulasten der klageberechtigten Stelle auch **keine Haftungsvorschrift,** die § 31 S. 1 Nr. 2 ähnelt (→ § 21 Rn. 10). Im Grundsatz sollte gelten, eine Haftung der klageberechtigten Stelle gegenüber Verbrauchern nur sehr bedacht zu erwägen. Die klageberechtigte Stelle profitiert wirtschaftlich von dem Verbandsklageverfahren jedenfalls nicht unmittelbar. Würde man Haftungsgrundlagen unbedacht konstruieren, würden klageberechtigte Stellen tendenziell von Verbandsklagen abgehalten werden, was weder iSd Verbandsklagen-RL noch des deutschen Umsetzungsgesetzes ist. Bedenkt man, dass die Verbraucher ihre Anmeldung noch bis zu drei Wochen nach dem Schluss der mündlichen Verhandlung zurücknehmen können (§ 46 Abs. 4), tragen diese kein unverhältnismäßiges Risiko, wenn sie mit der Prozessstrategie der klageberechtigten Stelle nicht einverstanden sind, sodass es vertretbar erscheint, dass zwischen der klageberechtigten Stelle und Verbrauchern kein Rechtsverhältnis konstruiert wird.[34]

---

[33] Maultzsch ZZP 137 (2024), 119 (150).

[34] Maultzsch ZZP 137 (2024), 119 (150) schlägt die Anwendung von § 311 Abs. 3 BGB vor.

23 Eine besondere Fallgruppe können **namentlich benannte Verbraucher** bilden, die die klageberechtigte Stelle beauftragt haben, in der Klageschrift genannt zu werden. Hier ist ein Auftragsverhältnis iSv § 662 BGB denkbar. Eine **Pflichtverletzung** könnte anzunehmen sein, wenn die klageberechtigte Stelle versäumt, einen Verbraucher in der Klageschrift zu benennen, mit dem sie diese Benennung vereinbart hat. Ob diesem Verbraucher ein kausaler **Schaden** entsteht, lässt sich nicht pauschal beantworten. Meldet er seinen Anspruch zum Verbandsklageregister an, wird die **Verjährung** gehemmt, sodass der Schaden nicht dadurch eintritt, dass sein Anspruch verjährt (vgl. § 204a Abs. 1 Nr. 3 und 4 BGB). Es wird im Übrigen darauf ankommen, ob der klageberechtigten Stelle das Versäumnis noch vor Schluss der mündlichen Verhandlung auffällt, welche Änderungen sie vornimmt sowie beantragt und wie das OLG das Erkenntnisverfahren abschließen wird, beispielsweise durch Urteil nach § 16 Abs. 1 S. 2 betreffend die namentlich benannten Verbraucher und nach § 16 Abs. 1 S. 1 für die übrigen, von der klageberechtigten Stelle versäumt benannten Verbraucher (zu einer ähnlichen Problematik → § 13 Rn. 67). Dann kommt es darauf an, ob dem Verbraucher durch das Umsetzungsverfahren ein Schaden entsteht. All dies zeigt, dass die Frage nach einem kausalen Schaden nicht pauschal beantwortbar ist.

24 Abschließend bleibt anzumerken, dass **deliktische Ansprüche,** namentlich aus § 826 BGB, im Grundsatz denkbar sind.

25 Einen **Sonderfall** stellen diejenigen Verfahren dar, bei denen die klageberechtigte Stelle gegenüber Verbrauchern hinsichtlich der über die Verbandsklage verfolgten Ansprüche **rechtsberatend** tätig wird.[35] Es kann zwischen der klageberechtigten Stelle und Verbrauchern ein individuelles, materiell-rechtliches Rechtsverhältnis in Gestalt eines Beratungsvertrages begründet werden. Es gelten dann die allgemeinen Haftungsmaßstäbe bei Vertragsverhältnissen.

II. Dogmatische Rolle des OLG/BayObLG

26 Dem OLG kommen im VDuG zwei unterschiedliche Rollen zu: Im Erkenntnisverfahren stellt es die einzige **Tatsacheninstanz** dar. Nur dem OLG kommt damit die Aufgabe einer Beweiswürdigung zu (§ 13 Abs. 1 S. 2 VDuG iVm § 286 ZPO → § 13 Rn. 51). Derartige Aufgaben des **Tatrichters** sind nur bedingt revisibel (exemplarisch → § 19 Rn. 22). Im Umsetzungsverfahren übernimmt das OLG gegenüber dem Sachwalter die Rolle der **Rechtsaufsicht** (→ § 30 Rn. 12), teilweise aber auch die Rolle eines **Vollstreckungsorgans,** da es unmittelbar Zwangsmittel gegen den Unternehmer (→ § 29 Rn. 14) und Sachwalter verhängen kann, um für den Titelgläubiger – die klageberechtigte Stelle – den Vollstreckungstitel durchzusetzen. Hier ist das OLG folglich nicht als Prozessgericht des Erkenntnisverfahrens, sondern primär als **Justizbehörde** tätig. Dieses Rollenverständnis ist für das OLG ungewohnt. Da das OLG im Regelfall in Senatsbesetzung entscheiden muss (→ § 30 Rn. 11), bindet das Umsetzungsverfahren ungewöhnlich viele Gerichtsressourcen, insbesondere im Vergleich zum Insolvenzrichter, der grundsätz-

[35] Es ist denkbar, dass eine klageberechtigte Stelle Verbraucher auch hinsichtlich der Ansprüche berät, die über die Verbandsklage verfolgt werden. So weist das Bundesamt für Justiz die Verbraucher in den FAQs darauf hin, dass sich diese an die Rechtsberatung der für sie zuständigen Verbraucherzentralen wenden können. Der Verbraucherzentrale Bayern e. V., der eine klageberechtigte Stelle ist, bietet entgeltliche Rechtsberatung an und könnte zugleich Partei in einem Verbandsklageverfahren nach dem VDuG sein.

lich – auch in Großinsolvenzen – als Einzelrichter entscheidet. Die auch beim OLG sinnvollen Einzelrichterentscheidungen im Umsetzungsverfahren ermöglicht allein § 28 Abs. 4 S. 3 durch Übertragungsbeschluss. Aus dieser Regelung folgt im Umkehrschluss, dass alle übrigen Entscheidungen des OLG im Umsetzungsverfahren vom Senat getroffen werden müssen (etwa → § 24 Rn. 14). § 28 Abs. 4 S. 3 ist im Übrigen deshalb bemerkenswert, da auch im Umsetzungsverfahren Verfahrensabschnitte mit **kontradiktorischem Charakter** vorkommen können.

III. Dogmatische Rolle des Sachwalters

Die Person des Sachwalters erlangt durch den Bestellungsbeschluss des OLG (§§ 22 Abs. 1, 23 Abs. 1) und die Annahme des Amtes die Rolle einer **Partei kraft Amtes,** die den Umsetzungsfonds als Sondervermögen verwalten und über diesen verfügen darf (§ 25 Abs. 2 S. 2, → § 25 Rn. 25) und dauerhaft einer gerichtlichen **Rechtsaufsicht** unterliegt (→ § 30 Rn. 1 ff.). Der Sachwalter unterliegt **treuhänderischen** Pflichten gegenüber den Verbrauchern, die Ansprüche bzw. Rechtsverhältnisse nach § 46 Abs. 1 angemeldet haben und berechtigt sind (→ § 25 Rn. 1; → § 30 Rn. 1). Im Regelfall bestehen zwischen Sachwalter und angemeldeten Verbrauchern aber keine vertraglichen Rechtsverhältnisse (ebenso → § 31 Rn. 5). Er unterliegt aber auch treuhänderischen Pflichten gegenüber dem Unternehmer, da er aus dem Umsetzungsfonds nur berechtigte Ansprüche erfüllen darf (§ 25 Abs. 3 S. 1) und dem Unternehmer nach Beendigung des Umsetzungsverfahrens verbleibende Beträge erstatten muss (§ 37). Diese Konstruktion kann daher als **Doppeltreuhand** bezeichnet werden (→ § 25 Rn. 5 und → § 27 Rn. 46). Seine Rolle ähnelt der eines Insolvenzverwalters, der ebenfalls unter gerichtlicher Aufsicht steht, Partei kraft Amtes ist und dem die Verwaltungs- und Verfügungsbefugnis zusteht (vgl. §§ 58, 80 Abs. 1, 148 Abs. 1 InsO). 27

IV. Dogmatische Rolle der Verbraucher

Verbraucher sind grundsätzlich keine Partei(en) einer Verbandsklage. Mit ihrer Anmeldung zum Verbandsklageregister (§ 46 Abs. 1 S. 1) werden sie jedoch zu **Verfahrensbeteiligten im weiteren Sinne** (→ § 14 Rn. 40); § 26 spricht von der „Teilnahme" am Umsetzungsverfahren (→ § 26 Rn. 6). Eine solche Anmeldung ist auch dann notwendig, wenn sie in der Klageschrift namentlich benannt wurden; beispielsweise § 9 Abs. 1 S. 1 macht deutlich, dass die Anmeldung grundsätzlich erforderlich ist. Sie erhalten durch die berechtigte Anmeldung ein Partizipationsrecht am Umsetzungsverfahren, namentlich Anhörungs-, Widerspruchs-, Informations- und Befriedigungsrechte (§§ 25 Abs. 3, 28 Abs. 2 S. 1, Abs. 3). Im Widerspruchsverfahren wird ein betroffener Verbraucher indes Partei des Verfahrens (§ 28 Abs. 4 S. 1). Im Beschluss des OLG wird dieser Verbraucher als Widerspruchsführer genannt. 28

E. Rechtssetzungsfehler, Änderungsbedarf und Evaluierung

Die Verbandsklagen-RL strebt verfahrensökonomische Verbandsklagen an (vgl. ErwG 7, 9, 19, 35, 47 Verbandsklagen-RL). Grundsätzliche Fragen für die Evaluierung betreffen daher die **Verfahrensökonomie,** beispielsweise ob die vielen Phasen eines Verbandsklageverfahrens mitsamt Umsetzung (→ Rn. 8) effizient sind, zumal viele Phasen durch die Revision bzw. Rechtsbeschwerde erst vom BGH 29 beendet werden können. Die Idee der Referenten des BMJ, für eine Erhöhung des kollektiven Gesamtbetrags den Weg über ein neues Erkenntnisverfahren gehen zu müssen, gehört zu diesen verfahrensökonomisch fragwürdigen Konzepten.

30 Bei der Detailbetrachtung des VDuG fallen Unstimmigkeiten oder Rechtssetzungsfehler auf, die alsbald, spätestens jedoch nach der Evaluierung (§ 50: fünf Jahre nach dem Inkrafttreten) im Wege von Änderungsgesetzen behoben werden sollten:

- Die Möglichkeiten der **Prozessfinanzierung** durch Dritte ist klarer zu regeln (§ 4).
- Die Vorgaben aus Art. 9 Abs. 4 Verbandsklagen-RL zu dem Problem einer **Mehrfach-Repräsentation** scheinen nicht umgesetzt zu sein (→ § 27 Rn. 47).
- Es ist unklar, ob § 9 Abs. 1 S. 2 iVm § 46 Abs. 1 ein Redaktionsversehen darstellt, da der frühestmögliche Zeitpunkt für einen **Vergleichsschluss** seit der Anpassung durch den Regierungsentwurf ganz am Ende des Verbandsklageverfahrens zum Abhilfegrundurteil liegt, was weder sinnvoll noch üblich ist (→ § 9 Rn. 26).
- Für Abhilfeklagen zugunsten namentlich benannter Verbraucher wurde das Problem des **Wiedereröffnungskarussells** bekannt (→ § 13 Rn. 67).[36]
- Im VDuG wurde vergessen, für das klageabweisende oder klagestattgebende Urteil im **Erhöhungsverfahren** zu regeln, ob gegen dieses Urteil die Revision zum BGH statthaft ist (→ § 21 Rn. 23). Eine solche Regelung sollte in § 21 ergänzt werden.
- Der Umsetzungsfonds ist zwar vom Vermögen des Sachwalters getrennt zu führen, um den wirtschaftlich berechtigten Verbrauchern eine Aussonderung zu ermöglichen, die praktische Umsetzung der Aussonderung von mehreren Hundert, gar Tausend Verbrauchern wurde jedoch praktisch nicht durchdacht (→ § 25 Rn. 21).
- Es fehlen im **Umsetzungsverfahren** Regelungen vergleichbar zu § 28 Abs. 4 S. 3, wonach der Senat Entscheidungen auf eines seiner Mitglieder als **Einzelrichter** übertragen kann (→ § 29 Rn. 14 und → § 30 Rn. 11). Dass eine jede Entscheidung – auch die Prüfung des Schlussberichts und der Schlussrechnung (§ 35) – mit drei Richtern des OLG getroffen werden muss, ist im Vergleich zum Einzelrichter am Amtsgericht (Insolvenzgericht) unverhältnismäßig.
- Es fehlt im Umsetzungsverfahren eine Regelung, die es dem OLG ermöglicht, sich bei sehr umfangreichen Schlussrechnungen **sachverständig** bei der Prüfung unterstützen zu lassen (→ § 35 Rn. 16).
- § 38 widmet sich intensiv etwaigen **Insolvenzanfechtungen,** wenn über das Vermögen des Unternehmers ein Insolvenzverfahren eröffnet wurde. Fragwürdig ist dort die Konzeption, dass ausgerechnet diejenige Person Insolvenzanfechtungsansprüche prüfen würde, die diesen Ansprüchen ausgesetzt wäre (→ § 38 Rn. 24).
- Bei § 38 Abs. 5, der Unternehmer betrifft, die einen **Stabilisierungs- und Restrukturierungsrahmen** nach dem StaRUG nutzen, können diese vergleichsweise einfach die Gruppe der Verbraucher durch eine gruppenübergreifende Mehrheitsentscheidung überstimmen lassen und eine Konstruktionsschwäche des StaRUG nutzen, wonach sich die Verbraucher – mangels Teilnahme an der Abstimmung – kraft Gesetzes nicht mit einem Minderheitenschutzantrag wehren können (→ § 38 Rn. 57).
- Die Vorschriften des Umsetzungsverfahrens, etwa § 38 Abs. 1 S. 2, sind nicht für die in § 7 Abs. 1 S. 2 zugelassene Streitgenossenschaft auf Beklagtenseite konzipiert (→ Rn. 17).

---

[36] Röß NJW 2024, 1302 (1305).

Abschnitt 1 Allgemeine Vorschriften

§ 1 Verbandsklagen

(1) **In bürgerlichen Rechtsstreitigkeiten, die Ansprüche und Rechtsverhältnisse einer Vielzahl von Verbrauchern gegen einen Unternehmer betreffen, können klageberechtigte Stellen folgende Verbandsklagen gegen Unternehmer erheben:**
1. Abhilfeklagen und
2. Musterfeststellungsklagen.

(2) **Kleine Unternehmen gelten als Verbraucher im Sinne dieses Gesetzes. Kleine Unternehmen sind solche, die weniger als 10 Personen beschäftigen und deren Jahresumsatz oder Jahresbilanz 2 Millionen Euro nicht übersteigt.**

Literatur: Bruns, Dogmatische Grundfragen der Verbandsklage auf Abhilfeleistung in Geld, ZZP 137 (2024), 3; Diller, Arbeitsrechtliche Verbandsklagen vor dem OLG?, NZA 2023, 673; Düwell, Welche Bedeutung hat die neue Verbraucherverbandsklage für Arbeitssachen?, jurisPR-ArbR 29/2023 Anm. 1; Gsell/Meller-Hannich, Die Umsetzung der Verbandsklagen-Richtlinie als Chance für eine Bewältigung von Streu- und Massenschadensereignissen, JZ 2022, 421; Gsell/Meller-Hannich/Stadler, Prozessfinanzierung in Deutschland vor dem Hintergrund europäischer Regelungsinitiativen, JZ 2023, 989; Hartung, Inkasso, Prozessfinanzierung und das RDG – Was darf ein Legal-Tech-Unternehmen als Inkassodienstleister?, AnwBl Online 2019, 353; Hornkohl, Kartellrechtliche Kollektivklagen nach dem Verbandsklagenrichtlinienumsetzungsgesetz: (K)ein Meilenstein?, NZKart 2024, 2; Janal, Die Umsetzung der Verbandsklagenrichtlinie, GRUR 2023, 985; Morell, Keine Kooperation ohne Konflikt, JZ 2019, 809; Scherer, Abhilfeanspruch gem. Art. 9 I VerbandsklagenRL/§ 1 I Nr. 1 VDuG-E und Verbraucherschadensersatzanspruch gem. § 9 II UWG – Kollektivrechtsschutz contra Individualrechtsschutz?, VuR 2022, 443; Schläfke/Lühmann, Kollektiver Rechtsschutz nach der Umsetzung der EU-Verbandsklagen-RL, NJW 2023, 3385; Thönissen, ESG-Klagen und kollektiver Rechtsschutz, NJW 2023, 945; Vollkommer, Die neue Abhilfeklage nach dem VDuG: Strukturen und erste Anwendungsprobleme, MDR 2023, 1349; Wais, Anwaltliche Prozessfinanzierung unter dem Einfluss der Digitalisierung, JZ 2022, 404.

Übersicht

A. Überblick und Normzweck

I. Regelungsinhalt

1 § 1 bestimmt den **Anwendungsbereich** des VDuG und benennt den zentralen **Regelungsgegenstand** des Gesetzes, der durch die nachfolgenden Vorschriften präzisiert wird. Das Gesetz versteht unter dem Begriff der Verbandsklage sowohl die auf Verurteilung zu einer Leistung gerichtete **Abhilfeklage** als auch die vormals in §§ 606 ff. ZPO aF geregelte **Musterfeststellungsklage.** Verbandsklagen können ausschließlich von klageberechtigten Stellen erhoben werden. Als Beklagte kommen allein Unternehmer in Betracht. Gegenstand müssen Ansprüche von Verbrauchern gegen Unternehmer sein (Abhilfeklage) oder Rechtsverhältnisse zwischen diesen (Musterfeststellungsklage). Abs. 2 erweitern den Kreis der Betroffenen, dessen Rechte durchgesetzt werden können, indem **kleine Unternehmen** den Verbrauchern gleichstellt werden (→ § 1 Rn. 31 ff.).

II. Beseitigung eines Durchsetzungsdefizits

2 Im Zentrum des VDuG steht die Erkenntnis, dass Verbraucher häufig davon absehen, ihnen zustehende Ansprüche gegenüber Unternehmern geltend zu machen. Die Gründe dafür sind vielfältig. Insbesondere bei **geringwertigen Ansprüchen** lohnt sich die Durchsetzung oft nicht, weil bereits der zu betreibende **Aufwand** wertmäßig den Anspruch übersteigt. Eine bedeutende Rolle spielt auch das **Prozesskostenrisiko.** Selbst wenn der Anspruch es wert ist, sich um seine Durchsetzung zu kümmern, sieht der Verbraucher häufig davon ab, weil er das Prozesskostenrisiko scheut. Neben dem Kostenaufwand spielt auch der **emotionale Aufwand** eine Rolle. Die Konfrontation mit dem Unternehmer wird als belastend empfunden; lieber geht man ihr aus dem Weg. Einige **Unternehmen** nutzen diese Zusammenhänge aus und verstärken deren Wirkungen, indem sie bspw. bereits die Kontaktaufnahme so schwierig wie möglich gestalten, bewusst auf Zeit spielen und geschultes Personal einsetzen, das Ansprüche rigoros zurückweist und in seinem Auftreten aggressiv ist, um das Unbehagen seitens der Anspruchsteller noch zu vergrößern. Aus der Sicht des Unternehmers sind die außergerichtliche und auch die gerichtliche Auseinandersetzung Teil seines Gewerbes. Er hat das **Gesetz der gro-**

ßen Zahl auf seine Seite, kann **Skaleneffekte** nutzen und **statistische Wahrscheinlichkeiten** realisieren.

Auf das mit diesen Umständen zusammenhängende, bisweilen als **„rationale Apathie“**[1] bezeichnete Verhalten reagieren die Verbandsklagen-RL und das VDuG. Im Mittelpunkt steht dabei die den Verbrauchern eingeräumte Möglichkeit, **ohne eigene Prozessführung** und **ohne Kostenrisiko** die Durchsetzung eigener Ansprüche zu betreiben. Die Durchsetzung erfolgt im Wege der Verbandsklage (die gem. Art. 3 Nr. 5 Verbandsklagen-RL zu der Verbandsklage im europäischen Sinne zählende Unterlassungsklage ist dagegen nicht Gegenstand des VDuG; sie wird weiterhin vornehmlich durch das UKlaG und das UWG geregelt). Für den Verbraucher hat die Verbandsklage viele Vorteile. Erforderlich ist allein, dass der betroffene Verbraucher fristgerecht seine Ansprüche zur Eintragung in das **Klageregister** anmeldet. Er selbst muss sich nicht mit dem Schuldner auseinandersetzen. Sollte die Klage keinen Erfolg haben, entstehen ihm **keine Kosten** (zur Kostenbeteiligung im Erfolgsfall bei Finanzierung der Verbandsklage durch einen Dritten → § 4 Rn. 14ff.). 3

III. Entlastung der Justiz

Gerade das Fehlen wirksamer Instrumente des kollektiven Rechtsschutzes hat in der jüngeren Vergangenheit zu einer spürbaren **Mehrbelastung der Justiz** geführt. Es haben sich **Geschäftsmodelle** herausgebildet, die auf die **massenweise Geltendmachung von Ansprüchen** spezialisiert sind.[2] Als Inkassodienstleister registrierte Unternehmen lassen sich zumeist Ansprüche von Verbrauchern abtreten, die sie sodann außergerichtlich oder gerichtlich durchsetzen, wobei der Erlös abzüglich einer Erfolgsprämie von in der Regel rund 30% an die Zedenten ausgekehrt wird. Sind die Bemühungen des Inkassodienstleisters ohne Erfolg, sind die Zedenten in der Regel zu keinerlei Zahlungen verpflichtet.[3] Manche Inkassounternehmen geben das Kostenrisiko an andere Prozessfinanzierer weiter, die im Gegenzug an den Gewinnen beteiligt werden.[4] Das gesamte Geschäftsmodell ist darauf ausgerichtet, den Aufwand für die Verbraucher äußerst gering zu halten. Unterschiede zu einer echten Verbandsklage sind kaum spürbar. Dass die Abtretung der Ansprüche erforderlich ist, fällt faktisch nicht ins Gewicht. Der BGH hat den Anbietern dieser Inkassodienstleistungen den Rücken gestärkt.[5] 4

Im Zusammenhang mit den **Diesel-Abgas-Fällen** der jüngeren Vergangenheit spielten diese Inkasso-Modelle eine zentrale Rolle. Für die Gerichte stellen diese „privaten Sammelklagen“ eine kaum zu bewältigende **Herausforderung** dar.[6] Von besonderer Bedeutung ist die Menge der geltend gemachten Ansprüche. So hat in der Vergangenheit beispielsweise ein solches Inkassounternehmen in einem Verfahren gegen die AUDI AG vor dem LG Ingolstadt[7] annähernd 3.000 Ansprüche mit einem angegebenen Gesamtwert von rund EUR 78 Mio. eingeklagt, in einem Verfahren gegen die VW AG vor dem LG Braunschweig[8] waren es rund 5

---

[1] Scherer VuR 2022, 443; Gsell/Meller-Hannich JZ 2022, 421.
[2] Zum Ganzen Wais JZ 2022, 404 (405).
[3] Hartung AnwBl Online 2019, 353.
[4] Morell JZ 2019, 809.
[5] BGH NJW 2020, 208 (223).
[6] Gsell/Meller-Hannich JZ 2022, 421 (422).
[7] LG Ingolstadt BeckRS 2020, 18773.
[8] Vgl. Hartung AnwBl Online 2019, 353.

15.000 Ansprüche. Aber auch in kartellrechtlichen Angelegenheiten kommt es zu Klagen mit gewaltigem Umfang. In einem Verfahren vor dem LG München I[9] summierten sich die abgetretenen und vom Inkassounternehmen geltend gemachten Ansprüche gar auf einen Streitwert von insgesamt über EUR 600 Mio. In solchen Fällen greifbarer **Überforderung** des angerufenen Gerichts, das weder über adäquate zivilprozessuale noch organisatorische Werkzeuge zur Bewältigung solcher unechter Sammelklagen verfügt, droht im günstigen Fall **schleppende Verfahrenserledigung,** schlimmstenfalls ein **opportunistisches Entscheidungsverhalten** der Gerichte, das allein am Ziel der raschen Klageabweisung orientiert ist.[10]

6 Die „echte" Verbandsklage, die ein auf die Bewältigung von Streitigkeiten mit vielen Betroffenen zugeschnittenes Verfahren beinhaltet, sollte sinnvollerweise auch eine **praktikable Alternative** zu diesen abtretungsbasierten Klagemodellen darstellen und die Justiz entlasten.[11] Ob dies gelingt, wird sich zeigen und ist jedenfalls wegen der sehr weitgehenden **Einschränkungen der Prozessfinanzierung** durchaus fraglich (→ § 4 Rn. 14ff.).[12]

IV. Rechtsnatur der Verbandsklage

7 Bei der Verbandsklage geht es um die **repräsentative Wahrnehmung der Interessen von Verbrauchern durch einen Dritten.**[13] Unklar ist allerdings, ob die klageberechtigte Stelle einen **eigenen Anspruch** geltend macht[14] oder als **Prozessstandschafter** die Ansprüche der betroffenen Verbraucher[15] oder ob sogar zwischen verschiedenen Verbandsklagarten zu unterscheiden ist.[16] Das Gesetz äußert sich hierzu nicht ausdrücklich. In den Gesetzesmaterialien heißt es freilich, dass die klageberechtigte Stelle, da sie bei Abhilfe- und Musterfeststellungsklagen zugunsten der Verbraucher klage, keine eigenen Ansprüche verfolge.[17]

8 Im Zusammenhang mit Abhilfeklagen nach § 14 S. 2, die auf Verurteilung zur **Zahlung eines kollektiven Gesamtbetrags** abzielen, ist insoweit allerdings problematisch, dass die Verbraucher selbst keinen solchen Anspruch haben (den die klageberechtigte Stelle geltend machen könnte). Ginge man insoweit von einem eigenen Anspruch aus, stellte sich freilich auch die Frage, woraus er sich konkret ergibt und welchen Inhalt er genau hat.[18] Hinsichtlich der Abhilfeklagen nach § 14 S. 2 ist ferner zu beachten, dass der Gesamtbetrag gem. § 27 Nr. 9 und Nr. 10 vom Sachwalter anteilig an die Verbraucher auszukehren ist, nach § 16 Abs. 2 S. 2 das Gericht über die Höhe bzw. Berechnung der Anteile entscheidet und gem. § 37 S. 1 dem Unternehmer die nicht abgerufenen Beträge zu erstatten sind. Mit Abschluss des Verfahrens steht der Unternehmer materiell also nicht wesentlich anders, als

---

[9] LG München I BeckRS 2020, 841.
[10] Gsell/Meller-Hannich JZ 2022, 421 (422).
[11] Gsell/Meller-Hannich JZ 2022, 421 (422).
[12] Gsell/Meller-Hannich/Stadler JZ 2023, 989 (996).
[13] BT-Drs. 20/6520, 100.
[14] Diese Lösung präferiert Bruns ZZP 137 (2024), 3 (16).
[15] Dafür Gsell/Meller-Hannich JZ 2022, 421 (423); Hornkohl NZKart 2024, 2 (5).
[16] So Zöller/Althammer VDuG § 14 Rn. 5 (keine Prozessstandschaft bei Klage auf Zahlung eines kollektiven Gesamtbetrags nach § 14 S. 2).
[17] BT-Drs. 20/6520, 76.
[18] Musielak/Voit/Stadler VDuG Vorb. Rn. 23.

wenn das Gericht ihn zur individuellen Leistung an jeden der Anspruchsinhaber verurteilt hätte. Die Abhilfeklage nach § 14 S. 2 und das Umsetzungsverfahren nach §§ 22ff. lassen sich daher auch als eine **besondere verfahrensrechtliche Ausgestaltung** der Durchsetzung individueller Ansprüche verstehen.[19] Einer Konzeption als Prozessstandschaft stehen diese Umstände daher gar nicht entgegen.

Redet man ihr das Wort, stellt sich freilich im Anschluss die Frage, ob es sich um eine **gesetzliche Prozessstandschaft** oder einen gesetzlich geregelten Fall einer – vermittels der Anmeldung von Ansprüchen im Verbandsklageregister – **gewillkürten Prozessstandschaft** handelt. Dabei ist zunächst zu beachten, dass die gesetzliche Prozessstandschaft die prozessuale Geltendmachung von Ansprüchen mit Wirkung für und gegen den Anspruchsinhaber auch gegen dessen Willen umfasst.[20] So liegt es aber im Fall der Verbandsklage gerade nicht, da das Urteil nur dann für und gegen den einzelnen Verbraucher gilt, wenn er einen Anspruch oder ein Rechtsverhältnis zur Eintragung in das Klageregister angemeldet und damit sein Einverständnis mit der repräsentativen Wahrnehmung seiner Interessen durch eine klageberechtigte Stelle erteilt hat.[21] 9

Wollte man in der Anmeldung die Ermächtigung zur prozessstandschaftlichen Geltendmachung erblicken, müsste konsequenterweise die Klage unzulässig werden, wenn keine Ansprüche zur Eintragung angemeldet oder alle Eintragungen zurückgenommen werden. Unklar ist in diesem Zusammenhang zunächst die Bedeutung von § 5 Abs. 1 Nr. 2. Danach muss die **Betroffenheit** von mindestens 50 Verbrauchern allein **nachvollziehbar dargelegt** werden und es kommt, anders als nach § 606 Abs. 3 Nr. 3 ZPO aF, gerade nicht darauf an, dass entsprechend viele Ansprüche auch tatsächlich zur Eintragung angemeldet werden.[22] Gesetzt den Fall, dass die Vorschrift abschließend regelt, dass es auf tatsächliche Anmeldungen von Ansprüchen nicht ankommt, könnte die Zulässigkeit der Verbandsklage auch nicht von der **Ermächtigung** durch die Anmeldung von Ansprüchen abhängen. Allerdings ist naheliegend, dass § 5 Abs. 1 Nr. 2 allein das Quorum in seiner Funktion als Platzhalter für die Betroffenheit von **Kollektivinteressen** betrifft. Die Zulässigkeit der Verbandsklage soll nicht davon abhängen, dass Kollektivinteressen auch tatsächlich durch sie geschützt werden. Nach dieser Lesart trifft die Regelung keine Aussage zur Funktion und zum Erfordernis der Anmeldung als etwaige Klageermächtigung. 10

Wollte man aber im Sinne einer **gewillkürten Prozessstandschaft** davon ausgehen, dass die klageberechtigte Stelle über die verbraucherseitige Ermächtigung zur Klage verfügen muss, sind Folgefragen unvermeidbar. Insbesondere wäre unklar, ob es nach Maßgabe des VDuG überhaupt möglich wäre, das Vorhandensein von **Anmeldungen im Klageregister** in ausreichendem Maße zu berücksichtigen: Nach allgemeinen Grundsätzen müssen die Prozessvoraussetzungen zum Zeitpunkt der **letzten mündlichen Verhandlung** vorliegen.[23] Indes ermöglicht § 46 Abs. 4 die Rücknahme der Anmeldung bis zum Ablauf von drei Wochen nach dem Schluss der mündlichen Verhandlung. Daraus könnte zu schlussfolgern sein, dass die Ermächtigung tatsächlich keine Zulässigkeitsvoraussetzung der Verbandsklage ist. Denkbar wäre aber auch, dass der insoweit maßgebliche Zeitpunkt eben nicht der Schluss der mündlichen Verhandlung ist, sondern entsprechend § 46 11

[19] In diese Richtung auch Musielak/Voit/Stadler VDuG Vorb. Rn. 23.
[20] MüKoZPO/Gottwald ZPO § 325 Rn. 52.
[21] BT-Drs. 20/6520, 100.
[22] BT-Drs. 20/6520, 71.
[23] Bruns ZZP 137 (2024), 3 (15).

Abs. 4 der Zeitpunkt drei Wochen danach, wobei ggf. zur Wahrung des rechtlichen Gehörs erneut in die mündliche Verhandlung einzutreten wäre, wenn infolge der Rücknahme der Anmeldungen die Zulässigkeit der Klage auf dem Spiel stünde.[24]

B. Umsetzung der Richtlinie

12 Durch das VDuG werden die Vorgaben der im Jahr 2020 in Kraft getretenen Verbandsklagen-RL mit **großer Verspätung** umgesetzt. Als Frist für die Umsetzung nennt Art. 24 Verbandsklagen-RL den 25.12.2022. Im Hinblick auf die Umsetzung im nationalen Recht ist zu beachten, dass es gem. ErwG 18 Verbandsklagen-RL den Mitgliedsstaaten freisteht, Bestimmungen der Richtlinie auf Bereiche anzuwenden, die nicht in ihren Anwendungsbereich fallen. Von dieser Möglichkeit hat der Gesetzgeber an zahlreichen Stellen Gebrauch gemacht. Das gilt bspw. für die Regelung der Musterfeststellungklage in §§ 41 f., die vormals in §§ 606 ff. ZPO enthalten war.[25] Außerdem setzt § 1 Abs. 1, anders als Art. 2 Abs. 1 Verbandsklage-RL, nicht die Verletzung spezifischen Verbraucherrechts voraus, sondern es genügt, dass die Anspruchsinhaber Verbraucher sind. Auch den nach § 1 Abs. 2 vorgesehenen Schutz von Kleinunternehmern kennt die Richtlinie nicht. Theoretisch kann es damit zu einer **gespaltenen Auslegung** des VDuG kommen.

13 Abs. 1 entspricht in seiner endgültigen Fassung der Regelung im ursprünglichen **RegE.**[26] Dagegen unterscheidet sich Abs. 2 deutlich von früheren Fassungen: Während ursprünglich Unternehmen bereits dann als Verbraucher gelten sollten, wenn sie weniger als 50 Personen beschäftigen und ihr Jahresumsatz oder ihre Jahresbilanz EUR 10 Mio. nicht übersteigt, kommt eine solche Gleichstellung in der geltenden Fassung erst in Betracht, wenn es sich um weniger als 10 Personen handelt oder der maßgebliche Betrag EUR 2 Mio. nicht übersteigt. Diese Änderung geht auf die Beschlüsse des **Rechtsausschusses** zurück.[27] Mit der Regelung in Abs. 2 setzt der Gesetzgeber keinerlei Vorgaben der Verbandsklagen-RL um, da diese nach Art. 1 Abs. 1 Verbandsklagen-RL allein auf den Schutz der Kollektivinteressen der Verbraucher abzielt.

C. Anwendungsbereich der Verbandsklage (Abs. 1)

14 Abs. 1 regelt den **Anwendungsbereich** der Verbandsklage in persönlicher und sachlicher Sicht und konkretisiert den Begriff der Verbandsklage. Der sachliche Anwendungsbereich nach § 1 Abs. 1 ist **deutlich weiter** als von Art. 2 Abs. 1 Verbandsklagen-RL verlangt. Hinsichtlich der erfassten Klagearten ergibt sich ein differenziertes Bild: § 1 Abs. 1 bleibt hinter den Vorgaben der Richtlinie zurück, da der Gesetzgeber sich dazu entschieden hat, die (bereits existierenden) Regelungen über Unterlassungsklagen nicht in das VDuG zu integrieren. § 1 Abs. 1 geht über die Vorgaben der Richtlinie hinaus, soweit es um die auf europäischer Ebene nicht vorgesehene **Musterfeststellungklage** geht.

---

24 Vgl. zum möglichen Wiedereintritt in die mündliche Verhandlung Bruns ZZP 137 (2024), 3 (16).

25 Köhler/Bornkamm/Feddersen/Scherer VDuG § 1 Rn. 2.

26 BT-Drs. 20/6520, 10.

27 BT-Drs 20/7631, 10.

I. Persönlicher Anwendungsbereich

In persönlicher Sicht hat die Verbandsklage **drei Anwendungsvoraussetzungen:** Kläger kann nur eine klageberechtigte Stelle iSv § 2 Abs. 1 sein, Beklagter nur ein Unternehmer. Potenziell betroffen müssen Verbraucher sein (wobei nach Maßgabe von Abs. 2 auch kleine Unternehmen als Verbraucher gelten). 15

1. Klageberechtigte Stellen. Zu den klageberechtigten Stellen zählen zunächst **qualifizierte Verbraucherverbände** iSv § 2 Abs. 1 Nr. 1. Außerdem regelt § 2 Abs. 1 Nr. 2, dass auch bestimmte qualifizierte Einrichtungen **aus anderen Mitgliedstaaten** der Europäischen Union klageberechtigt sind. 16

2. Unternehmer. Anders als der Verbraucherbegriff, der sich nach § 29c Abs. 2 ZPO bestimmen soll, wird der Begriff des Unternehmers auch in den Gesetzesmaterialien **nicht konkretisiert.** Der Begriff ist entsprechend Art. 3 Nr. 2 Verbandsklagen-RL auszulegen.[28] Als Unternehmer gilt danach „jede natürliche oder juristische Person, unabhängig davon, ob letztere privater oder öffentlicher Natur ist, die selbst oder durch eine andere Person, die in ihrem Namen oder Auftrag handelt, zu Zwecken tätig wird, die ihrer gewerblichen, geschäftlichen, handwerklichen oder beruflichen Tätigkeit zugerechnet werden können". 17

Die **Gleichstellung** von Verbrauchern und kleinen Unternehmen in § 1 Abs. 2 gilt auf Beklagtenseite nicht, dh ein Unternehmer kann auch dann mit einer Verbandsklage überzogen werden, wenn es sich dabei um ein kleines Unternehmen iSv Abs. 2 handelt (→ Rn. 31). 18

3. Verbraucher. Der **Begriff** des Verbrauchers in § 1 Abs. 1 wird durch Abs. 2 beträchtlich **erweitert** (→ Rn. 31) 19

a) Prozessualer Verbraucherbegriff. Laut Gesetzesmaterialien bestimmt sich der Verbraucherbegriff nach § 29c Abs. 2 ZPO.[29] Verbraucher ist danach „jede natürliche Person, die bei dem Erwerb des Anspruchs oder der Begründung des Rechtsverhältnisses nicht überwiegend im Rahmen ihrer gewerblichen oder selbständigen beruflichen Tätigkeit handelt." Diese **Begriffsdefinition ist weiter** als die Definition in Art. 3 Nr. 1 Verbandsklage-RL, wonach als Verbraucher „jede natürliche Person, die zu Zwecken handelt, die außerhalb ihrer gewerblichen, geschäftlichen, handwerklichen oder beruflichen Tätigkeit liegen", gilt. Gem. ErwG 18 Verbandsklagen-RL ist eine solche Erweiterung des Anwendungsbereichs der Verbandsklage zulässig.

Teilweise wird allerdings vertreten, dass nur bei Musterfeststellungsklagen § 29c Abs. 2 ZPO maßgeblich sei, wohingegen sich bei Abhilfeklagen der Verbraucherbegriff nach Art. 3 Nr. 1 Verbandsklagen-RL bestimme.[30] Mitunter wird auch angenommen, es sei bei Abhilfeklagen im nationalen Recht auf die jeweilige Umsetzungsnorm, die mit Hilfe einer Abhilfeklage durchgesetzt wird, abzustellen.[31] Allerdings lässt sich weder aus dem Wortlaut der Norm noch aus den Gesetzesmaterialien auf eine solche Differenzierung schließen. Auch aus dem Grundsatz der richtlinienkonformen Auslegung ergeben sich keine Einschränkungen. Da der Verbraucherbegriff in § 29c Abs. 2 ZPO weiter gefasst ist als in Art. 3 Nr. 1 Ver- 20

---

[28] Köhler/Bornkamm/Feddersen/Scherer VDuG § 1 Rn. 17.
[29] BT-Drs. 145/23, 75; BT-Drs. 20/6520, 69.
[30] Köhler/Bornkamm/Feddersen/Scherer VDuG § 1 Rn. 14.
[31] BeckOGK BGB/Alexander BGB § 13 Rn. 161.

bandsklagen-RL, ergibt sich aus dem Rückgriff auf den Verbraucherbegriff der ZPO **keine richtlinienwidrige Einschränkung** des Anwendungsbereichs der Verbandsklage.

21 **b) Arbeitnehmer.** Der Verbraucherbegriff des § 13 BGB umfasst auch den Arbeitnehmer. Das gilt nicht nur allgemein für Geschäfte im Zusammenhang mit seiner unselbständigen Berufstätigkeit, sondern auch für Rechtsgeschäfte **zwischen Arbeitgeber und Arbeitnehmer.**[32] Da der Verbraucherbegriff in § 29c Abs. 2 ZPO auch weiter ist als der Begriff des Verbrauchers in § 13 BGB[33], gelten diese Grundsätze a maiore ad minus auch im Prozessrecht. Durch die in den Materialien enthaltene Klarstellung, dass dem **ArbGG** unterliegende arbeitsrechtliche Streitigkeiten aus dem Anwendungsbereich des VDuG ausgenommen sind,[34] wird die Reichweite des VDuG allerdings eingeschränkt. Streitigkeiten zwischen Arbeitnehmern und Arbeitgebern sind nur erfasst, soweit sie nicht nach § 2 ArbGG den Arbeitsgerichten zugeordnet sind. Zu Recht wird allerdings kritisiert, dass diese bedeutende **Klarstellung** nicht im Gesetzestext des VDuG verankert worden ist.[35]

II. Sachlicher Anwendungsbereich

22 **1. Bürgerliche Rechtsstreitigkeiten.** Im Gegensatz zur Verbandsklagen-RL ist das VDuG nicht auf die Geltendmachung von Verstößen gegen spezifische **europäische Verbraucherschutzvorschriften** beschränkt.[36] Diese **Erweiterung** ist gem. ErwG 18 Verbandsklagen-RL zulässig. Bürgerliche Rechtsstreitigkeiten sollen von arbeitsrechtlichen Streitigkeiten abzugrenzen und für letztere die Vorschriften des Arbeitsgerichtsgesetzes maßgeblich sein.[37]

23 Aus § 1 Abs. 2 ergibt sich darüber hinaus, dass die geltend zu machenden Ansprüche nicht verbraucherrechtlicher Natur sein müssen. Denkbar ist bspw., dass im Wege der Abhilfeklage mietrechtliche Schadenersatzansprüche gegen eine Wohnungsvermietungsgesellschaft durchgesetzt werden, die **Verbrauchern und Unternehmern gleichermaßen** zustehen können. Die Geltendmachung von Ansprüchen, die **allein Unternehmern** zustehen – bspw. aus § 478 Abs. 2 BGB – ist theoretisch ebenfalls möglich; ob sich allerdings klageberechtigte Stellen künftig auch den alleinigen Schutz von Kleinunternehmern iSv § 1 Abs. 2 auf die Fahnen schreiben werden, bleibt abzuwarten.

24 Erfasst sind grds. alle **bürgerlich-rechtlichen** Ansprüche und Rechtsstreitigkeiten zwischen Verbrauchern und Unternehmern.[38] Dazu zählen bspw. Ansprüche aus Kauf-, Werk- und Dienstverträgen, aus Miet- und Wohnungsmietverträgen, Ansprüche aus dem Bereich des Kapitalanlagerechts, aus Produkthaftung, Delikt, Bereicherungsrecht, aber auch Ansprüche aus der DSGVO und kartellrechtliche Schadenersatzansprüche.[39] Auch Ansprüche aus den Bereichen des

---

[32] BAG NJW 2005, 3305; BAG NZA 2006, 423; BAG NZA 2008, 1004; BAG NJW 2010, 2827.

[33] BT-Drs. 19/2439, 21.

[34] BT-Drs. 145/23, 5; BT-Drs. 20/6520, 10.

[35] Diller NZA 2023, 673; Düwell jurisPR-ArbR 29/2023 Anm. 1.

[36] Hornkohl NZKart 2024, 2 (4); Köhler/Bornkamm/Feddersen/Scherer VDuG § 1 Rn. 13.

[37] BT-Drs. 145/23, 5; BT-Drs. 20/6520, 10.

[38] Vollkommer MDR 2023, 1349 (1350).

[39] Welling, Was kann die Verbandsklage vom KapMuG lernen?, 2024, S. 71; Vollkommer MDR 2023, 1349 (1350).

Environmental Social Governance (ESG) oder der Lieferketten-Compliance sollen geltend gemacht werden können.[40]

Dass auch Ansprüche geltend gemacht werden können, die **ausländischem Recht** unterliegen, entspricht allgemeinen Grundsätzen und findet eine Stütze darin, dass zwar sowohl in der Verbandsklagen-RL in Art. 2 Abs. 1 S. 3, Art. 6 und ErwG 23 als auch im VDuG in § 2 Abs. 1 Nr. 2 Konstellationen mit Auslandsbezug geregelt werden, die Anwendbarkeit allein des Sachrechts der lex fori aber weder in dem einen noch in dem anderen Rechtsakt zur Klagevoraussetzung erhoben wird.[41] 25

2. Ansprüche oder Rechtsverhältnisse einer Vielzahl von Verbrauchern. 26
Erforderlich ist nach § 1 Abs. 1, dass mit der Verbandsklage Ansprüche oder Rechtsverhältnisse, die eine **Vielzahl** von Verbrauchern betreffen, geltend gemacht werden. § 4 Abs. 1 macht die Zulässigkeit der Verbandsklagen davon abhängig, dass die klageberechtigte Stelle die potenzielle Betroffenheit von mindestens 50 Verbrauchern **nachvollziehbar darlegt.** Dementsprechend ist bei mindestens 50 Verbrauchern auch von einer Vielzahl von Verbrauchern iSv § 1 Abs. 1 auszugehen.[42] Außerdem muss es sich gem. § 15 Abs. 1 zumindest um **im Wesentlichen gleichartige** Ansprüche handeln (→ § 15 Rn. 11 ff.).

3. Geltendmachung abgetretener Ansprüche. Fraglich ist in diesem Zusammenhang, ob eine klageberechtigte Stelle mit einer Abhilfeklage Ansprüche auch dann geltend machen kann, wenn diese an andere Verbraucher oder Kleinunternehmer iSv Art. 1 Abs. 2 **abgetreten** worden sind. Sofern alle Betroffenen ihre Ansprüche an weniger als 50 Zessionare abgetreten haben, scheitert eine Geltendmachung daran, dass die Zahl der potenziell betroffenen Anspruchsinhaber (der Zessionare) niedriger ist als nach § 4 Abs. 1 erforderlich. Wird (nur) unter Einbeziehung der Zessionare das erforderliche Quorum erreicht, lässt sich die Zulässigkeit nicht bereits mit Verweis auf den Gesetzeswortlaut verneinen; der Zessionar ist nach der Abtretung Inhaber des Anspruchs und kann damit ebenso betroffen sein wie der originäre Anspruchsinhaber. Allerdings ist es naheliegend, § 1 Abs. 1 teleologisch zu reduzieren: Lässt sich ein Zessionar Ansprüche abtreten, fehlt es in seiner Person an der **„rationalen Apathie“**[43], die das Verbandsklageverfahren rechtfertigt.[44] 27

4. Irrelevanz vertraglicher Abtretungsverbote. Erfasst sind auch solche Ansprüche, für die ein **vertragliches Abtretungsverbot** gilt. Wenn bereits im Rahmen der gewillkürten Prozessstandschaft nach allgemeinen Grundsätzen die Geltendmachung von Ansprüchen, deren Abtretbarkeit vertraglich ausgeschlossen ist, für zulässig erachtet wird, wenn die Leistungen den ursprünglichen Gläubiger erreichen,[45] müssen derartige Ansprüche auch mit der Verbandsklage geltend gemacht werden können. Denn die Verbandsklage zielt ja gerade darauf ab, dem betroffenen Verbraucher das ihm Zustehende zukommen zu lassen (§ 14 S. 1 bzw. § 14 S. 2 iVm § 27 Nr. 9, 10). Die Einordnung der Verbandsklage als Fall einer Prozessstandschaft 28

---

[40] Thönissen NJW 2023, 945; Vollkommer MDR 2023, 1349 (1350).

[41] Im Ergebnis auch Welling, Was kann die Verbandsklage vom KapMuG lernen?, 2024, S. 71 (ohne Begründung).

[42] Schläfke/Lühmann NJW 2023, 3385.

[43] Scherer VuR 2022, 443; Gsell/Meller-Hannich JZ 2022, 421.

[44] In diese Richtung möglicherweise auch Schläfke/Lühmann NJW 2023, 3385 (erfasst seien nur „originäre Unternehmeransprüche“).

[45] BGH NJW 2012, 3032 (3033).

führt bereits nach allgemeinen Grundsätzen zu keinen Hindernissen (→ Rn. 8). Naheliegend ist darüber hinaus, dass das VDuG die Anwendungsvoraussetzungen in § 1 Abs. 1 abschließend regelt.[46]

III. Verbandsklagen

29 **1. Abhilfeklagen.** Die Abhilfeklage ist ein **Novum** im kollektiven Rechtsschutz.[47] Neben der Verurteilung zur Zahlung an **namentlich benannte Verbraucher** (§ 16 Abs. 1 S. 2) kann auch die Verurteilung zur Zahlung eines **kollektiven Gesamtbetrags** zugunsten nicht namentlich bestimmter Verbraucher (§§ 16 Abs. 1 S. 1 Alt. 1, 14 S. 2) bzw. die Verurteilung zu einer anderen Leistung als zur Zahlung (§ 16 Abs. 1 S. 1 Alt. 2) beantragt werden.[48] Gem. § 2 Abs. 1 Nr. 2 stehen die Abhilfeklage und ebenso die Musterfeststellungsklage auch qualifizierten Einrichtungen aus **anderen Mitgliedstaaten** der Europäischen Union offen. Begrifflich lässt sich auch die Unterlassungsklage als Abhilfeklage verstehen. Richtlinienbestimmungen über Verbandsklagen, die auf Unterlassungsentscheidungen gerichtet sind, werden allerdings nicht durch das VDuG, sondern weiterhin durch das UKlaG und das UWG umgesetzt.[49]

30 **2. Musterfeststellungsklagen.** Die vormals in den §§ 606 ff. ZPO aF enthaltenen Regelungen zur Musterfeststellungsklage sind in das VDuG **integriert** worden.[50] Ausweislich ErwG 11 Verbandsklagen-RL sind die Mitgliedsstaaten nicht daran gehindert, Verbandsklagen zur Erwirkung von Feststellungsentscheidungen vorzusehen. Der Dispositionsmaxime entsprechend – und wie von ErwG 11 Verbandsklagen-RL gefordert – hat die klageberechtigte Stelle die Wahl, ob sie eine Abhilfeklage oder eine Musterfeststellungsklage erhebt.[51] Gem. § 2 Abs. 1 Nr. 2 stehen Musterfeststellungs- und Abhilfeklagen auch qualifizierten Einrichtungen aus anderen Mitgliedstaaten der Europäischen Union offen.

D. Schutz kleiner Unternehmen (Abs. 2)

31 Abs. 2 bewirkt eine **Gleichbehandlung** von Verbrauchern und kleinen Unternehmen auf Betroffenenseite; auf Beklagtenseite findet die Vorschrift keine Anwendung (→ Rn. 36 ff.).

I. Gleichstellung von Verbrauchern und kleinen Unternehmen

32 Die Regelung des § 1 Abs. 2 S. 1 bezweckt, dass sich kleine Unternehmen einer Verbandsklage nach diesem Gesetz anschließen können.[52] Es wird davon ausgegangen, dass solche kleinen Unternehmen ebenso wenig wie Verbraucher über ausreichende Ressourcen zur selbständigen Anspruchsdurchsetzung verfügen und daher die **Interessenlagen** im Hinblick auf eine Verbandsklage vergleichbar

---

[46] Auf materieller Ebene wird zudem das Abtretungsverbot häufig an § 308 Nr. 9 BGB scheitern.
[47] Köhler/Bornkamm/Feddersen/Scherer VDuG § 1 Rn. 3.
[48] BT-Drs. 145/23, 66.
[49] BT-Drs. 145/23, 67.
[50] BT-Drs. 145/23, 66.
[51] BT-Drs. 20/6520, 69.
[52] BT-Drs. 20/6520, 69.

sind.[53] In der Verbandsklagen-RL ist eine solche **Erweiterung des Anwendungsbereichs** nicht vorgesehen.[54] Auf der materiell-rechtlichen Ebene ist diese Einordnung irrelevant, dort kommt es allein auf die §§ 13, 14 BGB an.[55] Ist in der Sache spezifisches Verbraucherrecht anzuwenden, kommen Kleinunternehmer als Anspruchsinhaber nicht in Betracht.[56] Die begriffliche Gleichstellung von Verbrauchern und kleinen Unternehmen durch § 1 Abs. 2 S. 1 führt nur dann auch faktisch zu einer Gleichbehandlung, wenn klageberechtigte Stellen zukünftig Verbandsklagen ebenso zugunsten von kleinen Unternehmen erheben werden.[57] Andernfalls genießen sie die Vorteile des VDuG von vornherein immer nur dann, wenn zumindest auch Verbraucher von der jeweiligen Rechtsverletzung betroffen sind.

II. Begriff des kleinen Unternehmens

Unternehmen, die weniger als **zehn Personen** beschäftigen und deren Jahresumsatz oder Jahresbilanz **EUR 2 Mio.** nicht übersteigt, sind gem. Abs. 2 S. 2 kleine Unternehmen. In den ersten Entwürfen zum VDuG war noch vorgesehen, dass als kleine Unternehmen solche Unternehmen gelten, die weniger als 50 Personen beschäftigen und deren Jahresumsatz oder Jahresbilanz EUR 10 Mio. nicht übersteigt.[58] An die Stelle dieser Art. 2 Abs. 1 der Empfehlung der Europäischen Kommission[59] entnommenen Definition des kleinen Unternehmens ist in der geltenden Fassung die **Definition des Kleinstunternehmens** aus Art. 2 Abs. 2 der Empfehlung der Europäischen Kommission getreten, ohne dass aber der Begriff des Kleinstunternehmens übernommen worden wäre. 33

Für die **Berechnung** der Beschäftigtenzahl und des Jahresumsatzes bzw. der Jahresbilanz ist auf die in dieser Empfehlung enthaltenen **Kriterien** zurückzugreifen, wobei maßgeblicher Zeitpunkt für das Vorliegen der Voraussetzungen der Zeitpunkt der Anmeldung zur Verbandsklage ist.[60] Zwingend erforderlich ist, dass die Beschäftigtenzahl kleiner als 10 ist. Den Erfordernissen im Hinblick auf Jahresumsatz und Bilanz ist dagegen bereits genügt, wenn eine der beiden Positionen unter der genannten Grenze bleibt.[61] Entsprechend Art. 5 Abs. 1 der Empfehlung der Europäischen Kommission gilt, dass es nicht auf die absolute Zahl der Beschäftigten ankommt, sondern Teilzeitbeschäftigungen nur ihrem Anteil entsprechend zu berücksichtigen sind, während Auszubildende und andere zur Ausbildung Beschäftigte außer Betracht bleiben. 34

Die Gesetzesmaterialien sind insoweit eindeutig – überzeugend ist dieser Ansatz gleichwohl nicht. Da die Wirtschaftskraft des Unternehmens bereits durch den Jahresumsatz ausgedrückt wird, ist es naheliegend, die Beschäftigtenzahl als Gradmesser der **administrativen Möglichkeiten** des Unternehmens zu sehen, die – typisiert – ebenfalls Rückschlüsse auf dessen (Un-)Vermögen zur individuellen Rechtsdurchsetzung zulassen. Der administrative Aufwand, der mit der Beschäftigtenzahl in Zusammen- 35

---

53 BT-Drs. 20/7631, 107.

54 Hornkohl NZKart 2024, 2 (5).

55 BT-Drs. 145/23, 75; BT-Drs. 20/6520, 69.

56 Vollkommer MDR 2023, 1349 (1352).

57 Daran zweifelnd Janal GRUR 2023, 985 (988).

58 BT-Drs. 145/23, 75; BT-Drs. 20/6520, 69.

59 Empfehlung der Europäischen Kommission vom 6.5.2003 betreffend die Definition der Kleinstunternehmen sowie der kleinen und mittleren Unternehmen (2003/361/EG).

60 BT-Drs. 145/23, 75; BT-Drs. 20/6520, 69.

61 ErwG 4 der Empfehlung 2003/361/EG.

hang steht, wird nicht dadurch reduziert, dass **Beschäftigte in Teilzeit** angestellt sind, sodass eine absolute Betrachtung der Beschäftigtenzahl naheliegender gewesen wäre.

III. Keine Anwendung auf Beklagtenseite

36 Fraglich ist, ob § 1 Abs. 2 auch für Kleinunternehmen gilt, die nicht Betroffene (dh Anspruchsinhaber) sind, sondern **Anspruchsgegner.** Ausdrücklich ist in der Norm eine Differenzierung zwischen Anspruchsinhabern und -gegnern nicht angelegt. Wendete man § 1 Abs. 2 auf der Beklagtenseite an, wären Verbandsklagen gegen Kleinunternehmen ausgeschlossen, da diese als Verbraucher anzusehen wären und gem. § 1 Abs. 1 allein gegen Unternehmer Verbandsklage erhoben werden kann. Teilweise wird einer solchen Auslegung das Wort geredet: Es sei systemwidrig, sie einerseits als so schutzwürdig wie Verbraucher anzusehen, andererseits aber als Gegner der Verbraucher zu behandeln.[62]

37 Im **Anwendungsbereich der Verbandsklagen-RL** kommt eine solche Auslegung freilich nicht in Betracht, denn eine Differenzierung nach der Größe des zu verklagenden Unternehmens ist in Art. 3 Nr. 2 Verbandsklagen-RL nicht vorgesehen. Soweit dagegen die konkrete Verbandsklage nicht in den Anwendungsbereich der Richtlinie fällt (bspw. wenn nicht Verbraucher, sondern Kleinunternehmer die Betroffenen sind oder es um die Durchsetzung von Rechten geht, die nicht im Anhang der Richtlinie genannt sind), steht **Unionsrecht** der Auslegung nicht entgegen. Für eine Anwendung von § 1 Abs. 2 auch auf der **Beklagtenseite** könnte in diesen Fällen sprechen, dass dadurch verhindert würde, dass Ansprüche von Kleinunternehmen gegen Kleinunternehmer (dh von strukturell **Gleichstarken**) im Wege der Verbandsklage durchgesetzt werden könnten. Bei genauem Hinsehen ist allerdings das Ergebnis, dass mit der Verbandsklage Ansprüche in derartigen Konstellationen durchgesetzt werden könnten, nicht unbillig. Denn die Schwäche der Betroffenen, die mit der Verbandsklage kompensiert wird, ist vor allem eine solche, die mit dem Verhältnis von **prozessualem Aufwand** und **Ertrag** zusammenhängt: Für den Einzelnen ist die individuelle Durchsetzung geringwertiger Forderungen wirtschaftlich sinnlos. Für den Beklagten im Verbandsklageprozess gilt das aber nicht, denn wertmäßig geht es für ihn um eine **Bündelung** von Ansprüchen.

38 Soweit es schließlich um **Ansprüche von Verbrauchern** geht, ließe sich im Verhältnis zu kleinen Unternehmen für die Anwendung von Absatz 2 auf Beklagtenseite womöglich argumentieren, dass Schädigungen von Verbrauchern durch kleine Unternehmen eine geringere Tragweite haben. Gegen die Berücksichtigung dieser Erwägungen spricht aber, dass über das erforderliche **Quorum** sichergestellt wird, dass Kollektivinteressen berührt sind (und damit die These der geringen Tragweite widerlegt ist). Es besteht daher keine Notwendigkeit, diesen möglichen Erwägungen durch die Auslegung des § 1 Abs. 2 Rechnung zu tragen.

39 Triftige Gründe, die für eine Anwendung von § 1 Abs. 2 auf Beklagtenseite in Fällen sprechen, die außerhalb des Anwendungsbereichs der Verbandsklage-RL liegen, gibt es mithin nicht. Gegenargumente dagegen schon: Die Einfachheit und Vorhersehbarkeit der Rechtsanwendung wird durch eine **einheitliche Auslegung** des VDuG gefördert. Diametral entgegen stünde diesem Ziel eine gespaltene Auslegung von § 1 Abs. 2 dahingehend, dass nur innerhalb des Anwendungsbereichs der Verbandsklagen-RL Klagen gegen Kleinunternehmer möglich sind, nicht dagegen außerhalb.

---

[62] Köhler/Bornkamm/Feddersen/Scherer VDuG § 1 Rn. 22.

§2 Klageberechtigte Stellen

(1) **Klageberechtigte Stellen für Verbandsklagen sind**

1. qualifizierte Verbraucherverbände, die
   a) in der Liste nach §4 des Unterlassungsklagengesetzes eingetragen sind und
   b) nicht mehr als 5 Prozent ihrer finanziellen Mittel durch Zuwendungen von Unternehmen beziehen, sowie

2. qualifizierte Einrichtungen aus anderen Mitgliedstaaten der Europäischen Union, die in dem Verzeichnis der Europäischen Kommission nach Artikel 5 Absatz 1 Satz 4 der Richtlinie (EU) 2020/1828 des Europäischen Parlaments und des Rates vom 25. November 2020 über Verbandsklagen zum Schutz der Kollektivinteressen der Verbraucher und zur Aufhebung der Richtlinie 2009/22/EG (ABl. L 409 vom 4.12.2020, S. 1) eingetragen sind.

(2) **Bestehen ernsthafte Zweifel daran, dass die Voraussetzung nach Absatz 1 Nummer 1 Buchstabe b vorliegt, so verlangt das Gericht vom Kläger die Offenlegung seiner finanziellen Mittel.**

(3) **Es wird unwiderleglich vermutet, dass Verbraucherzentralen und andere Verbraucherverbände, die überwiegend mit öffentlichen Mitteln gefördert werden, die Voraussetzung des Absatzes 1 Nummer 1 Buchstabe b erfüllen.**

Literatur: Augenhofer, Die neue Verbandsklagen-Richtlinie – effektiver Verbraucherschutz durch Zivilprozessrecht?, NJW 2021, 113; Beckmann/Waßmuth, Die Musterfeststellungsklage – Teil I –, WM 2019, 45; Felgentreu/Gängel, Zur Klagebefugnis eines Verbraucherverbandes im Musterfeststellungsverfahren, VuR 2019, 323; Janal, Die Umsetzung der Verbandsklagenrichtlinie, GRUR 2023, 985; Merkt/Zimmermann, Die neue Musterfeststellungsklage: Eine erste Bewertung, VuR 2018, 363; Scholl, Die Musterfeststellungsklage nach §§606ff. ZPO – Eine kritische Würdigung mit Bezügen zum französischen, niederländischen und US-amerikanischen Recht, ZfPW 2019, 317.

Übersicht

A. Überblick und Normzweck

1 Die Vorschrift regelt in **Abs. 1, welche Stellen** zur Erhebung der Verbandsklagen des VDuG (§ 1 Abs. 1) berechtigt sind und damit als **Kläger** Partei des Verbandsklageverfahrens sein können. Die **Abs. 2 und 3** enthalten Regelungen zur **Feststellung dieser Berechtigung.**

2 Das Gesetz unterscheidet bei der Klageberechtigung nach **inländischen Klägern** (Abs. 1 Nr. 1) und **Klägern aus anderen EU-Mitgliedstaaten** (Abs. 1 Nr. 2). An diese Stellen werden **unterschiedliche Voraussetzungen** gestellt (→ Rn. 16).

3 Für die Musterfeststellungsklage war die Regelung früher in § 606 Abs. 1 ZPO aF enthalten. Die dort enthaltenen strengeren Regelungen hat der Gesetzgeber aufgegeben.[1]

4 An die Vorschrift des § 2 knüpft **§ 5 Abs. 1 Nr. 1** an, wenn dort verlangt wird, dass die **Klageschrift** die **Angabe und den Nachweis enthalten muss,** dass der **Kläger** eine **klageberechtigte Stelle** ist (→ § 5 Rn. 5 ff.).

B. Umsetzung der Richtlinie

5 Abs. 1 setzt die **Vorgaben der Art. 4 und 6 Abs. 1 Verbandsklagen-RL** um. **Art. 4 Verbandsklagen-RL** beinhaltet die Vorgaben der Richtlinie zu den **qualifizierten Einrichtungen,** die eine Verbandsklage anstreben können. **Art. 6 Abs. 1 Verbandsklagen-RL** behandelt die Klageberechtigung bei **grenzüberschreitenden Verbandsklagen.** Beide Regelungen tragen dem Anliegen des europäischen Normgebers Rechnung, dass lediglich besonders qualifizierte Einrichtungen mit der Wahrnehmung der kollektiven Interessen betraut werden sollen (ErwG 5, 8, 9 Verbandsklagen-RL).

6 **Art. 4 Abs. 6 Verbandsklagen-RL** erlaubt den Mitgliedstaaten unter bestimmten Voraussetzungen **innerstaatliche Stellen ad hoc** mit einer **Klageberechtigung** für die Erhebung einer bestimmten Verbandsklage zu versehen. Für die Berechtigung zur Erhebung einer grenzüberschreitenden Klage besteht diese Möglichkeit nicht (ErwG 28 S. 6 Verbandsklagen-RL).[2] Von der Berechtigung des Art. 4 Abs. 6 Verbandsklagen-RL könnte alternativ oder zusätzlich zur in § 2 Abs. 1 Nr. 1 vorgenommenen Regelung Gebrauch gemacht werden (s. ErwG 28 Verbandsklagen-RL). Die Richtlinie bietet dabei aber für die ad hoc-Anerkennung keine eigene Rechtsgrundlage. Art. 4 Abs. 6 Verbandsklagen-RL räumt nur den Mitgliedstaaten das Recht ein, eine entsprechende nationale Rechtsgrundlage zu schaffen. Davon hat der **Gesetzgeber des VDuG keinen Gebrauch gemacht.**[3] Die Regelung des § 2 Abs. 1 VDuG ist abschließend.

7 Eine Regelung der klageberechtigten Stellen war bereits in § 2 des **Referentenentwurfs** vorgesehen. Für die qualifizierten Verbraucherverbände des **Abs. 1 Nr. 1** sollten die Kriterien des § 606 Abs. 1 ZPO aF Anwendung finden.[4] In den Stellungnahmen der **Verbände** wurden das Beibehalten der Voraussetzungen **teilweise** als

---

[1] BT-Drs. 20/6520, 70.

[2] S. auch Augenhofer NJW 2021, 113 Rn. 16.

[3] Zöller/Vollkommer VDuG § 2 Rn. 7; Janal GRUR 2023, 985 (985 f.).

[4] VRUG-RefE, 70.

zu einengend **kritisiert,**[5] **teilweise befürwortet.**[6] Der **Regierungsentwurf** rückte davon ab (→ Rn. 3), was wiederum Kritik fand.[7] **Lediglich** die **Regelung zur Finanzierung** durch Unternehmen (→ Rn. 13) wurde **beibehalten.** Die darüber hinaus geltenden Anforderungen sollten entfallen.[8] Der **Rechtsausschuss** sah **keinen Änderungsbedarf** gegenüber dem Regierungsentwurf.[9]

Die Regelung des **Abs. 3** wurde in den **Stellungnahmen der Verbände teilweise abgelehnt,**[10] **teilweise positiv bewertet,**[11] wobei aber der Wunsch nach Klarstellung geäußert wurde, ob die Vermutung nur bei institutioneller oder auch bei einer Projektförderung greift.[12] Im **Regierungsentwurf** und vom **Rechtsausschuss** wurde Abs. 3 **beibehalten.**[13] 8

C. Klageberechtigte Stellen (Abs. 1)

I. Überblick

Abs. 1 sichert in Nr. 1 **innerstaatlichen qualifizierten Verbraucherverbänden** und in Nr. 2 **qualifizierten Einrichtungen aus anderen Mitgliedstaaten** die **Klageberechtigung** zu. Dem Umstand, dass Nr. 1 von „Verbraucherverbänden", Nr. 2 aber von „Einrichtungen" spricht, kommt innerhalb des VDuG keine nähere Bedeutung zu. 9

II. Gerichtliche Prüfung

Dass der **Kläger** eine **klageberechtigte Stelle** ist, hat der Kläger **mit der Klageschrift nachzuweisen.** (§ 5 Abs. 1 Nr. 1). Das **Gericht prüft** das Vorliegen der **Voraussetzung von Amts wegen** (dazu → § 5 Rn. 6), wobei aber für die Voraussetzung des Abs. 1 Nr. 1 Buchst. b die Sonderregelungen der Abs. 2 und 3 zu beachten sind. 10

III. Qualifizierte Verbraucherverbände (Abs. 1 Nr. 1)

Klageberechtigt sind nach Abs. 1 Nr. 1 **qualifizierte Verbraucherverbände.** Das Gesetz definiert den Begriff aber nicht. Er findet sich in §§ 3 und 4 UKlaG. Nach § 4 Abs. 1 UKlaG führt das Bundesamt für Justiz die Liste der qualifizierten Verbraucherverbände, in die eine Eintragung unter den Voraussetzungen des § 4 Abs. 2 UKlaG erfolgt. Qualifizierte Verbraucherbände iSd UKlaG und des Abs. 1 Nr. 1 sind somit **die in die Liste des § 4 UKlaG eingetragenen Verbände.** 11

---

[5] BIVA Stellungnahme VRUG, 4; DAV Stellungnahme VRUG, Rn. 2.
[6] Bitkom Stellungnahme VRUG, 5; für das Vorsehen hoher Anforderungen auch VDA Stellungnahme VRUG, 2.
[7] Stellungnahme der deutschen Wirtschaft VRUG, 3.
[8] BT-Drs. 20/6520, 70; befürwortend Meller-Hannich Stellungnahme VRUG, 2.
[9] BT-Drs. 20/7631, 7.
[10] Bitkom Stellungnahme VRUG, 11.
[11] Verbraucherzentrale Bundesverband Stellungnahme VRUG, 5; BIVA Stellungnahme VRUG, 4.
[12] BIVA Stellungnahme VRUG, 4.
[13] BT-Drs. 20/6520, 70, BT-Drs. 20/7631, 7.

12 Nach Abs. 1 Nr. 1 Buchst. a müssen die qualifizierten Verbraucherverbände in die vom Bundesamt für Justiz geführte Liste nach § 4 UKlaG eingetragen sein. Diesem Tatbestandsmerkmal kommt keine eigenständige Bedeutung zu, da qualifizierter Verbraucherverband schon nur sein kann, wer in diese Liste eingetragen ist (→ Rn. 11).

13 **Buchst. b** verlangt, dass der Kläger **nicht mehr als 5 Prozent** seiner **finanziellen Mittel durch Zuwendungen von Unternehmen** bezieht. Die gleiche Voraussetzung fand sich zuvor in § 606 Abs. 1 S. 2 Nr. 5 ZPO aF. Getragen wurde sie dort von der Absicht, auszuschließen, dass Unternehmen verdeckt Einfluss auf den Verband nehmen.[14] Der Nutzen der Regelung erscheint fraglich. Größere Bedeutung dürfte der Regelung des § 4 Abs. 2 Nr. 4 bei der Betrachtung der Finanzierung konkreter Klagen zukommen (→ § 4 Rn. 27 f.).

14 **Probleme** bereiten in der Anwendung des Abs. 1 Nr. 1 Buchst. b u. a. die Fragen, auf **welchen Zeitraum der Zuwendungen** abzustellen ist,[15] an **welcher Bezugsgröße** die 5 Prozent zu messen sind[16] und **wer** als **Unternehmen** in Betracht kommt.[17] **Kritisch** zu sehen ist auch, dass die **Zuwendungen** sich nach der gesetzlichen Konzeption **auf die finanziellen Mittel** des Verbandes auswirken müssen. **Zugewendete Vorteile mit Geldeswert und rein ideelle Vorteile** können deshalb **keine Berücksichtigung** finden.

15 Für die **Auslegung** leitend kann unter Berücksichtigung der **Intention des Gesetzgebers** die Überlegung sein, **Fremdeinflüsse** möglichst erfolgreich **auszuschließen.** Das bedingt eine strikte Anwendung der Norm. Dafür erscheint es sinnvoll, den **maßgeblichen Zeitraum** in dem Moment **beginnen** zu lassen, in dem der **Verbraucherverband** oder seine Mitglieder **erstmals** mit der Angelegenheit **befasst** sind. Der Anteil von **5 Prozent** muss im **Verhältnis zu** den **Zuwendungen aller Unternehmen gemeinsam** (nicht eines einzelnen Unternehmens) bestehen, die der Verband im maßgeblichen Zeitraum zu seinen finanziellen Mitteln erhält.[18] **Zuwendendes Unternehmen** kann jeder sein, der als **Klagegegner** (§ 1) in Betracht kommt.[19]

IV. Qualifizierte Einrichtungen (Abs. 1 Nr. 2)

16 Klageberechtigt sind außerdem nach Abs. 1 Nr. 2 **qualifizierte Einrichtungen.** Bei diesen handelt es sich um **klageberechtigte Stellen aus anderen EU-Mitgliedstaaten.** Sie sind klageberechtigt, wenn sie in dem von **Europäischen Kommission** auf Grundlage des Art. 5 Abs. 1 S. 4 Verbandsklagen-RL **geführten Verzeichnis** eingetragen sind (zum Nachweis durch die klageberechtigte Stelle und zur Prüfung durch das Gericht → § 5 Rn. 5 ff.).[20]

---

14 BT-Drs. 19/2507, 22.

15 Dazu HK-VDuG/Röthemeyer VDuG § 2 Rn. 14; zur alten Rechtslage auch Musielak/Voit/Stadler, 20. Aufl. 2023, ZPO § 606 Rn. 9 und MüKoZPO/Menges ZPO § 606 Rn. 13.

16 HK-ZPO/Rathmann ZPO § 606 Rn. 6.

17 Für das Abstellen auf § 14 BGB HK-VDuG/Röthemeyer VDuG § 2 Rn. 15; für einen Gleichlauf mit § 1 Zöller/Vollkommer VDuG § 2 Rn. 10.

18 So schon zur alten Rechtslage HK-ZPO/Rathmann ZPO § 606 Rn. 6.

19 Zöller/Vollkommer VDuG § 2 Rn. 10.

20 Abrufbar unter: https://representative-actions-collaboration.ec.europa.eu/cross-border-qualified-entities (zuletzt abgerufen am 9. 8. 2024).

D. Offenlegung der finanziellen Mittel (Abs. 2)

I. Überblick

17 Abs. 2 enthält eine **Befugnis** des Gerichts, im **pflichtgemäßen Ermessen** (→ Rn. 22) vom Kläger die **Offenlegung** seiner **finanziellen Mittel zu verlangen, wenn ernsthafte Zweifel** daran bestehen, dass die **Voraussetzung des Abs. 1 Nr. 1 Buchst. b** vorliegen. Die Vorgängerregelung des § 2 Abs. 2 fand sich in § 606 Abs. 1 S. 3 ZPO aF. Das Gericht soll sich auf diesem Weg die notwendige Gewissheit (→ § 5 Rn. 6) vom Vorliegen der Voraussetzung verschaffen können. Es handelt sich um eine spezifische **Regelung,** die **nur** die **Voraussetzung des Abs. 1 Nr. 1 Buchst. b** betrifft. Auch die **übrigen Voraussetzungen** des § 2 Abs. 1 werden durch das Gericht geprüft (bspw. → § 5 Rn. 18). Das Gesetz legt dafür aber keine Abweichung von der **herkömmlichen gerichtlichen Prüfung** fest.

II. Ernsthafte Zweifel

18 Die durch Abs. 2 geregelte Abweichung für die gerichtliche Prüfung liegt bei Abs. 2 darin, dass die hier normierte Befugnis zur Anordnung nur bei **ernsthaften Zweifeln** hinsichtlich der Voraussetzungen des Abs. 1 Nr. 1 Buchst. b. greift. Das **schließt** nach den Gesetzesmaterialien und allgemeiner Meinung **aus,** dass die Offenlegung durch das Gericht **ohne besonderen Anlass verlangt** wird.[21] Die übrigen Voraussetzungen des Abs. 1 muss der Kläger – trotz Prüfung von Amts wegen – mit der Klageschrift hingegen stets nachweisen (→ § 5 Rn. 4).

19 Worauf die **ernsthaften Zweifel** beruhen, ist ohne Bedeutung.[22] Sie können sich **aus dem Prozessstoff** ergeben, aber **auch** aus **anderen Quellen** gespeist werden, beispielsweise aus **Medienberichten.**

III. Offenlegung

20 Über die **Art und Weise der Offenlegung** trifft das Gesetz keine Aussage. Aufgrund der fehlenden näheren Konkretisierung durch den Gesetzgeber erscheint eine **Anlehnung an** die allgemeine Vorschrift des **§ 259 BGB** angezeigt. Die Offenlegung muss also den dortigen Anforderungen genügen. Das schließt die **Aufstellung des Zuflusses der Mittel und ihre Herkunft**[23] ein. Nach § 259 Abs. 1 BGB und dem Zweck des § 2 Abs. 2 entsprechend besteht auch eine **Pflicht zur Vorlage von Belegen.** Erfasst sind somit auch **Kontoauszüge,**[24] die Auskunft über den aufgestellten Mittelzufluss geben können. Zudem muss das Gericht seine Anordnung auf **weitere Inhalte** erstrecken können, deren **Kenntnis** es **benötigt, um** seine **Zweifel zu beseitigen.** Wenn nämlich bestimmte Umstände die ernst-

---

21 Zöller/Vollkommer VDuG § 2 Rn. 11; HK-VDuG/Röthemeyer VDuG § 2 Rn. 18; BT-Drs. 20/6520, 72; Vorliegen ernsthafter Zweifel verneint bei BGH NJW-RR 2022, 11 Rn. 22.

22 Ähnlich HK-VDuG/Röthemeyer VDuG § 2 Rn. 18.

23 Zöller/Vollkommer VDuG § 2 Rn. 11; zur alten Rechtslage BeckOK ZPO/Lutz, 50. Ed. 1.7.2023, ZPO § 606 Rn. 38.1.

24 BGH BeckRS 2023, 15484.

haften Zweifel des Gerichts verursachen, ist es nach dem Normzweck geboten, den Kläger zur Beseitigung dieser Zweifel heranziehen zu können.

IV. Verfahren

21 **Zuständig** für die Anordnung ist das **Gericht,** also der **Spruchkörper.** Die Entscheidung ergeht durch **Beschluss.** Es **sollte** eine angemessene **Frist zur Erfüllung** gesetzt werden. Auch ist darauf **hinzuweisen** (§ 139 Abs. 3 ZPO), dass die **Klage bei Nichterfüllung abgewiesen** werden wird, was ebenfalls unmittelbar mit der Anordnung erfolgen kann. Kommt der Kläger der Anordnung nicht nach, wird die Klage durch Prozessurteil abgewiesen.

22 Die Anordnung der Offenlegung steht im **pflichtgemäßen Ermessen des Gerichts.**[25] Nach dem Wortlaut des Abs. 2 „verlangt" das Gericht die Offenlegung zwar. Der Gesetzgeber wollte hier aber ein Ermessen geregelt wissen. Die Begründung des Referentenentwurfs sprach schon davon, dass das Gericht die Offenlegung verlangen „kann".[26] Der Regierungsentwurf wiederholte das.[27] Der Rechtsausschuss äußerte sich nicht zu der Regelung.[28] **Ob ernsthafte Zweifel bestehen,** ist **keine Ermessensfrage.** Das Ausüben des Ermessens ist erforderlich, wenn ernsthafte Zweifel bejaht werden.

E. Vermutung der Unabhängigkeit (Abs. 3)

23 Nach Abs. 3 wird **unwiderleglich vermutet** (§ 292 S. 1 ZPO), dass **Verbraucherzentralen** und **andere Verbraucherverbände,** die überwiegend mit öffentlichen Mitteln gefördert werden, die **Voraussetzung des Abs. 1 Nr. 1 Buchst. b erfüllen,** also dass sie nicht mehr als 5 Prozent ihrer finanziellen Mittel durch Zuwendungen von Unternehmen beziehen.

24 Eine **Prüfung** der Voraussetzung des Abs. 1 Nr. 1 Buchst. b. **erfolgt deshalb** bei den Verbänden des Abs. 3 **nicht.** Die **gesetzliche Vermutung sperrt** die Anwendung des **Abs. 2,** der den Nachweis der Voraussetzung des Abs. 1 Nr. 1 Buchst. b erforderlich macht, wenn das Gericht ernsthafte Zweifel hat (→ Rn. 18 und → § 5 Rn. 12). Selbst wenn das Gericht ernsthafte Zweifel iSd Abs. 2 hat, werden die Verbände des Abs. 3 von der Nachweispflicht durch die Unwiderlegbarkeit der Vermutung entbunden.

25 **Wann** die **öffentliche Förderung überwiegend** ist, ist **umstritten.** Da der Gesetzgeber sich nicht näher festgelegt hat, dürfte der **allgemeine Sprachgebrauch** leitend sein, sodass die **überwiegende** Förderung gegeben ist, wenn **mehr als 50 Prozent**[29] **der Mittel** des Verbandes ihren **Ursprung in öffentlichen Kassen** haben.

---

[25] AA zu § 606 ZPO aF HK-ZPO/Rathmann ZPO § 606 Rn. 7 (gebundene Entscheidung).

[26] VRUG-RefE, 70.

[27] BT-Drs. 20/6520, 70.

[28] S. BT-Drs. 20/7631, 107.

[29] OLG Braunschweig BeckRS 2020, 36447 Rn. 10 (zur alten Rechtslage); Zöller/Vollkommer VDuG § 2 Rn. 12; HK-ZPO/Rathmann ZPO § 606 Rn. 8; ebenso zur alten Rechtslage BeckOK ZPO/Lutz, 50. Ed. 1.7.2023, ZPO § 606 Rn. 39; Musielak/Voit/Stadler, 20. Aufl. 2023, ZPO § 606 Rn. 11; Beckmann/Waßmuth WM 2019, 45 (47); Scholl ZfPW 2019, 317 (333); aA Merkt/Zimmermann VuR 2018, 363 (366) (50 bis 90 Prozent); Felgentreu/Gängel VuR 2019, 323 (326) (50 Prozent); wiederum aA MüKoZPO/Mick-

26 Eine **korrespondierende Privilegierung** findet sich in **§ 4 Abs. 2 S. 2 UKlaG.**[30] Diese Regelung stand Pate für die des § 606 Abs. 1 S. 4 ZPO aF. Nach § 4 Abs. 2 S. 2 UKlaG wird unwiderleglich vermutet, dass Verbraucherzentralen und andere Verbraucherverbände, wenn sie überwiegend mit öffentlichen Mitteln gefördert werden, die Voraussetzungen für die Eintragung in die Liste des § 4 Abs. 1 UKlaG erfüllen. Diesen Verbänden wird somit durch § 4 Abs. 2 S. 2 UKlaG die Eintragung erleichtert und durch § 2 Abs. 3 das Erheben der Verbandsklagen.

27 Die **überwiegend öffentliche Förderung** (Abs. 3) und ein **Zufluss von 5 Prozent der Mittel durch Zuwendungen von Unternehmen** (Abs. 1 Nr. 1 Buchst. b, Abs. 2) **schließen sich nicht aus.** Das erscheint in **Grenzfällen problematisch.** Anliegen des Abs. 3 ist es, die Arbeit der dort genannten Verbände privilegieren. Mit der erstmaligen Einführung der Regelung in § 606 Abs. 1 S. 4 ZPO aF für die Musterfeststellungsklage sollten diese Verbände stets als klageberechtigt angesehen werden.[31] An dieser Absicht des Gesetzgebers hat sich nichts geändert. Wenn diese aber nur überwiegend (→ Rn. 25) öffentlich gefördert und daneben zu einem bedeutenden Teil ihre Mittel durch Zuwendungen von Unternehmen erhalten, ist eine nicht auszuschließende Einflussnahme durch Unternehmen der **gerichtlichen Prüfung entzogen** und bleibt **folgenlos.**

§ 3 Zuständigkeit; Verordnungsermächtigung

(1) **Für Verbandsklagen ist dasjenige Oberlandesgericht sachlich und örtlich ausschließlich zuständig, in dessen Bezirk sich der allgemeine Gerichtsstand des Unternehmers, gegen den sich die Verbandsklage richtet, befindet.**

(2) [1]**Regelungen in Rechtsakten der Europäischen Union bleiben unberührt.** [2]**Regelungen in völkerrechtlichen Vereinbarungen, soweit sie unmittelbar anwendbares innerstaatliches Recht sind, gehen den Vorschriften dieses Gesetzes vor.**

(3) [1]**Die Landesregierungen können durch Rechtsverordnung einem Oberlandesgericht die Entscheidung und Verhandlung für die Bezirke mehrerer Oberlandesgerichte oder dem Obersten Landesgericht zuweisen, sofern**
1. **in dem Land mehrere Oberlandesgerichte errichtet sind und**
2. **die Zuweisung für das Verbandsklageverfahren förderlich ist.**

[2]**Die Landesregierungen können die Ermächtigung durch Rechtsverordnung auf ihre Landesjustizverwaltung übertragen.**

Literatur: Bayat, Die Prospekthaftung im Abhilfeverfahren, BKR 2024, 219; Büscher, Die Umsetzung der Verbandsklagenrichtlinie, WRP 2024, 1; Schaub, Die Umsetzung der Verbandsklagenrichtlinie, GRUR 2024, 655; Thönissen, Zuständigkeit und Sperrwirkung bei Verbandsabhilfeklagen, EuZW 2023, 637.

---

litz/Rott UKlaG § 4 Rn. 33 (signifikante dauerhafte Förderung); dem zustimmend auch HK-VDuG/Röthemeyer VDuG § 2 Rn. 24.

30 Instruktiv dazu MüKoZPO/Micklitz/Rott UKlaG § 4 Rn. 32f.

31 BT-Drs. 19/2507, 22; vgl. auch BT-Drs. 19/2741, 24.

A. Überblick und Normzweck

1 Die Vorschrift regelt die Zuständigkeit bei Verbandsklagen in **sachlicher, örtlicher** und **internationaler** Hinsicht. Abs. 1 regelt die sachliche und örtliche Zuständigkeit, Abs. 2 betrifft Fragen der internationalen Zuständigkeit. Abs. 3 enthält eine Ermächtigung für die Landesregierungen, im jeweiligen Bundesland Zuständigkeitskonzentrationen zu regeln.

B. Umsetzung der Richtlinie

2 Die Regelung ist **unionsrechtlich nicht determiniert.** ErwG 12 S. 1 und 2 Verbandsklagen-RL bestimmt vielmehr ausdrücklich, dass die Richtlinie – in Einklang mit dem Grundsatz der Verfahrensautonomie – nicht dazu dienen soll, jeden Aspekt der Verbandsklage zu regeln, sondern es den Mitgliedstaaten obliegt, die für Verbandsklagen geltenden Vorschriften u. a. hinsichtlich der Zulässigkeit festzulegen. In diesem Licht zu lesen ist auch die Bestimmung der Richtlinie, wonach Grundlage der Zulässigkeitsprüfung im konkreten Verfahren der jeweilige Klagevortrag ist.[1]

C. Ausschließliche Zuständigkeit der Oberlandesgerichte (Abs. 1)

3 Abs. 1 weist für Verbandsklagen nach dem VDuG angesichts der Breitenwirkung der mit Abhilfe- und Musterfeststellungsklagen geltend gemachten Ansprüche oder Rechtsverhältnisse die ausschließliche **sachliche Zuständigkeit** den **OLG** zu.[2] Die Regelung eröffnet damit einen zweizügigen Instanzenzug, der unmittelbar in die Revision mündet. Deren Einlegung bedarf – sowohl gegen Abhilfegrundurteile (gem. § 16 Abs. 5) bzw. Abhilfeendurteile (gem. § 18 Abs. 4) wie gegen Musterfeststellungsurteile (gem. § 42) – keiner Zulassung. Die sachliche Zuständigkeit wird als **ausschließliche** begründet. Mit anderen ausschließlichen Zuständigkeiten kollidiert sie angesichts ihres Regelungsgehalts freilich nur insoweit, als diese ebenfalls für Kollektivklagen begründet sind. Soweit dies allerdings der Fall ist – insbesondere für die Unterlassungsverbandsklage nach § 6 UKlaG und die Gewinnabschöpfungsklage nach § 10 UWG und § 34a GWB –, ist dieser Zuständigkeitskonflikt nicht geregelt. Als konzeptionelle Regelungslücke wird man dies jedoch schwerlich begreifen können, sodass eine einheitliche Zuständigkeit etwa analog § 36 ZPO nicht in Betracht kommen, sondern eine objektive Klagehäufung ausscheiden dürfte.[3] Den bei den OLG startenden zweizügigen Instanzenzug hat der Gesetzgeber für inhaltlich sich überschneidende **kartellrechtrechtliche Verfahren** in §§ 91 S. 2, 94 Abs. 1 Nr. 4 GWB übernommen.

4 Nach der Gesetzesintention naheliegend wird es sein, im Hinblick auf die **funktionelle Zuständigkeit** auf Landesebene gemäß § 119a Abs. 2 GVG Spezialsenate

[1] Vgl. ErwG 39 S. 2, Art. 7 Abs. 3 Verbandsklagen-RL.
[2] Vgl. BT-Drs. 20/6520, 70.
[3] Im Ergebnis ebenso Thönissen EuZW 2023, 637.

für Verbandsklageverfahren zu bilden,[4] da anderenfalls die materielle Anknüpfung nach § 119a Abs. 1 GVG greift. Ob es allein die Besonderheit des Verbandsklageverfahrens ratsam erscheinen lässt, die funktionelle Zuständigkeit entscheidend an eine Spezialisierung im Verfahrensrecht statt an das weiterhin entscheidungsmaßgebliche materielle Recht anzuknüpfen, wird man allerdings sorgsam abzuwägen haben. Dem Ziel einer möglichst gleichmäßigen Spruchkörperauslastung dürfte die Bildung von Spezialsenaten für Massenverfahren jedenfalls zuwiderlaufen. Beide Gesichtspunkte könnten auch dafür sprechen, einen entsprechenden Schritt auf Landesebene erst für einen späteren Zeitpunkt in Erwägung zu ziehen, in dem belastbare Erfahrungen mit der Verfahrenswirklichkeit von Verbandsklagen vorliegen.

Der ausschließlichen sachlichen Zuständigkeit stellt § 3 Abs. 1 die **ausschließliche örtliche Zuständigkeit** des OLG zur Seite, in dessen Bezirk sich der 5
allgemeine Gerichtsstand des Unternehmers befindet, gegen den sich die Verbandsklage richtet. Bei gegen Unternehmer geführten Verbandsklagen ist damit regelmäßig das OLG am **Sitz des Unternehmers** zur Entscheidung berufen (§ 13 Abs. 1 S. 1 VDuG iVm § 17 Abs. 1 S. 1 ZPO) bzw. das OLG, in dessen Bezirk die Verwaltung des Unternehmens geführt wird (§ 13 Abs. 1 S. 1 VDuG iVm § 17 Abs. 1 S. 2 ZPO). Für Verbandsklagen, die gegen Unternehmer als natürliche Personen gerichtet werden, ist das OLG zuständig, in dessen Bezirk sich der **Wohnsitz des Unternehmers** befindet (§ 13 Abs. 1 S. 1 VDuG iVm §§ 12, 13 ZPO). Andere Gerichtsstände (insbesondere des Erfüllungsorts nach § 29 ZPO oder der unerlaubten Handlung nach § 32 ZPO) scheiden aus.[5] Überdies kann eine abweichende örtliche Zuständigkeit aufgrund der in § 3 Abs. 1 angeordneten Ausschließlichkeit weder durch Vereinbarung nach § 38 ZPO noch durch rügelose Einlassung nach § 39 ZPO begründet werden (§ 40 Abs. 2 S. 1 Nr. 2 ZPO; → § 13 Rn. 9). Wird eine Verbandsklage gegen mehrere Unternehmer geführt, steht die ausschließliche örtliche Zuständigkeit eines OLG hingegen nicht der **gerichtlichen Bestimmung der Zuständigkeit** eines anderen (örtlich ausschließlich) zuständigen OLG entgegen (ebenso → § 13 Rn. 9).[6] Als Kriterium mag hierbei auch eine Mehrzahl im Bezirk eines OLG betroffener Zuständigkeiten herangezogen werden.[7] Jedenfalls bei komplexen Sachverhalten und bei Unternehmen, die an vielen Standorten vertreten sind, wird es hingegen näher liegen, auf sachliche Gesichtspunkte der im Streitfall betroffenen Sachfragen zurückzugreifen. Liegen sämtliche hiernach zuständigen OLG innerhalb eines Bundeslandes, das von der Konzentrationsbefugnis nach § 3 Abs. 3 Gebrauch gemacht hat, ist für eine gerichtliche Zuständigkeitsbestimmung freilich kein Raum.[8]

Auf den **Individualprozess** hat die Vorschrift keine Auswirkungen. Hier ver- 6
bleibt es für die Zuständigkeit bei den allgemeinen Regelungen.[9]

---

4 So auch Anders/Gehle/Schmidt VDuG § 3 Rn. 7.

5 So auch Bayat BKR 2024, 219 (222).

6 BGHZ 90, 155 (159) = NJW 1984, 1624 (1625). So auch Büscher WRP 2024, 1 Rn. 17; OLG Hamm 26.2.2024 – I-1 UH 17/24 (in allerdings jeweils direkter Anwendung von § 36 Abs. 1 Nr. 3 ZPO).

7 So OLG Hamm 26.2.2024 – I-1 UH 17/24.

8 So auch Köhler/Bornkamm/Feddersen/Scherer VDuG § 3 Rn. 4.

9 So auch HK-VDuG/Röthemeyer VDuG § 3 Rn. 5.

D. Internationale Zuständigkeit (Abs. 2)

I. Europäische Union (Abs. 2 S. 1)

7 Die allein aus Gründen einer Hinweis- und Warnfunktion aufgenommene Bestimmung[10] lässt Rechtsakte der Europäischen Union deklaratorisch unberührt, weshalb sich auch unabhängig von ihr die internationale Zuständigkeit für Verbandsklagen nach den Vorschriften der **Brüssel Ia-VO** richtet. Da hierin ein besonderer Gerichtsstand für Kollektivklagen nicht geregelt ist, folgt die internationale Zuständigkeit für Verbandsklagen, die sich typischerweise gegen Unternehmer richten, vorwiegend aus Art. 4 Abs. 1 Brüssel Ia-VO iVm Art. 63 Abs. 1 Brüssel Ia-VO. Danach sind Verbandsklagen nach dem VDuG innerhalb der Europäischen Union regemäßig in dem **Mitgliedstaat** zu erheben, in dem sich der **Sitz des in Anspruch genommenen Unternehmers** befindet (bzw. seine Hauptverwaltung oder Hauptniederlassung).

8 Da Partei des Rechtsstreits nicht der Verbraucher selbst ist, haben auf Individualansprüche von Verbrauchern zugeschnittene Zuständigkeitsregelungen außer Betracht zu bleiben. Insbesondere besteht **keine internationale Zuständigkeit nach Art. 18 Brüssel Ia-VO** (ebenso → § 13 Rn. 68). Insoweit hat es bei der (wenngleich zur Abtretung ergangenen) Rechtsprechung des EuGH zu verbleiben, wonach eine anderenfalls nicht eröffnete Zuständigkeit nicht durch eine Konzentration mehrerer Verbraucheransprüche bei einem klagenden Verbraucher begründet werden kann.[11] Bildet ein kollektiver Abhilfeanspruch bzw. bilden kollektive Feststellungsziele den Gegenstand eines Verfahrens, kann nichts anderes gelten.[12]

II. Drittstaaten (Abs. 2 S. 2)

9 Der Vorbehalt vorgehender völkerrechtlicher Vereinbarungen soll Hinweis- und Warncharakter haben.[13] Einen eigenständigen Regelungsgehalt hat die **deklaratorische Vorschrift** nicht. Eine Eröffnung der internationalen Zuständigkeit deutscher Gerichte für Abhilfeklagen lässt sich nachvollziehbar allerdings auf § 6 Abs. 1 S. 2 Nr. 1 und 2 UKlaG analog bzw. §§ 12ff. ZPO analog stützen.[14]

E. Landesweite Zuständigkeitskonzentration (Abs. 3)

10 Die Bestimmung eröffnet die Möglichkeit, Verbandsklageverfahren nach dem VDuG bezirksübergreifend **bei einem OLG zu konzentrieren.** Der Gesetzgeber bezweckt hiermit, eine organisatorische und inhaltliche Spezialisierung besonderer Gerichte für Verbandsklagen und damit eine Erhöhung der Effizienz des Verfahrens und der Qualität der Entscheidungen zu erreichen.[15] Die Regelung erscheint ge-

---

[10] Vgl. BT-Drs. 20/6520, 70.

[11] Vgl. EuGH NJW 2018, 1003 Rn. 48.

[12] So auch Köhler/Bornkamm/Feddersen/Scherer VDuG § 3 Rn. 6; Zöller/Vollkommer VDuG § 3 Rn. 2; HK-VDuG/Röthemeyer VDuG § 3 Rn. 14; Musielak/Voit/Stadler ZPO VDuG Vorb. Rn. 33; Thönissen EuZW 2023, 637 (639).

[13] BT-Drs. 20/8620, 70.

[14] Zöller/Vollkommer VDuG § 3 Rn. 3.

[15] BT-Drs. 20/6520, 71.

rade in Massenverfahren auch pragmatisch, um ressourcenbindende Eingangsinstanzen zu vermeiden, die in einem dreistufigen Instanzenzug erfahrungsgemäß meist zu bloßen Durchlaufposten degenerieren.[16] Von der Konzentrationsmöglichkeit Gebrauch gemacht wurde bislang in Bayern (BayObLG)[17] und Nordrhein-Westfalen (OLG Hamm)[18].

§ 4 Verbraucherquorum; Finanzierung

(1) [1]Eine Verbandsklage ist nur zulässig, wenn die klageberechtigte Stelle nachvollziehbar darlegt, dass

1. von der Abhilfeklage Ansprüche von mindestens 50 Verbrauchern betroffen sein können oder
2. von den Feststellungszielen der Musterfeststellungsklage die Ansprüche oder Rechtsverhältnisse von mindestens 50 Verbrauchern abhängen können.

[2]Im Fall des § 7 Absatz 1 ist die Gesamtzahl der von der gemeinschaftlichen Klage betroffenen Verbraucher maßgeblich.

(2) Eine Verbandsklage ist unzulässig, wenn sie von einem Dritten finanziert wird,

1. der ein Wettbewerber des verklagten Unternehmers ist,
2. der vom verklagten Unternehmer abhängig ist,
3. dem ein wirtschaftlicher Anteil an der vom verklagten Unternehmer zu erbringenden Leistung von mehr als 10 Prozent versprochen ist oder
4. von dem zu erwarten ist, dass er die Prozessführung der klageberechtigten Stelle, einschließlich Entscheidungen über Vergleiche, zu Lasten der Verbraucher beeinflussen wird.

(3) [1]Mit Klageeinreichung hat die klageberechtigte Stelle dem Gericht die Herkunft der Mittel, mit denen die Klage finanziert wird, offenzulegen. [2]Wird die Klage durch einen Dritten finanziert, sind darüber hinaus die mit dem finanzierenden Dritten getroffenen Vereinbarungen offenzulegen. [3]Dies gilt auch in den Fällen, in denen die Finanzierung der Klage erst nach Klageeinreichung erfolgt.

Literatur: Basedow, Trippelschritte zum kollektiven Rechtsschutz, EuZW 2018, 609; Gsell/Meller-Hannich/Stadler, Prozessfinanzierung in Deutschland vor dem Hintergrund europäischer Regelungsinitiativen, JZ 2023, 989; Heerma, Das geplante Verbraucherrechtedurchsetzungsgesetz: Abhilfeurteile und deren Umsetzung nach dem VDuG, ZZP 136 (2023), 425; Hornkohl, Kartellrechtliche Kollektivklagen nach dem Verbandsklagenrichtlinienumsetzungsgesetz: (K)ein Meilenstein? NZKart 2024, 2; Röthemeyer, Das Verbraucherrechtedurchsetzungsgesetz (VDuG) zur Umsetzung der Verbandsklagen-Richtlinie – Die neue Abhilfeklage, VuR 2023, 332; Schläfke/Lühmann, Kollektiver Rechtsschutz nach der Umsetzung der EU-Verbandsklagen-RL, NJW 2023, 3385; Stadler, (Fehlende) Finanzierung der neuen Verbandsabhilfeklage nach dem VDuG, VuR 2023, 321; Stadler, Abtretungsmodelle und gewerbliche

---

[16] Ebenso HK-VDuG/Röthemeyer VDuG § 3 Rn. 3.

[17] § 8a Gerichtliche Zuständigkeitsverordnung Justiz (GZVJu) vom 11.6.2012 (GVBl. 295) zuletzt geändert durch Verordnung vom 2.1.2024 (BayMBl. Nr. 1).

[18] § 1 Verordnung über die Konzentration der Verhandlung und Entscheidung von Verbandsklageverfahren vom 18.10.2023 (GV NRW 2023, 1165).

Prozessfinanzierung bei Masseschäden, WuW 2018, 189; Wais, Anwaltliche Prozessfinanzierung unter dem Einfluss der Digitalisierung, JZ 2022, 404; Zhu/Popp, Zivilprozessualer Geheimnisschutz in Patentstreitverfahren, GRUR 2020, 338.

Übersicht

A. Überblick und Normzweck

1 Durch § 4 Abs. 1 und Abs. 2 werden **Zulässigkeitsvoraussetzungen** der Verbandsklage statuiert. Nach Abs. 1 muss nachvollziehbar dargelegt werden, dass der Gegenstand der Verbandsklage mindestens **50 Verbraucher** betreffen kann; bei der Abhilfeklage sind Ansprüche der unmittelbare Bezugspunkt der Betroffenheit (Nr. 1), bei der Musterfeststellungsklage können dies auch Rechtsverhältnisse der Verbraucher sein (Nr. 2). Nach Abs. 2 muss im Fall der **Drittfinanzierung** sichergestellt sein, dass der Finanzierer nicht mit dem Unternehmer in Wettbewerb steht (Nr. 1), er darf aber ebenso wenig abhängig von diesem sein (Nr. 2) und es darf ihm kein Anteil von mehr als 10% des Werts des Klageerfolgs versprochen worden sein (Nr. 3). Außerdem darf auch die Unabhängigkeit der klagenden klageberechtigten Stelle nicht beeinträchtigt sein (Nr. 4). In § 4 Abs. 3 ist die Pflicht zur **Offenlegung** der Prozessfinanzierung geregelt.

2 Abs. 1 und Abs. 2 sollen jeweils den **Schutz der Kollektivinteressen** der Verbraucher gewährleisten. Während die Regelungen über das Quorum sicherstellen sollen, dass es überhaupt um Kollektivinteressen und nicht bloß um Individualinteressen von Verbrauchern geht, will der Gesetzgeber mit den Vorschriften betreffend die Prozessfinanzierung sichergehen, dass die Prozessführung nicht durch andere als die Kollektivinteressen der Verbraucher gesteuert wird. Die Offenlegungspflicht in Abs. 3 schafft die Grundlage dafür, dass das Gericht sich über das Vorliegen der Voraussetzungen aus Abs. 2 ein Bild machen kann.

B. Umsetzung der Richtlinie

Gem. Art. 1 Abs. 1 Verbandsklagen-RL sind die Mitgliedstaaten verpflichtet, ein Verbandsklageverfahren zum Schutz der Kollektivinteressen der Verbraucher einzurichten. Aus Art. 1 Abs. 1 Verbandsklagen-RL folgt, dass die Verbandsklage nicht zur Durchsetzung von Individualinteressen zur Verfügung stehen muss. Daraus ergibt sich die Richtlinienkonformität des Quorums. Anders verhält es sich mit Blick auf die Regelungen zur Prozessfinanzierung in §4 Abs. 2. Die Regelung des Abs. 2 Nr. 1 dient der Umsetzung von Art. 10 Abs. 2 Buchst. b Verbandsklagen-RL.[1] Nr. 2 dient der Umsetzung von Art. 10 Abs. 2 Buchst. b Verbandsklagen-RL.[2] Nr. 4 dient der Umsetzung von Art. 10 Abs. 2 Buchst. a Verbandsklagen-RL.[3] Die Regelung in Abs. 2 Nr. 3, die die Beteiligung des Drittfinanzierers beschränkt, hat jedenfalls keine unmittelbare Umsetzungsfunktion. Denkbar ist aber, dass über diese Begrenzung typisiert auch Unabhängigkeitsgesichtspunkten Rechnung getragen wird. Die Offenlegungspflicht in Abs. 3 geht auf Art. 10 Abs. 3 Verbandsklagen-RL zurück. 3

Der Wortlaut von §4 geht teilweise auf den RegE[4] und teilweise auf die Beschlüsse des Rechtsausschusses zurück.[5] In der Fassung des RegE war noch erforderlich, dass der Kläger das Vorliegen der in Abs. 1 genannten Voraussetzungen „glaubhaft macht". Von der entsprechenden Regelung in der Fassung des RegE unterscheiden sich §4 Abs. 1 S. 1 Nr. 1 und 2 dadurch, dass nunmehr eine **potenzielle** Betroffenheit von Verbraucheransprüchen oder deren potenzielle Abhängigkeit von Feststellungszielen genügt. §4 Abs. 1 S. 2 geht allein auf die Beschlüsse des Rechtsausschusses zurück, dasselbe gilt für §4 Abs. 2 Nr. 3. Dagegen wurde §4 Abs. 3 durch die Beschlüsse des Rechtsausschusses lediglich modifiziert. Insbesondere stand es nach dem Entwurf der Bundesregierung im Ermessen des Gerichts, ob es eine Offenlegung der finanzierungsspezifischen Informationen verlangt. 4

C. Anwendungsbereich

Die in §4 Abs. 1 und 2 statuierten Zulässigkeitsvoraussetzungen der Verbandsklage sowie die Offenlegungspflicht in Abs. 3 gelten für **Abhilfeklage und Musterfeststellungsklage** gleichermaßen. Im Zusammenhang mit der **Prozessfinanzierung** ist freilich zu beachten, dass diese bei Abhilfeklagen, insbesondere solchen, die auf Zahlung eines Geldbetrags gerichtet sind, deutlich einfacher umsetzbar sind. 5

I. Quorum (Abs. 1)

1. Potenzielle Betroffenheit von Ansprüchen oder Rechtsverhältnissen. 6
Ein Anmeldequorum, wie es noch für die Musterfeststellungsklage in §606 Abs. 3 Nr. 3 ZPO aF vorgesehen war, ist nicht mehr erforderlich. Einer **tatsächlichen**

---

[1] BT-Drs. 20/6520, 71.
[2] BT-Drs. 20/6520, 71.
[3] BT-Drs. 20/6520, 71 (seinerzeit noch §4 Abs. 2 Nr. 3 VDuG-E).
[4] BT-Drs. 20/6520, 11.
[5] BT-Drs. 20/7631, 11.

Betroffenheit bedarf es nicht; es genügt die Möglichkeit. In den Gesetzesmaterialien wird dieser Schritt damit begründet, dass dieses Quorum bei allen bislang erhobenen Musterfeststellungsklagen erreicht worden sei und auch in der Praxis tatsächlich nur Musterfeststellungsklagen mit Relevanz für eine Vielzahl von Verbrauchern erhoben worden seien.[6]

7 Die Betroffenheit eines Anspruchs ist dann anzunehmen, wenn der Anspruchsinhaber zu dem im Antrag beschriebenen **Kreis der Anspruchsberechtigten** gehört, dh wenn im Falle seiner Verurteilung der Unternehmer auch an diese leisten müsste bzw. wenn der Verbraucher nach § 26 zur Teilnahme am Umsetzungsverfahren berechtigt wäre.[7] Die Betroffenheit des Rechtsverhältnisses ist anzunehmen, wenn der Verbraucher sich im Individualprozess gegen den Unternehmer nach Maßgabe des VDuG auf die **Feststellungen** berufen könnte.

8 **2. Nachvollziehbares Darlegen.** Das **nachvollziehbare Darlegen** einer möglichen Betroffenheit oder Abhängigkeit ist im Gesetzgebungsverfahren erst mit dem letzten Entwurf eingeführt worden. Anfangs war noch vorgesehen, dass die klageberechtigte Stelle **glaubhaft** macht, dass mindestens 50 Verbraucher betroffen sind oder ihre Rechtsverhältnisse von der Klage abhängen.[8] Legt man den Begriff des Glaubhaftmachens iSv § 294 ZPO aus, war demnach erforderlich, dass die klageberechtigte Stelle dem Gericht diese Tatsache zum Beweis so darlegt, dass sie diesem **überwiegend wahrscheinlich** erscheinen.[9] Das Erfordernis des nachvollziehbaren Darlegens der möglichen Betroffenheit, wie es sich im geltenden § 4 Abs. 1 findet, ist **weniger streng,** weil begrifflich die Möglichkeit einen **geringeren Wahrscheinlichkeitsgrad** voraussetzt als die überwiegende Wahrscheinlichkeit.

9 In systematischer Sicht bedeutete der Verzicht auf das Erfordernis des Glaubhaftmachens zugleich eine Absage an die in § 294 Abs. 1 ZPO vorgesehene Beweiserleichterung der **eigenen Versicherung an Eides statt** und die Einschränkung aus § 294 Abs. 2 ZPO, wonach die Beweisaufnahme nur sofort erfolgen kann. Unklar ist allerdings, ob Beweisregeln im Zusammenhang mit der Darlegung iSv Abs. 1 überhaupt eine Rolle spielen. In der Gesetzesbegründung wird darauf hingewiesen, dass ein Beweis der tatsächlichen Betroffenheit nicht vorausgesetzt werde, sondern allein die mögliche Betroffenheit von mindestens 50 Verbrauchern nachvollziehbar darzulegen sei.[10] Es genügt eine **Prüfung der Plausibilität,** die etwa anzunehmen sein kann, wenn das Vorhandensein einer großen Zahl bestimmter Fahrzeuge auf ein **ausreichendes Potenzial** von Erwerbern solcher Fahrzeuge schließen lässt.[11]

10 Ist eine Abhilfeklage auf die Verurteilung des Unternehmers auf Zahlung an namentlich benannte Verbraucher gerichtet, soll es auf die **namentliche Benennung von Verbrauchern** nicht ankommen.[12] Begründet wird dies mit dem Argument, dass die Gläubiger mit der Klage noch nicht feststünden, vielmehr noch ihre Anmeldung erforderlich sei.[13]

---

6 BT-Drs. 20/6520, 71.
7 HK-VDuG/Röthemeyer VDuG § 4 Rn. 4.
8 BT-Drs. 20/6520, 11.
9 BGH NJW-RR 2011, 136 (137); BGH NJW-RR 2007, 776 (777).
10 BT-Drs. 20/7631, 107.
11 HK-VDuG/Röthemeyer VDuG § 4 Rn. 8.
12 HK-VDuG/Röthemeyer VDuG § 4 Rn. 8.
13 HK-VDuG/Röthemeyer VDuG § 4 Rn. 8.

3. Streitgenossenschaft. Gem. § 4 Abs. 1 S. 1 Nr. 2, S. 2 muss bei einer **streitgenossenschaftlichen Klage** von mehreren klageberechtigten Stellen oder gegen mehrere Unternehmer das Verbraucherquorum **nur einmal** mit Wirkung für die gesamte Klage erreicht werden. Werden dagegen Ansprüche geltend gemacht, die nicht iSd VDuG **gleichartig** sind, muss das erforderliche Quorum für jede Verbandsklage einzeln erreicht werden.[14] 11

II. Drittfinanzierung (Abs. 2)

1. Finanzierung durch Wettbewerber. Den Begriff des Wettbewerbers definiert das VDuG nicht. Allerdings sind nach ErwG 52 Verbandsklagen-RL mit dem Begriff der Wettbewerber solche Unternehmer gemeint, die auf **demselben Markt** wie der Beklagte tätig sind. Befürchtet wird, dass der Wettbewerber ein **wirtschaftliches Interesse** am Ausgang der Verbandsklage haben könnte, das nicht mit dem Verbraucherinteresse identisch ist. Entscheidend kommt es darauf an, ob ein bestimmtes Unternehmen als Wettbewerber einzustufen ist. Da die Verbandsklagen-RL den Begriff nicht konkretisiert, bietet sich eine Parallele zum Begriff des **„Mitbewerbers"** iSd Europäischen Lauterkeitsrechts an: Nach der Rechtsprechung des EuGH ist die Einstufung als „Mitbewerber" iSv Art. 4 Buchst. d RL 2006/114/EG naheliegend, wenn die Waren oder Dienstleistungen, die sie auf dem Markt anbieten, **substituierbar** sind.[15] Legt man diese Rspr. zugrunde, kommt es darauf an, ob die Waren oder Dienstleistungen des finanzierenden Unternehmens und des Verbandsbeklagten aus der Sicht der Marktgegenseite austauschbar sind. Will man zur weiteren Konkretisierung des Begriffs des Wettbewerbers auf die umfangreiche Rspr. zur Auslegung des Begriffs des Mitbewerbers iSd UWG[16] zurückgreifen, ist der unionsrechtliche Hintergrund des VDuG, der einer zu engen Anwendung entgegenstehen könnte, zu berücksichtigen. 12

2. Abhängigkeit des Finanzierers. § 4 Abs. 2 Nr. 2 stellt das Gegenstück zu § 4 Abs. 2 Nr. 1 dar. Ist der Finanzierer **ein abhängiges Unternehmen,** ist zu vermuten, dass es ihm zuvörderst darum geht, vom Beklagten **Schaden abzuwenden.** Soweit dieser Schaden die notwendige Kehrseite der Befriedigung der Verbraucherinteressen darstellt, ist naheliegend, dass ein **Interessenkonflikt** droht. Wann eine Abhängigkeit iSd Vorschrift vorliegt, ist unklar. Naheliegend erscheint eine Parallele zum **wettbewerbsrechtlichen Abhängigkeitsbegriff** in § 20 Abs. 1 und 1a GWB. Danach kommt es maßgeblich auf das Fehlen tatsächlich bestehender **Bezugs- oder Absatzalternativen** an, wobei auch die Notwendigkeit des Zugangs zu Daten eine Abhängigkeit begründen kann.[17] Diese Abhängigkeit wirkt sich in zweierlei Weise aus. Zum einen würden etwaige **Vergeltungsmaßnahmen** das abhängige Unternehmen besonders schwer treffen. Zum anderen würde durch eine Verbandsklage, die für beklagte Unternehmer existenzbedrohend ist, auch das finanzierende abhängige Unternehmen in seiner **Existenz** gefährdet. 13

---

[14] Schläfke/Lühmann NJW 2023, 3385 (3386).

[15] EuGH GRUR 2007, 511 Rn. 28 (De Landtsheer/CIVC).

[16] Etwa BGH GRUR 2023, 732 Rn. 21; BGH GRUR 2019, 189 Rn. 57; BGH GRUR 2016, 1193 Rn. 18; BGH GRUR 2015, 1129 Rn. 18; BGH GRUR 2014, 1280 Rn. 23.

[17] Immenga/Mestmäcker/Markert/Podszun GWB § 20 Rn. 15.

14 **3. Finanzierung gegen Beteiligung. a) Allgemeines.** Gemäß § 4 Abs. 2 Nr. 3 ist eine Finanzierung durch einen Dritten gegen das **Versprechen einer Beteiligung** unzulässig, wenn dem Dritten ein wirtschaftlicher Anteil von mehr als 10 Prozent der vom Unternehmer zu erbringenden Leistung versprochen ist. Dabei soll in der Formulierung „wirtschaftlicher Anteil" zum Ausdruck kommen, dass die rechtliche Konstruktion dieses Vorteils unerheblich ist.[18] Die 10%-Grenze ist **verfehlt.** Sie ist nicht durch empirische Befunde gestützt.[19] International sind Erfolgsbeteiligungen von 25 bis 30% üblich.[20] § 4 Abs. 2 Nr. 3 dürfte die Prozessfinanzierung vielfach unattraktiv machen.[21] Teilweise wird von einer unverhältnismäßigen Einschränkung der Vertragsfreiheit ausgegangen.[22] Die Beschränkung ist auch verfehlt, soweit angeführt wird, es gehe darum, **„amerikanische Verhältnisse"** bzw. eine **„Klageindustrie"** zu verhindern.[23] Es handelt sich dabei um eine weitgehend **inhaltsleere Argumentation,**[24] zumal die Verurteilung zu exzessiven punitive damages ohnehin nicht zur Debatte steht.[25]

15 **b) Berechnungsgrundlage. aa) Streitwertbegrenzung irrelevant.** Die Begrenzung des Streitwerts in § 48 Abs. 1 S. 2 und 3 GKG auf **EUR 250.000** bzw. **EUR 300.000** steht zwar ebenso wie die Prozessfinanzierung mit den Kosten des Verfahrens in Zusammenhang, sie muss aber bei der Bestimmung des maßgeblichen Betrages, der den Bezugspunktes der Gewinnbeteiligung bildet, irrelevant sein. Die Streitwertgrenze dient vor allem dazu, die von der klageberechtigten Stelle im Fall des Unterliegens zu tragenden Gerichtskosten zu **deckeln.**[26] Der Sinn der Übertragung der Streitwertgrenze auf die Prozessfinanzierung könnte allein darin liegen, das **Gewinnpotential der Prozessfinanzierung** zu begrenzen, um unbilliger Einflussnahme durch den Prozessfinanzierer auf den Kläger vorzubeugen. Da es um diese Ziele bereits allgemein in § 4 Abs. 2 Nr. 4 und typisiert in der prozentualen Begrenzung der Gewinnbeteiligung geht, wäre es aber naheliegend, dass der Gesetzgeber eine weitere typisierte Begrenzung ebenso ausdrücklich angeordnet hätte.

16 **bb) Maßgeblichkeit des Schlussberichts.** Allerdings wirft auch die Bestimmung des **tatsächlichen Gewinns,** auf den es zur Berechnung der Gewinnbeteiligung dann ankommen muss, Fragen auf. Unklar ist, ob der vom Gericht bestimmte **kollektive Gesamtbetrag** maßgeblich ist, oder ob es auf den vom Sachwalter an die Verbraucher tatsächlich **ausgezahlten Betrag** ankommt. Für die Maßgeblichkeit des im Urteil festgesetzten Betrags mag sprechen, dass dieser Betrag das volle **Gewinnpotenzial** der Klage widerspiegelt und es nicht in den Händen der klagenden Stelle liegt, ob die Verbraucher ihren Anteil am Kollektivbetrag abrufen. Konzeptionell betrachtet findet allerdings bei der Klage auf Zahlung eines Kollektivbetrags eine Umkehr prozessualer Abläufe statt. Während typi-

---

[18] BT-Drs. 20/7631, 107.
[19] Hornkohl NZKart 2024, 2 (5).
[20] Gsell/Meller-Hannich/Stadler JZ 2023, 989 (996).
[21] Gsell/Meller-Hannich/Stadler JZ 2023, 989 (996); Hornkohl NZKart 2024, 2 (5).
[22] Gsell/Meller-Hannich/Stadler JZ 2023, 989 (996).
[23] Nachweise bei Röthemeyer VuR 2023, 332 (Fn. 10).
[24] Vgl. auch Stadler WuW 2018, 189; Basedow EuZW 2018, 609 (614); Röthemeyer VuR 2023, 332 (333).
[25] Vgl. insoweit auch ErwG 10 Verbandsklagen-RL.
[26] BT-Drs. 7/5422, 13; BeckOK KostR/Toussaint GKG § 48 Rn. 29.

scherweise die Verurteilung zur Leistung auf die Feststellung des geltend gemachten Anspruchs folgt, geht bei der auf Zahlung eines kollektiven Gesamtbetrags gerichteten Verbandsklage die Verurteilung zur Leistung der Feststellung der Ansprüche voraus; letztere erfolgt nach § 27 Nr. 3 durch den Sachwalter. Nicht das Urteil, sondern erst die Feststellung der Beendigung des Umsetzungsverfahrens nach § 36 markiert das Ende des Verfahrens. Weil damit nach § 37 S. 1 zwangsläufig die Pflicht zur Rückerstattung nicht abgerufener Beträge einhergeht, ist im Ergebnis die im Urteil festgestellte Zahlungspflicht von vornherein auf **die Inanspruchnahme durch die Verbraucher** bedingt.

c) Umsetzung der Klagefinanzierung. Die Regelungen zur Prozessfinanzierung sind **nicht zu Ende gedacht.** Es fehlt eine Vorschrift, aus der sich ergibt, dass die klageberechtigte Stelle vom erstrittenen Betrag einen Teil an den Prozessfinanzierer abführen darf. In den Gesetzesmaterialien heißt es, dass „Leistungen des Unternehmers im Falle eines streitigen Urteils über eine Abhilfeklage von vornherein nur an berechtigte angemeldete Verbraucher gehen" dürfen.[27] Damit scheint es ausgeschlossen, dass der Prozessfinanzierer seinen Gewinn auf der Grundlage der **Finanzierungsvereinbarung** unmittelbar von der klageberechtigten Stelle erhält. 17

Teilweise wird vorgeschlagen, dass die **klageberechtigte Stelle als Nichtberechtigter** anteilig die zu erstreitenden Ansprüche der Verbraucher an den Prozessfinanzierer abtritt und die Verbraucher mit der Anmeldung zum Klageregister die Abtretung gem. § 185 Abs. 2 BGB nachträglich genehmigen.[28] Wird den Verbrauchern vorab ein entsprechender Hinweis erteilt, kann zwar durchaus der Anmeldung ein auf diese Genehmigung zielender Erklärungswert zugeschrieben werden. Allerdings scheitert diese Lösung an § 46. Die Vorschrift enthält in Abs. 2 eine Auflistung der **Voraussetzungen einer wirksamen Anmeldung** von Ansprüchen. Entsprechende Gegenleistungserfordernisse sind nicht vorgesehen. In den Materialien wird darauf hingewiesen, dass die Anmeldung zum Verbandsklageregister kostenlos sei.[29] Die Vermutung liegt nah, dass die Anmeldung zum Klageregister gem. § 46 nicht durch finanzielle Erfordernisse beschränkt werden kann.[30] 18

Denkbar wäre allenfalls, dass für den Verbraucher die Abtretung optional ist. Auf eine solche Ungewissheit wird sich aber kein Prozessfinanzierer einlassen. Eine Lösung dahingehend, dass die klageberechtigte Stelle nicht die Anmeldung zum Klageregister, sondern die Erhebung der Verbandsklage davon abhängig machte, dass betroffene Verbraucher die Prozessfinanzierung bspw. durch anteilige Abtretung an den Geldgeber ermöglichen, muss jedenfalls aus praktischen Gründen scheitern: **„Trittbrettfahrer"** könnten Ansprüche nach § 46 Abs. 1 nach Klageerhebung zur Eintragung anmelden, ohne aber zu denen zu gehören, die durch ihre Kooperation im Vorfeld der Klage die Prozessfinanzierung und mithin die Klage selbst ermöglicht haben. 19

Rein theoretisch bestünde eine Möglichkeit auch darin, dass die klageberechtigte Stelle den Prozessfinanzierer aus **eigenen Mitteln** bezahlt.[31] Wenn allerdings der klageberechtigten Stelle ausschließlich im Falle des Obsiegens Kosten entstün- 20

---

[27] BT-Drs. 20/7631, 107.

[28] Heerma ZZP 136 (2023), 425 (431); Stadler VuR 2023, 321 (322).

[29] BT-Drs. 20/6520, 100.

[30] Röthemeyer VuR 2023, 332 (335); vgl. auch Stadler VuR 2023, 321 (322).

[31] Stadler VuR 2023, 321 (322).

den (Zahlung an den Prozessfinanzierer), während im Fall des Unterliegens allein der Prozessfinanzierer die Kosten zu tragen hätte, bestünde kein Anreiz für die klageberechtigte Stelle, die Klage zu gewinnen. Eine solche gesetzgeberische Intention ist mit der auf eine Verbesserung des Verbraucherschutzes zielenden Verbandsklagen-RL[32] unvereinbar und daher nicht weiter in Betracht zu ziehen.

21 Es bleibt also bei dem etwas **irritierenden Befund,** dass einerseits der Gesetzgeber Prozessfinanzierungen zulässt, ihr zugleich aber an den entscheidenden Stellen einen Riegel vorschiebt, weil weder eine Bezahlung aus dem Umsetzungsfonds noch eine Inanspruchnahme der Verbraucher in Betracht kommen. Diese Umstände deuten auf ein gesetzgeberisches Versehen hin, dass zugunsten der ausdrücklich geregelten Prozessfinanzierung aufzulösen ist. Gesichtspunkte der Einfachheit der Abwicklung sprechen dafür, eine **Bezahlung unmittelbar aus dem Umsetzungsfond** zuzulassen.[33] Dabei kommt auch zum Tragen, dass der gegenteilig lautende Hinweis nicht im Gesetz enthalten ist, sondern allein in den Materialien. Für diese Auslegung spricht auch, dass nach § 4 Abs. 3 S. 2 die Finanzierungsvereinbarung zwischen der klageberechtigten Stelle und dem Geldgeber offenzulegen ist, nicht aber etwaige Vereinbarungen mit den Verbrauchern.[34] Ein unzulässiger Vertrag zulasten Dritter ist in der Vereinbarung zwischen Kläger und Finanzierer nicht zu sehen,[35] denn der Verbraucher ist nicht gezwungen, seine Ansprüche zur Eintragung in das Verbandsklageregister anzumelden.

22 Die Regelung des Art. 12 Abs. 2 Verbandsklagen-RL, wonach von einer Abhilfeklage betroffene Verbraucher nicht die Kosten des Verfahrens tragen, steht dieser Lösung nicht entgegen. Die Regelung steht vielmehr im Zusammenhang mit der Verankerung des **loser pays-Prinzips** in Art. 12 Abs. 1. Verbandsklagen-RL. Das loser pays-Prinzip darf nicht dazu führen, dass der Verbraucher nichts gewinnt und trotzdem zahlt, weil genau dieses Prozesskostenrisiko ein wesentlicher Grund für die rationale Apathie bei der Verbraucherrechtedurchsetzung ist. Durch die **Gewinnbeteiligung im Erfolgsfall** entsteht dagegen **kein Prozesskostenrisiko.** Hinzu kommt, dass Art. 10 Verbandsklagen-RL die Prozessfinanzierung ausdrücklich für zulässig erklärt.[36]

23 **d) Finanzierung durch den Anwalt.** Unklar ist, was gilt, wenn der Anwalt die Verbandsklage finanziert. Hier ist fraglich, ob § 4 Abs. 2 Nr. 3 anwendbar ist. Zweifel könnten zum einen aufgrund des Tatbestandsmerkmals **„Dritter"** angebracht sein, wenn man den Standpunkt vertritt, dass der Anwalt **im Lager seines Mandanten** steht. Fraglich ist aber auch, in welchem Verhältnis § 4 Abs. 2 Nr. 3 zu § 49b Abs. 2 S. 1 BRAO und § 4a Abs. 1 RVG steht. Nach § 4a Abs. 1 Nr. 1 RVG darf ein Erfolgshonorar nur vereinbart werden, wenn eine Geldforderung von höchstens EUR 2.000 geltend zu machen ist. Nach § 4a Abs. 1 Nr. 3 RVG kann es darüber hinaus für den Einzelfall vereinbart werden, wenn der Auftraggeber aufgrund seiner wirtschaftlichen Verhältnisse bei verständiger Betrachtung andernfalls von der Rechtsverfolgung abgehalten würde.

---

[32] ErwG 8 Verbandsklagen-RL.

[33] Im Ergebnis wohl auch Heerma ZZP 136 (2023), 425 (430 f.): „10% der Mittel aus dem Umsetzungsfonds".

[34] AA Schläfke/Lühmann NJW 2023, 3385 (3386), wonach § 4 Abs. 3 Nr. 2 dahingehend zu modifizieren sei, dass auch derartige Vereinbarungen offenzulegen sind.

[35] So aber Schläfke/Lühmann NJW 2023, 3385 (3386)

[36] Vgl. insoweit auch Stadler ZZP 136 (2023), 129 (149).

Von Bedeutung ist in diesem Zusammenhang zunächst, dass die Richtlinie den Mitgliedsstaaten freistellt, die Prozessfinanzierung zuzulassen. Ein **unionsrechtlich vorgegebener Vorrang** von § 4 Abs. 2 Nr. 3 existiert daher nicht. Auch Sinn und Zweck der Regelungen sprechen nicht für einen solchen Vorrang. § 49b Abs. 2 S. 1 BRAO iVm § 4a Abs. 1 RVG und § 4 Abs. 2 Nr. 3 VDuG verfolgen unterschiedliche Ziele. Entscheidend ist, dass die anwaltsspezifischen Schranken der Prozessfinanzierung, soweit sie die Vereinbarung des Erfolgshonorars nur für den Einzelfall zulassen, auch dem **Schutz der Rechtspflege** dienen, zu deren Organen auch der Anwalt zählt.[37] Es ist nicht ersichtlich, weshalb dieser Schutzzweck entfallen sollte, wenn der Anwalt für eine klageberechtigte Stelle tätig wird. Ist der Anwalt zugleich Finanzierer der Verbandsklage, müssen daher § 49b Abs. 2 S. 1 BRAO und § 4a Abs. 1 RVG ebenso Anwendung finden.[38] 24

e) Finanzierung durch mehrere Geldgeber. Bei einer Prozessfinanzierung durch mehrere Geldgeber darf nicht jede einzelne Beteiligung maximal 10% betragen, sondern es dürfen die **Beteiligungen zusammengerechnet** diesen Betrag nicht übersteigen.[39] Entscheidend ist die ratio der Beschränkung. Geht es darum, den Verbrauchern ein möglichst großes „Stück vom Kuchen" zu sichern, spricht das für eine Gesamtbetrachtung. Womöglich will der Gesetzgeber auch erreichen, dass das Prozesskostenrisiko, das durch die Prozessfinanzierung verringert wird, als Klageregulativ erhalten bleibt. Auch diese Erwägungen sprechen für eine Gesamtbetrachtung. 25

f) Prozessfinanzierung auf Seiten des Beklagten. § 4 Abs. 2 spricht nur von der Finanzierung der Verbandsklage, nicht von der Prozessfinanzierung im Allgemeinen. Das bedeutet, dass es im Hinblick auf die Prozessfinanzierung auf Seiten des beklagten Unternehmers bei den allgemeinen Grundsätzen bleibt: Soweit der Anwalt des Beklagten zugleich den Prozess finanziert, sind die Regelungen in § 49b Abs. 2 S. 1 BRAO und § 4a Abs. 1 RVG zu berücksichtigen. Eine Prozessfinanzierung durch Dritte ist generell zulässig. Zwar geht es für den beklagten Unternehmer „nur" um die Abwendung von Zahlungs- oder anderen Leistungspflichten, aber auch dieser Erfolg hat einen Wert, an dem der Drittfinanzierer beteiligt werden kann.[40] 26

4. Beeinflussung zu Lasten der Verbraucher. § 4 Abs. 2 Nr. 4 dient der Umsetzung von Art. 10 Abs. 2 Buchst. a Verbandsklagen-RL.[41] Maßgeblich kommt es bei der Anwendung darauf an, ob eine Beeinflussung der Prozessführung iSd Vorschrift **„zu erwarten ist"**. Der Wortlaut lässt darauf schließen, dass die Einflussnahme mit einiger **Gewissheit** bevorstehen muss. Es reicht nicht aus, dass eine bloße Möglichkeit im Raum steht. Das Risiko, dass der Finanzierer den Kläger zu einem Vergleich drängt, der das bestehende Verhandlungspotential nicht voll ausschöpft, besteht vor allem bei hohen (tatsächlichen) Streitwerten, weil die Vergleichssumme mitunter in absoluten Zahlen gleichwohl beträchtlich ist.[42] Ob ein 27

---

[37] Dazu Wais JZ 2022, 404 (409).

[38] Im Ergebnis auch Stadler ZZP 136 (2023), 129 (149).

[39] Etwas unklar Schläfke/Lühmann NJW 2023, 3385 (3386): „Die 10%-Grenze gilt auch bei mehreren Finanzierern".

[40] Dazu Wais JZ 2022, 404 (409).

[41] BT-Drs. 20/6520, 71 (seinerzeit noch § 4 Abs. 2 Nr. 3 VDuG-E).

[42] Weiterführend Wais JZ 2022, 404 (409).

solches Risiko aber tatsächlich besteht, ist ausweislich der Genehmigungsbedürftigkeit des Vergleichs nach § 9 Abs. 2 **zweifelhaft.** Zu beachten ist aber, dass die gerichtliche Kontrolle allein einen unangemessenen Vergleich verhindern, nicht aber einen angemessenen Vergleich erzwingen kann.

28 Eine **eigenständige Funktion** im Zusammenhang mit der Entscheidung über Vergleiche hat § 4 Abs. 2 Nr. 4 daher vor allem, soweit es um die Einflussnahme zur Verhinderung eines (oder jeglichen) Vergleichs geht, etwa weil der Finanzierer allein an der Medienwirksamkeit des streitigen Urteils interessiert ist („success without victory"). Insoweit dürfte § 4 Abs. 2 Nr. 4 vor allem eine Rolle spielen, wenn die Verbandsklage für die Zwecke **strategischer Prozessführung** vereinnahmt wird.

III. Herkunft der Mittel (Abs. 3)

29 § 4 Abs. 3 enthält eine die Finanzierung betreffende Offenlegungsplicht. In den früheren Entwürfen zum VDuG war noch allein vorgesehen, dass das Gericht dann, wenn es wegen der Finanzierung einer Verbandsklage durch einen Dritten ernsthafte Zweifel an der Zulässigkeit der Verbandsklage hat, die Offenlegung der Herkunft der Finanzierungsmittel und der mit dem Dritten getroffenen Vereinbarung verlangen kann.[43] In der geltenden Fassung besteht dagegen im Falle der Finanzierung durch Dritte eine **unbedingte gesetzliche Offenlegungspflicht.** Sie betrifft stets die Herkunft der Mittel und im Falle der Direktfinanzierung auch die Offenlegung der getroffenen Vereinbarung. Die unbedingte Offenlegungspflicht des § 4 Abs. 3 ist problematisch. Es besteht die Gefahr, dass die Beklagtenseite, die unter Berufung auf ihr rechtliches Gehör Einsicht in die Vereinbarung verlangt, **strategisch wichtige Informationen** über die Reichweite und gegebenenfalls Deckelung der Finanzierungsmöglichkeiten der Klägerseite erhält.[44] Ob sich ein Vorgehen entsprechend dem sog. **„Düsseldorfer Verfahren"** in Patentstreitigkeiten[45] etablieren wird, das die Offenlegung gegenüber einem zur Verschwiegenheit verpflichtete Dritten vorsieht,[46] bleibt abzuwarten.

30 Teilweise wird außerdem vertreten, dass § 4 Abs. 3 teleologisch dahingehend zu erweitern sei, dass der Kläger auch etwaige **Vereinbarungen zwischen dem Finanzierer und den Verbrauchern** vorlegen muss.[47] Selbst wenn man aber der Auffassung zuneigt, dass die Prozessfinanzierung eine Vereinbarung zwischen Verbrauchern und dem Geldgeber voraussetzt (→ Rn. 17), spricht gegen diese Auslegung, dass die Verbraucher – anders als die klageberechtigte Stelle – keine Prozessparteien sind. Eine unmittelbare Einflussnahme auf die Prozessführung droht insoweit nicht.

---

[43] BT-Drs. 20/6520, 12.

[44] Stadler VuR 2023, 321 (322); Stadler ZZP 136 (2023), 129 (150).

[45] Dazu Zhu/Popp GRUR 2020, 338.

[46] Stadler VuR 2023, 321 (322).

[47] Schläfke/Lühmann NJW 2023, 3385 (3386).

§5 Klageschrift

(1) **Die Klageschrift, mit der eine Verbandsklage erhoben wird, muss Folgendes enthalten:**
1. **die Angabe und den Nachweis, dass der Kläger eine klageberechtigte Stelle ist,**
2. **die nachvollziehbare Darlegung, dass**
   a) **von der Abhilfeklage Ansprüche von mindestens 50 Verbrauchern betroffen sein können oder**
   b) **von den Feststellungszielen der Musterfeststellungsklage die Ansprüche oder Rechtsverhältnisse von mindestens 50 Verbrauchern abhängen können,**
3. **die Angabe des Werts des Streitgegenstands und**
4. **die Angabe, ob ein Dritter die Verbandsklage finanziert, sowie gegebenenfalls den Namen des Dritten.**

(2) **Die Klageschrift soll für den Zweck der Bekanntmachung im Verbandsklageregister eine kurze Darstellung des Lebenssachverhalts enthalten, aus dem die geltend gemachten Ansprüche von Verbrauchern hergeleitet werden.**

(3) **Im Übrigen ist §253 der Zivilprozessordnung entsprechend anzuwenden.**

Literatur: Alamdari, Verbraucherschutz durch Abhilfeklagen – Zukunft des kollektiven Rechtsschutzes im deutschen Zivilprozess, NJOZ 2023, 1472; Schläfke/Lühmann, Kollektiver Rechtsschutz nach der Umsetzung der EU-Verbandsklagen-RL, NJW 2023, 3385.

Übersicht

A. Überblick und Normzweck

Die Vorschrift regelt den **notwendigen Inhalt** (Abs. 1) **der Klageschrift** der Verbandsklagen und die **weiteren** in der Klageschrift **zu machenden Angaben** (Abs. 2). Sie enthält Vorgaben für beide Typen von Verbandsklagen und solche, die sich spezifisch auf die Abhilfeklage (Abs. 1 Nr. 2 Buchst. a) oder die Musterfeststellungsklage (Abs. 1 Nr. 2 Buchst. b) beziehen. Im Übrigen ist gem. Abs. 3 **§253 ZPO entsprechend anzuwenden.** Weitere Vorgaben zum Inhalt der Klageschrift 1 für die Abhilfeklage finden sich außerdem in § 15 Abs. 2 (→ § 15 Rn. 34ff.). Nicht zwingend in der Klageschrift, aber mit Klageeinreichung sind die Erfordernisse des § 4 Abs. 3 (→ § 4 Rn. 29) zu erfüllen.

B. Umsetzung der Richtlinie

2 Die **Verbandsklagen-RL** ist hinsichtlich der **Vorgaben zur Klageerhebung zurückhaltend,** was aus Sicht des nationalen Rechts zu begrüßen ist, da Gerichte kein gesondertes Verfahren beachten müssen. **Art. 7 Abs. 2 Verbandsklagen-RL** enthält indes die Vorgabe, dass gegenüber dem Gericht **hinreichende Angaben** zu den von der Verbandsklage **betroffenen Verbrauchern** zu machen sind. Dem wird **durch Abs. 1 Nr. 2 Genüge getan.** Denn die „hinreichende[n] Angaben" setzen **keine namentliche Nennung** der Verbraucher voraus, sondern sollen dem Gericht **lediglich** die **Zuständigkeitsprüfung ermöglichen** (ErwG 34 S. 2 Verbandsklagen-RL).

3 Im **Referentenentwurf** war ursprünglich vorgesehen, dass nach **Abs. 1 Nr. 2** eine **Glaubhaftmachung,** keine nachvollziehbare Darlegung des Verbraucherquorums (→ Rn. 15) erforderlich sein sollte. Buchst. a verlangte, dass die **Verbraucher betroffen „sind",** Buchst. b., dass die **Ansprüche oder Rechtsverhältnisse** von den Feststellungszielen **„abhängen".** Beides ist nun durch ein „können" ergänzt. **Abs. 3** ließ im Wortlaut noch die **„entsprechende" Anwendung** des **§ 253 ZPO vermissen.**[1] In den **Stellungnahmen der Verbände** wurde gefordert, **Abs. 1 Nr. 4** zu **streichen,** da eine Prozessfinanzierung insgesamt abgelehnt wurde.[2] Durch den **Regierungsentwurf** sollte in **Abs. 1** eine **Nr. 3** eingefügt werden, die zur **Angabe** verpflichten sollte, inwieweit sich unter den von der Verbandsklage **betroffenen Verbrauchern kleine Unternehmen** im Sinne des § 1 Abs. 2 befinden. Damit sollte etwaigen **materiell-rechtlichen Unterschieden** Rechnung getragen werden.[3] Das wurde kritisiert.[4] Außerdem wurde durch den Regierungsentwurf das **„entsprechend"** in **Abs. 3 eingefügt.**[5] Der **Rechtsausschuss** führte die **„nachvollziehbare Darlegung"** in Abs. 1 Nr. 2 ein und schlug vor, dass es genügt, wenn die Verbraucher betroffen **„sein können"** und ihre Ansprüche oder Rechtsverhältnisse von den Feststellungszielen **„abhängen können".** Dabei handelt es sich um eine **Folgeanpassung** zur Änderung des § 4 Abs. 1 S. 1 (→ § 4 Rn. 4).[6] Die vom **Regierungsentwurf** neu vorgesehene Regelung in **Abs. 1 Nr. 3 strich er** wiederum. Das Gericht sollte über das Verbandsklageregister Kenntnis erhalten, ob die Anmeldung als kleines Unternehmen iSd § 1 Abs. 2 erfolgt (→ § 46 Rn. 18).[7]

---

[1] VRUG-RefE, 8f.
[2] Bitkom Stellungnahme VRUG, 9.
[3] BT-Drs. 20/6520, 72.
[4] Verbraucherzentrale Bundesverband Stellungnahme VRUG, 8.
[5] BT-Drs. 20/6520, 12.
[6] BT-Drs. 20/7631, 108.
[7] BT-Drs. 20/7631, 108.

C. Inhalt der Klageschrift nach Abs. 1 und 2

I. Notwendiger Inhalt (Abs. 1)

4 Das Gesetz regelt in Abs. 1 den **notwendigen Inhalt der Klageschrift.** Soweit dieser fehlt, hat das Gericht hierauf hinzuweisen (§ 13 Abs. 1 S. 1 VDUG iVm § 139 Abs. 3 ZPO).

5 **1. Klageberechtigung (Abs. 1 Nr. 1).** Die Klageschrift muss die **Angabe** und den **Nachweis** enthalten, dass der Kläger eine **klageberechtigte Stelle** (§ 2 Abs. 1) ist. Das verlangt, dass der Kläger zunächst **darlegt,** dass für ihn die **Voraussetzungen** des § 2 Abs. 1 Nr. 1 Buchst. a und b oder des § 2 Abs. 1 Nr. 2 **vorliegen.**

6 Das Gesetz verlangt außerdem den **Nachweis** dieser Voraussetzungen. Auch wenn das **Gericht von Amts wegen** das Vorliegen der Klageberechtigung **prüfen muss,** wobei der Freibeweis gilt,[8] ist der **Kläger nicht davon entbunden, Nachweise** für das Bestehen der Klageberechtigung **vorzulegen.**

7 **a) Nachweis in den Fällen des § 2 Abs. 1 Nr. 1. Nachzuweisen** ist in den Fällen des § 2 Abs. 1 Nr. 1, dass der Kläger in die **Liste,** die auf Grundlage des **§ 4 Abs. 2 UKlaG** geführt wird, als qualifizierter Verbraucherverband **eingetragen** ist (§ 2 Abs. 1 Nr. 1 Buchst. a. Zum Nachweis, dass es sich bei dem Kläger um einen qualifizierten Verbraucherverband handelt, dient die **Bescheinigung des Bundesamtes für Justiz,** die durch den Verband nach § 4 Abs. 4 UKlaG beantragt werden kann. Die **Bescheinigung sollte aktuell sein.** Jedenfalls sehr alte Bescheinigung ermöglichen es dem Gericht nicht ohne Weiteres, die notwendige Überzeugung darüber zu erlangen, dass der Verband noch in die Liste eingetragen ist.

8 Der **bloße Hinweis in der Klageschrift** darauf, dass der Kläger in diese **Liste eingetragen** ist, dürfte hingegen zum Nachweis **nicht genügen.** Es kann vom Gericht nicht verlangt werden, dass es selbständig Einsicht in die Liste nimmt.

9 Die **Prüfung des Gerichts** ist nur darauf gerichtet, **ob** die **Eintragung** in diese Liste besteht, **nicht** aber, **ob** der Kläger die **Voraussetzungen für diese Eintragung erfüllt.** Hat das **Gericht Zweifel,** dass die Voraussetzungen für die Eintragung erfüllt sind, kann es das **Bundesamt für Justiz zur Überprüfung auffordern.** Bis zum Abschluss der Überprüfung ist das **Verbandsklageverfahren auszusetzen** (§ 4a Abs. 2 UKlaG).

10 **Ruht** die **Eintragung** in die Liste des § 4 UKlaG (§ 4c Abs. 2 S. 1 UKlaG), ist die **Klageberechtigung** derzeit **fraglich.** Das **Verbandsklageverfahren** ist dann durch das Gericht **analog § 4a Abs. 2 UKlaG auszusetzen.**[9] Das betrifft natürlich nur die Fälle, in denen die Gründe für das Ruhen nicht die sind, aus denen das Gericht das Bundesamt für Justiz zur Überprüfung der Voraussetzungen für die Eintragung aufgefordert hat, da in diesen Fällen das Gericht ohnehin das Verbandsklageverfahren aussetzt (→ Rn. 9). Das **Ruhen** kann vom **Klagegegner** mittels der **Bescheinigung** nach **§ 4c Abs. 4 UKlaG nachgewiesen** werden. Das hierfür

---

[8] Vgl. BGH NJW 2021, 1014, 1015 Rn. 12 zu § 606 Abs. 1 S. 2 ZPO aF.

[9] Grüneberg/Grüneberg § 4c UKlaG Rn. 1; Köhler/Bornkamm/Feddersen/Köhler/Alexander, § 4c UKlaG Rn. 5; Ulmer/Brandner/Hensen/Witt AGB-Recht, § 4c Rn. 8.

erforderliche rechtliche Interesse hat der **Klagegegner** immer, da er andernfalls in der **ordnungsgemäßen Prozessführung** beschränkt wäre.

11 **Nachzuweisen** sind außerdem die **Voraussetzungen des § 2 Abs. 1 Nr. 1 Buchst. b.** Hierbei sind die **Sonderregelungen in § 2 Abs. 2 und 3** zu beachten. Gem. § 2 Abs. 3 wird **unwiderleglich vermutet,** dass **Verbraucherzentralen** und **andere Verbraucherverbände,** die **überwiegend mit öffentlichen Mitteln gefördert** werden, die **Voraussetzung erfüllen** (→ § 2 Rn. 23). Diese genügen ihrer Nachweispflicht aus Abs. 1, indem sie **nachweisen,** dass sie eine **Verbraucherzentrale sind** oder ein **anderer Verbraucherverband,** der **überwiegend mit öffentlichen Mitteln gefördert** wird.

12 Dazu, wie dieser **Nachweis** für **alle anderen qualifizierten Verbraucherverbände** zu erfolgen hat, **schweigt** das **Gesetz.** Es ist aber zu sehen, dass der Gesetzgeber dem Gericht in § 2 Abs. 2 eine Befugnis zur Überprüfung einräumt, wenn es ernsthafte Zweifel am Vorliegen der Voraussetzung des § 2 Abs. 1 Nr. 2 Buchst. b hat (→ § 2 Rn. 17). Dieser Regelung bedürfte es nicht, wenn auch anlasslos der Nachweis der Voraussetzung des § 2 Abs. 1 Nr. 1 Buchst. b durch den Kläger geführt werden müsste. Es ist deshalb zu folgern, dass **grundsätzlich nur anzugeben** ist, dass die **Finanzierung den gesetzlichen Vorgaben entspricht,** aber **kein Nachweis erforderlich** ist.[10] Dieser hat **erst zu erfolgen, wenn** das **Gericht ernsthafte Zweifel** anmeldet (§ 2 Abs. 2; → § 2 Rn. 17).

13 **b) Nachweis in den Fällen des § 2 Abs. 1 Nr. 2.** In den Fällen des § 2 Abs. 1 Nr. 2 ist **nachzuweisen,** dass der Kläger in die **Liste,** die die **Europäische Kommission** auf Grundlage des Art. 5 Abs. 1 S. 4 Verbandsklagen-RL führt (→ § 2 Rn. 16), als qualifizierte Einrichtung **eingetragen** ist. Auch hier **prüft** das **Gericht nicht,** ob der Kläger die **Voraussetzungen** für die Eintragung erfüllt.

14 Das **Gericht** ist aber **berechtigt, zu prüfen,** ob der **Satzungszweck** der qualifizierten Einrichtung im konkreten Fall die Klageerhebung zulässt (ErwG 32 S. 4 Verbandsklagen-RL). Der Satzungszweck ist aus der von der Europäischen Kommission geführten Liste (→ § 2 Rn. 16) ersichtlich. Das erlaubt es etwa, einer Einrichtung, die nach ihrem Satzungszweck Verbraucherinteressen nur in einer bestimmten Branche vertritt, die Erhebung einer branchenfremden Klage zu versagen.

15 **2. Nachvollziehbare Darlegung des Verbraucherquorums (Nr. 2).** Die **nachvollziehbare Darlegung des Verbraucherquorums** ist auf die Zulässigkeitsvoraussetzung des § 4 Abs. 1 S. 1 gerichtet (→ § 4 Rn. 8). Der Regierungsentwurf sprach (wie in § 4 Abs. 1; → § 4 Rn. 4) statt von der „nachvollziehbaren Darlegung" noch von der Glaubhaftmachung, die aktuelle Gesetzesfassung geht auf den Rechtsausschuss zurück.[11] Eine **Glaubhaftmachung** ist damit **nicht erforderlich.**[12]

16 Der Begriff der **„nachvollziehbaren Darlegung"** wird vom **Gesetz nicht näher bestimmt.**[13] Eine **namensmäßige Individualisierung** der Verbraucher

---

[10] Zöller/Vollkommer VDuG § 2 Rn. 11; HK-VDuG/Röthemeyer VDuG § 5 Rn. 2, § 2 Rn. 17; BGH NJW-RR 2022, 11 Rn. 22 zu § 606 ZPO aF.

[11] S. BT-Drs. 20/7631, 11, 13, 107f.

[12] Köhler/Bornkamm/Feddersen/Scherer VDuG § 5 Rn. 7; Anders/Gehle/Schmidt VDuG § 4 Rn. 3; HK-VDuG/Röthemeyer VDuG § 5 Rn. 3.

[13] S. auch Alamdari NJOZ 2023, 1472 (1473).

ist dafür jedenfalls **nicht erforderlich** (→ § 4 Rn. 10).[14] Spräche das Gesetz nur von der einfachen „Darlegung“, wäre denkbar, dass nur verlangt würde, dass der Umstand dargelegt wird, dass die Voraussetzungen der Nr. 2 Buchst. a oder b vorliegen. Damit wäre aber in der Klageschrift die bloße Wiedergabe des Gesetzeswortlautes ausreichend. Die „nachvollziehbare“ Darlegung muss mehr verlangen. Nachvollziehbar werden Umstände, wenn ihre Grundlagen dargestellt werden. Das **Verbraucherquorum** ist demnach **nachvollziehbar dargelegt,** wenn dargelegt wird, **aus welchen Gründen** sich das **Geschehen** auf mindestens 50 Verbraucher **auswirken kann.**

17 **3. Angabe des Werts des Streitgegenstands (Nr. 3).** Anders als in § 253 Abs. 3 Nr. 2 ZPO ist die **Angabe des Werts des Streitgegenstands** eine **verpflichtende Angabe.** Die Angabe dient der **vorläufigen Streitwertfestsetzung** durch das Gericht.[15] Der Wert ergibt sich bei der Abhilfeklage auf Leistung an namentlich benannte Verbraucher aus der **Addition der Ansprüche,** bei der Abhilfeklage auf Zahlung eines kollektiven Gesamtbetrags oder auf Verurteilung zu einer anderen Leistung als Zahlung zugunsten nicht bestimmter Verbraucher und der **Musterfeststellungsklage** aus der **voraussichtlichen kollektiven Gesamtsumme** der betroffenen Ansprüche der Verbraucher, nicht lediglich der 50 Personen des Quorums (§ 4 Abs. 1 S. 1).[16] Durch § 48 Abs. 1 GKG werden **Höchstwerte** festgelegt: Der Wert einer **Musterfeststellungsklage** ist auf **EUR 250.000** begrenzt (§ 48 Abs. 1 S. 1 GKG), der einer **Abhilfeklage** auf **EUR 300.000** (§ 48 Abs. 1 S. 2 GKG). Die niedrigere Wertgrenze der Musterfeststellungsklage trägt dem Umstand der fehlenden Vollstreckbarkeit Rechnung.[17]

18 **4. Angaben zur Finanzierung durch Dritte (Nr. 4).** Die **Angaben zur Finanzierung durch Dritte** sollen es nach der Vorstellung des Gesetzgebers dem **Gericht ermöglichen,** zu **prüfen,** ob die **Zulässigkeitsvoraussetzung des § 4 Abs. 2** (→ § 4 Rn. 12 ff.) **erfüllt** ist.[18] Da nicht jede Finanzierung durch Dritte zur Unzulässigkeit führt, sondern nur eine solche, die die Voraussetzungen des § 4 Abs. 2 erfüllt, kann allein anhand der Angabe, dass eine Drittfinanzierung erfolgt und wie der Prozessfinanzierer heißt, nicht auf eine verbotene Prozessfinanzierung geschlossen werden. **Ergänzt** wird Nr. 4 **durch § 4 Abs. 3** (→ § 4 Rn. 29). Die nach § 4 Abs. 3 S. 2 offenzulegenden Vereinbarungen können mehr Aufschluss über das Vorliegen einer unzulässigen Finanzierung bieten.

II. Weitere Angaben (Abs. 2)

19 Nach Abs. 2 **soll** die Klageschrift **für** den Zweck der **Bekanntmachung im Klageregister** (§ 44 Nr. 6; → § 44 Rn. 13) eine **kurze Darstellung des zugrundeliegenden Lebenssachverhalts** enthalten. Die Vorgängervorschrift fand sich in § 606 Abs. 2 S. 2 ZPO aF. Es handelt sich hierbei nicht um notwendigen Inhalt der Klageschrift nach Abs. 1. Das **Fehlen** der Darstellung **macht** die **Klage nicht unzulässig.**

---

[14] BT-Drs. 20/6520, 72; Anders/Gehle/Schmidt VDuG § 4 Rn. 3; Zöller/Vollkommer VDuG § 2 Rn. 15; Köhler/Bornkamm/Feddersen/Scherer VDuG § 5 Rn. 5.

[15] BT-Drs. 20/6520, 72.

[16] BT-Drs. 20/6520, 72.

[17] Vgl. BT-Drs. 20/6520, 130.

[18] BT-Drs. 20/6529, 72.

D. Inhalt der Klageschrift entsprechend § 253 ZPO (Abs. 3)

20 Die Klageschrift muss im Übrigen den **Anforderungen des § 253 ZPO** in entsprechender Anwendung genügen (Abs. 3).

21 **Kläger** (§ 253 Abs. 2 Nr. 1 ZPO) ist wegen der Regelung in § 2 Abs. 1 die **klageberechtigte Stelle. Beklagter** ist der **Unternehmer** (→ § 1 Rn. 17). **Gericht** ist das angerufene **zuständige Gericht** (→ § 3 Rn. 3 ff.).

22 Bei der Darstellung des **Anspruchsgrunds** (§ 253 Abs. 2 Nr. 2 ZPO) ist in entsprechender Anwendung des § 253 ZPO dem Umstand Rechnung zu tragen, dass der Klage **nicht** das **einzelne Rechtsverhältnis** zwischen zwei Personen zugrunde liegt, **sondern** eine **Vielzahl von Rechtsverhältnissen** in ihrem gemeinsamen Gehalt rechtlicher Würdigung unterzogen wird (→ § 1 Rn. 26). Deshalb sind der den Rechtsverhältnissen **gemeinsame Lebenssachverhalt** und der **regelmäßige Geschehensablauf,** der zur Betroffenheit der Verbraucher führt, darzustellen.[19] Für die Abhilfeklage ergibt sich das schon aus § 15 Abs. 2 (→ § 15 Rn. 37). Bei der Abhilfeklage die auf **Leistung an bestimmte Verbraucher** gerichtet ist (→ § 1 Rn. 29), ist allerdings **weitergehend** eine **Darstellung der individuellen Betroffenheit** (zB des konkreten Vertragsschlusses mit jedem betroffenen Verbraucher) **erforderlich.**[20]

23 Der **Antrag** (§ 253 Abs. 2 Nr. 2 ZPO) einer Abhilfeklage auf Leistung an namentlich benannte Verbraucher (→ § 1 Rn. 29), muss (wie bei einer einfachen Leistungsklage) so bestimmt sein, dass die **Leistung an die einzelnen benannten Verbraucher tituliert** werden kann. Es müssen deshalb – ähnlich einer einfachen Leistungsklage – die jeweiligen **Leistungen an die einzelnen** namentlich benannten **Verbraucher beantragt** werden.

24 Bei der Abhilfeklage auf Zahlung eines kollektiven Gesamtbetrags oder auf Verurteilung zu einer sonstigen Leistung zugunsten nicht bestimmter Verbraucher (→ § 1 Rn. 29) ist der **Antrag** darauf zu richten, dass die **Verurteilung** des beklagten Unternehmers **zur Gesamtleistung** begehrt wird. Wird die **Zahlung eines kollektiven Gesamtbetrags** verlangt, sind **in der Klageschrift, nicht** aber **im Antrag,** die **Voraussetzungen des § 15 Abs. 2 S. 2 und 3 zu beachten** (→ § 15 Rn. 38 ff.).[21] In diesem Fall ist nach Auffassung des Gesetzgebers **kein bestimmter Zahlungsantrag** erforderlich.[22] Das heißt, dass es genügt, die Zahlung zu beantragen, während ihre Höhe nicht angegeben werden muss. Damit wird § 19 Abs. 1 Rechnung getragen, der die Festsetzung des kollektiven Gesamtbetrags dem Gericht überlässt (→ § 19 Rn. 6 ff.).

25 Häufig wird es sich empfehlen, den Antrag auf Leistung an bestimmte Verbraucher (→ Rn. 23) mit dem Antrag auf Gesamtleistung (→ Rn. 24) im Wege der objektiven Klagehäufung (→ § 13 Rn. 30) zu kombinieren. Kann die klageberechtigte Stelle nicht alle Verbraucher namentlich benennen, wird so nämlich verhindert, dass nach der bloßen Klage auf Leistung an bestimmte Verbraucher eine weitere Klage erforderlich wird.

---

[19] Ähnlich Köhler/Bornkamm/Feddersen/Scherer VDuG § 5 Rn. 12.

[20] Ebenso Zöller/Vollkommer VDuG § 5 Rn. 9.

[21] Wie hier Zöller/Vollkommer VDuG § 5 Rn. 3.

[22] BT-Drs. 20/6520, 73; ebenso Schläfke/Lühmann NJW 2023, 3385 Rn. 26 (kein bezifferter Antrag erforderlich).

In der Klageschrift zur Erhebung der **Musterfeststellungsklage** (→ § 1 Rn. 30) ist zu **beantragen,** dass die **Feststellung der Feststellungsziele** begehrt wird. **26**

Die **entsprechende Anwendung des § 253 ZPO** müsste grundsätzlich auch **dessen Abs. 3** einschließen. **§ 253 Abs. 3 Nr. 2 ZPO** wird **durch** die verpflichtende Angabe nach **Abs. 1 Nr. 3 verdrängt.** Es **bleiben** deshalb die Angaben nach **§ 253 Abs. 3 Nr. 1 und 3.** Die Möglichkeit der **Übertragung des Rechtsstreits auf ein Mitglied des Senats als Einzelrichter** ist im gesamten Anwendungsbereich des VDuG **streitig.** Es überzeugt, sie **im Allgemeinen zu verneinen,**[23] da sie explizit in § 28 Abs. 4 S. 3 geregelt ist, womit der Gesetzgeber prozessuale Einzelheiten des gerichtlichen Widerspruchsverfahrens regeln wollte.[24] Wenn hier eine Regelung erfolgt, kann davon ausgegangen werden, dass sie im Übrigen nicht gewollt war. Damit sind die Vorschriften über die Einzelrichterübertragung nicht nach § 13 Abs. 1 anwendbar (→ § 13 Rn. 56) und in Ermangelung einer planwidrigen Regelungslücke ist eine Analogie ausgeschlossen (→ § 29 Rn. 14; → § 30 Rn. 11, 21). **27**

§ 6 Offenlegung von Beweismitteln; Androhung und Festsetzung von Ordnungsgeld

(1) **Ordnet das Gericht die Vorlage einer Urkunde oder sonstiger Unterlagen (§ 142 der Zivilprozessordnung), die Vorlage von Akten (§ 143 der Zivilprozessordnung) oder die Vorlage eines Gegenstandes (§ 144 der Zivilprozessordnung) an, so kann es der vorlagepflichtigen Partei für den Fall, dass diese der Anordnung nicht nachkommt, die Festsetzung eines Ordnungsgelds in Höhe von bis zu 250 000 Euro androhen.**

(2) [1]**Kommt die vorlagepflichtige Partei der gerichtlichen Anordnung trotz Androhung eines Ordnungsgelds nicht nach, so ist das angedrohte Ordnungsgeld durch Beschluss festzusetzen.** [2]**Das Ordnungsgeld kann erneut festgesetzt werden, wenn die vorlagepflichtige Partei der gerichtlichen Anordnung wiederholt nicht nachkommt.**

Literatur: Mekat/Amrhein, Die Umsetzung der Verbandsklagen-RL in Deutschland nach dem Referentenentwurf, RAW 2023, 23.

A. Überblick und Normzweck

§ 6 schafft **keine neuen Vorlagepflichten.**[1] Es geht einzig um deren **zwangsweise Durchsetzung.** § 6 Abs. 1 statuiert, dass bei einem Verstoß der Parteien gegen Vorlagepflichten, die vom Gericht gem. §§ 142–144 ZPO angeordnet worden sind, die Festsetzung eines Ordnungsgelds in Höhe von bis zu EUR 250.000 anzudrohen ist. Die Anwendbarkeit der §§ 142–144 ZPO ergibt sich freilich auch aus § 13 Abs. 1 S. 1. § 6 Abs. 2 regelt, unter welchen Voraussetzungen die angedrohte Festsetzung zu vollziehen ist. **1**

---

[23] Anders/Gehle/Schmidt VDuG § 5 Rn. 8; Zöller/Vollkommer VDuG § 5 Rn. 23; aA HK-VDuG/Röthemeyer VDuG § 13 Rn. 12 (bei Vorliegen der Voraussetzungen des § 348 a Abs. 1 ZPO).

[24] BT-Drs. 20/7631, 110.

[1] HK-VDuG/Röthemeyer VDuG § 6 Rn. 3.

B. Umsetzung der Richtlinie

2 Die Vorschrift dient der Umsetzung von Art. 18 und Art. 19 Abs. 1 S. 1 Buchst. b Alt. 2 und Abs. 2 Verbandsklagen-RL. Danach müssen die Mitgliedsstaaten sicherstellen, dass unter bestimmten Voraussetzungen der Kläger oder der Beklagte erreichen kann, dass die andere Partei oder ein Dritter **zur Vorlage von Beweismitteln verpflichtet** wird, und ferner, dass diese Vorlagepflichten **sanktionsbewehrt** sind. ErwG 68 S. 2 Verbandsklagen-RL stellt klar, dass es dabei vor allem um die **Kompensation** einer die Beziehungen zwischen Unternehmern und Verbrauchern prägenden **Informationsasymmetrie** geht. Diese Zwecksetzung wird allerdings durch ErwG 68 S. 4 Verbandsklagen-RL relativiert, wonach aus Gründen der Waffengleichheit auch der Unternehmer ein solches Recht haben muss. In ErwG 69 S. 2 Verbandsklagen-RL wird präzisiert, dass der Begriff des Bußgelds auch Zwangsgelder umfasst. Dass das Zwangsgeld nach nationalem Verständnis **keine Strafe** für einen vorausgegangenen Verstoß des Schuldners darstellt, sondern ein Mittel zur zwangsweisen Beugung seines Willens,[2] schadet daher nicht. Die nach Maßgabe der Richtlinie erforderliche Sanktionierbarkeit von Verstößen Dritter gegen die Vorlagepflicht ist nicht in § 7 geregelt, sondern ergibt sich aus § 13 Abs. 1 VDuG iVm §§ 390 Abs. 1 S. 2, 142 Abs. 2 S. 2, 144 Abs. 2 S. 2 ZPO. Diese Vorschriften decken aber den Regelungsgehalt von Art. 18 und Art. 19 Abs. 1 S. 1 Buchst. b Alt. 2 und Abs. 2 Verbandsklagen-RL nicht vollständig ab und müssen daher richtlinienkonform ausgelegt werden (→ Rn. 4).

3 § 6 geht in seiner aktuellen Fassung auf den RegE[3] zurück. Er wurde unverändert übernommen.

C. Vorlagepflicht

I. Zugunsten der klageberechtigten Stelle

4 Gemäß Art. 18 S. 1 Verbandsklagen-RL muss die **gerichtliche Anordnung der Offenlegung** von Beweismitteln möglich sein, wenn der Kläger „alle unter zumutbarem Aufwand zugänglichen Beweismittel vorgelegt hat, die zur Stützung einer Verbandsklage ausreichen, und darauf hingewiesen hat, dass zusätzliche Beweismittel der Verfügung des Beklagten oder eines Dritten unterliegen“. Gemäß ErwG 68 Verbandsklagen-RL soll „die Offenlegung der für ihre Klage relevanten Beweismittel durch den Unternehmer“ verlangt werden können. Die Voraussetzungen im nationalen Recht erscheinen im Vergleich **strenger:** Die von § 142 ZPO vorausgesetzte **Bezugnahme** auf eine vorzulegende Urkunde taugt für eine Vorlegungsanordnung nur, wenn sie die **Identifizierung der Urkunde** ermöglicht; die Behauptung, der Gegner sei im Besitz nicht näher konkretisierter Unterlagen diesen oder jenen Inhalts, reicht nicht aus.[4] Ebenso wenig genügt im Zusammenhang mit § 142 ZPO die **spekulative Annahme,** dass die fraglichen Urkunden üblicherweise existierten und daher auch im Streitfall existieren müssten.[5]

---

[2] BGH NJW 2017, 3592 Rn. 21; MüKoZPO/Gruber ZPO § 888 Rn. 25.

[3] BT-Drs. 20/6520, 12.

[4] BGH NJW-RR 2007, 1393 Rn. 10.

[5] Stein/Jonas/Althammer ZPO § 142 Rn. 11; BeckOK ZPO/v. Selle ZPO § 142 Rn. 10.

Man darf jedenfalls im Anwendungsbereich der Verbandsklagen-RL an die Vorlagevoraussetzungen der §§ 142–144 ZPO zugunsten der klageberechtigten Stelle **keine strengen Anforderungen** stellen. Eine genaue Benennung und Individualisierung der Beweismittel wird man, da Art. 18 S. 1 Verbandsklagen-RL lediglich den Hinweis auf zusätzliche Beweismittel verlangt, nicht fordern können.

II. Zugunsten des Unternehmers

5 Die §§ 142–142 ZPO differenzieren hinsichtlich der Voraussetzungen der Vorlagepflicht nicht zwischen Kläger und Beklagtem. Dagegen unterliegt die Vorlagepflicht der klageberechtigten Stelle nach Art. 18 Abs. 1 S. 2 Verbandsklagen-RL **anderen Voraussetzungen** als die Vorlagepflicht des Unternehmers nach Satz 1. Entscheidend soll allein sein, dass der Antrag des Unternehmers im Einklang mit dem nationalen Verfahrensrecht steht. Das bedeutet, dass im Rahmen von § 6 die Notwendigkeit einer großzügigen **Auslegung** der Voraussetzungen des unternehmerseitigen Antrags auf Vorlage nicht besteht.

D. Ordnungsgeld

6 **Adressat** der Androhung und Festsetzung des Ordnungsgeldes ist nach § 6 Abs. 1 und Abs. 2 jeweils nur die **vorlagepflichtige Partei.** Die Regelung findet auf **Dritte,** die nach §§ 142–144 ZPO zur Vorlage verpflichtet sind, keine Anwendung. Diesen droht nach § 13 Abs. 1 VDuG iVm §§ 390 Abs. 1 S. 2, 142 Abs. 2 S. 2, 144 Abs. 2 S. 2 ZPO die Festsetzung eines Ordnungsgeldes und der Zwangshaft.

7 Die **Anwendung von Zwangsmitteln** auf die Partei ist **ohne Vorbild** in der ZPO; nach allgemeinen Grundsätzen hat die Nichtbefolgung der Vorlageanordnung allein zur Konsequenz, dass sie ggf. zu ungenügendem nicht schlüssigem **Sachvortrag** führt oder im Rahmen der **Beweiswürdigung** als Beweisvereitelung nach § 13 Abs. 1 S. 2 VDuG iVm § 286 ZPO frei gewürdigt wird.[6] Die Höhe des Ordnungsgelds ist dagegen § 890 ZPO entlehnt.[7]

8 Da § 6 Abs. 1 unmittelbar auf §§ 142–144 ZPO verweist, ist davon auszugehen, dass die Vorschrift hinsichtlich der möglichen Sanktionen **nicht abschließend** ist und die auf der Ebene der ZPO entwickelten Sanktionsmöglichkeiten auch im Anwendungsbereich von § 6 bestehen.[8]

9 Teilweise wird davon ausgegangen, dass in § 6 Abs. 2 eine **Beschränkung** des Ordnungsgeldes hinsichtlich der Höhe oder der Anzahl an Anordnungen nicht vorgesehen ist.[9] Dies sei unter dem Gesichtspunkt der Verhältnismäßigkeit bedenklich.[10] Allerdings lässt sich § 6 Abs. 2 S. 2 auch so verstehen, dass das Ordnungsgeld nicht mehrmals, sondern **genau einmal** erneut angeordnet werden kann. Diese Lesart entspricht zumindest insoweit auch den für den Dritten geltenden Regelungen der §§ 390 Abs. 1 S. 2, 142 Abs. 2 S. 2 bzw. 144 Abs. 2 S. 2 ZPO, als die Zahl der Festsetzungen dort ebenfalls von vornherein begrenzt ist. Das Gericht muss berech-

---

6 Musielak/Voit/Stadler ZPO § 142 Rn. 7.
7 HK-VDuG/Röthemeyer VDuG § 6 Rn. 4.
8 HK-VDuG/Röthemeyer VDuG § 6 Rn. 6.
9 HK-VDuG/Röthemeyer VDuG § 6 Rn. 4; Mekat/Amrhein RAW 2023, 23 (27).
10 Mekat/Amrhein RAW 2023, 23 (27).

tigten **Geheimhaltungsinteressen** der Partei, wozu auch Geschäfts- und Betriebsgeheimnisse[11] und in den von § 385 Nr. 6 ZPO gezogenen Grenzen auch der Schutz der Vertrauenssphäre zwischen Mandant und Anwalt[12] zählen, im Rahmen der Würdigung einer Weigerung oder bei der Ermessensausübung hinsichtlich der Anordnung der Vorlage Rechnung tragen (→ § 13 Rn. 31).[13]

E. Rechtsmittel

10 Das Ordnungsgeld wird durch **Beschluss** festgesetzt. Statthaft ist nach allgemeinen Regeln die Rechtsbeschwerde gem. § 13 Abs. 1 S. 1 VDuG iVm § 574 ZPO, wenn diese vom OLG zugelassen wurde. Ob bei der Festsetzung von Ordnungsgeldern von einer **grundsätzlichen Bedeutung** der Rechtssache nach Abs. 2 Nr. 1 auszugehen ist oder nach Abs. 2 Nr. 2 die Fortbildung des Rechts oder die Sicherung einer einheitlichen Rechtsprechung eine Entscheidung des Rechtsbeschwerdegerichts erfordern, dürfte allerdings vielfach zweifelhaft erscheinen.[14]

§ 7 Streitgenossenschaft

(1) [1]**Mehrere klageberechtigte Stellen können gemeinschaftlich gegen einen Unternehmer klagen.** [2]**Mehrere Unternehmer können gemeinschaftlich verklagt werden.**

(2) **Die §§ 59 bis 63 der Zivilprozessordnung sind entsprechend anzuwenden.**

A. Überblick und Normzweck

1 Abs. 1 regelt, dass im Verbandsklageprozess sowohl auf der Kläger- wie auch auf der Beklagtenseite eine **Streitgenossenschaft** möglich ist. Durch den Verweis auf die §§ 59–63 ZPO in Abs. 2 wird klargestellt, dass allein das Vorhandensein mehrerer Kläger oder Beklagter nicht genügt. Vor dem Hintergrund, dass § 13 Abs. 1 ohnehin die Vorschriften der ZPO für anwendbar erklärt, hat § 7 vor allem **klarstellende Funktion.** Die Norm betrifft dem Wortlaut nach nur die **anfängliche subjektive Klagehäufung.** Die **nachträgliche** dürfte aber ebenso erfasst sein.

---

[11] Kiethe JZ 2005, 1034 (1036); Wagner JZ 2007, 706 (717); Musielak/Voit/Stadler ZPO § 142 Rn. 7.

[12] Wagner JZ 2007, 706 (716); Musielak/Voit/Stadler ZPO § 142 Rn. 7.

[13] Musielak/Voit/Stadler ZPO § 142 Rn. 7; Bedenken bei Mekat/Amrhein RAW 2023, 23 (27), die einen erheblichen Wettbewerbsnachteil für den Unternehmensstandort Deutschland befürchten.

[14] Köhler/Bornkamm/Feddersen/Scherer VDuG § 6 Rn. 9.

B. Umsetzung der Richtlinie

Gemäß Art. 6 Abs. 2 und ErwG 31 Verbandsklagen-RL muss es möglich sein, dass vor dem Gericht eines Mitgliedsstaates mehrere qualifizierte Einrichtungen **aus verschiedenen Mitgliedstaaten** eine Verbandsklage erheben. Kein solches Erfordernis ergibt sich aus der Richtlinie im Hinblick auf mehrere **inländische** klageberechtigte Stellen. Ebenso wenig ergibt sich aus der Richtlinie das Erfordernis, eine Streitgenossenschaft auf Beklagtenseite anzubieten. Die Zulässigkeit solcher Regelungen auf der Ebene des nationalen Rechts ergibt sich aus ErwG 12 Verbandsklagen-RL. 2

Im RegE enthielt § 7 Abs. 1 noch nicht die Klarstellung, dass mehrere Unternehmer gemeinschaftlich verklagt werden können. Diese Ergänzung geht auf die Beschlüsse des Rechtsausschusses zurück.[1] Außerdem wurden im RegE nur die §§ 59 und 61 bis 63 ZPO für entsprechend anwendbar erklärt. Die Erstreckung auch auf § 60 ZPO geht ebenso auf die Beschlüsse des Rechtsausschusses zurück. 3

C. Anwendungsbereich

I. Einfache Streitgenossenschaft

1. Anfängliche und nachträgliche Streitgenossenschaft. Neben der anfänglichen ist auch eine nachträgliche einfache Streitgenossenschaft auf Kläger- oder Beklagtenseite grds. möglich; sie sollte, soweit sie sachdienlich ist, analog § 263 ZPO zugelassen werden.[2] Einschränkungen gelten aber im Hinblick auf identische Klagen gegen denselben Unternehmer, deren Streitgegenstand denselben Lebenssachverhalt und dieselben Ansprüche oder dieselben Feststellungsziele betreffen, da hier gem. § 8 die früher erhobene jede spätere Verbandsklage sperrt.[3] Teilweise wird erwogen, dass in diesem Fall die Unzulässigkeit im Wege der Einigung über eine nachträgliche gemeinschaftliche Verfahrensführung vermieden werden könnte.[4] 4

2. Streitgenossenschaft auf Kläger- und Beklagtenseite. Gemäß § 7 Abs. 1 S. 1 und S. 2 ist eine Streitgenossenschaft sowohl auf der **Kläger**- wie auch auf der **Beklagtenseite** zulässig. Hinsichtlich der **örtlichen Gerichtszuständigkeit** bedarf es unter Umständen einer Bestimmung nach § 36 Abs. 1 Nr. 3, Abs. 2 ZPO (→ § 3 Rn. 5 und → § 13 Rn. 9).[5] Die Zulässigkeit einer „doppelten" Streitgenossenschaft zeitgleich auf der Klägerseite und auf der Beklagtenseite wird in § 7 nicht ausdrücklich geregelt. Es ist aber davon auszugehen, dass auch diese Kombination zulässig ist.[6] Erwägungen der Prozessökonomie sprechen grundsätzlich dafür. 5

---

[1] BT-Drs. 20/7631, 14.
[2] Zöller/Althammer VDuG § 7 Rn. 7.
[3] HK-VDuG/Röthemeyer VDuG § 7 Rn 2.
[4] Zöller/Althammer VDuG § 7 Rn. 7.
[5] Zöller/Althammer VDuG § 7 Rn. 3; Scholl ZfPW 2019, 317 (346); vgl. OLG Hamm 26.2.2024 – I-1 UH 17/2.
[6] Zöller/Althammer VDuG § 7 Rn. 4.

6 Eine Streitgenossenschaft zwischen der klageberechtigten Stelle und einem **Individualkläger** kommt aufgrund unterschiedlicher sachlicher Zuständigkeiten nicht in Betracht (→ § 3 Rn. 3). Vielmehr ist der Individualkläger gehalten, bis zu dem nach § 46 Abs. 1 S. 1 maßgeblichen Zeitpunkt seine Ansprüche zur Eintragung ins Verbandsklageregister anzumelden. Eine bereits erhobene Individualklage wird in diesem Fall nach § 11 Abs. 1 ausgesetzt.

II. Notwendige Streitgenossenschaft

7 **1. Aus Gründen des materiellen Rechts. a) Auf Klägerseite.** Im regulären Zivilprozess kommt eine notwendige Streitgenossenschaft aus Gründen des materiellen Rechts auf Klägerseite nach § 62 ZPO etwa dann in Betracht, wenn mehrere an einem Gesellschaftsanteil einer GmbH mitberechtigt sind, da sie die Rechte aus dem Anteil gem. § 18 Abs. 1 GmbHG nur gemeinschaftlich ausüben können.[7] Auch die gemeinsam verwaltete Gütergemeinschaft nach § 1450 BGB und die gemeinsame Verfolgung eines den Berechtigten in Bruchteilsgemeinschaft zustehenden Rechts in Ausübung der Verwaltungsbefugnis nach § 744 Abs. 1 BGB gehören hierher.[8]

8 Wenn und soweit das VDuG überhaupt Anwendung findet, ist zunächst zu beachten, dass die klageberechtigten Stellen im Rahmen der Abhilfeklage **keine eigenen Ansprüche** geltend machen (→ § 1 Rn. 7 und → Einleitung Rn. 18 f.) und daher eine entsprechende Konstellation nur denkbar ist, wenn mehrere klageberechtigte Stellen gemeinsam **Ansprüche von Verbrauchern** geltend machten, die auch diese nur **gemeinsam** geltend machen könnten. Zulässigkeitsvoraussetzung wäre dann, dass durch die streitgenössischen Klagen alle Anspruchsinhaber repräsentiert wären. Da aber jeder einzelne Betroffene gem. § 46 Abs. 4 auch bis weit nach Klageerhebung durch **Rücknahme** seiner Anmeldung die **Unzulässigkeit** der Klage herbeiführen könnte, dürfte bereits aus Gründen des Prozessrisikos eine solche Klage nicht in Betracht kommen. Solche Fälle sind unwahrscheinlich.

9 **b) Auf Beklagtenseite.** Hier kommt im regulären Verfahren eine notwendige Streitgenossenschaft vor allem dann in Betracht, wenn Gesamthänder nur gemeinsam über den Gegenstand verfügen können, über den der Rechtsstreit geführt wird.[9] Dazu zählen die Klage gegen die in gemeinsam verwalteter Gütergemeinschaft lebenden Ehegatten und die Klage gegen die Miterben auf Auflassung eines zum Gesamtgut bzw. zum Nachlass gehörenden Grundstücks.[10] Anwendungsfälle dürften selten sein. **Konstruktiv** ist dagegen eine entsprechende Streitgenossenschaft ohne weiteres denkbar.

10 **2. Aus prozessualen Gründen.** Teilweise wird angenommen, dass **jede Streitgenossenschaft auf Klägerseite** im Verbandsklageverfahren ein Fall der notwendigen Streitgenossenschaft aus prozessualen Gründen sei. Begründet wird dies wie folgt: Würde bei Vorliegen einer einfachen Streitgenossenschaft eine Klage durch Urteil entschieden, während die andere in einen Vergleich mündete, sei unklar, ob für die angemeldeten Verbraucher der Vergleich oder das Urteil maßgeblich sei. Diese Unklarheit rühre daher, dass die **Eintragung** ins Klageregister **keine**

[7] BeckOK ZPO/Dressler/von Selle ZPO § 62 Rn. 21.
[8] BeckOK ZPO/Dressler/von Selle ZPO § 62 Rn. 23.
[9] BGH NJW 1996, 1060 (1061); BGH NJW 1962, 633.
[10] BeckOK ZPO/Dressler/von Selle ZPO § 62 Rn. 26.

Differenzierung zwischen den einzelnen Klagen zulasse. Um dies zu vermeiden, sei eine **einheitliche Entscheidung erforderlich** und deshalb handle es sich um eine notwendige Streitgenossenschaft iSd § 62 ZPO unter dem Aspekt der notwendig einheitlichen Sachentscheidung aus prozessualen Gründen.[11] Für diese Sichtweise mag außerdem sprechen, dass in ErwG 31 Verbandsklagen-RL von „einer einzigen Verbandsklage" die Rede ist.

Ob aber das VDuG und die Verbandsklagen-RL tatsächlich zu dieser strengen Auslegung zwingen, erscheint zweifelhaft. Der Gesetzgeber hat mit dem Verweis auf die Vorschriften der ZPO in § 7 Abs. 2 und § 13 Abs. 1 zu erkennen gegeben, dass er **zivilprozessuale Grundsätze** beibehalten möchte. § 44 Nr. 1 verlangt die Eintragung der Parteien ins Verbandsklageregister. Es ist nicht ersichtlich, weshalb der Verbraucher bei der Anmeldung seiner Ansprüche nicht darüber entscheiden können sollte, von welcher klageberechtigten Stelle er repräsentiert wird, zumal anhand der **Parteibezeichnung** eine Differenzierung auch unproblematisch möglich wäre. Darüber hinaus ist es auch nicht notwendig, die Formulierung **„eine einzige Verbandsklage"** in ErwG 31 Verbandsklagen-RL im obengenannten **rechtstechnischen Sinne** zu interpretieren. Denn auch dann, wenn auf Unterlassung und auf Abhilfe geklagt wird, spricht ErwG 35 von „einer einzigen Verbandsklage", obwohl es hier um unterschiedliche Ansprüche geht. 11

III. Grenzüberschreitende Sachverhalte

In den Gesetzesmaterialien wird betont, dass zur Bildung einer Streitgenossenschaft nicht erforderlich ist, dass alle klagenden Stellen im Inland ansässig sind; vielmehr soll **der inländische Sitz einer klagenden Stelle** genügen.[12] Die Notwendigkeit eines inländischen „Ankerklägers" ist in § 7 allerdings nicht angelegt. Weshalb nicht ebenso mehrere **ausländische klageberechtigte Stellen** als Streitgenossen im Inland eine Verbandsklage in Deutschland erheben können sollten, ist nicht ersichtlich. Eine solche Auslegung ließe sich auch mit der Verbandsklagen-RL nicht vereinbaren. Denn ErwG 12 der Verbandsklagen-RL stellt klar, dass die für konkrete grenzüberschreitende Verbandsklagen erforderlichen Zulässigkeitsvoraussetzungen nicht von den Voraussetzungen abweichen sollten, die für entsprechende innerstaatliche Verbandsklagen gelten. Können zwei inländische klageberechtigte Stellen eine Streitgenossenschaft bilden, zwei ausländische dagegen nicht, liegt eine solche **Ungleichbehandlung** vor. Das spricht dafür, § 7 entgegen der Erläuterungen in den Gesetzesmaterialien auch dann anzuwenden, wenn keiner der Verbandskläger seinen Sitz in Deutschland hat.[13] 12

Für streitgenössische Verbandsklagen ausländischer klageberechtigter Stellen gegen inländische Unternehmer ergibt sich die **internationale Zuständigkeit** deutscher Gerichte im Regelfall aus Art. 4 Brüssel Ia-VO. Denkbar ist aber bspw. auch die Zuständigkeit nach Art. 7 Nr. 2 Brüssel Ia-VO am Ort der schädigenden Handlung, wenn der Unternehmer seinen Sitz nicht im Inland hat. Eine Streitgenossenschaft auf Beklagtenseite ist bei grenzüberschreitenden Sachverhalten in zuständigkeitsrechtlicher Sicht vor allem unter den Voraussetzungen von Art. 8 Nr. 1 Brüssel Ia-VO denkbar. 13

---

[11] HK-VDuG/Röthemeyer VDuG § 7 Rn. 9.

[12] BT-Drs. 20/6520, 73.

[13] Im Ergebnis auch HK-VDuG/Röthemeyer VDuG § 7 Rn. 3.

§ 8 Sperrwirkung der Verbandsklage

[1]Ab Anhängigkeit einer Verbandsklage kann gegen denselben Unternehmer keine weitere Verbandsklage erhoben werden, deren Streitgegenstand denselben Lebenssachverhalt und dieselben Ansprüche oder dieselben Feststellungsziele betrifft. [2]Diese Sperrwirkung entfällt, sobald die Verbandsklage ohne Entscheidung in der Sache beendet wird.

Literatur: Büscher, Die Umsetzung der Verbandsklagenrichtlinie, WRP 2024, 1; Bruns, Die Verbandsklage auf Abhilfeleistung – ein Umsetzungsvorschlag de lege ferenda, WM 2022, 549; Janal, Die Umsetzung der Verbandsklagenrichtlinie, GRUR 2023, 985; Thönissen, Zuständigkeit und Sperrwirkung bei Verbandsabhilfeklagen, EuZW 2023, 637; Woopen, Kollektiver Rechtsschutz – Chancen der Umsetzung, Die Europäische Verbandsklage auf dem Weg ins deutsche Recht, JZ 2021, 601.

Übersicht

A. Überblick und Normzweck

1 § 8 regelt die Voraussetzungen und Folgen der **Sperrwirkung einer Verbandsklage** gegenüber weiteren Verbandsklagen. Durch die Sperrwirkung sollen die Justiz und die beklagten Unternehmer entlastet werden.[1] Sie leistet außerdem einen Beitrag zur Verhinderung widersprüchlicher Entscheidungen.[2]

2 Der Gesetzgeber hat bei Schaffung des § 8 berücksichtigt, dass **§ 261 Abs. 3 Nr. 1 ZPO** mangels Parteiidentität in Fällen der Erhebung einer inhaltlich identischen Verbandsklage gegen denselben Unternehmer nicht zum Ausschluss einer weiteren Abhilfe- oder Musterfeststellungsklage einer anderen klageberechtigten Stelle führt.[3] Die Rechtshängigkeitssperre des § 261 Abs. 3 Nr. 1 ZPO würde damit ohne die Erweiterung über § 8 allenfalls in Bezug auf weitere Verbandsklagen derselben klageberechtigten Stelle eingreifen.[4]

3 Systematisch ist § 8 den **allgemeinen Vorschriften** in Abschnitt 1 zuzuordnen. Die Vorschrift findet damit auf beide Arten der Verbandsklage Anwendung. Ein Pendant zu S. 1 für Individualklagen ergibt sich aus § 11 Abs. 2, der eine Sperrwirkung der Verbandsklage gegenüber Individualklagen angemeldeter Verbraucher

[1] Anders/Gehle/Schmidt VDuG § 8 Rn. 1.
[2] Anders/Gehle/Schmidt VDuG § 8 Rn. 1.
[3] Vgl. BT-Drs. 20/6520, 73; Köhler/Bornkamm/Feddersen/Scherer VDuG § 8 Rn. 3.
[4] HK-VDuG/Röthemeyer VDuG § 8 Rn. 1.

enthält. Im Unterschied zu S. 1, der auf die Anhängigkeit als maßgeblichen Zeitpunkt für den Eintritt der Sperrwirkung abstellt, ist im Rahmen des § 11 Abs. 2 die Rechtshängigkeit der Verbandsklage entscheidend (→ § 11 Rn. 18).

B. Umsetzung der Richtlinie

Die Sperrwirkung der Verbandsklage gegenüber weiteren Verbandsklagen zu demselben Streitgegenstand geht auf die Umsetzung des **Art. 9 Abs. 4 S. 1 Verbandsklagen-RL** zurück. Dieser verpflichtet die Mitgliedsstaaten Vorschriften zu schaffen, die sicherstellen, dass Verbraucher, die willentlich an einer Verbandsklage teilnehmen, nicht gleichzeitig auch an einer anderen Verbandsklage dieser Art aus demselben Klagegrund und gegen denselben Unternehmer teilnehmen können. 4

§ 8 hat einige Änderungen im **Gesetzgebungsverfahren** erfahren. 5

Auf Empfehlung des **Rechtsausschusses** wird für die Sperrwirkung nun an die **Anhängigkeit** statt an die Rechtshängigkeit der Verbandsklage angeknüpft.[5] Es handelt sich dabei auch um eine Abkehr von der bisherigen Regelung für die Musterfeststellungsklage (§ 610 Abs. 1 ZPO aF). 6

Die im ursprünglichen **Gesetzesentwurf** formulierte Fassung des Abs. 1 S. 1 hatte außerdem Verbandsklagen, die denselben „Streitgegenstand" betreffen, zum Gegenstand.[6] Der **Rechtsausschuss** hat dann eine **sprachliche Präzisierung** dahingehend vorgenommen, dass keine weitere Verbandsklage erhoben werden kann, „deren Streitgegenstand denselben Lebenssachverhalt und dieselben Ansprüche oder dieselben Feststellungsziele" wie die bereits erhobene Verbandsklage betrifft.[7] Durch die Übernahme dieser Formulierung aus § 610 ZPO aF wird betont, dass eng gefasste Feststellungsziele bzw. Verbandsklagen nicht den gesamten Lebenssachverhalt für weitere Verbandsklagen sperren.[8] 7

Eine weitere Anpassung liegt darin, dass durch den **Rechtsausschuss** der „verklagte" Unternehmer durch **„denselben"** Unternehmer ersetzt wurde.[9] Dies entspricht einer Anpassung an den Wortlaut des Art. 9 Abs. 4 S. 1 Verbandsklagen-RL, ohne dass damit eine inhaltliche Änderung verbunden war. Es wird lediglich klargestellt, dass gleichartige Klagen gegen andere Unternehmer statthaft bleiben, etwa in einem gesonderten Verfahren oder auch im Wege einer subjektiven Klageänderung.[10] 8

Auch wurde eine **Streichung** des ursprünglich vorgesehenen **Abs. 2** vorgenommen.[11] Dieser enthielt einen Verweis auf **§ 147 ZPO** für den Fall der Einreichung mehrerer Verbandsklagen mit demselben Streitgegenstand bei Gericht.[12] Abs. 2 stellte eine Entsprechung zu **§ 610 Abs. 2 ZPO aF** dar.[13] Der Wegfall der Verbindungsmöglichkeit der Klagen nach § 147 ZPO hat den strikten Vorrang der früher eingereichten Klage zur Folge.[14] Die Anwendbarkeit des § 147 ZPO bleibt 9

---

[5] BT-Drs. 20/7631, 14.
[6] BT-Drs. 20/6520, 13.
[7] BT-Drs. 20/7631, 14.
[8] HK-VDuG/Röthemeyer VDuG § 8 Rn. 4.
[9] BT-Drs. 20/7631, 14.
[10] HK-VDuG/Röthemeyer VDuG § 8 Rn. 7.
[11] BT-Drs. 20/7631, 14.
[12] BT-Drs. 20/7631, 14.
[13] BT-Drs. 20/6520, 74.
[14] Köhler/Bornkamm/Feddersen/Scherer VDuG § 8 Rn. 5.

auf Fälle beschränkt, in denen die Uhrzeit nicht dokumentiert wurde, sodass sich die Anhängigkeit nach § 13 Abs. 1 S. 1 iVm § 222 ZPO, § 187 Abs. 2 BGB bestimmt.[15] Die Verbandsklagen gelten dann als zur selben Uhrzeit eingereicht, ohne dass eine Sperrwirkung eintritt.[16]

C. Sperrwirkung (S. 1)

10 S. 1 regelt die Unzulässigkeit einer weiteren Verbandsklage für den Fall der bereits bestehenden Anhängigkeit einer Verbandsklage gegen denselben Unternehmer, deren Streitgegenstand denselben Lebenssachverhalt und dieselben Ansprüche oder dieselben Feststellungsziele wie die bereits anhängige Verbandsklage betrifft. Damit wird der Rechtsgedanke des § 610 Abs. 1 ZPO aF aufgegriffen.[17] Es handelt sich um eine besondere Form der **Unzulässigkeit** einer weiteren gleichgerichteten Verbandsklage wegen anderweitiger Anhängigkeit.[18]

I. Anhängigkeit der Verbandsklage

11 Die Anhängigkeit einer Verbandsklage tritt mit Einreichung der Klageschrift (§ 5) beim OLG ein. Bei am selben Tag eingereichten Klagen ist für die Bestimmung des Zeitpunkts der Anhängigkeit der (elektronische) Zeitstempel maßgeblich.[19]

II. Identität der Streitgegenstände

12 Die Unzulässigkeit einer weiteren Verbandsklage setzt voraus, dass ihr Streitgegenstand denselben Lebenssachverhalt und dieselben Ansprüche oder dieselben Feststellungsziele wie der Streitgegenstand der anhängigen Verbandsklage betrifft. Entscheidend ist, dass es sich um **gleichgerichtete Klagen** handelt.[20]

13 Zu dem **Lebenssachverhalt** zählen alle Tatsachen, die bei einer vom Standpunkt der Parteien ausgehenden natürlichen Betrachtungsweise zu dem durch den Vortrag der Klagepartei zur Entscheidung gestellten Tatsachenkomplex gehören.[21] Dabei kann es sich etwa um die Verwendung einer bestimmten AGB-Klausel gegenüber einer Vielzahl von Verbrauchern, um den Einbau einer mangelhaften Komponente in einer Produktionsserie oder die Annullierung eines bestimmten Flugs einer Fluggesellschaft handeln.[22]

III. Folgen

14 **1. Klageabweisung.** Unter den Voraussetzungen des S. 1 ist eine weitere Verbandsklage infolge der Sperrwirkung unzulässig.[23] Sie ist durch Prozessurteil abzuweisen.

---

[15] Köhler/Bornkamm/Feddersen/Scherer VDuG § 8 Rn. 6.
[16] Köhler/Bornkamm/Feddersen/Scherer VDuG § 8 Rn. 6.
[17] BT-Drs. 20/6520, 73.
[18] Vgl. BT-Drs. 20/6520, 73f. für die Rechtshängigkeit.
[19] BT-Drs. 20/7631, 108.
[20] BT-Drs. 20/6520, 74.
[21] BGH NJW 2020, 3386 Rn. 26.
[22] Büscher WRP 2024, 1 (4).
[23] BT-Drs. 20/6520, 73.

15 Ist die Zulässigkeit der früheren Verbandsklage zweifelhaft, sodass deren Bekanntmachung (§ 44) unterbleibt, besteht die Möglichkeit der Aussetzung des Verfahrens (§ 148 Abs. 1 ZPO) in Bezug auf die weitere Verbandsklage bis zur rechtskräftigen Entscheidung über die Zulässigkeit der früheren Verbandsklage.[24]

16 **2. Verhältnis zum Musterverfahren nach KapMuG.** Bisher ist nicht geregelt, ob S. 1 auch eine **Sperrwirkung** gegenüber der Teilnahme an einem Musterverfahren nach dem **KapMuG** entfaltet. Teils wird vertreten, dass die Musterfeststellungsklage nach § 8 S. 1 bei sich deckenden Feststellungszielen Vorrang genießen soll.[25] Der Referentenentwurf eines Zweiten Gesetzes zur Reform des Kapitalanleger-Musterverfahrensgesetzes sieht in § 1 Abs. 3 KapMuG-RefE vor, dass die Rechtshängigkeit einer Verbandsklage nach dem VDuG der Zulässigkeit eines Musterverfahrens wegen desselben Lebenssachverhalts nicht entgegensteht. Beide Verfahren sollen angesichts der Unterschiede im Hinblick auf die Anwendungsbereiche und Verfahrensziele selbstständig nebeneinander möglich sein.[26]

D. Entfall der Sperrwirkung (S. 2)

17 S. 2 betrifft den Entfall der Sperrwirkung. Die Norm sieht den Entfall der Sperrwirkung bei **Beendigung der Verbandsklage ohne Sachentscheidung** vor. Die von der Verbandsklage ausgehende Sperrwirkung steht damit unter einer auflösenden Bedingung.[27]

18 Als Beispielfälle der Beendigung des Verbandsklageverfahrens ohne Entscheidung in der Sache nennt der Regierungsentwurf die **Abweisung der Klage als unzulässig,** die **Klagerücknahme** (§ 269 ZPO) und die **beidseitige Erledigungserklärung** (§ 91a ZPO).[28] Ein **Vergleich,** ob endgültiger Vergleich nach § 9 oder Vergleich im Abhilfeverfahren nach § 17 Abs. 1 iVm § 9, hat nicht den Entfall der Sperrwirkung zur Folge.[29] Der Gesetzgeber fordert einen rechtskräftigen Abschluss des Verfahrens.[30] Einem solchen steht der Vergleich aufgrund seines rechtsersetzenden Charakters gleich.[31] Aus § 9 Abs. 2 folgt, dass unter Berücksichtigung des Sach- und Streitstands eine gerichtliche Genehmigung des Vergleichs durch Beschluss stattfindet. Neben diesem systematischen Argument ist zu berücksichtigen, dass der Normzweck des S. 1 insbesondere den Schutz des Unternehmers umfasst. Dieser wäre hinfällig, wenn der Unternehmer trotz eines Vergleichs einer weiteren Klage ausgesetzt werden könnte.[32] Die Sperrwirkung des Vergleichs steigert die Vergleichsbereitschaft und fördert eine einvernehmliche Streitbeilegung. Das gleiche muss für einen Vergleich nach §§ 278 Abs. 6, 794 Abs. 1 Nr. 1 ZPO gelten.[33]

---

[24] Zöller/Vollkommer VDuG § 8 Rn. 10.
[25] Köhler/Bornkamm/Feddersen/Scherer VDuG § 8 Rn. 13.
[26] Zweites KapMuG ReformG-RefE, 28.
[27] Zöller/Vollkommer VDuG § 8 Rn. 7.
[28] BT-Drs. 20/6520, 74.
[29] Zöller/Vollkommer VDuG § 8 Rn. 8; HK-VDuG/Röthemeyer VDuG § 8 Rn. 10ff.; aA Köhler/Bornkamm/Feddersen/Scherer VDuG § 8 Rn. 7f.
[30] BT-Drs. 20/6520, 74.
[31] Zöller/Vollkommer VDuG § 8 Rn. 8.
[32] HK-VDuG/Röthemeyer VDuG § 8 Rn. 11.
[33] Zöller/Vollkommer VDuG § 8 Rn. 8.

19 Aus S. 2 folgt im **Umkehrschluss,** dass die Sperrwirkung bei Beendigung des Verfahrens mit einer **Entscheidung in der Sache** bestehen bleibt. Der Unternehmer wird vor einer weiteren Verbandsklage geschützt.[34] Dies gilt im Verhältnis zu den ursprünglichen Klägern und weiteren Klageberechtigten.[35] Weiterhin möglich bleibt eine ergänzende Klage in Gestalt einer Zusatzklage iSv § 21 bei der Abhilfegruppenklage oder einer ergänzenden Abhilfegruppenklage nach einer stattgebenden Abhilfesammel- oder Musterfeststellungsklage.[36]

E. Sonstiges

20 Aufgrund der Sperrwirkung der anhängigen Verbandsklage ist ein **Wettbewerb verschiedener klageberechtigter Stellen** in Bezug auf die frühste Klageerhebung denkbar.[37] Die Sperrwirkung schlecht vorbereiteter Klagen weist Problempotential auf.[38] Der durch die Sperrwirkung erzeugte Zeitdruck kann etwa aufgrund unzureichender Vorbereitung negative Auswirkungen auf den Zuschnitt der Verbandsklage haben, was zu erheblichen Ineffizienzen und Verzögerungen bei der Klärung von Haftungskomplexen führen kann.[39]

21 Eine ähnliche Regelung zur **Sperrwirkung** wie in S. 1 ist dem **§ 7 S. 1 KapMuG** zu entnehmen. Hiernach ist die Einleitung eines weiteren Musterverfahrens im Hinblick auf die nach § 8 Abs. 1 KapMuG auszusetzenden Verfahren mit Erlass des Vorlagebeschlusses unzulässig. Auch **§ 8 KapMuG-RefE** sieht die Unzulässigkeit weiterer gleichgerichteter Musterverfahrensanträge ab Erlass des Vorlagebeschlusses vor. Es handelt sich um eine Anknüpfung an die bisherige Fassung von § 7 KapMuG unter Anpassung an die neue Struktur des Musterverfahrens.[40] Die Sperrwirkung des Vorlagebeschlusses soll sich damit künftig nicht mehr auf weitere Vorlagebeschlüsse richten, sondern bereits im Vorfeld an die Unzulässigkeit weiterer gleichgerichteter Musterverfahrensanträge anknüpfen.[41] Letztere verhindert den erneuten Eintritt der Vorlagevoraussetzungen.[42]

22 Es können sich praktische Probleme bei **grenzüberschreitenden Streitigkeiten** ergeben, wenn in mehreren Mitgliedstaaten Verbandsklagen gegen einen Unternehmer erhoben werden.[43] Dieser Fall ist nicht von § 8 erfasst. Wie internationale Parallelverfahren zu handhaben sind, ist weder im VDuG noch in der Verbandsklagen-RL geregelt. Mangels spezieller Vorschriften greifen demnach die allgemeinen Bestimmungen der internationalen Zuständigkeit nach **Art. 29 ff. Brüssel Ia-VO.** Nach Art. 29 Abs. 1 Brüssel Ia-VO ist das zuerst angerufene Gericht bei identischem Klagegegenstand zuständig. Der Prioritätsgrundsatz aus Art. 29 Brüssel Ia-VO greift demnach nur bei Parteienidentität, wenn also die Verfahren von derselben klageberechtigten Stelle gegen einen Unternehmer eingelei-

---

[34] Köhler/Bornkamm/Feddersen/Scherer VDuG § 8 Rn. 7.
[35] HK-VDuG/Röthemeyer VDuG § 8 Rn. 8.
[36] Zöller/Vollkommer VDuG § 8 Rn. 7.
[37] HK-VDuG/Röthemeyer VDuG § 8 Rn. 2.
[38] Janal GRUR 2023, 985 (988).
[39] HK-VDuG/Röthemeyer VDuG § 8 Rn. 2.
[40] Vgl. Zweites KapMuG ReformG-RefE, 31.
[41] Zweites KapMuG ReformG-RefE, 31.
[42] Zweites KapMuG ReformG-RefE, 31.
[43] Siehe hierzu ausführlich Thönissen EuZW 2023, 637 (641 f.).

tet werden. Werden dagegen verschiedene qualifizierte Einrichtungen im Hinblick auf den ansonsten identischen Streitgegenstand tätig, ist Art. 29 Brüssel Ia-VO nicht einschlägig. Demnach können **parallele Verbandsklagen** gegen einen Unternehmer in verschiedenen Mitgliedstaaten geführt werden.

Werden Verbandsklageverfahren in unterschiedlichen Ländern parallel geführt, 23
besteht das Risiko, dass sich ein **Verbraucher mit einem Anspruch** in gleich mehreren Verbandsklagen derselben Art aus demselben Klagegrund und gegen denselben Unternehmer **mehrfach anmeldet.** Eine Regelung zur Unterbindung einer hieraus drohenden Mehrfachbefriedigung nach Art. 9 Abs. 4 Verbandsklagen-RL ist nicht im VDuG enthalten. Grundsätzlich schreibt Art. 9 Abs. 3 der Verbandsklagen-RL ausländischen Verbrauchern ein Anmelderecht zu. Da bei der Anmeldung allerdings noch keine Überprüfung der Verbraucher erfolgt (§ 46 Abs. 3), muss bei Abhilfeklagen spätestens im Umsetzungsverfahren eine Prüfung durch den Sachwalter auf Mehrfachanmeldungen erfolgen.[44]

Die Einbeziehung von ausländischen Verbrauchern kann sich problematisch auf 24
die Prüfung der **Gleichartigkeit der betroffenen Ansprüche nach § 15** auswirken (→ § 15 Rn. 30). Bei Geltendmachung von Ansprüchen müssen nach § 15 Abs. 1 Nr. 2 im Wesentlichen die gleichen Rechtsfragen entscheidungserheblich sein. Wird durch die klageberechtigte Stelle eine europaweite Geltendmachung angestrebt, kann dies allerdings dazu führen, dass materiell **verschiedene Sachrechte** angewendet werden müssen, vgl. Art. 4 Rom I-VO, Art. 4, 6 Rom II-VO.[45] Wird der identische Lebenssachverhalt unter die Normen verschiedenster Sachrechte subsumiert, kann dies zu ganz unterschiedlichen entscheidungserheblichen Rechtsfragen führen. Demnach wird die Gleichartigkeit bei Einbeziehung verschiedener Sachrechte **regelmäßig zu verneinen** sein.[46]

Angesichts der drohenden Komplikationen erscheint es im Zweifel vorzugswür- 25
dig, den Kreis der anmeldefähigen Verbraucher im **Klageantrag auf inländische Verbraucher zu begrenzen.**[47] So steht es der klageberechtigten Stelle etwa bei Formulierung der Feststellungsziele frei zu entscheiden, wie eng oder weit der Kreis der erfassten Verbraucher gezogen werden soll (→ § 41 Rn. 10). Eine Einbeziehung von ausländischen Verbrauchern und damit oftmals die Anwendung unterschiedlicher Sachrechte droht das Verfahren erheblich zu verzögern und zu verkomplizieren.[48] Dies ist nicht im Interesse der Verbraucher und würde dem eigentlichen Sinn der Verbandsklage widersprechen, die durch eine Bündelung ähnlich gelagerter Fälle zur Prozessökonomie beitragen soll. Ein restriktiver Klageantrag ist auch im Interesse der klageberechtigen Stelle bzw. möglicher Drittfinanzierer, da eine Abweisung mangels Gleichartigkeit iSv § 15 anderweitigen klageberechtigten Stellen nach § 8 S. 2 die Möglichkeit gibt, in der Zwischenzeit eine eigene Verbandsklage mit Sperrwirkung zu erheben. Darüber hinaus werden ausländische Verbraucher durch eine Begrenzung auch nicht benachteiligt, sondern können sich weiterhin in einem heimatstaatlichen Verfahren anmelden. Neben der Vorbeugung von Mehrfachanmeldungen werden hierdurch auch die Risiken einer Art Forum Shopping ausländischer Verbraucher mitigiert, die ansonsten das Verfahren mit den besten Erfolgschancen für ihre Anmeldung wählen könnten.

---

44 Thönissen EuZW 2023, 637 (641).
45 Thönissen EuZW 2023, 637 (637).
46 Thönissen EuZW 2023, 637 (639).
47 Vgl. HK-VDuG/Röthemeyer VDuG § 41 Rn. 13.
48 Thönissen EuZW 2023, 637 (637 f.).

26 Demnach bestehen im Hinblick auf grenzüberschreitende Streitigkeiten aktuell noch **erhebliche Regelungslücken,** die praktisch zu Rechtsunsicherheiten führen und im Rahmen einer Überarbeitung einheitlich gelöst werden sollten.[49]

§ 9 Gerichtlicher Vergleich

(1) [1]Zur gütlichen Beilegung des Rechtsstreits können die Parteien einen gerichtlichen Vergleich auch mit Wirkung für die im Verbandsklageregister angemeldeten Verbraucher schließen. [2]Der gerichtliche Vergleich kann nicht vor Ablauf des in § 46 Absatz 1 Satz 1 genannten Zeitpunkts geschlossen werden.

(2) [1]Der Vergleich bedarf der Genehmigung des Gerichts. [2]Das Gericht genehmigt den Vergleich durch Beschluss, wenn es ihn unter Berücksichtigung des Sach- und Streitstands, insbesondere der Interessen der betroffenen Verbraucher, als angemessene gütliche Beilegung des Rechtsstreits erachtet. [3]Andernfalls lehnt das Gericht die Genehmigung des Vergleichs durch Beschluss ab.

Literatur: Gsell, Die Umsetzung der Verbandsklagenrichtlinie, GRUR 2023, 979; Hirsch, Die Abwicklung des VW-Vergleichs im Ombudsverfahren, VuR 2020, 454; Kähler, Zur Angemessenheit eines Vergleichs in der Musterfeststellungsklage, ZIP 2020, 293; Magnus, Die Wirkungen des Vergleichs im Musterfeststellungsverfahren, NJW 2019, 3177; Röß, Die Bindung der angemeldeten Verbraucher an einen Kollektivvergleich, NJW 2020, 2068; Röthemeyer, Das Verbraucherrechtedurchsetzungsgesetz (VDuG) zur Umsetzung der Verbandsklagen-Richtlinie – Die neue Abhilfeklage, VuR 2023, 332; Stadler, Grenzüberschreitende Wirkung von Vergleichen und Urteilen im Musterfeststellungsverfahren, NJW 2020, 265; Thönissen, Prozessverträge und Verbandsabhilfeklage, ZZP 137 (2024), 43; Vollkommer, Die neue Abhilfeklage nach dem VDuG: Strukturen und erste Anwendungsprobleme, MDR 2023, 1349; Waßmuth/Rummel, Das Gesetz zur Umsetzung der EU-Verbandsklagenrichtlinie, ZIP 2023, 1515.

Übersicht

[49] Vgl. auch Woopen JZ 2021, 601 (609ff.).

A. Überblick und Normzweck

I. Gegenstand und Dogmatik

1 § 9 regelt die **Zulässigkeit, Wirkung und zeitliche Grenze eines gerichtlichen Vergleichs** bei den Verbandsklagen nach dem VDuG. Der Vorschrift kommt dabei – zumindest auf dem Papier – eine besonders große Bedeutung zu; denn das VDuG ist insgesamt stark auf die Ermöglichung eines Vergleichsschlusses ausgerichtet (s. nur **§ 17**). Im Vergleich zu „normalen" Prozessvergleichen iSv § 794 Abs. 1 Nr. 1 ZPO (→ Rn. 8f.) zeichnet sich ein gerichtlicher Vergleich insb. dadurch aus, dass er – trotz Abschlusses alleine zwischen der klageberechtigten Stelle und dem jeweiligen Unternehmer (→ Rn. 15) – gem. **§ 9 Abs. 1 S. 1 Wirkung auch für die im Verbandsklageregister angemeldeten Verbraucher** entfaltet (daher auch: **kollektiver Vergleich**). Dies gilt über den Wortlaut hinaus auch, sofern ein gerichtlicher Vergleich – dem Wesen eines Vergleichs gemäß – Wirkung zulasten der betroffenen (und zum Verbandsklageregister angemeldeten) Verbraucher entfaltet (→ Rn. 14); er ist somit (zugleich) ein **Vertrag zulasten Dritter.** Diese **dogmatische Besonderheit** findet ihre Rechtfertigung darin, dass jeder gerichtliche Vergleich zu seiner Wirksamkeit gem. **§ 9 Abs. 2** zwingend einer Prüfung und **Genehmigung durch das jeweilige Prozessgericht** bedarf (→ Rn. 25ff.); zudem steht es den betroffenen Verbrauchern gem. § 10 Abs. 1 S. 1 ohne Weiteres frei, innerhalb einer Frist von einem Monat ab Bekanntgabe des Vergleichs im Verbandsklageregister gegenüber dem Bundesamt für Justiz den Austritt aus dem Vergleich zu erklären **(Opt-out-Möglichkeit).**

II. Vergleichsinhalt abhängig von Klageart und Zeitpunkt

2 Der **notwendige Inhalt** eines gerichtlichen Vergleichs **variiert je nach Verbandsklageart** sowie – bei Vorliegen einer Abhilfeklage – zusätzlich in Abhängigkeit sowohl von der einschlägigen **Abhilfeklagevariante**[1] als auch dem **Zeitpunkt** seines Abschlusses (→ Rn. 20). Wird nämlich ein gerichtlicher Vergleich – bei Vorliegen einer auf kollektive Leistung gerichteten Abhilfeklage (bei der das Gesetz gem. § 18 Abs. 1 Nr. 1 zwingend ein Umsetzungsverfahren voraussetzt) – bereits **vor Erlass des jeweiligen Abhilfegrundurteils** geschlossen, muss er (auch) die nach § 16 Abs. 2 erforderlichen Festsetzungen enthalten; andernfalls (dh bei Vergleichsschluss, ggf. auf Aufforderung des Gerichts gem. § 17, erst nach Erlass des Abhilfegrundurteils) muss der Vergleich nurmehr die **Umsetzung des Abhilfegrundurteils** regeln.[2] In beiden Fällen muss ein gerichtlicher Vergleich grds. die sonst im Abhilfeendurteil iSv § 18 bzw. im (ggf. obsoleten oder modifizierten) förmlichen Umsetzungsverfahren gem. §§ 22ff. getroffenen Feststellungen enthalten bzw. deren genaue Abwicklung regeln und ermöglichen (s. dazu näher → § 17 Rn. 8ff.); etwas anderes gilt (nur), wenn die individuelle Leistungsberechtigung bereits im Vergleichsverfahren geprüft und festgelegt wird.

III. Entstehungsgeschichte; § 611 ZPO aF

3 Unmittelbares **Vorbild** der Regelung in § 9 war – in Bezug auf die Musterfeststellungsklage – **§ 611 ZPO aF.** § 9 stellt dabei eine behutsame Weiterentwicklung dieser Vorschrift dar. So hat der Gesetzgeber insb. die noch in § 611 Abs. 2 ZPO aF enthaltenen **Sollvorschriften** hinsichtlich des Vergleichsinhalts nicht in die Neuregelung übernommen; allerdings können diese im Einzelfall auch für § 9 eine gewisse Indizwirkung entfalten.[3] Eine **Weiterentwicklung** der früheren Vergleichsregelung in § 611 ZPO aF war nötig, weil sich die im Jahr 2018 eingeführte Vorgängervorschrift letztlich als **Ladenhüter** erwiesen hat(te). So haben die Parteien der ersten iRd Diesel-Abgasskandals gegen die Volkswagen AG erhobenen Musterfeststellungsklage das Verfahren zwar vergleichsweise beendet; dies geschah jedoch nicht etwa mittels eines gerichtlichen, sondern eines **außergerichtlichen Vergleichs** iSv § 779 BGB.[4] Ein solcher kann auch im Anwendungsbereich des VDuG neben und **unabhängig von § 9** abgeschlossen werden (→ Rn. 9f. sowie → § 17 Rn. 22ff.). Vor diesem Hintergrund bleibt abzuwarten, ob sich das Potenzial von § 9 in der Praxis überhaupt wird entfalten können. Dagegen sprechen – neben den Erfahrungen bei der Musterfeststellungsklage – die (gerade im Vergleich zu § 278 Abs. 1 ZPO, der insofern verdrängt wird, → § 13 Rn. 50) **viel zu engen zeitlichen Grenzen der Vergleichsschlussmöglichkeit in § 9 Abs. 1 S. 2** (→ Rn. 26ff.).

---

[1] Dazu allgemein → § 14 Rn. 18ff.
[2] S. auch Thönissen ZZP 137 (2024), 43 (66f.).
[3] Köhler/Bornkamm/Feddersen/Scherer VDuG § 9 Rn. 13.
[4] Vgl. dazu etwa Hirsch VuR 2020, 454.

B. Umsetzung der Richtlinie

Die Verbandsklagen-RL enthält Vorgaben zum Vergleichsschluss in **Art. 11** sowie in **ErwG 53–57.** Da die Richtlinie jedoch das Prozessrechtsinstitut einer Musterfeststellungsklage weder kennt noch regelt (und diese somit auf einer autonomen Willensbildung des nationalen deutschen Gesetzgebers beruht), sind deren Vorgaben grds. – dh unmittelbar – **nur bei der Abhilfeklage** nach §§ 14ff. zu beachten. 4

I. § 9 Abs. 1

§ 9 Abs. 1 dient – gemeinsam mit § 17 (→ § 17 Rn. 3) – der Umsetzung von **Art. 11 Abs. 1 Verbandsklagen-RL.**[5] Diese Vorschrift lautet: „Zur Bestätigung eines Vergleichs stellen die Mitgliedstaaten sicher, dass im Rahmen einer Verbandsklage zur Erwirkung von Abhilfeentscheidungen Folgendes gegeben ist: [lit.] a) Die qualifizierte Einrichtung und der Unternehmer können dem Gericht oder der Verwaltungsbehörde gemeinschaftlich einen Vergleich über Abhilfe für die betroffenen Verbraucher vorschlagen, oder [lit.] b) das Gericht oder die Verwaltungsbehörde kann nach Anhörung der qualifizierten Einrichtung und des Unternehmers die qualifizierte Einrichtung und den Unternehmer auffordern, innerhalb einer angemessenen Frist einen Vergleich über Abhilfe zu vereinbaren". Daneben setzt § 9 Abs. 1 S. 1 noch **Art. 11 Abs. 4 S. 1 Verbandsklagen-RL** um; nach dieser Vorschrift sind „die bestätigten Vergleiche […] für die qualifizierte Einrichtung, den Unternehmer und die einzelnen betroffenen Verbraucher bindend". 5

II. § 9 Abs. 2

§ 9 Abs. 2 setzt (wenn auch ungenau) die Vorgaben von **Art. 11 Abs. 2 Verbandsklagen-RL** um.[6] Diese Vorschrift lautet: „Die Vergleiche nach Absatz 1 **unterliegen der Prüfung durch das Gericht** oder durch die Verwaltungsbehörde. Das Gericht oder die Verwaltungsbehörde prüft, ob es bzw. sie die Bestätigung eines Vergleichs ablehnen muss, der im **Widerspruch zu zwingenden Bestimmungen** des nationalen Rechts steht oder Bedingungen enthält, die nicht vollstreckbar sind, wobei die Rechte und **Interessen aller Parteien,** insbesondere die der betroffenen Verbraucher, berücksichtigt werden. Die Mitgliedstaaten können Vorschriften erlassen, die es den Gerichten oder den Verwaltungsbehörden ermöglichen, die Bestätigung eines Vergleichs mit der Begründung abzulehnen, dass der **Vergleich unfair** ist".[7] Insofern ist bei der Auslegung des VDuG zu berücksichtigen, dass bei der Interessenabwägung iRd gerichtlichen Prüfung des Vergleichs nach Art. 11 Abs. 2 S. 2 der Verbandsklagen-RL die Rechte und Interessen aller Parteien zu berücksichtigen sind, wohingegen § 9 Abs. 2 S. 2 demgegenüber (verkürzend) lediglich die „Interessen der betroffenen Verbraucher" ausdrücklich („insbesondere") hervorhebt. **§ 9 Abs. 2 S. 3** schließlich dient noch der Umsetzung von **Art. 11 Abs. 3 Verbandsklagen-RL,** wonach das Gericht, sofern es den Vergleich nicht bestätigt, das jeweilige **Verbandsklageverfahren fortzuführen** hat. 6

---

[5] BT-Drs. 20/6520, 74.

[6] BT-Drs. 20/6520, 74.

[7] Hervorhebungen durch Verf.

C. Konkurrenz und Sonderformen

7 Wie bereits oben gezeigt (→ Rn. 3), trifft § 9 für die Verbandsklagen nach dem VDuG **keine abschließende Regelung der Vergleichsschlussmöglichkeiten.** Vor diesem Hintergrund stellen sich **Konkurrenzfragen** insb. im Verhältnis zu § 794 Abs. 1 Nr. 1 ZPO (→ Rn. 8) sowie zu § 779 BGB (→ Rn. 9).

I. § 794 Abs. 1 Nr. 1 ZPO („normaler" Prozessvergleich)

8 Auf der Ebene des Prozessrechts selbst stellt sich die Frage des **Verhältnisses von § 9 zu § 794 Abs. 1 Nr. 1 ZPO,** dh zwischen kollektivem Vergleich und Prozessvergleich. Weder das VDuG selbst noch die Gesetzesmaterialien enthalten dazu eine Aussage.[8] Auf den ersten Blick – dh bei rein systematischer Auslegung – scheint § 9 eine (ggf. vorrangige) lex specialis zu § 794 Abs. 1 Nr. 1 ZPO zu sein; dafür spricht, dass § 9 mit dem engeren Zeitrahmen nach § 9 Abs. 1 S. 2 sowie der gerichtlichen Genehmigung nach § 9 Abs. 2 insgesamt **wesentlich strengere Anforderungen** an einen (wirksamen) Vergleichsschluss aufstellt. Indes folgt aus diesen Unterschieden zunächst und unmittelbar nur, dass beide Vergleichsarten nicht dieselben Ziele verfolgen. Denn die Besonderheit des kollektiven Vergleichs besteht gerade darin, dass er Wirkung auch für (und gegen, → Rn. 14) die lediglich angemeldeten, nicht jedoch am Vergleichsschluss selbst beteiligten Verbraucher entfaltet; demgegenüber setzt **§ 794 Abs. 1 Nr. 1 ZPO grds. die Beteiligung aller vom Vergleich betroffenen Personen auch am Vergleichsschluss selbst** voraus. Ist dieses Erfordernis im Einzelfall ausnahmsweise auch bei den Verbandsklagen nach dem VDuG erfüllt, besteht daher kein Grund, den Parteien sowie den betroffenen Verbrauchern – **zur Vermeidung der strengeren Voraussetzungen von § 9** – einen Vergleichsschluss gem. § 13 Abs. 1 S. 1 VDuG iVm § 794 Abs. 1 Nr. 1 ZPO zu verwehren.[9] Hierfür kann zB ein Bedürfnis bestehen, wenn die zeitliche Grenze von § 9 Abs. 1 S. 2 (→ Rn. 26 ff.) im Einzelfall noch nicht erreicht ist. (Nur) ein „normaler" Prozessvergleich kann nämlich nach § 13 Abs. 1 VDuG iVm § 794 Abs. 1 Nr. 1, § 278 ZPO **grds. jederzeit** und damit auch – anders als der gerichtliche Vergleich – **bereits vor oder in der mündlichen Verhandlung** geschlossen werden. Mit Blick auf die Ungewissheit hinsichtlich des Kreises der betroffenen Verbraucher wird ein – alternativer – Prozessvergleichsschluss jedoch in der Praxis **v. a. bei den Abhilfeklagen zugunsten namentlich benannter Verbraucher** in Betracht kommen (s. zu diesen → § 14 Rn. 22 und 23 ff.).

II. § 779 BGB (außergerichtlicher Vergleich)

9 Neben dem Prozessvergleich tritt der gerichtliche Vergleich iSv § 9 zugleich in Konkurrenz zu dem **außergerichtlichen Vergleich iSv § 779 BGB.** Auch insoweit enthalten Gesetz und Gesetzesmaterialien keine Hinweise auf das Verhältnis beider Institute zueinander. Gegen eine Anwendbarkeit von § 779 BGB auf die Verbandsklagen nach dem VDuG könnte dabei sprechen, dass dadurch die **Prü-**

[8] Zöller/Vollkommer VDuG § 9 Rn. 2.

[9] So auch Zöller/Vollkommer VDuG § 9 Rn. 2; Thönissen ZZP 137 (2024), 43 (67); insgesamt wird dies in der bisherigen Literatur jedoch, soweit ersichtlich, kaum diskutiert.

fungskompetenz des Gerichts umgangen wird;[10] Art. 11 Abs. 2 S. 3 (sowie ErwG 56) Verbandsklagen-RL sieht aber gerade vor, dass es dem Gericht (grds.) möglich sein muss, Vergleichsschlüsse abzulehnen, die es für „unfair" hält. Indes gilt auch hier (→Rn. 8), dass §9 und §779 BGB letztlich ganz unterschiedliche Zwecke adressieren und von völlig anderen Voraussetzungen abhängen. So setzt (nur) ein außergerichtlicher Vergleich für eine Bindungswirkung grds. die **Zustimmung aller betroffener Verbraucher** voraus und kann daher ohne deren Mitwirkung keine verbraucherseitigen Zugeständnisse vorsehen.[11] Zudem kann (nur) ein außergerichtlicher Vergleich – ohne die zeitlichen Restriktionen des §9 Abs. 1 S. 2 – grds. jederzeit abgeschlossen werden. Vor diesem Hintergrund entspricht es gerade dem Interesse der Verbraucher, **auch bei den Verbandsklagen nach dem VDuG einen (flexibleren) außergerichtlichen Vergleichsschluss zuzulassen.**[12] Dies entspricht im Übrigen auch der **ganz hM;**[13] im Übrigen wurde auch die zeitlich erste Musterfeststellungsklage gegen die Volkswagen AG iRd Diesel-Abgasskandals[14] durch einen außergerichtlichen Vergleich beendet.[15]

Entscheiden sich die Parteien (und die betroffenen Verbraucher) für einen außergerichtlichen Vergleich, ist allerdings (mangels „Doppelnatur") **zur Prozessbeendigung zusätzlich** noch eine – gem. § 13 Abs. 1 S. 2 VDuG iVm § 269 ZPO ohne Weiteres mögliche[16] – **Klagerücknahme**[17] erforderlich; alternativ kommen auch **übereinstimmende Erledigungserklärungen** nach § 13 Abs. 1 S. 1 VDuG iVm §91a ZPO[18] in Betracht (→§ 13 Rn. 20; s. auch, mit einigen Einschränkungen, →§ 17 Rn. 22). **10**

III. Teilvergleich; Teilgruppenvergleich; Zwischenvergleich

Im **gesetzlichen Regelfall** beendet ein gerichtlicher Vergleich iSv §9 das gesamte Verbandsklageverfahren mit Wirkung auch für (und gegen) alle betroffenen Verbraucher (→Rn. 37). Daneben sind jedoch im Einzelfall auch **Teilvergleiche,** die nur einen Teil des Streitgegenstands betreffen und regeln, denkbar und **zulässig;**[19] dafür spricht nicht zuletzt die nach § 13 Abs. 1 S. 1 angeordnete grundsätzliche Anwendung der allgemeinen Vorschriften (und damit auch Grundsätze) der ZPO. Das Gleiche gilt – erst recht – für sog. **Teilgruppenvergleiche,** die **nur eine bestimmte Untergruppe** der insgesamt von einer Verbandsklage betroffenen Verbraucher betreffen (s. dazu allgemein für die Abhilfeklage →§ 15 **11**

[10] S. etwa Stadler VuR 2020, 163; Bruns ZZPInt 27 (2023), 293 (327); Zöller/Althammer VDuG § 17 Rn. 1, 5 aE; Gsell, GRUR 2024, 979 (988).

[11] Gurkmann/Jahn VuR 2020, 243 (244); Thönissen ZZP 137 (2024), 43 (68).

[12] Vgl. Gurkmann/Jahn VuR 2020, 243; Hirsch VuR 2020, 454 (455).

[13] Zöller/Vollkommer VDuG §9 Rn. 6; Musielak/Voit/Stadler VDuG §9 Rn. 2; HK-VDuG/Röthemeyer VDuG §9 Rn. 57; Thönissen ZZP 137 (2024), 43 (67); Hirsch VuR 2020, 454 (455); s. auch Gsell GRUR 2024, 979 (988), die jedoch insofern die materiellrechtlichen Wirksamkeitsgrenzen nach §§ 138, 242 BGB an §9 Abs. 2 orientieren will.

[14] OLG Braunschweig VuR 2019, 106.

[15] S. statt vieler Hirsch VuR 2020, 454.

[16] →§ 13 Rn. 48; Köhler/Bornkamm/Feddersen/Scherer VDuG § 13 Rn. 18; HK-VDuG/Röthemeyer VDuG § 13 Rn. 7; Zöller/Vollkommer VDuG § 13 Rn. 20; Musielak/Voit/Stadler VDuG § 13 Rn. 1.

[17] Thönissen ZZP 137 (2024), 43 (68); Gurkmann/Jahn VuR 2020, 243f.

[18] Köhler/Bornkamm/Feddersen/Scherer VDuG § 17 Rn. 7 aE.

[19] HK-VDuG/Röthemeyer VDuG §9 Rn. 23; Thönissen ZZP 137 (2024), 43 (60).

Rn. 14).[20] Auch **Zwischenvergleiche** über bestimmte Zwischenfragen sind grds. möglich.[21]

D. Der kollektive Vergleich (Abs. 1)

12 § 9 Abs. 1 beschreibt – als dogmatische Besonderheit des VDuG – den **gerichtlichen (kollektiven) Vergleich.** In Abweichung von § 794 Abs. 1 Nr. 1 und § 278 Abs. 1 ZPO (→ Rn. 8) sowie § 779 BGB (→ Rn. 9f.) werden dabei in Satz 1 die **besondere Bindungswirkung** (auch zugunsten und zulasten Dritter; → Rn. 14 sowie → Rn. 22ff.) sowie in Satz 2 die **besonders engen zeitlichen Grenzen** (→ Rn. 26ff.) des gerichtlichen Vergleichs geregelt.

I. Dogmatische Einordnung

13 Der **bürgerlich-rechtliche Vergleich iSv § 779** BGB ist ein „normaler" (kausaler) bürgerlich-rechtlicher Vertrag; durch ihn wird unabhängig von der an sich gegebenen Rechtslage festgelegt, was künftig zwischen den Parteien gelten soll.[22] Eine unmittelbar prozessbeendigende Wirkung zeitigt dieser (außergerichtliche) Vergleich für sich genommen, anders als ein **(individueller) Prozessvergleich iSv § 794 Abs. 1 Nr. 1 ZPO,** gerade nicht (→ Rn. 10). Ein (normaler) Prozessvergleich hingegen besitzt nach ganz hM eine **Doppelnatur** als sowohl bürgerlich-rechtlicher Vertrag iSv § 779 BGB als auch Prozesshandlung.[23] Dies gilt jedenfalls dann, wenn dieser (wie im Regelfall) materiell-rechtliche Regelungen trifft, **auch für den gerichtlichen Vergleich** nach § 9; diesem kommt somit ebenfalls eine **Doppelnatur** zu.[24]

14 Dessen ungeachtet unterscheidet sich der (kollektive) gerichtliche Vergleich von den beiden vorgenannten Vergleichsarten dadurch, dass er – bereits kraft Gesetzes und nicht etwa rechtsgeschäftlicher Einwilligung – **auch für und gegen Dritte** (nämlich die betroffenen und zum relevanten Zeitpunkt noch angemeldeten sowie nicht ausgetretenen Verbraucher; s. dazu § 10 sowie → Rn. 25) **wirkt;**[25] zur Reichweite und Bedeutung dieser „Bindungswirkung" → Rn. 22ff. Da die Verbraucher aus § 1 Abs. 1 ersichtlich weder Parteien der Verbandsklage(n) selbst noch des kollektiven Vergleichs sein können, ist dieser (in dogmatischer Hinsicht) an sich als – **nach allgemeinen Grundsätzen unzulässiger**[26] **– Vertrag zulasten Dritter** einzuordnen (→ Rn. 1). Diese allgemeinen Grundsätze werden indes für die Zwecke der Verbandsklagen nach dem VDuG durch § 9 Abs. 1 S. 1 modifiziert. Dies ist, da es dem Gesetzgeber grds. freisteht, selbst anerkannte dogmatische Grundsätze und Prinzipien zu durchbrechen,[27] **ohne Weiteres zulässig.** Hinzu kommt, dass

---

20 Terminologie nach Thönissen ZZP 137 (2024), 43 (60), der dies ebenfalls bejaht; so wohl auch HK-VDuG/Röthemeyer VDuG § 9 Rn. 21 (mit Einschränkung Rn. 22).

21 So insb. HK-VDuG/Röthemeyer VDuG § 9 Rn. 23.

22 Vgl. Paulus Schuldrecht BT/1 Kap. 10 Rn. 2.

23 S. statt vieler BGH NJW 2005, 3576; Rosenberg/Schwab/Gottwald Zivilprozessrecht § 131 Rn. 33ff.; Paulus Zivilprozessrecht Rn. 704; Thönissen ZZP 137 (2024), 43 (46).

24 So auch Köhler/Bornkamm/Feddersen/Scherer VDuG § 9 Rn. 3.

25 BT-Drs. 20/6520, 74; Köhler/Bornkamm/Feddersen/Scherer VDuG § 9 Rn. 9.

26 S. statt aller Larenz Schuldrecht I § 17 IV, S. 232ff.

27 Vgl. beispielhaft BeckOGK/Herresthal BGB § 311a Rn. 16: „Ein verfassungsrechtliches Gebot, in den tradierten dogmatischen Bahnen zu verharren und nicht (im Wesentlichen)

jedenfalls die Abhilfeklage (die in der Praxis wohl den Hauptanwendungsfall von § 9 bilden wird) richtigerweise auf einer gesetzlichen Prozessstandschaft gründet (→ § 14 Rn. 13; → Einleitung Rn. 18ff.); diese wiederum findet ihre Grundlage in der (ggf. erst späteren, dann jedoch ex tunc zurückwirkenden) Anmeldung der Verbraucher zum Verbandsklageregister (→ § 14 Rn. 13). Diese **atypische und vertypte Prozessstandschaft**[28] bildet bei der Abhilfeklage zugleich die **dogmatische Grundlage der Berechtigung der klageberechtigten Stelle zum Vergleichsschluss** mit Wirkung auch für und gegen die betroffenen Verbraucher; dies gilt sowohl auf materiell-rechtlicher als auch auf rein prozessualer Ebene (→ Rn. 13; → Einleitung Rn. 20). Abzustellen ist insofern allerdings – neben der für die Bindungswirkung notwendigen Anmeldung zum Verbandsklageregister (vgl. insofern § 11 Abs. 3 S. 1) zum maßgeblichen Zeitpunkt (§ 46 Abs. 4) – zusätzlich auch auf den fehlenden Austritt aus dem Vergleich nach § 10 Abs. 1 S. 1; denn das Gesetz sieht (nur) insofern – anders als bei den Verbandsklagen generell (→ § 14 Rn. 6) – einen **Opt-out-Mechanismus** vor (→ Rn. 25).[29] Der umständlichen Konstruktion einer nachträglichen Genehmigung iSv §§ 177 Abs. 1, 184 BGB[30] oder aber einer – ebenfalls **zu genehmigenden – Verfügung eines Nichtberechtigten** iSv § 185 BGB[31] bedarf es daher nicht. Ebenso wenig begründet § 9 Abs. 1 S. 1 (somit) einen Verstoß gegen den verfassungsrechtlichen Anspruch auf rechtliches Gehör aus Art. 103 Abs. 1 GG.[32]

II. Parteien des kollektiven Vergleichs

Parteien eines gerichtlichen Vergleichs iSv § 9 sind – aus § 1 Abs. 1 ersichtlich – **15** grds. (nur) die **klageberechtigte Stelle** und der jeweilige **Unternehmer;** lediglich bei den anderen möglichen Vergleichsformen ist daneben idR noch eine Beteiligung der betroffenen Verbraucher erforderlich (→ Rn. 8ff.).

III. Voraussetzungen und Form des kollektiven Vergleichs

Abgesehen von der in § 9 Abs. 2 geregelten Genehmigungsbedürftigkeit **16** (→ Rn. 29ff.) und den in § 9 Abs. 1 S. 2 angesprochenen zeitlichen Grenzen (→ Rn. 26ff.) stellt § 9 insgesamt (jedenfalls ausdrücklich) keine weiteren Voraussetzungen für den kollektiven Vergleich auf. **Inhaltlich – dh materiell-rechtlich –** gelten daher zunächst die allgemeinen Vorgaben insb. nach **§ 779 Abs. 1 BGB** („im Wege gegenseitigen Nachgebens"; → Rn. 18ff.). Insofern genügt es daher, wenn die Parteien einander (bzw. in diesem Fall: die klageberechtigte Stelle zugunsten sowie zulasten der betroffenen Verbraucher im Verhältnis zum Unter-

---

sachgerechte, wenngleich neuartige Lösungen für konkrete Regelungsfragen zu kodifizieren, besteht nicht".

[28] Ähnlich Gsell/Meller-Hannich JZ 2022, 421 (423): „verhaltene Prozessstandschaft"; HK-VDuG/Röthemeyer VDuG § 14 Rn. 3: „Quasi-Prozessstandschaft"; Gsell GRUR 2024, 979 (985f.).

[29] S. statt vieler Thönissen ZZP 137 (2024), 43 (59).

[30] So etwa Köhler/Bornkamm/Feddersen/Scherer VDuG § 9 Rn. 3; s. auch Stadler NJW 2020, 265 (270).

[31] So Köhler/Bornkamm/Feddersen/Scherer VDuG § 9 Rn. 4; ähnlich Thönissen ZZP 137 (2024), 43 (59): „Genehmigung (§ 185 BGB) durch Schweigen".

[32] Vgl. Röß NJW 2020, 2068 (2070).

nehmer) **irgendwelche Zugeständnisse** machen, seien sie auch noch so klein bzw. nicht gleichwertig (s. aber → Rn. 31 f.).[33]

17 Gem. § 9 muss ein gerichtlicher Vergleich grds. vor dem jeweils erkennenden Gericht geschlossen werden.[34] Hinsichtlich der dabei zu beachtenden **Form** ist gegenüber dem gesetzlichen Normalfall iSd ZPO zu beachten, dass wegen § 9 Abs. 1 S. 2 iVm § 46 Abs. 1 S. 1 (nach „Ablauf von drei Wochen nach dem Schluss der mündlichen Verhandlung") **kein Vergleichsschluss in der mündlichen Verhandlung** selbst möglich ist (ebenso → § 13 Rn. 50);[35] § 13 Abs. 1 S. 1 VDuG iVm § 160 Abs. 3 Nr. 1 Var. 3 ZPO kann daher insoweit von vorneherein keine Anwendung finden. Ein gerichtlicher Vergleich iSv § 9 kann somit grds. nur – nach **§ 13 Abs. 1 S. 2 VDuG iVm § 278 Abs. 6 ZPO – im schriftlichen Verfahren** zustande kommen (→ § 13 Rn. 50).[36] Zur zeitlichen Grenze → Rn. 26 ff.

IV. Inhalt des kollektiven Vergleichs

18 **1. Kaum gesetzliche Vorgaben; § 611 Abs. 2 ZPO aF.** Hinsichtlich des **Inhalts eines kollektiven Vergleichs** sind die Parteien – in den soeben in → Rn. 16 genannten Grenzen von § 779 Abs. 1 BGB sowie vorbehaltlich der Genehmigung durch das Gericht nach Abs. 2 (→ Rn. 29 ff.) – grds. völlig frei. Dies gilt nach dem Gesetzeswortlaut grds. auch „nach unten" hin; denn § 9 enthält **keine Vorgaben hinsichtlich eines etwaig notwendigen Mindestinhalts** eines gerichtlichen Vergleichs.[37] **§ 611 Abs. 2 ZPO aF** hatte demgegenüber noch verlangt, dass ein Vergleich mindestens „Regelungen enthalten [soll] über (1.) die auf die angemeldeten Verbraucher entfallenden Leistungen, (2.) den von den angemeldeten Verbrauchern zu erbringenden Nachweis der Leistungsberechtigung, (3.) die Fälligkeit der Leistungen und (4.) die Aufteilung der Kosten zwischen den Parteien". Auch wenn diese Regelung nicht in das VDuG überführt worden ist, können diese Vorgaben auch iRv § 9 als **Daumenregel** herangezogen werden (→ Rn. 3).[38]

19 **2. Leistungsansprüche.** Bei der **Abhilfeklage** (iSv §§ 14 ff.) wird ein kollektiver Vergleich regelmäßig bestimmte **Leistungsansprüche zugunsten (nur) der betroffenen (und angemeldeten) Verbraucher** vorsehen; zu deren Vollstreckbarkeit → Rn. 40 f. (Nur) **ausnahmsweise** kommt daneben jedoch auch die (gleichsam umgekehrte) Begründung von **Gegenansprüchen** des Unternehmers gegen die betroffenen Verbraucher in Betracht, etwa wenn jener zur Nachlieferung eines höherwertigen Nachfolgemodells verpflichtet wird und diese hierfür eine Zuzahlung leisten müssen.[39] Eine Verpflichtung der Verbraucher zur Übernahme eines Teils der **Verfahrenskosten** darf hingegen – im Lichte von Art. 12 Abs. 2 Verbandsklagen-RL – nicht in einem gerichtlichen Vergleich vereinbart werden.[40] Bei der **Muster-**

---

[33] Statt aller BGH NJW 2005, 1303; MüKoBGB/Habersack BGB § 779 Rn. 28.

[34] Köhler/Bornkamm/Feddersen/Scherer VDuG § 9 Rn. 12.

[35] AA jedoch HK-VDuG/Röthemeyer VDuG § 9 Rn. 28.

[36] Thönissen ZZP 137 (2024), 43 (60); Zöller/Vollkommer VDuG § 9 Rn. 6; Köhler/Bornkamm/Feddersen/Scherer VDuG § 9 Rn. 18.

[37] HK-VDuG/Röthemeyer VDuG § 9 Rn. 20.

[38] Ähnlich Köhler/Bornkamm/Feddersen/Scherer VDuG § 9 Rn. 13.

[39] Vgl. zur differenzierten Rspr. des BGH hinsichtlich der Nachlieferung von Nachfolgemodellen gegen Zuzahlung (grundlegend BGH NJW 2021, 2958) etwa Lorenz DAR 2022, 198 sowie Skauradszun BB 2022, 323.

[40] HK-VDuG/Röthemeyer VDuG § 9 Rn. 35 f.

feststellungsklage (iSv §§ 41 f.) wiederum ist – kraft Privatautonomie sowie gleichsam im „Vorgriff" auf die an sich erforderlichen anschließenden Individualprozesse[41] – **ebenfalls die Begründung von Leistungsansprüchen möglich** (vgl. § 611 Abs. 2 ZPO aF); andernfalls kann sich der gerichtliche Vergleich bei der Musterfeststellungsklage aber auch – in Anlehnung an das Musterfeststellungsurteil – in der **verbindlichen Feststellung des (Nicht-)Bestehens bestimmter Rechtsverhältnisse** oder auch nur einzelner tatbestandlicher Voraussetzungen (als „Teilrechtsverhältnisse"[42]) erschöpfen. Mangels unionsrechtlichen Hintergrundes der Musterfeststellungsklage (→ Rn. 4) steht dem Art. 11 Abs. 2 S. 2 Verbandsklagen-RL („Das Gericht [...] prüft, ob es [...] die Bestätigung eines Vergleichs ablehnen muss, [...] der Bedingungen enthält, die nicht vollstreckbar sind") nicht entgegen.

3. Abhängigkeit von der Verbandsklageart bzw. Klagevariante. Der notwendige Inhalt eines kollektiven Vergleichs hängt stark **von der einschlägigen Verbandsklageart sowie** – bei Vorliegen einer Abhilfeklage nach §§ 14 ff. – **Abhilfeklagevariante ab** (→ Rn. 2); das Gleiche gilt mit Blick auf § 17 sowie §§ 22 ff. für den **Zeitpunkt des Vergleichsschlusses.** Setzt die entsprechende Klage nämlich an sich die Durchführung eines Umsetzungsverfahrens voraus (→ § 14 Rn. 28 ff.), muss der kollektive Vergleich andere, potentiell weitergehende Regelungen treffen als zB bei einer Abhilfeklage auf Leistung an namentlich benannte Verbraucher (bei der erst gar kein Umsetzungsverfahren erforderlich ist, → § 14 Rn. 23 ff.). Insofern kann daher – je nach Einzelfall – etwa die Benennung eines anstelle des Sachwalters für die Prüfung der Individualberechtigung Verantwortlichen und/oder die Angabe des dabei anzuwendenden Systems und Verteilungsmechanismus (einschließlich der Anspruchshöhe) bzw. der zu berücksichtigenden Umstände erforderlich sein.[43] Insofern ist eine **Orientierung an den Vorgaben von § 18 Abs. 1–3 sowie § 27** ratsam. Das Gleiche gilt, wenn der Vergleich bereits vor Erlass des Abhilfegrundurteils iSv § 16 geschlossen wird;[44] in diesem Fall müssen zusätzlich noch die Vorgaben von § 16 Abs. 2 mitberücksichtigt werden.[45] Zur Möglichkeit des Abschlusses eines **Teilvergleichs, Teilgruppenvergleichs** oder **Zwischenvergleichs** s. hingegen → Rn. 11. 20

4. Regelungen zugunsten nicht angemeldeter Verbraucher? Gem. **§ 328 Abs. 1 BGB** ist es grds. ohne Weiteres zulässig, dass ein gerichtlicher Vergleich im Einzelfall auch (ggf.) **nicht (mehr) angemeldeten Verbrauchern Rechte** gewährt.[46] Da nach allgemeinen Grundsätzen allerdings zwar – gem. §§ 328 ff. BGB – ein Vertrag zugunsten Dritter, jedoch kein Vertrag zulasten Dritter zulässig ist (→ Rn. 14), können dabei **nicht zugleich Rechtspositionen der nicht (mehr) angemeldeten Verbraucher beschnitten** werden; § 9 Abs. 1 S. 1 greift insofern – mangels wirksamer Anmeldung zum nach § 46 Abs. 1 S. 1 maßgeblichen Zeitpunkt – gerade nicht ein. 21

---

[41] S. nur Magnus NJW 2019, 3177.

[42] Vgl. zum (erbitterten) Streit der Feststellungsfähigkeit von bloßen Tatbestandsvoraussetzungen MüKoZPO/Becker-Eberhard ZPO § 256 Rn. 24 ff., insb. 27, mwN; (ablehnend) zB BGH NJW 2000, 2280 sowie (zustimmend) die hLit, s. neben MüKoZPO/Becker-Eberhard ZPO § 256 Rn. 27 etwa Schilken JZ 2001, 199; Althammer NJW 2015, 878.

[43] Vgl. dazu etwa → § 17 Rn. 8 ff.; Köhler/Bornkamm/Feddersen/Scherer VDuG § 9 Rn. 8.

[44] S. etwa Thönissen ZZP 137 (2024), 43 (67).

[45] Vgl. auch HK-VDuG/Röthemeyer VDuG § 9 Rn. 25, der insofern von „Abwicklungsvergleich" spricht.

[46] HK-VDuG/Röthemeyer VDuG § 9 Rn. 19, 39.

V. Bindungswirkung und persönliche Reichweite

22 **1. Inhalt der Bindungswirkung.** Nach § 9 Abs. 1 S. 1 entfaltet ein gerichtlicher Vergleich ohne Weiteres „auch […] Wirkung für die im Verbandsklageregister angemeldeten Verbraucher". In dogmatischer Hinsicht führt dies – entgegen dem gesetzlichen „Normalfall" in § 794 Abs. 1 Nr. 1 ZPO (→ Rn. 8) sowie § 779 BGB (→ Rn. 9) bzw. ganz allgemein § 311 Abs. 1 BGB – zu einer **umfassenden Erstreckung der Bindungswirkung des Vergleichs kraft Gesetzes auch auf Dritte.** Die genaue Bedeutung sowie der Umfang der Bindungswirkung eines gerichtlichen Vergleichs werden indes im Gesetz nicht näher präzisiert. Richtigerweise ist insofern – mittelbar und entsprechend – auf § 11 Abs. 3 S. 1 abzustellen, wonach rechtskräftige Urteile „ein zur Entscheidung eines Rechtsstreits zwischen einem angemeldeten Verbraucher und dem verklagten Unternehmer berufenes Gericht [binden], soweit dessen Entscheidung den Lebenssachverhalt der Verbandsklage und einen mit der Abhilfeklage geltend gemachten Anspruch oder ein mit der Musterfeststellungsklage geltend gemachtes Feststellungsziel betrifft".[47] Eine derartige – **von der Rechtskraft zu unterscheidende**[48] – **materiell-rechtliche Wirkung** entfaltet auch der gerichtliche Vergleich, wobei diese grds. nur **im Verhältnis zwischen dem jeweiligen Unternehmer und den betroffenen Verbrauchern** eintritt.[49] Im Übrigen folgt dies – infolge der Doppelnatur des gerichtlichen Vergleichs (→ Rn. 13) – zusätzlich auch aus § 779 BGB.[50]

23 Die Bindungswirkung tritt – entgegen dem insofern ungenauen Wortlaut von § 9 Abs. 1 S. 1 („**für** die im Verbandsklageregister angemeldeten Verbraucher") – nicht nur ein, soweit der gerichtliche Vergleich für jene günstig ist, sondern ohne Weiteres **auch zulasten der jeweils betroffenen Verbraucher;**[51] zur dogmatischen Konstruktion und Rechtfertigung → Rn. 14. Eine Bindung von **Rechtsnachfolgern** kann demgegenüber (im Falle einer vor Eintritt der Rechtsnachfolge vorgenommenen Anmeldung zum Verbandsklageregister) insb. nach § 13 Abs. 1 S. 2 VDuG iVm § 265 ZPO eintreten.[52] Zur (möglichen) Einschränkung der subjektiven Reichweite bei **Teilgruppenvergleichen** → Rn. 11.

24 In **formeller Hinsicht** entfaltet ein gerichtlicher Vergleich demgegenüber – mangels Rechtskraftwirkung von Vergleichen insgesamt[53] – **keine Sperrwirkung für spätere Individualklagen** der Verbraucher (→ Rn. 39).[54] Allerdings führt die materiell-rechtliche Wirkung des gerichtlichen Vergleichs (→ Rn. 22) dazu, dass ein etwaiger Folgeprozess inhaltlich – soweit dessen Feststellungen im Einzelfall rei-

---

[47] So insb. Köhler/Bornkamm/Feddersen/Scherer VDuG § 9 Rn. 5; dies für möglich haltend Thönissen ZZP 137 (2024), 43 (65).

[48] Zöller/Vollkommer VDuG § 11 Rn. 16.

[49] S. bereits → Rn. 14 sowie – wenn auch zweifelnd – Thönissen ZZP 137 (2024), 43 (65).

[50] Musielak/Voit/Stadler VDuG § 9 Rn. 1.

[51] BT-Drs. 20/6520, 74; HK-VDuG/Röthemeyer VDuG § 9 Rn. 9; Köhler/Bornkamm/Feddersen/Scherer VDuG § 9 Rn. 6.

[52] Vgl. Althammer JZ 2019, 286; HK-VDuG/Röthemeyer VDuG § 9 Rn. 14ff. und § 11 Rn. 33ff.; Köhler/Bornkamm/Feddersen/Scherer VDuG § 9 Rn. 6 und § 11 Rn. 8, 11.

[53] Vgl. allgemein etwa MüKoZPO/Wolfsteiner ZPO § 794 Rn. 78 sowie Köhler/Bornkamm/Feddersen/Scherer VDuG § 9 Rn. 7; Thönissen ZZP 137 (2024), 43 (63).

[54] Köhler/Bornkamm/Feddersen/Scherer VDuG § 9 Rn. 6 und 14ff.; zT aA (zur Musterfeststellungsklage) Musielak/Voit/Stadler ZPO § 611 aF Rn. 4; s. dazu auch (ähnlich wie hier) Thönissen ZZP 137 (2024), 43 (63).

chen – **nicht von diesem abweichen darf;**[55] insofern kann dem späteren Verfahren daher – bei völliger Übereinstimmung – bereits das Rechtsschutzbedürfnis fehlen.[56]

2. Doppelter Opt-in- sowie Opt-out-Mechanismus. Nach § 9 Abs. 1 S. 1 entfaltet ein kollektiver Vergleich Wirkung nur **für (und gegen,** → Rn. 23) **die jeweils im Verbandsklageregister nach § 46 Abs. 1 wirksam angemeldeten Verbraucher;** insofern liegt dem VDuG (insgesamt und generell) ein Opt-in-Mechanismus zugrunde (→ § 14 Rn. 6). Die entsprechende Anmeldung muss allerdings nach Maßgabe von insb. (aber nicht nur) § 46 Abs. 2 **wirksam sein** (dazu näher → § 46 Rn. 16ff.); nicht oder nicht wirksam angemeldete Verbraucher werden von der Bindungswirkung nach § 9 Abs. 1 S. 1 nicht erfasst.[57] Irrelevant ist hingegen die tatsächliche Eintragung im Verbandsklageregister (vgl. § 46 Abs. 3).[58] **Maßgeblicher Zeitpunkt** ist nach § 46 Abs. 1 der Ablauf von drei Wochen nach dem Schluss der jeweiligen mündlichen Verhandlung. (Bis) zu diesem Zeitpunkt darf ein angemeldeter Verbraucher daher auch nicht die Anmeldung gem. § 46 Abs. 4 S. 1 zurückgenommen haben.[59] Darüber hinaus sieht § 10 Abs. 1 – **zusätzlich** (!) – einen **Opt-out-Mechanismus (nur) für den gerichtlichen Vergleich** vor: Danach können „im Verbandsklageregister angemeldete Verbraucher […] innerhalb einer Frist von einem Monat gegenüber dem Bundesamt für Justiz den Austritt aus dem Vergleich erklären". In einem solchen Fall entfaltet der gerichtliche Vergleich nach § 10 Abs. 2 S. 1 – und zwar unabhängig von der fortbestehenden Anmeldung zum Verbandsklageregister (§ 10 Abs. 2 S. 2) – **keinerlei Bindungswirkung** für den austretenden Verbraucher.[60] 25

VI. Zeitliche Grenzen; Kritik

Anders als im Normalfall nach § 13 Abs. 1 VDuG iVm § 278 Abs. 1, § 794 Abs. 1 Nr. 1 ZPO kann ein gerichtlicher Vergleich **nicht etwa jederzeit,** sondern gem. **§ 9 Abs. 1 S. 2** „nicht vor Ablauf des in § 46 Absatz 1 Satz 1 genannten Zeitpunkts" – und damit **erst nach „Ablauf von drei Wochen nach dem Schluss der mündlichen Verhandlung"** – geschlossen werden. Damit ist die Möglichkeit eines Vergleichsschlusses weit nach hinten – bis **ganz auf die Endphase der Verbandsklageverfahren** nach dem VDuG – verschoben. Nach der **Gesetzesbegründung** dient dies der Sicherstellung, „dass Verbraucherinnen und Verbrauchern ausreichend lange Gelegenheit haben, sich im Klageregister einzutragen, um an dem Vergleich zu partizipieren". Insofern ist jedoch zu beachten, dass die Regelung in § 9 Abs. 1 S. 2 auf den Regierungsentwurf vom 24.4.2023 zurückgeht;[61] dieser hatte aber noch vorgesehen, dass die Anmeldefrist zum Verbandsklageregister bereits zwei Monate nach dem ersten Termin enden sollte.[62] Damit trat der „in § 46 26

---

55 HK-VDuG/Röthemeyer VDuG § 9 Rn. 52; Köhler/Bornkamm/Feddersen/Scherer VDuG § 9 Rn. 7; Thönissen ZZP 137 (2024), 43 (66).

56 Thönissen ZZP 137 (2024), 43 (65).

57 Röß NJW 2020, 2068; HK-VDuG/Röthemeyer VDuG § 9 Rn. 10; Köhler/Bornkamm/Feddersen/Scherer VDuG § 9 Rn. 5.

58 Vgl. HK-VDuG/Röthemeyer VDuG § 9 Rn. 11.

59 HK-VDuG/Röthemeyer VDuG § 9 Rn. 10.

60 Köhler/Bornkamm/Feddersen/Scherer VDuG § 9 Rn. 6.

61 HK-VDuG/Röthemeyer VDuG § 9 Rn. 27.

62 Vgl. BT-Drs. 20/6520, 25.

Absatz 1 Satz 1 genannten Zeitpunkt" – und damit auch die zeitliche Grenze der „Vergleichbarkeit" – **nach der ursprünglichen Konzeption viel früher** ein.[63] Als sodann im weiteren Gesetzgebungsverfahren der Anmeldeschluss nach hinten verschoben wurde, hat der Gesetzgeber die Regelung zum Vergleichsschluss nicht (mit) angepasst.[64] In Ermangelung von Hinweisen auf eine bewusste Untätigkeit kann insofern das **Vorliegen eines Redaktionsversehens** (durch unbewusstes Unterlassen) nicht ausgeschlossen werden;[65] jedenfalls liegt eine (teleologisch) **sehr unglückliche Regelung** vor.

27 Konsequenz der geltenden Regelung ist, dass ein gerichtlicher Vergleich iSv § 9 nicht in der mündlichen Verhandlung abgeschlossen (und protokolliert) werden kann, sondern **allein im schriftlichen Verfahren** (vgl. § 13 Abs. 1 S. 2 VDuG iVm § 278 Abs. 6 ZPO; dazu → Rn. 17).[66] Hinzu kommt, dass zu dem in § 9 Abs. 1 S. 2 genannten Zeitpunkt oftmals bereits Entscheidungsreife bestehen wird.[67] Angesichts der **vielfachen** und – gerade auch im Lichte der generellen Vergleichsfreundlichkeit der VDuG-Verfahren (→ Rn. 1) – durchaus **berechtigten Kritik**[68] wird daher stellenweise eine **teleologische Reduktion** von § 9 Abs. 1 S. 2 zum Zwecke einer Vorverlagerung der zeitlichen Grenze des Vergleichsschlusses befürwortet.[69] Angesichts der unklaren Beweggründe des Gesetzgebers (→ Rn. 26) liegen die Voraussetzungen einer derartigen (an sich willkommenen) Rechtsfortbildung jedoch wohl nicht vor.[70] Als **Lösung** bleibt daher lediglich – allerdings unter Inkaufnahme des Fehlens einer gerichtlichen Überprüfung – der Abschluss entweder eines „normalen" Prozessvergleichs iSv § 794 Abs. 1 Nr. 1 ZPO (→ Rn. 8) oder aber – wie im ersten VW-Musterfeststellungsverfahren geschehen[71] – eines außergerichtlichen Vergleichs iSv § 779 BGB (→ Rn. 9f.).[72]

28 Wird ein gerichtlicher Vergleich, wie **in § 17 Abs. 1** für die (kollektiven[73]) **Abhilfeklagen** vorgesehen, erst **nach Erlass eines Abhilfegrundurteils** iSv § 16 Abs. 1 S. 1 geschlossen, ist die zeitliche Grenze des § 9 Abs. 1 S. 2 hingegen ohne Bedeutung; folgerichtig findet § 9 in diesen Fällen **gem. § 17 Abs. 1 S. 4 nur entsprechende Anwendung.** Allerdings kann das **Gericht** den Parteien in einem solchen Fall gem. § 17 Abs. 1 S. 2 seinerseits eine **Frist** zur Unterbreitung eines Vergleichsvorschlags **setzen** (und ggf. gem. § 17 Abs. 1 S. 3 verlängern).

---

63 Zöller/Vollkommer VDuG § 9 Rn. 4.

64 Köhler/Bornkamm/Feddersen/Scherer VDuG § 9 Rn. 17.

65 So insb. Röthemeyer VuR 2023, 332 (334); zustimmend Zöller/Vollkommer VDuG § 9 Rn. 5.

66 HK-VDuG/Röthemeyer VDuG § 9 Rn. 28.

67 Zöller/Vollkommer VDuG § 9 Rn. 5.

68 Röthemeyer VuR 2023, 332 (334); HK-VDuG/Röthemeyer VDuG § 9 Rn. 26ff.; Köhler/Bornkamm/Feddersen/Scherer VDuG § 9 Rn. 18; Zöller/Vollkommer VDuG § 9 Rn. 5.

69 So HK-VDuG/Röthemeyer VDuG § 9 Rn. 29: „bei erklärtem Einverständnis der Parteien ein Vergleich in der mündlichen Verhandlung".

70 So auch Zöller/Vollkommer VDuG § 9 Rn. 4 aE.

71 S. erneut Hirsch VuR 2020, 454 sowie → Rn. 9.

72 Zöller/Vollkommer VDuG § 9 Rn. 6; HK-VDuG/Röthemeyer VDuG § 9 Rn. 30.

73 S. dazu allgemein näher → § 14 Rn. 28ff.

E. Genehmigung durch das Gericht (Abs. 2)

29 In Umsetzung von Art. 11 Abs. 2 S. 1 Verbandsklagen-RL (→ Rn. 6) bedarf ein kollektiver (gerichtlicher) Vergleich zu seiner Wirksamkeit[74] gem. **§ 9 Abs. 2 S. 1** der **gerichtlichen Genehmigung.** Eine solche wiederum setzt nach § 9 Abs. 2 S. 2 voraus, dass das Gericht den Vergleich „unter Berücksichtigung des Sach- und Streitstands, insbesondere der Interessen der betroffenen Verbraucher, als **angemessene gütliche Beilegung des Rechtsstreits** erachtet"[75] (→ Rn. 31 f.). Im Falle seiner Genehmigung beendet der Vergleich (infolge seiner Doppelnatur, vgl. → Rn. 13) im Regelfall – abhängig allerdings von seinem konkreten Inhalt (→ Rn. 11) – zugleich das Gerichtsverfahren (→ Rn. 37); andernfalls lehnt das Gericht die Genehmigung gem. § 9 Abs. 2 S. 3 durch Beschluss ab und führt ganz „normal" das Urteilsverfahren[76] bzw. – in den Fällen des § 17 – das weitere Abhilfeverfahren (§ 17 Abs. 2 S. 1) weiter. Anders noch als § 611 Abs. 5 S. 1 ZPO aF, der zur Wirksamkeit eines kollektiven Vergleichs zusätzlich noch vorausgesetzt hatte, dass „weniger als 30 Prozent der angemeldeten Verbraucher" aus dem Vergleich austreten, kennt das Gesetz **keine weiteren besonderen Zulässigkeitsvoraussetzungen.** Im Übrigen ist eine analoge Anwendung von § 9 Abs. 2 auf die sonstigen, allgemeinen Vergleichsarten (zu diesen → Rn. 8 ff.) nicht möglich.[77]

I. Zweck der Angemessenheitsprüfung

30 Die Prüfung der Angemessenheit eines gerichtlichen Vergleichs stellt neben der **Wahrung der Interessen der betroffenen Verbraucher** sowie der sonstigen Beteiligten[78] insb. – in Gestalt einer **eingeschränkten Äquivalenzkontrolle** – ein gewisses Mindestmaß an materieller Gerechtigkeit sicher (→ Rn. 31 f.);[79] denn sowohl Art. 11 Abs. 2 S. 3 als auch ErwG 56 Verbandsklagen-RL erlauben ausdrücklich eine Ablehnung der Genehmigung „mit der Begründung […], dass der Vergleich unfair ist". In rein dogmatischer Hinsicht dient die gerichtliche Überprüfung zugleich der **Rechtfertigung und Kompensation der aus § 9 Abs. 1 S. 1 resultierenden gesetzlichen Ermächtigung** der klageberechtigten Stelle, einen – bereits kraft Natur der Sache auch zu deren Lasten wirkenden – gerichtlichen Vergleich ohne vorherige Zustimmung der betroffenen Verbraucher abzuschließen (s. dazu → Rn. 14).

II. Reichweite der Angemessenheitsprüfung

31 **Bezugspunkt** der Angemessenheitsprüfung ist nach § 9 Abs. 2 S. 2 nicht etwa (allein) der Inhalt des jeweiligen Vergleichs, sondern primär die durch ihn bezweckte **gütliche Beilegung des jeweiligen Rechtsstreits.**[80] Nach Art. 11 Abs. 2 S. 2 Verbandsklagen-RL sind bei der Prüfung insb. ein „Widerspruch zu zwingenden Bestimmungen des nationalen Rechts" (dh ein Rechtsverstoß), die

---

[74] Vgl. Köhler/Bornkamm/Feddersen/Scherer VDuG § 9 Rn. 19.
[75] Hervorhebung durch Verf.
[76] Art. 11 Abs. 3 Verbandsklagen-RL; Zöller/Vollkommer VDuG § 9 Rn. 3.
[77] AA hingegen Gsell GRUR 2024, 979 (988).
[78] Vgl. Art. 11 Abs. 2 S. 2 Verbandsklagen-RL: „die Rechte und Interessen aller Parteien".
[79] Magnus NJW 2019, 3177 (3179).
[80] HK-VDuG/Röthemeyer VDuG § 9 Rn. 32.

Vereinbarung „nicht vollstreckbar[er]" Bedingungen sowie die „Rechte und Interessen aller Parteien, insbesondere die der betroffenen Verbraucher", zu berücksichtigen. Dies kommt im Wortlaut von § 9 Abs. 2 S. 2, der lediglich eine Berücksichtigung „insbesondere der Interessen der betroffenen Verbraucher" vorschreibt, nur ungenügend zum Ausdruck.

32 Bereits aus dem Wortlaut von § 9 Abs. 2 S. 2 folgt, dass die **inhaltliche Würdigung** des Vergleichs anhand der **dem Gericht bekannten Rechtslage** („Sach- und Streitstand") zu erfolgen hat. Insofern ist es daher unschädlich, wenn (was wegen der engen zeitlichen Grenzen allerdings unwahrscheinlich ist) noch nicht alle Tatsachen- und Rechtsfragen geklärt sind;[81] eine weitere **Beweisaufnahme** oder Anhörung der Verbraucher ist daher idR unzulässig.[82] Im Lichte des soeben → Rn. 31 Gesagten muss das Gericht insb. prüfen, ob ein **„gegenseitiges Nachgeben"** iSv § 779 Abs. 1 BGB vorliegt (dazu → Rn. 16), und ob sich die entsprechende Ungewissheit der Parteien auf (v. a. für die Verbraucher) vertretbare Weise im Vergleichsergebnis Niederschlag gefunden hat.[83] Dabei kommt dem Gericht naturgemäß ein **Ermessen** hinsichtlich der Beurteilung der Angemessenheit zu. Neben dem Vorliegen zB **rechtsvernichtender Einwendungen oder rechtshemmender Einreden** etwa nach §§ 138 oder 242 BGB muss das Gericht insofern zugleich eine **Äquivalenzprüfung** nach Maßgabe einer hypothetischen Fortführungsprognose durchführen;[84] Maßstab ist dabei immer – neben demjenigen des Unternehmers – primär der Rechtskreis der betroffenen Verbraucher (und nicht etwa der klageberechtigten Stelle).[85] Zusätzlich sind bei der insofern durchzuführenden umfassenden Angemessenheitsprüfung neben dessen Inhalt auch – dann wiederum mit Blick auf die klageberechtigte Stelle – zB die **Umstände des Zustandekommens** des Vergleichs sowie das **(Nicht-)Bestehen einer ausreichenden Prüfungsmöglichkeit** für die Prozessparteien zu berücksichtigen.[86] Aus diesem Grund kommt anders als vereinzelt vorgeschlagen,[87] auch keine teleologische Reduktion von § 9 Abs. 2 S. 1 in Betracht, wenn ein gerichtlicher Vergleich im Einzelfall (→ Rn. 11) allein Rechtspositionen der Prozessparteien (und keine der Verbraucher) berührt.

III. Genehmigungsverfahren

33 Die Entscheidung des Gerichts über die Genehmigung des gerichtlichen Vergleichs erfolgt **von Amts wegen**[88] sowie – gem. § 9 Abs. 2 S. 2 bzw. 3 – **durch Beschluss;** dies gilt unabhängig davon, ob die Genehmigung im Einzelfall erteilt (§ 9 Abs. 2 S. 2) oder abgelehnt wird (§ 9 Abs. 2 S. 3). Wie bereits dargestellt (→ Rn. 32), erfolgt die Entscheidung „unter Berücksichtigung des Sach- und Streitstands", wes-

[81] Musielak/Voit/Stadler VDuG § 9 Rn. 3.

[82] Musielak/Voit/Stadler VDuG § 9 Rn. 3; aA (allerdings zur früheren Rechtlage) Magnus NJW 2019, 3177 (3179).

[83] HK-VDuG/Röthemeyer VDuG § 9 Rn. 33.

[84] Köhler/Bornkamm/Feddersen/Scherer VDuG § 9 Rn. 21.

[85] S. Magnus NJW 2019, 3177 (3179): „muss als Vertreter der Interessen der nicht eingebundenen Verbraucher aktiv die Angemessenheit des Vergleichs erforschen"; HK-VDuG/Röthemeyer VDuG § 9 Rn. 33.

[86] Vgl. Kähler ZIP 2020, 293 (296), demzufolge daher überraschende Vergleichsvorschläge mit kurzen Ultimaten nicht zulässig bzw. genehmigungsfähig sind.

[87] So HK-VDuG/Röthemeyer VDuG § 9 Rn. 38.

[88] HK-VDuG/Röthemeyer VDuG § 9 Rn. 41.

halb eine weitere **Beweisaufnahme** oder **Anhörung der Verbraucher** grds. (von engen Ausnahmefällen abgesehen[89]) unzulässig ist.[90] Eine etwaig erteilte Genehmigung ist gem. **§ 44 Nr. 10** im **Verbandsklageregister** einzutragen (→ Rn. 43); andernfalls, dh bei Ablehnung der Genehmigung, wird entweder das „normale" Urteilsverfahren (§ 9 Abs. 2 S. 3) oder aber das weitere Abhilfeverfahren (§ 17 Abs. 2 S. 1) fortgeführt.[91]

IV. Rechtsbehelfe; Begründungserfordernis

Lehnt das Gericht die Genehmigung des gerichtlichen Vergleichs gem. § 9 Abs. 2 S. 3 durch Beschluss **ab,** kann hiergegen **Rechtsbeschwerde** eingelegt werden (§ 13 Abs. 1 S. 1 VDuG iVm §§ 574 ff. ZPO).[92] Eine solche bedarf jedoch, da ihre Zulässigkeit nicht im Gesetz selbst geregelt ist (§ 13 Abs. 1 S. 1 VDuG iVm § 574 Abs. 1 S. 1 Nr. 1 ZPO), gem. § 13 Abs. 1 S. 1 VDuG iVm **§ 574 Abs. 1 S. 1 Nr. 2 Var. 3 sowie Abs. 3 ZPO** der **Zulassung** durch das Gericht (selbst).[93] **34**

Gegen die **(positive) Erteilung der Genehmigung** hingegen ist – mangels Beschwer[94] – grds. **keine Rechtsbeschwerde** zulässig.[95] Vor diesem Hintergrund bedarf **nur** ein ablehnender Beschluss überhaupt einer **schriftlichen Begründung.**[96] **35**

F. Rechtsfolgen

Die **Rechtsfolgen** eines gerichtlichen Vergleichs **unterscheiden** sich in Abhängigkeit davon, ob die Genehmigung durch das Gericht erteilt oder abgelehnt wird. So wird **im Falle der Ablehnung** entweder das „normale" Urteilsverfahren (vgl. Art. 11 Abs. 3 Verbandsklagen-RL) oder aber, falls zuvor – bei einer Abhilfeklage – bereits ein Abhilfegrundurteil erlassen worden ist, das weitere Abhilfeverfahren fortgeführt (§ 17 Abs. 2 S. 1; → Rn. 29).[97] **Genehmigt** das Gericht hingegen den gerichtlichen Vergleich, führt dies im Regelfall zu einer Prozessbeendigung (→ Rn. 37). **36**

I. Etwaige Prozessbeendigung

Aufgrund der **Doppelnatur** des kollektiven gerichtlichen Prozessvergleichs (→ Rn. 13) **beendigt** dieser im Falle seiner Genehmigung im Regelfall **den Prozess** zwischen klageberechtigter Stelle und Unternehmer;[98] **anders** ist dies nur, falls **37**

---

[89] S. (zu § 611 ZPO aF) Magnus NJW 2019, 3177 (3179).

[90] Musielak/Voit/Stadler VDuG § 9 Rn. 3.

[91] Art. 11 Abs. 3 Verbandsklagen-RL; Zöller/Vollkommer VDuG § 9 Rn. 3; Musielak/Voit/Stadler VDuG § 9 Rn. 3; Köhler/Bornkamm/Feddersen/Scherer VDuG § 9 Rn. 23.

[92] So BT-Drs. 20/6520, 74; Musielak/Voit/Stadler VDuG § 9 Rn. 3; HK-VDuG/Röthemeyer VDuG § 9 Rn. 49; Köhler/Bornkamm/Feddersen/Scherer VDuG § 9 Rn. 23.

[93] BR-Drs. 145/23, 81; BT-Drs. 20/6520, 74; HK-VDuG/Röthemeyer VDuG § 9 Rn. 45.

[94] Vgl. etwa BGH NJW 2011, 2371.

[95] HK-VDuG/Röthemeyer VDuG § 9 Rn. 48; wohl aA Köhler/Bornkamm/Feddersen/Scherer VDuG § 9 Rn. 23.

[96] HK-VDuG/Röthemeyer VDuG § 9 Rn. 45.

[97] Zöller/Vollkommer VDuG § 9 Rn. 3; Musielak/Voit/Stadler VDuG § 9 Rn. 3; Köhler/Bornkamm/Feddersen/Scherer VDuG § 9 Rn. 23.

[98] Thönissen ZZP 137 (2024), 43 (63); Zöller/Vollkommer VDuG § 10 Rn. 6; HK-VDuG/Röthemeyer VDuG § 9 Rn. 50.

ein gerichtlicher Vergleich im Einzelfall **ausnahmsweise** entweder **nur einen Teil** des Streitgegenstandes oder aber → nur formelle Fragen oder lediglich bestimmte Verbraucheruntergruppen betrifft (→ Rn. 11).[99] Allein die Tatsache, dass **einige Verbraucher aus dem Vergleich ausgetreten sind,** hindert dabei die Prozessbeendigung richtigerweise nicht;[100] jedoch bleibt es der klageberechtigten Stelle in einem solchen Fall unbenommen, den Prozess zugunsten der ausgetretenen Verbraucher (vgl. § 10 Abs. 2 S. 2) **freiwillig fortzuführen.**[101]

II. Materiell-rechtliche Wirkung; keine Rechtskraft

38 Gem. § 9 Abs. 1 S. 1 erfasst die materiell-rechtliche Bindungswirkung eines kollektiven (gerichtlichen) Vergleichs – kraft Gesetzes – neben den Parteien auch „die im Verbandsklageregister angemeldeten Verbraucher". Neben § 779 BGB, der zu einer Umgestaltung der materiellen Rechtslage führt (→ Rn. 13),[102] folgt dies zugleich auch aus einer **entsprechenden Anwendung von § 11 Abs. 3 S. 1** (→ Rn. 13).[103] Die danach eintretende materiell-rechtliche Bindungswirkung ist allerdings **streng von der (formellen wie materiellen) Rechtskraft zu unterscheiden;**[104] eine solche kommt einem Vergleich bereits nach allgemeinen Grundsätzen **niemals** zu.[105] Zur Wirkung gegenüber **Rechtsnachfolgern** → Rn. 23.

III. (Keine) Sperrwirkung

39 In **formeller Hinsicht** entfaltet ein genehmigter gerichtlicher Vergleich – **mangels (formeller) Rechtskraft** (→ Rn. 38) – **keine Sperrwirkung für spätere Individualklagen** der Verbraucher oder eine erneute Verbandsklage.[106] Allerdings wirkt sich die materiell-rechtliche Bindungswirkung naturgemäß in einem etwaigen Folgeprozess aus (→ Rn. 21 und → Rn. 38); erheben die Parteien eine weitere Verbandsklage oder die Verbraucher eine Individualklage (vgl. dazu auch §§ 39 f.), ist das Gericht des Folgeprozesses daher ohne Weiteres an die durch den gerichtlichen Vergleich gem. § 779 BGB umgestaltete Rechtslage gebunden.[107] Entsprechend kann einem etwaigen Folgeprozess zwar nicht der Einwand entgegenstehender Rechtskraft, sehr wohl jedoch im Einzelfall – je nach Inhalt und Reichweite des Vergleichs – ein **fehlendes Rechtsschutzbedürfnis** entgegengehalten werden.[108]

---

[99] HK-VDuG/Röthemeyer VDuG § 9 Rn. 51.

[100] So auch HK-VDuG/Röthemeyer VDuG § 9 Rn. 50.

[101] So ebenfalls HK-VDuG/Röthemeyer VDuG § 9 Rn. 50.

[102] Musielak/Voit/Stadler VDuG § 9 Rn. 1.

[103] So insb. Köhler/Bornkamm/Feddersen/Scherer VDuG § 9 Rn. 5; dies für möglich haltend Thönissen ZZP 137 (2024), 43 (65).

[104] Zöller/Vollkommer VDuG § 11 Rn. 16.

[105] Vgl. allgemein etwa MüKoZPO/Wolfsteiner ZPO § 794 Rn. 78 sowie Köhler/Bornkamm/Feddersen/Scherer VDuG § 9 Rn. 7; Thönissen ZZP 137 (2024), 43 (63 ff.).

[106] Köhler/Bornkamm/Feddersen/Scherer VDuG § 9 Rn. 6 und 14 ff.; zT aA (zur Musterfeststellungsklage) Musielak/Voit/Stadler ZPO § 611 aF Rn. 4; s. dazu auch (ähnlich wie hier) Thönissen ZZP 137 (2024), 43 (63).

[107] HK-VDuG/Röthemeyer VDuG § 9 Rn. 52; Köhler/Bornkamm/Feddersen/Scherer VDuG § 9 Rn. 7; Thönissen ZZP 137 (2024), 43 (66).

[108] So auch Thönissen ZZP 137 (2024), 43 (65).

IV. Vollstreckbarkeit

Sofern ein gerichtlicher Vergleich – wie im Regelfall (vgl. →Rn. 20 sowie →§ 14 Rn. 15) – **Leistungsansprüche der Verbraucher** vorsieht, ist er zugleich **zugunsten der einzelnen Verbraucher vollstreckbar.**[109] Dies folgt unmittelbar auch aus § 13 Abs. 1 S. 1 VDuG iVm § 794 Abs. 1 Nr. 1 ZPO, da auch der gerichtliche Vergleich eine **Doppelnatur** besitzt (→ Rn. 13 und → Rn. 8). 40

Keine Regelung enthält das Gesetz – wie auch beim Abhilfeurteil (s. dazu →§ 14 Rn. 24) – hinsichtlich der Frage, **wer die Zwangsvollstreckung aus einem gerichtlichen Vergleich betreiben kann bzw. muss.** In Betracht kommen insofern primär die **klageberechtigte Stelle** sowie die betroffenen **Verbraucher** selbst; nur ausnahmsweise ist (wenn, bei Vorliegen einer Abhilfeklage, ungeachtet des Vergleichs ein Umsetzungsverfahren angeordnet bzw. ggf. weiterbetrieben wird) auch eine Vollstreckung durch einen Sachwalter denkbar. Nach **allgemeinen Grundsätzen** obliegt die Zwangsvollstreckung dabei – ebenso wie beim Abhilfeurteil[110] – **nur der klageberechtigten Stelle,**[111] die insofern in **Vollstreckungsstandschaft** zugunsten der jeweiligen Verbraucher vorgehen kann. Daneben sollte es jedoch – u. a. aus Gründen einer adäquaten (Insolvenz-) Risikoverteilung[112] – **auch den Verbrauchern selbst** im Falle ihrer namentlichen Benennung im Vergleich (zur parallelen Fragestellung beim Abhilfeurteil →§ 14 Rn. 24) unbenommen bleiben, die Zwangsvollstreckung selbst zu betreiben.[113] 41

G. Anfechtbarkeit und Unwirksamkeitsgründe

Infolge seiner **Doppelnatur** (→ Rn. 13) ist ein gerichtlicher Vergleich **automatisch insgesamt unwirksam,** wenn der **materiell-rechtliche Teil** an **Unwirksamkeitsgründen** (etwa gem. § 138 Abs. 1 oder § 242 BGB) leidet. Daran ändert auch die gerichtliche Genehmigung nichts; diese führt nicht ohne Weiteres zu einer Heilung etwaiger Unwirksamkeitsgründe.[114] Allerdings muss das Gericht im Genehmigungsverfahren auch das Vorliegen derartiger Unwirksamkeitsgründe prüfen (→ Rn. 32). Das Gleiche (dh ein automatisches Entfallen der Wirksamkeit des gerichtlichen Vergleichs) gilt für eine – ebenfalls nach allgemeinen Grundsätzen **zulässige – bürgerlich-rechtliche Anfechtung.**[115] Die Anfechtungsbefugnis kommt dabei allerdings im Regelfall allein der klageberechtigten Stelle zu;[116] eine Anfechtung durch die betroffenen Verbraucher ist demgegenüber nur in Ausnah- 42

---

[109] Thönissen ZZP 137 (2024), 43 (62f.); HK-VDuG/Röthemeyer VDuG § 9 Rn. 52.

[110] Vgl. BT-Drs. 20/6520, 81: „In diesem Falle ergeht ein bereits individualisierter Titel, der von der obsiegenden klageberechtigten Stelle zugunsten der einzelnen Berechtigten vollstreckt werden kann".

[111] (Nur) so auch Thönissen ZZP 137 (2024), 43 (62f.) sowie HK-VDuG/Röthemeyer VDuG § 9 Rn. 52.

[112] Vgl. allgemein Musielak/Voit/Stadler VDuG Vorbemerkungen Rn. 11: „Höchst problematisch ist jedoch, dass die Benannten damit das Insolvenzrisiko des Verbandes tragen".

[113] AA Thönissen ZZP 137 (2024), 43 (62f.); HK-VDuG/Röthemeyer VDuG § 9 Rn. 52.

[114] So auch Thönissen ZZP 137 (2024), 43 (65f.).

[115] Thönissen ZZP 137 (2024), 43 (65f.); HK-VDuG/Röthemeyer VDuG § 9 Rn. 55.

[116] HK-VDuG/Röthemeyer VDuG § 9 Rn. 55; Magnus NJW 2019, 3177 (3180).

mefällen, etwa gem. § 242 BGB bei völliger Untätigkeit der klageberechtigten Stelle, vorstellbar.[117] (Nur) bei anfänglichen Unwirksamkeitsgründen ist der Streit über deren Vorliegen dabei **im Ursprungsprozess** zu führen.[118] Daneben kommt in Ausnahmefällen – selbst neben der Sonderregelung zur automatischen Unwirksamkeit eines Vergleichs bei Fehlen der sog. „Vergleichsgrundlage“[119] in § 779 Abs. 1 BGB[120] – gem. § 313 BGB eine Anwendung der Grundsätze einer **Störung der Geschäftsgrundlage** auf den materiell-rechtlichen Teil des gerichtlichen Vergleichs in Betracht.[121]

H. Bekanntmachung im Klageregister (§ 44 Nr. 10)

43 Wird ein gerichtlicher Vergleich gem. § 9 Abs. 2 S. 2 **genehmigt,** ist dies gem. **§ 44 Nr. 10 im Verbandsklageregister öffentlich bekannt zu machen** (→ § 44 Rn. 17). Da mit der Bekanntgabe zugleich gem. § 10 Abs. 1 S. 2 die einmonatige **Frist für einen Austritt** der angemeldeten Verbraucher aus dem Vergleich (§ 10 Abs. 1 S. 1) beginnt, ist im Rahmen der Bekanntgabe zusätzlich **auf die Austrittsmöglichkeit selbst** sowie deren Frist, Form und Wirkung hinzuweisen. Die Bekanntgabe im Verbandsklageregister ersetzt dabei die – insoweit entgegen § 611 Abs. 4 S. 1 ZPO aF nicht mehr erforderliche – Zustellung des gerichtlich genehmigten Vergleichs an die einzelnen angemeldeten Verbraucher.[122]

§ 10 Austritt aus dem Vergleich

(1) **[1]Jeder im Verbandsklageregister angemeldete Verbraucher kann innerhalb einer Frist von einem Monat gegenüber dem Bundesamt für Justiz den Austritt aus dem Vergleich erklären. [2]Die Frist beginnt mit der Bekanntgabe des Vergleichs im Verbandsklageregister.**

(2) **[1]Verbraucher, die ihren Austritt wirksam erklärt haben, werden durch den Vergleich nicht gebunden. [2]Der Austritt berührt nicht die Wirksamkeit der Anmeldung im Verbandsklageregister.**

Literatur: Vgl. die Nachw. zu § 9.

---

[117] S. dazu näher Magnus NJW 2019, 3177 (3180), der – noch weitergehend – sogar ein grds. unbedingtes Anfechtungsrecht nach § 123 BGB bejaht.

[118] Thönissen ZZP 137 (2024), 43 (66); s. für die Anfechtung Magnus NJW 2019, 3177 (3180).

[119] Vgl. etwa MüKoBGB/Habersack BGB § 779 Rn. 64.

[120] Das Nebeneinander von § 779 Abs. 1 BGB und § 313 BGB bejahend etwa BGH NJW 2000, 2497 (2498); MüKoBGB/Habersack BGB § 779 Rn. 70; aA hingegen BeckOGK/Hoffmann BGB § 779 Rn. 112f.

[121] So wohl HK-VDuG/Röthemeyer VDuG § 9 Rn. 55; s. auch Magnus NJW 2019, 3177 (3181f.).

[122] BT-Drs. 20/6520, 74.

A. Überblick und Normzweck

1 § 10 regelt den **Austritt aus einem gerichtlichen Vergleich;** die Vorschrift steht damit in **engem Zusammenhang mit § 9,** der die Zulässigkeit, Wirkungen und besondere Voraussetzungen des (kollektiven) gerichtlichen Vergleichs regelt. Dieser zeichnet sich insbes. dadurch aus, dass er – entgegen dem Normalfall iSv § 794 Abs. 1 Nr. 1 ZPO (→ § 9 Rn. 8) – nicht nur zwischen seinen Parteien wirkt, sondern **automatisch** auch zugunsten sowie zulasten der jeweils im Verbandsklageregister zum nach § 46 Abs. 1 S. 1 maßgeblichen Zeitpunkt wirksam angemeldeten Verbraucher. Der gerichtliche Vergleich stellt somit in dogmatischer Hinsicht (aufgrund seiner Doppelnatur, → § 9 Rn. 13) einen Vertrag nicht nur zugunsten, sondern auch zulasten Dritter dar (→ § 9 Rn. 14); zur Rechtfertigung dieses Eingriffs sieht das Gesetz in **§ 10 Abs. 1 S. 1** die Möglichkeit vor, dass die betroffenen und angemeldeten Verbraucher – ohne sich gem. § 46 Abs. 4 vom Verbandsklageregister insgesamt abmelden zu müssen (vgl. § 10 Abs. 2 S. 2) – **(nur) aus dem Vergleich austreten können.** Anders als bei den Verbandsklagen insgesamt (hinsichtlich deren Bindungswirkung sich der Gesetzgeber in Gestalt der Anmeldung zum Verbandsklageregister für einen Opt-in-Mechanismus entschieden hat), beinhaltet **§ 10 somit einen Opt-out-Mechanismus.** Die betroffenen Verbraucher müssen somit **aktiv tätig werden,** wenn sie mit dem Inhalt eines gerichtlichen Vergleichs nicht einverstanden sind und nicht an dessen automatischer Bindungswirkung (→ § 9 Rn. 14) teilnehmen wollen. Insgesamt sieht das VDuG daher in Verfahren, die in einen kollektiven Vergleichsschluss münden, einen **doppelten (dh kumulativen) Opt-in- sowie Opt-out-Mechanismus** vor (→ § 9 Rn. 25).

B. Umsetzung der Richtlinie

2 § 10 dient – wenn auch nur in Bezug auf Abhilfeklagen iSv §§ 14ff. (→ § 9 Rn. 4) – der Umsetzung von **Art. 11 Abs. 4 Verbandsklagen-RL.**[1] Diese Vorschrift lautet: „Die Mitgliedstaaten können Vorschriften erlassen, durch die einzelne Verbraucher, die von der Verbandsklage und dem anschließenden Vergleich betroffen sind, die Möglichkeit erhalten, den Vergleich nach Absatz 1 anzunehmen oder abzulehnen". Der deutsche Gesetzgeber war somit zwar unionsrechtlich berechtigt, **nicht jedoch verpflichtet,** eine Opt-out-Möglichkeit beim gerichtlichen Vergleich vorzusehen.

3 Mit Blick auf die **Entstehungsgeschichte** entspricht (nur) Abs. 1 unverändert dem RefE und RegE.[2] In Abs. 2 S. 1 hingegen hat der 6. Ausschuss (Rechtsausschuss) des 20. Deutschen Bundestags die ursprüngliche Formulierung „Absatz 1 Satz 1" durch das Wort „wirksam" ersetzt.[3] Dadurch sollte die **Fehlannahme vermieden** werden, das Entfallen der Bindungswirkung eines gerichtlichen Vergleichs setze eine lediglich fristgerechte (→ Rn. 9ff.), nicht aber zusätzlich auch formgerechte Erklärung (→ Rn. 6ff.) voraus.[4]

---

1 BT-Drs. 20/6520, 74; Köhler/Bornkamm/Feddersen/Scherer VDuG § 10 Rn. 1.
2 Vgl. VRUG-RefE, 10 sowie BT-Drs. 20/6520, 13.
3 BT-Drs. 20/7631, 15.
4 BT-Drs. 20/7631, 108.

C. Voraussetzungen des Austritts (Abs. 1)

4 Gemäß § 9 Abs. 1 S. 1 entfaltet ein gerichtlicher Vergleich – **automatisch – Wirkung für (und gegen) alle zum maßgeblichen Zeitpunkt im Verbandsklageregister angemeldeten Verbraucher.** Um die fehlende Mitwirkung und auch Einflussmöglichkeit der Verbraucher hinsichtlich des Abschlusses und Inhalts des gerichtlichen Vergleichs (→ § 9 Rn. 15) zu kompensieren, sieht § 10 Abs. 1 (in Ergänzung der Genehmigungsbedürftigkeit des Vergleichs nach § 9 Abs. 2) ein **Austrittsrecht der betroffenen Verbraucher** vor. Diese können sich daher im Nachhinein gegen die „Teilnahme" (→ Rn. 14) an dem jeweiligen Vergleich verwehren.

I. Verhältnis zu § 46 Abs. 4

5 Primäre Voraussetzung dafür, dass ein Verbraucher an der Bindungswirkung eines gerichtlichen Vergleichs (zu dieser → § 9 Rn. 22ff.) teilnimmt, ist gem. § 9 Abs. 1 S. 1 dessen **wirksame**[5] **Anmeldung im Verbandsklageregister** zum nach § 46 Abs. 1 S. 1 maßgeblichen Zeitpunkt. Zeichnet sich (bis) zu diesem Zeitpunkt bereits ein späterer Vergleichsschluss ab (zu dessen engen zeitlichen Grenzen s. § 9 Abs. 1 S. 2 sowie → § 9 Rn. 26ff.), kann ein Verbraucher, wenn er an der Bindungswirkung des späteren gerichtlichen Vergleichs nicht teilnehmen will, theoretisch gem. § 46 Abs. 4 S. 1 die entsprechende **Anmeldung** bis drei Wochen nach Schluss der mündlichen Verhandlung (vorsorglich) **zurücknehmen.**[6] Dann aber entfaltet neben dem späteren gerichtlichen Vergleich (§ 9 Abs. 1 S. 1) auch das Verbandsklageverfahren insgesamt (§ 11) keine Bindungswirkung für den betreffenden Verbraucher. Um dies zu vermeiden, sieht § 10 Abs. 1 S. 1 – als insofern **„milderes" Mittel** – einen **Opt-out-Mechanismus speziell (und nur) für den gerichtlichen Vergleich** vor: Danach können „im Verbandsklageregister angemeldete Verbraucher [...] innerhalb einer Frist von einem Monat gegenüber dem Bundesamt für Justiz den Austritt aus dem Vergleich erklären"; zur Fristberechnung → Rn. 10. Dies dient zum einen dem etwaigen Erhalt wenigstens der Bindungswirkung des Verbandsklageverfahrens selbst (vgl. dazu § 11 Abs. 3; → Rn. 15f.); daneben wird den Verbrauchern so auch nach dem Vergleichsschluss eine gewisse **Bedenkzeit** sowie überhaupt **Möglichkeit zur Prüfung des Vergleichsinhalts** gewährt. Für den **Unternehmer** hingegen kann dies misslich sein, bietet ein gerichtlicher Vergleich vor diesem Hintergrund doch keine hinreichende Gewähr für eine abschließende und rechtssichere Regelung des Streitgegenstandes (zu etwaigen Lösungen → Rn. 19).[7]

II. Adressat, Inhalt und Form des Austritts

6 Der Austritt einzelner zum Verbandsklageregister angemeldeter Verbraucher aus dem gerichtlichen Vergleich erfolgt durch **Erklärung gegenüber dem Bundesamt für Justiz (BfJ)** in Bonn;[8] dieses ist gem. § 43 Abs. 1 S. 1 sowie § 1 Abs. 1

---

5 → § 9 Rn. 25 sowie Röß NJW 2020, 2068; HK-VDuG/Röthemeyer VDuG § 9 Rn. 10; Köhler/Bornkamm/Feddersen/Scherer VDuG § 9 Rn. 5.

6 HK-VDuG/Röthemeyer VDuG § 9 Rn. 10.

7 Musielak/Voit/Stadler VDuG § 10 Rn. 1.

8 BT-Drs. 20/6520, 74.

VKRegV für die Führung des Verbandsklageregisters zuständig. Dieses Register wird gem. § 43 Abs. 1 S. 2 **elektronisch geführt,** sodass öffentliche Bekanntmachungen grds. durch Veröffentlichung auf der – leider derzeit[9] recht unübersichtlichen – Internetseite des Bundesamts für Justiz erfolgen, § 1 Abs. 3 S. 1 VKRegV; gleichzeitig stellt das Bundesamt für Justiz dort bestimmte Formulare online zur Verfügung, u. a. ein **elektronisches** (sowie daneben auch ein papierförmiges) **Formular zur Erklärung eines Austritts** nach § 10 Abs. 1 S. 1, vgl. § 4a Abs. 1 S. 2 VKRegV.

Inhaltlich bedarf die Erklärung des Austritts **keiner Begründung.**[10] Hinsichtlich der **Form der Austrittserklärung** gelten gem. **§ 47 Abs. 3** die Vorgaben für die Anmeldung zum Verbandsklageregister sowie deren Rücknahme in **§ 47 Abs. 1 und 2 entsprechend.** Demnach bedarf die Erklärung des Austritts gem. **§ 47 Abs. 3 iVm Abs. 1** grds. nur der **Textform iSv § 126b BGB;** erforderlich ist demnach die Abgabe einer lesbaren Erklärung auf einem dauerhaften Datenträger. Als dauerhafter Datenträger ist dabei auch eine Festplatte zu verstehen,[11] weshalb zB die Versendung einer **E-Mail** den Anforderungen von § 126b BGB genügt.[12] 7

Bedient sich ein Verbraucher bei Erklärung des Austritts allerdings eines **Rechtsanwaltes,** schreibt **§ 47 Abs. 3 iVm Abs. 2 S. 1** grds. die Nutzung des hierfür vom Bundesamt für Justiz **elektronisch bereitgestellten Formulars** (→ Rn. 6) vor. Ist die Nutzung dieses Formulars im Einzelfall jedoch aus technischen Gründen vorübergehend nicht möglich, erklärt § 47 Abs. 3 iVm Abs. 2 S. 2 auch insofern **ausnahmsweise** die Übermittlung in **Textform** für zulässig; zur Glaubhaftmachung der vorübergehenden Unmöglichkeit s. § 47 Abs. 3 S. 3 und 4. Insofern ist zu beachten, dass die **Einschaltung eines Rechtsanwaltes für Verbraucher im Verbandsklageverfahren insgesamt nicht verpflichtend** ist; mangels Parteirolle der Verbraucher greift insofern insbes. § 13 Abs. 1 S. 1 VDuG iVm § 78 Abs. 1 S. 1 Alt. 2 ZPO nicht ein.[13] 8

III. Frist des Austritts

Die **Frist** für die Erklärung des Austritts aus dem gerichtlichen Vergleich beträgt gem. § 10 Abs. 1 S. 1 **einen Monat** und **beginnt** gem. § 10 Abs. 1 S. 2 **mit der – öffentlichen elektronischen** (→ Rn. 6) **– Bekanntmachung**[14] **des gerichtlich genehmigten Vergleichs** im Verbandsklageregister iSv § 44 Nr. 10 (→ § 9 Rn. 43). 9

Die **Fristberechnung** erfolgt gem. § 13 Abs. 1 S. 1 VDuG iVm § 222 Abs. 1 ZPO nach Maßgabe von **§§ 186–193 BGB,** wobei § 222 Abs. 2 ZPO vorrangig vor § 193 BGB Anwendung findet; beide Vorschriften sind allerdings inhaltlich identisch. Maßgeblich für das Vorliegen eines Feiertags ist insofern die **Feiertagsregelung am Standort des Bundesamts für Justiz (dh Nordrhein-Westfalen)** 10

[9] Stand: 13.6.2024.
[10] HK-VDuG/Röthemeyer VDuG § 10 Rn. 7.
[11] MüKoBGB/Einsele BGB § 126b Rn. 6.
[12] Vgl. BT-Drs. 17/12637, 44 sowie BGH NJW 2014, 2857 Rn. 22.
[13] HK-VDuG/Röthemeyer VDuG § 10 Rn. 8.
[14] Die Bekanntgabe im Verbandsklageregister ersetzt dabei eine etwaige (somit gerade nicht erforderliche) Zustellung des gerichtlich genehmigten Vergleichs an die einzelnen angemeldeten Verbraucher, BT-Drs. 20/6520, 74.

und nicht etwa des Gerichts, bei dem die Verbandsklage geführt wird.[15] (Denn) § 46 Abs. 1 S. 2 findet insofern – im Umkehrschluss aus § 47 Abs. 3 ersichtlich – gerade keine Anwendung.[16] Da § 10 Abs. 1 eine **Ereignisfrist** statuiert, beginnt die Frist daher gem. § 13 Abs. 1 S. 1 VDuG iVm § 222 Abs. 1 ZPO, **§ 187 Abs. 1 BGB** mit dem **Anfang des auf die jeweilige Bekanntmachung folgenden Tages** zu laufen; gem. § 13 Abs. 1 S. 1 VDuG iVm § 222 Abs. 1 ZPO, **§ 188 Abs. 2 Alt. 1 BGB** endet die Frist entsprechend – vorbehaltlich § 13 Abs. 1 S. 1 VDuG iVm § 222 Abs. 2 ZPO – mit dem **Ablauf des nominellen Tages der Bekanntmachung im jeweiligen Folgemonat.**

11 Eine **Wiedereinsetzung in den vorigen Stand** sieht das Gesetz iRv § 10 nicht vor; mangels Vorliegens einer **Notfrist** sowie Nennung in § 233 S. 1 ZPO finden § 13 Abs. 1 S. 1 VDuG iVm §§ 233ff. ZPO daher auf den Austritt aus dem gerichtlichen Vergleich keine Anwendung.[17]

IV. Verfahren; keine Prüfung der Wirksamkeit

12 Ist der Austritt fristgerecht erfolgt, **trägt das Bundesamt für Justiz diesen** gem. § 4a Abs. 2 S. 1 VKRegV (nebst Datum) **im Verbandsklageregister ein.** Im Umkehrschluss aus § 4a Abs. 2 S. 2 VKRegV ersichtlich prüft das Bundesamt für Justiz zwar die Rechtzeitigkeit, **nicht jedoch die sonstige** (zB formelle oder materiell-rechtliche[18]) **Wirksamkeit** des Austritts.[19] Diese ist vielmehr allenfalls in einem etwaigen Folgeprozess (oder im Falle einer Fortführung des jeweiligen Urteilsverfahrens selbst, → Rn. 15f. sowie → § 9 Rn. 37) von Bedeutung und zu prüfen.[20]

D. Rechtsfolgen des Austritts (Abs. 2)

13 Der Austritt angemeldeter Verbraucher führt gem. § 10 Abs. 2 S. 1 zu einem nachträglichen, **ex tunc wirkenden Ausschluss der Bindungswirkung** eines genehmigten gerichtlichen Vergleichs (→ Rn. 14). Gleichzeitig ordnet § 10 Abs. 2 S. 2 an, dass die Anmeldung der Verbraucher zum Verbandsklageregister von dem Austritt grds. unberührt bleibt. In **dogmatischer Hinsicht** ist daher streng **zwischen dem Austritt** aus einem gerichtlichen Vergleich sowie der – weitergehenden – **Rücknahme der Anmeldung** zum Verbandsklageregister insgesamt (iSv § 46 Abs. 4) zu **unterscheiden;** das Gleiche gilt für die **Bindungswirkung** eines gerichtlichen Vergleichs auf der einen (→ § 9 Rn. 22ff.) sowie des Verbandsklageverfahrens insgesamt (§ 11 Abs. 3) auf der anderen Seite. Auch aus einem gerichtlichen Vergleich ausgetretene Verbraucher nehmen somit weiterhin (sofern dieses fortgeführt wird; → Rn. 15f. und → § 9 Rn. 37) grds. an der Bindungswirkung des entsprechenden Verbandsklageverfahrens selbst teil (→ Rn. 16).

---

[15] Zöller/Vollkommer VDuG § 10 Rn. 2.
[16] Zöller/Vollkommer VDuG § 10 Rn. 3.
[17] So (wohl) Musielak/Voit/Stadler VDuG § 10 Rn. 4; Köhler/Bornkamm/Feddersen/Scherer VDuG § 10 Rn. 3; aA HK-VDuG/Röthemeyer VDuG § 10 Rn. 3: §§ 233ff. ZPO analog.
[18] Insofern kommt zB eine analoge Anwendung der §§ 105ff. BGB in Betracht.
[19] Zöller/Vollkommer VDuG § 10 Rn. 7.
[20] Zöller/Vollkommer VDuG § 10 Rn. 7.

I. Ausschluss der Bindungswirkung (nur) des Vergleichs

Im Falle eines wirksamen Austritts entfaltet der gerichtliche Vergleich gem. § 10 Abs. 2 S. 1 **keine Bindungswirkung** (→ § 9 Rn. 22ff.) für den jeweils austretenden Verbraucher.[21] Dies gilt bei unbefangener Betrachtung – infolge der **Doppelnatur** (auch) eines gerichtlichen Vergleichs (→ § 9 Rn. 13) – an sich sowohl hinsichtlich der (etwaigen) materiell-rechtlichen Wirkung des Vergleichs iSv § 779 BGB (→ § 9 Rn. 38) als auch dessen etwaiger prozessbeendigender Wirkung. 14

Entgegen dem ersten Anschein entspricht es jedoch **nicht der geltenden Rechtslage,** dass die (ggf.) **prozessbeendigende Wirkung** eines gerichtlichen Vergleichs (→ § 9 Rn. 37) die im Einzelfall austretenden Verbraucher **nicht bindet.** Denn eine derartige formelle „Bindungsimmunität" setzt rechtstechnisch voraus, dass das jeweilige Verbandsklageverfahren ungeachtet des Vergleichsschlusses fortgesetzt wird; indes ist – auch – ein gerichtlicher Vergleich im Regelfall **gerade auf Prozessbeendigung ausgerichtet** (→ § 9 Rn. 37). Diese Funktion würde unterlaufen, wenn bereits der Austritt lediglich eines Verbrauchers (oder mehrerer) eine automatische Fortführung des Urteilsverfahrens bedingen würde. Hinzu kommt, dass die **klageberechtigte Stelle – als Klägerin – gerade „Herrin" der Verbandsklagen** nach dem VDuG ist[22] und daher nicht gegen ihren Willen zur Prozessführung gezwungen werden kann. Entsprechend verhindert die Tatsache, dass **überhaupt Verbraucher aus dem gerichtlichen Vergleich austreten,** für sich genommen richtigerweise noch **nicht** die jeweilige Prozessbeendigung (→ § 9 Rn. 37);[23] andernfalls würde ein gerichtlicher Vergleich wohl überhaupt nur selten jemals eine Prozessbeendigung bedingen (können). Allerdings steht es einer klageberechtigten Stelle frei, in solchen Fällen den Prozess zugunsten der ausgetretenen Verbraucher **freiwillig fortzuführen.**[24] 15

Von einer derartigen Fortsetzung **scheint das Gesetz auszugehen,** wenn es in **§ 10 Abs. 2 S. 2** eben eine Fortdauer der Anmeldung der ausgetretenen Verbraucher zum Verbandsklageregister anordnet. Denn diese dient vorrangig der **Herstellung einer Bindungswirkung** der Verbandsklage **gem. § 11 Abs. 3** (→ § 9 Rn. 14); diese Bindungswirkung aber nützt den aus einem gerichtlichen Vergleich ausgetretenen Verbrauchern grds. nur, wenn das Urteilsverfahren **auch tatsächlich fortgeführt** wird. Auch die Fortdauer der Verjährungshemmung nach § 204a Abs. 2 BGB allein vermag die Regelung in § 10 Abs. 2 S. 2 – entgegen manchen Stimmen[25] – nicht zu rechtfertigen; denn jene endet selbst bei einer Rücknahme der Anmeldung zum Verbandsklageregister gem. § 204a Abs. 3 S. 2 BGB erst sechs Monate später. Vor diesem Hintergrund liegt der **Hauptanwendungsfall** von § 10 Abs. 2 S. 2 letztlich wohl (nur) in denjenigen Fällen, in denen ein gerichtlicher Vergleich **keine (vollständige) prozessbeendigende Wirkung** zeitigt (→ Rn. 15 sowie → § 9 Rn. 11 und 37). Führt die klageberechtigte Stelle die jeweilige Verbandsklage hingegen nicht weiter, müssen die ausgetretenen Verbraucher ihre Ansprüche – ungeachtet von § 10 Abs. 2 S. 2 – auf dem **Individualklageweg** verfolgen.[26] 16

---

[21] Köhler/Bornkamm/Feddersen/Scherer VDuG § 9 Rn. 6.

[22] Vgl. plakativ → § 15 Rn. 12.

[23] So auch HK-VDuG/Röthemeyer VDuG § 9 Rn. 50.

[24] → § 9 Rn. 37 sowie HK-VDuG/Röthemeyer VDuG § 9 Rn. 50.

[25] Etwa Musielak/Voit/Stadler VDuG § 10 Rn. 3.

[26] BT-Drs. 20/6520, 74.

II. (Keine) Auswirkungen auf die Registeranmeldung

17 Gemäß § 10 Abs. 2 S. 2 lässt der wirksame Austritt eines zum Verbandsklageregister angemeldeten Verbrauchers aus einem (genehmigten) gerichtlichen Vergleich die **Wirksamkeit von dessen Anmeldung zum Verbandsklageregister nicht entfallen.** Zur – bei näherer Betrachtung durchaus komplexen – Bedeutung dieser Regelung → Rn. 16.

III. (Keine) Auswirkung auf den gerichtlichen Vergleich

18 Anders noch als vor Inkrafttreten des VDuG (dh nach altem Recht in Bezug auf die Musterfeststellungsklage) hat der Austritt von Verbrauchern aus dem gerichtlichen Vergleich jedenfalls von Gesetzes wegen **keine Auswirkungen auf den gerichtlichen Vergleich** selbst. Insbesondere sieht das Gesetz für den gerichtlichen Vergleich **keinerlei Verbraucherquorum** oÄ vor;[27] demgegenüber hatte § 611 Abs. 5 S. 1 ZPO aF angeordnet, dass ein genehmigter Vergleich nur wirksam wird, „wenn weniger als 30 Prozent der angemeldeten Verbraucher ihren Austritt aus dem Vergleich erklärt haben". Demnach war dessen Wirksamkeit somit abhängig von der Anzahl der im Einzelfall erfolgenden Austritte aus einem gerichtlichen Vergleich.

19 Das frühere Austrittsquorum hatte **aus Sicht des Unternehmers** den Vorteil, dass die streitbeendigende und befriedende Wirkung eines gerichtlichen Vergleichs **besser kalkulierbar** war.[28] Vor diesem Hintergrund kann es sich im Einzelfall aus Gründen der Rechtssicherheit anbieten, im gerichtlichen Vergleich **privatautonom zu vereinbaren,** dass dessen Wirksamkeit entfällt, wenn eine bestimmte Prozentzahl an Austritten **überschritten** wird.[29]

§ 11 Sperrwirkung der Anmeldung; Bindungswirkung

(1) **Hat ein Verbraucher vor der Bekanntgabe der Verbandsklage im Verbandsklageregister eine Klage gegen den Unternehmer erhoben, die die Ansprüche oder Rechtsverhältnisse oder Feststellungsziele und den Lebenssachverhalt der Verbandsklage betrifft, und meldet er seinen Anspruch oder sein Rechtsverhältnis zum Verbandsklageregister an, so setzt das Gericht das Verfahren bis zur rechtskräftigen Entscheidung über die Verbandsklage oder bis zur sonstigen Erledigung der Verbandsklage oder bis zur wirksamen Rücknahme der Anmeldung zum Verbandsklageregister aus.**

(2) **Während der Rechtshängigkeit der Verbandsklage kann ein angemeldeter Verbraucher gegen den Unternehmer keine Klage erheben, deren Streitgegenstand denselben Lebenssachverhalt und dieselben Ansprüche oder dieselben Feststellungsziele betrifft.**

---

27 Zöller/Vollkommer VDuG § 10 Rn. 6; Musielak/Voit/Stadler VDuG § 10 Rn. 3 („zu Recht aufgegeben").

28 Musielak/Voit/Stadler VDuG § 10 Rn. 1.

29 So Musielak/Voit/Stadler VDuG § 10 Rn. 1.

(3) [1]**Rechtskräftige Urteile über Verbandsklagen binden ein zur Entscheidung eines Rechtsstreits zwischen einem angemeldeten Verbraucher und dem verklagten Unternehmer berufenes Gericht, soweit dessen Entscheidung den Lebenssachverhalt der Verbandsklage und einen mit der Abhilfeklage geltend gemachten Anspruch oder ein mit der Musterfeststellungsklage geltend gemachtes Feststellungsziel betrifft.** [2]**Satz 1 gilt nicht für Abhilfeendurteile nach § 18.**

Literatur: Janal, Die Umsetzung der Verbandsklagenrichtlinie, GRUR 2023, 985; Stadler, Grenzüberschreitende Wirkung von Vergleichen und Urteilen im Musterfeststellungsverfahren, NJW 2020, 265; Müller, Zivilprozessuale Musterfeststellungsklage: Sperrwirkung nach § 610 III ZPO und Forderungszession, GWR 2019, 399; Schneider, Die zivilprozessuale Musterfeststellungsklage, BB 2018, 1986; Thönissen, Zuständigkeit und Sperrwirkung bei Verbandsabhilfeklagen, EuZW 2023, 637.

Übersicht

A. Überblick und Normzweck

1 Gegenstand der Norm ist die **Sperrwirkung einer Verbandsklage** in Bezug auf (a) die Erhebung einer individuellen Klage vor Bekanntgabe der Verbandsklage im Verbandsklageregister (Abs. 1, → Rn. 8 ff.) und (b) die Erhebung einer individuellen Klage nach Rechtshängigkeit der Verbandsklage (Abs. 2, → Rn. 18 ff.).[1] Enthalten ist weiterhin eine Regelung zur Reichweite der Bindungswirkung eines rechtskräftigen Urteils über eine Verbandsklage (Abs. 3, → Rn. 24 ff.). Der Norminhalt des Abs. 1 entspricht dem des § 613 Abs. 2 ZPO aF,[2] während Abs. 3 Ähnlichkeit zu § 613 Abs. 1 ZPO aF aufweist.[3] Abs. 2 ist der Regelung zur Sperrwirkung der Musterfeststellungsklage (§ 610 Abs. 3 ZPO aF) nachempfunden.

---

[1] Vgl. zur Frage der Aussetzung eines Verbandsklageverfahrens mit Blick auf ein zuvor anhängig gewordenes Unterlasungsklageverfahren nach dem UWG BayObLG BeckRS 2024, 17612.

[2] BT-Drs. 20/6520, 74.

[3] BT-Drs. 20/6520, 75.

2 Der Normzweck von Abs. 1 besteht in der **Vermeidung von gleichgerichteten Verfahren über denselben Streitgegenstand.**[4] Durch die Aussetzung des Individualverfahrens sollen insbesondere widersprüchliche Entscheidungen vermieden werden. Die von Abs. 2 vorgesehene Sperrwirkung dient demselben Zweck sowie einer Entlastung der Gerichte.[5] Auch die in Abs. 3 vorgesehene Bindung der Gerichte an den rechtskräftigen Abschluss des Verbandsklageverfahrens bezweckt die Entlastung der Gerichte in Bezug auf individuelle Klagen.[6]

3 § 11 gehört systematisch zu Abschnitt 1 betreffend die **allgemeinen Vorschriften.** Die Vorschrift gilt damit sowohl für die Abhilfe- als auch für die Musterfeststellungsklage.

B. Umsetzung der Richtlinie

4 Die Aussetzung des Individualrechtsstreits nach Abs. 1 entspricht der Regelung zur alten Rechtslage in **§ 613 Abs. 2 ZPO aF.**

5 Die Sperrwirkung nach Abs. 2 geht aus der Umsetzung von **Art. 9 Abs. 4 S. 1 Verbandsklagen-RL** hervor. Hiernach haben die Mitgliedstaaten sicherzustellen, dass Verbraucher, die bereits an einer Verbandsklage teilnehmen, nicht noch eine individuelle Klage aus demselben Klagegrund gegen denselben Unternehmer erheben können.

6 Die Bindungswirkung nach Abs. 3 geht auf **Art. 9 Abs. 4 S. 2 Verbandsklagen-RL** zurück. Darin ist vorgesehen, dass die Mitgliedstaaten sicherstellen, dass Verbraucher aus demselben Klagegrund gegen denselben Unternehmer nur einmalig eine Entschädigung erhalten können.

7 Die heutige Fassung des § 11 **entspricht weitgehend dem RefE,** mit Ausnahme des Normzitats in Abs. 3 S. 2, welches für Abhilfeendurteile auf § 18 und nicht mehr auf § 17 Abs. 2 S. 1 verweist.[7] Materielle Auswirkungen dieser Änderung sind nicht ersichtlich. Die Norm ist in der Beschlussempfehlung des Rechtsausschusses unverändert geblieben.[8]

C. Aussetzung des Individualrechtsstreits (Abs. 1)

8 Abs. 1 regelt die Folgen der Anmeldung des Verbrauchers zum Verbandsklageregister für eine individuelle Klage, die der Verbraucher bereits erhoben hat, bevor die Bekanntmachung der Verbandsklage im Verbandsklageregister erfolgt ist. Das für die Entscheidung über die individuelle Klage zuständige Gericht setzt in einem solchen Fall das Verfahren aus, wenn die individuelle Klage gegen den Unternehmer hinsichtlich der Ansprüche oder Rechtsverhältnisse oder Feststellungsziele sowie des Lebenssachverhalts der Verbandsklage erhoben wurde.

---

[4] BT-Drs. 20/6520, 74.
[5] BT-Drs. 20/6520, 75.
[6] BT-Drs. 20/6520, 75.
[7] VRUG-RefE, 10.
[8] BT-Drs. 20/6520, 13 f.; BT-Drs. 20/7631, 16.

I. Klage vor Bekanntgabe der Verbandsklage

Die individuelle Klage muss vor der Bekanntgabe der Verbandsklage im Verbandsklageregister (§ 44) erhoben worden sein. Maßgeblich ist, dass die individuelle Klage **spätestens** am Tag vor der Bekanntgabe der Verbandsklage im Verbandsklageregister nach § 253 Abs. 1 ZPO zugestellt und damit rechtshängig geworden ist.[9] Für nach Bekanntgabe erhobene Klagen gilt Abs. 2, was zur Unzulässigkeit der individuellen Klage führt (→ Rn. 18ff.). 9

Das Abstellen auf den **Zeitpunkt der Klageerhebung** und damit auf die Zustellung der individuellen Klage wird teilweise **kritisiert.**[10] Denn dieser Zeitpunkt entscheidet darüber, ob eine individuelle Klage des Verbrauchers nur ausgesetzt (Abs. 1) oder als unzulässig abgewiesen wird (Abs. 2).[11] Zum Schutz des Verbrauchers wird vorgeschlagen, die bloße Einreichung der individuellen Klage vor Bekanntmachung der Verbandsklage für die Anwendung von § 11 Abs. 1 genügen zu lassen, da der Verbraucher keinen Einfluss auf die Zustellungsdauer habe.[12] Werde eine individuelle Klage zwar vor Bekanntgabe der Verbandsklage eingereicht, aber erst nach Bekanntgabe zugestellt, soll dies nur zur Aussetzung, nicht aber zur Klageabweisung wegen Unzulässigkeit führen.[13] Für eine solche Vorverlagerung bleibt allerdings in Anbetracht des **eindeutigen Wortlauts,** der sich ausdrücklich auf die Klageerhebung bezieht, kein Raum. Hinzu kommt, dass die Sperrwirkung nur dann eintritt, wenn sich der Verbraucher selbst zur Verbandsklage angemeldet hat. Es handelt sich somit nicht um einen Automatismus außerhalb seines Einflussbereichs, sodass auch **kein hinreichendes Schutzbedürfnis** auf Seiten des Verbrauchers erkennbar ist. Zudem hat der Gesetzgeber im **Gesetzgebungsverfahren** bei § 8 den Zeitpunkt der Rechtshängigkeit durch den der Anhängigkeit ersetzt (→ § 8 Rn. 6). In § 11 Abs. 1 wurde dagegen auf eine derartige Vorverlagerung verzichtet und stattdessen am Zeitpunkt der Rechtshängigkeit aus dem RegE festgehalten.[14] Eine so weitgehende verbraucherfreundliche Auslegung ist auch vor diesem Hintergrund abzulehnen. 10

II. Anmeldung zum Verbandsklageregister

Auslöser für die Aussetzung des Verfahrens der individuellen Klage ist die **wirksame Anmeldung** des Anspruchs oder Rechtsverhältnisses zum Verbandsklageregister durch den Verbraucher (§ 46). Das Gericht hat die Aussetzung **von Amts wegen zu prüfen** und kann diese auch noch nach Schluss der mündlichen Verhandlung vornehmen.[15] Das Gericht der individuellen Klage hat allerdings **keinen eigenen Auskunftsanspruch nach § 48** über das Vorliegen von Anmeldungen im Verbandsklageregister.[16] Das Gericht kann hierüber lediglich vom Verbraucher selbst oder vom Unternehmer in Kenntnis gesetzt werden, denen ein solcher 11

[9] Köhler/Bornkamm/Feddersen/Scherer VDuG § 11 Rn. 4.
[10] Janal GRUR 2023, 985 (989).
[11] Zöller/Vollkommer VDuG § 11 Rn. 3.
[12] Zöller/Vollkommer VDuG § 11 Rn. 4.
[13] Zöller/Vollkommer VDuG § 11 Rn. 4.
[14] Vgl. BT-Drs. 20/6520, 13; BT-Drs. 20/7631, 108.
[15] BGH NJW 2020, 1973 (1974) zur Musterfeststellungsklage aF.
[16] Schneider BB 2018, 1986 (1993) zur Musterfeststellungsklage aF.

Anspruch zusteht.[17] Das Gericht ist demnach in seiner Prüfung darauf beschränkt, bei den Verfahrensparteien nachzufragen.[18]

III. Betroffenheit

12 Verbandsklage und individuelle Klage müssen dieselben Ansprüche, Rechtsverhältnisse oder Feststellungsziele sowie denselben Lebenssachverhalt betreffen. Maßgeblich ist demnach generell, ob sich individuelle Klage und Verbandsklage zunächst auf den gleichen Lebenssachverhalt stützen und in einem nächsten Schritt hieraus ein **vergleichbares Rechtsschutzziel** abgeleitet wird.[19]

13 Die individuelle Klage betrifft die **Ansprüche** eines Abhilfeverfahrens, wenn zumindest Teilidentität besteht.[20] Da die Anmeldung zur Verbandsklage nur als Ganzes erfolgen kann, ist dies etwa dann der Fall, wenn der Verbraucher in einem parallelen Individualverfahren erklärtermaßen nur einen Teil seines Anspruchs geltend machen will.[21] Die Anforderung ist ebenfalls erfüllt, sofern individuelle Klage und Verbandsklage das gleiche Rechtsverhältnis betreffen, aber auf jeweils unterschiedliche, sich ausschließende Ansprüche gerichtet sind, wie etwa Nacherfüllung und Minderung gem. § 437 BGB.[22] Entscheidend ist demnach eine Überschneidung der Streitgegenstände bei wirtschaftlicher, nicht technischer Betrachtung.[23]

14 In Bezug auf eine Musterfeststellungsklage ist die Betroffenheit derselben **Feststellungsziele** zu bejahen, wenn diesen eine potentielle Relevanz für den Individualanspruch zukommt.[24] Der Begriff der Betroffenheit geht dabei weiter als der der Abhängigkeit iSv § 8 KapMuG.[25] Prüfungsgrundlage ist der von den Parteien vorgetragene Sachverhalt und dessen rechtliche Bewertung.[26] Betroffenheit liegt etwa vor, sofern eines der Feststellungsziele die Bestimmung der sachgerechten Schadensberechnung zum Gegenstand hat, die auch für die Entscheidung über die individuelle Klage Relevanz hat. Kommt den Feststellungszielen dagegen keine potenzielle Relevanz für den Individualanspruch zu, sind auch keine weiteren Erkenntnisse aus dem Musterfeststellungsverfahren zu erwarten, die für die Entscheidung des individuellen Rechtsstreits erheblich sein könnten, weshalb ein Abwarten im Wege der Aussetzung nicht zuzumuten ist.[27] Betroffenheit ist daher zu verneinen, sofern die Individualklage unabhängig von den Feststellungszielen entscheidungsreif ist, etwa weil der individuell eingeklagte Anspruch trotz §§ 204f. BGB bereits verjährt ist.[28] Sind die Feststellungsziele nur für einen Teil des Rechtsstreits relevant, kommt eine Prozesstrennung nach § 145 ZPO in Betracht.[29]

---

17 HK-VDuG/Röthemeyer VDuG § 11 Rn. 2.
18 Anders/Gehle/Schmidt VDuG § 11 Rn. 2.
19 Zöller/Vollkommer VDuG § 11 Rn. 5, 8.
20 HK-VDuG/Röthemeyer VDuG § 11 Rn. 4.
21 HK-VDuG/Röthemeyer VDuG § 11 Rn. 4.
22 Köhler/Bornkamm/Feddersen/Scherer VDuG § 11 Rn. 6.
23 Köhler/Bornkamm/Feddersen/Scherer VDuG § 11 Rn. 5.
24 HK-VDuG/Röthemeyer VDuG § 11 Rn. 4.
25 Zöller/Vollkommer VDuG § 11 Rn. 5, 8.
26 BGH NJW 2020, 1973 (1974) zur Musterfeststellungsklage aF.
27 Vgl. BGH, NZG 2016, 355 (356) zum KapMuG.
28 Zöller/Vollkommer VDuG § 11 Rn. 9.
29 HK-VDuG/Röthemeyer VDuG § 11 Rn. 4.

IV. Aussetzung

Die Aussetzung der individuellen Klage ist verpflichtend.[30] Sie dauert bis zur **Erledigung der Verbandsklage** durch rechtskräftige Entscheidung oder in sonstiger Weise sowie bis zur wirksamen Rücknahme der Anmeldung im Verbandsklageregister (§ 46 Abs. 4 S. 1) an. Letztere hat den Entfall des Grundes für die Aussetzung der individuellen Klage zur Folge.[31] Erledigung in sonstiger Weise kann insbesondere durch Klagerücknahme (§ 13 Abs. 1 S. 2 VDuG iVm § 269 ZPO, → § 13 Rn. 48) oder übereinstimmende Erledigungserklärung (§ 13 Abs. 1 S. 1 VDuG iVm § 91 a Abs. 1 ZPO, → § 13 Rn. 20) eintreten.[32] Gleiches gilt für einen wirksamen Vergleich (§ 9),[33] sofern der Kläger der individuellen Klage nicht aus dem Vergleich ausgetreten ist.[34] Sind die Bindungen des Vergleichs sodann für den Einzelprozess maßgeblich, führt dies etwa zu einer Kostenentscheidung nach übereinstimmender Erledigungserklärung oder Feststellung der Erledigung und Klageabweisung infolge einseitiger Erledigungserklärung.[35] Die nur teilweise Bindung an den Vergleich sowie der Austritt aus diesem haben die Fortsetzung des Einzelprozesses zur Folge.[36] Bei dem Abhilfeendurteil (§ 18) endet die Erledigung mit dem Abschluss oder der Einstellung des Umsetzungsverfahrens.[37] 15

Die Aussetzung wird von Amts wegen vorgenommen.[38] Die Aussetzung ist ohne Wiedereröffnung auch noch nach Schluss der mündlichen Verhandlung möglich.[39] Sie kann auch durch das Berufungsgericht vorgenommen werden, **nicht aber durch den BGH,** da dieser kein Gericht iSv § 11 ist.[40] Die Aussetzung soll eine höchstrichterliche Klärung von Rechtsfragen ermöglichen, weshalb es widersprüchlich wäre, wenn der zur Klärung grundsätzlicher Fragen zuvörderst berufene BGH verpflichtet wäre, Individualverfahren auszusetzen, um die Entscheidung eines OLG im Musterfeststellungsklageverfahren abzuwarten.[41] 16

Ist Abs. 1 nicht anwendbar, da die individuelle Klage **vom verbandsbeklagten Unternehmer** gegen einen Verbraucher erhoben wird, kann der Unternehmer gem. **§ 148 Abs. 2 ZPO** die Aussetzung seiner individuellen Klage beantragen, um das Ergebnis der Verbandsklage abzuwarten (→ Rn. 33 ff.).[42] Hierdurch wird es dem Unternehmer ermöglicht, das Ergebnis der Verbandsklage abzuwarten und sich deren präjudizielle Wirkung zu eigen zu machen (→ Rn. 33).[43] Im Unter- 17

---

30 Köhler/Bornkamm/Feddersen/Scherer VDuG § 11 Rn. 4.

31 BT-Drs. 20/6520, 74.

32 Köhler/Bornkamm/Feddersen/Scherer VDuG § 11 Rn. 5.

33 Anders/Gehle/Schmidt VDuG § 11 Rn. 3.

34 HK-VDuG/Röthemeyer VDuG § 11 Rn. 11, 13.

35 HK-VDuG/Röthemeyer VDuG § 11 Rn. 11.

36 HK-VDuG/Röthemeyer VDuG § 11 Rn. 11.

37 Anders/Gehle/Schmidt VDuG § 11 Rn. 3; HK-VDuG/Röthemeyer VDuG § 11 Rn. 7.

38 Köhler/Bornkamm/Feddersen/Scherer VDuG § 11 Rn. 7.

39 Anders/Gehle/Schmidt VDuG § 11 Rn. 2; BGH NJW 2020, 1973 Rn. 19 zur Musterfeststellungsklage aF.

40 BGH BeckRS 2022, 11895 Rn. 6 zur Musterfeststellungsklage aF; aA HK-VDuG/Röthemeyer VDuG § 11 Rn. 7, der eine Aussetzung durch das Gericht „in der Revisionsinstanz" vorsieht.

41 BGH BeckRS 2022, 11895 Rn. 7 zur Musterfeststellungsklage aF.

42 Vgl. Köhler/Bornkamm/Feddersen/Scherer VDuG § 11 Rn. 7.

43 Musielak/Voit/Stadler ZPO § 148 Rn. 9 a.

schied zu § 148 Abs. 2 ZPO besteht bei der Aussetzung nach Abs. 1 kein Ermessen des Richters.[44]

D. Unzulässigkeit weiterer individueller Klagen (Abs. 2)

18 Abs. 2 regelt die Unzulässigkeit von individuellen Klagen eines angemeldeten Verbrauchers während der Rechtshängigkeit der Verbandsklage. Die Rechtshängigkeit der Verbandsklage bestimmt sich nach § 13 Abs. 1 S. 2 VDuG iVm §§ 253 Abs. 1, 261 Abs. 1 ZPO. Es handelt sich um eine **„Rechtswegsperre"**.[45]

19 Während Abs. 1 sich auf individuelle Klagen bezieht, die vor der Bekanntgabe der Verbandsklage im Verbandsklageregister erhoben werden, gilt Abs. 2 für individuelle Klagen, die erst nach der Anmeldung des Verbrauchers zur Verbandsklage von diesem erhoben werden. **Nicht geregelt** ist damit die Erhebung einer individuellen Klage durch den Verbraucher nach Bekanntmachung der Verbandsklage im Verbandsklageregister aber **vor der Anmeldung** des Verbrauchers zur Verbandsklage. In diesem Fall handelt es sich nicht um eine Klage eines angemeldeten Verbrauchers, sodass Abs. 2 ausscheidet.[46] Die Anwendbarkeit des Abs. 1 scheitert daran, dass die individuelle Klage nicht vor der Bekanntgabe der Verbandsklage im Verbandsklageregister rechtshängig wurde.[47] Auch eine Aussetzung nach § 148 Abs. 2 ZPO kommt in diesem Fall nicht in Betracht, da der Kläger der individuellen Klage in diesem Fall ein Verbraucher ist. Ein paralleles Führen der Prozesse scheint in dieser Konstellation nicht angemessen und auch mit der gesetzgeberischen Wertung nicht vereinbar. Da die Verbandsklage in diesem Fall schon vor Erhebung der individuellen Klage bekannt gemacht wurde, was der Verbraucher bei der Erhebung seiner individuellen Klage hätte berücksichtigen können, und er durch die Anmeldung zur Verbandsklage selbst die Konfliktsituation hervorgerufen hat, sollte dieser Fall nach **Abs. 2 analog** behandelt werden. Damit ist auch in diesem Fall die individuelle Klage des Verbrauchers als **unzulässig** abzuweisen.[48] Im Interesse der Rechtssicherheit wäre eine ausdrückliche Regelung dieser Konstellation durch den Gesetzgeber wünschenswert.

20 Trotz abweichender Formulierung ist die **Betroffenheit** der individuellen Klage iSd Abs. 2 wie die Betroffenheit iSd Abs. 1 (→ Rn. 12) auszulegen.[49] Da die Präjudizialität der Verbandsklage maßgeblich ist, gilt die Vorschrift ebenfalls bei sich gegenseitig ausschließenden Ansprüchen aus dem gleichen Rechtsverhältnis.[50]

21 Die Anmeldung zur rechtshängigen Verbandsklage ist von einer Partei vorzutragen.[51] Es handelt sich dabei um eine entscheidungserhebliche Tatsache, sodass diese in der Regel bereits von der Erklärungspflicht des Verbrauchers gemäß § 138 Abs. 1 ZPO erfasst sein wird. Wird die Anmeldung bestritten, hat das OLG nach allgemeinen Grundsätzen Beweis über das formale Vorliegen einer wirksamen Anmeldung, nicht aber über deren inhaltliche Richtigkeit gem. § 46 Abs. 2, 3 zu erheben. Die

---

[44] HK-VDuG/Röthemeyer VDuG § 11 Rn. 2.
[45] Anders/Gehle/Schmidt VDuG § 11 Rn. 4.
[46] HK-VDuG/Röthemeyer VDuG § 11 Rn. 17.
[47] HK-VDuG/Röthemeyer VDuG § 11 Rn. 17.
[48] HK-VDuG/Röthemeyer VDuG § 11 Rn. 17.
[49] HK-VDuG/Röthemeyer VDuG § 11 Rn. 15.
[50] Vgl. Köhler/Bornkamm/Feddersen/Scherer VDuG § 11 Rn. 10.
[51] Zöller/Vollkommer VDuG § 11 Rn. 10.

individuelle Klage des angemeldeten Verbrauchers ist vom Gericht bei Vorliegen einer wirksamen Anmeldung als (derzeit) unzulässig **durch Prozessurteil abzuweisen.** Sie wird zulässig, wenn die Anmeldung zurückgenommen wird (§ 46 Abs. 4 S. 1) oder die Rechtshängigkeit der Verbandsklage entfällt. Letzteres kann etwa durch rechtskräftiges Musterfeststellungsurteil[52] oder rechtskräftiges klageabweisendes Urteil im Abhilfeverfahren geschehen.[53] Im Falle eines stattgebenden Urteils bei einer Abhilfeklage auf Zahlung eines kollektiven Gesamtbetrags (§ 14 Abs. 1 S. 2) fällt das Ende der Rechtshängigkeit der Verbandsklage auf den Zeitpunkt des Eintritts der Rechtskraft der Feststellung der Beendigung.[54] Wird demgegenüber einer Abhilfe-Sammelklage (§ 14 Abs. 1 S. 1) stattgegeben, endet die Rechtshängigkeit mit der Rechtskraft des Endurteils.[55] Die Rechtshängigkeit wird auch durch einen gerichtlich genehmigten Vergleich (§ 9 Abs. 2) unabhängig von dessen Bindungswirkung beendet.[56]

Abs. 2 basiert auf demselben Rechtsgedanken wie **§ 261 Abs. 3 Nr. 1 ZPO,** der wegen fehlender Parteiidentität keine Anwendung findet.[57] **22**

Die Norm bereitet nach Ansicht des Gesetzgebers keine Probleme im Hinblick auf die **Wahrung des rechtlichen Gehörs.**[58] Dem ist angesichts des Wahlrechts der Verbraucher zwischen individueller Klage und Teilnahme am Verbandsklageverfahren zuzustimmen. Auch ist der Eintritt in das Abhilfe- oder Musterfeststellungsverfahren innerhalb der Frist des § 46 Abs. 4 reversibel. **23**

E. Bindungswirkung (Abs. 3)

Abs. 3 regelt die **Rechtskrafterstreckung** im Zusammenhang mit rechtskräftigen Urteilen im Verbandsklageverfahren.[59] Rechtskräftige Urteile, die im Verbandsklageverfahren ergangen sind, entfalten nach S. 1 Bindungswirkung. In Bezug auf wirksam im Verbandsklageverfahren angemeldete (§§ 46, 47) Verbraucher sind die Gerichte im Rahmen einer anschließenden individuellen Klage an das rechtskräftige Verbandsklageurteil gebunden. Die Bindungswirkung betrifft nur den beklagten Unternehmer, sodass sie sich nicht auf konzernverbundene Unternehmen erstreckt.[60] Sie kann sich auch auf ausländische individuelle Klagen auswirken.[61] **24**

I. Rechtskräftiges Sachurteil (S. 1)

Die Bindungswirkung geht von rechtskräftigen Verbandsklageurteilen aus. Entscheidend ist die Beendigung des Verfahrens durch **Sachurteil.**[62] Damit entfalten Musterfeststellungsurteile, Abhilfegrundurteile (§ 16 Abs. 1 S. 1) und klageabwei- **25**

---

52 Zöller/Vollkommer VDuG § 11 Rn. 6.
53 HK-VDuG/Röthemeyer VDuG § 11 Rn. 19.
54 HK-VDuG/Röthemeyer VDuG § 11 Rn. 19.
55 Zöller/Vollkommer VDuG § 11 Rn. 6.
56 HK-VDuG/Röthemeyer VDuG § 11 Rn. 20.
57 Vgl. Köhler/Bornkamm/Feddersen/Scherer VDuG § 11 Rn. 9.
58 BT-Drs. 20/6520, 75.
59 Anders/Gehle/Schmidt VDuG § 11 Rn. 1; HK-VDuG/Röthemeyer VDuG § 11 Rn. 41.
60 HK-VDuG/Röthemeyer VDuG § 11 Rn. 41.
61 Anders/Gehle/Schmidt VDuG § 11 Rn. 5; Stadler NJW 2020, 265 (268) zur Musterfeststellungsklage aF.
62 Anders/Gehle/Schmidt VDuG § 11 Rn. 7.

sende Abhilfeurteile (§ 16 Abs. 1 S. 3) Bindungswirkung.[63] Die Bindungswirkung kommt überdies Endurteilen (§ 16 Abs. 1 S. 2) und kombinierten Urteilen (§ 16 Abs. 4) hinsichtlich des Teils des Abhilfegrundurteils zu.[64] Im Musterfeststellungsverfahren ist die Vorschrift insbesondere von Bedeutung, wenn der Verbraucher anschließend eigene Ansprüche im Wege der individuellen Klage verfolgt.[65] Folgt auf eine Musterfeststellungsklage eine Abhilfeklage, ist die Bindungswirkung der rechtskräftigen Feststellungen gegebenenfalls zu berücksichtigen.[66]

II. Abhilfeendurteil (S. 2)

26 Abhilfeendurteilen (§ 18) kommt nach S. 2 **keine Bindungswirkung** zu. Hintergrund der fehlenden Bindungswirkung ist, dass Abhilfeendurteile zur erledigenden Befriedigung des Verbrauchers führen, sofern keine (teilweise) Ablehnung des Erfüllungsanspruchs durch den Sachwalter erfolgt (§ 39).[67] Letztere ermöglicht die Erhebung der Individualklage.[68] Die Aussetzung nach Abs. 1 dauert bis zum Beschluss über die Beendigung des Umsetzungsverfahrens an.[69]

III. Folgen

27 Ein zur Entscheidung des Rechtsstreits zwischen einem angemeldeten Verbraucher und einem Unternehmer berufenes Gericht ist an rechtskräftige Urteile über Verbandsklagen gebunden. Die **Bindungswirkung** besteht, soweit die Entscheidung des nachfolgenden individuellen Rechtsstreits den Lebenssachverhalt der Verbandsklage und einen im Wege der Abhilfeklage bzw. der Musterfeststellungsklage geltend gemachten Anspruch bzw. ein geltend gemachtes Feststellungsziel betrifft. Für den sachlichen Umfang der Bindung ist **§ 322 Abs. 1 ZPO** maßgeblich.[70] Mangels Parteiidentität oder Rechtsnachfolge handelt es sich nicht um eine Rechtskrafterstreckung iSd §§ 322 Abs. 1, 325 Abs. 1 ZPO, weshalb die Bindungswirkung nicht zur Abweisung der individuellen Klage durch Prozessurteil führt.[71] Für den Umfang der Bindungswirkung ist die **Klageart** entscheidend.[72] Wurde eine Verbandsklage als unbegründet abgewiesen, stellt das Gericht ohne weitere Prüfung das Nichtbestehen des Anspruchs rechtskräftig fest.[73] Ein rechtskräftiges Abhilfegrundurteil (§ 16 Abs. 1 S. 1) führt dazu, dass die Haftung des Unternehmers dem Grunde nach, die Berechtigungsvoraussetzungen sowie die zu erbringenden Nachweise vom Prüfungsmaßstab des Gerichts der individuellen Klage ausgenommen sind.[74] Durch die Reduktion des gerichtlichen Prüfungsmaßstabs trägt die

---

[63] BT-Drs. 20/6520, 75.
[64] Köhler/Bornkamm/Feddersen/Scherer VDuG § 11 Rn. 1.
[65] BT-Drs. 20/6520, 75.
[66] HK-VDuG/Röthemeyer VDuG § 11 Rn. 41, § 1 Rn. 30.
[67] Anders/Gehle/Schmidt VDuG § 11 Rn. 9.
[68] Anders/Gehle/Schmidt VDuG § 11 Rn. 9.
[69] Anders/Gehle/Schmidt VDuG § 11 Rn. 9.
[70] Köhler/Bornkamm/Feddersen/Scherer VDuG § 11 Rn. 12; HK-VDuG/Röthemeyer VDuG § 11 Rn. 41.
[71] Köhler/Bornkamm/Feddersen/Scherer VDuG § 11 Rn. 12.
[72] Zöller/Vollkommer VDuG § 11 Rn. 14.
[73] Köhler/Bornkamm/Feddersen/Scherer VDuG § 11 Rn. 13.
[74] BT-Drs. 20/6520, 7; Köhler/Bornkamm/Feddersen/Scherer VDuG § 11 Rn. 13.

Vorschrift zur Entlastung der Gerichte bei. Ein rechtskräftiges Endurteil (§ 16 Abs. 1 S. 2) bewirkt die Bindung namentlich genannter Verbraucher an den Urteilstenor.[75] Wurde der Musterfeststellungsklage im Verbandsklageverfahren stattgegeben, erstreckt sich die Bindungswirkung auf die festgestellten Feststellungsziele.[76]

Ein positiver Effekt der Bindungswirkung für Unternehmer besteht darin, dass diese auch die **rechtskräftige Klageabweisung** durch ein verfahrensbeendendes Urteil umfasst.[77] Folglich geht das Obsiegen im Verbandsklageverfahren mit dem Schutz vor der Konfrontation mit gleichgerichteten individuellen Klagen einher.[78] **28**

Gleichzeitig kommt Abs. 3 S. 1 aber auch Verbrauchern zugute, bei denen die **Erfüllung** des geltend gemachten Anspruchs durch den Sachwalter **im Umsetzungsverfahren abgelehnt** worden ist.[79] Dies ist insbesondere denkbar, wenn eine Erbringung der im Abhilfegrundurteil bestimmten Berechtigungsnachweise ausgeblieben ist.[80] Die von dem Abhilfegrundurteil ausgehende Bindungswirkung führt dazu, dass der betroffene Verbraucher in einem anschließenden Individualverfahren lediglich über die Erfüllung der Anspruchsvoraussetzungen in seiner Person und eventuell über die Höhe des individuellen Anspruchs und die fehlende Erfüllung seiner Forderung im Umsetzungsverfahren Beweis zu führen hat.[81] **29**

Gegenüber der Bindungswirkung werden teilweise Bedenken mit Blick auf die **Wahrung des rechtlichen Gehörs** der Verbraucher geäußert. Diese bestehen insbesondere angesichts der fehlenden Mitwirkungsmöglichkeit im Verbandsklageverfahren.[82] So kann der Verbraucher etwa nicht durch Streitverkündung oder Nebenintervention einbezogen werden, wenn die Voraussetzungen des § 13 Abs. 2 erfüllt sind (→ § 13 Rn. 60 f.).[83] Aus Sicht des Gesetzgebers gelten hier aber die gleichen Erwägungen wie zur Sperrwirkung der Anmeldung nach Abs. 2 (→ Rn. 23), wonach die An- und Abmeldung des Verbrauchers zur Eintragung im Klageregister dessen freie Entscheidung ist.[84] Zu berücksichtigen ist außerdem, dass der angemeldete Verbraucher im Gegenzug für seine passive Rolle kein Prozesskostenrisiko trägt.[85] Die Bestimmung der An- und Abmeldefrist auf den Zeitpunkt des Ablaufs von drei Wochen nach Schluss der mündlichen Verhandlung (§ 46 Abs. 1 und 4) vermag insoweit Abhilfe zu leisten, als dass Zugang der Verbraucher zu allen Verfahrensschritten besteht.[86] **30**

---

[75] Köhler/Bornkamm/Feddersen/Scherer VDuG § 11 Rn. 15.
[76] Köhler/Bornkamm/Feddersen/Scherer VDuG § 11 Rn. 17.
[77] BT-Drs. 20/6520, 75.
[78] BT-Drs. 20/6520, 75.
[79] BT-Drs. 20/6520, 75.
[80] BT-Drs. 20/6520, 75.
[81] BT-Drs. 20/6520, 75.
[82] Anders/Gehle/Schmidt VDuG § 11 Rn. 7.
[83] HK-VDuG/Röthemeyer VDuG § 11 Rn. 45.
[84] BT-Drs. 20/6520, 75.
[85] HK-VDuG/Röthemeyer VDuG § 11 Rn. 47.
[86] HK-VDuG/Röthemeyer VDuG § 11 Rn. 49; aA Anders/Gehle/Schmidt VDuG § 11 Rn. 7.

F. Sonstiges

I. Vergleich zum KapMuG

31 Eine ähnliche Regelung zur **Aussetzung** nach Abs. 1 enthält **§ 8 KapMuG.** Nach § 8 Abs. 1 S. 1 KapMuG werden von Amts wegen alle anhängigen oder anhängig werdenden Verfahren bis zur rechtskräftigen Entscheidung im Musterverfahren ausgesetzt, wenn deren Ausgang von den Feststellungszielen im Rahmen des Musterverfahrens abhängig ist. Die Abhängigkeit iSd § 8 Abs. 1 S. 1 KapMuG ist im Vergleich zur Betroffenheit iSd § 11 Abs. 1 **enger gefasst.**[87] Hierbei kommt es nach § 8 Abs. 1 S. 2 KapMuG nicht auf die Stellung eines Musterverfahrensantrags an. Der RefE eines Zweiten Gesetzes zur Reform des Kapitalanleger-Musterverfahrensgesetzes (Zweites KapMuG ReformG-RefE) sieht jedoch die **Abschaffung der Aussetzungspflicht** in Bezug auf alle durch das Musterverfahren materiell betroffenen Ausgangsverfahren vor.[88] Hintergrund der Änderung ist der gesetzgeberische Wille, das Musterfeststellungsverfahren zu vereinfachen.[89] Durch den Entfall der Aussetzungspflicht wird insbesondere die bisher erforderliche Beiladung aller Kläger von materiell betroffenen Ausgangsverfahren im Interesse der Steigerung der **effizienten Verfahrensführung** entbehrlich.[90] Die Aussetzung des Verfahrens soll nach §§ 6 Abs. 1, 11 Abs. 6 KapMuG-RefE künftig nur noch Verfahren betreffen, deren Partei einen Musterverfahrensantrag (§ 2 KapMuG-RefE) oder einen Erweiterungsantrag (§ 11 Abs. 1 KapMuG-RefE) gestellt hat.[91]

32 Eine parallele Regelung zur **Bindungswirkung** des Abs. 3 ergibt sich aus **§ 22 Abs. 1 KapMuG.** Der Musterentscheid bindet die Gerichte in den nach § 22 Abs. 1 S. 1 KapMuG ausgesetzten Verfahren. Der RefE enthält in § 23 KapMuG-RefE eine Vorschrift, die der bisherigen Fassung entspricht.[92] Angesichts des Wegfalls der zwingenden Aussetzung aller betroffenen Verfahren wurde im Rahmen einer redaktionellen Anpassung der Verweis auf den bisherigen § 8 KapMuG gestrichen.[93]

II. Individuelle Klage des Unternehmers

33 § 11 beschränkt sich auf die Auswirkung von Verbandsklagen auf mögliche individuelle Klagen der Verbraucher. Im VDuG **nicht geregelt** ist dagegen der Fall, dass ein Unternehmer eine individuelle Klage gegen angemeldete Verbraucher parallel zur Verbandsklage erhebt. § 148 Abs. 2 ZPO sieht in diesem Fall vor, dass es dem klagenden Unternehmer im individuellen Klageverfahren offensteht, eine Aussetzung des Verfahrens zu beantragen. Zum Teil wird unter Berufung auf den Sinn und Zweck der Verbandsklage auch eine komplexe **Analogie zu § 11** gefordert, wonach die Aussetzung oder Unzulässigkeit einer individuellen Klage des Un-

[87] Zöller/Vollkommer VDuG § 11 Rn. 5; zur Abhängigkeit im KapMuG BGH BKR 2020, 658 Rn. 20ff.
[88] Zweites KapMuGReformG-RefE, 35.
[89] Vgl. Zweites KapMuGReformG-RefE, 34.
[90] Vgl. Zweites KapMuGReformG-RefE, 34.
[91] Zweites KapMuGReformG-RefE, 33.
[92] Zweites KapMuGReformG-RefE, 41.
[93] Zweites KapMuGReformG-RefE, 35.

ternehmers je nach Art der individuellen Klage, Klagegegner und Interessen im Einzelfall mit diversen Ausnahmeregelungen bestimmt werden soll.[94] Eine solche **Analogie ist aber abzulehnen.**

34 Hiergegen spricht bereits, dass für eine Analogie angesichts der Regelung in § 148 Abs. 2 ZPO **mangels planwidriger Regelungslücke** kein Raum besteht. Der Gesetzgeber hat sich bewusst gegen eine Aussetzung oder Unzulässigkeit von Unternehmerklagen von Amts wegen und für die Einführung eines **Wahlrechts des Unternehmers** entschieden.[95] Unternehmer sollen sich daher frei entscheiden können, ob sie eine anhängige Musterfeststellungsklage abwarten und sich deren Bindungswirkung zu eigen machen oder stattdessen parallel individuelle Klage gegen Verbraucher erheben wollen. Durch § 148 Abs. 2 ZPO wird demnach kompensiert, dass Unternehmer im Gegensatz zu Verbrauchern keine Anmeldebefugnis im Verbandsklageverfahren haben.[96]

35 Darüber hinaus ist die Konstruktion einer komplexen Analogie – wie eigens anerkannt – **rechtsdogmatisch bedenklich**[97] und kaum zu überschauen, was zu **Rechtsunsicherheit** führen würde. Hierfür besteht auch teleologisch kein Bedarf, da die Verhinderung divergierender Entscheidungen keine absolute Stellung über der **Dispositionsmaxime der ZPO** einnimmt. Wer sich bewusst für die Erhebung einer individuellen Klage und die damit einhergehenden Vor- und Nachteile entscheidet – ob Unternehmer oder Verbraucher – soll nicht gegen seinen Willen gezwungen werden können, das möglicherweise langwierige Verbandsverfahren abzuwarten.[98] Dabei ist zu betonen, dass Unternehmer grundsätzlich aus Kosten- und Zeitgründen ein Eigeninteresse am Abwarten der Abhilfeklage haben. Darüber hinaus liegt die Aussetzung nach § 148 Abs. 2 ZPO im Ermessen des Gerichts und unterliegt damit der gerichtlichen Kontrolle.

36 Durch die Möglichkeit der individuellen Klage können die Unternehmer etwa bei drohender **Insolvenz ihrer Schuldner** zeitnah handeln und gleichzeitig die **Verjährung ihrer Ansprüche** gem. § 204 Abs. 1 Nr. 1 BGB hemmen. Hierdurch findet weiter Berücksichtigung, dass Verbandsklagen primär auf die Feststellungs- und Leistungsinteressen der angemeldeten Verbraucher ausgerichtet sind, während Unternehmer nur **begrenzt Einfluss auf den Streitgegenstand** nehmen können, der primär durch die klageberechtigte Stelle im Klageantrag bestimmt wird (→ § 41 Rn. 12). Handelt es sich sogar um einzelfallbezogene Einwendungen des Unternehmers, welche mangels Breitenwirkung von vornherein nicht Teil der Verbandsklage sein können (→ § 41 Rn. 16), hat ein Abwarten der Verbandsklage keinerlei Mehrwert für beide Seiten, weshalb die Geltendmachung in einer individuellen Klage nicht von Amts wegen nach § 11 analog unzulässig sein darf.

37 Möchten die Beteiligten eine einheitliche Entscheidung gewährleisten, kann es sich anbieten, ein **Stillhalteabkommen** zu schließen, um die Erhebung von individuellen Klagen bis zum Abschluss des Verbandsklageverfahrens beidseitig auszuschließen.[99]

---

[94] HK-VDuG/Röthemeyer VDuG § 11 Rn. 21 ff.

[95] Vgl. BT-Drs. 20/6520, 105: „Die bisherigen Aussetzungsmöglichkeiten des § 148 Absatz 2 ZPO aF bei Musterfeststellungsklagen werden auf Abhilfeklagen erweitert."

[96] Musielak/Voit/Stadler ZPO § 148 Rn. 9 a.

[97] HK-VDuG/Röthemeyer VDuG § 11 Rn. 25.

[98] Vgl. zur Musterfeststellungsklage aF OLG Schleswig NJW-RR 2019, 1151 (1152); Musielak/Voit/Stadler ZPO § 148 Rn. 9 a; vgl. Bruns WM 2022, 549 (553).

[99] HK-VDuG/Röthemeyer VDuG § 11 Rn. 26.

III. Bindungswirkung in Abtretungskonstellationen

38 Wird ein Anspruch durch den angemeldeten Verbraucher im Laufe des Verbandsklageverfahrens abgetreten, muss eine spätere Entscheidung der Verbandsklage **auch für den Rechtsnachfolger** wirken.[100] Dies ist zwar nicht ausdrücklich geregelt, ergibt sich allerdings aus den zivilprozessualen Wertungen der **§§ 265, 325 ZPO.** Diese Normen finden zwar keine unmittelbare Anwendung auf den abtretenden Verbraucher, da dieser neben der klageberechtigten Stelle keine Verfahrenspartei im Verbandsklageverfahren darstellt (→ Einleitung Rn. 28). Sie sind aber auf den angemeldeten Verbraucher entsprechend anzuwenden.[101] Andernfalls würden durch den Wechsel der Rechtsinhaberschaft Verfahrensrisiken entstehen und eine Missbrauchsmöglichkeit für Verbraucher geschaffen werden, sich durch taktische Abtretung der Bindungswirkung der Verbandsklage zu entziehen.[102]

§ 12 Informationspflichten

(1) [1]**Die klageberechtigte Stelle ist verpflichtet, auf ihrer Internetseite zu informieren über:**
1. **Verbandsklagen, die sie erheben will,**
2. **Verbandsklagen, die sie bereits erhoben hat, und**
3. **den Verfahrensstand der Verbandsklagen.**

[2]**Auf der Internetseite ist ferner darüber zu informieren, dass Verbraucher nur dann von den Wirkungen einer Verbandsklage erfasst werden, wenn sie Ansprüche oder Rechtsverhältnisse, die Gegenstand der Verbandsklage sind, zur Eintragung in das Verbandsklageregister anmelden.**

(2) **Wird ein Verfahren über eine Verbandsklage durch unanfechtbaren Beschluss, unanfechtbares Urteil oder durch einen Vergleich nach § 9 beendet, so ist der Beschluss, das Urteil oder der Vergleich in veröffentlichungsfähiger anonymisierter Form ab dem Zeitpunkt der Beendigung des Verfahrens mindestens sechs Monate auf der Internetseite der klageberechtigten Stelle zu veröffentlichen.**

(3) **Die Kosten der Veröffentlichungen auf der Internetseite nach den Absätzen 1 und 2 sind Kosten des Rechtsstreits.**

A. Überblick und Normzweck

1 Art. 12 Abs. 1 Verbandsklagen-RL verpflichtet die klageberechtigte Stelle zur **Information** über beabsichtigte und bereits erhobene Verbandsklagen, deren Verfahrensstand sowie das Erfordernis der Anmeldung zur Eintragung im Verbandsklageregister. Der Verbandsklagen-RL liegt das Prinzip der willensbasierten Repräsentation zugrunde; diese kann gem. Art. 9 Abs. 2 und ErwG 43 Verbandsklagen-RL durch einen Opt-in- oder einen Opt-out-Mechanismus umgesetzt werden. Das Informationserfordernis soll dazu beitragen, dass sich im Falle des Opt-in-Verfahrens,

---

[100] Köhler/Bornkamm/Feddersen/Scherer VDuG § 11 Rn. 8, 11; HK-VDuG/Röthemeyer VDuG § 11 Rn. 33ff.; Müller GWR 2019, 399 (400f.).

[101] HK-VDuG/Röthemeyer VDuG § 11 Rn. 35.

[102] HK-VDuG/Röthemeyer VDuG § 11 Rn. 36.

wie es der deutsche Gesetzgeber gewählt hat, möglichst viele der betroffenen Verbraucher dazu entschließen, ihre Ansprüche zur Eintragung ins Register anzumelden. Ebenso geht es darum, dass die Nicht-Anmeldung von Ansprüchen möglichst auf einer **bewussten Entscheidung** der Betroffenen beruht. Unter dem Gesichtspunkt der **Privatautonomie** ist allerdings die Nicht-Anmeldung bei Geltung des Opt-in-Verfahrens weniger problematisch als der Nicht-Austritt bei Geltung des Opt-out-Prinzips, weil nur in letzteren Fall der Rechtszustand infolge der Rechtskraft der Entscheidung verändert wird.

B. Umsetzung der Richtlinie

§ 12 Abs. 1 dient der Umsetzung von Art. 13 Abs. 1 und 2 Verbandsklagen-RL.[1] 2
Nach Art. 13 Abs. 2 Verbandsklagen-RL geht es bei der Information der betroffenen Verbraucher darum, ihnen durch die Information über die laufende Verbandsklage die Möglichkeit zur Beteiligung an der Verbandsklage zu verschaffen. Entscheidend ist nach ErwG 58 S. 1 Verbandsklagen-RL die Ermöglichung einer **echten willensbasierten Entscheidung.** Der Umfang der Informationen wird in ErwG 58 Verbandsklagen-RL präzisiert; es soll auch eine „Beschreibung der von der Verbandsklage betroffenen Verbrauchergruppe sowie die von den betroffenen Verbrauchern zu ergreifenden erforderlichen Schritte einschließlich der Sicherung der erforderlichen Beweismittel" umfasst sein. Die in § 12 Abs. 1 enthaltene Pflicht zur Information über aktuelle und zukünftige Verbandsklagen und das Anmeldeerfordernis bleiben dem Wortlaut nach hinter diesen Einzelheiten **deutlich zurück.**

Durch § 12 Abs. 2 sollen ausweislich der Gesetzesmaterialien die Vorgaben aus 3
Art. 13 Abs. 1 Buchst. c bis Abs. 4 Verbandsklagen-RL umgesetzt werden (Art. 13 Abs. 3 Verbandsklagen-RL kann allerdings sinnvollerweise nicht gemeint sein, denn darin geht es um die Statuierung von Informationspflichten, die den Unternehmer treffen).[2]

§ 12 Abs. 3 dient der Umsetzung von Art. 13 Abs. 5 Verbandsklagen-RL.[3] 4

§ 12 geht in seiner aktuellen Fassung auf den RegE zurück.[4] Er wurde unver- 5
ändert übernommen.

C. Informationspflichten

I. Zukünftige und bereits erhobene Verbandsklagen (Abs. 1 S. 1)

Gemäß § 12 Abs. 1 S. 1 Nr. 1 muss die klageberechtigte Stelle über Verbandskla- 6
gen informieren, die sie erheben will. Dem Wortlaut nach reicht der **Wille** aus. Da gem. § 2 Abs. 1 Nr. 1 VDuG iVm § 4 Abs. 2 UKlaG nur eingetragene Vereine als klageberechtigte Stellen in Betracht kommen, diese aber selbst keinen Willen fassen können, muss es in dieser Hinsicht auf eine entsprechende **Beschlussfassung** nach § 28 BGB oder § 32 BGB ankommen. Ist lediglich beschlossen worden, ein mutmaßlich rechtswidriges Vorgehen eines Unternehmers näher unter die Lupe zu

---

[1] BT-Drs. 20/6520, 76.
[2] BT-Drs. 20/6520, 76.
[3] BT-Drs. 20/6520, 76.
[4] BT-Drs. 20/6520, 14.

nehmen, um dann ggf. Klage zu erheben, besteht noch keine Informationspflicht. Da aber die Information über anstehende Verfahren auch dazu dienen kann, Erkenntnisse über betroffene Verbraucher zu erlangen, insbesondere um glaubhaft darlegen zu können, dass das Verbraucherquorum erreicht ist,[5] wird mitunter die klageberechtigte Stelle bereits in einem **frühen Stadium** ein Interesse an einer solchen Information haben. Solange eine Informationspflicht nach § 12 Abs. 1 S. 1 Nr. 1 noch nicht besteht, sollten aber auch **prozesstaktische Erwägungen** Berücksichtigung finden: Je früher der Unternehmer von der geplanten Klage erfährt, desto besser wird er sich auf den Prozess vorbereiten können.

7 Aus § 12 Abs. 1 S. 1 ergibt sich nicht unmittelbar, welchen **Umfang** die Informationen haben müssen. Die Verbandsklagen-RL ist in dieser Hinsicht konkreter: Nach ErwG 58 Verbandsklagen-RL sollen Verbraucher eine **fundierte Entscheidung** darüber treffen können, ob sie sich an einer Verbandsklage beteiligen möchten und rechtzeitig die notwendigen Schritte einleiten können. Konkret wird benannt: die Erläuterung des Gegenstands, der möglichen oder tatsächlichen Rechtsfolgen der Verbandsklage in verständlicher Sprache, die Absicht der qualifizierten Einrichtung, die Verbandsklage zu erheben, die Beschreibung der von der Verbandsklage betroffenen Verbrauchergruppe sowie Benennung der von den betroffenen Verbrauchern zu ergreifenden Schritte, darunter bspw. die Sicherung von Beweismitteln. Jedenfalls im Anwendungsbereich der Verbandsklagen-RL wird man auch § 12 Abs. 1 S. 1 Nr. 1 in diesem umfangreichen Sinne auszulegen haben.

8 Solange die **Frist zur Anmeldung** nach § 46 Abs. 1 S. 1 noch nicht abgelaufen ist, macht es für den Verbraucher hinsichtlich der von ihm zu treffenden Maßnahmen noch keinen Unterschied, ob bloß eine Klageintention besteht oder die Klage bereits erhoben ist. Aus diesem Grund sollten die Informationen, die nach § 12 Abs. 1 S. 1 Nr. 2 im Zusammenhang mit bereits erhobenen Verbandsklagen zur Verfügung zu stellen sind, diesen Anforderungen ebenso entsprechen.[6]

II. Anmeldeerfordernis (Abs. 1 S. 2)

9 Im Zuge der Information über anstehende oder erhobene Verbandsklagen ist der Verbraucher außerdem darüber zu informieren, welche Schritte erforderlich sind, um ebenfalls durch die klageberechtigte Stelle repräsentiert zu sein. Neben dem **Anmeldeerfordernis** nach § 46 Abs. 1 S. 1 ist auch die dort geregelte **Anmeldefrist** von Bedeutung. Ob darüber hinaus auch auf die nach § 46 Abs. 2 erforderlichen **Angaben** hinzuweisen ist, ergibt sich aus § 12 Abs. 1 S. 2 nicht. Da die Beschaffung dieser Angaben keine große Vorlaufzeit voraussetzt und damit die Rechtzeitigkeit der Anmeldung regelmäßig nicht bedroht ist, wird auf einen solchen umfänglichen Hinweis zu verzichten sein.

III. Verfahrensbeendigung (Abs. 2)

10 Abs. 2 betrifft die Informationspflicht der klageberechtigten Stelle bei Beendigung des Verfahrens. Vorläufer dieser Norm ist § 612 ZPO aF.[7] **Verfahrensbeendigung** tritt ein durch Musterfeststellungsurteil, durch jedes klageabweisende Urteil nach § 16 Abs. 1 S. 3, durch das klagestattgebende Abhilfeendurteil nach § 18, das

[5] HK-VDuG/Röthemeyer VDuG § 12 Rn. 2.

[6] Im Ergebnis auch Köhler/Bornkamm/Feddersen/Scherer VDuG § 12 Rn. 4.

[7] Köhler/Bornkamm/Feddersen/Scherer VDuG § 12 Rn. 5.

klagestattgebende Urteil nach § 16 Abs. 4 sowie das klagestattgebende Urteil nach § 16 Abs. 1 S. 2 bei Klage auf Zahlung an namentlich benannte Verbraucher sowie die Genehmigung des Vergleichs nach § 9 Abs. 2 S. 2. Erforderlich ist außerdem, dass – soweit die Revision statthaft ist – die Revisionsfrist verstrichen ist oder ein Revisionsurteil vorliegt.[8]

In den Gesetzesmaterialien wird außerdem darauf hingewiesen, dass die klagebe- 11
rechtigte Stelle für die **Einhaltung datenschutzrechtlicher Vorschriften** verantwortlich sei; insbesondere müsse sie sicherstellen, dass Informationen in ausreichendem Maße anonymisiert werden.[9] Diese Anonymisierung dürfte sich aber nur auf die repräsentierten Verbraucher beziehen, nicht auf den Unternehmer. Denn der Information nach § 12 Abs. 2 kommt auch eine wichtige Präventivfunktion zu. Wie auch in ErwG 60 S. 2 Verbandsklagen-RL betont wird, sollen die damit einhergehenden Reputationsrisiken Unternehmer von Verstößen gegen Verbraucherrechte abhalten. Dieses Reputationsrisiko wäre deutlich verringert, könnte der Beklagte nicht oder nur mit Mühe identifiziert werden.

IV. Kosten (Abs. 3)

Abs. 3 soll sicherstellen, dass die Kosten für die Veröffentlichung nach § 91 Abs. 1 12
S. 1 ZPO von der unterliegenden Partei zu tragen sind.[10] Regelungen zur **Ermittlung** dieser Kosten fehlen.[11]

§ 13 Anwendung der Zivilprozessordnung

(1) [1]**Auf Verbandsklageverfahren sind die Vorschriften der Zivilprozessordnung anzuwenden, soweit sich aus diesem Gesetz nicht etwas anderes ergibt.** [2]**Auf das Verfahren vor den Oberlandesgerichten sind dabei die im ersten Rechtszug für das Verfahren vor den Landgerichten geltenden Vorschriften entsprechend anzuwenden.**

(2) **Die §§ 66 bis 74 der Zivilprozessordnung sind nicht anzuwenden im Verhältnis zwischen den Parteien der Verbandsklage und denjenigen Verbrauchern, die**

1. **einen Anspruch oder ein Rechtsverhältnis zum Verbandsklageregister angemeldet haben oder**
2. **behaupten, entweder einen Anspruch gegen den verklagten Unternehmer zu haben oder von ihm in Anspruch genommen zu werden oder zu ihm in einem Rechtsverhältnis zu stehen.**

(3) **§ 128 Absatz 2 sowie die §§ 306 und 307 Satz 2 der Zivilprozessordnung sind nicht anzuwenden.**

(4) **Ein Urteil oder Abhilfegrundurteil ergeht nicht vor Ablauf von sechs Wochen nach dem Schluss der mündlichen Verhandlung.**

---

[8] Köhler/Bornkamm/Feddersen/Scherer VDuG § 12 Rn. 6.
[9] BT-Drs. 20/6520, 76.
[10] BT-Drs. 20/6520, 76.
[11] Zöller/Vollkommer VDuG § 12 Rn. 2.

Literatur: Bayat, Die Prospekthaftung im Abhilfeverfahren – Zugleich ein Vergleich von VDuG und KapMuG unter Berücksichtigung des jüngsten Referentenentwurfs, BKR 2024, 219; Dittmann/Gollnast, Anforderungen an den Klageantrag bei Abhilfeverbandsklagen nach dem VDuG-E: Zulässig oder unzulässig – das ist hier die Frage, VuR 2023, 135; Gabriel, Das Verhältnis zwischen Musterfeststellung und Insolvenzrecht, ZIP 2024, 110; Heerma, Das geplante Verbraucherrechtedurchsetzungsgesetz: Abhilfeurteile und deren Umsetzung nach dem VDuG, ZZP 136 (2023), 425; Janal, Die Umsetzung der Verbandsklagenrichtlinie, GRUR 2023, 985; Röß, Die Abhilfeklage zugunsten namentlich benannter Verbraucher, NJW 2024, 1302; Schneider/Conrady/Kapoor, Die Abhilfeklage – Eine ernstzunehmende Konkurrenz für die Abtretungsmodelle, BB 2023, 2179; Skauradszun, Strategische Streithelfer und zuständigkeitsrelevante Streitgenossen nach dem VDuG, ZIP 2024, im Erscheinen; Thönissen, Zuständigkeit und Sperrwirkung bei Verbandsabhilfeklagen, EuZW 2023, 637.

Übersicht

A. Überblick und Normzweck

§ 13 ist das **prozessuale Herz des VDuG,** da nur mithilfe dieser Vorschrift eine Vielzahl von essenziellen Verfahrensvorschriften anwendbar wird, um Verbandsklageverfahren und Umsetzungsverfahren durchführen zu können. Das dafür notwendige Zivilprozess- und Zwangsvollstreckungsrecht ist in der Zivilprozessordnung (ZPO) geregelt. Das VDuG ist zwar ein eigenständiges Stammgesetz, es gehört jedoch zu jenen Verfahrensgesetzen, die im Kern auf der ZPO basieren. Solche Verfahrensgesetze, wie etwa auch die InsO und das StaRUG, enthalten Vorschriften, die die ZPO in Gänze oder in Teilen für direkt oder entsprechend anwendbar erklären (§ 4 InsO, § 38 StaRUG). Auch innerhalb der ZPO gibt es vergleichbare Verweisnormen im Abschnitt zu den Verfahren vor den Amtsgerichten (§ 495 ZPO) und im Berufungsrecht (§ 525 ZPO), die allesamt auf die Vorschriften für den ersten Rechtszug vor den Landgerichten verweisen.[1] Zweck all dieser Verweisvorschriften ist es, die Anzahl spezieller Verfahrensvorschriften so gering wie möglich zu halten und nur diejenigen Vorschriften zu benennen, die aus dem allgemeinen Gesetz nicht angewandt werden sollen. Diesen **Zweck** verfolgt auch § 13, denn Verbandsklagen stellen ebenfalls eine **gesonderte Prozessart**[2] dar. 1

Die Verweisvorschrift des § 13 gilt für alle Formen von **Abhilfeklagen** (§§ 14ff.) – etwa Abhilfe durch Leistung an namentlich benannte Verbraucher oder Zahlung eines kollektiven Gesamtbetrags – und **Musterfeststellungsklagen** (§§ 41f.).[3] Sie gilt ferner für das **Umsetzungsverfahren** (§§ 22ff.), welches sinngemäß an die Stelle des (Gesamt-)Vollstreckungsverfahrens tritt.[4] 2

Gesetzestechnisch führt eine Vorschrift wie § 13 für den Rechtsanwender zu mehreren **Komplikationen:**[5] Der Rechtsanwender muss bei jeder Norm der ZPO prüfen, ob die Norm anwendbar ist oder aufgrund einer speziellen Regelung des VDuG für unanwendbar erklärt oder zumindest abgewandelt wird. § 13 Abs. 3 ist ein Beispiel hierfür, der drei Regelungen aus unterschiedlichen Vorschriften der ZPO für unanwendbar erklärt. Darüber hinaus gibt es viele Fälle, in denen eine 3

[1] Es handelt sich um besondere Prozessarten, die gleichwohl auf einheitliche Kernvorschriften aufbauen, vgl. Musielak/Voit/Musielak/Voit ZPO Einleitung Rn. 3.

[2] BT-Drs. 20/6520, 76.

[3] BT-Drs. 20/6520, 76.

[4] Vgl. BT-Drs. 20/6520, 76 und 83.

[5] Zu vereinfachend daher BT-Drs. 20/6520, 76. Sehr optimistisch Zöller/Vollkommer VDuG § 13 Rn. 2: Anwendung der Vorschriften „ohne größere Abweichungen". Am Beispiel der Streitgenossenschaft mehr Regelungen fordernd Janal GRUR 2023, 985 (994).

Norm der ZPO wegen § 13 Abs. 1 S. 1 zwar dem ersten Anschein nach anwendbar ist, die Norm aber bei Verbandsklagen bzw. Umsetzungsverfahren nicht sinnvoll angewandt werden kann (Beispiele → Rn. 32, → Rn. 55, → Rn. 59). § 13 Abs. 1 S. 1 ist in diesen Fällen einschränkend auszulegen, was für die Anwendung einer jeden Norm der ZPO zu einem Begründungsaufwand führt. § 13 **Abs. 2 und 3** dürfen daher **nicht abschließend** verstanden werden. Aus diesen Absätzen folgt kein Umkehrschluss, dass alle anderen Normen der ZPO tatsächlich anwendbar wären. Dies ergibt sich aus § 13 Abs. 1 S. 1 Hs. 2, wonach die Vorschriften der ZPO nur dann anzuwenden sind, soweit sich aus dem VDuG nicht etwas anderes ergibt. Abs. 2 und 3 sind daher vielmehr als punktuelle Einzelfallentscheidungen des Gesetzgebers und Ausprägung der in § 13 Abs. 1 S. 1 Hs. 2 verankerten Systematik zu verstehen (dazu auch → Rn. 18), aus denen keine weitergehenden Rückschlüsse möglich sind.

4 Von der durch § 13 Abs. 1 S. 1 ermöglichten direkten Anwendung zu unterscheiden sind solche Normen, die von Anfang an nur **„entsprechend"** anwendbar sein sollen (§ 13 Abs. 1 S. 2). Der Gesetzgeber gibt dem Rechtsanwender damit zu verstehen, dass die jeweilige Norm der ZPO verständig **im Lichte des VDuG ausgelegt** werden muss.[6] Dies eröffnet naturgemäß einen Auslegungsspielraum und kann im Einzelfall zu lang andauernden Streitigkeiten führen, bis der BGH über die entsprechende Anwendung einer Norm der ZPO entschieden hat. Aus all dem folgt, dass keine Kommentierung des VDuG alle Vorschriften der ZPO – rund 1100 – in allen Absätzen und Sätzen auf deren Anwendbarkeit in Verbandsklagen und Umsetzungsverfahren untersuchen kann. Auch diese Kommentierung muss sich auf Schlüsselnormen des Allgemeinen Teils der ZPO (§§ 1–252 ZPO), das Erkenntnisverfahren im ersten Rechtszug vor den Landgerichten (§§ 253–510c ZPO) und einzelne Aspekte aus dem Rechtsmittelrecht (§§ 542–566 sowie §§ 574–577 ZPO) sowie auf das 8. Buch der ZPO betreffend das Vollstreckungsrecht konzentrieren (§§ 704–959 ZPO). Insoweit tritt das Umsetzungsverfahren entsprechend an die Stelle des Vollstreckungsverfahrens nach der ZPO,[7] hat aber zugleich starke gesamtvollstreckungsrechtliche Züge, weshalb bei den dortigen Normen häufig auch ein Vergleich mit den Vorschriften der InsO angezeigt ist (Beispiel → § 30 Rn. 5).

B. Umsetzung der Richtlinie

5 § 13 hat **kein direktes Vorbild** in der Verbandsklagen-RL (vgl. aber ErwG 12 S. 1, wonach die Verbandsklagen-RL nicht die Regelung jedes Aspekts, insbesondere keine Vollharmonisierung, anstrebt). Die Gesetzesbegründung der Bundesregierung nennt daher bei § 13 keinen zugrunde liegenden Artikel oder Erwägungsgrund.[8] Das ist darauf zurückzuführen, dass die Verbandsklagen-RL nicht das Zivilprozess- und Zwangsvollstreckungsrecht der Mitgliedstaaten harmonisieren konnte und wollte. Die Mitgliedstaaten mussten folglich die Verbandsklagen in ihr bestehendes Zivilprozessrecht integrieren – sei es durch eine Erweiterung bestehender Gesetze oder die Verabschiedung neuer Stammgesetze. In Deutschland ist mit dem VDuG ein solches neues **Stammgesetz** entwickelt worden.

---

6 Ähnlich HK-VDuG/Röthemeyer VDuG § 13 Rn. 2.

7 BT-Drs. 20/6520, 83.

8 Vgl. BT-Drs. 20/6520, 76.

§ 13 wurde im Gesetzgebungsverfahren **umfassend erweitert.** Im **RefE** war § 13 Abs. 1 S. 2 noch nicht enthalten. Ferner schloss § 13 Abs. 3 nur die Anwendung von § 306 ZPO aus. § 13 Abs. 4 gab es im RefE noch nicht.[9] Im **RegE** wurde in § 13 Abs. 3 auch die Anwendung von § 128 Abs. 2 ZPO ausgeschlossen.[10] In der **Beschlussempfehlung** des 6. Ausschusses (Rechtsausschuss) des 20. Deutschen Bundestags wurde erstens § 13 Abs. 1 S. 2 ergänzt, zweitens in § 13 Abs. 3 auch die Anwendung von § 307 Abs. 2 ZPO ausgeschlossen und drittens in § 13 Abs. 4 die Wartefrist auf sechs Wochen nach dem Schluss der mündlichen Verhandlung bestimmt.[11] Diese Regelung in Abs. 4 gehört zusammen mit der An- und Abmeldefrist nach § 46 Abs. 1 und 4 zu den undurchdachten **Verschlimmbesserungen** im Gesetzgebungsverfahren (→ Rn. 50, → Rn. 55 und → Rn. 67). 6

In den Stellungnahmen der **Verbände** wurde § 13 nur selten und nur punktuell erörtert. Dies dürfte darauf zurückzuführen sein, dass einige Verbände, die sich zum VRUG geäußert hatten, im Kern nicht im Zivilprozess- und Vollstreckungsrecht tätig sind, und solche, die diese Rechtsgebiete abdecken, weniger die Richterperspektive als die Perspektive der Rechtsanwälte und Verwalter einnehmen. Der Deutsche Anwaltverein hat jedenfalls § 13 Abs. 2 betreffend den Ausschluss der **Nebenintervention** und Streitverkündung für bestimmte Verbraucher für gerechtfertigt eingeschätzt und sich der Argumentation aus der Gesetzesbegründung angeschlossen (→ Rn. 60).[12] Bitkom problematisierte in seiner Stellungnahme die Frage, ob Verbraucher im Falle einer **Klageänderung** ihre Ansprüche nach § 46 neu anmelden müssten (was nicht der Fall ist → Rn. 47). Es müsse ferner geregelt werden, in welchem Umfang der Unternehmer eine **Aufrechnung** erklären oder eine **Widerklage** erheben könne, da aus § 40 offenbar folge, dass es Gründe gebe, warum der Unternehmer im Abhilfeverfahren oder im Widerspruchsverfahren nach § 28 bestimmte Einwendungen nicht geltend machen kann.[13] Zur Aufrechnung → Rn. 54, zur Widerklage → Rn. 10. 7

C. Direkte und entsprechende Anwendung der ZPO (Abs. 1)

Abs. 1 unterscheidet zwischen direkt anwendbaren Vorschriften (S. 1) und solchen, die nur „entsprechend" anzuwenden sind (→ Rn. 4). Die erste Kategorie steht unter dem Vorbehalt, dass sich aus dem VDuG nichts anderes ergibt. Ist eine einschlägige Regelung im VDuG enthalten, **verdrängt das speziellere Gesetz** – das VDuG – das allgemeine – die ZPO (lex specialis derogat legi generali). Die zweite Kategorie verlangt vom Rechtsanwender, die jeweilige Norm der ZPO verständig **im Lichte des VDuG auszulegen** (→ Rn. 45 ff.). Zu tragenden Grundsätzen des VDuG, die bei dieser Auslegung zu berücksichtigen sind, → Einleitung Rn. 10 ff. 8

---

9 VRUG-RefE, 11.
10 BT-Drs. 20/6520, 14.
11 BT-Drs. 20/7631, 16.
12 DAV Stellungnahme VRUG, Rn. 5.
13 Bitkom Stellungnahme VRUG, 10.

I. Direkte Anwendung der Vorschriften der ZPO (Abs. 1 S. 1)

9 **1. Sachliche (§§ 1–11 ZPO) und örtliche Zuständigkeit (§§ 12–40 ZPO).** Zur internationalen Zuständigkeit → Rn. 68. Die Vorschriften der ZPO zur sachlichen und örtlichen Zuständigkeit werden nach § 13 Abs. 1 S. 1 Hs. 2 durch das VDuG verdrängt. **§ 3** und **§ 22** sind insoweit **spezieller.** Der ausschließliche Gerichtsstand führt dazu, dass die klageberechtigte Stelle mit dem Unternehmer wegen § 40 Abs. 2 S. 1 Nr. 2 ZPO keine Gerichtsstandsvereinbarung schließen kann (→ § 3 Rn. 5) und die Zuständigkeit nicht durch rügeloses Verhandeln zur Hauptsache begründet werden kann (§ 40 Abs. 2 S. 2 ZPO; → § 22 Rn. 11). § 3 gilt jedoch nicht für die Individualklagen nach § 39 (→ § 39 Rn. 14). Für die Besetzung der Senate des OLG in Verbandsklagen und Umsetzungsverfahren gilt § 122 GVG.[14] Zu der Frage, ob die Spezialsenate nach § 119a GVG auch für Verbandsklagen zuständig sein sollten, → § 3 Rn. 4. Die ausschließliche sachliche und örtliche Zuständigkeit nach § 3 kann zu Sonderfällen führen:

– Besteht neben dem ausschließlichen Gerichtsstand nach § 3 Abs. 1 ein **ausschließlicher Gerichtsstand nach der ZPO** (etwa § 24 ZPO), geht § 3 Abs. 1 als das speziellere Verfahrensgesetz vor.
– Sollte der ausschließliche Gerichtsstand nach dem VDuG und ein ausschließlicher Gerichtsstand eines **anderen Spezialgesetzes** vorliegen, ist § 13 Abs. 1 S. 1 VDuG iVm § 35 ZPO anzuwenden.[15] Der klageberechtigten Stelle kommt insoweit ein Wahlrecht zu.
– Werden mit einer Verbandsklage **mehrere Unternehmer verklagt,** was nach § 7 Abs. 1 S. 2 zulässig ist (Streitgenossenschaft), kann eine gerichtliche Bestimmung der Zuständigkeit notwendig werden (§ 13 Abs. 1 S. 1 VDuG iVm § 36 Abs. 1 Nr. 3 und Abs. 2 ZPO; ebenso → § 3 Rn. 5).[16] Diese trifft das OLG, das zuerst mit der Sache befasst war.

10 § 33 ZPO betreffend den Gerichtsstand der Widerklage wird jedenfalls dergestalt eingeschränkt, dass der verklagte Unternehmer gegen die Verbraucher **keine Widerklage** erheben kann (sog. Drittwiderklage).[17] Ob ein verklagter Unternehmer hingegen eine Widerklage gegen die klageberechtigte Stelle als Kläger erheben kann, hat der Gesetzgeber weder geregelt noch in der Gesetzesbegründung thematisiert.[18] Es dürfte bei einer Abhilfeklage zumindest im Regelfall an einem (konnexen) Rechtsverhältnis zwischen den Parteien fehlen, aus dem der Unternehmer einen Anspruch gegen die klageberechtigte Stelle erheben kann.[19] Denkbar erscheint hingegen eine Feststellungsklage des Unternehmers als Widerkläger, um ein **weiteres Feststellungsziel** klären zu lassen.[20]

---

[14] HK-VDuG/Röthemeyer VDuG § 13 Rn. 11.

[15] Zur Wahlmöglichkeit bei mehreren ausschließlichen Gerichtsständen Musielak/Voit/Heinrich ZPO § 35 Rn. 2; Zöller/Schultzky ZPO § 35 Rn. 1a.

[16] OLG Hamm, Beschl. v. 26.2.2024 – I-1 UH 17/24 (Vodafone); Thönissen EuZW 2023, 637 (642). Skauradszun ZIP 2024, 1761 (1764).

[17] BT-Drs. 20/6520, 76; HK-VDuG/Röthemeyer VDuG § 13 Rn. 4 und 19; Köhler/Bornkamm/Feddersen/Scherer VDuG § 13 Rn. 20; Anders/Gehle/Schmidt VDuG § 13 Rn. 2; unklar Musielak/Voit/Stadler VDuG § 13 Rn. 2: „soll […] entfallen".

[18] Für die Zulässigkeit im Grundsatz Köhler/Bornkamm/Feddersen/Scherer VDuG § 13 Rn. 20. Dagegen HK-VDuG/Röthemeyer VDuG § 13 Rn. 19 mit ausf. Begründung.

[19] Köhler/Bornkamm/Feddersen/Scherer VDuG § 13 Rn. 20; Anders/Gehle/Schmidt VDuG § 13 Rn. 2; Zöller/Vollkommer VDuG § 13 Rn. 27.

[20] Zöller/Vollkommer VDuG § 13 Rn. 27. AA HK-VDuG/Röthemeyer VDuG § 13 Rn. 19.

2. Ausschließung und Ablehnung der Gerichtspersonen (§§ 41–49 ZPO). Die Vorschriften zur Ausschließung und Ablehnung finden durch § 13 Abs. 1 S. 1 direkte Anwendung. Da die Verbraucher nicht direkt Partei des Verbandsklageverfahrens sind, ist zu klären, ob es für den **Ausschluss** von der Ausübung des Richteramtes nach § 41 Nr. 1 ZPO genügt, wenn ein Richter selbst nach § 46 Ansprüche zum Verbandsklageregister angemeldet hat, oder nach § 41 Nr. 2–3 ZPO ausreicht, wenn der Ehegatte, Lebenspartner oder ein naher Verwandter Ansprüche zum Verbandsklageregister angemeldet hat. Dies ist zu bejahen. Ist eine in § 41 Nr. 1–3 ZPO genannte Person angemeldeter Verbraucher, ist davon auszugehen, dass der Richter ein gewisses Interesse an einem Obsiegen der klageberechtigten Stelle hat. In Verbandsklagesachen ist das Verfahren untrennbar mit der Anmeldung zum Verbandsklageregister verwoben, sodass mit der Anmeldung zum Verbandsklageregister eine „Sache" des Richters, Ehegatten bzw. Lebenspartners entsteht. Sollte sich im Laufe der Zeit eine engere Auslegung durchsetzen, ist zumindest die Besorgnis der Befangenheit nach § 13 Abs. 1 S. 1 VDuG iVm § 42 Abs. 1 ZPO naheliegend. 11

Die Richter des Senats am OLG bzw. BGH können in den Fällen des § 13 Abs. 1 S. 1 VDuG iVm § 42 ZPO **abgelehnt** werden. Es muss dazu ein objektiver Grund vorliegen, der geeignet ist, Misstrauen gegen seine Unparteilichkeit zu rechtfertigen. Unerheblich ist, ob der Richter sich befangen fühlt oder tatsächlich befangen ist. Entscheidend ist vielmehr, ob aus der Sicht einer objektiv und vernünftig urteilenden Partei die Besorgnis besteht, der zur Entscheidung berufene Richter stehe der Sache nicht unvoreingenommen und unparteiisch gegenüber.[21] Unzulässig ist, einen Richter mit dem Ziel der Verfahrensverschleppung abzulehnen. 12

Für eine etwaige Ablehnung eines **Sachverständigen** gilt § 13 Abs. 1 S. 2 VDuG iVm § 406 Abs. 1 S. 1 ZPO iVm § 42 ZPO. 13

Für den **Sachwalter** des Umsetzungsverfahrens gilt § 42 ZPO über § 23 Abs. 4 (→ § 23 Rn. 19). § 23 Abs. 5 enthält für den Ablehnungsantrag eine besondere Frist (zwei Wochen). 14

3. Parteifähigkeit und Prozessfähigkeit (§§ 50–58 ZPO); Insolvenzverwalter. Wer klageberechtigte Stelle sein kann, bestimmt sich nach § 2. Zum Grundlagenstreit betreffend die **Prozessführungsbefugnis,** ob die klageberechtigte Stelle aus eigenem Recht klagt oder ein (Sonder-)Fall einer Prozessstandschaft vorliegt → Einleitung Rn. 10 ff. Die **Parteifähigkeit** der klageberechtigten Stelle und des Unternehmers bestimmt sich nach dem allgemeinen Recht. Erlangt beispielsweise ein Verein Rechtsfähigkeit durch Eintragung in das Vereinsregister (§ 21 BGB), ist dieser parteifähig nach § 13 Abs. 1 S. 1 VDuG iVm § 50 ZPO. Dies trifft etwa auf den Bundesverband der Verbraucherzentralen und Verbraucherverbände zu (Verbraucherzentrale Bundesverband e. V.). Werden Verbraucher im Übrigen in der Klageschrift namentlich benannt (vgl. § 16 Abs. 1 S. 2), werden sie dadurch nicht zur Partei des Abhilfeverfahrens, sodass sich hinsichtlich der Verbraucher keine Fragen der Parteifähigkeit stellen. 15

Für die **Prozessfähigkeit** gelten über § 13 Abs. 1 S. 1 die §§ 51 ff. ZPO. Die Parteien eines Verbandsklageverfahrens sind regelmäßig juristische Personen (etwa eingetragener Verein, GmbH, AG, KGaA, SE), häufig auch eine Anstalt des öffentlichen Rechts, wie dies bei den bislang verklagten Sparkassen der Fall ist. All diese 16

[21] BGH NJW-RR 2015, 444 Rn. 11.

Personen sind prozess**un**fähig und können als Person nicht selbst vor Gericht stehen und prozessrechtlich handeln. Sie benötigen **gesetzliche Vertreter,** beispielsweise einen Vorstand, einen oder mehrere Geschäftsführer oder einen persönlich haftenden Gesellschafter iSv § 283 AktG. Hat beispielsweise der Beklagte keinen gesetzlichen Vertreter, gilt § 29 BGB, wonach die Notbestellung von Mitgliedern des Vertretungsorgans durch das Amtsgericht erfolgt. Im Übrigen kann das OLG oder der BGH nach § 13 Abs. 1 S. 1 VDuG iVm § 57 ZPO einen **Prozesspfleger** bestellen.

17 Wird über das Vermögen des Unternehmers das Insolvenzverfahren eröffnet, kann eine Verbandsklage gegen den **Insolvenzverwalter** erhoben werden.[22] Dieser ist unter den Begriff des Unternehmers iSd VDuG zu subsumieren. Ab der Verfahrenseröffnung ist der Insolvenzverwalter wegen § 80 Abs. 1 InsO als Partei kraft Amtes prozessführungsbefugt. Richtet sich eine Abhilfeklage oder Musterfeststellungsklage gegen die Insolvenzmasse, ist diese gegen die Partei kraft Amtes zu erheben.[23] Dies gilt sowohl für den Fall, dass die Gläubigerversammlung die Stilllegung beschließt, als auch den Fall, dass die Gläubiger mehrheitlich für die Fortführung des Unternehmens stimmen (§ 157 InsO). **Musterfeststellungsklagen** können gegen den Insolvenzverwalter des Unternehmers erhoben werden, wenn das Feststellungsziel Masseforderungen bzw. Masseverbindlichkeiten, Aussonderungsrechte, Absonderungsrechte (dabei dürfen allerdings die Vorschriften der §§ 49–51, 165–173 InsO nicht ausgehebelt werden) oder abstrakte insolvenzrechtliche Fragen betrifft.[24] Betrifft das Feststellungsziel allerdings das Tabellenfeststellungsverfahren, dann ist dies jedenfalls dann unzulässig, wenn der Forderungsdurchsetzung nach dem Insolvenzverfahren Widersprüche außenstehender Insolvenzgläubiger iSv § 178 Abs. 1 S. 1 InsO entgegenstehen, da mit einer Musterfeststellungsklage solche Widersprüche nicht beseitigt werden können.[25] **Abhilfeklagen** können gegen den Insolvenzverwalter des Unternehmers erhoben werden, wenn Masseforderungen, Aussonderungsrechte, Absonderungsrechte (auch hier gelten die genannten Einschränkungen) oder Ansprüche aus §§ 60, 61 InsO verfolgt werden.[26]

18 **4. Streitgenossenschaft, Streithilfe, Streitverkündung (§§ 59–77 ZPO).** Für die **Streitgenossenschaft** gilt nach § 13 Abs. 1 S. 1 Hs. 2 der speziellere § 7. Für die **Streithilfe** und die **Streitverkündung** gilt der speziellere § 13 Abs. 2 (→ Rn. 60ff.). Die §§ 59–63 ZPO finden entsprechende Anwendung. Sie sind also im Lichte des VDuG auszulegen (→ Rn. 4).

19 **5. Prozessbevollmächtigte und Beistände (§§ 78–90 ZPO).** Vor dem OLG müssen sich die Parteien durch einen Rechtsanwalt vertreten lassen (§ 13 Abs. 1 S. 1 VDuG iVm § 78 Abs. 1 S. 1 ZPO). Gleiches gilt für das BayObLG (§ 78 Abs. 1 S. 2 ZPO), welches nach § 3 Abs. 3 zuständig sein kann. Vor dem BGH müssen sich die Parteien durch einen bei dem BGH zugelassenen Rechtsanwalt vertreten lassen (§ 13 Abs. 1 S. 1 VDuG iVm § 78 Abs. 1 S. 3 ZPO). Für die **Prozessvollmacht** gilt § 13 Abs. 1 S. 1 VDuG iVm §§ 80ff. ZPO. Beistände iSv § 90 ZPO gibt es weder beim OLG noch beim BGH. Das **Verschulden** des Prozessbevollmäch-

---

[22] BGH KTS 2024, 77 (für die Musterfeststellungsklage nach der ZPO aF); ausf. Gabriel ZIP 2024, 110.

[23] Skauradszun KTS 2024, 85 (86).

[24] Ausf. Skauradszun KTS 2024, 85 (88).

[25] Skauradszun KTS 2024, 85 (88) mwN.

[26] Ausf. Skauradszun KTS 2024, 85 (90).

tigten steht dem Verschulden der Partei gleich (§ 13 Abs. 1 S. 1 VDuG iVm § 85 Abs. 2 ZPO). Dies gilt auch für die klageberechtigte Stelle (prozessuale Waffengleichheit).

6. Prozesskosten (§§ 91-107 ZPO). Das VDuG enthält für das Erkenntnisverfahren vor dem OLG und ggf. dem BGH keine eigenen umfassenden Kostenvorschriften. § 12 Abs. 3 regelt lediglich, dass die Kosten der Veröffentlichungen auf der Internetseite nach § 12 Abs. 1 und 2 Kosten des Rechtsstreits sind. Es gelten daher nach § 13 Abs. 1 S. 1 VDuG iVm **§§ 91 ff. ZPO** die Grundsätze der Kostenpflicht nach der ZPO. **(End-)Urteile** enthalten eine Kostengrundentscheidung, wenn eine Leistung an namentlich benannte Verbraucher begehrt wird (§ 16 Abs. 1 S. 2 und Umkehrschluss zu § 16 Abs. 3). Wird hingegen ein kollektiver Gesamtbetrag oder eine Verurteilung zu einer anderen Leistung als Zahlung begehrt, enthält erst das **Abhilfeendurteil** die Kostengrundentscheidung (§ 16 Abs. 3).[27] Die Kostengrundentscheidung im Erkenntnisverfahren wird von Amts wegen getroffen (§ 13 Abs. 1 S. 2 VDuG iVm § 308 Abs. 2 ZPO). Für den **Vergleich** iSv § 9 gilt § 13 Abs. 1 S. 1 VDuG iVm **§ 98 ZPO.** Die Parteien können den Rechtsstreit übereinstimmend für erledigt erklären, sodass das OLG durch Beschluss nach § 13 Abs. 1 S. 1 VDuG iVm **§ 91 a ZPO** entscheidet.[28] Es entfällt für die Verbraucher sodann die Sperrwirkung nach § 11.[29] § 8 steht einer weiteren Verbandsklage nicht mehr entgegen. Eine **einseitige Erledigungserklärung** der klageberechtigten Stelle ist nach § 13 Abs. 1 S. 2 VDuG iVm § 264 Nr. 2 ZPO zu behandeln und im Grundsatz zulässig (→ Rn. 47).[30] 20

Für das **Umsetzungsverfahren** gilt § 18 Abs. 1 Nr. 2, wonach das OLG im Abhilfe**end**urteil die Kosten des Umsetzungsverfahrens vorläufig festsetzt (vgl. bei § 18) und eine Entscheidung über die Kosten des Erkenntnisverfahrens enthalten muss (§ 18 Abs. 1 Nr. 4). Einige Entscheidungen im Umsetzungsverfahren benötigen Kostengrundentscheidungen wie die Beschlüsse über Zwangsmittel gegen den Unternehmer (→ § 29 Rn. 28 und → § 30 Rn. 36). 21

Für das **Kostenfestsetzungsverfahren** gilt § 13 Abs. 1 S. 1 VDuG iVm §§ 103 ff. ZPO. Nach § 21 Nr. 1 RPflG, §§ 103 Abs. 2 S. 1, 104 Abs. 1 S. 1 ZPO ist der **Rechtspfleger** zuständig. 22

Hinsichtlich des **GKG** sind Sondervorschriften und Sondertatbestände des Kostenverzeichnisses zu beachten: Die Sondervorschriften der §§ 9 Abs. 2, 17 a, 26 a und 59 a GKG betreffen das Umsetzungsverfahren. Aus dem Kostenverzeichnis sind Nr. 1213 und Nr. 1660 zu prüfen. 23

Hinsichtlich des **RVG** finden sich Sondervorschriften in §§ 17 Nr. 5 a, 19, 23 c, 23 c RVG. Im Vergütungsverzeichnis ist Nr. 3339 zu beachten. 24

7. Sicherheitsleistung (§§ 108–113 ZPO). Nach § 13 Abs. 1 S. 1 VDuG iVm § 108 ZPO gilt für die Art und Höhe einer prozessualen Sicherheit das allgemeine Prozessrecht. Die Parteien können im Regelfall durch eine Bankbürgschaft Sicherheit leisten (§ 108 Abs. 1 S. 2 ZPO). 25

---

27 Zöller/Vollkommer VDuG § 13 Rn. 18.

28 Köhler/Bornkamm/Feddersen/Scherer VDuG § 13 Rn. 17; Zöller/Vollkommer VDuG § 13 Rn. 20.

29 Köhler/Bornkamm/Feddersen/Scherer VDuG § 13 Rn. 17.

30 Köhler/Bornkamm/Feddersen/Scherer VDuG § 13 Rn. 16.

26 **8. Prozesskostenhilfe (§§ 114–127a ZPO).** Im Grundsatz sind die Vorschriften über die Prozesskostenhilfe (PKH) nach §§ 114ff. ZPO über § 13 Abs. 1 S. 1 anwendbar. Es ist nicht ausgeschlossen, dass der **Unternehmer** zu seiner Rechtsverteidigung berechtigterweise Prozesskostenhilfe beantragt. Für das Umsetzungsverfahren ist zu sehen, dass der **Sachwalter** Partei kraft Amtes ist (→ § 25 Rn. 25) und daher im Grundsatz unter § 13 Abs. 1 S. 1 VDuG iVm § 116 S. 1 Nr. 1 ZPO fällt. Der Sachwalter kann etwa im Zuge der Klärung von **Insolvenzanfechtungsansprüchen,** wie sie § 38 thematisiert, auf Aktiv- oder Passivseite auftreten. Da der Sachwalter im Rahmen der Klärung iSv § 38 Abs. 1 S. 2 betreffend eine etwaige Insolvenzanfechtung passivlegitimiert ist und zudem der Umsetzungsfonds über keine Mittel für die Abwehr von Insolvenzanfechtungsansprüchen verfügt, ist § 116 S. 1 Nr. 1 InsO über die Beantragung von Prozesskostenhilfe einschlägig.[31] Es kann auch Fälle geben, in denen der Sachwalter zur Herbeiführung der gerichtlichen Klärung gegen den Insolvenzverwalter Feststellungsklage mit dem Antrag erhebt, festzustellen, dass die vom Insolvenzverwalter behaupteten Insolvenzanfechtungsansprüche nicht bestehen. Auch für diese Aktivsituation kann der Sachwalter einen Antrag auf Prozesskostenhilfe stellen (→ § 38 Rn. 20).

27 **9. Mündlichkeitsgrundsatz, Beibringungsgrundsatz, Erklärungs- und Wahrheitspflicht (§§ 128–138 ZPO).** Solange das OLG das erkennende Gericht im **Erkenntnisverfahren** ist, gilt der Grundsatz der Mündlichkeit nach § 13 Abs. 1 S. 1 VDuG iVm § 128 Abs. 1 ZPO. Es ist nicht zulässig, dass das OLG im schriftlichen Verfahren entscheidet (§ 13 Abs. 3; → Rn. 62).[32] Das schriftliche Verfahren ist hingegen im Widerspruchsverfahren des Umsetzungsverfahrens zulässig (§ 28 Abs. 4 S. 4).[33] Die Entscheidungen des OLG als Vollstreckungsbehörde im Umsetzungsverfahren ergehen regelmäßig durch **Beschluss,** sodass diese ohne mündliche Verhandlung ergehen können (§ 13 Abs. 1 S. 1 VDuG iVm § 128 Abs. 4 ZPO). Die mündliche Verhandlung, etwa der Fortsetzungstermin, kann nach Maßgabe des § 13 Abs. 1 S. 1 VDuG iVm § 128a ZPO im Wege der Bild- und Tonübertragung stattfinden **(Videoverhandlung).**

28 Die Vorschriften zu den (elektronischen) Dokumenten finden Anwendung (§ 13 Abs. 1 S. 1 VDuG iVm §§ 130ff. ZPO).[34] Die Schriftsätze werden als elektronische Dokumente im Elektronischen Gerichts- und Verwaltungspostfach **(EGVP)** eingereicht. Die Grundsätze zur Erklärungs- und Wahrheitspflicht finden nach § 13 Abs. 1 S. 1 VDuG iVm §§ 130 Nr. 4, 138 Abs. 1 und 2 ZPO Anwendung. Es gilt in Verbandsklagen der **Beibringungsgrundsatz/Verhandlungsgrundsatz** (vgl. etwa § 13 Abs. 1 S. 1 VDuG iVm § 130 Nr. 5 ZPO). Die zu § 138 Abs. 3 ZPO ergangene Rechtsprechung, wonach Vortrag und Gegenvortrag bzw. einfaches und substantiiertes Bestreiten in einem Wechselspiel stehen,[35] gilt gleichermaßen in Verbandsklagen. Welcher Verfahrensgrundsatz im **Umsetzungsverfahren** gilt, hat der Gesetzgeber weder geregelt noch in der Gesetzesbegründung erwähnt. Im Zweifel ist daher darauf abzustellen, dass das Umsetzungsverfahren an die Stelle des Vollstreckungsverfahrens tritt und im Vollstreckungsverfahren der Beibringungsgrundsatz

---

[31] Schmittmann ZRI 2023, 277 (283); HK-VDuG/Röthemeyer VDuG § 38 Rn. 9.

[32] BT-Drs. 20/6520, 76; Anders/Gehle/Schmidt VDuG § 13 Rn. 7.

[33] Köhler/Bornkamm/Feddersen/Scherer VDuG § 13 Rn. 31.

[34] Zöller/Vollkommer VDuG § 13 Rn. 7.

[35] BGH NJW 2015, 468 Rn. 11; Skauradszun/Harnack ZZP 136 (2023), 3 (12).

gilt (ebenso → § 22 Rn. 15 und → § 27 Rn. 27).[36] Hinsichtlich der **Wahrheitspflicht** ist zu bemerken, dass diese in vielen Massenverfahren erheblich gelitten hat, da bestimmte Kanzleien in sehr langen Schriftsätzen zu allen möglichen Varianten Behauptungen aufgestellt haben, die zum Großteil beim konkreten Streitgegenstand nicht wahr waren. Die Justiz hat indes ein hohes Interesse daran, nachweisbare Falschbehauptungen den Strafverfolgungsbehörden mit der Anregung weiterzuleiten, Aussage- und Vermögensdelikte zu prüfen.

Eine **Erklärung mit Nichtwissen** ist auch in Verbandsklagen nur über Tat- 29
sachen zulässig, die weder eigene Handlungen der Partei noch Gegenstand ihrer eigenen Wahrnehmung gewesen sind (§ 13 Abs. 1 S. 1 VDuG iVm § 138 Abs. 4 ZPO). Etwaiges Wissen der Verbraucher besteht nicht in der Sphäre der klageberechtigten Stelle. Sie muss sich auch nicht bei potentiell berechtigten Verbrauchern erkundigen und dort Ermittlungen einholen.[37]

**10. Prozessleitung, Prozesstrennung und -verbindung, Klagehäufung, 30
Aussetzung etc, Protokoll (§§ 136, 139–165, 239–252 ZPO).** Der Vorsitzende des Senats des OLG eröffnet und leitet die Verhandlung. Es gilt für die Prozessleitung durch den **Vorsitzenden** § 13 Abs. 1 S. 1 VDuG iVm § 136 ZPO. Die **materielle Prozessleitung** richtet sich nach § 13 Abs. 1 S. 1 VDuG iVm § 139 ZPO. Bei Verbandsklagen kommt eine Strukturierung und Abschichtung des Streitstoffs (§ 139 Abs. 1 S. 3 ZPO) etwa nach den unterschiedlichen Feststellungszielen einer Musterfeststellungsklage in Betracht. Werden – wie häufig – sowohl eine Musterfeststellungsklage als auch eine Abhilfeklage erhoben (**Klagehäufung,** vgl. § 13 Abs. 1 S. 2 VDuG iVm § 260 ZPO), kann es geeignet sein, zunächst die gemeinsamen Tatsachen zu erörtern und sodann die besonderen Aspekte der Abhilfeklage bzw. der Musterfeststellungsklage zu klären. Sinnvolle Strukturierungen können auch danach vorgenommen werden, welche Tatsachen zum Anspruchsgrund und welche zur Anspruchshöhe bzw. zu einem ggf. begehrten kollektiven Gesamtbetrag gehören. Eine **Klagehäufung** liegt auch dann vor, wenn die klageberechtigte Stelle auf Zahlung eines kollektiven Gesamtbetrags klagt und die Verurteilung zu einer **anderen** Leistung als Zahlung begehrt (→ § 16 Rn. 7). Ebenfalls liegt eine Klagehäufung vor, wenn die klageberechtigte Stelle für **namentlich benannte** Verbraucher eine Leistung iSv §§ 14 S. 1, 16 Abs. 1 S. 2 und für **nicht namentlich benannte** Verbraucher einen kollektiven Gesamtbetrag (§ 14 S. 2) oder eine solche Leistung an Verbraucher begehrt, die sich erst nach dem Schluss der mündlichen Verhandlung zum Verbandsklageregister angemeldet haben und daher im Klageantrag nicht mehr namentlich benannt werden konnten (→ Rn. 67 und → § 14 Rn. 27).[38] Da das OLG die einzige Tatsacheninstanz einer Verbandsklage ist, sind **Hinweise** nach § 139 Abs. 2 ZPO besonders wichtig, um Überraschungsentscheidungen zu vermeiden.[39] Es kann Sinn machen, die Hinweise iSv § 139 Abs. 4 ZPO,

---

[36] Zur grundsätzlichen Geltung des Beibringungsgrundsatzes/Verhandlungsgrundsatzes im Zwangsvollstreckungsverfahren siehe MüKoZPO/Rauscher ZPO Einleitung Rn. 438; allgemeiner zu den im Zwangsvollstreckungsverfahren geltenden Verfahrensgrundsätzen, MüKoZPO/Rauscher ZPO Einleitung Rn. 433.

[37] Köhler/Bornkamm/Feddersen/Scherer VDuG § 13 Rn. 23. Ähnlich schon zur früheren Musterfeststellungsklage OLG München BeckRS 2020, 19794 Rn. 74.

[38] Vgl. Zöller/Althammer VDuG § 14 Rn. 8. Allein in der Klage auf Zahlung eines kollektiven Gesamtbetrags (§ 14 S. 2) ist hingegen keine Klagehäufung zu sehen, siehe Zöller/Althammer VDuG § 14 Rn. 5.

[39] BGH NJW-RR 2010, 70 Rn. 5.

die so früh wie möglich zu erteilen sind, schon im Zuge der Ladung zuzustellen. Sie müssen nach § 44 Nr. 9 **bekanntgemacht** werden (→ § 44 Rn. 16).[40]

31 Die Anordnung des persönlichen Erscheinens ist bei Verbandsklagen selten geboten (§ 13 Abs. 1 S. 1 VDuG iVm § 141 Abs. 1 ZPO). § 6 Abs. 1 ist ausdrücklich zu entnehmen, dass durch § 13 Abs. 1 S. 1 die §§ 142–144 ZPO anwendbar sind. Das OLG kann beispielsweise anordnen, dass die Parteien die in ihrem Besitz befindlichen **Akten** vorlegen, soweit diese aus Dokumenten bestehen, welche die Verhandlung und Entscheidung der Sache betreffen (§ 13 Abs. 1 S. 1 VDuG iVm § 143 ZPO). Das kann in Verbandsklagen beispielsweise technische Dokumentationen von Produkten betreffen. Wie auch in gewöhnlichen Zivilprozessen ist der **Schutz von Geschäftsgeheimnissen** zu gewährleisten (→ § 6 Rn. 9). Für die Einnahme des Augenscheins und die Hinzuziehung von **Sachverständigen** gilt § 13 Abs. 1 S. 1 VDuG iVm § 144 Abs. 1 S. 1 ZPO. Neben technischen Sachverständigen, wie sie in den Diesel-Fällen immer wieder bestellt wurden, kommen beispielsweise auch Sachverständige aus den Wirtschaftswissenschaften in Betracht. Für die Androhung und Festsetzung von Ordnungsgeld gilt im Übrigen § 6.

32 Im Grundsatz kommt eine **Prozesstrennung** bei mehreren in einer Abhilfeklage erhobenen Ansprüchen in getrennte Prozesse in Betracht (§ 13 Abs. 1 S. 1 VDuG iVm § 145 ZPO), wird aber Folgeprobleme beim Verbandsklageregister verursachen.[41] Sachlich gerechtfertigt dürfte im Regelfall sein, sowohl die Abhilfeklage als auch die Musterfeststellungsklage – sofern beide Klagen erhoben wurden – zusammen zu verhandeln und auch mehrere Ansprüche einer Abhilfeklage nicht zu trennen. Zu einem Sonderfall der **Prozessverbindung** nach § 13 Abs. 1 S. 1 VDuG iVm § 147 ZPO → § 8 Rn. 9. Zu einem Sonderfall der **Aussetzung** nach § 13 Abs. 1 S. 1 VDuG iVm § 148 ZPO → § 8 Rn. 15.[42] Hinsichtlich der Vorschriften zur **Unterbrechung** enthält § 38 besondere Vorgaben, die insoweit als speziellere Regelung die allgemeinen Vorschriften der ZPO verdrängen. § 13 Abs. 1 S. 1 VDuG iVm § 240 ZPO findet für die Zeit des Erkenntnisverfahrens Anwendung, wenn über das Vermögen einer der Parteien das **Insolvenzverfahren** eröffnet wird (→ § 38 Rn. 1).[43] § 251 ZPO zum **Ruhen** des Verfahrens ist zwar von § 13 Abs. 1 S. 1 VDuG erfasst, der Verweis ist jedoch teleologisch zu reduzieren. § 11 Abs. 1 zur Aussetzung eines Einzelverfahrens und § 11 Abs. 2 zur Sperrwirkung sind nur dann vertretbar, wenn die Parteien durch ihre Anträge das Verbandsklageverfahren nicht lange Zeit zum Ruhen bringen können.[44] Daher kommt ein Beschluss des OLG, mit dem das Ruhen angeordnet wird, nur für eine sehr kurze Zeit in Betracht,[45] beispielsweise für einen Monat.

33 Die Vorschriften über die Protokollaufnahme (§ 159 ZPO), den Inhalt des **Protokolls** (§ 160 ZPO) und beispielsweise dessen Genehmigung (§ 162 ZPO) finden über § 13 Abs. 1 S. 1 Anwendung. In der Regel protokollieren die Senatsvorsitzenden allein. In Verbandsklagen findet die Beweisaufnahme vor dem OLG statt. Inhalt des Protokolls ist daher etwa eine Zeugenaussage und die Angabe eines Sachverständigen.

---

[40] Zöller/Vollkommer VDuG § 13 Rn. 29.

[41] Zöller/Vollkommer VDuG § 13 Rn. 7.

[42] Das VDuG sieht keine Aussetzung vor, wenn zuvor ein Unterlassungsklageverfahren nach dem UWG anhängig gemacht wurde. Vgl. BayObLG BeckRS 2024, 17612.

[43] Zöller/Vollkommer VDuG § 13 Rn. 7.

[44] Zumindest skeptisch daher Zöller/Vollkommer VDuG § 13 Rn. 20.

[45] Sehr ähnlich Köhler/Bornkamm/Feddersen/Scherer VDuG § 13 Rn. 22.

11. Zustellungen (§§ 166–213a ZPO). Im Grundsatz finden die Zustellvorschriften der ZPO Anwendung (§ 13 Abs. 1 S. 1 VDuG iVm §§ 166ff. ZPO). Das VDuG spricht die Zustellung nur einmal an, nämlich in § 36 Abs. 2 die Zustellung des Beschlusses des OLG, mit dem dieses die Beendigung des Umsetzungsverfahrens feststellt und die Kosten endgültig festsetzt. Die Pflicht zur Zustellung ergibt sich jedoch aus der ZPO, namentlich wenn damit der Lauf einer Frist in Gang gesetzt werden soll. Das gilt nach § 13 Abs. 1 S. 2 VDuG iVm § 329 Abs. 2 S. 2 ZPO auch für **Beschlüsse.** 34

12. Ladungen, Termine und Fristen, Versäumung, Wiedereinsetzung (§§ 214–238 ZPO). Die Vorschriften über Ladungen, Termine und Fristen (§§ 214–229 ZPO) finden über § 13 Abs. 1 S. 1 Anwendung. Im Erkenntnisverfahren bestimmt der **Vorsitzende** des Senats die Termine (§ 13 Abs. 1 S. 1 VDuG iVm § 216 Abs. 2 ZPO), im Umsetzungsverfahren ist der Vorsitzende für Verfügungen mit Fristsetzungen zuständig, die sich auf Zwischenberichte, insbesondere Auskünfte, beziehen (→ § 30 Rn. 11). Erteilt das OLG im Umsetzungsverfahren hingegen eine Weisung mit Fristsetzung, ist der **Senat** zuständig (→ § 30 Rn. 16). 35

Auch in Verbandsklagen können Fristen versäumt und Anträge auf Wiedereinsetzung in den vorigen Stand notwendig sein. Über § 13 Abs. 1 S. 1 finden die §§ 230ff. ZPO Anwendung. Für die **Rechtsbehelfsbelehrung** nach § 13 Abs. 1 S. 1 VDuG iVm § 232 ZPO ist zu sehen, dass das OLG das statthafte Rechtsmittel selbst bestimmen muss, dieses jedoch in vielen Fällen unklar ist (→ § 21 Rn. 23, → § 29 Rn. 30, → § 30 Rn. 39). 36

13. Rechtsmittel (§§ 511–577 ZPO). Die einzige Tatsacheninstanz in Verbandsklagen ist das OLG. Die Vorschriften über die Berufung (§§ 511–541 ZPO) sind daher nicht anwendbar, da die Berufungsinstanz eine Tatsacheninstanz ist und es über dem OLG keine weitere Tatsacheninstanz gibt. Teils gelten aber berufungsrechtliche Vorschriften in der Revisionsinstanz entsprechend, wie sich aus dem über § 13 Abs. 1 S. 1 anwendbaren § 565 S. 1 ZPO ergibt. Aus dem VDuG ergibt sich, dass im Erkenntnisverfahren gegen das **Abhilfegrundurteil** (§ 16 Abs. 5 S. 1) und das **Abhilfeendurteil** (§ 18 Abs. 4 S. 1) die **Revision** zum BGH statthaft ist. Dies gilt auch für das kombinierte Abhilfegrund- und -endurteil iSv § 16 Abs. 4, was ebenfalls aus § 16 Abs. 5 S. 1 folgt. Für die **Musterfeststellungsklage** ergibt sich ebenfalls aus dem VDuG, dass ausschließlich die **Revision** zum BGH statthaft ist (§ 42). Das Revisionsrecht (§§ 542ff. ZPO) ist über § 13 Abs. 1 S. 1 anwendbar, beispielsweise die Norm über den Zurückweisungsbeschluss (§ 552a ZPO) und § 544 ZPO zur Nichtzulassungsbeschwerde, sofern die Revision nicht ohnehin kraft Gesetzes zugelassen ist. Diese Entscheidungen sind über den Wortlaut des § 44 Nr. 11 hinaus öffentlich bekanntzumachen, da auch diesbezüglich die Verbraucher ein Informationsinteresse haben (→ § 44 Rn. 18). 37

Im **Umsetzungsverfahren** entscheidet das OLG im Regelfall nicht mehr durch Urteil (siehe aber § 21 zur Erhöhungsklage und zur fehlenden Regelung zu einem Rechtsmittel → § 21 Rn. 23), sondern durch Beschluss. Inwieweit gegen diesen Beschluss die **Rechtsbeschwerde** statthaft ist, wird bei den dortigen Vorschriften dargestellt (exemplarisch → § 29 Rn. 30, → § 30 Rn. 38f.). Grundregel ist, dass die Rechtsbeschwerde nur statthaft ist, wenn sie vom OLG nach § 574 Abs. 1 S. 1 Nr. 2 ZPO zugelassen wurde. Ist die Rechtsbeschwerde zum BGH statthaft, sind gem. § 13 Abs. 1 S. 1 die §§ 574–577 ZPO anwendbar. 38

In denjenigen Verbandsklageverfahren, in denen eine Entscheidung im Erkenntnis- oder Umsetzungsverfahren nicht rechtsmittelfähig ist (Beispiele → Rn. 50; 39

→ § 23 Rn. 10; → § 23 Rn. 21; Gegenbeispiel aufgrund Analogie → § 21 Rn. 23), ist nach § 13 Abs. 1 S. 2 VDuG iVm § 321a ZPO die **Abhilfe** bei Verletzung des Anspruchs auf **rechtliches Gehör** statthaft (→ § 22 Rn. 17).[46]

40 **14. Wiederaufnahme des Verfahrens (§§ 578–591 ZPO) und Urkundenprozess (§§ 592–600 ZPO).** Die Vorschriften zur Wiederaufnahme eines durch rechtskräftiges Endurteil geschlossenen Verfahrens durch Nichtigkeitsklage (§ 579 ZPO) und durch Restitutionsklage (§ 580 ZPO) sind im Grundsatz nach § 13 Abs. 1 S. 1 anwendbar. Die **Nichtigkeitsklage** findet etwa statt, wenn im Senat des OLG ein Richter bei der Entscheidung mitgewirkt hat, der von der Ausübung des Richteramts kraft Gesetzes ausgeschlossen war (→ Rn. 11), sofern nicht dieses Hindernis mittels eines Ablehnungsgesuchs oder eines Rechtsmittels ohne Erfolg geltend gemacht ist (§ 13 Abs. 1 S. 1 VDuG iVm § 579 Abs. 1 Nr. 2 ZPO). Eine **Restitutionsklage** findet beispielsweise statt, wenn die klageberechtigte Stelle oder der Unternehmer eine Urkunde, auf die das stattgebende bzw. klageabweisende Urteil gegründet ist, fälschlich angefertigt oder verfälscht hat (§ 13 Abs. 1 S. 1 VDuG iVm § 580 Nr. 2 ZPO). Die Vorschriften zum **Urkundenprozess** (§§ 592–600 ZPO) sind im Grundsatz nach § 13 Abs. 1 S. 1 anwendbar. Bei einigen Verfahren ist es vorstellbar, dass sämtliche zur Begründung des Anspruchs erforderlichen Tatsachen durch Urkunden bewiesen werden können. So könnte dies etwa bei Rückforderungsklagen wegen unberechtigter Preiserhöhungen in Energie- oder Telekommunikationsdienstleistungsverträgen der Fall sein. Die klageberechtigte Stelle müsste in der Klageschrift über § 5 hinaus angeben, die Abhilfeklage im Urkundenprozess zu erheben. Widerklagen (→ Rn. 10) wären grundsätzlich nicht statthaft (§ 13 Abs. 1 S. 1 VDuG iVm § 595 Abs. 1 ZPO) und Beweismittel verengt (vgl. § 595 Abs. 2 ZPO). Es erscheint – wenngleich besonders komplex – vorstellbar, dass das Abhilfegrundurteil als Vorbehaltsurteil iSv § 13 Abs. 1 S. 1 VDuG iVm § 599 Abs. 1 ZPO ergeht und dann – bevor die Phase zum Vergleichsvorschlag (§ 17) und dem etwaigen Abhilfeendurteil (§ 18) beginnt – noch das Nachverfahren stattfinden kann (§ 13 Abs. 1 S. 1 VDuG iVm § 600 Abs. 1 ZPO).

41 **15. Zwangsvollstreckung einschließlich Arrest und einstweilige Verfügung (§§ 704–959 ZPO).** Da das Umsetzungsverfahren sinngemäß an die Stelle des Vollstreckungsverfahrens tritt (→ Einleitung Rn. 15),[47] wurde in der Gesetzesbegründung ausdrücklich betont, dass die Vorschriften zur Zwangsvollstreckung (8. Buch der ZPO) über § 13 Abs. 1 S. 1 anwendbar sind.[48] Dogmatisch ist zu sehen, dass das Umsetzungsverfahren auch starke Parallelen zur Gesamtvollstreckung hat (Insolvenzverfahren). Die klageberechtigte Stelle übernimmt konzeptionell die Rolle der **Vollstreckungsgläubigerin,** obwohl der Titel zugunsten der angemeldeten, berechtigten Verbraucher erstritten wurde und erfüllt wird. Da die Verbraucher jedoch nicht Parteien des Verfahrens sind, sind sie auch im Zwangsvollstreckungsverfahren nicht Titelgläubiger.[49] Der Titel lautet stets auf die klageberechtigte Stelle.[50] Damit darf nur diese eine Zwangsvollstreckung beginnen (vgl. § 13 Abs. 1 S. 1 VDuG iVm § 750 Abs. 1 S. 1 ZPO). Das gilt auch für Urteile

46 Zöller/Vollkommer VDuG § 13 Rn. 19.
47 BT-Drs. 20/6520, 83.
48 BT-Drs. 20/6520, 76; ebenso Zöller/Vollkommer VDuG § 13 Rn. 8.
49 Köhler/Bornkamm/Feddersen/Scherer VDuG § 13 Rn. 2.
50 Zöller/Vollkommer VDuG § 13 Rn. 2.

auf Zahlung an namentlich benannte Verbraucher.[51] Diese Konstellation wird ähnlich zu einer Prozessstandschaft verstanden (zu dieser grundlegenden Dogmatik → Einleitung Rn. 18ff.).[52] Die klageberechtigte Stelle wird jedoch im Umsetzungsverfahren kaum mehr tätig (beachte aber die Erhöhungsklage → § 21 Rn. 7f.). **Vollstreckbare Ausfertigungen** für und gegen die Rechtsnachfolger sind zulässig; es gilt § 13 Abs. 1 S. 1 VDuG iVm § 727 ZPO. Für die zwangsweise Durchsetzung einer anderen vertretbaren Handlung als Zahlung oder einer nicht vertretbaren Handlung gilt **§ 29** (→ § 29 Rn. 10). Im Übrigen ist im Umsetzungsverfahren zu prüfen, wer in der jeweiligen Situation Titelgläubiger ist. Dies kann auch der Sachwalter sein (etwa § 36 Abs. 1 S. 2 Nr. 2, S. 3;[53] zur Vollstreckung → § 36 Rn. 14), allerdings ebenso der Unternehmer (§ 36 Abs. 1 S. 2 Nr. 3, S. 3, § 37)[54].

Systematisch zum Buch 8 über die Zwangsvollstreckung gehört die Ent- **42**
scheidung im Urteil über die **vorläufige Vollstreckbarkeit** ohne oder mit Sicherheitsleistung (§ 13 Abs. 1 S. 1 VDuG iVm §§ 708, 709 ZPO) und die etwaige Abwendungsbefugnis (§ 711 ZPO). Diese Vorschriften sind auch auf Urteile und Abhilfeendurteile in Verbandsklageverfahren anwendbar (→ § 16 Rn. 24).[55] Beispielsweise sind Versäumnisurteile für vorläufig vollstreckbar ohne Sicherheitsleistung zu erklären (§ 13 Abs. 1 S. 1 VDuG iVm § 708 Nr. 2 ZPO). Obsiegt die klageberechtigte Stelle, wurde die vorläufige Vollstreckbarkeit – wie von § 709 S. 1 ZPO verlangt – ausgesprochen und diese Sicherheit erbracht (vgl. § 13 Abs. 1 S. 1 VDuG iVm § 108 Abs. 1 S. 2 ZPO, etwa durch Bankbürgschaft), ist zu sehen, dass die Vollstreckung nicht grundsätzlich nach dem Buch 8 der ZPO beantragt werden kann, sondern die §§ 22ff. zu beachten sind. Praktisch wird das OLG zwar § 709 ZPO befolgen müssen (→ § 18 Rn. 22), die Sicherheit wird in der Folge jedoch typischerweise nicht geleistet und schlicht zunächst die Rechtskraft abgewartet – ggf. also auch das Revisionsverfahren – und sodann die §§ 22ff. angewandt. Denn die klageberechtigte Stelle wird häufig nicht die Mittel haben, eine entsprechende Sicherheit stellen zu können (→ § 24 Rn. 12). Im Einzelfall kann nach § 13 Abs. 1 S. 1 VDuG iVm § 720a ZPO eine **Sicherungsvollstreckung** in Betracht kommen, bei der die Zwangsvollstreckung ohne Sicherheitsleistung betrieben werden darf, wenn nur bewegliches Vermögen gepfändet oder eine Sicherungshypothek eingetragen, jedoch keine Verwertung vorgenommen wird (→ § 24 Rn. 12).

Im Grundsatz sind die Vorschriften über den **einstweiligen Rechtsschutz** **43**
(§§ 916ff. ZPO) anwendbar.[56] Wird das spätere Umsetzungsverfahren, welches an die Stelle des Zwangsvollstreckungsverfahrens tritt (→ Rn. 41), gefährdet, kann ein Arrestanspruch entstehen. Wer das Arrestgesuch iSv § 13 Abs. 1 S. 1 VDuG iVm § 920 ZPO zulässigerweise stellen kann, ist unklar, da die Verbraucher hier praktisch kaum in Betracht kommen und die klageberechtigte Stelle im Umsetzungsverfahren kaum mehr auftritt (vgl. nur noch § 21). Da der verbleibende Sachwalter in dieser Phase noch nicht bestellt wird und auch eine Bestellung im Wege der analogen Anwendung von § 23 abzulehnen ist, erscheint es unter allen – zwar insgesamt we-

---

[51] Röß NJW 2024, 1302 (1304) (zudem mit dem Vorschlag, dass ein interessierter Verbraucher den Titel analog § 727 ZPO auf sich umschreiben lassen könne).

[52] Zöller/Vollkommer VDuG § 13 Rn. 2. Köhler/Bornkamm/Feddersen/Scherer VDuG § 13 Rn. 3 geht von einem eigenen materiellen Recht der klageberechtigten Stelle aus.

[53] Köhler/Bornkamm/Feddersen/Scherer VDuG § 13 Rn. 27.

[54] Köhler/Bornkamm/Feddersen/Scherer VDuG § 13 Rn. 28.

[55] Zöller/Vollkommer VDuG § 13 Rn. 18.

[56] Zöller/Vollkommer VDuG § 13 Rn. 9.

nig überzeugenden – Lösungen noch am stimmigsten, davon auszugehen, dass die **klageberechtigte Stelle** für Anträge auf Arrest und einstweilige Verfügung antragsbefugt ist.

44 Die **Vollstreckungsrechtsbehelfe** der ZPO sind anwendbar. Zu den Anwendungsbereichen für die Vollstreckungserinnerung und die sofortige Beschwerde sowie zum entsprechenden ausschließlichen Gerichtsstand → § 25 Rn. 40.

II. Entsprechende Anwendung der Vorschriften der ZPO (Abs. 1 S. 2)

45 Die Vorschriften der §§ 253–494a ZPO für die Verfahren vor den Landgerichten sind nach § 13 Abs. 1 S. 2 entsprechend anzuwenden, mithin verständig **im Lichte der Verbandsklagen auszulegen** (→ Rn. 4). Obwohl § 13 Abs. 1 S. 2 keinen Vorbehalt enthält, wie dies bei S. 1 der Fall ist („soweit"), ist auch S. 2 so zu verstehen, dass eine Vorschrift der ZPO dann nicht entsprechend anzuwenden ist, wenn das dort geregelte Thema im VDuG geregelt wurde. Denn es gilt, dass die speziellere Vorschrift des VDuG die allgemeine Vorschrift der ZPO verdrängt **(lex specialis derogat legi generali).**

46 **1. Verfahren bis zum Urteil (§§ 253–299a ZPO).** § 253 ZPO zur **Klageschrift** ist im Grundsatz durch § 13 Abs. 1 S. 2 entsprechend anwendbar. § 5 Abs. 3 ist insofern redundant, wenn dort die entsprechende Anwendbarkeit von § 253 ZPO angeordnet wird. § 5 Abs. 1 und 2 sind jedoch spezieller und verdrängen insoweit § 253 Abs. 2 und 3 ZPO. Eine **Stufenklage** nach § 13 Abs. 1 S. 2 VDuG iVm § 254 ZPO kommt in Betracht,[57] etwa um nach einer erlangten Auskunft den angestrebten kollektiven Gesamtbetrag genauer darlegen zu können. § 256 ZPO zur **Feststellungsklage** wird von dem spezielleren § 41 verdrängt. Auch der allgemeine zivilprozessuale Grundsatz vom Vorrang der Leistungsklage wird im VDuG durch den Grundsatz ersetzt, dass beide Verbandsklagen gleichrangig sind (vgl. § 41 Abs. 2).[58] § 260 ZPO zur **Anspruchshäufung** ist nach § 13 Abs. 1 S. 2 entsprechend anwendbar und für Abhilfeklagen notwendig, bei denen beispielsweise Nachlieferungsansprüche und Schadensersatzansprüche verfolgt werden (siehe auch → Rn. 30). § 261 ZPO zur **Rechtshängigkeit** ist im Grundsatz entsprechend anwendbar, die Sperrwirkung einer Verbandsklage wird jedoch in § 8 spezieller geregelt und setzt schon ab Anhängigkeit und nicht erst ab Rechtshängigkeit ein. Sie sperrt zudem etwaige Verbandsklagen von anderen klageberechtigten Stellen, während § 261 Abs. 3 Nr. 1 ZPO nur dieselbe klageberechtigte Stelle sperren würde.[59] Zur Hemmung der Verjährung siehe § 204a BGB. Ebenfalls spezieller ist die Rechtshängigkeitssperre nach § 11 Abs. 2 für angemeldete Verbraucher.

47 § 263 ZPO zu **Klageänderungen** bzw. immer zulässigen Klageänderungen (§ 264 ZPO) sind im Grundsatz entsprechend anwendbar.[60] Bei der Prüfung der Sachdienlichkeit ist zu bedenken, dass sich ggf. schon Verbraucher im Verbandsklageregister angemeldet haben. Sachdienliche oder gar solche Klageänderungen, in

---

[57] Dittmann/Gollnast VuR 2023, 135 (139f.).

[58] Röß NJW 2024, 1302 (1303).

[59] Köhler/Bornkamm/Feddersen/Scherer VDuG § 13 Rn. 8.

[60] HK-VDuG/Röthemeyer VDuG § 13 Rn. 21; Anders/Gehle/Schmidt VDuG § 13 Rn. 4; Zöller/Vollkommer VDuG § 13 Rn. 13; Musielak/Voit/Stadler VDuG § 13 Rn. 1. Vgl. zur früheren Musterfeststellungsklage BGH NJW 2020, 341 Rn. 15, wo der VI. Zivilsenat §§ 263, 264 ZPO anwandte.

die der Unternehmer eingewilligt hat, sollten nicht am Verbandsklageregister scheitern, da es den Verbrauchern freisteht, nach einer Klageänderung die Anmeldung zurückzunehmen (§ 46 Abs. 4 S. 1).[61] Beim Klageantrag in der Hauptsache kann eine Erweiterung bzw. Beschränkung iSv § 264 Nr. 2 ZPO sowohl bei Anträgen auf Einzelzahlung an namentlich benannte Verbraucher als auch auf Zahlung eines kollektiven Gesamtbetrags notwendig werden (→ § 19 Rn. 9f.). Dies ist im Grundsatz zulässig.[62] Eine Klageänderung führt nicht dazu, dass die Verbraucher ihre Ansprüche oder Rechtsverhältnisse nach § 46 Abs. 1 neu anmelden müssen (→ Rn. 7); es steht ihnen hingegen frei, nach einer Klageänderung ihre Anmeldung nach § 46 Abs. 4 zurückzunehmen.[63] Ferner ist eine Klageänderung dergestalt zulässig, dass statt einer Leistung an namentlich benannte Verbraucher nunmehr ein kollektiver Gesamtbetrag begehrt wird (oder umgekehrt) (ebenso → § 14 Rn. 25 und → § 16 Rn. 25 und 32). Die Klageänderung ist im Verbandsklageregister mitzuteilen (→ § 44 Rn. 27). Für die komplizierteren Klageänderungen wie den **Wechsel der Verfahrensart** – etwa von der Musterfeststellungsklage zur Abhilfeklage oder vom Urkundenprozess in den ordentlichen Prozess – kann die bisherige Rechtsprechung zu § 263 ZPO herangezogen werden.[64] Als **subjektive Klageänderung** nach § 13 Abs. 1 S. 2 VDuG iVm § 263 ZPO kann vor dem OLG bei Sachdienlichkeit oder Einwilligung des Unternehmers der Wechsel von einer klageberechtigten Stelle auf eine andere vorgenommen werden. Einem solchen gewillkürten Klägerwechsel steht § 8 nicht entgegen. Da der neue Kläger keine weitere Verbandsklage erhebt, sondern die schon erhobene Klage fortführt, ist § 8 nicht einschlägig.[65] § 44 Nr. 1 steht dem Klägerwechsel ebenfalls nicht entgegen, da die Bekanntmachungen zu den Parteien – genauso wie viele andere Angaben nach § 44 – im Laufe der Zeit aktualisiert werden können und Verbraucher, die sich von der neuen klageberechtigten Stelle nicht hinreichend repräsentiert fühlen, ihre Anmeldung nach § 46 Abs. 4 S. 1 zurücknehmen können.[66] Auch der Wechsel des verklagten Unternehmers ist nach § 263 ZPO zu entscheiden.[67] Dieser Fall kann bedeutend sein, da bei Verbandsklagen häufig Konzerngesellschaften verklagt werden und sich später herausstellen kann, dass aus dem **Unternehmensverbund** eine andere Gesellschaft zu verklagen ist.

§ 269 ZPO zur **Klagerücknahme** ist entsprechend anwendbar.[68] Ohne die **48**
Einwilligung des Unternehmers kann die klageberechtigte Stelle die Klage nur bis zum Beginn der mündlichen Verhandlung zur Hauptsache zurücknehmen, also bis zur Stellung der Anträge (§ 13 Abs. 1 S. 1 VDuG iVm § 137 Abs. 1 ZPO). Hier steht dem Vorsitzenden bei der **Prozessleitung** ein Ermessen zu, ob er die **Anträge** als-

---

[61] Wie hier HK-VDuG/Röthemeyer VDuG § 13 Rn. 21. Zu streng hingegen Köhler/Bornkamm/Feddersen/Scherer VDuG § 13 Rn. 14.

[62] Köhler/Bornkamm/Feddersen/Scherer VDuG § 13 Rn. 13.

[63] Musielak/Voit/Stadler VDuG § 13 Rn. 1.

[64] Etwa Musielak/Voit/Foerste ZPO § 269 Rn. 5.

[65] AA Köhler/Bornkamm/Feddersen/Scherer VDuG § 13 Rn. 10.

[66] AA Köhler/Bornkamm/Feddersen/Scherer VDuG § 13 Rn. 11.

[67] AA Köhler/Bornkamm/Feddersen/Scherer VDuG § 13 Rn. 12. Vgl. hingegen in allgemeiner Form BGH NJW 1962, 347 zum Beklagtenwechsel in erster Instanz bei Sachdienlichkeit.

[68] Köhler/Bornkamm/Feddersen/Scherer VDuG § 13 Rn. 18; HK-VDuG/Röthemeyer VDuG § 13 Rn. 7; Zöller/Vollkommer VDuG § 13 Rn. 20; Musielak/Voit/Stadler VDuG § 13 Rn. 1.

bald oder erst nach der Einführung in den Sach- und Streitgegenstand und ggf. sogar erst nach einem Rechtsgespräch stellen lässt. Im Fall einer Klagerücknahme ist die klageberechtigte Stelle verpflichtet, die Kosten des Rechtsstreits zu tragen (§ 13 Abs. 1 S. 2 VDuG iVm § 269 Abs. 3 S. 2 ZPO). Nach Klagerücknahme kann sie – oder eine andere klageberechtigte Stelle – erneut eine Verbandsklage erheben, da §§ 8, 11 eine solche nicht mehr sperren.[69] §§ 270, 271 ZPO zur **Zustellung** sind entsprechend anwendbar.[70] Vor der Zustellung der Klage ist nach § 12 GKG der **Gerichtskostenvorschuss** zu leisten.[71]

49 §§ 272, 275, 276 ZPO über den frühen ersten Termin und das schriftliche Vorverfahren sind im Grundsatz entsprechend anwendbar. Die **Erledigung** einer Verbandsklage in nur einem Termin zur mündlichen Verhandlung ist für die typische Verbandsklage jedoch eine seltene Ausnahme.[72] In beiden Fällen wird regelmäßig eine Frist für die **Replik** gesetzt (§§ 275 Abs. 4 S. 1, 276 Abs. 3 ZPO), wofür der Vorsitzende des Senats zuständig ist. Wird das **schriftliche Vorverfahren** bestimmt, ist im Grundsatz auch ein Versäumnisurteil im schriftlichen Vorverfahren möglich (§ 13 Abs. 1 S. 2 VDuG iVm §§ 276 Abs. 1 S. 1, 331 Abs. 3 S. 1 ZPO).[73] Dem steht § 13 Abs. 3 nicht entgegen: Abs. 3 schließt die Anwendung von § 128 Abs. 2 ZPO aus, wonach eine Entscheidung mit Zustimmung der Parteien ohne mündliche Verhandlung zulässig ist.[74] § 128 Abs. 2 ZPO ist in der Situation des schriftlichen Vorverfahrens jedoch ohnehin noch nicht einschlägig. Da das VDuG kein Vorgespräch zwischen den Parteien und dem OLG kennt, um zumindest Fallgruppen der Verbraucher zu ordnen (vgl. § 15), den Prozessablauf abzustimmen (beispielsweise § 16 Abs. 4 für das kombinierte Erkenntnisverfahren) und etwaige ausländische Verbandsverfahren zu koordinieren (vgl. zu solchen Vorgesprächen § 10a InsO, §§ 46ff. StaRUG), kann ein **früher erster Termin** zu einer solchen Strukturierung sinnvoll sein.[75] §§ 273, 274 ZPO zur **Vorbereitung** des Haupttermins iSv § 272 Abs. 1 ZPO und zur **Ladung** der Parteien sind im Grundsatz entsprechend anwendbar. In Verbandsklagen sind etwa Ersuche gegenüber Behörden wie dem Kraftfahrtbundesamt oder einer Finanzaufsichtsbehörde (§ 273 Abs. 2 Nr. 2 ZPO), die Ladung von Zeugen und Sachverständigen (§ 273 Abs. 2 Nr. 4 ZPO) und die Anordnung der Urkundenvorlegung (§§ 273 Abs. 2 Nr. 5, 142 ZPO; § 6) bedeutsam.

50 § 278 ZPO zur gütlichen Streitbeilegung, **Güteverhandlung**[76] und zum **Vergleich** ist im Grundsatz entsprechend anwendbar, wird aber in Teilen von § 9 als speziellere Regelung verdrängt. Zwar soll auch das OLG in jeder Lage des Verfahrens auf eine gütliche Beilegung des Rechtsstreits oder einzelner Streitpunkte bedacht sein, doch kann ein Vergleich erst spät, nämlich nach Ablauf von drei Wochen nach dem Schluss der mündlichen Verhandlung geschlossen werden (§§ 9 Abs. 1, 46

---

69 Köhler/Bornkamm/Feddersen/Scherer VDuG § 13 Rn. 18 (ohne Bezugnahme auf § 8).

70 Zöller/Vollkommer VDuG § 13 Rn. 11.

71 Zöller/Vollkommer VDuG § 13 Rn. 11.

72 Zöller/Vollkommer VDuG § 13 Rn. 12: Illusorisch.

73 Zumindest abstrakt knapp Musielak/Voit/Stadler VDuG § 13 Rn. 5, wonach Versäumnisurteile möglich seien. AA HK-VDuG/Röthemeyer VDuG § 13 Rn. 6.

74 AA HK-VDuG/Röthemeyer VDuG § 13 Rn. 6.

75 Ähnliche Richtung Zöller/Vollkommer VDuG § 13 Rn. 12: Früher und konsensualer Organisationstermin.

76 Ebenso HK-VDuG/Röthemeyer VDuG § 13 Rn. 14; Anders/Gehle/Schmidt VDuG § 13 Rn. 7.

Abs. 1 S. 1).[77] Damit entfällt die Möglichkeit, den Vergleich zu Protokoll der mündlichen Verhandlung zu erklären (§ 278 Abs. 6 S. 1 ZPO), was wohl vom Rechtsausschuss bei den Änderungen von § 46 nicht bedacht wurde (→ Rn. 6; → § 9 Rn. 17 und → § 46 Rn. 6f.). An die Güteverhandlung, die auch in Abhilfeklagen ausweislich § 9 notwendig und sinnvoll ist, schließt die mündliche Verhandlung an. § 280 ZPO betreffend die abgesonderte Verhandlung über die Zulässigkeit der Klage ist entsprechend anwendbar[78] und aufgrund der teils aufwendig zu prüfenden Anforderungen nach § 2 auch realistisch. Gegen das **Zwischenurteil** (§ 280 Abs. 2 S. 1 ZPO) findet keine Revision statt, da sie nach § 13 Abs. 1 S. 1 VDuG iVm § 543 Abs. 1 ZPO vom OLG nicht zugelassen werden kann: Das OLG entscheidet hier nicht als Berufungsgericht (paralleles Problem → § 21 Rn. 23). Damit kommt auch keine Nichtzulassungsbeschwerde in Betracht, sodass der BGH die Revision auch nicht zulassen kann. § 281 ZPO über die Verweisung bei Unzuständigkeit ist im Grundsatz entsprechend anwendbar, etwa wenn die klageberechtigte Stelle die Zuständigkeit eines OLG nach § 3 falsch bestimmt hat und ein Antrag auf Verweisung an das zuständige OLG gestellt wurde. §§ 282, 283 ZPO zur Rechtzeitigkeit des Vorbringens und Schriftsatzfristen sind entsprechend anwendbar. § 287 ZPO wird in § 19 Abs. 2 für entsprechend anwendbar erklärt (→ § 19 Rn. 13). Auch in Verbandsklageprozessen kommt eine **Präklusion** in Betracht; die §§ 296, 296a ZPO sind über § 13 Abs. 1 S. 2 entsprechend anwendbar (→ § 19 Rn. 12).[79]

Die §§ 284ff. ZPO zur **Beweisaufnahme** sind entsprechend anwendbar, wichtige speziellere Vorgaben finden sich jedoch in § 19. Für die Anknüpfungstatsachen, die die klageberechtigte Stelle darlegen und ggf. beweisen muss, wenn sie die Zahlung eines kollektiven Gesamtbetrags begehrt, gilt das Regelbeweismaß nach § 13 Abs. 1 S. 2 VDuG iVm § 286 Abs. 1 ZPO (→ § 19 Rn. 14). Für die Anwendung von § 287 ZPO → § 19 Rn. 13ff. § 287 ZPO kann schon für das Abhilfegrundurteil benötigt werden, wenn streitig ist, „ob" ein Schaden entstanden ist (→ § 19 Rn. 15). Ein gerichtliches **Geständnis** ist auf beiden Seiten möglich (§ 13 Abs. 1 S. 2 VDuG iVm §§ 288–290 ZPO).[80] **Offenkundige** Tatsachen bedürfen auch in Verbandsklageverfahren keines Beweises (§ 291 ZPO), gesetzliche Vermutungen können widerlegt werden (§ 292 ZPO), bedürfen dafür aber des Vollbeweises. Für **Verfahrensrügen** gilt § 295 ZPO.[81] Die Parteien können folglich auf Verfahrensrügen verzichten; im Übrigen kann das OLG Verfahrensschritte wiederholen und damit **heilen.** Für die Beweisführung im **Umsetzungsverfahren** → § 29 Rn. 24. Für die Beweiswürdigung des Sachwalters können die Vorschriften der ZPO nicht ohne weiteres angewandt werden (→ § 27 Rn. 4). 51

2. Urteil (§§ 300–329 ZPO). Klagestattgebende und -abweisende Entscheidungen ergehen durch Urteil (vgl. § 16 Abs. 1 S. 3). Bei den im Grundsatz entsprechend anwendbaren Vorschriften zum Urteil sind die spezielleren Vorschriften des VDuG zur **Urteilsformel** (§§ 16 Abs. 2, 18 Abs. 1 und 2) zu beachten. Beim kombinierten Erkenntnisverfahren gilt für die Urteilsformel § 16 Abs. 4 S. 2. Zu den nicht anwendbaren § 306 ZPO und § 307 S. 2 ZPO → Rn. 63f. Es kann Fälle geben, in denen vor dem Urteil nach § 16 Abs. 1 S. 2 für namentlich benannte Ver- 52

---

77 HK-VDuG/Röthemeyer VDuG § 13 Rn. 14.

78 Zöller/Vollkommer VDuG § 13 Rn. 18.

79 Zöller/Vollkommer VDuG § 13 Rn. 15.

80 Zöller/Vollkommer VDuG § 13 Rn. 14.

81 Zöller/Vollkommer VDuG § 13 Rn. 16.

braucher ein **Zwischenurteil** über den Grund angezeigt ist (§ 13 Abs. 1 S. 2 VDuG iVm § 304 ZPO, ebenso → § 16 Rn. 27) (zum Teilurteil → § 16 Rn. 11).[82] Da das Urteil nur von denjenigen Richtern gefällt werden kann, welche der dem Urteil zugrunde liegenden Verhandlung beigewohnt haben (§ 13 Abs. 1 S. 2 VDuG iVm § 309 ZPO), ist in den **senatsinternen Geschäftsverteilungsplänen** darauf Acht zu geben, dass Richter in der Abordnung ggf. auch noch nach ihrer regulären Abordnungszeit für die Urteilsfällung benötigt werden. Die Senate – insbesondere die besonders einschlägigen wie jene zum Kauf- und Bankrecht – können in den internen Geschäftsverteilungsplänen vorsehen, dass Verbandsklageverfahren nur in Spruchgruppen verhandelt werden, die mit Planstellen besetzt sind.

53 Der Grundsatz in § 308 Abs. 1 ZPO **(ne ultra petita),** wonach das Gericht nicht befugt ist, einer Partei etwas zuzusprechen, was nicht beantragt ist, auch nicht betreffend Zinsen und anderen Nebenforderungen, gilt über § 13 Abs. 1 S. 2 auch für Verbandsklagen (→ § 19 Rn. 9). Vergleichbar mit § 313b Abs. 1 S. 2 ZPO sollte das Urteil etwa als Abhilfegrundurteil, Abhilfeendurteil bzw. Musterfeststellungsurteil (vgl. § 42) **bezeichnet** werden. Zur Kostengrundentscheidung → Rn. 20. Zur Nebenentscheidung über die vorläufige Vollstreckbarkeit → Rn. 42. Für die **Berichtigung** des Urteils, des Tatbestands und die **Ergänzung** des Urteils gelten über § 13 Abs. 1 S. 2 die §§ 319–321 ZPO entsprechend.[83]

54 § 322 ZPO zur **materiellen Rechtskraft** ist nach § 13 Abs. 1 S. 2 entsprechend anwendbar, wird allerdings durch § 11 Abs. 3 konkretisiert: Die Bindung tritt nur gegenüber angemeldeten Verbrauchern und dem verklagten Unternehmer ein, soweit die Entscheidung den Lebenssachverhalt der Verbandsklage und einen mit der Abhilfeklage geltend gemachten Anspruch oder ein mit der Musterfeststellungsklage geltend gemachtes Feststellungsziel betrifft. § 322 Abs. 2 ZPO kann in Abhilfeverfahren bedeutsam sein, wenn der Unternehmer Gegenforderungen im Wege der Aufrechnung geltend machen will. Macht die klageberechtigte Stelle beispielsweise für die Verbraucher Ansprüche auf Schadensersatz aus Darlehensverträgen geltend und will sich der Unternehmer mit einer **Aufrechnung** verteidigen, da er Gegenforderungen aus Rückgewährschuldverhältnissen zu haben glaubt, ist § 322 Abs. 2 ZPO zu beachten.[84] Solche Einwendungen sind nicht ausgeschlossen. Dies kann auch nicht aus § 40 gefolgert werden.

55 **3. Versäumnisurteil (§§ 330–347 ZPO).** Versäumnisurteile kann es in Verbandsklageverfahren sowohl gegen die klageberechtigte Stelle (§ 13 Abs. 1 S. 2 VDuG iVm § 330 ZPO)[85] als auch gegen den Unternehmer geben (§ 13 Abs. 1 S. 2 VDuG iVm § 331 ZPO).[86] Es ist jedoch § 13 Abs. 4 zu beachten (→ Rn. 65),[87] sodass das Versäumnisurteil nicht in der mündlichen Verhandlung und auch nicht unmittelbar danach ergehen kann, sondern erst in einem Verkündungstermin nach Ablauf von sechs Wochen. Diese Kuriosität ist auf die Änderungen im Gesetz-

---

[82] Ausf. Röß NJW 2024, 1302 (1305). Dies hängt mit dem Problem der dreiwöchigen An- und Abmeldefrist zusammen (→ Rn. 67). Für dieses Zwischenurteil würde § 13 Abs. 4 gelten.

[83] Zöller/Vollkommer VDuG § 13 Rn. 19.

[84] Vgl. Bitkom Stellungnahme VRUG, 10.

[85] AA Zöller/Vollkommer VDuG § 13 Rn. 26.

[86] Köhler/Bornkamm/Feddersen/Scherer VDuG § 13 Rn. 22. Im Ergebnis ebenso Musielak/Voit/Stadler VDuG § 13 Rn. 5. Knapp das Versäumnisurteil erwähnend und damit konkludent auch Zöller/Vollkommer VDuG § 13 Rn. 24.

[87] Musielak/Voit/Stadler VDuG § 13 Rn. 5.

gebungsverfahren zurückzuführen (→Rn. 6 und →Rn. 66). Auch das Versäumnisurteil im schriftlichen Vorverfahren ist möglich;[88] dann gilt §13 Abs. 4 nicht. Zur vorläufigen Vollstreckbarkeit ohne Sicherheitsleistung →Rn. 42. Es gelten die Vorschriften zum Einspruch (§338 ZPO), seiner Frist (§339 ZPO) und zur Zurückversetzung (§342 ZPO) entsprechend. Wird das Verfahren in die Lage zurückversetzt, in der es sich vor Eintritt der Versäumnis befand, können Verbraucher Ansprüche und Rechtsverhältnisse nach §46 Abs. 1 wieder anmelden.[89] §345 ZPO zum zweiten Versäumnisurteil ist nach §13 Abs. 1 S. 2 entsprechend anwendbar. Die Sondervorschrift des **§514 Abs. 2 ZPO** ist hingegen nicht entsprechend anwendbar, da das Berufungsrecht insgesamt keine Anwendung findet. Die im Zuge von §514 Abs. 2 ZPO zu prüfenden Rechtsfragen können jedoch im Grundsatz vom BGH im Wege der Revision geprüft werden. Die **Revision** gegen ein **zweites Versäumnisurteil** findet stets statt, da §§16 Abs. 5, 18 Abs. 4, 42 so zu verstehen sind, dass sie nicht nur das Sachurteil und Prozessurteil erfassen, sondern auch das in dieser Phase ergangene Urteil sui generis[90].

4. Verfahren vor dem Einzelrichter (§§348–350 ZPO). Verbandsklagen können nicht vor dem Einzelrichter verhandelt werden.[91] Es ist und bleibt der Senat des OLG zuständig.[92] Da die Revision grundsätzlich statthaft ist (§§16 Abs. 5, 18 Abs. 4), geht der Gesetzgeber offenbar davon aus, dass die Rechtssache **grundsätzliche Bedeutung** hat.[93] Auch eine Übertragung nach §526 ZPO kommt nicht in Betracht,[94] da diese berufungsrechtliche Vorschrift schon systematisch nicht einschlägig ist. Da es in Verbandsklageverfahren keine Berufungsinstanz gibt, ist die Vorschrift auch nicht über §13 Abs. 1 S. 1 anwendbar. 56

5. Beweisaufnahme (§§355–370 ZPO), Strengbeweismittel (§§371–477 ZPO). Die Grundsätze zur Beweisaufnahme gelten auch in Verbandsklageverfahren entsprechend.[95] Verbraucher können als **Zeugen** vernommen werden,[96] auch dann, wenn sie sich nicht zum Verbandsklageregister angemeldet haben. Auslagenvorschüsse sind sowohl für Zeugen (§13 Abs. 1 S. 2 VDuG iVm §379 ZPO)[97] als auch Sachverständige (§402 ZPO) im Ermessen des OLG möglich. 57

6. Abnahme von Eiden und Bekräftigungen (§§478–484 ZPO), selbständiges Beweisverfahren (§§485–494a ZPO). Die Vorschriften zur Abnahme von Eiden und Bekräftigungen sind nach §13 Abs. 1 S. 2 entsprechend anwendbar. Im Grundsatz ist ein selbständiges Beweisverfahren durch Antrag der klageberechtigten Stelle zulässig, wenn der Unternehmer zustimmt (§13 Abs. 1 S. 2 VDuG iVm §485 Abs. 1 ZPO). Zuständig ist das nach §3 zu bestimmende Prozessgericht gem. §13 Abs. 1 S. 2 VDuG iVm §486 ZPO. 58

---

88 AA HK-VDuG/Röthemeyer VDuG §13 Rn. 16.

89 Musielak/Voit/Stadler VDuG §13 Rn. 5.

90 MüKoZPO/Prütting ZPO §345 Rn. 24; Musielak/Voit/Stadler ZPO §345 Rn. 6.

91 Anders/Gehle/Schmidt VDuG §13 Rn. 7; Zöller/Vollkommer VDuG §13 Rn. 23.

92 HK-VDuG/Röthemeyer VDuG §13 Rn. 11 (nicht richtig ist jedoch die Annahme in Rn. 12, der Senat könne eine Verbandsklage nach §348a ZPO auf ein Mitglied des Senats übertragen).

93 HK-VDuG/Röthemeyer VDuG §13 Rn. 11; Anders/Gehle/Schmidt VDuG §13 Rn. 7.

94 HK-VDuG/Röthemeyer VDuG §13 Rn. 11; Anders/Gehle/Schmidt VDuG §13 Rn. 7.

95 Zöller/Vollkommer VDuG §13 Rn. 17.

96 Köhler/Bornkamm/Feddersen/Scherer VDuG §13 Rn. 2. Ebenso für angemeldete Verbraucher HK-VDuG/Röthemeyer VDuG §13 Rn. 20.

97 Zöller/Vollkommer VDuG §13 Rn. 17.

59 **7. Verfahren vor den Amtsgerichten (§§ 495–510b ZPO).** Die Vorschriften für die Verfahren vor den Amtsgerichten sind **nicht anwendbar.** Dies folgt im Umkehrschluss aus § 13 Abs. 1 S. 2, der aus dem Buch 2 nur die Vorschriften für die Verfahren vor den Landgerichten zur Anwendung bringen will.[98]

D. Keine Streithilfe und Streitverkündung (Abs. 2)

60 §§ 66–71 ZPO regeln die Nebenintervention (Streithilfe), §§ 72–74 ZPO die Streitverkündung. Diese Vorschriften sind nicht anzuwenden im Verhältnis der Parteien der Verbandsklage und denjenigen Verbrauchern, die im Katalog des Abs. 2 erfasst sind. Es handelt sich um die Fortsetzung der bisherigen Regelung in § 610 Abs. 6 Nr. 1 ZPO aF.[99] **Sinn und Zweck** dieser Regelung ist, dass der Gesetzgeber diese Verbraucher nicht in die Verbandsklage hineinziehen wollte.[100] Ein angemeldeter Verbraucher kann beispielsweise nicht auf der Seite der klageberechtigten Stelle als Streithelfer auftreten. Der Verbraucher trifft durch seine Entscheidung, seinen Anspruch zum Verbandsklageregister anzumelden (§ 46 Abs. 1), zugleich eine Entscheidung gegen eine direkte Teilnahme an einem Zivilprozess; dies rechtfertigt die Regelung.[101] Sie macht im Grundsatz auch Sinn,[102] da angemeldete Verbraucher **andernfalls** – ggf. motiviert durch fragwürdige Geschäftspraktiken von Beratern – durch Rechtsanwälte eine Vielzahl von **Schriftsätzen** einreichen könnten, zahlreiche **Angriffsmittel** iSv § 67 S. 1 ZPO vornehmen könnten und bei allen **Prozesshandlungen** – mitunter in hunderten oder gar tausenden Fällen – zu prüfen wäre, ob die einzelne Prozesshandlung zu Erklärungen und Handlungen der Hauptpartei in Widerspruch steht (vgl. § 67 S. 1 aE ZPO). Es wäre damit ein Leichtes, das Verbandsklageverfahren – ungewollt und im Widerspruch zur eigentlichen Interessenlage der angemeldeten Verbraucher – lahmzulegen. Hat der Verbraucher keinen Anspruch bzw. kein Rechtsverhältnis zum Verbandsklageregister angemeldet (vgl. § 13 Abs. 2 Nr. 1) und liegt auch kein Fall des § 13 Abs. 2 Nr. 2 vor, da der Verbraucher weder behauptet, gegen den Unternehmer einen Anspruch zu haben, noch zu ihm in einem Rechtsverhältnis zu stehen, scheint eine Nebenintervention denkbar zu sein. Der Verbraucher muss aber ein **rechtliches Interesse** aufweisen (§ 13 Abs. 1 S. 1 VDuG iVm § 66 Abs. 1 ZPO). Dies setzt voraus, dass der Nebenintervenient zur unterstützten Partei oder zum Gegenstand des Rechtsstreits in einem Rechtsverhältnis steht, auf das die Entscheidung des Rechtsstreits durch ihren Inhalt oder durch ihre Vollstreckung unmittelbar oder auch nur mittelbar rechtlich einwirkt.[103] Es erscheint nicht ausgeschlossen, dass es (ausnahmsweise) Fälle gibt, bei denen ein Verbraucher nicht unter § 13 Abs. 2 Nr. 2 fällt und gleichwohl ein rechtliches Interesse iSv § 66 Abs. 1 ZPO aufweist. Geht der Unternehmer davon aus, dass dieser Verbraucher kein solches rechtliches Interesse aufweist, kann er beantragen, die Nebenintervention nach § 13 Abs. 1 S. 1 VDuG iVm § 71 Abs. 1 S. 1 ZPO zurückzuweisen. Macht der Verbraucher sein Interesse

---

98 HK-VDuG/Röthemeyer VDuG § 13 Rn. 2.

99 BT-Drs. 20/6520, 76.

100 BT-Drs. 20/6520, 76.

101 Musielak/Voit/Stadler VDuG § 13 Rn. 3. So schon zur Vorgängerregelung betreffend Musterfeststellungsklagen MüKoZPO/Menges, 6. Aufl., ZPO § 610 Rn. 26.

102 Zöller/Vollkommer VDuG § 13 Rn. 28.

103 BGH NJW 2017, 3718 Rn. 19.

glaubhaft, ist die Nebenintervention zuzulassen (§ 13 Abs. 1 S. 1 VDuG iVm § 71 Abs. 1 S. 2 ZPO).

§ 13 Abs. 2 **sperrt** die **Streithilfe** und die **Streitverkündung** nach alldem **nicht grundsätzlich.**[104] Eine Streithilfe nach § 13 Abs. 1 S. 1 VDuG iVm § 66 ZPO kann etwa in folgenden Fällen zu entscheiden sein: 61

- Ein von § 13 Abs. 2 nicht erfasster Verbraucher ist zugleich **Gesellschafter/Aktionär** des Unternehmers und hat ein wirtschaftliches Interesse daran, dass „sein" Unternehmen die Verbandsklage abwehren kann. Dies dürfte nicht als „rechtliches" Interesse iSv § 66 ZPO zu werten sein.[105]
- Ein **Wettbewerber** des Unternehmers hat ein Interesse daran, die Verbandsklage abzuwehren, da der Wettbewerber ein ähnliches Unternehmen betreibt und er Sorge hegt, von einer klageberechtigten Stelle in vergleichbarer Weise in Anspruch genommen zu werden.[106]
- Eine andere **klageberechtigte Stelle** erwägt gegen einen anderen Unternehmer ein ähnliches Verbandsklageverfahren anhängig zu machen und diesen zuvor abzumahnen; zuvor will diese als Streithelferin die schon klagende klageberechtigte Stelle unterstützen.[107]
- Der verklagte Unternehmer verkündet einem Dritten, etwa seinem Lieferanten oder seinem Berater, den Streit (§ 13 Abs. 1 S. 1 VDuG iVm § 72 ZPO), was zulässig ist.[108] Der **Streitverkündungsempfänger** tritt dem Rechtsstreit auf Seiten des verklagten Unternehmers bei und wird zum Streithelfer (§ 13 Abs. 1 S. 1 VDuG iVm § 74 Abs. 1 ZPO).[109]
- Der verurteilte Unternehmer verkündet dem **Sachwalter** im Erhöhungsverfahren den Streit, da die Erhöhung nur deshalb notwendig werde, da der Sachwalter seine Pflichten im Umsetzungsverfahren verletzt habe (→ § 21 Rn. 26).

E. Weitere ausgenommene Vorschriften der ZPO (Abs. 3)

I. § 128 Abs. 2 ZPO

Eine Entscheidung **ohne mündliche Verhandlung,** also im schriftlichen Verfahren (§ 128 Abs. 2 ZPO), wird von § 13 Abs. 3 **nicht zugelassen.**[110] Die Gesetzesbegründung ist insoweit eindeutig, dass auch zu einem späteren Zeitpunkt der Wechsel ins schriftliche Verfahren nicht zulässig ist. Dies sei mit der Breitenwirkung der Verbandsklageverfahren nicht vereinbar und aufgrund der Fristberechnung für die Anmeldung zum Verbandsklageregister, die an den Schluss der mündlichen Verhandlung anknüpft (§ 46 Abs. 1), nicht möglich.[111] 62

---

104 Anders/Gehle/Schmidt VDuG § 13 Rn. 6. Für die Streitverkündung ebenfalls Bayat BKR 2024, 219 (225).

105 Musielak/Voit/Weth ZPO § 66 Rn. 6.

106 Ausf. Skauradszun ZIP 2024, 1761 (1763).

107 Ausf. Skauradszun ZIP 2024, 1761 (1763).

108 HK-VDuG/Röthemeyer VDuG § 13 Rn. 4; Anders/Gehle/Schmidt VDuG § 13 Rn. 6; Zöller/Vollkommer VDuG § 13 Rn. 28. Offenbar für eine Zulässigkeit auch Bayat BKR 2024, 219 (225).

109 Köhler/Bornkamm/Feddersen/Scherer VDuG § 13 Rn. 21. Tendenziell für eine Zulässigkeit auch Schneider/Conrady/Kapoor BB 2023, 2179 (2185).

110 Musielak/Voit/Stadler VDuG § 13 Rn. 4.

111 BT-Drs. 20/6520, 76.

II. §§ 306 und 307 S. 2 ZPO

63 § 306 ZPO regelt den **Verzicht** des Klägers bei der mündlichen Verhandlung auf den geltend gemachten Anspruch, was – wenn der Beklagte die Abweisung beantragt – zur Abweisung der Klage führt. Einen solchen Verzicht kann die klageberechtigte Stelle nicht erklären. Dies wurde damit begründet, dass die klageberechtigte Stelle keine eigenen Ansprüche verfolge, über die eine solche Entscheidung getroffen werden könne, sondern Ansprüche der Verbraucher (→ Einleitung Rn. 10ff.).[112] Erklärt die klageberechtigte Stelle gleichwohl einen Verzicht, ist dieser ohne Rechtswirkung.[113]

64 § 307 ZPO regelt das **Anerkenntnis.** Erkennt eine Partei den gegen sie geltend gemachten Anspruch ganz oder zum Teil an, so ist sie dem Anerkenntnis gemäß zu verurteilen. Nach § 307 S. 2 ZPO bedarf es insoweit einer mündlichen Verhandlung nicht. Diese Regelung zur erlässlichen mündlichen Verhandlung ist auf Verbandsklageverfahren nicht anwendbar. Möglich ist aber weiterhin das Anerkenntnis nach § 13 Abs. 1 S. 2 VDuG iVm § 307 S. 1 ZPO.[114]

F. Wartefrist vor Urteilsverkündung (Abs. 4)

65 Ein Urteil (etwa über eine Musterfeststellungsklage[115]) oder ein Abhilfegrundurteil[116] iSv § 16 über eine Abhilfeklage ergeht nicht vor Ablauf von sechs Wochen nach dem Schluss der mündlichen Verhandlung (Abs. 4). Damit ist das Stuhlurteil nach § 310 Abs. 1 S. 1 Alt. 1 ZPO ausgeschlossen.[117] Den Verkündungstermin erfahren die Parteien, Verbraucher und Interessierten am Schluss der mündlichen Verhandlung und durch die Bekanntmachung im **Verbandsklageregister** (→ § 44 Rn. 9). Die zu Abs. 4 veröffentlichte Gesetzesbegründung geht noch von der Fassung der Vorschrift aus, wie sie im RegE vorgesehen war (→ Rn. 6). Daher passen die in der Gesetzesbegründung der Bundesregierung genannten Fristen nicht. Sinn und Zweck der Regelung ist jedoch weiterhin, dass Verbraucher Ansprüche oder Rechtsverhältnisse, die Gegenstand einer Verbandsklage sind, bis zum Ablauf einer Frist (**drei Wochen** nach dem Schluss der mündlichen Verhandlung; gemeint ist die mündliche Verhandlung zum Abhilfegrundurteil, ebenso → § 16 Rn. 25 und → § 46 Rn. 8) zur Eintragung in das **Verbandsklageregister** anmelden können (§ 46 Abs. 1 S. 1) und während dieser Zeit kein Urteil ergehen soll.[118] Vor Ablauf dieser Anmeldefrist kann ein Urteil also nie ergehen.[119] Die Verbraucher wissen damit zum Zeitpunkt der Anmeldung allerdings noch nicht, wie das Verfahren vor dem OLG ausgehen wird.[120]

66 Die Parteien wissen zwar noch vor dem Urteil bzw. Abhilfegrundurteil, wie viele Verbraucher sich am Ende angemeldet haben,[121] dies ist aber sehr spät und für

---

112 BT-Drs. 20/6520, 76.
113 HK-VDuG/Röthemeyer VDuG § 13 Rn. 7.
114 HK-VDuG/Röthemeyer VDuG § 13 Rn. 10; Köhler/Bornkamm/Feddersen/Scherer VDuG § 13 Rn. 19.
115 HK-VDuG/Röthemeyer VDuG § 13 Rn. 23.
116 HK-VDuG/Röthemeyer VDuG § 13 Rn. 23: Abs. 4 gilt nicht für das Abhilfeendurteil.
117 HK-VDuG/Röthemeyer VDuG § 13 Rn. 22.
118 Vgl. BT-Drs. 20/6520, 76.
119 Heerma ZZP 136 (2023), 425 (435).
120 Röß NJW 2024, 1302 (1303).
121 Heerma ZZP 136 (2023), 425 (435).

den Unternehmer sehr belastend, da er das Prozesskostenrisiko sehr lange nicht verlässlich einschätzen kann.[122] Aus § 13 Abs. 4 geht mittelbar die Botschaft hervor, dass der Senat die mündliche Verhandlung schließen muss, wenn die Sache für das Abhilfegrundurteil entscheidungsreif ist. Der Senat soll das Abhilfegrundurteil nicht kurz vor dem Abhilfeendurteil verkünden.[123] Zwischen diesen beiden Urteilen ist nämlich das Prozedere zum gerichtlichen Vergleichsvorschlag nach § 17 zu durchlaufen. § 13 Abs. 4 ist nach seinem Wortlaut auch auf das **Zwischenurteil** nach § 280 Abs. 2 ZPO[124] (→ Rn. 50) und das **Versäumnisurteil** (→ Rn. 55) anwendbar (nicht jedoch bei einem Versäumnisurteil im schriftlichen Vorverfahren). Diese Sonderfälle hat der Rechtsausschuss wohl nicht bedacht. Jedenfalls beim Versäumnisurteil wirkt diese Verzögerung auch unstimmig. Der Einspruch entsprechend § 13 Abs. 1 S. 2 VDuG iVm § 338 ZPO ist konsequenterweise erst nach dem Erlass des Versäumnisurteils statthaft. Davor gibt es nichts, gegen was die säumige Partei Einspruch einlegen kann.

Einen besonderen Problembereich betrifft die Abhilfe, die für **namentlich benannte Verbraucher** begehrt wird. Die klageberechtigte Stelle muss die Verbraucher eigentlich auch dann in ihren Klageantrag aufnehmen, wenn sich nach Schluss der mündlichen Verhandlung und innerhalb der dreiwöchigen Anmeldefrist des § 46 Abs. 1 S. 1 noch Verbraucher angemeldet haben. Spiegelbildlich wären im Klageantrag namentlich benannte Verbraucher nicht länger zu benennen, die ihre Anmeldung innerhalb der Frist zurückgenommen haben (§ 46 Abs. 4 S. 1). Klageänderungen sind jedoch nur bis zum Schluss der mündlichen Verhandlung zulässig (→ § 14 Rn. 26). Es stellt sich dann die Frage, ob das OLG hierzu die mündliche Verhandlung wieder eröffnen muss. Das VDuG sieht für eine Wiedereröffnung keine Vorschrift vor; diese kann sich daher allenfalls nach § 13 Abs. 1 S. 1 VDuG iVm § 156 ZPO bestimmen.[125] Eine Wiedereröffnung ist jedoch nicht grundsätzlich sinnvoll, da nach dem erneuten Schluss der mündlichen Verhandlung das gleiche Problem auftreten kann (**Wiedereröffnungskarussell**[126]). Zulässig erscheint daher, dass das OLG über die bis zum Schluss der mündlichen Verhandlung begehrte Leistung an namentlich benannte Verbraucher nach § 16 Abs. 1 S. 2 entscheidet und für alle übrigen, angemeldeten Verbraucher im Wege des Abhilfegrundurteils nach § 16 Abs. 1 S. 1 (ebenso → § 14 Rn. 27). 67

G. Internationales Zivilprozessrecht

Das internationale Zivilprozessrecht wird in § 3 Abs. 2 adressiert (→ § 3 Rn. 8f.). 68
Von besonderer Bedeutung ist die **Brüssel Ia-VO** über die gerichtliche Zuständigkeit und die Anerkennung und Vollstreckung von Entscheidungen in Zivil- und Handelssachen, insbesondere wenn ein Unternehmer in Deutschland verklagt werden soll, der in Deutschland keinen Sitz hat.[127] Die Brüssel Ia-VO enthält insoweit

122 Berechtigte Kritik bei Köhler/Bornkamm/Feddersen/Scherer VDuG § 13 Rn. 35.
123 Heerma ZZP 136 (2023), 425 (435).
124 Zöller/Vollkommer VDuG § 13 Rn. 24.
125 Röß NJW 2024, 1302 (1308).
126 Röß NJW 2024, 1302 (1305) (dort auch mit dem Vorschlag, nach einmaliger Wiedereröffnung die An- und Abmeldungen zu begrenzen).
127 BT-Drs. 20/6520, 71. Zu grenzüberschreitenden Verbandsklagen siehe auch BT-Drs. 20/6520, 59.

nicht nur allgemeine, sondern auch besondere und ausschließliche Gerichtsstände. Einschlägig ist im Regelfall Art. 4 iVm Art. 63 Brüssel Ia-VO. Obgleich es um Rechte der Verbraucher geht, ist Art. 18 Brüssel Ia-VO nicht einschlägig (ebenso → § 3 Rn. 8). Fragen der **Anerkennung** (Art. 36 Brüssel Ia-VO) und **Vollstreckung** (Art. 39 Brüssel Ia-VO) werden ebenfalls durch das vorrangige Unionsrecht beantwortet. Zu Fragen des Europäischen Insolvenzrechts und des deutschen Internationalen Insolvenzrechts → § 38 Rn. 13. Im Übrigen sind zahlreiche Details nicht geregelt, beispielsweise das Problem, dass Verbandsklageverfahren gegen einen Unternehmer in unterschiedlichen Mitgliedstaaten geführt werden und sich ein Verbraucher in mehreren Verfahren anmeldet.

Abschnitt 2 Abhilfeklagen

Unterabschnitt 1 Besondere Voraussetzungen

§ 14 Abhilfeklage

[1]Mit der Abhilfeklage begehrt die klageberechtigte Stelle die Verurteilung des Unternehmers zu einer Leistung an die betroffenen Verbraucher. [2]Als Leistung kann auch die Zahlung eines kollektiven Gesamtbetrags begehrt werden.

Literatur: Bayat, Die Verbandsklage und das Umsetzungsverfahren, IWRZ 2023, 258; Bayat, Die Prospekthaftung im Abhilfeverfahren, BKR 2024, 219; Bruns, Dogmatische Grundfragen der Verbandsklage auf Abhilfeleistung in Geld, ZZP 137 (2024), 3; Büscher, Die Umsetzung der Verbandsklagenrichtlinie, WRP 2024, 1; Dittmann/Gollnast, Anforderungen an den Klageantrag bei Abhilfeverbandsklagen nach dem VDuG-E: Zulässig oder unzulässig – das ist hier die Frage, VuR 2023, 135; Gsell, Die Umsetzung der Verbandsklagenrichtlinie, GRUR 2024, 979; Gsell, Europäische Verbandsklagen zum Schutz kollektiver Verbraucherinteressen – Königs- oder Holzweg?, BKR 2021, 521; Gsell/Meller-Hannich, Die Umsetzung der Verbandsklagen-Richtlinie als Chance für eine Bewältigung von Streu- und Massenschadensereignissen, JZ 2022, 421; Janal, Die Umsetzung der Verbandsklagenrichtlinie, GRUR 2023, 985; Maultzsch, Das neue Verbraucherrechtedurchsetzungsgesetz – VDuG, ZZP 137 (2024), 119; Meklat/Amrhein, Die Umsetzung der Verbandsklagen-RL in Deutschland nach dem Referentenentwurf, RAW 2023, 23; Meller-Hannich, Der RefE für ein Verbandsklagenrichtlinienumsetzungsgesetz (VRUG), DB 2023, 628; Münscher, Die Abhilfeklage nach dem neuen Verbraucherrechtedurchsetzungsgesetz, WM 2023, 2082; Röß, Die Abhilfeklage zugunsten namentlich benannter Verbraucher, NJW 2024, 1302; Röthemeyer, Das Verbraucherrechtedurchsetzungsgesetz (VDuG) zur Umsetzung der Verbandsklagen-Richtlinie – Die neue Abhilfeklage, VuR 2023, 332; Schaub, Die Umsetzung der Verbandsklagenrichtlinie – Veränderungen beim Rechtsschutz für Verbraucher, GRUR 2024, 655; Scherer, Abhilfeanspruch gem. Art. 9 Abs. 1 VerbandsklagenRL/§ 1 Abs. 1 Nr. 1 VDuG-E und Verbraucherschadensersatzanspruch gem. § 9 Abs. 2 UWG – Kollektivrechtsschutz contra Individualrechtsschutz?, VuR 2022, 443; Scherer, Abhilfeansprüche in der Insolvenz, NZI 2023, 985; Scherer, Verbandsklagen nach dem VDuG im Insolvenzverfahren, NZI 2024, 352; Schläfke/Lühmann, Kollektiver Rechtsschutz nach der Umsetzung der EU-Verbandsklagen-RL, NJW 2023, 3385; Schneider/Conrady/Kapoor, Die Abhilfeklage – Eine ernstzunehmende Konkurrenz für die Abtretungsmodelle?, BB 2023, 2179; Skauradszun, Die Bestimmung des kollektiven Gesamtbetrags nach dem VDuG, MDR 2024, 741; Stadler, Die neue Verbands(abhilfe)klage – Umsetzung der Richtlinie 2020/1828, ZZP 136 (2023), 129; Thönissen, Verbandsklagenrichtlinie und Haftungsrecht, JZ 2022, 430; Thönissen, ESG-Klagen und kollektiver Rechtsschutz, NJW 2023, 945; Thönissen, Zuständigkeit und Sperrwirkung bei Verbandsabhilfeklagen, EuZW 2023, 637; Thönissen, Prozessverträge und Verbandsabhilfeklage, ZZP 137 (2024), 43; Vollkommer, Die neue Abhilfeklage nach dem VDuG: Strukturen und erste Anwendungsprobleme, MDR 2023, 1349; Waßmuth/Rummel, Das Gesetz zur Umsetzung der EU-Verbandsklagenrichtlinie, ZIP 2023, 1515; Welling, Die neue Verbandsklage nach VDuG – Gamechanger oder wenig Neues?, jurisPR-BKR 3/2024 Anm. 1.

Übersicht

A. Überblick und Normzweck

I. Bedeutung

§ 14 umschreibt mit dem **Wesen und Gegenstand der Abhilfeklage** die – aus Sicht des deutschen Zivilprozessrechts – wohl bedeutendste zivilprozessuale Neuerung des VDuG.[1] Denn eine auf direkte (positive) Leistung an einzelne Anspruchsberechtigte gerichtete Verbandsklage – und damit eine in untechnischer Terminologie **„echte" Sammelklage** – war dem deutschen Recht bislang völlig unbekannt.[2] Dass der europäische die mitgliedstaatlichen Gesetzgeber nunmehr (aus Anlass des Diesel-Abgasskandals)[3] v. a. zur besseren **Bewältigung von Streu- und Massenschäden** gezwungen hat, erstmals auch eine auf direkte individuelle Leistung gerichtete Verbandsklage zu ermöglichen, führt daher zu einem **bedeutenden Paradigmenwechsel** innerhalb des deutschen Zivilprozessrechts.[4] Dieser wird sich potentiell wie insbesondere ein rechtsvergleichender Blick auf die USA vermuten lässt, mittelbar auch auf das materielle deutsche Haftungsrecht auswirken;[5] vor diesem Hintergrund stellt die Einführung der Abhilfeklage einen weiteren Schritt hin zu einer zunehmenden Instrumentalisierung des Zivil(verfahrens)rechts auch zu öffentlich-rechtlichen Zielen[6] im Sinne eines **Private Enforcement**[7] dar.[8] 1

II. Normzweck

Die Bedeutung der Neueinführung der Abhilfeklage – als eine von zwei im VDuG geregelten Verbandsklagearten – ist auch deshalb so groß, weil die jüngeren Versuche des deutschen Gesetzgebers zur Erweiterung des kollektiven Rechtsschutzes bislang von großer Zurückhaltung geprägt waren.[9] Hintergrund dessen war – neben dogmatischen Bedenken[10] – womöglich auch Lobbyarbeit wirtschaftlich „interessierter" Kreise. Insbesondere die mit Wirkung vom 1.11.2018 eingeführte – nunmehr von §§ 606ff. ZPO aF in §§ 41f. VDuG überführte, anders als die Abhilfeklage jedoch nicht auf die Verbandsklagen-RL zurückzuführende – Musterfeststellungsklage hat sich letztlich als zahnloser Tiger erwiesen und weder die **erhoffte Entlastung der Justiz** bewirkt noch in der Praxis großen Anklang gefunden.[11] Grund hierfür ist, dass auf eine (kollektive) Musterfeststellungsklage grds. noch ein zweites Individualklageverfahren folgen muss. (Gerade) dies ist bei der Abhilfeklage 2

[1] So auch Zöller/Althammer VDuG § 14 Rn. 1.

[2] Gsell/Meller-Hannich JZ 2022, 421; Köhler/Bornkamm/Feddersen/Scherer VDuG § 14 Rn. 4.

[3] Stadler ZZP 136 (2023), 129 (130); Gsell BKR 2021, 521 (522); s. jedoch auch Thönissen JZ 2022, 430.

[4] S. auch Gsell GRUR 2024, 979 (980): Zwar ein „Meilenstein", jedoch kein „großer Wurf"; ähnlich Maultzsch ZZP 137 (2024), 119 (121).

[5] Dies betont zu Recht Thönissen JZ 2022, 430.

[6] Dazu allgemein Hellgardt, Regulierung und Privatrecht.

[7] S. dazu allgemein etwa MüKoBGB/Wagner BGB § 823 Rn. 630ff.

[8] So auch Thönissen, JZ 2022, 430 (433ff.); Maultzsch ZZP 137 (2024), 119 (124).

[9] S. nur Stadler ZZP 136 (2023), 129 (130).

[10] Anschaulich Gsell BKR 2021, 521 (529): Wegen „Entkoppelung von Prozesschance und Prozessrisiko" „aus der traditionellen Perspektive des Zivilprozesses heraus gewiss verständlich".

[11] Gsell/Meller-Hannich JZ 2022, 421 (422).

anders; denn der europäische Gesetzgeber hat in Art. 9 Abs. 6 Verbandsklagen-RL nunmehr – wohl auch mit Blick auf die bisherige Rechtslage in Deutschland – ausdrücklich vorgeschrieben, dass „Verbraucher aufgrund einer Abhilfeentscheidung Anspruch darauf haben, dass ihnen die in diesen Abhilfeentscheidungen vorgesehene Abhilfe zugutekommt, ohne eine gesonderte Klage erheben zu müssen". Entsprechend ermöglicht die Abhilfeklage nunmehr ausdrücklich eine Verurteilung von Unternehmern zu einer **direkten und individuellen Leistung an die betroffenen Verbraucher** (bzw. kleinen Unternehmen iSv § 1 Abs. 2). Nach der (komplizierten) Regelung in § 16 Abs. 1 ist dies jedoch nur dann möglich, wenn die Verbraucher im gerichtlichen Erkenntnisverfahren bereits namentlich benannt werden und – zusätzlich – Anspruch gerade auf Geldzahlung haben. In allen anderen Fällen, dh entweder bei Verurteilung zu einer anderen Leistung als Geld **(Naturalabhilfe)** oder bei fehlender Individualisierung der betroffenen Verbraucher im Prozess, schließt sich an das Erkenntnisverfahren gem. §§ 22ff. ein weiteres, sachwalterdominiertes Umsetzungsverfahren an (→ Rn. 30); insofern sieht das Gesetz also (wie bei der Musterfeststellungsklage) grds. ein **zweistufiges Verfahren** vor.

III. Vier unterschiedliche Abhilfeklagevarianten

3 Da somit bei der Abhilfeklage eine weitere Unterscheidung nach Maßgabe des jeweiligen Klageinhalts erforderlich ist, gibt es nicht lediglich eine, sondern **(vier) verschiedene Varianten der Abhilfeklage** (dazu näher → Rn. 18ff.). Aus § 16 Abs. 1 S. 1 und 2 folgt dabei zunächst, dass zwischen dem Klageziel einer Zahlung an namentlich benannte Verbraucher sowie sonstigen, die Durchführung eines Umsetzungsverfahrens erfordernden Fällen zu unterscheiden ist. Dies ist insbesondere (aber nicht nur) der Fall, wenn die klageberechtigte Stelle Zahlung zugunsten einer noch nicht individualisierten Gruppe von Verbrauchern begehrt; das VDuG sieht insofern die Verurteilung zur Zahlung eines kollektiven Gesamtbetrages vor (§§ 14 S. 2, 16 Abs. 1 S. 1 Alt. 1). Da Gegenstand einer Abhilfeklage jeglicher Inhalt einer Leistungspflicht sein kann (→ Rn. 15ff.), ist neben dem Grad der **Individualisierung** zusätzlich jeweils noch **anhand des konkreten Leistungsgegenstandes** (Geld oder Naturalabhilfe) zu differenzieren. In all diesen Fällen setzt die Zulässigkeit zudem gem. § 15 Abs. 1 eine gewisse **Gleichartigkeit** der kollektiv geltend gemachten Ansprüche voraus (→ § 15 Rn. 13ff.).

IV. Systematik der gesetzlichen Regelung

4 Das VDuG enthält Regelungen zur Abhilfeklage in **§§ 14 bis 40.** Von diesen Vorschriften betreffen nur die **§§ 14 bis 21** tatsächlich das **gerichtliche Erkenntnisverfahren;** die **§§ 22 bis 38** regeln demgegenüber das etwaig anschließende **Umsetzungsverfahren.** §§ 39 und 40 schließlich klären das Verhältnis einer Abhilfeklage zu etwaigen Individualklagen der von jener (infolge Anmeldung zum Verbandsklageregister, § 46) betroffenen Verbraucher. Daneben finden naturgemäß auch die **allgemeinen Vorschriften** des 1. Abschnitts **(§§ 1 bis 13)** Anwendung auf die Abhilfeklage. Von den das gerichtliche Erkenntnisverfahren betreffenden Vorschriften wiederum regeln die **§§ 14 und 15 die besonderen Voraussetzungen der Abhilfeklage,** wohingegen §§ 16 bis 21 die gerichtliche Entscheidungsfindung entweder (bei Zahlung an namentlich benannte Verbraucher) durch Leistungsurteil oder aber durch Abhilfegrund- sowie -endurteil betreffen.

B. Umsetzung der Richtlinie

§ 14 setzt primär **Art. 9 Abs. 1** sowie mittelbar auch **Art. 9 Abs. 5 Verbandsklagen-RL** um. Art. 9 Abs. 1 Verbandsklagen-RL lautet: „Durch eine Abhilfeentscheidung wird der Unternehmer verpflichtet, den betroffenen Verbrauchern, je nach Fall und soweit dies im Unionsrecht oder im nationalen Recht vorgesehen ist, Abhilfe in Form von Schadenersatz, Reparatur, Ersatzleistung, Preisminderung, Vertragsauflösung oder Erstattung des gezahlten Preises zu leisten". Insofern schreibt die Verbandsklagen-RL vor, dass nicht nur eine Geldzahlung, sondern **zwingend auch sonstige Leistungsinhalte** Gegenstand einer Abhilfeklage sein können. Indem das VDuG in § 14 S. 1 im Vergleich zu Art. 9 Abs. 1 Verbandsklagen-RL schlicht von „Leistung" als Gegenstand der Abhilfeklage spricht, scheint das Gesetz, jedenfalls wenn man den weiten Leistungsbegriff des BGB in dessen § 241 Abs. 1 zugrunde legt, sogar über die Vorgaben der Verbandsklagen-RL hinauszugehen; denn neben den in Art. 9 Abs. 1 Verbandsklagen-RL genannten Anspruchszielen sind noch andere Leistungsinhalte denkbar. Allerdings dürfte die Aufzählung in Art. 9 Abs. 1 Verbandsklagen-RL, auch wenn dies in ihrem Wortlaut nicht zum Ausdruck kommt, beispielhaft zu verstehen sein. **Art. 9 Abs. 5 Verbandsklagen-RL** ordnet demgegenüber an: „Werden in der Abhilfeentscheidung nicht einzelne Verbraucher aufgeführt, die Anspruch auf die in der Abhilfeentscheidung vorgesehene Abhilfe haben, so muss darin zumindest die Gruppe von Verbrauchern festgelegt werden, die Anspruch auf die genannte Abhilfe hat". Daraus folgt, dass, wie u. a. in § 14 S. 2 vorgesehen, auch eine Abhilfeklage zugunsten von im Gerichtsverfahren noch nicht abschließend individualisierten Verbrauchern möglich sein muss. 5

Neben diesen grundsätzlichen Weichenstellungen (auch hinsichtlich der verschiedenen Abhilfeklagevarianten) enthält die Verbandsklagen-RL **wenig konkrete Vorgaben** hinsichtlich der genauen dogmatischen und rechtstechnischen Ausgestaltung des Abhilfeklageverfahrens. **Art. 9 Abs. 6 Verbandsklagen-RL** schreibt allerdings vor, dass es den Verbrauchern möglich sein muss, eine Leistung im Wege der Abhilfeklage zu erhalten, „ohne eine gesonderte Klage erheben zu müssen". Dass das VDuG dessen ungeachtet auch für bestimmte Varianten der Abhilfeklage infolge der Notwendigkeit eines Umsetzungsverfahrens (ähnlich der Musterfeststellungsklage) ein **zweistufiges Verfahren** vorsieht, ist insofern unbedenklich; denn das Umsetzungsverfahren wird gerade durch den jeweiligen Sachwalter (und nicht die Verbraucher selbst) betrieben. Allerdings ist zu bedenken, dass das Umsetzungsverfahren seinerseits nicht auf Vorgaben der Verbandsklagen-RL zurückgeht, sondern eine – an die InsO sowie die Schiffahrtsrechtliche Verteilungsordnung (SVertO) angelehnte – „Erfindung" des deutschen Gesetzgebers ist. Die Verbandsklagen-RL setzt demgegenüber ausweislich ihres ErwG 50 nur eine „für die Durchsetzung der Abhilfeentscheidung zuständig[e] Einrichtung" voraus. Aus ErwG 43 folgt zudem, dass es den Mitgliedstaaten bei der Umsetzung der Verbandsklagen-RL freistand, hinsichtlich der Verbraucherbeteiligung – wie vom deutschen Gesetzgeber gewählt – einen **Opt-in-Mechanismus** oder aber – wie v. a. in den USA üblich[12] – einen weitergehenden Opt-out-Mechanismus vorzusehen. Folgerichtigerweise enthält die Verbandsklagen-RL auch keine Vorgaben für die durch die Verbraucher zum „Opt-in" zu beachtenden Fristen (vgl. dazu 6

---

[12] S. etwa Braun Lehrbuch des Zivilprozeßrechts, § 23 II 3, S. 355.

§ 46 Abs. 1). Das Gleiche gilt schließlich – vergleichbar der Situation im Lauterkeitsrecht[13] – für eine entweder **zivilverfahrensrechtliche** oder aber verwaltungsrechtliche **Ausgestaltung des vorgeschriebenen Rechtsschutzes** (vgl. ErwG 19 S. 1 zur Verbandsklagen-RL; zur etwaigen Einordnung der Abhilfeklage als Instrument eines Private Enforcement s. bereits → Rn. 1).[14]

7 Hinsichtlich des **konkreten Leistungsinhalts** im Rahmen einer Abhilfeklage (auf Zahlung) ist schließlich noch **ErwG 10 S. 2** Verbandsklagen-RL von Bedeutung. Danach soll, um einen etwaigen Missbrauch von Verbandsklagen zu verhindern, die Gewährung von **Strafschadensersatz** vermieden werden; das Gleiche folgt wiederum aus ErwG 42 S. 3. Führt die Anwendung des Internationalen Privatrechts daher im Einzelfall zur Anwendung ausländischen Sachrechts, verstößt die Gewährung von Strafschadensersatz nicht nur gegen den inländischen, sondern wohl sogar auch den **unionsrechtlichen ordre public** (vgl. Art. 21 Rom I-VO bzw. Art. 26 Rom II-VO).[15]

C. Dogmatik der Abhilfeklage

I. Unterschiede zu sonstigen Verbandsklagen

8 In dogmatischer Hinsicht stellt die Abhilfeklage im deutschen Zivilprozessrecht ein völliges Novum dar (s. bereits → Rn. 1).[16] Sie ist zunächst ein **Instrument des kollektiven Rechtsschutzes.** Zudem ist die Abhilfeklage als **Verbandsklage** ausgestaltet, dh die Klagebefugnis kommt nicht den materiell Betroffenen selbst zu, sondern (ausschließlich) bestimmten klageberechtigten Stellen, die durch die angegriffenen Rechtsverstöße regelmäßig gar nicht in eigenen Rechten verletzt werden (§ 2);[17] Art. 4 Verbandsklagen-RL spricht insofern von „qualifizierten Einrichtungen". Dies allein stellt indes noch keine Besonderheit im Gesamtkontext des deutschen Zivilprozessrechts dar; vielmehr kennt das (deutsche) Gesetz Verbandsklagen schon lange. So sehen neben dem (schon zuvor auf EU-Recht basierenden) **UKlaG** etwa das Lauterkeitsrecht[18] (vgl. **§ 8 Abs. 3 Nr. 2 bis 4 UWG**) sowie das Kartellrecht **(§ 33 Abs. 4 GWB)** bereits seit langem eine Verbandsklagemöglichkeit vor. Auch die bereits im Jahr 2018 eingeführte (nunmehr in §§ 41 f. geregelte) Musterfeststellungsklage (→ Rn. 2) ist eine Verbandsklage. Von dieser unterscheidet sich die Abhilfeklage dadurch, dass bei ihr kein anschließendes Individualklageverfahren nötig (in bestimmten Fällen jedoch, aus §§ 39 f. ersichtlich, möglich) ist; die **Musterfeststellungsklage** dient demgegenüber „lediglich" der verbindlichen einheitlichen Feststellung bestimmter (vorgreiflicher) Tatsachen- und Rechtsfragen. Von den lauterkeitsrechtlichen bzw. kartellrechtlichen Verbandsklagen wiederum unterscheidet sich die Abhilfeklage dadurch, dass jene nur auf Beseitigung oder Unterlassung bzw. zT Gewinnabschöpfung gerichtet sind, während diese sämtliche Leistungsinhalte und zudem erstmals auch **individuelle, direkte Leistungsansprüche** erfasst.

---

13 Ohly/Sosnitza/Ohly UWG Einführung Rn. 31.

14 S. dazu auch Thönissen NJW 2023, 945 (949); Thönissen, JZ 2022, 430.

15 Vgl. etwa MüKoBGB/v. Hein EGBGB Art. 6 Rn. 176; MüKoBGB/Junker Rom-II-VO Art. 26 Rn. 18 f.

16 Stadler ZZP 136 (2023), 129; Zöller/Althammer VDuG § 14 Rn. 1.

17 BT-Drs. 20/6520, 100; Braun Lehrbuch des Zivilprozeßrechts, § 23 I 1, S. 346.

18 Zum Verhältnis von VDuG und UWG s. Schaub GRUR 2024, 655.

II. Dogmatische Einordnung

Vor der Einführung der Abhilfeklage kannte das deutsche Zivilprozessrecht 9
keine Instrumente des kollektiven Rechtsschutzes, mit denen bestimmte Verbände bzw. allgemein Dritte kraft Gesetzes kollektiv an sich fremde Ansprüche einklagen konnten, ohne dass die materiell Berechtigten dadurch Prozesspartei wurden oder die Ansprüche an jene abtraten bzw. jenen eine Einziehungsermächtigung erteilten.[19] Die bedeutendste Neuerung der Abhilfeklage gegenüber den soeben → Rn. 8 genannten sonstigen Verbandsklagen ist daher die Möglichkeit, **erstmals direkt auf unmittelbare Leistung an die betroffenen („dritten") Anspruchsinhaber** zu klagen. Damit stellt die Abhilfeklage zugleich eine **echte (Verbands-)Sammelklage** dar. Eine – bereits zuvor mögliche – lediglich „unechte" Sammelklage[20] liegt demgegenüber vor, wenn mehrere Betroffene ihre Ansprüche an eine Person treuhänderisch abtreten, die diese sodann gebündelt als eigene in einem einheitlichen Verfahren geltend macht.[21] Insofern ist allerdings zu beachten, dass der Begriff der Sammelklage im Gesetz selbst nicht verwendet wird und zudem, mangels einheitlichen Begriffsverständnisses,[22] wenig eigenständigen Aussagegehalt besitzt.[23]

Eine weitere wesensmäßige Unterscheidung innerhalb der verschiedenen Vari- 10
anten der Abhilfeklage (dazu → Rn. 18ff.) ist demgegenüber nicht angebracht. Zwar wollen Vollkommer[24] sowie – ihm folgend – Althammer[25] terminologisch zusätzlich noch zwischen einer **„Abhilfe-Sammelklage"** (im Falle einer namentlichen Benennung der Verbraucher bereits im Erkenntnisverfahren) sowie einer **„Abhilfe-Gruppenklage"** (wenn die Verbraucher erst im Umsetzungsverfahren individualisiert werden) unterscheiden. Eine derartige Unterscheidung könnte mit Blick auf eine etwaig unterschiedliche rechtliche Konstruktion der Prozessführungsbefugnis in beiden Fallgestaltungen Sinn ergeben; indes ist die Prozessführung richtigerweise für beide Fallgestaltungen gleich zu beurteilen (→ Rn. 12). Hinzu kommt, dass eine derartige terminologische Unterscheidung keinerlei Widerhall im Gesetz findet und daher potentiell Verwirrung stiftet. Überdies herrscht über die genaue Bedeutung bzw. Unterscheidungskraft der Begriffe Gruppenklage bzw. Sammelklage, soweit ersichtlich, keine Einigkeit (→ Rn. 9).

III. Prozessführungsbefugnis

1. Problemstellung. Eng mit der Frage nach dem Wesen der Abhilfeklage 11
verwandt ist die Frage nach der (abstrakt in § 2 geregelten) Prozessführungsbefugnis der klageberechtigten Stelle. Konkret geht es dabei um die Frage, ob die klageberechtigten Stellen, die im Falle der Erhebung einer Verbandsklage bereits definitionsgemäß **nicht im eigenen Interesse** handeln (→ Rn. 7), im Wege der Ab-

---

19 Gsell BKR 2021, 521 (528).

20 Vgl. dazu etwa Paulus NJW 2018, 987 sowie Gsell/Meller-Hannich JZ 2022, 421 (422).

21 Gsell GRUR 2024, 979f.; Zöller/Vollkommer VDuG § 1 Rn. 15 bezeichnet dies als „Inkasso-Sammelklage".

22 Demgegenüber will Zöller/Vollkommer VDuG § 1 Rn. 14ff. (sowie MDR 2023, 1353) terminologisch zwischen einer Abhilfe-Sammelklage (bei Leistung an namentlich benannte Verbraucher) sowie einer Abhilfe-Gruppenklage (in den sonstigen Fällen) unterscheiden.

23 Vgl. auch Bruns ZZP 137 (2024), 3 (4).

24 Vollkommer MDR 2023, 1353; Zöller/Vollkommer VDuG § 1 Rn. 14ff.

25 Zöller/Althammer VDuG § 14 Rn. 4f.

hilfeklage einen **eigenen** (materiell-rechtlichen oder prozessualen) **Anspruch** (auf Leistung an Dritte) geltend machen oder aber in (gewillkürter oder gesetzlicher) **Prozessstandschaft** für diese handeln, dh kraft Ermächtigung fremde Ansprüche im eigenen Namen einklagen. Diese Frage ist nicht etwa lediglich dogmatisch relevant, sondern kann mittelbar durchaus **praktisch von Bedeutung** sein, etwa für bestimmte besondere Zuständigkeitsregeln, wenn sich die klageberechtigte Stelle ggf. auch auf einen besonderen Vertragsgerichtsstand (o. Ä.) berufen möchte;[26] das Gleiche gilt für eine etwaige internationalprivatrechtliche Qualifikation der im Wege der Abhilfeklage eingeklagten Ansprüche (insb. bei Zahlung eines kollektiven Gesamtbetrages) unter die Systembegriffe der Rom I-VO oder aber der Rom II-VO.

12 **2. Keine Unterscheidung zwischen den verschiedenen Klagevarianten.** Hinsichtlich der Beurteilung der Prozessführungsbefugnis ist es denkbar, zwischen den Fällen einer Leistung an namentlich benannte Verbraucher auf der einen Seite sowie auf der anderen Seite denjenigen Fällen, in denen Leistung zugunsten einer noch unklaren Verbrauchergruppe begehrt wird, zu **unterscheiden.**[27] Denn da in der erstgenannten Konstellation in aller Regel eine vorherige (im Einzelfall womöglich sogar rechtsgeschäftlich zu qualifizierende) Absprache zwischen klageberechtigter Stelle und den betroffenen Verbrauchern stattfinden wird, liegt insofern die Annahme einer (ggf. sogar gewillkürten[28]) **Prozessstandschaft** nahe.[29] Demgegenüber könnte jedenfalls in denjenigen Fällen, in denen die rechtliche Verbindung zwischen den betroffenen Verbrauchern sowie dem Verfahren alleine über die (gem. § 46 Abs. 1 S. 1 zudem bis drei Wochen nach Schluss der mündlichen Verhandlung mögliche) Anmeldung zum Verbandsklageregister hergestellt wird, vom Bestehen eines eigenen, entweder **materiell-rechtlich**[30] oder aber **prozessual**[31] zu qualifizierenden Anspruchs der klageberechtigten Stelle auszugehen sein. Hierfür spricht auf den ersten Blick, dass etwa die Zahlung eines kollektiven Gesamtbetrags zwar letztlich alleine im Interesse der (erst später dann (auch) hinsichtlich ihrer Berechtigung zu identifizierenden) Verbraucher erfolgt, diese jedoch gerade keinen Anspruch auf Zahlung eines kollektiven Gesamtbetrages haben, den die klageberechtigte Stelle plausibel in Prozessstandschaft geltend machen könnte.[32]

13 **3. Atypische und vertypte gesetzliche Prozessstandschaft.** Richtigerweise ist von einer (atypischen und vertypten[33]) **gesetzlichen Prozessstandschaft** aus-

---

[26] S. dazu Wais, Grenzüberschreitende Verbandsklagen: Internationale Zuständigkeit und anwendbares Recht, im Erscheinen.

[27] So etwa Zöller/Althammer VDuG § 14 Rn. 4f.

[28] In diesem Sinne grds. Zöller/Althammer VDuG § 14 Rn. 5.

[29] In diese Richtung argumentierend Zöller/Vollkommer VDuG § 1 Rn. 15.

[30] So Bruns ZZP 137 (2024), 3 (17) für alle Varianten der Abhilfeklage; Maultzsch ZZP 137 (2024), 119 (131f.); sympathisierend auch Thönissen JZ 2022, 430 (433); Köhler/Bornkamm/Feddersen/Scherer VDuG § 13 Rn. 4; Zöller/Althammer VDuG § 14 Rn. 5 (nur für die Fälle fehlender Individualisierung).

[31] So → Einleitung Rn. 13: „eigenes prozessuales kollektives Recht“ mit Herleitung aus §§ 14, 41 VDuG.

[32] Vgl. Musielak/Voit/Stadler VDuG Vorbemerkungen Rn. 23.

[33] Ähnlich Gsell GRUR 2024, 979 (985): „adaptiertes Verständnis“; Gsell/Meller-Hannich JZ 2022, 421 (423): „verhaltene Prozessstandschaft“; HK-VDuG/Röthemeyer VDuG § 14 Rn. 3: „Quasi-Prozessstandschaft“.

zugehen.[34] Dafür spricht zunächst die **Gesetzesbegründung,** die ausdrücklich davon ausgeht, dass eine klageberechtigte Stelle „keinen eigenen Anspruch geltend" macht.[35] Die somit vorliegende gesetzliche Ermächtigung findet ihre Grundlage dabei richtigerweise in der jeweiligen (richtigerweise stets zwingenden, → Rn. 42) **Anmeldung der Verbraucher zum Verbandsklageregister,** wobei diese wegen der – im Übrigen im Gesetzgebungsprozess erst in letzter Sekunde eingeführten[36] und insgesamt wenig durchdachten – langen Anmeldefrist des § 46 Abs. 1 S. 1 **ex tunc** auf den Zeitpunkt der Klageerhebung **zurückwirkt.**[37] Vor diesem Hintergrund ist auch keine (dogmatische sowie terminologische) Unterscheidung zwischen den Fällen einer namentlichen Benennung bereits im Erkenntnisverfahren selbst sowie einer Individualisierung erst im Umsetzungsverfahren erforderlich.[38] Infolge **ihrer aus prozessualen Gründen gesetzlichen Vertypung** ist zudem unschädlich, dass die klageberechtigte Stelle bei Klagen zugunsten unbestimmter Verbrauchergruppen einen (fremden) Anspruch einklagt, der in dieser Form (insb. bei Zahlung eines kollektiven Gesamtbetrages) den einzelnen Verbrauchern so gar nicht zusteht;[39] denn auch in diesen Fällen ist das (finale) Ziel der Abhilfeklage stets die Erfüllung (nur) individueller Verbraucheransprüche.[40] So ist der jeweilige Gesamtbetrag im Falle einer Zahlungsklage im anschließenden Umsetzungsverfahren gem. § 27 Nr. 9 und Nr. 10 vom Sachwalter anteilig an die Verbraucher auszukehren, und sind etwaig nicht abgerufene Beträge dem Unternehmer gem. § 37 S. 1 stets im Nachhinein zu erstatten.

Bei Annahme einer derartigen vertypten und atypischen gesetzlichen Prozess- **14**
standschaft können die eingangs (→ Rn. 11) genannten Folgefragen u. a. nach der Zuständigkeit sowie dem anwendbaren Recht **zwanglos und überzeugend** beantwortet werden. **Neben** die gesetzliche kann im Einzelfall zudem eine **gewillkürte Prozessführungsermächtigung** treten;[41] denkbar ist dies insbesondere bei Abhilfeklagen zugunsten namentlich benannter Verbraucher, sofern in diesen Fällen eine rechtsgeschäftlich einzustufende Abrede zwischen den Verbrauchern und der klageberechtigten Stelle erfolgt.

---

[34] So auch → § 1 Rn. 7 ff.; Musielak/Voit/Stadler VDuG Vorbemerkungen Rn. 23; Gsell/Meller-Hannich JZ 2022, 421 (423); Gsell GRUR 2024, 979 (985 f.); HK-VDuG/Röthemeyer VDuG § 14 Rn. 3.

[35] BT-Drs. 20/6520, 76.

[36] Vgl. BT-Drs. 20/7631; dazu etwa Musielak/Voit/Stadler VDuG Vorbemerkungen Rn. 1.

[37] Gsell/Meller-Hannich JZ 2022, 421 (423 f.) sprechen daher von einer „verhaltenen Prozessstandschaft"; vgl. auch Köhler/Bornkamm/Feddersen/Scherer VDuG § 13 Rn. 4.

[38] So im Ergebnis auch Bruns ZZP 137 (2024), 3 (17); Musielak/Voit/Stadler VDuG Vorbemerkungen Rn. 23; Gsell/Meller-Hannich JZ 2022, 421 (423); HK-VDuG/Röthemeyer VDuG § 14 Rn. 3.

[39] So auch Gsell/Meller-Hannich JZ 2022, 421 (423 f.).

[40] Vgl. → § 1 Rn. 8.

[41] S. auch (anders) Zöller/Althammer VDuG § 14 Rn. 5: „Hybridkonstruktion"; HK-VDuG/Röthemeyer VDuG § 14 Rn. 3: „Quasi-Prozessstandschaft mit einer Mischung aus gesetzlichen und gewillkürten Zügen"; vgl. zum Ganzen auch die Überlegungen bei → § 1 Rn. 7 ff.

D. Gegenstand der Abhilfeklage

I. Leistung

15 § 14 S. 1 nennt als möglichen Gegenstand einer Abhilfeklage schlicht eine **Leistung.** Damit kommt zum Ausdruck, dass mit der Abhilfeklage grundsätzlich **jeglicher Leistungsanspruch sowie -inhalt** geltend gemacht werden kann, der einzelnen Verbrauchern **nach dem jeweils anwendbaren materiellen Recht**[42] zustehen kann.[43] Dabei ist gleichgültig, ob die zur Erfüllung des jeweiligen Anspruchs erforderliche Handlung des Unternehmers im Einzelfall vertretbar oder unvertretbar ist (vgl. § 29).[44] Demgegenüber können (vielen Verbrauchern gleichermaßen zustehende) Gestaltungsrechte o. ä. zwar nicht für sich genommen zum Gegenstand einer Abhilfeklage gemacht werden; jedoch können die aus ihrer Geltendmachung etwaig resultierenden **Folgeansprüche** (wie zB Rückzahlungs- bzw. Rückgewähransprüche nach Minderung oder Rücktritt) ohne Weiteres mit der Abhilfeklage eingeklagt werden; zur Problematik der erforderlichen „Gleichartigkeit" der Ansprüche s. hingegen → § 15 Rn. 13ff.

II. Bedeutungslosigkeit des Haftungsgrundes

16 Die **Verbandsklagen-RL** spricht in Art. 9 Abs. 1 sowie ErwG 37 S. 2 von „Abhilfe in Form von Schadenersatz, Reparatur, Ersatzleistung, Preisminderung, Vertragsauflösung oder Erstattung des gezahlten Preises". Diese Aufzählung ist (wohl) an dem Rechtsbehelfssystem der EU-Warenkauf-RL[45] – und damit dem kaufrechtlichen Gewährleistungsrecht – orientiert. Die Abhilfeklage ist jedoch nicht auf **vertragliche (Leistungsstörungs-)Ansprüche** beschränkt.[46] Neben vertraglichen können ohne Weiteres **auch gesetzliche Ansprüche** im Wege einer Abhilfeklage geltend gemacht werden; oft werden dies deliktische Schadensersatzansprüche aus unerlaubter Handlung sein, oder z. B. Ausgleichsansprüche nach der EU-Fluggastrechteverordnung[47]. Dies zeigt nicht zuletzt die Tatsache, dass der deutsche Gesetzgeber die Verbandsklagen-RL überschießend dahingehend umgesetzt hat, dass das VDuG – anders als jene – nicht nur im Falle der Verletzung bestimmter (im Anhang I zur Verbandsklagen-RL aufgeführter) verbraucherschützender EU-Rechtsakte anwendbar ist, sondern lediglich voraussetzt, dass überhaupt Ansprüche oder Rechtsverhältnisse zwischen Verbrauchern und Unternehmern Gegenstand des Verfahren sind.[48] Überdies sind auch im Anhang I zur Verbandsklagen-RL bestimmte EU-Rechtsakte aufgeführt, die eine deliktsrechtliche Relevanz aufweisen.[49]

---

42 S. zur etwaigen Notwendigkeit einer IPR-Prüfung im Rahmen eines Abhilfeklageverfahrens → § 15 Rn. 30.
43 Dies klingt (vorsichtig) an in BT-Drs. 20/6520, 77.
44 Zöller/Vollkommer VDuG § 1 Rn. 15.
45 RL (EU) 2019/771 vom 20.5.2019.
46 Vgl. ErwG 42 Verbandsklagen-RL.
47 VO (EG) Nr. 261/2004 vom 11.2.2004.
48 BT-Drs. 20/6520, 69; dazu auch Thönissen JZ 2022, 430 (433).
49 Thönissen JZ 2022, 430 (433).

III. Individuelle oder kollektive Leistung

Die im Wege der Abhilfeklage selbst (dh im Erkenntnisverfahren) eingeklagte Leistung kann darüber hinaus, wie die Existenz der verschiedenen, in § 16 Abs. 1 nur ungenügend zum Ausdruck kommenden Varianten der Abhilfeklage (→ Rn. 18ff.) zeigt, **entweder konkret und individuell oder** aber – so im Falle der Zahlung zugunsten von im Gerichtsverfahren selbst noch nicht abschließend individualisierten Verbrauchern – auf **Zahlung eines** (letztlich provisorischen, vgl. §§ 21 und 27 Nr. 8) **kollektiven Gesamtbetrags** gerichtet sein; § 14 S. 2 stellt dies ausdrücklich klar. Die **Höhe** des kollektiven Gesamtbetrags wird dabei gem. § 19 im Einzelfall durch das Gericht unter Würdigung aller Umstände nach freier Überzeugung bestimmt.[50] Wie oben gezeigt (→ Rn. 13), liegen der Leistung richtigerweise auch in den Fällen einer Verurteilung zu einer kollektiven Leistung letztlich (Individual-)Ansprüche der jeweiligen Verbraucher zugrunde; diese werden lediglich – als (prozessuale) Besonderheit – zur Ermöglichung ihrer Geltendmachung provisorisch „kollektiv gebündelt“[51]. 17

E. Erscheinungsformen der Abhilfeklage

Wie bereits oben dargestellt (→ Rn. 3), sind insgesamt **vier verschiedene Varianten** der Abhilfeklage zu unterscheiden.[52] 18

I. Überblick über die verschiedenen Abhilfeklagevarianten

1. Systematik der gesetzlichen Regelung. Dass es überhaupt verschiedene Varianten der Abhilfeklage gibt, folgt (mittelbar) aus dem Gesetz. So unterscheidet **§ 16 Abs. 1 S. 1 und 2** – hinsichtlich der Art der Urteilsfindung – ausdrücklich zwischen **(1.)** den Fällen der Zahlung eines kollektiven Gesamtbetrages (§ 16 Abs. 1 S. 1 Alt. 1) und **(2.)** der Verurteilung zu einer anderen Leistung als zur Zahlung (§ 16 Abs. 1 S. 1 Alt. 2) auf der einen Seite sowie **(3.)** der Zahlung an namentlich benannte Verbraucher auf der anderen Seite (§ 16 Abs. 1 S. 2). Daraus könnte der Schluss zu ziehen sein, dass lediglich diese drei Varianten der Abhilfeklagen existieren. Noch einfacher und ebenfalls denkbar wäre eine bloße Zweiteilung zwischen **(I.)** den Fällen einer **Leistung an bereits im Erkenntnisverfahren namentlich benannte Verbraucher** sowie **(II.)** denjenigen, in denen die Anspruchsinhaber bei der Urteilsfindung **noch nicht abschließend individualisiert** werden;[53] (nur) eine derartige Zweiteilung trifft – ausweislich deren Art. 9 Abs. 1 und 5 – im Übrigen auch die Verbandsklagen-RL. Indes liegt dem VDuG – auch wenn es dies bedauerlicherweise nicht hinreichend klarstellt[54] – sogar eine **Vierteilung** zugrunde. Denn das Gesetz unterscheidet in § 16 Abs. 1 neben der Individualisierung zugleich ausdrücklich zwischen den Fällen einer Zahlung sowie denjenigen einer „anderen Leistung als zur Zahlung“ (dh einer „Naturalabhilfe“[55]). 19

---

[50] S. dazu Skauradszun MDR 2024, 741.

[51] So HK-VDuG/Röthemeyer VDuG § 14 Rn. 10.

[52] Zöller/Althammer VDuG § 14 Rn. 3.

[53] So etwa Musielak/Voit/Stadler VDuG Vorbemerkungen Rn. 11ff.

[54] Bruns ZZPInt 27 (2022), 293 (313); Bruns, ZZP 137 (2024), 3 (5).

[55] Terminologie wohl nach Bruns, ZZP 137 (2024), 3 (5).

20 **2. Die konkreten Abhilfeklagevarianten.** Somit sind folgende vier Varianten der Abhilfeklage zu unterscheiden: **(1.)** Abhilfeklagen, die eine **Zahlung an namentlich benannte Verbraucher** zum Gegenstand haben; **(2.)** Abhilfeklagen, die „lediglich" die **Zahlung eines kollektiven Gesamtbetrags** zum Gegenstand haben; **(3.)** Abhilfeklagen, die eine **andere Leistung als Zahlung an namentlich benannte Verbraucher** zum Gegenstand haben, und schließlich **(4.)** Abhilfeklagen, die eine **andere Leistung als Zahlung zugunsten eines unbestimmten Verbraucherkreises** bezwecken. Die entsprechende Vierteilung ist dabei auch jenseits reiner Systematisierungslust erforderlich, da insofern **bedeutende Unterschiede** hinsichtlich der Klageerhebung und -antragstellung,[56] der Urteilsart (vgl. § 16 Abs. 1) sowie hinsichtlich des Erfordernisses eines Umsetzungsverfahrens nach §§ 22ff. bestehen.

21 **3. Zweiteilung im Gesetz (§ 16 Abs. 1 S. 1 und 2).** Die in rechtstechnischer Hinsicht **bedeutsamste Trennlinie** verläuft dabei de lege lata nicht etwa zwischen den individualisierten und den sonstigen Klagevarianten, sondern zwischen Abhilfeklagen mit Ziel einer Zahlung an namentlich benannte Verbraucher (dazu unter II.) sowie den sonstigen (drei) Abhilfeklagarten (dazu unter III.). Denn während das Gericht nach der gesetzlichen Konzeption (nur) im erstgenannten Fall gem. § 16 Abs. 1 S. 2 direkt ein **(Leistungs-)Endurteil** (mit vollstreckungsfähigem Inhalt) erlassen kann, sieht es in (allen) sonstigen Fällen ohne weitere Differenzierung die Einleitung sowie **Durchführung eines Umsetzungsverfahrens** – und damit ein **zweistufiges Verfahren** – vor (→ Einleitung Rn. 16). Entsprechend werden (nur) in den letztgenannten Fällen im Erkenntnisverfahren allein kollektivrechtliche Fragen entschieden, während die Prüfung der individuellen Anspruchsberechtigung dem jeweiligen Sachwalter in einem separaten Umsetzungsverfahren vorbehalten bleibt.

22 **4. Korrektur des Gesetzes bei individueller Naturalabhilfe.** Dies (dh die generelle Anordnung eines Umsetzungsverfahrens) erscheint im Falle einer Verurteilung zur Naturalabhilfe an (bereits im Erkenntnisverfahren selbst) namentlich benannte Verbraucher (3. Abhilfeklagevariante) **fragwürdig;**[57] denn abgesehen von einer etwaigen Unterstützung der Verbraucher durch den Sachwalter (vgl. § 29) sowie Befreiung des Erkenntnisverfahrens von individuellen Anspruchsprüfungen gibt es wenig Gründe für die generelle Durchführung eines Umsetzungsverfahrens in diesen Konstellationen, wenn (bzw. sofern) bereits im Erkenntnisverfahren die individuelle Anspruchsberechtigung festgestellt werden kann. Entsprechend ist das Gesetz in diesen Fällen richtigerweise – mit Blick auf § 29 allerdings abhängig von den Umständen des Einzelfalls – **zu korrigieren** und § 16 Abs. 1 S. 2 **teleologisch zu extendieren.** Dafür, dass dies möglich ist, spricht nicht zuletzt die Gesetzesbegründung.[58] Dem steht auch nicht der an sich eindeutige Wortlaut des Gesetzes entgegen,[59] da das Gesetz in § 16 Abs. 1 ja gerade nicht

---

[56] Bruns ZZP 137 (2024), 3 (11): „Die Anforderungen an die Antragstellung variieren mit dem Typ der Abhilfeklage und ihrer rechtlichen Konstruktion".

[57] So auch Musielak/Voit/Stadler VDuG Vorbemerkungen Rn. 11; Zöller/Althammer VDuG § 16 Rn. 3 („misslich").

[58] BT-Drs. 20/6520, 79: „Stellt die klageberechtigte Stelle hingegen bestimmte Anträge zugunsten namentlich benannter Verbraucherinnen und Verbraucher und ist der Rechtsstreit entscheidungsreif, bedarf es eines Abhilfegrundurteils nicht"; (ohne Differenzierung) womöglich anders jedoch BT-Drs. 20/6520, 93.

[59] So aber Meller-Hannich VersR 2023, 1321 (1327); Zöller/Althammer VDuG § 16 Rn. 3.

alle vier Varianten (und insbesondere nicht die hier relevante 3. Variante) der Abhilfeklage ausdrücklich regelt (→ Rn. 19). Und auch § 34 Abs. 2 Nr. 1 Buchst. b unterscheidet nicht zwischen den Fällen einer namentlichen Benennung der Verbraucher bereits im Erkenntnisverfahren sowie denjenigen einer Individualisierung erst im Umsetzungsverfahren; dieser Vorschrift kann daher ebenfalls nicht entnommen werden, dass im Falle einer Naturalabhilfe stets ein Umsetzungsverfahren erforderlich ist. Entsprechend kann das Gericht bei einer Verurteilung zur Naturalabhilfe an namentlich genannte Verbraucher nach eigenem Ermessen – abhängig von den Umständen des Einzelfalls – **auf die Anordnung eines Umsetzungsverfahrens verzichten** und direkt ein (Leistungs-)Endurteil erlassen (ebenso → § 16 Rn. 42).[60]

II. Zahlung an namentlich benannte Verbraucher (§ 16 Abs. 1 S. 2)

1. (Leistungs-)Endurteil. Aus **§ 16 Abs. 1 S. 2** folgt, dass das Gericht den Unternehmer im Falle einer Abhilfezahlungsklage zugunsten von namentlich benannten Verbrauchern direkt und unmittelbar zur Leistung an diese verurteilen kann. Diese (1.) Abhilfeklagevariante ist dabei aus Sicht der „klassischen“ Zivilprozessrechtsdogmatik am **innovativsten** (→ Rn. 1 und 8). Zugleich dürfte sie die potentiell effektivste Art der kollektiven Durchsetzung von Verbraucheransprüchen darstellen; denn wie soeben (→ Rn. 21) gezeigt, sieht das Gesetz (nur) für diesen Fall kein anschließendes Umsetzungsverfahren vor, sondern den **Erlass eines individualisierten und sofort sowie direkt vollstreckbaren Endurteils** (→ Rn. 24 und → § 29 Rn. 9). Das hat zugleich zur Folge, dass bei dieser Abhilfeklagevariante die jeweilige **individuelle Anspruchsberechtigung bereits im Erkenntnisverfahren** (und nicht erst im ja gerade nicht vorgesehenen Umsetzungsverfahren) festgestellt werden muss;[61] dadurch ist der **Prüfungsaufwand des Gerichts** im Vergleich zu den anderen Abhilfeklagevarianten allerdings **erhöht.** Zur Frage, ob insofern weniger strenge Anforderungen an die Gleichartigkeit iSv § 15 (als in den Fällen fehlender Individualisierung der betroffenen Verbraucher) zu stellen sind, → § 15 Rn. 32. 23

2. Zwangsvollstreckung. Hinsichtlich der **Zwangsvollstreckung** aus dem Abhilfeleistungsurteil soll es nach der Gesetzesbegründung (die allerdings keinen Widerhall im Gesetz selbst gefunden hat) bei der Rollenverteilung des Erkenntnisverfahrens (→ Rn. 34 ff.) bleiben.[62] Entsprechend kann **die klageberechtigte Stelle** das zusprechende Abhilfeurteil in **Vollstreckungsstandschaft** selbst zugunsten der Verbraucher vollstrecken (ebenso → § 29 Rn. 9).[63] Daneben sollte es diesen jedoch unbenommen bleiben, die Zwangsvollstreckung auch selbst zu be- 24

[60] So im Ergebnis auch Musielak/Voit/Stadler VDuG Vorbemerkungen Rn. 11; BT-Drs. 20/6520, 79; Thönissen r+s 2023, 749; Köhler/Bornkamm/Feddersen/Scherer VDuG § 14 Rn. 4; HK-VDuG/Röthemeyer VDuG § 14 Rn. 7; wohl aA Zöller/Althammer VDuG § 16 Rn. 3 („ist der Wortlaut klar und kann kaum als Redaktionsversehen gedeutet werden“); Meller-Hannich VersR 2023, 1321 (1327).

[61] Röß NJW 2024, 1302.

[62] BT-Drs. 20/6520, 81: „In diesem Falle ergeht ein bereits individualisierter Titel, der von der obsiegenden klageberechtigten Stelle zugunsten der einzelnen Berechtigten vollstreckt werden kann“.

[63] Köhler/Bornkamm/Feddersen/Scherer VDuG § 22 Rn. 1; kritisch insofern Musielak/Voit/Stadler VDuG Vorbemerkungen Rn. 11: „Höchst problematisch ist jedoch, dass die Benannten damit das Insolvenzrisiko des Verbandes tragen“.

treiben.[64] Die Verbandsklagen-RL hingegen enthält keinerlei Vorgaben für die Vollstreckungsebene.

25 **3. Zeitpunkt der Individualisierung; Klageänderung.** Ausweislich der Gesetzesbegründung[65] sollen die Verbraucher bei der Abhilfeklage an namentlich benannte Verbraucher grds. **bereits bei Klageerhebung feststehen;** sie sollten daher namentlich und individualisierbar **in der Klageschrift** aufgeführt werden. Das Gleiche gilt für die individuellen Ansprüche selbst; diese müssen grds. ebenfalls bereits in der Klageschrift beziffert und konkretisiert werden. Insofern liegt eine drittbegünstigende Antragstellung vor. Allerdings ist es nach allgemeinen Grundsätzen – dh gem. § 13 Abs. 1 S. 2 VDuG iVm §§ 263, 264 ZPO – möglich, die erforderliche **Individualisierung erst nachträglich im Wege der Klageänderung** vorzunehmen (→ Rn. 51 und → § 13 Rn. 47 sowie → § 44 Rn. 27). Vor diesem Hintergrund ist es zB möglich, eine zunächst auf Zahlung eines kollektiven Gesamtbetrags gerichtete Abhilfeklage nachträglich auf eine solche mit Ziel der Zahlung an namentlich benannte Verbraucher zu ändern; gleichermaßen ist – unter den Voraussetzungen von § 13 Abs. 1 S. 2 VDuG iVm §§ 263, 264 ZPO – auch eine nachträgliche Erweiterung des Kreises der individuell genannten Verbraucher möglich.[66]

26 **4. Auseinanderfallen von Individualisierung und Registeranmeldung.** Letztmöglicher **Zeitpunkt** für die Zulässigkeit derartiger Klageänderungen (→ Rn. 25) ist nach allgemeinen Grundsätzen der **Schluss der mündlichen Verhandlung.**[67] Insofern ergibt sich jedoch eine (in dieser Form vom Gesetzgeber wohl nicht bedachte[68]) **Friktion mit** der in § 46 für alle Verbandsklagen (sowie damit auch Abhilfeklagevarianten) nach dem VDuG gleichermaßen eröffneten Möglichkeit **der Anmeldung zum Verbandsklageregister;** denn diese Anmeldung steht grds. allen etwaig betroffenen Verbrauchern offen und besteht nach dem eindeutigen Wortlaut von § 46 Abs. 1 S. 1 sogar bis drei Wochen nach dem Schluss der jeweiligen mündlichen Verhandlung. Insofern stellt sich die im Gesetz weder adressierte noch gelöste Frage, wie im Falle einer Abhilfeklage zugunsten namentlich benannter Verbraucher mit der **Anmeldung von sonstigen Verbrauchern** (die nicht namentlich in der Klage genannt werden) in das Verbandsklageregister umzugehen ist; denn jedenfalls wenn eine derartige Anmeldung nach dem Schluss der mündlichen Verhandlung erfolgt, kommt nach dem Gesagten auch keine Klageänderung mehr in Betracht. Zudem führt eine Klageänderung zu der 1. Abhilfeklagevariante dazu, dass das Gericht zusätzliche individuelle Anspruchsprüfungen vornehmen muss. Einer **teleologischen Reduktion des § 46 Abs. 1 S. 1** dahingehend, dass bei Abhilfeklagen mit dem Ziel einer Zahlung an namentlich benannte Verbraucher erst gar keine Anmeldung („dritter") Verbraucher (sondern nur der namentlich benannten) möglich ist, dürfte dabei der insofern eindeutig gegenteilige Wille des Gesetzgebers[69] entgegenstehen; zudem widerspräche dies dem

---

64 So auch Gsell/Meller-Hannich JZ 2022, 421 (423); Röß NJW 2024, 1302 (1304); Thönissen r+s 2023, 749 („Befriedigung direkt im Verhältnis von beklagtem Unternehmer und betroffenem Verbraucher"); zweifelnd hingegen Zöller/Althammer VDuG § 16 Rn. 6.

65 BT-Drs. 20/6520, 78: „Leistungsanträge für einzelne, in der Klageschrift namentlich aufgeführte Verbraucherinnen und Verbraucher".

66 Röß NJW 2024, 1302 (1305 f.) will insofern § 263 ZPO analog anwenden.

67 Rosenberg/Schwab/Gottwald Zivilprozessrecht § 100 Rn. 16.

68 So auch Röß NJW 2024, 1302 (1305).

69 Vgl. etwa BT-Drs. 20/6520, 100 f.

erklärten Ziel, mit dem VDuG gerade eine möglichst effiziente und Justizressourcen schonende Bewältigung kollektiver Rechtstreitigkeiten zu gewährleisten. **Das Gleiche** – dh die Verneinung einer teleologischen Reduktion von § 46 Abs. 1 S. 1 – gilt im Übrigen für den **umgekehrten Fall** eines denkbaren Verzichts auf die Anmeldung zum Verbandsklageregister bei (davon unabhängiger) namentlicher Nennung der Verbraucher in der Klageschrift.[70]

Somit muss eine andere Möglichkeit gefunden werden, mit der Anmeldung „fremder" Verbraucher zum Verbandsklageregister bei Vorliegen einer Abhilfeklage zugunsten namentlich benannter Verbraucher umzugehen. Insofern wird vertreten, dass ein stattgebendes (Leistungs-)Urteil über die eine derartige Abhilfeklage zugunsten zwar angemeldeter, jedoch nicht namentlich benannter Verbraucher lediglich wie ein **Grundurteil nach § 304 Abs. 1 ZPO wirke,** wohingegen eine Klageabweisung deren Ansprüche verneine.[71] Insofern erscheint allerdings fraglich, ob dies noch mit Art. 9 Abs. 6 Verbandsklagen-RL (→ Rn. 6) zu vereinbaren ist. Auch eine etwaige Wiedereröffnung der mündlichen Verhandlung gem. § 13 Abs. 1 S. 1 VDuG iVm § 156 ZPO löst die Problematik nicht, da eine solche ja wiederum den Zeitpunkt des § 46 Abs. 1 S. 1 nach hinten verschiebt.[72] Vorzugswürdig ist es daher, in derartigen Fällen grds. eine **Zweiteilung des Abhilfeverfahrens** vorzunehmen, sodass das Gericht einerseits durch Leistungsurteil (nur) in Bezug auf die Ansprüche der namentlich genannten Verbraucher entscheidet, wohingegen **für etwaige sonstige Ansprüche lediglich angemeldeter Verbraucher** zunächst (ohne Individualprüfung) ein **Abhilfegrundurteil iSv § 16 Abs. 1 S. 1** erlassen wird (→ ebenso § 13 Rn. 67);[73] zum dadurch ausgelösten, bis zu vierstufigen Verfahrensablauf → Rn. 29. Eine derartige Verbindung unterschiedlicher Abhilfeklagevarianten ist gem. § 13 Abs. 1 S. 2 VDuG iVm § 260 ZPO ohne Weiteres zulässig (ebenso → § 13 Rn. 30).[74] 27

III. Sonstige Fälle (mit Umsetzungsverfahren; § 16 Abs. 1 S. 1)

In allen anderen Fällen als denjenigen (1.) einer Zahlung an (2.) namentlich benannte Verbraucher sieht das Gesetz nicht den Erlass eines Leistungs(end)urteils vor, sondern gem. § 16 Abs. 1 S. 1 zunächst den Erlass eines **Abhilfegrundurteils** sowie anschließend die Durchführung eines Umsetzungsverfahren nach §§ 22 ff. (zu den Details dieses Verfahrens → Rn. 29). Zur (umstrittenen) Möglichkeit eines Verzichts auf die Durchführung eines Umsetzungsverfahrens bei einer Naturalabhilfe zugunsten namentlich benannter Verbraucher → Rn. 22. 28

1. Allgemein: Gestrecktes, (bis zu) vierstufiges Verfahren. Nach der gesetzlichen Grundkonzeption der §§ 16 bis 18 ist in denjenigen Fällen, in denen das Gesetz die Durchführung eines Umsetzungsverfahrens vorsieht, ein **gestrecktes, insgesamt bis zu vierstufiges Verfahren** durchzuführen. So mündet das Er- 29

---

70 Auch in derartigen Fällen ist m. a. W. eine Anmeldung zum Verbandsklageregister stets erforderlich; wie hier Zöller/Vollkommer, VDuG § 11 Rn. 21; aA hingegen HK-VDuG/Röthemeyer VDuG § 14 Rn. 7.

71 Zöller/Vollkommer VDuG § 1 Rn. 15 sowie § 11 Rn. 21 ff.; Zöller/Althammer VDuG § 14 Rn. 8.

72 Röß NJW 2024, 1302 (1305).

73 Vgl. auch den ähnlichen Lösungsvorschlag von Röß NJW 2024, 1302 (1306 ff.).

74 So auch Zöller/Vollkommer VDuG § 1 Rn. 18; Zöller/Althammer VDuG § 14 Rn. 8; Röß NJW 2024, 1302 (1305).

kenntnisverfahren in diesen Fällen zunächst **(1.)** in den Erlass des **Abhilfegrundurteils** (§ 16 Abs. 1 S. 1). Daran schließt sich **(2.)** ein **obligatorischer Vergleichsversuch** (§ 17) an, wobei das Gericht im Falle von dessen Scheitern sodann **(3.)** ein **Abhilfeendurteil** erlässt (vgl. § 18).[75] Darin wird – neben einer etwaigen Festsetzung des vom Unternehmer zu zahlenden kollektiven Gesamtbetrages (§ 18 Abs. 2) im Falle eines Zahlungsverlangens – gem. § 18 Abs. 1 Nr. 1 die Durchführung des Umsetzungsverfahrens angeordnet. Erst im Anschluss daran schließt sich **(4.)** das **sachwalterdominierte Umsetzungsverfahren** gem. §§ 22ff. an.

30 **Ziel und Aufgabe des Umsetzungsverfahrens** ist zunächst eine **individuelle Prüfung** der Berechtigung der einzelnen angemeldeten Verbraucher (vgl. § 27 Nr. 3). Daneben dient das Umsetzungsverfahren zugleich der **vollständigen Befriedigung** der angemeldeten und berechtigten Ansprüche und mündet daher entweder in die Auszahlung (so im Falle einer Verurteilung zu einem kollektiven Gesamtbetrag, § 25 Abs. 3 S. 1 und § 27 Nr. 9) oder aber eine Auskehrung der sonstigen, nicht auf Geldzahlung lautenden Leistungen an die angemeldeten und betroffenen Verbraucher (vgl. § 27 Nr. 10 sowie § 29). Reichen die vom Gericht im Abhilfeendurteil festgesetzten Mittel dabei (im Falle einer Geldzahlung) nicht zu einer vollständigen Befriedigung aller Verbraucheransprüche aus, kann die klageberechtigte Stelle gem. § 21 – klageweise – eine Erhöhung des kollektiven Gesamtbetrags verlangen.

31 **2. Zahlung eines kollektiven Gesamtbetrages (§ 16 Abs. 1 S. 1 Alt. 1).** Die Abhilfeklage auf Zahlung eines kollektiven Gesamtbetrages dürfte in der zukünftigen Gerichtspraxis die **wohl häufigste Abhilfeklagevariante** darstellen.[76] Sie kommt immer dann in Betracht, wenn eine Vielzahl auf Geldzahlung gerichteter Verbraucheransprüche im Raum steht, der Kreis der etwaig betroffenen Verbraucher von der klageberechtigten Stelle jedoch im Vorfeld bzw. ggf. erst im laufenden Abhilfeverfahren (→ Rn. 25) noch nicht (ggf.: abschließend) ermittelt wurde. Nicht erforderlich ist hingegen, dass die Höhe der potentiell (im anschließenden Umsetzungsverfahren) an die betroffenen Verbraucher auszukehrenden Summen in allen Fällen gleich ist, vgl. § 15 Abs. 2 S. 3 (zu einem Berechnungsbeispiel → § 19 Rn. 16).[77]

32 Vor diesem Hintergrund – dh wegen der anfänglichen **Unsicherheit** sowohl der konkreten Zahl als auch der Höhe der mittelbar einzuklagenden Ansprüche – gelten bei der Abhilfeklage auf Zahlung eines kollektiven Gesamtbetrages gegenüber dem Normalfall (§ 13 Abs. 1 S. 2 VDuG iVm § 253 Abs. 2 Nr. 2 ZPO) spürbar **erleichterte Anforderungen an die in die Klageschrift aufzunehmenden Angaben.**[78] So muss insbesondere der begehrte kollektive Gesamtbetrag selbst (aus § 19 ersichtlich) nicht etwa konkret beziffert werden;[79] vielmehr legt erst das Gericht diesen (vorläufig, vgl. § 21) im Abhilfeendurteil – und zwar nach Maßgabe von § 287 ZPO – fest (→ § 19 Rn. 13ff.).[80] Das Gleiche folgt im Umkehrschluss aus § 15 Abs. 2. Allerdings wird der klageberechtigten Stelle in aller Regel eine grobe **Schätzung** des Gesamtbetrags zuzumuten und eine solche daher in die Klage-

---

75 Musielak/Voit/Stadler VDuG Vorbemerkungen Rn. 11.

76 So auch die Einschätzung von Bruns ZZP 137 (2024), 3 (5) sowie Musielak/Voit/Stadler VDuG Vorbemerkungen Rn. 10; Zöller/Althammer VDuG § 14 Rn. 4.

77 Musielak/Voit/Stadler VDuG Vorbemerkungen Rn. 12.

78 Zöller/Althammer VDuG § 16 Rn. 8.

79 BT-Drs. 20/6520, 73; Zöller/Althammer VDuG § 14 Rn. 6; HK-VDuG/Röthemeyer VDuG § 14 Rn. 8.

80 S. dazu Stadler ZZP 136 (2023), 129 (139).

schrift aufzunehmen sein.[81] Zudem muss die Klageschrift konkrete Angaben zur Identifikation und Abgrenzbarkeit der Gruppe der Berechtigten enthalten (etwa: „Die Käufer des Fahrzeugmodells xy mit dem Motortyp EA189" oder: „Die Passagiere von Flug LH133 am 20.5.2024 von Leipzig nach München um 10:00").[82] Hinsichtlich des **Klageantrags** ist dabei zB folgende Antragsformulierung denkbar: „... die Beklagte zu verurteilen, zugunsten derjenigen in dem nach § 46 Abs. 1 VDuG relevanten Zeitpunkt wirksam zum Verbandsklageregister angemeldeten Verbraucher, deren Berechtigung im anschließenden Umsetzungsverfahren festgestellt wird, einen Schadensersatz zu zahlen, dessen Höhe das Gericht nach eigenem Ermessen festlegt, der jedoch mindestens 50% der von den Verbrauchern seit ... tatsächlich gezahlten Abonnementgebühren beträgt."[83] Zu den weiteren nach **§ 15 Abs. 2** zwingend erforderlichen Angaben → § 15 Rn. 36ff.; daneben enthält **§ 5** weitere allgemeine, dh für alle Verbandsklagen geltende Anforderungen.

3. Andere Leistung als Zahlung (Naturalabhilfe; § 16 Abs. 1 S. 1 Alt. 2). 33
In den Fällen einer Abhilfeklage auf **Naturalabhilfe** sieht das Gesetz – und zwar fragwürdigerweise[84] unabhängig davon, ob die betroffenen Verbraucher dabei namentlich benannt (→ Rn. 34) sind oder nicht (→ Rn. 35) – ebenfalls **(stets) die Durchführung eines anschließenden Umsetzungsverfahrens** vor. Neben § 16 Abs. 1 S. 1 Alt. 2 folgt dies mittelbar aus § 29 sowie § 34 Abs. 2 Nr. 1 Buchst. b. Zu den denkbaren **Leistungsinhalten** einer Naturalabhilfe → Rn. 15ff.; denkbar sind insofern etwa Ansprüche auf Nacherfüllung oder Rückgewähr anderer als Geldleistungen. Insofern gelten hinsichtlich der Angaben in der Klageschrift grds. die **normalen Bestimmtheitserfordernisse** nach § 13 Abs. 1 S. 2 VDuG iVm § 253 Abs. 2 Nr. 2 ZPO, sodass die jeweils geschuldeten Leistungsinhalte regelmäßig genau umschrieben werden müssen.[85]

a) Naturalabhilfe zugunsten namentlich benannter Verbraucher. Begehrt die klageberechtigte Stelle im Einzelfall Naturalabhilfe an namentlich benannte Verbraucher, sieht das Gesetz seinem Wortlaut nach (im **Umkehrschluss aus § 16 Abs. 1 S. 2** und aus § 29 sowie § 34 Abs. 2 Nr. 1 Buchst. b ersichtlich) an sich den Erlass erst eines Abhilfegrundurteils (§ 16 Abs. 1 S. 1) sowie einen Vergleichsversuch (§ 17) und anschließend den Erlass eines Abhilfeendurteils sowie die Durchführung eines Umsetzungsverfahrens vor.[86] Richtigerweise kann das Gericht in diesen Fällen jedoch **nach eigenem Ermessen** – in **teleologischer Extension von § 16 Abs. 1 S. 2** – alternativ **auch durch (Leistungs-)Endurteil** entscheiden, wenn es bereits eine individuelle Anspruchsprüfung vornehmen kann und die klageberechtigte Stelle nicht auf die Durchführung eines Umsetzungsverfahrens besteht (zu den Einzelheiten → Rn. 22; ebenso → § 16 Rn. 42).[87] Zur 34

---

[81] BT-Drs. 20/6520, 83; Bruns ZZP 137 (2024), 3 (11); Zöller/Vollkommer VDuG § 5 Rn. 3; Zöller/Althammer VDuG § 14 Rn. 6.

[82] Zöller/Althammer VDuG § 14 Rn. 6.

[83] Angelehnt an den Klageantrag in dem Verfahren 102 VKl 1/24e (BayObLG); vgl. auch den Formulierungsvorschlag von HK-VDuG/Röthemeyer VDuG § 14 Rn. 9.

[84] So auch Musielak/Voit/Stadler VDuG Vorbemerkungen Rn. 23; Zöller/Althammer VDuG § 16 Rn. 3.

[85] Vgl. Zöller/Althammer VDuG § 14 Rn. 6.

[86] S. statt vieler Musielak/Voit/Stadler VDuG Vorbemerkungen Rn. 11; Zöller/Althammer VDuG 16 Rn. 3.

[87] Dafür spricht auch die Gesetzesbegründung (BT-Drs. 20/6520, 79); wie hier auch Thönissen r+s 2023, 749; Musielak/Voit/Stadler VDuG Vorbemerkungen Rn. 11; HK-VDuG/

dann möglichen **Vollstreckung** entweder durch die klageberechtigte Stelle selbst oder – richtigerweise – alternativ die betroffenen Verbraucher gilt das oben (→ Rn. 24) Gesagte. Zur Bestimmtheit des Klageantrags → Rn. 33; insbesondere müssen bei dieser (3.) Abhilfeklagevariante die einzelnen **Verbraucher namentlich und sonst individualisierbar** in der Klageschrift aufgeführt werden (→ Rn. 25). Zur Problematik des Umgangs mit Verbrauchern, die in der Klageschrift **zwar nicht namentlich benannt werden, sich jedoch gleichwohl zum Verbandsklageregister anmelden,** s. die Ausführungen in → Rn. 26; allerdings stellt sich diese Problematik nur, wenn das Gericht auf die Anordnung eines Umsetzungsverfahrens verzichtet.

35 **b) (Kollektive) Naturalabhilfe zugunsten eines unbestimmten Verbraucherkreises.** Die Möglichkeit der (4.) Abhilfeklagevariante mit dem Ziel einer **kollektiven Naturalabhilfe** ist im Gesetz in **§ 16 Abs. 1 S. 1 Alt. 2 sowie in § 16 Abs. 2 S. 3** geregelt;[88] die Notwendigkeit dieser Abhilfeklagevariante folgt dabei auch aus Art. 9 Abs. 1 und 6 Verbandsklagen-RL. Sie kommt immer dann in Betracht, wenn die klageberechtigte Stelle (1.) eine andere Leistung als Zahlung zugunsten (2.) eines im Erkenntnisverfahren noch nicht (abschließend) individualisierten Verbraucherkreises begehrt. Bei dieser Abhilfeklagevariante ist – ebenso wie bei der Zahlung eines kollektiven Gesamtbetrages (2. Abhilfeklagevariante) – **stets zwingend ein Umsetzungsverfahren** nach §§ 22ff. durchzuführen (s. zum Ablauf → Rn. 29f.). Ähnlich wie bei der Abhilfeklage auf Zahlung eines kollektiven Gesamtbetrages gelten in diesen Fällen **Einschränkungen hinsichtlich der Bestimmtheit des Klageantrags,** die den Unsicherheiten einer Klage zugunsten noch unbekannter Betroffener geschuldet sind (s. dazu auch → Rn. 32).[89] Hinsichtlich der konkret begehrten Leistung gilt dies jedoch nur, sofern die klageberechtigte Stelle (was angesichts des Erfordernisses der „Gleichartigkeit" nach § 15 Abs. 1 selten vorkommen dürfte) **verschiedene,** dann freilich wiederum in der Klageschrift näher zu umreißende **Anspruchsziele** begehrt.

36 Anders als bei einer Zahlung zugunsten eines unbestimmten Verbraucherkreises sieht das Gesetz bei einer kollektiven Naturalabhilfe **keinen kollektiven Gesamtbetrag o. ä.** vor, zu dessen (Vor-)Leistung der Unternehmer im Abhilfeendurteil gem. § 18 zu verurteilen wäre; dies folgt auch im Umkehrschluss aus § 18 Abs. 2.[90] Wenn dessen ungeachtet für die Fälle einer kollektiven Naturalabhilfe zT die Einrichtung eines **pekuniären Umsetzungsfonds** diskutiert wird,[91] widerspricht dies der insofern eindeutigen Regelung des Gesetzes (und ist daher **abzulehnen**). Vielmehr sieht das Gesetz – als Pendant zur Zahlung und Bereitstellung eines kollektiven Gesamtbetrages – in den Fällen einer kollektiven Naturalabhilfe gerade eine **weitgehende Vollstreckungsbefugnis des Sachwalters nach § 29** vor.[92]

Röthemeyer VDuG § 14 Rn. 7 (ohne Diskussion); Köhler/Bornkamm/Feddersen/Scherer VDuG § 14 Rn. 4 (ebenfalls ohne Diskussion); aA Zöller/Althammer VDuG § 16 Rn. 3; Meller-Hannich VersR 2023, 1321 (1327).

[88] S. auch BT-Drs. 20/6520, 79.

[89] Zöller/Althammer VDuG § 14 Rn. 5; HK-VDuG/Röthemeyer VDuG § 14 Rn. 9, der insofern folgende Formulierung vorschlägt: „… den Beklagten zu verurteilen, an die Verbraucherinnen und Verbraucher nach Maßgabe des vom Bundesamt der Justiz nach § 48 Abs. 4 VDuG zu erteilenden Auszugs aus dem Klageregister … zu übergeben und zu übereignen".

[90] Zöller/Althammer VDuG § 14 Rn. 5.

[91] Vgl. die Nachweise bei Zöller/Althammer VDuG § 14 Rn. 5.

[92] So auch Bruns ZZPInt 22 (2022), 293 (320); Zöller/Althammer VDuG § 14 Rn. 5.

F. Verfahrensbeteiligte

Für die Abhilfeklage gelten, unabhängig von der konkret einschlägigen Variante, **keine Besonderheiten hinsichtlich der Parteirollen** (vgl. daher §§ 1 und 2). Parteien der Abhilfeklage (als Verbandsklage, → Rn. 8) sind somit stets nur die klageberechtigte Stelle sowie der jeweils verklagte Unternehmer; dies gilt ohne Weiteres auch bei Abhilfeklagen zugunsten von namentlich benannten Verbrauchern. 37

I. Parteien der Abhilfeklage

Prozesspartei sind bei der Abhilfeklage (dh im **gerichtlichen Erkenntnis-** 38 **verfahren**) stets nur – auf Klägerseite – die **klageberechtigte Stelle** (vgl. § 2), auf Beklagtenseite hingegen der jeweils etwaig haftende **Unternehmer.** Wie sich aus § 2 Abs. 1 Nr. 2 ergibt, können dabei auch (iSv Art. 4 Verbandsklagen-RL) „qualifizierte Einrichtungen" aus anderen Mitgliedstaaten eine Abhilfeklage in Deutschland erheben;[93] dies schreibt Art. 6 Verbandsklagen-RL ausdrücklich vor. Zur **Zwangsvollstreckung** bei der individualisierten Abhilfeklage s. hingegen → Rn. 24. Die Zwangsvollstreckung bei Durchführung eines Umsetzungsverfahrens (durch den Sachwalter) richtet sich demgegenüber bei einer Naturalabhilfe nach **§ 29;** bei Zahlung eines kollektiven Gesamtbetrages erfolgt die Leistungsabwicklung wiederum im Verhältnis zwischen Sachwalter und Verbraucher, § 27 Nr. 9. Zur etwaigen Möglichkeit des Beitritts anderer klageberechtigter Stellen oder Unternehmer als **Streithelfer** → § 13 Rn. 61.

II. Rolle der betroffenen Verbraucher

Infolge des zwingenden Charakters der Abhilfeklage als Verbandsklage werden 39 **Verbraucher** durch die Anmeldung ihrer etwaigen Ansprüche zum Verbandsklageregister nach § 46 Abs. 1 **weder** zur **Prozesspartei noch** zu **Verfahrensbeteiligten.** Insbesondere können die Verbraucher der klageberechtigten Stelle auch nicht als Streithelfer beitreten, § 13 Abs. 2 (→ § 13 Rn. 60).

Bedeutendste Rechtsfolge der – zwingenden (→ Rn. 42) – Anmeldung zum 40 Verbandsklageregister ist vor diesem Hintergrund (neben der rückwirkenden Verjährungshemmung, → Rn. 46 ff.) nicht etwa die Teilnahme am Prozess, sondern lediglich die Herstellung einer (passiven) Bindung der Verbraucher an die Ergebnisse der Abhilfeklage.[94] Als **Ausgleich** für das – im Lichte von **Art. 103 Abs. 1 GG** bedenkliche – Fehlen von Parteirechten sieht § 46 Abs. 4 iVm Abs. 1 für die Verbraucher eine **Möglichkeit der Rücknahme ihrer Anmeldung** bis drei Wochen nach Schluss der jeweiligen mündlichen Verhandlung vor.[95] Daneben hat die Anmeldung der Verbraucher zum Verbandsklageregister allerdings zusätzlich zur Folge, dass diese am **Umsetzungsverfahren** nach §§ 22 ff. teilnehmen; (nur) insofern können die Verbraucher daher als **Verfahrensbeteiligte (in einem weiteren Sinne)** bezeichnet werden (→ Einleitung Rn. 24).

[93] BT-Drs. 20/6520, 70.
[94] Vgl. BT-Drs. 20/6520, 100.
[95] Zöller/Althammer VDuG § 14 Rn. 1.

41 Infolge ihrer (nicht zurückgenommenen) Anmeldung sind Verbraucher für die Dauer des Abhilfeklageverfahrens insgesamt (dh einschließlich des Umsetzungsverfahrens) **gehindert, ihre Ansprüche individuell zu verfolgen.** Entsprechend ordnet **§ 11 Abs. 2** eine **Rechtshängigkeitssperre** an, sodass eine nach der Anmeldung zum Verbandsklageregister erhobene Individualklage unzulässig ist. Zuvor erhobene Individualklagen sind nach **§ 11 Abs. 1 auszusetzen.** In Bezug auf Verbraucher, die zwar von dem streitgegenständlichen Sachverhalt ebenfalls betroffen sind, sich aber entweder **nicht (rechtzeitig) angemeldet haben** oder die Registeranmeldung gem. § 46 Abs. 4 **zurückgenommen** haben, zeitigt eine Abhilfeklage hingegen keinerlei Rechtswirkungen; denn der deutsche Gesetzgeber hat sich ausdrücklich gegen eine (von der Verbandsklagen-RL zugelassene) Opt-out-Lösung entschieden.[96]

III. Zwingender Charakter der Registeranmeldung

42 Nach der gesetzlichen Konzeption des VDuG ist eine Anmeldung der Verbraucher zum Verbandsklageregister **stets** – dh unabhängig von der im Einzelfall einschlägigen Abhilfeklagevariante – **erforderlich,** § 46 Abs. 1 und 2. Wie oben gezeigt (→ Rn. 26), gilt dies ohne Einschränkung auch bei einer Abhilfeklage zugunsten namentlich benannter Verbraucher.[97] Denn auch in diesen Fällen ist die Registeranmeldung – neben der Rechtfertigung der gesetzlichen Prozessstandschaft der klageberechtigten Stelle (→ Rn. 13 f.) – insb. für die Verjährungshemmung (→ Rn. 44) sowie die Herstellung der Bindungswirkung nach § 11 Abs. 1 und 2 erforderlich. Jenseits davon führt die Anmeldung zum Verbandsklageregister jedoch **nicht zu einer schuldrechtlichen Sonderbeziehung** (etwa im Sinne § 311 Abs. 3 BGB) zwischen der klageberechtigten Stelle und den betroffenen Verbrauchern (→ Einleitung Rn. 21 und → § 31 Rn. 5 ff.).[98]

G. Wirkungen der Abhilfeklage

43 Die konkreten Wirkungen der Abhilfeklage hängen entscheidend von der im Einzelfall einschlägigen **Variante** (zu diesen → Rn. 18 ff.) ab.

I. Echtes Leistungsurteil (1. Alt.; § 16 Abs. 1 S. 2)

44 Wie oben (→ Rn. 21) gezeigt, sieht das Gesetz in § 16 Abs. 1 S. 2 nur für Abhilfeklagen mit dem Ziel einer Zahlung an namentlich benannte Verbraucher (1. Abhilfeklagevariante) den Erlass eines **echten Leistungsurteils** vor. Richtigerweise ist § 16 Abs. 1 S. 2 jedoch dahingehend **teleologisch zu extendieren,** dass es dem Gericht auch bei Abhilfeklagen mit dem Ziel einer **Naturalabhilfe** zugunsten namentlich benannter Verbraucher (3. Abhilfeklagevariante) bei Entscheidungsreife nach seinem Ermessen freisteht, ein echtes Leistungsurteil zu erlassen (→ Rn. 22). Zur **Vollstreckung** derartiger Leistungsurteile → Rn. 24.

---

96 Musielak/Voit/Stadler VDuG Vorbemerkungen Rn. 20.

97 So auch Zöller/Vollkommer VDuG § 11 Rn. 21; aA wohl HK-VDuG/Röthemeyer VDuG § 14 Rn. 7.

98 Vgl. hierzu auch Musielak/Voit/Stadler VDuG Vorbemerkungen Rn. 24; Maultzsch ZZP 137 (2024), 119 (146 ff.).

II. Initiierung des Umsetzungsverfahrens (2. Alt.; § 16 Abs. 1 S. 1)

Diejenigen Abhilfeklagevarianten, die **keine Leistung an namentlich benannte Verbraucher** zum Gegenstand haben, setzen ein **außergerichtliches Umsetzungsverfahren** nach §§ 22ff. in Gang (→ Rn. 28ff.); das Gleiche gilt bei einer Abhilfeklage auf Naturalabhilfe an namentlich benannte Verbraucher (3. Abhilfeklagevariante), sofern sich das Gericht nicht zum Erlass eines echten Leistungsurteils entschließt (→ Rn. 22). Zu den Details des (vierstufigen) Verfahrens in diesen Fällen → Rn. 29f. 45

III. Verjährungshemmung (§ 204a Abs. 1 S. 1 Nr. 4 BGB)

Die **Erhebung** einer Abhilfeklage bewirkt nach **§ 204a Abs. 1 S. 1 Nr. 4 BGB** eine rückwirkende Hemmung der Verjährung für diejenigen **Individualansprüche** von Verbrauchern, „die Gegenstand der Abhilfeklage sind, wenn die Verbraucher [später] ihren Anspruch zum Verbandsklageregister anmelden". Für die – den Verbrauchern nach § 1 Abs. 2 für die Zwecke des VDuG gleichgestellten – kleinen Unternehmen gilt dies gem. **§ 204a Abs. 4 BGB** gleichermaßen. **„Erhebung"** bedeutet dabei Zustellung der Klageschrift (§ 13 Abs. 1 S. 2 VDuG iVm § 253 Abs. 1 ZPO), wobei unter den Voraussetzungen von § 13 Abs. 1 S. 1 VDuG iVm § 167 Alt. 3 ZPO zusätzlich eine Rückwirkung auf den Zeitpunkt der Einreichung möglich ist.[99] Die Verjährungshemmung tritt **unabhängig von der konkret gewählten Abhilfeklagevariante** ein; entsprechend führt auch die Erhebung (und Anmeldung „zu") einer Abhilfeklage auf Zahlung lediglich eines kollektiven Gesamtbetrages iSv § 14 S. 2 ohne Weiteres zu einer Verjährungshemmung. Im Übrigen ist für die Wirkung von § 204a Abs. 1 S. 1 Nr. 4 BGB gleichgültig, ob die jeweilige Abhilfeklage zulässig ist oder nicht.[100] 46

Die **Reichweite** der Verjährungshemmung ist **nicht** durch die (bei nicht individualisierten Abhilfeklagen ohnehin allenfalls schätzungsweise, vgl. → Rn. 32) in der Klageschrift etwaig angegebene Höhe des begehrten kollektiven Gesamtbetrages beschränkt; das Gleiche gilt im Lichte von § 21 für den später in dem Abhilfeendurteil gem. § 18 Abs. 2 festgesetzten Gesamtbetrag.[101] Entscheidend ist vielmehr – und zwar generell **bei allen Abhilfeklagen** – primär, ob die jeweiligen Ansprüche **auf demselben Lebenssachverhalt** beruhen wie die entsprechende Abhilfeklage.[102] 47

Eine verjährungshemmende Wirkung kommt nicht nur inländischen Abhilfeklagen nach dem VDuG, sondern gem. **§ 204a Abs. 2 Nr. 2 BGB** auch **ausländischen,** dh in einem anderen Mitgliedstaat erhobenen **Abhilfeklagen** (iSv Art. 9 Abs. 1 Verbandsklagen-RL) zu. 48

In **zeitlicher Hinsicht** tritt die Verjährungshemmung (weil **rückwirkend**) unabhängig von dem Zeitpunkt der jeweiligen individuellen Anmeldung zum Verbandsklageregister iSv § 46 Abs. 1 und 2 ein; denn nach dem eindeutigen Wortlaut des Gesetzes kommt es insofern (nur) **auf den Zeitpunkt der Verbandsklageerhebung** und nicht denjenigen der (zwangsläufig späteren) Anmeldung zum Klageregister durch den Verbraucher an.[103] Damit kann die Anmeldung zum Verbands- 49

---

[99] BeckOK BGB/Gerdemann BGB § 204a Rn. 25.

[100] BeckOGK BGB/Meller-Hannich BGB § 204a Rn. 32.

[101] Zöller/Althammer VDuG § 14 Rn. 8; HK-VDuG/Röthemeyer BGB § 204a Rn. 15.

[102] Vgl. BT-Drs. 20/6520, 107; s. zur Begründung BeckOK BGB/Gerdemann BGB § 204a Rn. 41.

[103] BT-Drs. 20/6520, 107; vgl. auch (zu § 204 BGB) BGH NJW 2021, 3250 Rn. 24ff.

klageregister auch zu einem Zeitpunkt erfolgen, zu dem der Individualanspruch nach allgemeinen Regeln bereits verjährt war, **solange nur die Verbandsklage rechtzeitig erhoben wurde.**[104] Voraussetzung ist allerdings in jedem Fall eine (rechtzeitige) Anmeldung zum Verbandsklageregister; fehlt eine solche, tritt naturgemäß auch keine Verjährungshemmung ein.[105]

50 Gem. **§ 204 Abs. 2 Abs. 1 BGB iVm § 204a Abs. 3 S. 1 BGB endet** die Hemmung sechs Monate nach der rechtskräftigen Entscheidung oder anderweitigen Beendigung des eingeleiteten Verfahrens. Bei einer **Rücknahme der Anmeldung** zum Verbandsklageregister nach § 46 Abs. 4 endet die Hemmung hingegen nach **§ 204a Abs. 3 S. 2 BGB** sechs Monate nach dem Zeitpunkt, zu dem der Verbraucher nicht mehr an der Klage teilnimmt. Nicht zuletzt vor diesem Hintergrund sind daher auch taktische Registeranmeldung durch Verbraucher möglich (und grds. zulässig).[106]

H. Klageänderung und Klageverbindung

51 Gem. **§ 13 Abs. 1 VDuG iVm § 147 ZPO** bzw. **§§ 260, 263, 264 ZPO** ist bei der Abhilfeklage ohne Weiteres eine **Klageverbindung**[107] (insb. mit anderen Abhilfeklagevarianten, → Rn. 27) sowie eine **Klageänderung** möglich (→ § 13 Rn. 30ff. und 47).[108] Eine Klageänderung kommt insbesondere auch „zwischen" den verschiedenen Abhilfeklagevarianten in Betracht, etwa wenn eine zunächst nicht individualisierte Abhilfeklage im Laufe des (Gerichts-)Verfahrens auf eine solche zugunsten namentlich benannter Verbraucher umgestellt wird (→ Rn. 25). Die Klageänderung führt nicht dazu, dass die Verbraucher ihre Ansprüche oder Rechtsverhältnisse nach § 46 Abs. 1 neu anmelden müssten (→ § 13 Rn. 7 und 47).

§ 15 Gleichartigkeit der Verbraucheransprüche; Klageschrift

(1) [1]**Die Abhilfeklage ist nur zulässig, wenn die von der Klage betroffenen Ansprüche von Verbrauchern im Wesentlichen gleichartig sind.** [2]**Das ist der Fall, wenn**
1. **die Ansprüche auf demselben Sachverhalt oder auf einer Reihe im Wesentlichen vergleichbarer Sachverhalte beruhen und**
2. **für die Ansprüche die im Wesentlichen gleichen Tatsachen- und Rechtsfragen entscheidungserheblich sind.**

(2) [1]**Die Klageschrift muss Angaben zur Gleichartigkeit der betroffenen Ansprüche von Verbrauchern enthalten.** [2]**Beantragt die klageberechtigte Stelle die Verurteilung des Unternehmers zur Zahlung eines kollektiven Gesamtbetrags, so muss die Klageschrift auch die Höhe des einzelnen Verbraucheranspruchs angeben, wenn alle Ansprüche der betroffenen Ver-**

---

[104] Vgl. BGH NJW 2021, 3250 Rn. 24 (zur Musterfeststellungsklage); BeckOK BGB/Gerdemann BGB § 204a Rn. 23; Gsell GRUR 2024, 979 (986).

[105] Dies kritisierend Gsell GRUR 2024, 979 (986).

[106] BeckOK BGB/Gerdemann BGB § 204a Rn. 45.

[107] Zöller/Althammer VDuG § 14 Rn. 8.

[108] HK-VDuG/Röthemeyer VDuG § 13 Rn. 21; Anders/Gehle/Schmidt VDuG § 13 Rn. 4; Zöller/Vollkommer VDuG § 13 Rn. 13; Musielak/Voit/Stadler VDuG § 13 Rn. 1; BGH NJW 2020, 341 Rn. 15.

braucher der Höhe nach gleich sind. [3]Andernfalls soll die Methode angegeben werden, nach der sich die Höhe der jeweiligen einzelnen Ansprüche der betroffenen Verbraucher berechnen lässt.

Literatur: Vgl. die Nachw. zu § 14 sowie Alamdari, Verbraucherschutz durch Abhilfeklagen, NJOZ 2023, 1472; Beckmann/Czaplicki/Hübler, „Alle sind gleich, aber manche sind gleicher" – Ökonomische Gedanken zur Gleichartigkeit der Ansprüche nach dem Verbandsklagegesetz, NZKart 2023, 595; Mayrhofer/Koller, Die „Gleichartigkeit" als Nadelöhr der Abhilfeklage, ZIP 2023, 1065; Schultze-Moderow/Steinle/Muchow, Die neue Sammelklage – Ein Balanceakt zwischen Verbraucher- und Unternehmensinteressen, BB 2023, 72; Thönissen, Verbandsklagenrichtlinie und Haftungsrecht, JZ 2022, 430; Thönissen, Schadensersatz in der Verbandsabhilfeklage, r+s 2023, 749.

Übersicht

A. Überblick und Normzweck

I. Allgemeiner Überblick

1 Während § 14 der allgemeinen Umschreibung und Definition der Abhilfeklage dient, stellt **§ 15 Abs. 1** mit der **Gleichartigkeit** der von der Klage betroffenen Ansprüche eine **besondere, allein für die Abhilfeklage geltende Zulässigkeitsvoraussetzung** auf. § 15 **Abs. 2** enthält demgegenüber besondere, großteils (bis auf S. 3) **zwingende** Anforderungen an den **Inhalt einer Klageschrift** ebenfalls (nur) bei einer Abhilfeklage; diese variieren – naturgemäß – je nach im Einzelfall gewählter Abhilfeklagevariante (zu den vier Varianten der Abhilfeklage → § 14 Rn. 18ff.). Die Anforderungen nach § 15 Abs. 2 treten dabei neben die in **§ 5** formulierten allgemeinen (dh für alle Verbandsklagen nach dem VDuG und damit neben der Abhilfeklage auch die Musterfeststellungsklage gem. §§ 41f. geltenden) Vorgaben für die Klageschrift.

II. „Schablonenhafte Prüfung der Anspruchsvoraussetzungen"

2 Der – aus Sicht des deutschen Rechts neuartige, im internationalen Rechtsvergleich indes weit verbreitete[1] – Maßstab der **Gleichartigkeit** der entscheidungserheblichen Sach- und Rechtsfragen in § 15 Abs. 1 soll die **Effizienz des Abhilfeverfahrens** sicherstellen;[2] denn bei der Abhilfeklage als **echter Sammelklage** (→ § 14 Rn. 9) soll, anders als bei den schon seit jeher möglichen unechten Sammelklagen, gerade keine individuelle Einzelfallprüfung sämtlicher zusammengefasster Verbraucheransprüche stattfinden,[3] sondern – so die Gesetzesbegründung[4] – eine **„schablonenhafte Prüfung der Anspruchsvoraussetzungen in tatsächlicher und rechtlicher Hinsicht".** Dies wiederum ist nur dann möglich, wenn lediglich weitgehend gleiche Ansprüche in einer Abhilfeklage gebündelt werden können, die von ganz ähnlichen, in allen Fällen relevanten und daher **pauschal für viele Fälle** festzustellenden und zu prüfenden Sach- und Rechtsfragen abhängen.

3 Dies gilt (nicht nur, aber) erst recht in denjenigen Fällen, in denen sich an das gerichtliche Erkenntnisverfahren ein **Umsetzungsverfahren** (§§ 22ff.) anschließt (→ § 14 Rn. 28ff.);[5] denn wie aus § 27 Nr. 3 ersichtlich kommt einem Sachwalter grds. keine (bzw. jedenfalls kaum[6]) eigene materiell-rechtliche Prüfungskompetenz hinsichtlich der von ihm festzustellenden Anspruchsberechtigung der einzelnen zum Verbandsklageregister angemeldeten Verbraucher zu.[7] Entsprechend muss das Gericht bereits **im Abhilfegrundurteil gem. § 16 Abs. 2 S. 1 Nr. 1 möglichst genaue Vorgaben** hinsichtlich der Prüfung der Anspruchsberechtigung der einzel-

---

[1] Zur rechtsvergleichenden Perspektive s. etwa Musielak/Voit/Stadler VDuG § 15 Rn. 1 sowie Mayrhofer/Koller ZIP 2023, 1065 (1067) Fn. 18, jeweils mwN.

[2] BT-Drs. 20/6520, 77.

[3] Dazu näher → § 14 Rn. 9 sowie Thönissen r+s 2023, 749 (750).

[4] BT-Drs. 20/6520, 77.

[5] HK-VDuG/Röthemeyer VDuG § 15 Rn. 1.

[6] → Rn. 22 sowie Thönissen r+s 2023, 749 (753).

[7] → § 16 Rn. 15f. sowie → § 27 Rn. 17ff.; Musielak/Voit/Stadler VDuG § 15 Rn. 2; Zöller/Althammer VDuG § 15 Rn. 4; Dahl/Linnenbrink NZI 2024, 33 (35); Schläfke/Lühmann NJW 2023, 3385 (3390).

nen angemeldeten Verbraucher machen; dies wiederum ist umso schwieriger, je mehr sich die einzelnen Voraussetzungen unterscheiden.[8]

III. Modifikation von § 253 Abs. 2 ZPO

§ 15 **Abs. 2** hingegen **modifiziert** gegenüber § 253 Abs. 2 ZPO, der an sich gem. § 13 Abs. 1 S. 2 entsprechend auch für die Verbandsklagen nach dem VDuG gilt (→ § 13 Rn. 46), die gesetzlichen Vorgaben hinsichtlich der **in der Klageschrift notwendigen Angaben.** § 15 Abs. 2 S. 2 und 3 führen insofern zu einer spürbaren **Erleichterung,** indem bei einer auf **Zahlung eines kollektiven Gesamtbetrages** gerichteten Abhilfeklage (→ § 14 Rn. 31 f.) unter bestimmten Voraussetzungen auf einen **bezifferten Antrag verzichtet** werden kann.[9] Zudem müssen die einzelnen Verbraucher, deren Ansprüche geltend gemacht werden, in einem derartigen Fall **nicht namentlich bezeichnet** werden;[10] auch wenn dies in § 15 Abs. 2 nicht angesprochen wird, gilt dies auch für die auf kollektive Naturalabhilfe gerichtete Abhilfeklage (zu dieser → § 14 Rn. 35 f.). 4

IV. Spannungsverhältnis zwischen Effektivität und Wahrheit

Die Grundprämisse, dass bei der Abhilfeklage eine im Vergleich zum „normalen" Individualverfahren **pauschalere Prüfung der kollektiv geltend gemachten Ansprüche** möglich sein muss, spricht auf den ersten Blick für ein enges Verständnis der Gleichartigkeit der in einer Abhilfeklage zusammenzufassenden Ansprüche. Zugleich darf der Vergleichsmaßstab allerdings – nicht zuletzt mit Blick auf die durch das VDuG neben der Verbesserung des Verbraucherschutzniveaus[11] ebenfalls intendierte Entlastung der Justiz[12] – **nicht zu streng** angesetzt werden;[13] andernfalls wäre der Anwendungsbereich der Abhilfeklage entgegen dem Willen des deutschen[14] und europäischen Gesetzgebers[15] von vorneherein auf wenige bzw. womöglich sogar nur völlig einheitliche Haftungsereignisse beschränkt.[16] Nach **ErwG 12 S. 3 Verbandsklagen-RL** sollen aber die nationalen Vorschriften zum Grad der Ähnlichkeit der kollektiv geltend gemachten Einzelansprüche nicht „das wirksame Funktionieren eines Verbandsklageverfahrens gemäß der vorliegenden Richtlinie […] beeinträchtigen".[17] In der finalen Fassung des VDuG kommt dies darin zum Ausdruck, dass die von einer Abhilfeklage betroffenen Ansprüche gem. § 15 Abs. 1 – entgegen dem engeren Wortlaut noch des RegE vom 24.4.2023[18] – 5

---

8 Thönissen r+s 2023, 749 (751 ff.).

9 S. dazu auch → § 14 Rn. 32 sowie Zöller/Althammer VDuG § 16 Rn. 8; Musielak/Voit/Stadler VDuG § 15 Rn. 5.

10 BT-Drs. 20/6520, 78.

11 S. nur ErwG 9 Verbandsklagen-RL.

12 Vgl. BT-Drs. 20/6520, 2 sowie Gsell BKR 2021, 521 (523); s. auch → § 14 Rn. 1 und 2, jeweils mwN.

13 So auch Mayrhofer/Koller ZIP 2023, 1065 (1073); Gsell GRUR 2024, 979 (983).

14 BT-Drs. 20/6520, 77 f.

15 Vgl. ErwG 12 S. 3 Verbandsklagen-RL.

16 Musielak/Voit/Stadler VDuG § 15 Rn. 2; Köhler/Bornkamm/Feddersen/Scherer VDuG § 15 Rn. 7; Dittmann/Gollnast VuR 2023, 135 (137).

17 Noch weitergehend Zöller/Althammer VDuG § 15 Rn. 1: „Dies folgt bereits aus dem europäischen Effizienzgebot".

18 Vgl. BT-Drs. 20/6520, 15 und 77 f.

lediglich „im Wesentlichen gleichartig“ sein müssen. Zu guter Letzt darf die (rein prozessuale) Möglichkeit der kollektiven Geltendmachung von Leistungsansprüchen nicht dazu führen, dass – infolge der Pauschalierung und Kollektivierung – Ansprüche bejaht werden, die bei individueller Prüfung nicht (oder in anderer Höhe) zuerkannt würden; **andernfalls** würde die Abhilfeklage (und damit das Prozessrecht) nämlich mittelbar dergestalt auf das materielle Recht einwirken, dass faktisch eine vom reinen Sachrecht abweichende, neuartige Haftungsrechtsordnung entstünde.[19]

6 Die Zulässigkeitsvoraussetzung der „Gleichartigkeit“ steht somit in einem **Spannungsverhältnis zwischen Effektivität sowie dem** (naturgemäß ohne Einschränkung auch für echte Sammelklagen geltenden[20]) **Gebot prozessualer Wahrheit.**[21] Die Gleichartigkeit ist damit die wohl wichtigste und zugleich – sowohl wegen ihrer Neuartigkeit als auch infolge fehlender näherer Vorgaben im Gesetz – potentiell **streitbarste (Zulässigkeits-)Voraussetzung** im gesamten VDuG;[22] aller Voraussicht nach wird sie Rechtsprechung und Literatur lange und intensiv beschäftigen. Denn von einer ausgewogenen, dh sowohl pragmatischen als auch achtsamen Auslegung des Begriffs und der Voraussetzungen einer „Gleichartigkeit“ hängt letztlich – vor allem anderen – der Erfolg (oder ggf. Misserfolg) der Abhilfeklage als prozessuales Instrument (und damit auch des VDuG insgesamt) ab.[23]

B. Umsetzung der Richtlinie

I. § 15 Abs. 1

7 § 15 **Abs. 1** findet keine direkte Entsprechung in der Verbandsklagen-RL, sondern ist eine autonome Schöpfung des deutschen Gesetzgebers. **ErwG 12 S. 2 und 3** Verbandsklagen-RL stellt ausdrücklich fest, dass „es den Mitgliedstaaten [obliegt], die für Verbandsklagen geltenden Vorschriften beispielsweise hinsichtlich der Zulässigkeit, der Beweismittel oder der Rechtsbehelfe festzulegen. So sollten beispielsweise **die Mitgliedstaaten entscheiden, welchen Grad der Ähnlichkeit die Einzelansprüche aufweisen müssen** oder welche Mindestzahl von Verbrauchern von einer Verbandsklage auf Abhilfe betroffen sein muss, damit eine Verbandsklage in einer Angelegenheit zulässig ist.“[24] Somit beruht die besondere Zulässigkeitsvoraussetzung der „wesentlichen“ Gleichartigkeit auf einer **autonomen Entscheidung des deutschen Gesetzgebers** und muss daher grds. nicht richtlinienkonform ausgelegt werden. Allerdings „ordnet“ **ErwG 12 S. 4** Verbandsklagen-RL an, dass „diese nationalen Vorschriften [dh zum erforderlichen Grad der Ähnlichkeit der Einzelansprüche] […] das wirksame Funktionieren eines Verbands-

---

[19] Prägnant Thönissen r+s 2023, 749 (753): „Rückkopplung an die Vorgaben des materiellen Rechts [müsse] gewährleistet und [es dürfe] insoweit keine doppelte Rechtsordnung“ geschaffen werden.

[20] Thönissen r+s 2023, 749 (750).

[21] Ähnlich Thönissen r+s 2023, 749 (750); s. auch Köhler/Bornkamm/Feddersen/Scherer VDuG § 15 Rn. 7.

[22] So auch die Einschätzung von Zöller/Althammer VDuG § 15 Rn. 1.

[23] Zu Recht sprechen daher Mayrhofer/Koller ZIP 2023, 1065, von der Gleichartigkeit „als Nadelöhr der Abhilfeklage“.

[24] Hervorhebung durch Verf.

klageverfahrens […] nicht beeinträchtigen" sollten. Entsprechend muss die Voraussetzung einer Gleichartigkeit jedenfalls insofern **richtlinienkonform** ausgelegt werden, als im Einzelfall – freilich unter Berücksichtigung des oben (→ Rn. 5) dargestellten Spannungsverhältnisses – eine **möglichst effektive Durchsetzung von Verbraucherrechten** sicherzustellen ist (→ Rn. 4).

II. § 15 Abs. 2

Zwar enthält die Verbandsklagen-RL keine Vorgaben für den Inhalt der Klageschrift; dessen ungeachtet gewährleistet § 15 **Abs. 2** aber die Umsetzung von **Art. 9 Abs. 5 Verbandsklagen-RL.**[25] Diese Vorschrift lautet: „Werden in der Abhilfeentscheidung nicht einzelne Verbraucher aufgeführt, die Anspruch auf die in der Abhilfeentscheidung vorgesehene Abhilfe haben, so muss darin zumindest die Gruppe von Verbrauchern festgelegt werden, die Anspruch auf die genannte Abhilfe hat." Das Gleiche verlangt **ErwG 50 S. 1** Verbandsklagen-RL, wonach „in den Abhilfeentscheidungen […] die einzelnen Verbraucher oder zumindest die Gruppe von Verbrauchern genannt werden [sollen], denen die in diesen Abhilfeentscheidungen vorgesehene Abhilfe zugutekommt". Im Vorgriff auf diesen etwaigen Inhalt der Abhilfeentscheidung folgt aus § 15 Abs. 2, dass die Klageschrift im Falle einer **Klage auf Zahlung eines kollektiven Gesamtbetrages** zugunsten von noch nicht im Erkenntnisverfahren selbst namentlich benannten Verbrauchern **konkrete Angaben zur Identifikation und Abgrenzbarkeit der Gruppe der Berechtigten** enthalten muss (→ Rn. 36).[26] 8

Damit dient § 15 Abs. 2 zugleich der **Umsetzung von Art. 7 Abs. 2 Verbandsklagen-RL.**[27] Diese Vorschrift lautet: „Erhebt eine qualifizierte Einrichtung eine Verbandsklage, so macht sie dem Gericht oder der Verwaltungsbehörde gegenüber hinreichende Angaben zu den von der Verbandsklage betroffenen Verbrauchern". Die klageberechtigte Stelle hat es dabei – (insofern) als **„Herrin" der Abhilfeklage** – in Gestalt der Angaben zur Gleichartigkeit der betroffenen Verbraucheransprüche sowie zur Identifikation und Abgrenzbarkeit der Gruppe der Berechtigten (→ Rn. 8) in der Hand, den **Kreis sowohl der „betroffenen" Verbraucher als auch Verbraucheransprüche nach eigenem Ermessen zu umreißen bzw. ggf. auch zu begrenzen** (→ Rn. 12 ff.). Die Gesetzesbegründung nennt insofern als Beispiel die Möglichkeit, die Abhilfeklage bei Betroffensein von Verbrauchern aus mehreren Mitgliedstaaten auf inländische Verbraucher zu beschränken (s. zum IPR → Rn. 30).[28] 9

Neben den genannten Angaben zum Kreis der betroffenen Verbraucher soll nach **ErwG 50 S. 1** Verbandsklagen-RL in einer Abhilfeentscheidung schließlich, „sofern zutreffend, die **Berechnungsmethode für die Schäden** dargelegt und die relevanten Schritte beschrieben werden, die von Verbrauchern und Unternehmern zur Umsetzung der Abhilfe einzuleiten sind".[29] In diesem Sinne verlangt **§ 15 Abs. 2 S. 3,** dass bei einer Abhilfeklage auf kollektive Zahlung jedenfalls bei differierender Anspruchshöhe der einzelnen Verbraucheransprüche die **Methode an-** 10

---

[25] BT-Drs. 20/6520, 78.
[26] Zöller/Althammer VDuG § 14 Rn. 6; s. dazu – mit beispielhaftem Klageantrag – auch → § 14 Rn. 32.
[27] BT-Drs. 20/6520, 78.
[28] S. erneut BT-Drs. 20/6520, 78; s. aber Maultzsch ZZP 137 (2024), 119 (142 f.).
[29] Hervorhebung durch Verf.

gegeben werden „soll“, nach der sich die Höhe der jeweiligen einzelnen Ansprüche der betroffenen Verbraucher **berechnen** lässt (→ Rn. 42f.).

C. Gleichartigkeit von Ansprüchen (Abs. 1)

11 § 15 Abs. 1 S. 1 verlangt als **besondere,** stets von Amts wegen zu prüfende[30] **Zulässigkeitsvoraussetzung** (nur) der Abhilfeklage, dass „die von der Klage betroffenen Ansprüche von Verbrauchern im Wesentlichen gleichartig sind“. Dies wird in § 15 **Abs. 1 S. 2** dahingehend **konkretisiert,** dass **(1.)** die Ansprüche auf **demselben Sachverhalt** oder auf einer Reihe im Wesentlichen **vergleichbarer Sachverhalte** beruhen (**Nr. 1;** dazu → Rn. 26f.) sowie – kumulativ[31] – **(2.)** für die Ansprüche die im Wesentlichen gleichen Tatsachen- und Rechtsfragen entscheidungserheblich sein müssen (**Nr. 2;** → Rn. 28f.). Die Voraussetzung einer Gleichartigkeit der einer Abhilfeklage zugrunde liegenden (von der klageberechtigten Stelle richtigerweise in gesetzlicher Prozessstandschaft geltend gemachten[32]) Ansprüche dient dabei der Ermöglichung einer **möglichst effizienten sowie** – bis zu einem gewissen Grad – **pauschalierten kollektiven Prüfung vieler** – möglichst gleicher – **individueller Ansprüche in einem einheitlichen Erkenntnisverfahren** bzw. (ggf.) nach Maßgabe der Vorgaben im Abhilfegrundurteil[33] auch im etwaig anschließenden Umsetzungsverfahren (→ Rn. 5f.).[34]

I. Gestaltungsspielraum der klageberechtigten Stelle

12 **„Herrin“ der Abhilfeklage** ist – naturgemäß – die jeweilige **klageberechtigte Stelle.** Denn durch die von ihr (nach § 15 Abs. 2 großteils zwingend) zu beachtenden Angaben in der Klageschrift legt sie den jeweiligen **Streitgegenstand** einer Abhilfeklage fest (→ Rn. 13). Zugleich ist es ihr richtigerweise gestattet, bei Bedarf innerhalb einer einheitlichen Abhilfeklage bestimmte **Untergruppen** der insgesamt betroffenen Verbraucher(ansprüche) zu bilden bzw. deren Bildung durch das Gericht anzuregen (→ Rn. 14 und → § 19 Rn. 16).

13 **1. Gleichartigkeit und Streitgegenstand.** Wie bereits in → Rn. 9 gezeigt, hat es die klageberechtigte Stelle in Gestalt der Angaben zur Gleichartigkeit der betroffenen Verbraucheransprüche (sowie daneben auch zur Identifikation und Abgrenzbarkeit der Gruppe der Berechtigten) in der Hand, den **Kreis der „betroffenen“ Verbraucher(ansprüche) nach eigenem Ermessen zu umreißen bzw. ggf. auch zu begrenzen;** denn die – nach § 15 Abs. 2 S. 1 erforderlichen – Angaben in der Klageschrift zur Gleichartigkeit konstituieren den **Streitgegenstand** der jeweiligen Abhilfeklage (mit).[35] Dabei kommt ihr (innerhalb der durch das Erfordernis der Gleichartigkeit auf der einen sowie das Verbraucherquorum von mindestens 50 potentiell betroffenen Personen nach § 4 Abs. 1 S. 1 Nr. 1 auf der anderen Seite gezogenen „äußeren“ **Grenzen**) ein **Gestaltungsspielraum** dahingehend zu, dass sie die **Gleichartigkeit aus Zweckmäßigkeitsgründen enger**

---

30 Zöller/Althammer VDuG § 15 Rn. 2.

31 Köhler/Bornkamm/Feddersen/Scherer VDuG § 15 Rn. 18.

32 S. dazu näher → § 14 Rn. 13f. und → Einleitung Rn. 18ff.

33 Vgl. dazu → § 16 Rn. 15f.

34 HK-VDuG/Röthemeyer VDuG § 15 Rn. 1.

35 Thönissen r+s 2023, 749 (750); s. auch Gsell GRUR 2024, 979 (983f.).

fassen und dadurch den Kreis der potentiell erfassten Verbraucher bzw. Ansprüche beschränken kann.[36]

14 **2. Bildung von Untergruppen.** Richtigerweise steht es (**neben dem Gericht,** → Rn. 31, auch) einer **klageberechtigten Stelle** aus Zweckmäßigkeitsgründen frei, bereits in der jeweiligen Klageschrift bestimmte **Untergruppen der insgesamt betroffenen Verbraucher(ansprüche) zu bilden** bzw. deren Vornahme durch das Gericht **anzuregen.**[37] Dies kann in Einzelfällen zweckmäßig sein, wenn nicht bei allen von einer Abhilfeklage potentiell betroffenen individuellen Ansprüchen exakt die gleichen materiell-rechtlichen Voraussetzungen erfüllt sind bzw. (nur) bei einigen Ansprüchen bzw. bei Verbrauchern bestimmte Einwendungen oder Einreden zu prüfen sind (→ Rn. 21),[38] etwa wenn nur manche Verbraucher bei einem kollektiven Haftungsfall ein (dann allerdings jeweils gleich zu bewertendes) Mitverschulden iSv § 254 BGB trifft oder nur manche Verbraucher bereits vorgeleistet haben (mit Blick auf § 320 Abs. 1 BGB). **Voraussetzung** dafür ist allerdings, dass die Unterschiede hinsichtlich der individuellen Ansprüche zwischen den verschiedenen Untergruppen **nicht derart gewichtig** sind, dass dadurch die Gleichartigkeit „im Wesentlichen" (→ Rn. 15 ff.) entfällt.[39]

II. Maßstab der Gleichartigkeit

15 Die in § 15 Abs. 1 S. 1 aufgestellte **besondere Zulässigkeitsvoraussetzung** einer „im Wesentlichen" bestehenden Gleichartigkeit ist die bedeutsamste Anforderung – und gleichsam Schicksalsfrage (→ Rn. 6) – der Abhilfeklage. Ihr Vorhandensein hängt in besonderem Maße von den **Umständen des Einzelfalles** ab. Zudem variieren die Anforderungen an die ausreichende Gleichartigkeit richtigerweise in Abhängigkeit von der im Einzelfall jeweils einschlägigen Abhilfeklagevariante (→ Rn. 32; zu diesen allgemein → § 14 Rn. 18 ff.); darüber hinaus kommt dem Gericht bei der Beurteilung der Gleichartigkeit ein gewisser **Beurteilungsspielraum** zu (→ Rn. 31).

16 **1. Entstehungsgeschichte.** Der **RegE** zum VDuG vom 24.4.2023 hatte in § 15 Abs. 1 S. 1 VDuG-E noch vorgesehen, dass „die von der Klage betroffenen Ansprüche von Verbrauchern **[vollständig] gleichartig"**[40] **sein müssen.**[41] In diesem Sinne hatte auch § 15 Abs. 1 S. 2 VDuG-E formuliert, dass Ansprüche nur dann gleichartig sind, wenn sie 1. „auf demselben Sachverhalt oder auf einer Reihe vergleichbarer Sachverhalte beruhen und 2. für sie die gleichen Tatsachen- und Rechtsfragen entscheidungserheblich sind." Diese Formulierung wurde im weiteren Gesetzgebungsverfahren vom **Bundesrat** in seiner Stellungnahme vom 12.5.2023[42] zu Recht (→ Rn. 5 f.) **als zu eng empfunden,** weshalb § 15 Abs. 1 auf Empfehlung des Rechtsausschusses schließlich seine jetzige, großzügigere

---

[36] S. BT-Drs. 20/6520, 78.

[37] Ähnlich auch Thönissen r+s 2023, 749 (752); Gsell GRUR 2024, 979 (983); Musielak/Voit/Stadler VDuG § 15 Rn. 2 (allerdings auf das Gericht bezogen); Janal GRUR 2023, 985 (992), ebenfalls auf das Gericht bezogen; s. auch HK-VDuG/Röthemeyer VDuG § 15 Rn. 4.

[38] Ähnlich Thönissen r+s 2023, 749 (752); Gsell GRUR 2024, 979 (988).

[39] Vgl. auch HK-VDuG/Röthemeyer VDuG § 15 Rn. 4.

[40] Hervorhebung durch Verf.

[41] Vgl. BT-Drs. 20/6520, 15 und 77 f.

[42] S. BT-Drs. 20/6878, 2.

Form erhalten hat;[43] nunmehr genügt es, wenn die „von der Klage betroffenen Ansprüche von Verbrauchern **im Wesentlichen** gleichartig sind" bzw. zumindest „auf einer Reihe im Wesentlichen vergleichbarer Sachverhalte beruhen" und „für die Ansprüche die im Wesentlichen gleichen Tatsachen- und Rechtsfragen entscheidungserheblich sind". Zur Begründung führte der Rechtsausschuss an, dass „einzelne Unterschiede zwischen den von einer Abhilfeklage betroffenen Ansprüchen [...] deren Durchsetzung in einem einheitlichen Verfahren nicht entgegenstehen [sollen], solange **eine effektive Prozessführung gewahrt** und **die Bündelung daher prozessökonomisch sinnvoll** bleibt".[44]

17 Neben der soeben (→ Rn. 16) genannten Änderung von § 15 Abs. 1 hatte der **Bundesrat** in seiner Stellungnahme vom 12.5.2023 **ebenfalls empfohlen,** dieser Vorschrift einen **klarstellenden S. 3** mit folgendem Inhalt anzufügen, dass „die Möglichkeit, gegen die geltend gemachten Ansprüche **Einwendungen oder Einreden** zu erheben, die sich auf individuelle Merkmale oder Handlungen einzelner betroffener Verbraucher stützen, [...] die Gleichartigkeit im Sinne von Satz 2 nicht aus[schließe], wenn sich gemäß § 16 Absatz 2 Satz 1 Nummer 1 die konkreten Voraussetzungen für die Anspruchsberechtigung bestimmen lassen."[45] Dadurch sollte ausweislich der Begründung der Stellungnahme klargestellt werden, dass **zB die Einrede der Verjährung** sowie „auf § 242 BGB gestützte Einwendungen wie insbesondere die der Verwirkung" und § 814 BGB sowie ggf. sogar eine im Einzelfall erfolgte **Aufrechnung** einer Gleichartigkeit nicht (zwangsläufig) entgegenstehe.[46] Diesem Vorschlag sind jedoch weder die Bundesregierung noch der Rechtsausschuss gefolgt; **eine inhaltliche Ablehnung des Vorschlags** war damit allerdings (wohl) nicht verbunden.[47]

18 **2. Bedeutung und Grad der Gleichartigkeit.** Die Gleichartigkeit der von einer Verbandsklage betroffenen Ansprüche ist – aus Sicht des deutschen Zivilprozessrechts sowie jedenfalls als genuine Zulässigkeitsvoraussetzung (vgl. § 60 ZPO) – ein **Novum.** Im internationalen **Rechtsvergleich** ist eine irgendwie geartete Gleichheit bzw. Gleichartigkeit der im Wege einer Sammelklage einzuklagenden Ansprüche hingegen **üblich** und auch weit verbreitet.[48]

19 **a) Notwendigkeit einer wertenden Einzelfallprüfung.** Inhaltlich bezeichnet Gleichartigkeit einen **Maßstab der Vergleichbarkeit** verschiedener, in einer einzigen Abhilfeklage gemeinsam einzuklagender Ansprüche. Der Begriff ist **autonom,** dh nicht etwa wie in § 387 BGB, zu verstehen; auch aus §§ 59, 60 ZPO können – wegen deren unterschiedlicher Zweckrichtung – allenfalls mittelbare Rückschlüsse auf die Auslegung von § 15 Abs. 1 gezogen werden.[49] Denn iRv § 15 Abs. 1 sind bei der Beurteilung einer etwaigen Gleichartigkeit stets die **oben (→ Rn. 5 f.) dargestellten Parameter** – dh die Notwendigkeit **(1.)** einer weitgehend kollek-

---

[43] BT-Drs. 20/7631, 18 f.

[44] BT-Drs. 20/7631, 111; Hervorhebung durch Verf.

[45] Hervorhebung durch Verf.

[46] BT-Drs. 20/6878, 2.

[47] So auch iErg Zöller/Althammer VDuG § 15 Rn. 4; Thönissen r+s 2023, 749 (753); s. auch Mayrhofer/Koller ZIP 2023, 1065 (1069 f.).

[48] S. etwa Musielak/Voit/Stadler VDuG § 15 Rn. 1 sowie Mayrhofer/Koller ZIP 2023, 1065 (1067) Fn. 18, jeweils mwN.

[49] S. jedoch Mayrhofer/Koller ZIP 2023, 1065 (1072); anders Meller-Hannich Gutachten DJT 2018, A 94 f.

tiv-pauschalen, **„schablonenhaften“**[50] **Prüfung** aller betroffenen Ansprüche unter gleichzeitiger Wahrung sowohl **(2.)** des Gebots **prozessualer Wahrheit** als auch **(3.)** der unionsrechtlich vorgeschriebenen (→ Rn. 7) Effektivität des Abhilfeverfahrens – zu beachten. Wegen der Vielfältigkeit der möglichen Fallgestaltungen ist es allerdings nicht möglich, losgelöst von dem konkreten Einzelfall völlig passgenaue abstrakte Abgrenzungskriterien aufzustellen (s. jedoch → Rn. 23); vielmehr ist das Vorliegen einer Gleichartigkeit stets in besonderem Maße **abhängig von den Umständen des Einzelfalls.**[51]

b) Grad der Gleichartigkeit. Ungeachtet der somit stets erforderlichen Einzel- 20
fallbetrachtung gibt es **bestimmte abstrakte Kategorien und Anhaltspunkte,** die jeweils bei der Prüfung der Gleichartigkeit zu berücksichtigen sind.[52] **Ausgangspunkt** der Prüfung ist der Wortlaut des Gesetzes, wonach sich die Gleichartigkeit – und zwar kumulativ[53] – sowohl auf den zugrunde liegenden **Sachverhalt** (§ 15 Abs. 1 S. 2 **Nr. 1;** dazu → Rn. 26f.) als auch die entscheidungserheblichen **Tatsachen- und Rechtsfragen** (§ 15 Abs. 1 S. 2 **Nr. 2;** dazu → Rn. 28f.) beziehen muss. Aus dem eindeutigen Wortlaut von § 15 Abs. 1 S. 1 und 2 sowie der Entstehungsgeschichte (→ Rn. 16) folgt, dass die Gleichartigkeit **keinesfalls iSe Identität** des zugrunde liegenden Sachverhalts sowie der entscheidungserheblichen Sach- und Rechtsfragen verstanden werden kann. Vielmehr genügt es, wenn die entsprechenden Faktoren **jedenfalls im Kern die gleichen sind;** entsprechend können auch Ansprüche gleichartig sein, die zwar grds. von den gleichen Voraussetzungen abhängig sind, die aber entweder **lediglich auf ganz ähnlichen Sachverhalten** beruhen, wobei bestimmte (Rand-)Parameter sich unterscheiden (etwa Kauf eines anderen Fahrzeugmodells mit derselben Abschalteinrichtung), oder aber zwar auf demselben Sachverhalt beruhen, bei denen jedoch bestimmte **einzelne Anspruchsvoraussetzungen anders zu beurteilen** sind (zB wenn nur manche Geschädigte ein Mitverschulden trifft). Erforderlich ist jedoch stets, dass in Bezug auf die individuellen Unterschiede wiederum jeweils eine schablonenhafte Prüfung durch das Gericht (oder die Aufstellung „schablonenhafter“ Vorgaben für die Prüfung durch den Sachwalter in dem etwaig anschließenden Umsetzungsverfahren, → Rn. 3 sowie → Rn. 22) möglich ist.

c) Individuelle Besonderheiten nicht per se schädlich. Nach dem soeben 21
in → Rn. 20 Gesagten stehen **individuelle Besonderheiten** der einzelnen im Wege einer Abhilfeklage kollektiv geltend zu machenden Verbraucheransprüche jedenfalls **nicht per se einer Gleichartigkeit entgegen.**[54] Entscheidend ist vielmehr, ob die Berücksichtigung und Prüfung individueller Umstände und Voraussetzungen einen derart **großen zusätzlichen Prüfungsaufwand** verursachen, dass dadurch eine effektive und einheitliche Gesamtprüfung spürbar erschwert wird;[55]

---

[50] S. erneut BT-Drs. 20/6520, 77.

[51] Vgl. in diese Richtung auch BT-Drs. 20/7631, 111; Mayrhofer/Koller ZIP 2023, 1065 (1072); ähnlich auch Zöller/Althammer VDuG § 15 Rn. 2; dies zumindest für möglich erachtend Thönissen r+s 2023, 749 (751).

[52] In diese Richtung argumentierend auch Thönissen r+s 2023, 749 (751).

[53] Köhler/Bornkamm/Feddersen/Scherer VDuG § 15 Rn. 18.

[54] So grds. auch Mayrhofer/Koller ZIP 2023, 1065; Thönissen r+s 2023, 749 (751 ff.); Musielak/Voit/Stadler VDuG § 15 Rn. 2; Zöller/Althammer VDuG § 15 Rn. 4; Maultzsch ZZP 137 (2024), 119 (144ff.).

[55] Thönissen r+s 2023, 749 (751 ff.); Musielak/Voit/Stadler VDuG § 15 Rn. 2 („vereinzelt individuelle Fragen zu klären“).

die Gesetzesbegründung spricht davon, dass keine individuell divergierenden Einzelfallprüfungen von **„relevanten"** Umständen (s. dazu auch → Rn. 23f.) erforderlich sein dürfen.[56] Dies wird desto eher zu verneinen sein, je mehr Verbraucheransprüche aus der Gesamtgruppe die entsprechenden individuellen Besonderheiten aufweisen (s. zur Möglichkeit der Bildung entsprechender **Untergruppen** → Rn. 14). Umgekehrt stehen individuelle Besonderheiten einer Gleichartigkeit iSv § 15 Abs. 1 im Regelfall dann nicht entgegen, wenn deren **Berücksichtigung ohne großen zusätzlichen Prüfungsaufwand** möglich ist.[57] Entscheidend ist insofern daher, ob sich die individuellen Besonderheiten jeweils standardisiert nachweisen lassen; nach aA ist dies hingegen keine Frage der Gleichartigkeit, sondern – in „wortlautübersteigender erweiternder Auslegung" – als zusätzliche (ungeschriebene) Zulässigkeitsvoraussetzung in § 15 hineinzulesen.[58] Eine standardisierte Nachweisbarkeit ist idR dann gegeben, wenn die Frage nach der Berücksichtigung mit einem **schlichten Ja oder Nein** beantwortet werden kann[59] und darüber **keine gesonderte Beweisaufnahme** zu erheben ist;[60] zu denken ist etwa an Kausalitätsfragen oder Einwendungen bzw. Einreden, sofern zB deren **Voraussetzungen unstrittig** sind oder aber die Regeln des Anscheinsbeweis bzw. sonstige **Beweiserleichterungen** eingreifen.[61] Insofern kann zudem auch ein Verhalten des Unternehmers von Bedeutung sein, wie zB ein vorab erklärter Verjährungsverzicht. Machen die individuellen Besonderheiten hingegen eine **gesonderte Beweisaufnahme erforderlich,** wird dies meist einer Gleichartigkeit entgegenstehen;[62] zum Umsetzungsverfahren, das idR keine Beweisaufnahme kennt, → Rn. 22.

22 **d) Besonderheiten bei Anordnung eines Umsetzungsverfahrens.** Eine besonders **hervorgehobene Bedeutung** kommt der Gleichartigkeit der betroffenen Verbraucheransprüche bei denjenigen Abhilfeklagen zu, bei denen sich an das Erkenntnisverfahren ein Umsetzungsverfahren anschließt (s. hierzu allgemein → § 14 Rn. 28ff.). Denn dem Sachwalter, der im Umsetzungsverfahren gem. § 27 Nr. 3 über die individuelle Berechtigung der einzelnen angemeldeten Verbraucher entscheidet, kommt grds. weder eine materiell-rechtliche Prüfungskompetenz zu, noch darf er eine eigenständige Beweisaufnahme durchführen.[63] Entsprechend muss das Gericht in diesen Fällen **gem. § 16 Abs. 2 S. 1 Nr. 1 bereits im Abhilfegrundurteil möglichst genaue Vorgaben** hinsichtlich der Anspruchsberechtigung der einzelnen angemeldeten Verbraucher treffen (→ Rn. 3). Insofern ist von besonderer Wichtigkeit, dass die angemeldeten Ansprüche der Verbraucher keine

---

56 BT-Drs. 20/6520, 73 und 77f.

57 So wiederum auch Thönissen r+s 2023, 749 (751ff.).

58 So Gsell GRUR 2024, 979 (983f.).

59 So iErg auch Thönissen r+s 2023, 749 (754); ähnlich HK-VDuG/Röthemeyer VDuG § 15 Rn. 4: „Insgesamt wird die Homogenität anhand der Differenzierungsfähigkeit bei der Erbringung der Berechtigungsnachweise beurteilt werden können und müssen".

60 Mayrhofer/Koller ZIP 2023, 1065 (1070).

61 Musielak/Voit/Stadler VDuG § 15 Rn. 2; Thönissen r+s 2023, 749 (754).

62 Mayrhofer/Koller ZIP 2023, 1065 (1070); nach Gsell GRUR 2024, 979 (983f.) ist dies hingegen keine Frage der Gleichartigkeit, sondern eine zusätzliche (ungeschriebene) Zulässigkeitsvoraussetzung.

63 → § 16 Rn. 15f. sowie → § 27 Rn. 17ff.; Musielak/Voit/Stadler VDuG § 15 Rn. 2; Zöller/Althammer VDuG § 15 Rn. 4; Dahl/Linnenbrink NZI 2024, 33 (35); Schläfke/Lühmann NJW 2023, 3385 (3390).

komplizierten individuellen Besonderheiten aufweisen;[64] die angemeldeten Ansprüche müssen daher auf abstrakter Ebene derart gleichartig sein, dass das Gericht bereits im Erkenntnisverfahren – losgelöst von jeglichem Einzelfallbezug – sämtliche Anspruchsvoraussetzungen sowie etwaige Gegenrechte prüfen und dem Sachwalter entsprechende, **von diesem dann nur noch formell umzusetzende Prüfungsvorgaben** machen kann. Richtigerweise kann das Gericht dem Sachwalter jedoch im Einzelfall auch **abstrakte Vorgaben für die Berücksichtigung etwaiger – von ihm abstrakt vorhergesehener – individueller materiellrechtlicher Besonderheiten** machen;[65] Voraussetzung ist allerdings eine fehlende Beweisbedürftigkeit sowie wiederum das Vorliegen schlichter Ja/Nein-Situationen bzw. – allgemeiner – das Fehlen komplexer Rechtsfragen. Zur Rechtslage in denjenigen Fällen, in denen das Gericht bereits selbst (abschließend, dh **ohne Anordnung eines Umsetzungsverfahrens**) durch Leistungsurteil entscheidet → Rn. 32; dazu allgemein → § 14 Rn. 22 und 23 ff.

e) Differenzierung anhand weiterer abstrakter Kriterien. Für eine weitere **Orientierungshilfe** iS einer systematischen **Daumenregel** ist es darüber hinaus möglich, hinsichtlich der Beurteilung der Gleichartigkeit danach zu **differenzieren,** ob etwaige individuelle Besonderheiten der von einer Abhilfeklage potentiell betroffenen Verbraucheransprüche im Einzelfall entweder den **Anspruchsgrund** oder aber die **Anspruchshöhe** oder lediglich **Gegenrechte (dh Einwendungen und Einreden)** betreffen.[66] Denn während individuelle Unterschiede hinsichtlich der (positiven) materiellen Anspruchsvoraussetzungen wohl in vielen Fällen – dh regelmäßig – einer Gleichartigkeit entgegenstehen,[67] ist dies **bei Einwendungen und Einreden jedenfalls nicht generell** der Fall (→ Rn. 21).[68] Dies belegt nicht zuletzt die in → Rn. 17 dargestellte Tatsache, dass der Bundesrat in seiner Stellungnahme zum RegE gerade die Aufnahme einer Klarstellung dahingehend empfohlen hatte, dass „die Möglichkeit, gegen die geltend gemachten Ansprüche **Einwendungen oder Einreden** zu erheben, die sich auf individuelle Merkmale oder Handlungen einzelner betroffener Verbraucher stützen“, eine Gleichartigkeit nicht generell ausschließe.[69] 23

In Bezug auf die **Anspruchshöhe** (im Falle eines Zahlungsbegehrens) schließlich zeigt **§ 15 Abs. 2 S. 3,** dass für das Vorliegen einer Gleichartigkeit **nicht erforderlich** ist, dass die kollektiv gebündelten individuellen Ansprüche der Verbraucher **stets gleich hoch** sein müssen (→ § 19 Rn. 16).[70] Lediglich sofern die Berechnung der individuellen Anspruchshöhe im Einzelfall besonders **stark von den individuellen Umständen und Verhältnissen abhängt,** steht dies (wohl) einer Gleichartigkeit entgegen; dies ist etwa beim Schadensersatz aufgrund von Körper- und Gesundheitsverletzungen[71] oder dem immateriellen Schadensersatz nach Art. 82 24

---

[64] Zöller/Althammer VDuG § 15 Rn. 3; Thönissen r+s 2023, 749 (750).

[65] So auch Thönissen r+s 2023, 749 (753).

[66] Dieser Vorschlag stammt von Thönissen r+s 2023, 749 (751 ff.).

[67] So – auch mit Blick auf etwaige Gegenausnahmen – Thönissen r+s 2023, 749 (751).

[68] Zöller/Althammer VDuG § 15 Rn. 4; Thönissen r+s 2023, 749 (751); Maultzsch ZZP 137 (2024), 119 (144 ff.).

[69] BT-Drs. 20/6878, 2.

[70] BT-Drs. 20/6520, 78 nennt als Beispiel die individuell unterschiedlich lange Vertragslaufzeit bei Dauerschuldverhältnissen; Maultzsch ZZP 137 (2024), 119 (143); s. auch Skauradszun MDR 2024, 741 (742 f.).

[71] Musielak/Voit/Stadler VDuG § 15 Rn. 3; Mayrhofer/Koller ZIP 2023, 1065 (1070); Thönissen r+s 2023, 749 (754).

DS-GVO[72] sowie beim Schmerzensgeld[73] der Fall, idR nicht jedoch bei einer Prospekthaftung[74] bzw. einer Haftung für falsche und unterlassene Kapitalmarktinformationen nach §§ 97, 98 WpHG.[75]

25 **f) Zusammenfassung: Gesamtwertung und abstrakte Testfrage.** Zusammenfassend und allgemein gesprochen hängt die Bejahung einer Gleichartigkeit daher davon ab, ob das Gericht (und/oder der Sachwalter) im Einzelfall jeweils die – mit Blick auf etwaige Gegenrechte ggf. sogar nur potentiellen – Anspruchsvoraussetzungen **auf prozessökonomisch vertretbare Art und Weise in einem einheitlichen Verfahren beantworten** kann; daran fehlt es, wenn hinsichtlich bestimmter (positiver oder negativer) Anspruchsvoraussetzungen in einigen oder gar allen Fällen eine umständliche Individualprüfung vorzunehmen ist.[76] Im Lichte des unionsrechtlichen Effektivitätsgebots (→ Rn. 7) ist allerdings **im Zweifel einer großzügigeren Auslegung** der Vorzug zu geben; zur Frage, ob dem Gericht insofern ein Beurteilungsspielraum zukommt → Rn. 31.

26 **3. Sachverhaltshomogenität (S. 2 Nr. 1). § 15 Abs. 1 S. 2 Nr. 1 konkretisiert** die allgemeine Voraussetzung einer „im Wesentlichen" bestehenden Gleichartigkeit gem. § 15 Abs. 1 S. 1 dahingehend, dass die gebündelten Ansprüche entweder aus demselben Sachverhalt oder aber wenigsten aus (im Wesentlichen) vergleichbaren Sachverhalten folgen müssen. **Derselbe Sachverhalt** liegt einer Abhilfeklage zB dann zugrunde, wenn ein **einheitliches Schadensereignis** wie etwa ein bei einem Konzert ausgebrochenes Feuer oder ein gemeinschaftlicher Vertragsschluss vieler Verbraucher oder ein konkreter Flug in Bezug auf etwaige Entschädigungsansprüche der Passagiere den Gegenstand der Klage bilden. Das letztgenannte Beispiel wird sogar ausdrücklich in der Gesetzesbegründung angeführt;[77] wegen der gerade in Bezug auf Flugverspätungen besonders professionalisierten individuellen Entschädigungsdurchsetzung unter Einsatz von **Inkasso-Legal Tech** erscheint es jedoch zweifelhaft, ob Verbraucher insofern in Zukunft tatsächlich in nennenswerter Zahl den Weg einer kollektiven Verbandsklage gehen werden.[78]

27 Ein **im Wesentlichen vergleichbarer Sachverhalt** liegt demgegenüber vor, wenn aufgrund verschiedener Sachverhalte gegenüber verschiedenen Verbrauchern jeweils **die gleichen oder jedenfalls vergleichbare Rechts(guts)verletzungen** eintreten. Die Gesetzesbegründung nennt als Beispielsfall verschiedene (zB Sparkassen-)Verträge, die jeweils dieselbe unzulässige AGB-Klausel beinhalten.[79] Aber auch der Schädigung verschiedener Käufer desselben mit einer **unzulässigen Abschalteinrichtung** versehenen Fahrzeugmodells liegt grds. ein im Wesentlichen vergleichbarer Sachverhalt zugrunde;[80] denkbar erscheint dies sogar bei verschiede-

---

72 Stadler ZZP 136 (2023), 129 (141); Musielak/Voit/Stadler VDuG § 15 Rn. 3; Thönissen r+s 2023, 749 (755).

73 Thönissen r+s 2023, 749 (754).

74 Zöller/Althammer VDuG § 15 Rn. 5.

75 So Thönissen r+s 2023, 749 (755).

76 Ähnlich Köhler/Bornkamm/Feddersen/Scherer VDuG § 15 Rn. 18; nur im Ergebnis zustimmend Gsell GRUR 2024, 979 (983).

77 BT- Drs. 20/6520, 77f.

78 Stadler ZZP 136 (2023), 129 (140f.); Zöller/Althammer VDuG § 15 Rn. 3.

79 S. erneut BT- Drs. 20/6520, 77f.

80 Zöller/Althammer VDuG § 15 Rn. 3; HK-VDuG/Röthemeyer VDuG § 15 Rn. 3; dies verneinend Stadler ZZP 136 (2023), 129 (141).

nen Fahrzeugmodellen, sofern diese jeweils dieselbe Art der (unzulässigen) Abschalteinrichtung beinhalten.[81] Das Gleiche gilt – unabhängig von den Modalitäten des jeweiligen Erwerbs – allgemein bei vertraglichen Ansprüchen **verschiedener Käufer des gleichen (mangelhaften) Produkts,** oder ggf. auch bei mehreren ähnlichen Schädigungshandlungen, sofern diese jeweils vergleichbare Schäden der betroffenen Verbraucher verursachen.

4. Homogenität entscheidungserheblicher Fragen (S. 2 Nr. 2). Gem. § 15 Abs. 1 S. 2 Nr. 2 müssen zur Bejahung der Gleichartigkeit schließlich für alle iRe Abhilfeklage zusammengefassten Ansprüche die **„im Wesentlichen gleichen Tatsachen- und Rechtsfragen entscheidungserheblich"** sein. Entsprechend scheidet eine Gleichartigkeit zB (idR) aus, wenn einige Verbraucher deliktische, andere jedoch vertragliche Ansprüche (zB aus dem Leistungsstörungsrecht) gegen einen bestimmten Unternehmer innehaben; denn eine vertragliche Haftung hängt idR von wesentlich anderen, weniger strengen Voraussetzungen ab als deliktische Schadensersatzansprüche. Zudem dürfte eine Gleichartigkeit der Schadensersatzansprüche verschiedener Käufer von mit einer **unzulässigen Abschalteinrichtung** ausgestatteten Diesel-Fahrzeugen jedenfalls dann ausscheiden, wenn einige Verbraucher ihr Fahrzeug vor, andere hingegen nach der entsprechenden Ad-hoc-Mitteilung der Volkswagen AG am 22.9.2015 gekauft haben; denn die Rspr. hat (nur) für nach diesem Zeitpunkt vorgenommene Kaufverträge das Vorliegen einer sittenwidrigen Schädigung iSv § 826 BGB verneint.[82] Hingegen schließt zB die Tatsache, dass **nur bestimmte Exemplare eines bestimmten Produkts mangelhaft** sind, jedenfalls dann eine Gleichartigkeit (in Bezug auf Tatsachenfragen) nicht aus, wenn sich die (fehlende) Mangelhaftigkeit im Einzelfall leicht (schematisch bzw. standardisiert) feststellen lässt (dazu → Rn. 21).[83] Zudem dürfte die Möglichkeit der Geltendmachung **verschiedener Mängelrechte** etwa iSv §§ 437 oder 634 oder 327i BGB einer Gleichartigkeit dann nicht entgegenstehen, wenn (und sofern) sich – wie oft – die Voraussetzungen der Mängelrechte überschneiden (etwa, wenn das Gericht die Voraussetzungen des Schadensersatzes statt der Leistung bejaht, mit Blick auf ein paralleles Rücktrittsrecht oder einen Aufwendungsersatzanspruch nach § 284 BGB).[84] 28

Auch beim Ähnlichkeitsvergleich der entscheidungserheblichen Tatsachen- und Rechtsfragen gilt die in → Rn. 19 ff. dargestellte **Grundregel,** dass das Vorliegen individuell(divergierend)er Besonderheiten grds. nur dann einer Gleichartigkeit entgegensteht, wenn dies **im Einzelfall einen erheblichen zusätzlichen Prüfungsaufwand (oder eine zusätzliche Beweisaufnahme)** erforderlich macht.[85] Entsprechend ist es zB unschädlich, wenn nur einigen potentiell erfassten Ansprüchen bestimmte **Einreden** (wie zB diejenigen aus §§ 320 Abs. 1, 214 Abs. 1, 439 Abs. 4, 29

---

[81] So auch HK-VDuG/Röthemeyer VDuG § 15 Rn. 3; aA wohl Zöller/Althammer VDuG § 15 Rn. 5.

[82] Vgl. BGH NJW 2020, 2798.

[83] So auch Mayrhofer/Koller ZIP 2023, 1065 (1070); HK-VDuG/Röthemeyer VDuG § 15 Rn. 4; Zöller/Althammer VDuG § 15 Rn. 5; Maultzsch ZZP 137 (2024), 119 (143); aA hingegen BT-Drs. 20/6520, 78; wiederum aA Gsell GRUR 2024, 979 (983 f.), die dies nicht als Frage der Gleichartigkeit, sondern als ungeschriebene Zulässigkeitsvoraussetzung versteht.

[84] Vgl. dazu auch Zöller/Althammer VDuG § 15 Rn. 5.

[85] S. etwa Zöller/Althammer VDuG § 15 Rn. 4: „Prüfung stark unterschiedlicher Rechtsfragen".

635 Abs. 3 oder 814 BGB[86]) entgegenstehen, sofern nur deren Voraussetzungen im Einzelfall ohne großen Aufwand geprüft werden können oder insofern Beweiserleichterungen eingreifen (s. dazu allgemein → Rn. 21 und → Rn. 23).[87] Das Gleiche gilt für bestimmte **(rechtsvernichtende) Einwendungen** wie zB §§ 142 Abs. 1, 254 oder 346 Abs. 1 BGB; (nur) im Einzelfall können ggf. sogar, jedenfalls wenn deren Voraussetzungen unstreitig sind, individuelle **Aufrechnungserklärungen** innerhalb einer Abhilfeklage zu berücksichtigen sein (etwa bei ursprünglicher Vorleistung eines nunmehr auf (kleinen) Schadensersatz verklagten Unternehmers).[88] Selbst individuelle Besonderheiten bzw. Abweichungen hinsichtlich des **Haftungsgrundes** stehen einer Bejahung der Gleichartigkeit (zwar regelmäßig,[89] jedoch) jedenfalls dann nicht entgegen, wenn sie im Einzelfall schematisch geprüft werden können (etwa bei Eingreifen einer Verschuldensvermutung trotz unterschiedlicher Verschuldensgrade oder ggf. bei Vorliegen einer Kausalitätsvermutung[90]; zur Problematik allgemein → Rn. 23).[91] Zur Problematik individuell **unterschiedlicher Anspruchshöhe** → Rn. 24. Schließlich kann es im Einzelfall zweckmäßig sein, bei teilweise divergierenden Rechts- oder Tatsachenfragen verschiedene (Verbraucher-)**Untergruppen** innerhalb ein- und derselben Abhilfeklage zu bilden (→ Rn. 14).

30 **5. Bedeutung des anwendbaren Rechts (IPR).** Gem. **§ 2 Abs. 1 Nr. 2** können auch qualifizierte Einrichtungen aus anderen EU-Mitgliedstaaten eine Abhilfeklage in der Bundesrepublik Deutschland erheben; zugleich können auch **ausländische Verbraucher** an inländischen Verbandsklagen nach dem VDuG teilnehmen.[92] Vor diesem Hintergrund stellt sich die Frage, ob die **Anwendbarkeit verschiedener Rechtsordnungen auf (sonst) an sich gleichartige Verbraucheransprüche** der Homogenität der entscheidungserheblichen Rechtsfragen entgegensteht. Ein derartiges Szenario ist – bei Beteiligung ausländischer Verbraucher – nicht unwahrscheinlich; denn das IPR knüpft die Frage nach dem anwendbaren Recht zB bei Vorliegen eines Verbrauchervertrages gem. **Art. 6 Abs. 1 Rom I-VO** regelmäßig an den gewöhnlichen Aufenthaltsort des jeweiligen Verbrauchers an. Insofern enthalten weder das Gesetz selbst noch die Gesetzesbegründung eine konkrete Antwort; diese weist allerdings ausdrücklich auf die Möglichkeit, den Anwendungsbereich einer Abhilfeklage auf inländische Verbraucher zu beschränken, hin (→ Rn. 13).[93] Richtigerweise liegt **bei Anwendbarkeit verschiedener Rechtsordnungen idR keine Gleichartigkeit** iSv § 15 Abs. 1 S. 2 Nr. 2 Alt. 2 vor. Denn die Anwendung ausländischen Rechts bedingt in vielen Fällen (u. a. aus § 293 ZPO ersichtlich) einen großen, oftmals sogar die (zeit- und kostenintensive) Einholung von Sachverständigengutachten erforderlich machenden **Zusatzaufwand für inländische Gerichte.** Dies gilt angesichts zT völlig anderer Dogmatik sowie Methodik – entgegen vereinzelten Stimmen[94] – auch dann, wenn die betroffenen Ansprüche zwar verschiedenen Rechtsordnungen unterfallen, die entspre-

---

86 Zur aus § 242 BGB folgenden Einrede der Verjährung s. BT-Drs. 20/6878, 111.

87 Wie hier auch Zöller/Althammer VDuG § 15 Rn. 4; Thönissen r+s 2023, 749 (751); Maultzsch ZZP 137 (2024), 119 (143).

88 Vgl. BT-Drs. 20/6878, 2 und 111.

89 So – auch mit Blick auf etwaige Gegenausnahmen – Thönissen r+s 2023, 749 (751).

90 Musielak/Voit/Stadler VDuG § 15 Rn. 2.

91 Dazu ausführlich Thönissen r+s 2023, 749 (751).

92 S. nur BT- Drs. 20/6520, 77 f.

93 BT- Drs. 20/6520, 77.

94 S. etwa Zöller/Althammer VDuG § 15 Rn. 4.

chenden Vorschriften jedoch im Einzelfall unionsrechtlich angeglichen sind. (Gerade) vor diesem Hintergrund kann eine Beschränkung der Abhilfeklage nur auf inländische Verbraucher (→ Rn. 9) durchaus sinnvoll sein.[95] Unterfallen hingegen im Einzelfall **alle (potentiell) betroffenen Verbraucheransprüche derselben ausländischen Rechtsordnung,** so steht dies einer Gleichartigkeit (ungeachtet der geschilderten faktischen Schwierigkeiten der Ermittlung und Anwendung ausländischen Rechts) nicht entgegen.

III. Beurteilungsspielraum des Gerichts

Da die Voraussetzung einer Gleichartigkeit, wie soeben (→ Rn. 19 sowie **31**
→ Rn. 23f.) gezeigt, stets von den Umständen des Einzelfalles und nicht etwa starren Voraussetzungen abhängen, kommt dem Gericht insofern **ein gewisser Beurteilungsspielraum** zu.[96] Denn das Gericht kann naturgemäß am besten beurteilen, ob (und inwiefern) individuelle Besonderheiten einen im Lichte der Prozessökonomie voraussichtlich **nicht mehr vertretbaren Zusatzaufwand** bei der Anspruchsprüfung verursachen,[97] oder ob die jeweiligen Unterschiede – etwa infolge im Einzelfall eingreifender **Beweiserleichterungen** oder infolge möglicher Mitberücksichtigung bei einer ohnehin durchzuführenden Beweiserhebung – nicht ins Gewicht fallen.[98] Darüber hinaus steht es dem Gericht frei, bei absehbarer Häufung unterschiedlicher individueller Anspruchsvoraussetzungen **bestimmte Untergruppen zu bilden** (s. dazu bereits → Rn. 14 sowie → Rn. 21).[99]

IV. Differenzierung nach Abhilfeklagevariante

Aus § 16 Abs. 1 folgt, dass es insgesamt **(vier) verschiedene Erscheinungsfor- 32**
men der Abhilfeklage gibt (dazu näher → § 14 Rn. 18ff.). Die bedeutsamste Trennlinie verläuft insofern zwischen denjenigen Abhilfeklagevarianten, die in ein unmittelbares Leistungs(end)urteil münden (→ § 14 Rn. 22ff.) sowie denjenigen Abhilfeklagen, bei denen im Anschluss an das Erkenntnisverfahren noch ein Umsetzungsverfahren nach §§ 22ff. durchzuführen ist (→ § 14 Rn. 28ff.). Hinsichtlich der Gleichartigkeit unterscheidet das Gesetz dabei (in § 15 Abs. 1) nicht zwischen den verschiedenen Abhilfeklagevarianten; somit gilt für alle Varianten **grds. derselbe Maßstab der Gleichartigkeit.** Indes folgt aus dem Beurteilungsspielraum des Gerichts hinsichtlich des Vorliegens einer Gleichartigkeit (→ Rn. 31) faktisch, dass in Fällen, in denen das Gericht selbst (mangels anschließenden Umsetzungsverfahrens) unmittelbar über die individuelle Leistungsberechtigung der einzelnen Verbraucher entscheidet, **ein potentiell großzügigerer bzw. jedenfalls flexiblerer Maßstab** angelegt werden kann.[100] Hinzu kommt, dass die aus § 16 Abs. 2

[95] Dies stellt keine unzulässige Diskriminierung dar; s. dazu Zöller/Althammer VDuG § 15 Rn. 4; vgl. jedoch Maultzsch ZZP 137 (2024), 119 (142f.), demzufolge insofern zusätzliche Anforderungen gelten.

[96] So bereits – wenn auch mit Blick noch auf den RegE – Mayrhofer/Koller ZIP 2023, 1065 (1072).

[97] Gsell GRUR 2024, 979 (983).

[98] Mayrhofer/Koller ZIP 2023, 1065 (1072) sprechen insofern von einer „Handhabbarkeitsprüfung".

[99] So auch Janal GRUR 2023, 985 (992); Gsell GRUR 2024, 979 (983); Musielak/Voit/Stadler VDuG § 15 Rn. 2; Thönissen r+s 2023, 749 (752).

[100] So wohl auch Musielak/Voit/Stadler VDuG § 15 Rn. 2.

S. 1 Nr. 1 folgende Notwendigkeit, einem Sachwalter (bei Anordnung eines Umsetzungsverfahrens) konkrete und genaue Vorgaben hinsichtlich der Prüfung der individuellen Anspruchsberechtigung zu machen, faktisch vielfach wohl ebenfalls einen strengeren Maßstab bedingt. (Nur) vor diesem Hintergrund sind die Anforderungen an die Gleichartigkeit bei Abhilfeklagen auf kollektive Leistung (dh zugunsten im Erkenntnisverfahren noch nicht namentlich benannter Verbraucher[101]) **faktisch regelmäßig strenger** als bei Leistung an namentlich benannte Verbraucher.[102]

V. Rechtsfolgen fehlender Gleichartigkeit

33 Liegt bei Beurteilung anhand der **Angaben der klageberechtigten Stelle in der Klageschrift** (→ Rn. 37 sowie **§ 15 Abs. 2 S. 1**) im Einzelfall keine ausreichende Gleichartigkeit vor, ist die Abhilfeklage – nach mündlicher Verhandlung – **durch Prozessurteil als unzulässig abzuweisen.**[103] Das Gleiche gilt bei Fehlen der nach § 15 Abs. 2 S. 2 erforderlichen Angaben;[104] zu § 15 Abs. 2 S. 3 → Rn. 43.

D. Anforderungen an die Klageschrift (Abs. 2)

34 § 15 Abs. 2 stellt bestimmte Vorgaben hinsichtlich der **notwendigen Angaben in der Klageschrift** auf. Dies dient der **Modifikation** (und zT **Erleichterung,** vgl. insb. § 15 Abs. 2 S. 3) der an sich – andernfalls – nach § 13 Abs. 1 S. 2 VDuG iVm § 253 Abs. 2 ZPO (→ § 13 Rn. 46) bzw. § 5 erforderlichen Angaben. Während **§ 15 Abs. 2 S. 1** dabei für alle Abhilfeklagevarianten gilt,[105] betreffen **§ 15 Abs. 2 S. 2 und 3** dem Wortlaut nach nur Abhilfeklagen auf Zahlung eines kollektiven Gesamtbetrags. Die(se) Regelung kann jedoch in Einzelfällen – vorsichtig – **analog auch bei einer auf kollektive Naturalabhilfe gerichteten Verbandsklage** (dazu allgemein → § 14 Rn. 35 f.) angewendet werden.[106]

35 Sowohl die gem. § 15 Abs. 2 S. 1 vorausgesetzten Angaben zur Gleichartigkeit der betroffenen Ansprüche als auch die Angaben hinsichtlich des kollektiven Gesamtbetrags gem. § 15 S. 2 und 3 sind **im Zusammenhang mit § 16 Abs. 2** zu verstehen, der wiederum bestimmte Vorgaben hinsichtlich der erforder-

---

[101] Richtigerweise kann das Gericht – entgegen der gesetzlichen Konzeption in § 16 Abs. 1 – auch bei einer Abhilfeklage auf Naturalabhilfe an namentlich benannte Verbraucher in teleologischer Extension von § 16 Abs. 1 S. 2 auf die Anordnung eines Umsetzungsverfahrens verzichten; s. dazu → § 14 Rn. 22 mwN.

[102] In diese Richtung auch Musielak/Voit/Stadler VDuG § 15 Rn. 2: „Bei Klagen auf eine kollektive Gesamtleistung ist dies problematischer, weil man häufig erst die Anmeldung der Ansprüche abwarten müsste, um überhaupt zu wissen, wer betroffen ist und welche Einzelfragen sich ergeben".

[103] Zöller/Althammer VDuG § 15 Rn. 1; HK-VDuG/Röthemeyer VDuG § 15 Rn. 8.

[104] HK-VDuG/Röthemeyer VDuG § 15 Rn. 8.

[105] So auch Musielak/Voit/Stadler VDuG § 15 Rn. 5; Zöller/Althammer VDuG § 15 Rn. 3; anders hingegen (bzw. missverständlich) die Gesetzesbegründung, BT-Drs. 20/6520, 78: „Die Regelung greift, wenn die klageberechtigte Stelle keine bestimmten Leistungsanträge für einzelne, in der Klageschrift namentlich aufgeführte Verbraucherinnen und Verbraucher stellt".

[106] S. insofern → Rn. 39 aE sowie → § 14 Rn. 35.

lichen Angaben in der späteren **Urteilsformel des Abhilfegrundurteils** enthält (→ § 16 Rn. 12ff.).[107]

I. Differenzierung nach Abhilfeklagevariante

Ähnlich wie bei den Anforderungen an die Gleichartigkeit selbst (→ Rn. 32) unterscheiden sich die nach § 15 Abs. 2 in der Klageschrift zu treffenden Angaben – zT sogar **deutlich – je nach im Einzelfall einschlägiger Abhilfeklagevariante** (zu diesen allgemein → § 14 Rn. 18ff.). Dies bringt das Gesetz selbst zB dadurch zum Ausdruck, dass § 15 Abs. 2 S. 2 und 3 seinem Wortlaut nach nur für die Abhilfeklagen auf Zahlung eines kollektiven Gesamtbetrages iSv § 16 Abs. 1 S. 1 Alt. 1 gilt (zur etwaigen analogen Anwendung bei kollektiver Naturalabhilfe → Rn. 34). Besonders deutlich ist dies bei den – mittelbar gem. ErwG 50 S. 1 Verbandsklagen-RL erforderlichen – **Angaben zur Identifikation und Abgrenzbarkeit der Gruppe der Berechtigten** (→ Rn. 8); denn diese sind naturgemäß dann nicht notwendig, wenn die klageberechtige Stelle im Einzelfall keine **kollektive Abhilfe** zugunsten noch unbestimmter Verbraucher, sondern **individuelle Abhilfe** an namentlich benannte Verbraucher begehrt (s. aber → § 14 Rn. 26f.).[108] Zudem bedarf es in diesen Fällen wiederum gem. § 13 Abs. 1 S. 2 VDuG iVm § 253 Abs. 2 Nr. 2 ZPO einer konkreten **Bezifferung** bzw. **hinreichend bestimmter Angabe** des jeweiligen Leistungsgegenstandes;[109] eine Erleichterung hinsichtlich der erforderlichen Angaben nach § 15 Abs. 2 S. 2 und 3 (→ Rn. 38f.) ist in diesen Fällen weder vom Gesetzeswortlaut gedeckt noch erforderlich.[110] 36

II. Angaben zur Gleichartigkeit (S. 1)

Nach § 15 Abs. 2 S. 1 muss (**jegliche,** → Rn. 34) **Klageschrift** bei einer Abhilfeklage zwingend **Angaben zur Gleichartigkeit** der betroffenen Ansprüche enthalten; zu den dabei nach § 15 Abs. 1 einzuhaltenden Vorgaben → Rn. 11ff. Die Gleichartigkeit muss **von der klageberechtigten Stelle abstrakt dargelegt** werden. Ob die jeweils individuell angemeldeten Ansprüche demgegenüber auch tatsächlich – konkret – gleichartig sind, ist keine Frage der Zulässigkeit und **prüft das Gericht** im Falle kollektiver Abhilfe (dh zugunsten von noch nicht in der Klageschrift namentlich benannten Verbrauchern) auch gar **nicht selbst;**[111] dies obliegt vielmehr gem. § 27 Nr. 3 dem **Sachwalter** (im späteren Umsetzungsverfahren). **Anders** ist dies – mangels Umsetzungsverfahrens, → § 14 Rn. 21f. – wiederum bei einer individuellen Abhilfeklage mit dem Ziel einer Leistung an namentlich benannte Verbraucher. 37

---

[107] Köhler/Bornkamm/Feddersen/Scherer VDuG § 15 Rn. 2; Zöller/Althammer VDuG § 15 Rn. 3.

[108] Zöller/Althammer VDuG § 15 Rn. 3; Köhler/Bornkamm/Feddersen/Scherer VDuG § 15 Rn. 19; s. auch BT-Drs. 20/6520, 78.

[109] Musielak/Voit/Stadler VDuG § 15 Rn. 5.

[110] Köhler/Bornkamm/Feddersen/Scherer VDuG § 15 Rn. 20.

[111] Musielak/Voit/Stadler VDuG § 15 Rn. 1; vgl. jedoch zur gerichtlichen Prüfung, ob einzelne (ggf. divergierende) Voraussetzungen des Klageanspruchs standardisiert nachgewiesen werden können, → Rn. 21 sowie Gsell GRUR 2024, 979 (983f.).

III. Beantragung eines kollektiven Gesamtbetrags (S. 2 und 3)

38 § 15 Abs. 2 S. 2 und 3 betreffen ihrem Wortlaut nach lediglich **Abhilfeklagen auf Zahlung eines kollektiven Gesamtbetrages iSv § 16 Abs. 1 S. 1 Alt. 1** (→ § 14 Rn. 31 f.). Wichtigste Rechtsfolge dieser Vorschriften ist eine – im Vergleich zu § 13 Abs. 1 S. 2 VDuG iVm § 253 Abs. 2 ZPO – **spürbare Erleichterung des notwendigen Mindestinhalts der Klageschrift,**[112] indem (nur, → Rn. 36) bei auf Zahlung eines kollektiven Gesamtbetrages gerichteten Abhilfeklagen unter bestimmten Voraussetzungen auf einen **bezifferten Antrag verzichtet** werden kann;[113] denn der in diesen Fällen begehrte kollektive Gesamtbetrag wird (aus § 19 sowie eben § 15 Abs. 2 ersichtlich) erst durch das Gericht im Abhilfeendurteil – entsprechend § 287 ZPO (§ 19 Abs. 2) sowie grds. vorläufig, vgl. § 21 – festgesetzt (vgl. auch → § 14 Rn. 32; → § 19 Rn. 6 ff.).[114] Allerdings muss die klageberechtigte Stelle in diesen Fällen zumindest eine grobe **Schätzung** des Gesamtbetrags in die Klageschrift aufnehmen;[115] dies hat insb. Bedeutung für den **Streitwert.**

39 Eine weitere (wenn auch nur mittelbar) aus § 15 Abs. 2 S. 2 und 3 folgende Erleichterung betrifft die Identifikation der **Verbraucher, deren Ansprüche geltend gemacht werden;** auch diese müssen bei einer Klage auf Zahlung eines kollektiven Gesamtbetrags naturgemäß **nicht namentlich bezeichnet** werden (→ Rn. 36).[116] Insofern muss die Klageschrift jedoch **konkrete Angaben zur Identifikation und Abgrenzbarkeit der Gruppe der Berechtigten** enthalten;[117] zu Formulierungsbeispielen vgl. → § 14 Rn. 32.[118] Dies folgt indirekt aus ErwG 50 S. 1 Verbandsklagen-RL (→ Rn. 8) und gilt im Übrigen auch für eine Klage auf **Naturalabhilfe** zugunsten von namentlich nicht benannten Verbrauchern (→ § 14 Rn. 35 f.).

40 Darüber hinaus ist in den Fällen der Beantragung eines kollektiven Gesamtbetrags stets eine **weitere Differenzierung** erforderlich. Denn **§ 15 Abs. 2 S. 2** verlangt, dass in der Klageschrift grds., wenn diese gleich hoch sind, die **Höhe der einzelnen Verbraucheransprüche** angegeben werden „muss" (→ Rn. 41). Andernfalls, dh bei **unterschiedlich hohen Verbraucheransprüchen,** „soll" gem. § 15 Abs. 2 S. 3 wiederum die **Berechnungsmethode** angegeben werden, nach der sich die Höhe der jeweiligen einzelnen Ansprüche der betroffenen Verbraucher **ermitteln** lässt (→ Rn. 42).

41 **1. Höhe des einzelnen Verbraucheranspruchs (S. 2).** Bei einer auf Zahlung eines kollektiven Gesamtbetrages gerichteten Abhilfeklage muss die Klageschrift keine konkrete Bezifferung des kollektiven Gesamtbetrags enthalten (→ § 14 Rn. 32);[119] Dies folgt mittelbar aus § 19. Allerdings ist, um dem Gericht eine Schät-

---

112 Zöller/Althammer VDuG § 16 Rn. 8.

113 → § 14 Rn. 32 sowie Zöller/Althammer VDuG § 16 Rn. 8; Musielak/Voit/Stadler VDuG § 15 Rn. 5.

114 BT-Drs. 20/6520, S. 73; Stadler ZZP 136 (2023), 129 (139); Zöller/Althammer VDuG § 14 Rn. 6; HK-VDuG/Röthemeyer VDuG § 14 Rn. 8; s. auch Skauradszun MDR 2024, 741.

115 BT-Drs. 20/6520, S. 83; Bruns ZZP 137 (2024), 3 (11); Zöller/Vollkommer VDuG § 5 Rn. 3; Zöller/Althammer VDuG § 14 Rn. 6.

116 BT-Drs. 20/6520, 78; Köhler/Bornkamm/Feddersen/Scherer VDuG § 15 Rn. 19.

117 Vgl. Zöller/Althammer VDuG § 14 Rn. 8: „trennscharf zu kennzeichnen".

118 Zöller/Althammer VDuG § 14 Rn. 6.

119 BT-Drs. 20/6520, S. 73; Stadler ZZP 136 (2023), 129 (139); Zöller/Althammer VDuG § 14 Rn. 6; HK-VDuG/Röthemeyer VDuG § 14 Rn. 8.

zung des Gesamtvolumens des kollektiven Gesamtbetrags zu ermöglichen,[120] nach § 15 Abs. 2 S. 2 grds. die **Höhe der einzelnen Verbraucheransprüche anzugeben, sofern diese – allesamt – der Höhe nach gleich** sind; andernfalls gilt § 15 Abs. 2 S. 3 (→ Rn. 42).

2. Angabe der Berechnungsmethode (S. 3). Geht die klageberechtigte Stelle **42** davon aus, dass **die einzelnen Verbraucheransprüche unterschiedlich hoch** sind, „soll" die Klageschrift gem. § 15 Abs. 2 S. 3 statt der individuellen Anspruchshöhe eine einheitliche Berechnungsmethode für die Bezifferung des den einzelnen Verbrauchern (potentiell) zukommenden Geldbetrags beinhalten.[121] Neben § 15 Abs. 2 S. 3 folgt dies mittelbar auch aus § 19 und § 16 Abs. 2 S. 2 sowie ErwG 50 S. 1 Verbandsklagen-RL. (Zulässige) **Berechnungsmethoden** sind insb. **leicht zu handhabende, abstrakte mathematische Formeln** zur Berechnung der individuellen Anspruchshöhe;[122] diese müssen grds. alle wesentlichen Parameter für die (einfache) Berechnung des konkreten Betrages enthalten.[123] Zulässig sind daher zB bestimmte Formeln zum Abzug der Nutzungsentschädigung (wie im Diesel-Abgasskandal)[124] oder rein zeitanteilige Berechnungsformeln (etwa: 15 Euro pro Tag Vertragslaufzeit).[125]

Aus der im Vergleich zu § 15 Abs. 2 S. 2 anderen Formulierung („soll" statt **43** „muss") ersichtlich statuiert § 15 Abs. 2 S. 3 **keine zwingende Zulässigkeitsvoraussetzung;** entsprechend muss das Gericht die Klage bei Fehlen der Angaben die Klage nicht durch Prozessurteil abweisen.[126]

IV. Rechtsfolgen der Nichterfüllung der Vorgaben von § 15 Abs. 2

Zu den **Rechtsfolgen einer Nichteinhaltung** der Vorgaben von § 15 Abs. 2 **44** → Rn. 33.

E. Prozessverbindung und Prozesstrennung

Sofern in Bezug auf einzelne Verbraucheransprüche (oder bestimmte Verbrau- **45** cheruntergruppen, → Rn. 14) eine Gleichartigkeit fehlt, kann das Gericht grds. gem. § 13 Abs. 1 S. 1 VDuG iVm § 145 ZPO – und vorbehaltlich § 4 – eine **Prozesstrennung** durchführen; s. dazu (sowie zu etwaigen Folgeproblemen beim Verbandsklageregister) → § 13 Rn. 42. Andersherum können gem. **§ 13 Abs. 1 S. 1 VDuG iVm § 147 ZPO** bzw. **§ 13 Abs. 1 S. 2 VDuG iVm §§ 260, 263, 264 ZPO** verschiedene Abhilfeklagen (denen zB zwar ähnliche, aber nicht gleichartige Verbraucheransprüche zugrunde liegen) **verbunden** werden. S. zum Ganzen auch → § 13 Rn. 30 ff. sowie → § 14 Rn. 51.[127]

---

[120] BT-Drs. 20/6520, 83; Zöller/Althammer VDuG § 14 Rn. 8.

[121] BT-Drs. 20/6520, 83.

[122] BT-Drs. 20/6520, 80; Zöller/Althammer VDuG § 16 Rn. 8.

[123] Gsell/Meller-Hannich JZ 2022, 421 (424) Fn. 37.

[124] Musielak/Voit/Stadler VDuG § 15 Rn. 5.

[125] Zur Zulässigkeit „anerkannter wettbewerbsökonomischer Berechnungsmethoden" s. Schultze-Moderow/Steinle/Muchow BB 2023, 72 (74).

[126] Vor diesem Hintergrund verfangen insb. etwaige Zweifel an der Unionsrechtskonformität nicht; vgl. zu diesen Bruns ZZPInt 27 (2022), 293 (313).

[127] BT-Drs. 20/6520, 77.

Unterabschnitt 2 Abhilfeentscheidung

§ 16 Urteil und Abhilfegrundurteil

(1) [1]Hält das Gericht eine Abhilfeklage, die auf Zahlung eines kollektiven Gesamtbetrags oder auf die Verurteilung zu einer anderen Leistung als zur Zahlung gerichtet ist, dem Grunde nach für begründet, so erlässt es ein Abhilfegrundurteil. [2]Wird die Leistung an namentlich benannte Verbraucher begehrt, entscheidet das Gericht im Fall einer Verurteilung zur Zahlung durch Urteil. [3]Hält das Gericht die Abhilfeklage für unzulässig oder unbegründet, weist es die Klage durch Urteil ab.

(2) [1]Die Urteilsformel eines Abhilfegrundurteils enthält folgende Angaben:
1. die konkreten Voraussetzungen, nach denen sich die Anspruchsberechtigung der betroffenen Verbraucher bestimmt, und
2. die von jedem einzelnen Verbraucher im Umsetzungsverfahren zu erbringenden Berechtigungsnachweise.

[2]Wird mit der Abhilfeklage ein kollektiver Gesamtbetrag geltend gemacht, so enthält die Urteilsformel ferner den Betrag, der jedem berechtigten Verbraucher zusteht, oder, wenn die den berechtigten Verbrauchern zustehenden Beträge unterschiedlich hoch sind, die Methode, nach der die den berechtigten Verbrauchern jeweils zustehenden Einzelbeträge zu berechnen sind. [3]Wird mit der Abhilfeklage die Verurteilung zu einer anderen Leistung als zur Zahlung begehrt, so ist die Verurteilung in der Urteilsformel auszusprechen.

(3) Im Fall des Absatzes 1 Satz 1 bleibt die Kostenentscheidung dem Abhilfeendurteil vorbehalten.

(4) [1]Im Fall des Absatzes 1 Satz 1 entscheidet das Gericht durch Urteil, wenn
1. beide Parteien dies beantragen und
2. Bemühungen um einen Vergleich nach § 17 Absatz 1 aussichtslos erscheinen.

[2]In diesem Fall enthält die Urteilsformel die Angaben nach Absatz 2 und § 18 Absatz 1; § 18 Absatz 2 und 3 ist entsprechend anzuwenden.

(5) [1]Gegen Urteile nach den Absätzen 1 und 4 findet die Revision statt. [2]Diese bedarf keiner Zulassung.

Literatur: Bruns, Dogmatische Grundfragen der Verbandsklage auf Abhilfeleistung in Geld, ZZP 137 (2024), 3; Gsell, Die Umsetzung der Verbandsklagenrichtlinie – Effektiver Rechtsschutz für Verbraucher und Entlastung der Justiz durch die neue Verbands-Abhilfeklage?, GRUR 2024, 979; Heerma, Das geplante Verbraucherrechtedurchsetzungsgesetz – Abhilfeurteile und deren Umsetzung nach dem VDuG, ZZP 136 (2023), 425; Maultzsch, Das neue Verbraucherrechtedurchsetzungsgesetz – VDuG, ZZP 137 (2024), 119; Meller-Hannich, Kollektiver Rechtsschutz im Privatrecht und die Umsetzung der Verbandsklagenrichtlinie, VersR 2023, 1321; Röß, Die Klageänderung bei Verbandsklagen, MDR 2023, 1417; Röß, Die Abhilfeklage zugunsten namentlich benannter Verbraucher, NJW 2024, 1302; Stadler, Die neue Verbands(abhilfe)klage – Umsetzung der Richtlinie 2020/1828, ZZP 136 (2023), 129; Thönissen, Schadensersatz in der Verbandsabhilfeklage, r+s 2023, 749; Vollkommer, Die neue

Abhilfeklage nach dem VDuG – Strukturen und erste Anwendungsprobleme, MDR 2023, 1349.

Übersicht

A. Überblick und Normzweck

1 Gegenstand des 2. Unterabschnitts sind die **kollektiven Klagearten und Urteile,** die **der Leistungsklage** im Individualrechtsschutz entsprechen (vgl. § 14, zu den Erscheinungsformen der Abhilfeklage → § 14 Rn. 18 ff.). Davon zu unterscheiden sind auf (Muster-)Feststellung (vgl. § 1 Abs. 1 Nr. 2, § 41) oder Unterlassung (dazu UKlaG) gerichtete kollektive Klagen und Urteile.

2 §§ 16 ff. regeln Verfahren, Form und Rechtsmittel bei Abhilfeentscheidungen. **Systematisch** unterscheidet **Abs. 1 S. 1** zunächst zwischen **Abhilfeklagen auf Zahlung** (**Alt. 1** → Rn. 7 ff.) **oder** auf **andere Leistung als Zahlung** (**Alt. 2** → Rn. 37 ff.). Beide[1] Klagearten lassen sich je nach Antrag weiter danach differenzieren, ob die klageberechtigte Stelle eine Verurteilung zur **Leistung im kollektiven Umsetzungsverfahren** begehrt (vgl. § 18 Abs. 1 Nr. 1, Abs. 2, §§ 22 ff.) **oder an namentlich benannte Verbraucher (Abs. 1 S. 2).** Während im ersten Fall ein

[1] Siehe aber → Rn. 42.

Abhilfegrundurteil ergeht (→ Rn. 9ff., 38ff.), ist in letzterem Fall ohne solches und ohne Umsetzungsverfahren[2] über individuelle Ansprüche benannter, angemeldeter und berechtigter Verbraucher direkt durch **Urteil** nach § 13 Abs. 1 S. 2 entsprechend §§ 300ff. ZPO zu entscheiden (→ Rn. 27ff., 42).[3] **Klageabweisungen** ergehen in sämtlichen Konstellationen ebenfalls durch ein solches Urteil (**Abs. 1 S. 3** → Rn. 33).

3 Paradigmatischen **Hauptfall** bildet nach ihrem Standort in Abs. 1 S. 1 Alt. 1 und der Mehrzahl an Vorschriften in §§ 16–21 die **Abhilfeklage auf Zahlung eines kollektiven Gesamtbetrags** in einem neuartigen, mehrschrittigen Verfahren:[4] Erkennt das Gericht sie dem Grunde nach für zulässig und begründet, ergeht ein **Abhilfegrundurteil** mit Angaben nach Abs. 2 S. 1, 2 (→ Rn. 12ff.) in der Urteilsformel, anhand derer im Umsetzungsverfahren der Sachwalter die individuelle Anspruchsberechtigung angemeldeter Verbraucher prüft. Im nächsten Schritt fordert das Gericht die Parteien zu einem **Vergleichsvorschlag** über die einvernehmliche Umsetzung des Abhilfegrundurteils auf (§ 17), um insbesondere dem Beklagten Anreiz zur Vermeidung der Kosten der Fortsetzung des Abhilfeverfahrens sowie des Umsetzungsverfahrens zu geben (→ § 17 Rn. 1). Mangelt es der Aussicht auf einen Vergleich, entscheidet das Gericht auf Antrag der Parteien nach § 16 Abs. 4 in einem kombinierten Abhilfegrund- und -endurteil (→ Rn. 34ff.). Scheitern Bemühungen um einen verfahrensbeendenden Vergleich ohne übereinstimmenden Antrag, wird das Abhilfeverfahren fortgesetzt und streitig durch **Abhilfeendurteil** entschieden (§§ 17 Abs. 2, 18), das insbesondere über die Höhe des kollektiven Gesamtbetrags (§§ 18 Abs. 2, 19) und vorläufig die Kosten des Umsetzungsverfahrens (§§ 18 Abs. 1 Nr. 2, 20) erkennt. Es schließt sich das **Umsetzungsverfahren** nach §§ 22ff. zur Befriedigung individueller Ansprüche berechtigter angemeldeter Verbraucher durch den Sachwalter an. Weitere **Klagerechte im Umsetzungsverfahren** bestehen zugunsten der klageberechtigten Stelle nach § 21, wenn der im Abhilfeendurteil enthaltene kollektive Gesamtbetrag nicht ausreicht. Bei Streit über ihre Anspruchsberechtigung können angemeldete Verbraucher nach § 39, der Unternehmer nach § 40 klagen.

4 Rechtsmittel gegen Entscheidungen nach Abs. 1, 4 ist die Revision zum BGH (Abs. 5 → Rn. 43).

B. Umsetzung der Richtlinie

5 § 16 folgt **keinem direkten Vorbild** der Verbandsklagen-RL, sondern formt überwiegend die von ErwG 12 S. 1 Verbandsklagen-RL anerkannte mitgliedstaatliche Verfahrensautonomie näher aus. Die Differenzierung der Klageziele in Abs. 1 und Abs. 2 folgt aber der Vorgabe von Art. 9 Abs. 1 Verbandsklagen-RL, wonach Verbraucher Abhilfe nicht allein in Gestalt einer Zahlung, sondern allgemein in Form von Schadenersatz, Reparatur, Ersatzleistung, Preisminderung, Vertragsauflösung oder -rückabwicklung verlangen können.[5] Die Unterscheidung zwischen Abhilfegrundurteil bei Klage auf Zahlung eines kollektiven Gesamtbetrags (Abs. 1 S. 1 Alt. 1) und Urteil bei Klage auf Zahlung an namentlich benannte Verbraucher (Abs. 1 S. 2)

---

[2] BR-Drs. 145/23, 90; siehe aber → Rn. 42.

[3] BT-Drs. 20/6520, 79.

[4] Vgl. BR-Drs. 145/23, 66; Vollkommer MDR 2023, 1349 (1353f.).

[5] Vgl. BT-Drs. 20/6520, 79.

dient der Umsetzung von Art. 9 Abs. 5 mit ErwG 50 S. 1 Verbandsklagen-RL, die ausdrückliche Erwähnung der Klageabweisung durch Prozessurteil in Abs. 1 S. 3 von Art. 7 Abs. 7 Verbandsklagen-RL.[6] Die Fassung der Urteilsformel nach Abs. 2 S. 1 sowie zur Berechnungsmethode des kollektiven Gesamtbetrags in Fällen des Abs. 2 S. 2 Alt. 2 trägt ebenfalls ErwG 50 S. 1 Verbandsklagen-RL Rechnung.

Der Wortlaut der Vorschrift entspricht weitgehend dem Referenten- und dem **6** Regierungsentwurf sowie der Beschlussempfehlung des 6. Ausschusses (Rechtsausschuss) des 20. Deutschen Bundestags.[7] Abweichend vom RefE sieht **Abs. 1 S. 1** dem insoweit nicht näher begründeten **RegE** folgend keine Ermessens-, sondern nunmehr eine gebundene Entscheidung des Gerichts zum Erlass eines Abhilfegrundurteils bei zulässiger und begründeter kollektiver Abhilfeklage vor.[8] Das erscheint als Anreiz für frühzeitige parteiseitige Vergleichsbemühungen (§ 17) auf der Grundlage der Entscheidung im Ausgangspunkt konsequent, ist jedoch auch mit Blick auf das mögliche Rechtsmittelverfahren nach Abs. 5 und insgesamt drohende Verfahrensverzögerungen auf Kritik gestoßen.[9] In **Abs. 2 S. 1 Nr. 2** wurden auf Änderungsantrag des Bundesrats der **Beschlussempfehlung des Rechtsausschusses** folgend die Worte „im Umsetzungsverfahren" eingefügt, um klarzustellen, dass in einem Individualverfahren (§ 39) auch andere als die genannten Berechtigungsnachweise erbracht werden können.[10] Zudem wurde **Abs. 4** neu eingefügt,[11] wohl um die befürchteten Verfahrensverzögerungen infolge des Rechtskraftvorbehalts in § 17 Abs. 2 S. 1 sowie der Änderung des Abs. 1 S. 1 abzumildern. Dass Abs. 4 einen übereinstimmenden Antrag der Parteien voraussetzt, stößt teilweise weiterhin auf Kritik (→ Rn. 44). Probleme bei der Wahl der passenden Klageart, bei der Verfahrensführung und Urteilsverkündung (näher → Rn. 25 f., 29 ff.) können schließlich auch durch den erst spät im Gesetzgebungsverfahren festgelegten Zeitpunkt einer verbindlichen Anmeldung der Verbraucher zum Verbandsklageregister nach Schluss der mündlichen Verhandlung entstehen (dazu → § 13 Rn. 65 ff.; → § 46 Rn. 7).[12]

C. Abhilfeklage auf Zahlung (Abs. 1 S. 1 Alt. 1, S. 2)

Bei dieser Klage beantragt die klageberechtigte Stelle die Verurteilung des Un- **7** ternehmers zu einer Abhilfeleistung in Geld. Andere Klageziele unterfallen Alt. 2 (→ Rn. 37 ff.), können aber grundsätzlich miteinander verbunden werden nach § 13 Abs. 1 S. 2 entsprechend § 260 ZPO (→ § 13 Rn. 30).[13]

Beantragt die klageberechtigte Stelle Zahlung an namentlich benannte Ver- **8** braucher, ergeht sogleich ein (streitiges End-)**Urteil** unter den Voraussetzungen des **Abs. 1 S. 2** (auch sog. individualisierte Abhilfe-Sammelklage[14], → Rn. 27 ff.).

---

[6] Vgl. Köhler/Bornkamm/Feddersen/Scherer VDuG § 16 Rn. 4 f.

[7] VRUG-RefE, 12 f.; BT-Drs. 20/6520, 15 f.; BT-Drs. 20/7631, 18 f.

[8] Noch deutlicher als im Wortlaut BT-Drs. 20/6520, 79.

[9] Vgl. HK-VDuG/Röthemeyer VDuG § 16 Rn. 4 f.

[10] BT-Drs. 20/7631, 18, 109.

[11] BT-Drs. 20/7631, 19, 109.

[12] AA Vollkommer MDR 2023, 1349 (1353): Späte Anmeldung mindert Anreiz zum Individualrechtsschutz.

[13] Bruns ZZP 137 (2024), 3 (5).

[14] Zöller/Althammer VDuG § 16 Rn. 1, 3; Vollkommer MDR 2023, 1349 (1353).

Bei nicht namentlich bestimmtem Kreis betroffener Verbraucher, die lediglich anhand (abstrakt-genereller) Berechtigungsvoraussetzungen bestimmt sind,[15] geht der Antrag der klageberechtigten Stelle auf Verurteilung zur Zahlung eines kollektiven Gesamtbetrags (auch sog. Abhilfe-Gruppenklage[16]). Die Gruppe berechtigter Verbraucher ist unter den Voraussetzungen des § 15 einzugrenzen, das Gericht entscheidet in einem mehrschrittigen Verfahren zunächst durch Abhilfegrundurteil.

I. Abhilfegrundurteil zur Zahlung eines kollektiven Gesamtbetrags (Abs. 1 S. 1 Alt. 1)

9 **Streitgegenstand** ist die Verpflichtung des Unternehmers zur Zahlung eines kollektiven Gesamtbetrags (§ 14 S. 2) aus den abstrakt-generell betroffenen, gleichartigen (§ 15), doch sonst noch nicht konkret individualisierten Verbraucheransprüchen.[17] Diese selbst sind bereits mangels Antrags zur Zahlung an namentliche benannte Verbraucher nicht Streitgegenstand (anders Abs. 1 S. 2 → Rn. 27 ff.), sodass die Anzahl und individuelle Höhe betroffener Verbraucheransprüche im Abhilfegrundurteil unberücksichtigt und ihre Präzisierung und Ermittlung dem weiteren Verfahren vorbehalten bleibt. So weist Abs. 1 S. 1 eine gewisse Nähe zu § 304 ZPO auf, wenngleich bei der Abhilfeklage die individuelle Anspruchshöhe nicht streitig,[18] sondern noch unbekannt und durch die klageberechtigte Stelle nicht darzulegen ist. Die konkret-individuelle Anspruchshöhe ist vielmehr erst im Umsetzungsverfahren durch die angemeldeten Verbraucher zur Prüfung ihrer Anspruchsberechtigung darzulegen und nachzuweisen (vgl. § 27 Nr. 3, 9, näher → Rn. 12, 15). Im Abhilfeverfahren bleiben individuelle Verbraucheransprüche unberücksichtigt, werden nur mittelbar im Ansatz repräsentiert durch den kollektiven Gesamtbetrag (§ 19). Dessen Höhe muss das Gericht aber erst im Zuge des Verfahrens zum Abhilfeendurteil nach § 18 bestimmen, kann also für das Abhilfegrundurteil außer Acht bleiben. Abgesehen von § 6, richten sich **Sachaufklärung und Beweiserhebung** bei der Abhilfeklage ansonsten gemäß § 13 Abs. 1 S. 1 VDuG iVm §§ 138 ff. ZPO sowie § 13 Abs. 1 S. 2 VDuG iVm §§ 284 ff. ZPO nach allgemeinen Regeln. Auch wenn das Gericht keine konkret-individuellen Verbraucheransprüche prüft und insbesondere zur individuellen Anspruchshöhe durch das Umsetzungsverfahren erheblich von aufwändigen Tatsachenermittlungen und umfangreichen Beweisaufnahmen entlastet wird,[19] muss die Haftung des Unternehmers aber jedenfalls dem abstrakt-generell kollektivierten Anspruchsgrunde nach zu voller richterlicher Überzeugung feststehen entsprechend § 286 ZPO (zu § 287 ZPO vgl. Abs. 2 S. 2 → Rn. 20 f.).[20]

10 Hält das Gericht die Abhilfeklage auf Zahlung eines kollektiven Gesamtbetrags bei dieser abstrakt-generellen Beurteilung der Haftung des Unternehmers auch im Lichte von dessen (kollektiven) Einwendungen, die alle Ansprüche der

---

[15] BT-Drs. 20/6520, 81 zu § 18 Abs. 1 Nr. 1.

[16] Vollkommer MDR 2023, 1349 (1353).

[17] Vgl. BT-Drs. 20/6520, 79 (und 82 zu § 18 Abs. 2); Köhler/Bornkamm/Feddersen/Scherer VDuG § 16 Rn. 1 aE, 6, 10; Maultzsch ZZP 137 (2024), 119 (123); Thönissen r+s 2023, 749 (750); Zöller/Althammer VDuG § 16 Rn. 8 aE: eigenständiger Streitgegenstand.

[18] HK-VDuG/Röthemeyer VDuG § 16 Rn. 1.

[19] Vgl. BT-Drs. 20/6520, 83 zu § 19 Abs. 2.

[20] Vgl. Bruns ZZP 137 (2024), 3 (22 ff., 24).

Verbraucher gleichermaßen betreffen,[21] für zulässig und dem Grunde nach für begründet, ergeht ein Abhilfegrundurteil nach Abs. 1 S. 1 als **gebundene Entscheidung.**[22] In deren Vorfeld kann das Gericht bereits einen Vergleich nach § 9 anregen, nach der Abhilfegrundentscheidung gilt § 17. Auch wenn sich für das Gericht mangelnde Aussichten auf einen Vergleichsschluss bereits andeuten, hat es nur unter den Voraussetzungen des Abs. 4 (→ Rn. 34) anders als durch Abhilfegrundurteil zu entscheiden.

Bei **unzulässiger oder unbegründeter Klage** erfolgt eine Abweisung durch Urteil nach Abs. 1 S. 3 (→ Rn. 33). Ist bei Anspruchshäufung ein Teil der Klage abweisungs- oder noch nicht entscheidungsreif, kann das Gericht nach seinem Ermessen den entscheidungsreifen zulässigen und begründeten Teil durch Teil-Abhilfegrundurteil abspalten nach § 13 Abs. 1 S. 2 VDuG iVm § 301 ZPO.[23] **11**

1. Urteilsformel (Abs. 2 S. 1, 2). Die Urteilsformel verlangt umfangreichere Angaben als nach § 313 Abs. 1 Nr. 4 ZPO im Individualrechtsstreit.[24] Nur so kann der Sachwalter im späteren Umsetzungsverfahren (→ Rn. 3) die tatsächliche (konkret-individuelle) **Anspruchsberechtigung angemeldeter Verbraucher** beurteilen,[25] der bereits im Abhilfegrundurteil erkannten (abstrakt-generellen) Verpflichtung des Unternehmers zur Zahlung eines kollektiven Gesamtbetrags zuweisen und diesen Betrag rechtmäßig verteilen (§ 27 Nr. 3-11).[26] So zielt § 16 auf ein frühes Abhilfegrundurteil zur Haftung des Unternehmers als Anregung für Vergleichsbemühungen, das gleichwohl nicht zur Verteilung des kollektiven Gesamtbetrags an zum Verbandsklageregister angemeldete, doch nicht berechtigte Verbraucher führt. **12**

a) Berechtigungsvoraussetzungen (Abs. 2 S. 1 Nr. 1). Die konkreten Voraussetzungen der Anspruchsberechtigung betroffener Verbraucher sind dem materiell-rechtlichen Tatbestand der einschlägigen Anspruchsgrundlage entsprechend in der Urteilsformel zu präzisieren, etwa der Abschluss eines bestimmten Vertragstyps mit dem verklagten Unternehmer oder der Erwerb eines bestimmten Produkts von diesem.[27] Zugleich ist der Bezug zu dem abstrakt-generell beurteilten Lebenssachverhalt zu konkretisieren, etwa die Buchung eines bestimmten, später annullierten Fluges, der Abschluss eines bestimmten Formularsparvertrages mit unwirksamer Zinsanpassungsklausel oder eines Kaufvertrages über ein bestimmtes, in der Produktionsserie immer sachmangelbehaftetes Produkt, wobei auch weitere Bestimmungen etwa zum Zeitpunkt eines Vertragsschlusses getroffen werden können.[28] **13**

Dient die kollektive Abhilfeklage dazu, zahlreiche Individualverfahren zu vermeiden, muss das Abhilfegrundurteil umsichtig deren Streitgegenstand dem Grunde nach (also: abstrakt-generell) in sich aufnehmen und bestimmen. Je klarer, genauer **14**

---

21 BT-Drs. 20/6520, 79; zur Beachtlichkeit individueller Einwendungen und Einreden des Unternehmers erst im Umsetzungsverfahren sowie nach § 40 Maultzsch ZZP 137 (2024), 119 (142ff.).

22 Anders noch VRUG-RefE, 79 und § 304 ZPO, krit. HK-VDuG/Röthemeyer VDuG § 16 Rn. 4f.

23 HK-VDuG/Röthemeyer VDuG § 16 Rn. 6; allgemein Bruns ZZP 137 (2024), 3 (28).

24 HK-VDuG/Röthemeyer VDuG § 16 Rn. 7.

25 BT-Drs. 20/6520, 79.

26 Vgl. Zöller/Althammer VDuG § 16 Rn. 5; Musielak/Voit/Stadler VDuG § 16 Rn. 4.

27 BT-Drs. 20/6520, 79.

28 BT-Drs. 20/6520, 79; oder etwa Angaben zur Kündigung oder Ausübung eines Optionsrechts, Köhler/Bornkamm/Feddersen/Scherer VDuG § 16 Rn. 14.

und widerspruchsfreier die in vielfältiger Weise denkbaren Anknüpfungspunkte und Konkretisierungen der Urteilsformel gelingen, desto wirksamer lässt sich Widersprüchen im Umsetzungsverfahren (§ 28 Abs. 4) und nachträglichen Individualverfahren begegnen (§§ 39f.).[29]

15 **b) Berechtigungsnachweise (Abs. 2 S. 1 Nr. 2).** Das Umsetzungsverfahren ist kein Erkenntnisverfahren, der Sachwalter hat keine richterlichen Kompetenzen (ebenso → § 25 Rn. 25 und → § 28 Rn. 18). Daher obliegt dem Gericht, bereits im Abhilfegrundurteil die Nachweise zu bestimmen, die der Sachverwalter von den angemeldeten Verbrauchern zur Prüfung ihrer Anspruchsberechtigung einzuholen berechtigt und verpflichtet ist (vgl. § 27 Nr. 3). Solche Nachweise können **beispielsweise** die Vorlage einer Boardingcard[30], eines bestimmten Sparvertrags oder einer Rechnung über den Kauf eines bestimmten Produkts sein.[31] Reichen verschiedene Nachweise je für sich zum Beweis der Berechtigungsvoraussetzungen aus, hat das Gericht auch die Vorlage solcher alternativen Nachweise bereits in der Urteilsformel zuzulassen.[32]

16 In Betracht kommen in erster Linie **Urkunden, Augenscheinsobjekte** und möglicherweise Sachverständigengutachten, neben Vertragsdokumenten auch etwa Protokolle oder E-Mail-Verkehr, Vertragsobjekte oder Fotos, wobei das Gericht zudem die Art und Weise der Vorlage festlegt.[33] Vorgesehen ist weder eine Beschränkung auf die Beweismittel der ZPO noch eine bestimmte Beweiserhebung oder ein Beweismaß im Umsetzungsverfahren.[34] Dennoch legt der gebotene Schutz der Beklagtenseite vergleichbare Anforderungen nahe.[35] Mit präzisen Vorgaben vereinfacht das Gericht das Umsetzungsverfahren, das mit zunehmendem Überprüfungsspielraum des Sachwalters komplizierter wird, Klagen (§ 28 Abs. 4) und Individualverfahren (§§ 39f.) herausfordert (→ § 39 Rn. 10).[36] Wo präzise Vorgaben zu standardisierten Berechtigungsnachweisen für einzelne Tatbestandsmerkmale des materiell-rechtlichen Anspruchs indes nicht möglich sind (etwa zu subjektiven Merkmalen des Anspruchstellers wie Kenntnis oder Unkenntnis bestimmter Umstände zu einer bestimmten Zeit), wird allgemein auf geeignete Nachweise zu verweisen und so dem Sachwalter für das Umsetzungsverfahren ein gewisser Beurteilungsspielraum einzuräumen sein, soweit für solche Ansprüche die Abhilfeklage nicht schon mangels Gleichartigkeit nach § 15 Abs. 1 S. 1 unzulässig ist (→ § 15 Rn. 21ff.). Eine Abweisung der Abhilfeklage wegen Schwierigkeiten bei der Formulierung standardisierter Berechtigungsnachweise als unzweckmäßig kommt jedenfalls nicht in Betracht.[37]

---

29 Vgl. HK-VDuG/Röthemeyer VDuG § 16 Rn. 8.

30 Krit. dazu mit Blick auf für Verbraucher weiterhin attraktive Legal-Tech-Alternativen Stadler ZZP 136 (2023), 129 (141); Zöller/Althammer VDuG § 16 Rn. 7.

31 BT-Drs. 20/6520, 79.

32 BT-Drs. 20/6520, 80.

33 HK-VDuG/Röthemeyer VDuG § 16 Rn. 9: im Original, als (beglaubigte) Kopie, Scan pp., postalisch oder elektronisch; Zöller/Althammer VDuG § 16 Rn. 7.

34 HK-VDuG/Röthemeyer VDuG § 16 Rn. 9: Zulässig sind auch Vorgaben zur Authentifizierung, Glaubhaftmachung, (eidesstattlichen) Versicherung und zu (zeugenähnlichen) Erklärungen Dritter; ähnlich Musielak/Voit/Stadler VDuG § 16 Rn. 4.

35 Bruns ZZP 137 (2024), 3 (23f.).

36 HK-VDuG/Röthemeyer VDuG § 16 Rn. 9 s. auch Janal GRUR 2023, 985 (992).

37 Gsell GRUR 2024, 979 (983f., 987, 989).

c) Betrag oder Berechnungsmethode (Abs. 2 S. 2). Die Erwähnung des kollektiven Gesamtbetrags im ersten Halbsatz von Abs. 2 S. 2 dient mit S. 3 allein der Abgrenzung der Klagearten und nimmt Bezug auf den Klageantrag nach § 15 Abs. 2 S. 2 und 3 (→ § 15 Rn. 38ff.).[38] Das Abhilfegrundurteil enthält demgegenüber nicht den kollektiven Gesamtbetrag,[39] sondern den **Betrag, der jedem berechtigten Verbraucher zusteht.** Es präzisiert – abweichend von § 304 ZPO auch der Höhe nach – zunächst abstrakt-generell den typischen (oder: Muster-) Zahlungsanspruch berechtigter Verbraucher[40] als Grundlage und Anreiz für Vergleichsbemühungen nach § 17. Es erkennt indes nicht über konkret-individuelle Zahlungsansprüche oder Schäden.[41] Auch wenn bei Verkündung des Abhilfegrundurteils die Anmeldung der Verbraucher zum Verbandsklageregister bereits abgeschlossen ist (→ Rn. 25), lässt sich ohne Prüfung ihrer konkret-individuellen Anspruchsberechtigung der kollektive Gesamtbetrag, zu dessen Zahlung der Unternehmer zu verurteilen ist, nämlich noch nicht endgültig errechnen (nicht einmal in Fällen des Abs. 2. S. 2 Alt. 1). §§ 18ff. behalten diese Schritte dem Abhilfeendurteil und dem Umsetzungsverfahren vor. 17

Im Übrigen bestätigt Abs. 2 S. 2 die Geltung des allgemeinen Antragsgrundsatzes, § 308 Abs. 1 ZPO. 18

(1) Gleich hoher Betrag (Alt. 1). Hat die klageberechtigte Stelle nach § 15 Abs. 2 S. 2 eine Verurteilung zu einem bestimmten, für alle betroffenen Verbraucher gleich hohen Betrag beantragt, entscheidet das Gericht im Abhilfegrundurteil darüber, welcher **genaue Betrag** jedem einzelnen berechtigten Verbraucher zusteht, etwa bei einer Entschädigung von Flugpassagieren nach der Fluggastrechteverordnung,[42] in Fällen des § 58 Abs. 3 S. 2 TKG[43] oder (umstritten) Art. 82 DS-GVO[44]. Auch in dieser Konstellation steht der letztlich geschuldete kollektive Gesamtbetrag noch nicht zur Zeit des Abhilfegrundurteils fest, weil mangels Prüfung noch nicht klar ist, ob alle angemeldeten Verbraucher auch anspruchsberechtigt sind. 19

Das Gericht ist an den Antrag der klageberechtigen Stelle nach § 15 Abs. 2 S. 2 gebunden und kann den beantragten Zahlungsbetrag nicht eigenmächtig nach § 287 ZPO schätzen und anpassen, denn anders als nach § 19 geht es hier nicht um den kollektiven Gesamtbetrag, sondern um die abstrakt-generelle Bestimmung des (Einzel- als Muster-)Betrags, den berechtigte Verbraucher beanspruchen können (→ Rn. 17).[45] Die **Würdigung folgt allgemeinen Grundsätzen,** weil die Abhilfeklage **keine materiell-rechtliche Schadenspauschalierung** legitimiert.[46] Ist ein gleich hoher Betrag für Verbraucheransprüche beantragt, die materiell-rechtlich typischerweise unterschiedlicher Höhe unterliegen (z. B. Dieselfälle), ist die Klage (jedenfalls teilweise) abzuweisen (Abs. 1 S. 3, → Rn. 33). Zur Bewältigung kriti- 20

38 Vgl. Zöller/Althammer VDuG § 16 Rn. 8; HK-VDuG/Röthemeyer VDuG § 16 Rn. 10.

39 Dieser ist erst im Abhilfeendurteil zu beziffern, → § 18 Rn. 14; Zöller/Althammer VDuG § 18 Rn. 6f.

40 Vgl. Bruns ZZP 137 (2024), 3 (34f.); Heerma ZZP 136 (2023), 425 (436); Zöller/Althammer VDuG § 16 Rn. 8.

41 Heerma ZZP 136 (2023), 425 (436).

42 BT-Drs. 20/6520, 80.

43 Zöller/Althammer VDuG § 16 Rn. 8.

44 Musielak/Voit/Stadler VDuG § 16 Rn. 1; aA Paal NJW 2022, 3673 (3678).

45 Vgl. Thönissen r+s 2023, 749 (756).

46 Stadler FS H. Roth, 2021, 539 (540ff.); Kern/Uhlmann ZEuP 2022, 849 (874f.); Thönissen r+s 2023, 749 (750).

scher Massen von Streitigkeiten im Kollektivrechtsschutz erscheint Abs. 2 S. 2 Alt. 1 daher nur in einfach gelagerten Fällen tauglich.[47] Nur wo auch das materielle Recht richterliches Ermessen einräumt (etwa § 253 Abs. 2 BGB), kann der Antrag nach § 15 Abs. 2 S. 2 entsprechend allgemeinen Grundsätzen unbestimmt und so im Umsetzungsverfahren die Anspruchshöhe einzelfallorientiert zu ermitteln bleiben (Abs. 2 S. 2 Alt. 2, → Rn. 22) oder aber im kollektiven Rechtsschutz auch mit pauschaler Höhe fest beziffert werden (Alt. 1, umstritten[48]; → § 15 Rn. 38 ff.).

21 **§ 287 ZPO** ist auch bei der gerichtlichen Prüfung des Antrags nach § 14 S. 2 im Vorfeld einer Abhilfeentscheidung **nicht direkt** anzuwenden, weil kein konkret-individueller Lebenssachverhalt zu beurteilen, sondern der kollektive (Muster-) Sachverhalt abstrakt-generell für die spätere Prüfung der Anspruchsberechtigung angemeldeter Verbraucher auszuformen ist. Soweit es nicht um die individuelle Anspruchs- oder Schadenshöhe in der konkreten Person des Anspruchsberechtigten geht, ist die Begründetheit der Höhe des beantragten (Muster-)Zahlungsbetrags aber **entsprechend** § 287 ZPO zu beurteilen, wie ohne Erwähnung in den Gesetzesmaterialien aus § 13 Abs. 1 S. 2 folgt, nicht aus § 19 Abs. 2, der allein den kollektiven Gesamtbetrag regelt (vgl. allgemein zu Sachaufklärung und Beweis bereits → Rn. 9).[49]

22 **(2) Unterschiedlich hoher Betrag (Alt. 2).** Bei individuell unterschiedlich hohen Beträgen entscheidet das Gericht über die nach § 15 Abs. 2 S. 3 in der Klageschrift angegebene **Berechnungsmethode** nach Abs. 2 S. 2 Alt. 2. Es gibt die mathematische Formel an, mit der sich die einzelnen Forderungen ihrer Höhe nach individuell berechnen lassen, etwa bei Zinsnachzahlungsansprüchen eine individuelle Berechnung nach der konkreten Dauer der Laufzeit und nach der Höhe des Sparvermögens.[50] Ob bei komplexen und voraussetzungsreichen Berechnungsmechanismen eine reduzierte Formel oder Umschreibung im Tenor mit näher differenzierten Erläuterungen in den Entscheidungsgründen ausreicht, ist umstritten.[51] Auch hier gilt § 287 ZPO entsprechend § 13 Abs. 1 S. 2 (vgl. → Rn. 21).

23 **2. Keine Kostenentscheidung (Abs. 3) und Vollstreckbarkeit.** Ohne Kenntnis des erst durch Abhilfeendurteil festzustellenden kollektiven Gesamtbetrags (§§ 18 Abs. 2, 19) steht ähnlich wie bei § 304 ZPO noch nicht fest, in welchem Umfang der Kläger obsiegt.[52] Jedenfalls wohl auch, um den Gebührenstreitwert zusammen mit der Kostenentscheidung festsetzen zu können, stellt Abs. 3 nochmals über § 18 Abs. 1 Nr. 4 hinaus klar, dass im Abhilfegrundurteil kein Kostenausspruch erfolgt. Anders liegt es mangels Abhilfeendurteils allein bei (teilweiser)

---

[47] Vgl. Maultzsch ZZP 137 (2024), 119 (143); Thönissen r+s 2023, 749 (756); Musielak/Voit/Stadler VDuG § 16 Rn. 1, u. a. mit Hinweis auf attraktive Legal-Tech-Alternativen zur Fluggastrechtedurchsetzung.

[48] Vgl. Musielak/Voit/Stadler VDuG § 16 Rn. 1 zu Art. 82 DS-GVO; aA zum gleichen Betrag für Hinterbliebenen- und wohl auch Schmerzensgeld Thönissen r+s 2023, 749 (756) unter starker Beschneidung der Reichweite des Kollektiv- trotz weitergehend möglichen Individualrechtsschutzes.

[49] Vgl. Bruns ZZP 137 (2024), 3 (23 f.); Thönissen r+s 2023, 749 (756).

[50] BT-Drs. 20/6520, 80.

[51] Dafür HK-VDuG/Röthemeyer VDuG § 16 Rn. 10; wohl dagegen Thönissen r+s 2023, 749 (756).

[52] Vgl. HK-VDuG/Röthemeyer VDuG § 16 Rn. 17, auch zu Unterschieden.

Klageabweisung durch (End-)Urteil nach Abs. 1 S. 3 (→ Rn. 33)[53] sowie in Fällen des Abs. 4 (→ Rn. 36).

Kein Ausspruch erfolgt auch zur (vorläufigen) Vollstreckbarkeit, da erst das Abhilfeendurteil vollstreckungsfähig ist (→ § 18 Rn. 22) – außer bei Teilabweisung und Abs. 4 (→ Rn. 23 aE). 24

3. Urteilsverkündung und vorige Umstellung der Klage. Die Verkündung erfolgt nach § 13 Abs. 1 S. 2 entsprechend § 310 Abs. 1 S. 1 Alt. 2, S. 2, Abs. 2 ZPO. Ein Abhilfegrundurteil ergeht abweichend von § 310 Abs. 1 S. 1 Alt. 1 ZPO erst sechs Wochen nach Schluss der mündlichen Verhandlung (§ 13 Abs. 4, → § 13 Rn. 65 ff.), sodass zwischenzeitlich auch die dreiwöchige Anmeldefrist für Verbraucher zum Verbandsklageregister abgelaufen ist (§ 46 Abs. 1 S. 1).[54] Ohne Umstellung der Klage wird es nach § 13 Abs. 1 S. 2 entsprechend § 317 ZPO den Parteien (nicht: den angemeldeten Verbrauchern) zugestellt und im Verbandsklageregister bekanntgemacht (§ 44 Nr. 11). Die klageberechtigte Stelle kann in Kenntnis von der Anmeldung individueller Verbraucher aber erwägen, die zunächst auf Zahlung eines kollektiven Gesamtbetrags gerichtete Klage nachträglich umzustellen in eine Klage auf Zahlung an namentlich benannte Verbraucher (ebenso → § 13 Rn. 47 und → § 14 Rn. 25). Zulässigkeit und Voraussetzungen sind umstritten (→ Rn. 29 ff., 32). 25

Meldet sich kein einziger Verbraucher an, kann die klageberechtigte Stelle den **Antrag nach Abs. 4 S. 1 Nr. 1** (→ Rn. 34 f.) stellen.[55] Die – praktisch wohl seltene – Situation ähnelt einem Verzicht im Individualrechtsschutz (§ 306 ZPO), weshalb der Beklagte in solchen Fällen einen Hauptantrag auf Klageabweisung stellen und allenfalls hilfsweise einer Verurteilung nach Abs. 4 S. 1 Nr. 1 zustimmen wird (→ Rn. 35). Eine rechtskräftige Entscheidung liegt in seinem Interesse, schützt vor erneuter Inanspruchnahme durch die klageberechtigte Stelle und andere Verbände (§ 8).[56] 26

II. Urteil zur Zahlung an namentlich benannte Verbraucher (Abs. 1 S. 2)

Anders als nach Abs. 1 S. 1 (→ Rn. 9) bilden nach gesetzgeberischer Vorstellung bei der Abhilfeklage auf Zahlung an namentlich benannte Verbraucher deren Individualansprüche in ihrer Summe den **Streitgegenstand** (vgl. § 14 S. 1), bedürfen daher individueller gerichtlicher Prüfung im Einzelnen ähnlich dem Verfahren im Individualrechtsschutz, doch dafür keines kollektiven Umsetzungsverfahrens.[57] Statt dieses mehrschrittigen Verfahrens (→ Rn. 3) genügt ein einschrittiges Er- 27

---

[53] BT-Drs. 20/6520, 80.

[54] § 46 Abs. 1 S. 1 bezieht sich auf die mündliche Verhandlung zu § 16 (s. auch § 13 Abs. 4, → § 13 Rn. 65 ff.). Ein dem Wortlaut nach ebenso denkbarer Verweis auf § 18 erscheint sinnwidrig, weil nach § 17 Abs. 2 S. 1 das Verfahren nur ohne wirksamen Vergleich fortgesetzt wird, dessen Abschluss aber gem. § 9 Abs. 1 S. 2 erst nach Verfahrensfortsetzung möglich wäre. Zudem orientiert sich § 46 historisch an § 608 Abs. 1 ZPO aF, während das Verfahren nach §§ 606 ff. ZPO aF zu einem dem § 16 vergleichbaren Feststellungsurteil führte, nicht zu einem Leistungsurteil wie in § 18, → § 46 Rn. 6, 8; das Problem folgt aus der späten Änderung des § 46 im Gesetzgebungsverfahren, näher Waßmuth/von Rummel ZIP 2023, 1515 (1521).

[55] Musielak/Voit/Stadler VDuG § 16 Rn. 4.

[56] Musielak/Voit/Stadler VDuG § 16 Rn. 4.

[57] Vgl. HK-VDuG/Röthemeyer VDuG § 16 Rn. 13; Zöller/Althammer VDuG § 16 Rn. 1, 3.

kenntnisverfahren entsprechend allgemeinen Grundsätzen (vgl. insoweit zu Sachaufklärung und Beweis auch → Rn. 9).[58] Deshalb kann das Gericht die zulässige und begründete Klage bei Entscheidungsreife nach § 13 Abs. 1 S. 2 VDuG iVm **§ 300 ZPO** direkt durch (streitiges End-)**Urteil** entscheiden, wie Abs. 1 S. 2 klarstellt. Nach § 13 Abs. 1 S. 2 liegt entsprechend § 304 ZPO zuvor auch ein klassisches Grundurteil im Ermessen des Gerichts, wenn bei noch streitiger Höhe der Anspruch bereits dem Grunde nach feststeht (ebenso → § 13 Rn. 52).[59] Zur Klageabweisung siehe Abs. 1 S. 3 (→ Rn. 33).

28 **1. Urteilsformel, Kostenentscheidung und Vollstreckung.** Der **Tenor** folgt allgemeinen Regeln nach § 13 Abs. 1 S. 2 VDuG iVm §§ 300ff. ZPO.[60] Da die berechtigten Verbraucher ohne Verfahrensbeteiligung nicht im Rubrum angegeben sind, bedarf es in der Urteilsformel oder Anlage einer namentlichen Benennung (etwa nach Name, Vorname und Anschrift).[61] Auch die **Kostenentscheidung** folgt allgemeinen Regeln (→ § 13 Rn. 20). Nicht zweifelsfrei geklärt ist, in welcher Form die **Vollstreckung** stattfindet. Nach dem Vorbild des Individualrechtsstreits müssten die aus dem Urteil berechtigten Verbraucher selbst vollstrecken können.[62] § 750 Abs. 1 ZPO folgend, legen die Gesetzesmaterialien indes eine Vollstreckung durch die klageberechtigte Stelle zugrunde.[63] Mit Blick auf den Streitgegenstand eines Bündels individueller Verbraucheransprüche lässt sich dieses Ergebnis gleichermaßen unter Annahme sowohl einer (gewillkürten[64] oder gesetzlichen[65]) Prozessstandschaft als auch einer eigenen materiellen Anspruchsberechtigung oder prozessualen Klage- und Vollstreckungsbefugnis[66] des Verbands begründen.[67] In jedem Fall bleibt eine aufwändige, nicht im Umsetzungsverfahren kollektivierte Einzelzwangsvollstreckung nötig, weshalb die Klage auf Zahlung an namentlich benannte Verbraucher für die klageberechtigte Stelle kostspielig und für Verbraucher mit dem Insolvenzrisiko der klageberechtigten Stelle behaftet bleibt.[68]

29 **2. Urteilsverkündung und vorige Umstellung der Klage.** Auch ein Urteil nach Abs. 1 S. 2 ergeht erst **sechs Wochen nach Schluss der mündlichen Verhandlung** (§ 13 Abs. 4), nachdem die dreiwöchige Anmeldefrist für Verbraucher zum Verbandsklageregister abgelaufen ist (§ 46 Abs. 1 S. 1). Probleme entstehen, wenn die in der Klageschrift namentlich benannten Verbraucher sich nicht zum

---

[58] Vgl. Köhler/Bornkamm/Feddersen/Scherer VDuG § 16 Rn. 7; Röß NJW 2024, 1302 (1304).

[59] HK-VDuG/Röthemeyer VDuG § 16 Rn. 13; Zöller/Althammer VDuG § 16 Rn. 3.

[60] BT-Drs. 20/6520, 80.

[61] HK-VDuG/Röthemeyer VDuG § 16 Rn. 15.

[62] In diese Richtung Thönissen r+s 2023, 749 aE: Befriedigung direkt im Verhältnis von beklagtem Unternehmer und betroffenem Verbraucher; an Lösung nach § 727 ZPO zweifelnd Bruns ZZP 137 (2024), 3 (37f.).

[63] BT-Drs. 20/6520, 81 zu § 18 Abs. 1 Nr. 1 aE; Zöller/Althammer VDuG § 16 Rn. 1, § 18 Rn. 2: Vollstreckungsstandschaft; Köhler/Bornkamm/Feddersen/Scherer VDuG § 16 Rn. 7.

[64] Zöller/Althammer VDuG § 16 Rn. 3; zuvor auch Fries ZZP 134 (2021), 433 (448ff.).

[65] Implizit dafür Röß NJW 2024, 1302 (1304): „Zwangsverbindung" mit der klageberechtigten Stelle; wohl auch Gsell GRUR 2024, 979 (985f.)

[66] Dafür Skauradszun → Einleitung Rn. 18; zuvor auch Adolphsen ZZP 135 (2022), 299 (324, 327).

[67] Vgl. Bruns ZZP 137 (2024), 3 (37f.).

[68] Vgl. Bruns ZZPInt 27 (2022), 293 (317f.); Zöller/Althammer VDuG § 16 Rn. 3.

Verbandsklageregister an- oder nach der mündlichen Verhandlung wieder abmelden (§ 46 Abs. 1, 4) oder sich andere, in der Klage nicht namentlich benannte Verbraucher anmelden.[69] Teilweise wird in einfachen Fällen – wie etwa bei eindeutigem Kreis der Berechtigten und eindeutiger Anspruchshöhe – zur Bewältigung ein Schriftsatznachlass nach § 13 Abs. 1 VDuG iVm §§ 139 Abs. 5, 283 ZPO für ausreichend erachtet.[70] Andernfalls wäre an eine Umstellung der Klage durch Klageänderung, -erweiterung, -beschränkung oder -rücknahme zu denken, die nach Schluss der mündlichen Verhandlung aber nur noch eingeschränkt zulässig ist (ausf. → § 14 Rn. 27 und → § 13 Rn. 67).

a) Umstellung der Klage nach Abs. 1 S. 2 in Klage nach Abs. 1 S. 1. Eine Klagerücknahme bei Nichtanmeldung im Antrag namentlich benannter Verbraucher ist nach § 269 Abs. 1 und 3 S. 1 Alt. 2 ZPO nach Beginn der mündlichen Verhandlung nur mit Einwilligung des Beklagten möglich (ebenso → § 13 Rn. 48).[71] Bei Anmeldung anderer als der benannten Verbraucher ist eine Klageänderung nach allgemeinen Grundsätzen nur bis zum Schluss der letzten mündlichen Tatsachenverhandlung zulässig, danach unzulässig.[72] Mangels Abschluss der Anmeldung der Verbraucher zur Zeit der mündlichen Verhandlung kommt zwar eine Wiedereröffnung der mündlichen Verhandlung zur nachträglichen Umstellung der Klage in Betracht. Deren Zulässigkeit ist aber umstritten,[73] gilt es doch mit Blick auf §§ 13 Abs. 4, 46 Abs. 1, ein „Karussell" von Anmeldungen und Wiedereröffnungen zu vermeiden (→ § 14 Rn. 27 und → § 13 Rn. 67).[74] Die Einordnung als Klageänderung (§ 263 ZPO) oder als ohne Weiteres zulässige Klageerweiterung (§ 264 Nr. 2 ZPO) hängt zudem von der umstrittenen Einschätzung zum **Streitgegenstand** und zur **Prozessführungsbefugnis** bei der Klage ab. Wer bei der Abhilfeklage einen eigenen materiellen Anspruch der klageberechtigten Stelle annimmt, gelangt zu einer zulässigen Klageerweiterung.[75] Unter Annahme einer Prozessstandschaft[76] der klageberechtigten Stelle als Repräsentantin individueller materieller Ansprüche der Verbraucher liegt eine nachträglich nach § 13 Abs. 1 S. 2 nur entsprechend § 263 ZPO mögliche Klageänderung näher.[77] Bei rein prozessualer Konstruktion der kollektiven Klagebefugnis[78] der berechtigten Stelle sprechen der Gesetzeszweck und der Wille des Gesetzgebers für eine schlechthin zulässige Klageänderung bei nachträglichen Registeranmeldungen.[79] 30

Zur Vermeidung dieser Unsicherheiten kann sich für die klageberechtigte Stelle empfehlen, die Klagearten zur Zahlung an namentlich benannte Verbraucher 31

---

69 Eingehend Bruns ZZP 137 (2024), 3 (24ff.); Röß NJW 2024, 1302 (1304).

70 So HK-VDuG/Röthemeyer VDuG § 16 Rn. 14.

71 Bruns ZZP 137 (2024), 3 (24ff., 26) zur Justizgewährleistung für den Beklagten gegen eine teleologische Reduktion auf eine sachdienliche Klageänderung nach § 263 ZPO; Röß MDR 2023, 1417 (1419, 1421ff.).

72 Allgemein BGH NJW 2015, 2188, Rn. 20; zu § 16 Bruns ZZP 137 (2024), 3 (25).

73 Für Wiedereröffnung Musielak/Voit/Stadler VDuG § 16 Rn. 1 aE.

74 Röß MDR 2023, 1417 (1420); Röß NJW 2024, 1302 (1305): Prozess „ad infinitum".

75 So wohl Bruns ZZP 137 (2024), 3 (24ff., 26), wenn auch mit Zweifeln zum gebotenen rechtlichen Gehör des Beklagten und an dogmatischer Konsistenz.

76 Dafür Zöller/Althammer VDuG § 16 Rn. 3; Gsell GRUR 2024, 979 (985f.)

77 Dafür Röß MDR 2023, 1417 (1420f.).

78 Dafür Skauradszun → Einleitung Rn. 18; zuvor auch Adolphsen ZZP 135 (2022), 299 (324, 327).

79 Trotz abweichender Einordnung darauf hinweisend Bruns ZZP 137 (2024), 3 (25f.).

(Abs. 1 S. 2) sowie eines kollektiven Gesamtbetrags (S. 1 Alt. 1) von Anfang an zu verbinden (→ § 13 Rn. 30), um separate Entscheidungen durch Teilurteile nach § 13 Abs. 1 S. 2 VDuG iVm § 301 ZPO zu ermöglichen.[80] Ohne Erfordernis einer Klageänderung unterfallen nachträgliche Anmeldungen dann der Klage nach Abs. 1 S. 1 Alt. 1. Andernfalls kann die klageberechtigte Stelle unter Umständen von Anfang an die Anmeldemöglichkeit zum Verbandsklageregister beschränken, um nachträgliche Anmeldungen zu vermeiden.[81]

32 **b) Umstellung der Klage nach Abs. 1 S. 1 in Klage nach Abs. 1 S. 2.** Bislang wenig bedacht ist der umgekehrte Fall der nachträglichen Umstellung einer Klage auf Zahlung eines kollektiven Gesamtbetrags in eine Klage auf Zahlung an namentlich benannte Verbraucher. Die Überlegung liegt nahe, weil noch nach der mündlichen Verhandlung betroffene Verbraucher sich zum Verbandsklageregister anmelden können (→ Rn. 25) und bei kleinem Kreis von Anmeldungen eine Umstellung prozessökonomisch erscheint. Anders als bei der Klage auf Zahlung an namentlich benannte Verbraucher (→ Rn. 30) bedarf es hier zwar keiner Klagerücknahme bei Nichtanmeldung betroffener Verbraucher, doch könnte das Gericht eine solche Umstellung insgesamt als (teilweise) Rücknahme der Klage auf Zahlung eines kollektiven Gesamtbetrags ansehen. Eine solche ist nach Beginn der mündlichen Verhandlung nach § 13 Abs. 1 S. 2 VDuG iVm § 269 Abs. 1 und 3 S. 1 Alt. 2 ZPO nur mit Einwilligung des Beklagten möglich. Aufgrund der je nach Klageart unterschiedlich stark konkretisierten Streitgegenstände (vgl. → Rn. 27 gegenüber → Rn. 9) kommt hier erst recht eine Wiedereröffnung der mündlichen Verhandlung in Betracht, bis zu der die klageberechtigte Stelle ohne Einwilligung des Beklagten entsprechend § 269 Abs. 1 ZPO den erforderlichen Antrag stellen kann. Je nach Ansicht zum **Streitgegenstand und** zur **Prozessführungsbefugnis** kommen auch hier unterschiedliche Lösungen in Betracht, die zur unbeschränkten Zulässigkeit der Umstellung nach § 13 Abs. 1 S. 2 VDuG iVm § 264 Nr. 2 ZPO, zur Zulässigkeit entsprechend den Voraussetzungen des § 263 ZPO nach Wiedereröffnung oder zur sondergesetzlich nach Abs. 1 S. 1 schlicht implizierten Zulässigkeit einer solchen Umstellung führen können (vgl. → Rn. 30 f.).

III. Klageabweisung durch Urteil (Abs. 1 S. 3)

33 Die Regelung stellt klar, dass die Abweisung der Klage in Form eines (End-)Urteils nach § 13 Abs. 1 S. 2 VDuG iVm § 300 ZPO ergeht.[82] Sie erfolgt wie stets als unzulässig durch Prozessurteil oder als unbegründet durch Sachurteil, während eine teilweise Abweisung mit dem Abhilfeurteil verbunden ist (→ Rn. 11, 36).[83] Abweichend von allgemeinen Regeln eröffnet Abs. 1 S. 3 eine Revision nach Abs. 5.[84]

---

[80] Zur Zulässigkeit nach § 13 Abs. 1 S. 2 VDuG iVm § 260 ZPO Bruns ZZP 137 (2024), 3 (5); näher Röß NJW 2024, 1302 (1306 ff.).

[81] Dafür HK-VDuG/Röthemeyer VDuG § 16 Rn. 14, § 14 Rn. 7; Röß NJW 2024, 1302 (1305).

[82] Vgl. BT-Drs. 20/6520, 79.

[83] HK-VDuG/Röthemeyer VDuG § 16 Rn. 16, 6; Köhler/Bornkamm/Feddersen/Scherer VDuG § 16 Rn. 2, 6.

[84] HK-VDuG/Röthemeyer VDuG § 16 Rn. 16.

IV. (End-)Urteil auf Antrag (Abs. 4)

34 Eines Abhilfegrundurteils nach Abs. 1 S. 1, des zeitaufwändigen Rechtsmittelverfahrens nach Abs. 5 (→ Rn. 43) und eines Umsetzungsvergleichs nach § 17 bedarf es nicht, wenn die Parteien unmittelbar in der mündlichen Verhandlung und nach Abs. 4 **S. 1 Nr. 1 übereinstimmend** ein (streitiges End-)**Urteil** gemäß § 13 Abs. 1 S. 2 VDuG iVm § 300 ZPO **beantragen.**[85] Schlagwortartig regelt Abs. 4 das sog. kombinierte Abhilfegrund- und -endurteil[86], verkürzte Verfahren[87] oder den Verzicht auf ein Abhilfegrundurteil[88] oder auf die Fortsetzung des Abhilfeverfahrens[89]. Die Regel entspricht der zivilprozessualen Dispositionsmaxime. Schließt sich der Beklagte dem Antrag der klageberechtigten Stelle trotz deutlich gewordener mangelnder Vergleichsbereitschaft nicht an, kann ungeachtet offensichtlicher Verschleppungsabsicht kein Urteil nach Abs. 4 ergehen.[90] Es bedarf dann eines Abhilfegrundurteils (→ Rn. 9ff. oder → Rn. 39ff.) und des Eintritts in Vergleichsverhandlungen nach § 17, es sei denn die Klage ist nach Abs. 1 S. 3 abzuweisen (→ Rn. 33).

35 Für die nach **S. 1 Nr. 2** erforderliche **Aussichtslosigkeit von Vergleichsbemühungen** liefert der übereinstimmende Antrag ein gewichtiges Indiz.[91] Ausreichen dürfte ein zustimmender Hilfsantrag auf Beklagtenseite, der mit einem Hauptantrag auf Klageabweisung verbunden ist.[92] Die gleichwohl erforderliche Einschätzung führt gemeinsam mit der Bindung des Gerichts an den Erlass eines Abhilfegrundurteils nach Abs. 1 S. 1 (→ Rn. 10) dazu, dass das Gericht bei vorausschauender Prozessführung selbst frühzeitig die Vergleichsbereitschaft der Parteien anregt und im Blick behält.[93] So wird es auf Antrag nach S. 1 Nr. 1 hinreichend eigenständig gemäß Nr. 2 die Vergleichsbereitschaft beurteilen oder in aussichtslosen Fällen sogar selbst einen solchen Antrag anregen können.

36 Nach **Abs. 4 S. 2** setzt sich die **Urteilsformel** zusammen aus den sonst auf das Abhilfegrundurteil nach Abs. 2 (→ Rn. 12–22) und das Abhilfeendurteil nach § 18 Abs. 1 (→ § 18 Rn. 5ff.) aufgeteilten Angaben.[94] Diese ermöglichen die Durchführung des **Umsetzungsverfahrens** (→ Rn. 12), weshalb die Besonderheiten nach § 18 Abs. 2 und 3 (→ § 18 Rn. 14ff.) ebenfalls entsprechend zu tenorieren sind. Mit dem zusprechenden Urteil kann nach allgemeinen Grundsätzen auch eine Teil-Klageabweisung verbunden sein (→ Rn. 33).[95]

---

[85] Vgl. BT-Drs. 20/7631, 109.
[86] Vollkommer MDR 2023, 1349 (1354); Köhler/Bornkamm/Feddersen/Scherer VDuG § 16 Rn. 9, 18.
[87] Zöller/Althammer VDuG § 16 Rn. 11; ähnlich HK-VDuG/Röthemeyer VDuG § 16 Rn. 5 aE.
[88] Musielak/Voit/Stadler VDuG § 16 Rn. 2.
[89] Anders/Gehle/Schmidt VDuG § 16 Rn. 7.
[90] HK-VDuG/Röthemeyer VDuG § 16 Rn. 19.
[91] BT-Drs. 20/7631, 109.
[92] Vgl. HK-VDuG/Röthemeyer VDuG § 16 Rn. 19.
[93] Vgl. HK-VDuG/Röthemeyer VDuG § 16 Rn. 5, 18.
[94] BT-Drs. 20/7631, 109.
[95] HK-VDuG/Röthemeyer VDuG § 16 Rn. 20.

D. Abhilfeklage auf andere Leistung als Zahlung (Abs. 1 S. 1 Alt. 2)

37 Diese Art der Abhilfeklage richtet sich auf Reparatur oder Ersatzleistung,[96] auch etwa Update oder Neuberechnung[97] oder Herausgabe anderer Gegenstände als Geld (auch sog. Naturalabhilfe-, Naturalleistungs-[98] oder Nichtzahlungsklage[99]). Auf Zahlung von Geld zielende Klagen unterfallen Alt. 1 (→ Rn. 7 ff., dort auch zur Anspruchshäufung beider Klageziele).

38 Jedenfalls im Ausgangspunkt lassen sich auch zu Abs. 1 S. 1 Alt. 2 Klagen auf Leistung an namentlich benannte Verbraucher gemäß Abs. 1 S. 2 (→ Rn. 42) von solchen auf Leistung im kollektiven Umsetzungsverfahren nach S. 1 unterscheiden.

I. Abhilfegrundurteil zu anderer Leistung als Zahlung (Abs. 1 S. 1 Alt. 2)

39 Vgl. zum abstrakt-generellen Streitgegenstand, Sachaufklärung und Beweis sowie zur Bindung des Gerichts an den Erlass eines Abhilfegrundurteils → Rn. 10–26, außer in Fällen der Klageabweisung (Abs. 1 S. 3, → Rn. 33) und des (End-)Urteils auf Antrag (Abs. 4, → Rn. 34–36).

40 Neben den Berechtigungsvoraussetzungen und -nachweisen nach Abs. 2 S. 1 (→ Rn. 13–16) enthält die **Urteilsformel** nach Abs. 2 S. 3 bereits den Ausspruch zur Verurteilung des Beklagten zu der beantragten Leistung.[100] Ohne namentliche Nennung lässt sich aber die konkret-individuelle Berechtigung angemeldeter Verbraucher erst im Umsetzungsverfahren feststellen (→ Rn. 12). Dieses dient hier allein der Prüfung der konkret-individuellen Anspruchsberechtigung angemeldeter Verbraucher durch den Sachwalter.[101] Die Feststellung eines zu ihrer Befriedigung erforderlichen kollektiven Gesamtbetrags gemäß Abs. 2 S. 2 ist hingegen nur bei Abhilfeklagen auf Zahlung an nicht namentlich benannte Verbraucher erforderlich.[102] Auch wenn das Gericht also im Unterschied zu § 304 ZPO nicht nur über den Haftungsgrund, sondern den gesamten Streitgegenstand entscheidet, lässt der Umsetzungs- und Konkretisierungsbedarf des kollektiven Ausspruchs die Bezeichnung als Abhilfegrundurteil folgerichtig erscheinen.[103]

41 Vgl. zur fehlenden Kostenentscheidung (Abs. 3) und Vollstreckbarkeit sowie zu Ausnahmen bei Klageabweisung und Antrag nach Abs. 4 → Rn. 23 f.; zur **Verkündung** und **Umstellung der Klage** im Zusammenhang mit der Anmeldung der Verbraucher zum Verbandsklageregister → Rn. 25 f.

---

96 BT-Drs. 20/6520, 79.

97 Vollkommer MDR 2023, 1349 (1353).

98 Bruns, Umsetzung der EU-Verbandsklagerichtlinie in deutsches Recht, 2022, S. 64 ff. und passim; HK-VDuG/Röthemeyer VDuG § 16 Rn. 3; Zöller/Althammer VDuG § 16 Rn. 3, 9; Thönissen r+s 2023, 749 (753).

99 HK-VDuG/Röthemeyer VDuG § 16 Rn. 12.

100 BT-Drs. 20/6520, 80.

101 BT-Drs. 20/6520, 80.

102 HK-VDuG/Röthemeyer VDuG § 16 Rn. 10.

103 Vgl. HK-VDuG/Röthemeyer VDuG § 16 Rn. 12: Bezeichnung als Zwischenurteil besser.

II. Urteil zu anderer Leistung als Zahlung an namentlich benannte Verbraucher (Abs. 1 S. 2)?

Beantragt die klageberechtigte Stelle eine Verurteilung des Unternehmers zu einer anderen Leistung als Zahlung direkt an namentlich benannte Verbraucher, müsste nach Genese[104], Systematik und Sinn des Abs. 1 S. 2 statt eines Abhilfegrundurteils im mehrschrittigen Verfahren auch direkt in einem Schritt ein (streitiges End-) Urteil ergehen können. Eines Umsetzungsverfahrens zur Prüfung der bereits im Abhilfeverfahren zu beurteilenden individualisierten Verbraucheransprüche bedarf es nämlich nicht (→ Rn. 2, 27).[105] Der **Wortlaut beschränkt Abs. 1 S. 2** dennoch **eindeutig auf** die **Abhilfeklage auf Zahlung** an namentlich benannte Verbraucher.[106] Teils wird daher und mit Blick auf die besondere Vollstreckungskompetenz des Sachwalters nach § 29 Abs. 1, 2 ein gebundenes **Abhilfegrundurteil** sowie das Umsetzungsverfahren für nötig erachtet (wie → Rn. 40).[107] Da § 29 sich wie das gesamte Umsetzungsverfahren aber sachlogisch zwanglos auf Klagen auf Leistung an nicht namentlich benannte Verbraucher beschränken lässt, erscheint ebenso eine teleologische Extension des Abs. 1 S. 2 überzeugend, sodass auch bei der Abhilfeklage auf andere Leistung als Zahlung an namentlich benannte Verbraucher ein **(End-)Urteil** ergehen und durch die klageberechtigte Stelle vollstreckt werden kann (parallel → Rn. 27 ff.; ebenso → § 14 Rn. 22 und 34).[108] Im Gefolge der erstgenannten Ansicht lassen sich jedenfalls die Folgeprobleme einer **Umstellung der Klage** nach Anmeldung der Verbraucher zum Verbandsklageregister vermeiden, die ansonsten parallel zur Abhilfeklage auf Zahlung auftreten (→ Rn. 29 ff.). **42**

E. Revision (Abs. 5)

Über §§ 542 ff. ZPO hinaus erweitert Abs. 5 in Anlehnung an § 614 ZPO aF zur bisherigen Musterfeststellungsklage (dazu nun § 42) gesetzlich die zulassungsfreie Revisibilität der genannten Entscheidungen zum kollektiven Erkenntnisverfahren.[109] Solche haben als Leitverfahren ex lege grundsätzliche Bedeutung iSv § 543 Abs. 2 S. 1 Nr. 1 ZPO.[110] Das Abhilfegrundurteil wird nach § 13 Abs. 1 S. 1 VDuG iVm § 705 S. 1 ZPO formell rechtskräftig mit Verstreichen der Notfrist des § 548 ZPO. Eine Berufung scheidet aus, der erstinstanzlichen Zuständigkeit der OLG und des BayObLG aus § 3 Abs. 1 folgend gibt es nur eine Tatsacheninstanz (vgl. auch § 18 Abs. 4).[111] **43**

---

[104] BT-Drs. 20/6520, 79, vorletzter Absatz zu Abs. 1.

[105] So deutlich auch BT-Drs. 20/6520, 81 zu § 18 Abs. 1 Nr. 1.

[106] Meller-Hannich VersR 2023, 1321 (1327); Zöller/Althammer VDuG § 16 Rn. 3: wohl kein Redaktionsversehen.

[107] HK-VDuG/Röthemeyer VDuG § 16 Rn. 3, 12; Zöller/Althammer VDuG § 16 Rn. 3 mit Verweis auf BT-Drs. 20/6520, 90 zu § 29.

[108] Dafür Zöller/Vollkommer VDuG § 13 Rn. 8: Vollstreckung durch klageberechtigte Stelle analog § 29 Abs. 2 S. 1 und 2; Köhler/Bornkamm/Feddersen/Scherer VDuG § 16 Rn. 8; Büscher WRP 2024, 1 (5).

[109] Vgl. BT-Drs. 20/6520, 80; krit. zur Divergenz gegenüber der zulassungsgebundenen Revision nach § 6 Abs. 2 UKlaG Büscher WRP 2024, 1 (9).

[110] Vgl. BGH NJW 2023, 1816 zu § 614 ZPO aF; Zöller/Althammer VDuG § 16 Rn. 12 Köhler/Bornkamm/Feddersen/Scherer VDuG § 16 Rn. 21.

[111] HK-VDuG/Röthemeyer VDuG § 16 Rn. 23.

F. Kritik und Reformvorschläge

44 Sind die Parteien nicht vergleichsbereit und versagt die Gegenseite einem einseitigen Antrag auf Erlass eines Urteils nach Abs. 4 die Zustimmung (→ Rn. 34), ist das Gericht gebunden, ein Abhilfegrundurteil zu fällen (→ Rn. 10) und das Abhilfeverfahren nach § 17 Abs. 1 fortzusetzen. Dass es in solchen Konstellationen nicht im verkürzten Verfahren nach Abs. 4 entscheiden kann, ist auf Kritik gestoßen. Für den Zwischenschritt eines Grundurteils fehle es an einem sachlichen Grund und bei Ausschöpfung der Rechtsmittel bestehe die Gefahr erheblicher Verfahrensverzögerung, weshalb eine Entscheidung nach Abs. 4 nur einen einseitigen Klägerantrag oder gerichtliches Ermessen voraussetzen solle.[112] Nach aA schafft eine rechtskräftige Verurteilung zum Grund ein Faktum, das die Vergleichsbereitschaft beeinflussen kann und für die aktuelle Regelung spricht.[113]

§ 17 Vergleichsvorschlag; Fortsetzung des Abhilfeverfahrens

(1) [1]**Nach der Verkündung des Abhilfegrundurteils soll das Gericht die Parteien auffordern, einen schriftlichen Vergleichsvorschlag zur Umsetzung des Abhilfegrundurteils zu unterbreiten.** [2]**Das Gericht kann den Parteien eine Frist zur Unterbreitung des Vergleichsvorschlags setzen.** [3]**Auf Antrag einer Partei und mit Zustimmung der Gegenpartei kann das Gericht diese Frist verlängern.** [4]**Die §§ 9 und 10 sind entsprechend anzuwenden.**

(2) [1]**Wird das Abhilfeverfahren nicht durch wirksamen Vergleich beendet und ist das Abhilfegrundurteil rechtskräftig, so setzt das Gericht das Abhilfeverfahren fort.** [2]**Es entscheidet durch Abhilfeendurteil.**

Literatur: siehe § 16.

Übersicht

[112] HK-VDuG/Röthemeyer VDuG § 16 Rn. 5; Bruns ZZP 137 (2024), 3 (29f.).
[113] Anders/Gehle/Schmidt VDuG § 16 Rn. 4 aE.

A. Überblick und Normzweck

1 Nach dem Abhilfegrundurteil[1] (§ 16 Abs. 1 S. 1) besteht der nächste Schritt des kollektiven Abhilfe- und Umsetzungsverfahrens (Gesamtüberblick bei → § 16 Rn. 3) in der **Ausarbeitung eines Vergleichsvorschlags** durch die Parteien nach **Abs. 1 S. 1** (→ Rn. 5-13). Dies gibt insbesondere dem Beklagten Gelegenheit zur Abwendung des kostenträchtigen (§ 18 Abs. 1 Nr. 2 und 3) gesetzlichen Umsetzungsverfahrens nach §§ 22ff.[2] Erschien ein Vergleich bereits zuvor aussichtslos, konnten die Parteien durch übereinstimmenden Antrag nach § 16 Abs. 4 diesen Schritt wie bereits das Abhilfegrundurteil überspringen (→ § 16 Rn. 34ff.). Ist hingegen ein Abhilfegrundurteil ergangen, sind die Parteien nach der Vorstellung des Gesetzgebers grundsätzlich vergleichsbereit.[3] Verfahrensverzögerungen durch schleppende Vergleichsverhandlungen kann das Gericht durch **Fristsetzung** nach **Abs. 1 S. 2 und 3** vorzubeugen suchen (→ Rn. 14f.). Unterbreiten die Parteien im **Erfolgsfall** einen **Vergleichsvorschlag,** bedarf dieser nach **Abs. 1 S. 4** richterlicher **Prüfung und Genehmigung** nach § 9 Abs. 2, um für angemeldete und nicht nach § 10 ausgetretene Verbraucher Wirkung gem. § 9 Abs. 1 zu entfalten (→ Rn. 16–18). **Scheitern Vergleichsbemühungen** oder lehnt das Gericht den Vergleichsvorschlag ab, entscheidet das Gericht gem. **Abs. 2** (→ Rn. 19–21) nach **Fortsetzung des Verfahrens (S. 1)** durch **streitiges Abhilfeendurteil (S. 2)** nach § 18.

2 In Umsetzung der Verbandsklagen-RL (→ Rn. 3) bezweckt die Regelung, zur **Prozessbeschleunigung** den Abschluss gerichtlicher (Kollektiv-)Vergleiche zu begünstigen (zum außergerichtlichen Vergleich → Rn. 22ff.). Der Anreiz für den Beklagten, berechtigte Verbraucheransprüche vergleichsweise ohne Vollstreckungsdruck im kostenträchtigen gesetzlichen Umsetzungsverfahren zu erfüllen, soll eine **zügige und möglichst einvernehmliche Beendigung des Rechtsstreits** fördern.[4] Vorrangiges Ziel ist es, dass sich die Parteien auf ein Prüf- und Verteilungssystem zur Umsetzung der Abhilfegrundentscheidung einigen, das sie in der Folge selbstständig durchführen.[5] Zugleich trägt der Verweis in Abs. 1 S. 4 auf die Prüfungs- und Genehmigungsbedürftigkeit des Vergleichs durch das Gericht nach § 9 Abs. 2 und die Möglichkeit eines Austritts nach § 10 dem **Rechtsschutzinteresse angemeldeter Verbraucher** Rechnung.[6]

---

1 Nicht bei anderen (End-)Urteilen nach § 16, HK-VDuG/Röthemeyer VDuG § 17 Rn. 1 aE.

2 Anders im Gesetzgebungsverfahren noch Bruns ZZPInt 27 (2023), 293 (327): Vergleich als Basis des Umsetzungsverfahrens.

3 Vgl. BT-Drs. 20/6520, 80; Zweifel daran bestehen bei nur einseitigem Antrag nach § 16 Abs. 4, vgl. → § 16 Rn. 34 aE, zur Kritik → § 16 Rn. 44.

4 BT-Drs. 20/6520, 80.

5 BT-Drs. 20/6520, 80f.

6 Vgl. BT-Drs. 20/6520, 81.

B. Umsetzung der Richtlinie

3 § 17 dient der Umsetzung von **Art. 11** Abs. 1 **Verbandsklagen-RL** sowie ErwG 53ff.[7] Mit der Verweisung in Abs. 1 S. 4 wird insbesondere Art. 11 Abs. 2 und Abs. 4 entsprochen.[8] Art. 11 Abs. 3 Verbandsklagen-RL ist in Abs. 2 S. 1 nahezu wörtlich übernommen.

4 Der **Wortlaut** der Regelung entspricht vollständig dem RefE und dem RegE und blieb auch in der Beschlussempfehlung des 6. Ausschusses (Rechtsausschuss) des 20. Deutschen Bundestags **unverändert.**[9] Der ebenfalls unveränderte Verweis in Abs. 1 S. 4 zur „entsprechenden" Anwendung von §§ 9f. ist als Redaktionsversehen einzuordnen, seitdem die erst spät im Gesetzgebungsverfahren angepasste, nun bis nach Schluss der mündlichen Verhandlung laufende Anmeldefrist der Verbraucher zum Verbandsklageregister (→ 16 Rn. 6, → § 13 Rn. 65ff., → § 46 Rn. 5) nur noch Fallgestaltungen in unmittelbarer Anwendung der §§ 9f. gestattet.[10]

C. Unterbreitung eines Vergleichsvorschlags (Abs. 1)

I. Richterliche Aufforderung der Parteien (Abs. 1 S. 1)

5 **1. Zeitpunkt nach der Verkündung des Abhilfegrundurteils.** Die Bezugnahme auf den Verkündungszeitpunkt (→ § 16 Rn. 25, 41) soll verdeutlichen, dass das Gericht mit seiner Aufforderung den Ausgang eines etwaigen Revisionsverfahrens nach § 16 Abs. 5 nicht abzuwarten braucht, weil das Zustandekommen eines Vergleichs zur Rücknahme der Revision führen könne.[11] Ungeachtet einer richterlichen Aufforderung nach Abs. 1 S. 1 bleibt ein **außergerichtlicher Vergleichsschluss** durch die Parteien zwar jederzeit möglich – auch schon vor dem Abhilfegrundurteil[12] wie auch später noch während des Umsetzungsverfahrens (→ Rn. 22ff.).[13] Für den **gerichtlichen Vergleich** hingegen modifizieren § 17 Abs. 1 S. 4 und § 9 Abs. 1 S. 2 aber § 278 ZPO dahingehend, dass ein Abschluss nicht vor Ablauf der Anmeldefrist nach § 46 Abs. 1 S. 1 möglich ist (→ § 9 Rn. 26).[14] Erst zu diesem Zeitpunkt (drei Wochen nach Abschluss der letzten mündlichen Verhandlung vor Verkündung des Abhilfegrundurteils) kennen die Parteien den Kreis angemeldeter Verbraucher und haben eine sicherere Grundlage für ein individualisiertes Vergleichsangebot.[15] Ergrei-

---

7 BT-Drs. 20/6520, 80; Abs. 1 S. 1 entspricht insbesondere Art. 11 Abs. 1 Buchst. b der Verbandsklagen-RL, Buchst. a werden bereits allgemeine Verfahrensgrundsätze gerecht, Köhler/Bornkamm/Feddersen/Scherer VDuG § 17 Rn. 1.

8 Zu Abs. 2 BT-Drs. 20/6520, 81; zu Abs. 4 Zöller/Althammer VDuG § 17 Rn. 7; Köhler/Bornkamm/Feddersen/Scherer VDuG § 17 Rn. 4.

9 VRUG-RefE, 13; BT-Drs. 20/6520, 16; BT-Drs. 20/7631, 19.

10 Musielak/Voit/Stadler VDuG § 17 Rn. 3.

11 BT-Drs. 20/6520, 81; an Vergleichsbereitschaft während des Rechtsmittelverfahrens zweifelnd HK-VDuG/Röthemeyer VDuG § 17 Rn. 3.

12 Vgl. Heerma ZZP 136 (2023), 425 (438); Zöller/Althammer VDuG § 17 Rn. 3; Köhler/Bornkamm/Feddersen/Scherer VDuG § 17 Rn. 4.

13 HK-VDuG/Röthemeyer VDuG § 17 Rn. 2 aE.

14 Musielak/Voit/Stadler VDuG § 17 Rn. 2; Köhler/Bornkamm/Feddersen/Scherer VDuG § 17 Rn. 7 aE.

15 Stadler ZZP 136 (2023), 129 (144); Meller-Hannich VersR 2023, 1321 (1326).

fen sie selbst dazu keine Initiative, schafft das Gericht mit dem Abhilfegrundurteil zur Haftung des Unternehmers zudem Klarheit über die wesentlichen inhaltlichen Grundlagen der Verpflichtung und verbindet damit die Aufforderung zur konsensualen Streitbeilegung.[16]

2. Art, Form und Inhalt der Entscheidung. Die Entscheidung des Gerichts 6
zur Aufforderung der Parteien unterliegt – anders als etwa die Bindung zum Erlass eines Abhilfegrundurteils (→ § 16 Rn. 10) – als **Soll-Vorgabe** begrenzter Ermessensausübung. Die Aufforderung kann unterbleiben, **wenn** eine **vergleichsweise Einigung der Parteien ausgeschlossen**[17] oder völlig unwahrscheinlich[18] erscheint. So wird es etwa liegen, wenn eine Partei bereits den Antrag nach § 16 Abs. 4 gestellt, die andere sich aber bei zugleich deutlich gewordener mangelnder Vergleichsbereitschaft nicht angeschlossen hat (→ § 16 Rn. 34). An Vergleichsbereitschaft fehlen kann es auch, wenn bei einer Vielzahl von Anmeldungen zum Verbandsklageregister die Anspruchsberechtigung zwischen den Parteien umstritten ist.[19] Das Gericht kann in solchen Fällen **ohne Aufforderung** nach Abs. 1 S. 1 gem. § 17 Abs. 2 das Verfahren fortsetzen und durch Abhilfeendurteil entscheiden (→ Rn. 19ff.). Sind die Parteien abweichend von der richterlichen Einschätzung dennoch vergleichsbereit, können sie nach § 13 Abs. 1 S. 2 entsprechend § 278 Abs. 6 ZPO vorgehen.[20]

Ansonsten ergeht die **Aufforderung** nach § 13 Abs. 1 S. 2 entsprechend § 329 7
Abs. 2 ZPO **durch** formlosen **Beschluss,** der nicht aufgrund mündlicher Verhandlung (§ 329 Abs. 1 ZPO), sondern ex lege nach Abs. 1 S. 1 erfolgt. Nahe liegt eine Verbindung der Aufforderung mit dem Abhilfegrundurteil. **Inhaltlich** zielt die Aufforderung auf einen **schriftlichen Vergleichsvorschlag zur Umsetzung des Abhilfegrundurteils;** die Parteien sollen sich insbesondere über ein Prüf- und Verteilungssystem zur Befriedigung berechtigter Verbraucher einigen, das sie in der Folge selbstständig durchführen (→ Rn. 8ff.).[21] Weitergehend im Ermessen des Gerichts liegt, ob es sich dem Gesetz genügend auf eine solch knappe, passive Aufforderung beschränkt und die Gestaltung des Vergleichsvorschlags ganz den Parteien überlässt oder ob es – mehr dem Ideal des § 278 Abs. 1, 6 S. 1 Alt. 2 ZPO im Individualrechtsschutz folgend – selbst Leitplanken oder konkrete Anhaltspunkte für einen Vorschlag ausarbeitet oder mündlich mit den Parteien verhandelt.[22] So kann es etwa mit den Parteien den Ausblick auf das gesetzliche, gerichtlich beaufsichtigte (§ 30) Umsetzungsverfahren nach §§ 22ff. erörtern und Erfahrungen zu dessen Kosten mitteilen, möglicherweise bereits unter Einbeziehung eines Sachverständigen, des vorgesehenen Sachwalters (vgl. § 23 Abs. 1 S. 2) oder für die Position geeigneter Bewerber bis hin zu Vorabsprachen über die Sachwaltervergütung (vgl. § 20 Abs. 1 Nr. 2 und § 32; → § 20 Rn. 9).[23] Mit der Aufforderung verbinden kann

---

[16] Vgl. Zöller/Althammer VDuG § 17 Rn. 3 aE; Musielak/Voit/Stadler VDuG § 17 Rn. 2 aE.
[17] BT-Drs. 20/6520, 80.
[18] So Köhler/Bornkamm/Feddersen/Scherer VDuG § 17 Rn. 6.
[19] HK-VDuG/Röthemeyer VDuG § 17 Rn. 2, mit Verweis auf Vergleichsmöglichkeit im Umsetzungsverfahren.
[20] HK-VDuG/Röthemeyer VDuG § 17 Rn. 4 aE.
[21] BT-Drs. 20/6520, 80f.
[22] Vgl. HK-VDuG/Röthemeyer VDuG § 17 Rn. 4; Köhler/Bornkamm/Feddersen/Scherer VDuG § 17 Rn. 7; Anders/Gehle/Schmidt VDuG § 17 Rn. 1.
[23] Eingehend HK-VDuG/Röthemeyer VDuG § 17 Rn. 4.

das Gericht nach eigenem Ermessen zudem sogleich eine Fristsetzung nach Abs. 1 S. 2 (→ Rn. 14).

8 **3. Gegenstand des Vergleichsvorschlags.** Die Erarbeitung des Vergleichsvorschlags eröffnet den Parteien die Möglichkeit, selbst ein **Instrument zur Umsetzung des Abhilfegrundurteils** zu entwickeln, sich insbesondere auf ein **Prüf- und Verteilungssystem** zur Berechtigung der angemeldeten und Befriedigung der berechtigten Verbraucher (kurz: **Abwicklungssystem**) zu einigen.[24] Dabei können sie sich an den Regelungsgegenständen des gesetzlichen Umsetzungsverfahrens orientieren (§§ 22ff.), können zur Vermeidung eines solchen kostenträchtigen staatlichen Verfahrens aber die Art und Weise der konkreten Umsetzung des Abhilfegrundurteils letztlich disponibel gestalten.

9 **a) System für die Prüfung der individuellen Berechtigung.** So können die Parteien zunächst den für das Umsetzungsverfahren **zuständigen Verantwortlichen** bestimmen (ähnlich §§ 22f.). Während insbesondere bei einer Verurteilung des Unternehmers zur **Zahlung eines** kollektiven **Gesamtbetrags** (→ § 16 Rn. 9ff.) auch eine Abwicklung durch die klageberechtigte Stelle in Betracht kommt,[25] geht die Gesetzesbegründung allgemein eher von der Vereinbarung eines **Abwicklungssystems** in den Händen des Unternehmers sowie unterstützender Einbeziehung Dritter aus (wohl in Anlehnung an §§ 25–27).[26] Neben unternehmensinternen Lösungen kann die Abwicklung also auch durch ein gemeinsames Gremium von Unternehmer und klageberechtigter Stelle oder durch externe Rechtsanwalts- oder Wirtschaftsprüferkanzleien erfolgen, ebenso durch andere Dritte – etwa Sachverständige[27] – oder mit Hilfe von Legal-Tech-Tools.[28] Je weniger die klageberechtigte Stelle selbst in die Abwicklung einbezogen ist, desto mehr mag sie die Wahrnehmung von Kontrollfunktionen oder jedenfalls eine Aufsicht Dritter über das Umsetzungsverfahren anregen (ähnlich §§ 22, 30).[29]

10 Für die **Prüfung der Anspruchsberechtigung** angemeldeter Verbraucher durch den zuständigen Verantwortlichen können die Parteien mit Rücksicht auf das Abhilfegrundurteil (s. § 16 Abs. 2 S. 1; → § 16 Rn. 13ff., 40) die konkreten **Voraussetzungen** und vorzulegenden **Nachweise** näher bestimmen. Auch der **Kreis berechtigter Verbraucher** kann durch den Vergleich präzisiert werden, etwa unter Einbezug nicht angemeldeter Verbraucher.[30] Einbezogene Verbraucher erleiden angesichts ihrer fortbestehenden Individualklageberechtigung (ohne Anmeldung analog, bei Anmeldung direkt nach Abs. 1 S. 4 iVm § 10; → Rn. 18) keinen Nachteil, sodass es sich nicht um einen materiell-rechtlich ausgeschlossenen Vergleich „zu Lasten Dritter“ handelt.[31] Aus demselben Grund kommt dogmatisch ebenso ein Ausschluss angemeldeter Verbraucher aus dem Kreis der nach dem Vergleich Berechtigten in Betracht. Ein solcher Vergleich hat dann teilweise prozessbeendi-

---

[24] BT-Drs. 20/6520, 80f.

[25] HK-VDuG/Röthemeyer VDuG § 17 Rn. 8, doch wegen des Insolvenzrisikos nur in geeigneten, einfach gelagerten Fällen.

[26] Vgl. BT-Drs. 20/6520, 80.

[27] Zöller/Althammer VDuG § 17 Rn. 4.

[28] HK-VDuG/Röthemeyer VDuG § 17 Rn. 7.

[29] Vgl. HK-VDuG/Röthemeyer VDuG § 17 Rn. 7.

[30] Musielak/Voit/Stadler VDuG § 17 Rn. 2 aE; Köhler/Bornkamm/Feddersen/Scherer VDuG § 17 Rn. 8.

[31] Näher Köhler/Bornkamm/Feddersen/Scherer VDuG § 17 Rn. 11.

gende Wirkung hinsichtlich des Kreises der Berechtigten (sog. Teil-Vergleich), während hinsichtlich der nicht durch den Vergleich erfassten, aber angemeldeten Verbraucher eine Fortsetzung des Verfahrens durch (Teil-)Abhilfeendurteil nach Abs. 2 möglich bleibt.[32]

Auch **Gegenstand und** gegebenenfalls **Höhe der individuellen Verbraucheransprüche** können die Parteien regeln, sogar abweichend von dem Abhilfegrundurteil etwa Schadenspauschalierungen oder andere sowie weitere Leistungen vorsehen – wie etwa anwaltliche Beratung in komplexen Fällen.[33] Anpassungen auch des Abhilfegrundurteils durch den Vergleich sind im Rahmen der Privatautonomie grundsätzlich in vielerlei Hinsicht möglich, wenngleich bei Überschreitung der kritischen Grenze das Gericht dem Vergleich die erforderliche Genehmigung zu versagen droht (→ Rn. 16f.).[34] Erfasst der Vergleich nur einzelne von mehreren Ansprüchen berechtigter Verbraucher oder erfüllt er solche nicht in voller Höhe, sollten die Parteien auch regeln, ob im Übrigen eine Geltendmachung im Wege des Individualrechtsschutzes möglich bleibt (ähnlich § 39).[35] Ohne eine solche Regelung kann das Gericht einen Vergleich mit entsprechenden Beschränkungen als Teil-Vergleich ansehen, der im Übrigen eine Fortsetzung des Verfahrens durch Abhilfeendurteil nach Abs. 2 gestattet (→ Rn. 10).[36] 11

b) System zur Verteilung der zugesprochenen Leistung. Schließlich sind die konkrete **Art und Weise** der Erfüllung oder **Verteilung** der zugesprochenen Leistung zu regeln (ähnlich §§ 24ff.). Diese kann unmittelbar zwischen Unternehmer und einzelnen Verbrauchern vorgesehen sein, wie wohl etwa häufig bei einer Verurteilung zu einer anderen Leistung als Zahlung (etwa Reparatur; → § 16 Rn. 39ff.).[37] Doch insbesondere bei einer Verurteilung zur Zahlung eines kollektiven Gesamtbetrags (→ § 16 Rn. 9ff.) kommt auch eine Verteilung vermittelt durch den für die Anspruchsprüfung zuständigen Verantwortlichen (→ Rn. 9), durch einen Treuhänder, sonstigen Dritten oder auch etwa die klageberechtigte Stelle in Betracht.[38] Ist eine solche mittelbare Verteilung vereinbart, kann sich die Einführung von **Berichtspflichten und Aufsichtsmechanismen** empfehlen (ähnlich § 27 Nr. 1, § 8, § 30, § 34, § 35). Bei Verurteilung zur Zahlung eines kollektiven Gesamtbetrags sind Regelungen zur nachträglichen Erhöhung des Gesamtbetrags (ähnlich § 21) und Erstattung von Restbeträgen (ähnlich § 37) in Erwägung zu ziehen. 12

c) Klagerechte im Abwicklungssystem. Auch die Klagerechte der Beteiligten im Abwicklungssystem des Vergleichs sind einer Regelung zugänglich (ähnlich § 21, § 28, § 39, § 40) und können etwa einer Schlichtungs- oder Ombudsstelle zur Entscheidung zugewiesen werden.[39] 13

---

32 HK-VDuG/Röthemeyer VDuG § 17 Rn. 12.
33 Vgl. HK-VDuG/Röthemeyer VDuG § 17 Rn. 11; Köhler/Bornkamm/Feddersen/Scherer VDuG § 17 Rn. 8.
34 Vgl. HK-VDuG/Röthemeyer VDuG § 17 Rn. 13; Zöller/Althammer VDuG § 17 Rn. 5.
35 Näher HK-VDuG/Röthemeyer VDuG § 17 Rn. 10.
36 HK-VDuG/Röthemeyer VDuG § 17 Rn. 12.
37 Vgl. Zöller/Althammer VDuG § 17 Rn. 4; Köhler/Bornkamm/Feddersen/Scherer VDuG § 17 Rn. 9.
38 Vgl. HK-VDuG/Röthemeyer VDuG § 17 Rn. 8.
39 Näher, teils mit Bedenken HK-VDuG/Röthemeyer VDuG § 17 Rn. 9f. mit Verweis auf Hirsch VuR 2020, 454 zum Diesel-Komplex.

II. Frist (Abs. 1 S. 2)

14 Bereits verbunden mit der Aufforderung nach Abs. 1 S. 1[40] oder später – etwa nach Abschluss eines Revisionsverfahrens gem. § 16 Abs. 5 – kann das Gericht nach pflichtgemäßem Ermessen den Parteien eine Frist zur Vorlage des Vergleichsvorschlags setzen.[41] Wie stets lässt sich einerseits die Eignung der Fristsetzung als Anreiz zur Mitwirkung bezweifeln,[42] während andere sie als Mittel zur Verfahrensbeschleunigung wertschätzen.[43] Bei pessimistischer Einschätzung der Vergleichsaussichten kann jedenfalls eine enge Frist mit einem Ende vor Abschluss eines laufenden Revisionsverfahrens den Beschleunigungszweck verfehlen, weil das Verfahren ohne Rechtskraft des Abhilfegrundurteils ohnehin noch nicht fortgesetzt werden kann (Abs. 2 S. 1; → Rn. 20).[44] In optimistischer Erwartung eines Vergleichs soll nach der Gesetzesbegründung aber der Ausgang des Revisionsverfahrens eine vorherige, möglichst frühzeitige gütliche Beendigung des Rechtsstreits nicht hindern.[45] Eine Fristsetzung mit -ende vor Abschluss des Revisionsverfahrens soll also mindestens möglich bleiben, wenn nicht gar sinnhaft sein.[46] Abs. 1 S. 2 bezweckt zwar keinen Ausschluss verfristeter Vergleiche, solche bleiben vielmehr auch nach Fristablauf bis ins Umsetzungsverfahren hinein möglich.[47] Prozessbeendigende Wirkung haben sie dann aber für das Abhilfeverfahren nicht mehr. Der Fristablauf eröffnet dem Gericht jedenfalls die Möglichkeit der Fortsetzung und streitigen Beendigung des Verfahrens nach Abs. 2 und kann so zur Prozessbeschleunigung führen (s. auch → Rn. 15).[48]

III. Nur einvernehmliche Fristverlängerung (Abs. 1 S. 3)

15 Dass eine Fristsetzung jedenfalls einen gewissen Verhandlungs- und Vergleichsdruck erzeugen kann, zeigt auch S. 3. Eine Fristverlängerung auf einseitigen Parteiantrag scheidet danach aus. Ohne Unterbreitung eines Vergleichsvorschlags und ohne Zustimmung der Gegenseite zu einem Antrag auf Fristverlängerung kann das Gericht bei der Beurteilung der Voraussetzungen des Abs. 2 (→ Rn. 19 ff.) nach Fristablauf verfahrensfehlerfrei davon ausgehen, dass die Vergleichsbemühungen gescheitert sind und das Verfahren nicht durch wirksamen Vergleich beendet wird. So droht dem Unternehmer nach Abs. 2 jedenfalls ab Rechtskraft des Abhilfegrundurteils die Fortsetzung des Abhilfeverfahrens durch Abhilfeendurteil (§ 18) und die Eröffnung des kostenträchtigen gesetzlichen Umsetzungsverfahrens nach §§ 22 ff. Dass die klageberechtigte Stelle nach verweigerter Zustimmung zur Fristverlängerung mit dem zuvor zögerlichen Unternehmer noch wohlwollend einen kostensparenden Vergleich schließt und so die richterliche Fristsetzung generell ob-

---

[40] Zöller/Althammer VDuG § 17 Rn. 2; Köhler/Bornkamm/Feddersen/Scherer VDuG § 17 Rn. 6.

[41] Vgl. Anders/Gehle/Schmidt VDuG § 17 Rn. 2.

[42] So etwa HK-VDuG/Röthemeyer VDuG § 17 Rn. 5 f.

[43] So etwa Anders/Gehle/Schmidt VDuG § 17 Rn. 2.

[44] Vgl. die Kritik bei HK-VDuG/Röthemeyer VDuG § 17 Rn. 5.

[45] Vgl. BT-Drs. 20/6520, 81.

[46] Anders/Gehle/Schmidt VDuG § 17 Rn. 2 aE.

[47] Insoweit überzeugend HK-VDuG/Röthemeyer VDuG § 17 Rn. 15 aE, 2 aE.

[48] Insoweit wohl aA HK-VDuG/Röthemeyer VDuG § 17 Rn. 15 aE mit der Andeutung, die Verfahrensfortsetzung hänge von einer Einordnung der Frist als Ausschlussfrist ab.

solet erscheinen lässt,[49] dürfte sich der Unternehmer praktisch allenfalls in Fällen erhoffen können, in denen ein fristgerechter Vergleichsvorschlag allein an der klageberechtigten Stelle statt an unternehmerischer Verschleppungstaktik gescheitert ist. Auch das Gericht muss daher bei Prüfung der Voraussetzungen des Abs. 2 S. 1 nicht von einem bloß hypothetisch weiterhin möglichen Vergleich ausgehen (→ Rn. 19).

IV. Wirkung des Vergleichs, Genehmigungsvorbehalt und Austritt aus dem Vergleich (Abs. 1 S. 4)

Gemäß der Verweisung auf §§ 9f. entfaltet auch ein gerichtlicher Vergleich nach 16
§ 17 materielle (Dritt-)Wirkung[50] für die zum Verbandsklageregister angemeldeten Verbraucher (§ 9 Abs. 1 S. 1; → § 9 Rn. 22ff.) und kann daher nicht vor Abschluss der Anmeldefrist geschlossen werden (→ Rn. 5; zu § 9 Abs. 1 S. 2 → § 9 Rn. 26). Ihre Legitimation findet die Drittwirkung prozessual nach § 9 Abs. 2 im Vorbehalt gerichtlicher Genehmigung (→ Rn. 17) sowie im Nichtgebrauch der Austrittsmöglichkeit nach § 10 durch betroffene Verbraucher (→ Rn. 18). Zur umstrittenen Frage der materiell-rechtlichen Legitimation der Prozessführung im kollektiven Rechtsschutz → Einleitung Rn. 18.[51]

Nach Abs. 1 S. 1 stehen Vergleichsschlüsse – wie nach früherer Rechtslage bei 17
der Musterfeststellungsklage gem. § 611 Abs. 3 ZPO aF – nun auch bei der kollektiven Abhilfeklage als besonderer Leistungsklage unter dem Vorbehalt der Genehmigung durch das Prozessgericht (s. § 9 Abs. 2 S. 1, → § 9 Rn. 29ff.). In Umsetzung der Verbandsklagen-RL (→ Rn. 3) dient der Vorbehalt insbesondere der Wahrung der Interessen und Rechte der nicht am Vergleichsschluss beteiligten, aber von dessen Wirkungen betroffenen individuellen Verbraucher, vgl. § 9 Abs. 2 S. 2 (→ § 9 Rn. 30).[52] Bei allzu weitgehenden Abweichungen des Vergleichsvorschlags von dem Abhilfegrundurteil und dem gesetzlichen Umsetzungsverfahren nach §§ 22ff. (näher bereits → Rn. 8-13) versagt das **Gericht** die Genehmigung, **lehnt den Vergleich durch Beschluss ab,** § 9 Abs. 2 S. 3 (näher → § 9 Rn. 29ff.), und setzt das Verfahren nach Abs. 2 fort (→ Rn. 19ff.). Der Tenor für diesen ablehnenden Beschluss lautet: „Die Genehmigung des Vergleichs der Parteien vom xx.xx.xxxx wird abgelehnt". Andernfalls stellt das Gericht unter den Voraussetzungen des § 9 Abs. 2 S. 2 (näher → § 9 Rn. 31f.) das **Zustandekommen des Vergleichs** ebenfalls durch Beschluss nach § 13 Abs. 1 S. 2 entsprechend § 278 Abs. 6 S. 2 ZPO fest.[53] Zu Rechtsmitteln gegen solche Beschlüsse → § 9 Rn. 34f.

---

49 Unter dieser zweifelhaften Prämisse die Rechtsfolgenlosigkeit des verfristeten Vergleichs betonend HK-VDuG/Röthemeyer VDuG § 17 Rn. 6.

50 Krit. Bruns ZZPInt 27 (2023), 293 (325f.); Zöller/Althammer VDuG § 17 Rn. 6: weniger deutlich als noch § 611 Abs. 1 ZPO aF zur Musterfeststellungsklage.

51 Zutr. Köhler/Bornkamm/Feddersen/Scherer VDuG § 17 Rn. 10 aE: Kein Erklärungscharakter des unterbliebenen Austritts des Verbrauchers in Richtung einer Genehmigung einer zunächst vollmachtlosen Stellvertretung seitens der klageberechtigten Stelle; Rn. 11: dafür konkludente Genehmigung des Verbrauchers bezüglich zuvor nicht-berechtigter Verfügung der klageberechtigten Stelle über individuelle Verbraucherrechte.

52 Vgl. HK-VDuG/Röthemeyer VDuG § 17 Rn. 13; Zöller/Althammer VDuG § 17 Rn. 5.

53 Schneider/Conrady/Kapoor BB 2023, 2179 (2185); Anders/Gehle/Schmidt VDuG § 17 Rn. 1 aE.

18 Genehmigt das Gericht den Vergleich, können Verbraucher innerhalb der Frist des § 10 Abs. 1 austreten (→ § 10 Rn. 9)[54] und sich so nach § 10 Abs. 2 S. 1 der Bindung durch den Vergleich entziehen (→ § 10 Rn. 13ff.). Das ermöglicht eine Anspruchsdurchsetzung im Wege des Individualrechtsschutzes unter Zuhilfenahme der Vorteile des § 11 Abs. 3 (→ § 11 Rn. 24ff.) sowie des § 204a Abs. 1 Nr. 3 und 4 BGB. Dass die Austrittsmöglichkeit der Verbraucher jedenfalls bei massenhafter Wahrnehmung den Zweck der konsensualen kollektiven Streitbeilegung ins Leere laufen zu lassen droht,[55] hat den Gesetzgeber nicht von ihrer Einführung abgehalten.[56] Unabhängig von der Zahl der Austritte hat der gerichtlich genehmigte Vergleich nach allgemeinen Grundsätzen seiner Doppelnatur entsprechend zugleich prozessbeendigende Wirkung[57] für die Streitparteien.[58] Er macht im Übrigen ein zuvor ergangenes Abhilfegrundurteil gegenstandslos.[59]

D. Fortsetzung des Abhilfeverfahrens (Abs. 2)

19 Das **Abhilfeverfahren endet nicht durch einen wirksamen Vergleich** gem. **S. 1,** wenn es schon anfänglich an der Vergleichsbereitschaft der Parteien fehlt (→ Rn. 6), Vergleichsbemühungen zu keiner Einigung geführt haben oder das Gericht einen unterbreiteten Vorschlag nicht genehmigt (→ Rn. 17). Andere (materielle) Wirksamkeitsdefizite wie Nichtigkeitsgründe oder Anfechtung können anlassbezogen zu berücksichtigen sein.[60] Nicht zweifelsfrei geklärt ist, ob das Gericht bei mangelnder Unterbreitung eines Vergleichsvorschlags durch die Parteien mit Ablauf einer Frist nach Abs. 1 S. 2 (→ Rn. 14f.) ohne Weiteres vom Scheitern der Vergleichsbemühungen ausgehen kann. Gleich zu Beginn ist der Wortlaut des Abs. 2 S. 1 insoweit mehrdeutig: Erforderlich könnte danach eine ergebnisoffene Prognose des Gerichts sein, ob der Rechtsstreit (auch später noch) durch einen wirksamen Vergleich beendet „wird". Dann bliebe unbeachtlich, dass er bei Fristende noch nicht vergleichsweise beendet „ist".[61] Nicht in diesem Sinne als Futur, sondern als Passiv gelesen, spiegelt das Verb aber ganz schlicht die passive Rolle des Gerichts (als maßgeblichem Subjekt des nachfolgenden Hauptsatzes) bei dem Vergleichsschluss wider, der ganz in den Händen der Parteien liegt. Bei solcher Lesart kann das Gericht nach erfolglosem Ablauf der Vergleichsfrist ohne zusätzlich erforderliche Prognose vom Scheitern der Vergleichsbemühungen ausgehen. Selbst wenn der zweifelhaften ersten Ansicht folgend aber eine Prognose für nötig erachtet wird, wird das Gericht regelmäßig zur Fortsetzung des Verfahrens gelangen können, weshalb die Einordnung praktisch nicht allzu relevant sein dürfte (→ Rn. 15).

---

[54] Näher zu diesem Opt-out-Mechanismus Heerma ZZP 136 (2023), 425 (439); Zöller/Althammer VDuG § 17 Rn. 7.

[55] Bruns ZZPInt 27 (2023), 293 (326); Zöller/Althammer VDuG § 17 Rn. 7 aE.

[56] Zur Vermeidung können die Parteien die Wirksamkeit des Vergleichs unter den Vorbehalt eines bestimmten Quorums von Nichtaustritten stellen, Gsell GRUR 2024, 979 (988).

[57] Vgl. BT-Drs. 20/6520, 81 zu Abs. 2.

[58] Waßmuth/von Rummel ZIP 2023, 1515 (1526); Köhler/Bornkamm/Feddersen/Scherer VDuG § 17 Rn. 10.

[59] Zöller/Althammer VDuG § 17 Rn. 6.

[60] HK-VDuG/Röthemeyer VDuG § 17 Rn. 15.

[61] Wohl in solcher Auslegung zweifelt HK-VDuG/Röthemeyer VDuG § 17 Rn. 15 aE für die Frist nach Abs. 1 S. 2 an der Einordnung als Ausschlussfrist.

Da die Haftung des Unternehmers dem Grunde nach erst mit (formeller) **Rechtskraft des Abhilfegrundurteils** endgültig feststeht,[62] hat das Gericht des ersten Rechtszugs nach **S. 1** deren Eintritt abzuwarten, bevor es das Abhilfeverfahren fortsetzt. Die formelle Rechtskraft tritt nach § 13 Abs. 1 S. 1 VDuG iVm § 705 ZPO frühestens mit Verstreichen der Revisionsfrist ein (→ § 16 Rn. 43), sonst mit Zurückweisung der Revision nach § 13 Abs. 1 S. 1 VDuG iVm § 561 ZPO. 20

Die **Fortsetzung des Abhilfeverfahrens** erfolgt nach **S. 2** durch gerichtliche Entscheidung in Form des **Abhilfeendurteils** (§ 18). Auf die Unterscheidung zwischen Abhilfeklage auf Zahlung oder andere Leistung als Zahlung kommt es dafür nicht mehr an,[63] da die systematische Abgrenzung der Klage- und Urteilsarten bereits im Abhilfegrundurteil nach § 16 erfolgte (→ § 16 Rn. 2). 21

E. Außergerichtlicher Vergleich, Kritik und Reformvorschläge

Kritik ausgesetzt ist vor allem die in **Abs. 1 S. 4** einbezogene Regelung des **§ 9 Abs. 1 S. 2,** die vor Ablauf der Anmeldefrist der Verbraucher zu einer **Blockade von Vergleichsabschlüssen** führt.[64] Vor diesem Zeitpunkt können die Parteien den Streit zwar außergerichtlich konsensual beilegen,[65] doch das Gerichtsverfahren lediglich durch übereinstimmende Erledigungserklärungen nach § 13 Abs. 1 S. 1 VDuG iVm § 91 a ZPO beenden,[66] während eine Klagerücknahme oder einseitige Erledigungserklärung mit den allgemein bekannten Risiken nachteiliger Kostenentscheidungen behaftet bleiben. Teilweise wird eine Lösung darin gesehen, unabhängig von der Vergleichssperre einen frühzeitigen außergerichtlichen Vergleichsschluss mindestens im schriftlichen Verfahren nach § 13 Abs. 1 S. 2 entsprechend § 278 Abs. 6 ZPO zuzulassen.[67] Nach überzeugender **Gegenansicht** unterliefe eine vorzeitige Vergleichsmöglichkeit aber nicht nur den gerichtlichen Genehmigungsvorbehalt nach Abs. 1 S. 4 und § 9 Abs. 2, sondern dürfte schlicht kaum dem praktischen Bedürfnis der Parteien entsprechen, weil diese vor Anmeldung der Verbraucher zum Verbandsklageregister nach § 46 keine belastbare Kenntnis vom Kreis und der Zahl der Betroffenen haben und daher nicht zuletzt die ökonomische Dimension des Vergleichs nicht abschätzen können.[68] Wo dies im Einzelfall anders liegt, dürfte schon ein vorgerichtlicher Vergleich zur abschließenden Streitbeilegung ausreichen (→ Rn. 23). Kam ein solcher nicht zustande, spricht zugleich wenig für den Erfolg von Vergleichsbemühungen zur Zeit der Vergleichssperre. Unter diesen Umständen verzögert eine solche weder ungerechtfertigt die Prozessbeendigung, noch verbietet sie Vergleichsbemühungen gänzlich, sondern stellt sie lediglich im allseitigen Interesse vorübergehend bis zum Anmeldezeitpunkt zurück. 22

---

[62] BT-Drs. 20/6520, 81.

[63] BT-Drs. 20/6520, 81.

[64] Bruns ZZPInt 27 (2022), 293 (305); Röthemeyer VuR 2023, 332 (334); Zöller/Althammer VDuG § 17 Rn. 3; Zöller/Vollkommer VDuG § 9 Rn. 4 ff.

[65] Meller-Hannich DB 2023, 628 (631).

[66] Köhler/Bornkamm/Feddersen/Scherer VDuG § 17 Rn. 7 aE.

[67] Dafür HK-VDuG/Röthemeyer VDuG § 17 Rn. 3 aE, näher § 9 Rn. 28 ff., dort auch zum Vergleichsschluss in der mündlichen Verhandlung; aA Gsell GRUR 2024, 979 (988): ggf. Unwirksamkeit von Umgehungen des § 9 Abs. 2 nach § 134 BGB.

[68] Vgl. Musielak/Voit/Stadler VDuG § 17 Rn. 2.

23 Das Gesetz sieht neben dem gerichtlichen Vergleich nach § 17 **kein** besonderes **Prüfungs- und Genehmigungsverfahren für außergerichtliche Vergleiche** (sog. Settlement-only-Klagen) vor.[69] Ein verkürztes Verfahren ist nach § 16 Abs. 4 vielmehr allein für den umgekehrten Fall mangelnder Vergleichsaussichten geregelt (→ § 16 Rn. 34ff.). Über eine entsprechende Erweiterung der Vorschrift wäre nachzudenken, wenn sich in der Praxis in solchen Fällen ein schnelles Abhilfegrundurteil nach § 16 Abs. 1 S. 1 und § 13 Abs. 1 S. 2 entsprechend § 307 S. 1 ZPO nicht als gangbarer Weg zu § 17 für ausreichend erweist. Ein Kostenrisiko ist für die klageberechtigte Stelle damit nicht verbunden, denn abgesehen von § 16 Abs. 3 (→ § 16 Rn. 23) hat nach § 13 Abs. 1 S. 1 VDuG iVm § 93 ZPO der vergleichsbereite Beklagte auch Anlass zur allein im Rahmen der Abhilfeklage vorgesehenen gerichtlichen Prüfung und Genehmigung des außergerichtlichen Vergleichs gegeben. Wer der **Gegenansicht** folgt, wird grundsätzlich sogar einen (jedenfalls vor-, möglicherweise auch) außergerichtlichen **Vergleich ohne besondere gerichtliche Prüfung** nach §§ 9, 10 für **wirksam** erachten müssen, der bei entsprechend geeigneten Regelungen bereits unmittelbar nach § 794 Abs. 1 Nr. 1 ZPO zu vollstrecken ist.[70] Diese Lösung erscheint allerdings ohne Möglichkeit einer außergerichtlichen Anmeldung der Verbraucher zum Verbandsklageregister und daher mangels belastbarer Kenntnis der Parteien vom Kreis betroffener Verbraucher abermals nicht zuletzt praktisch unwahrscheinlich (→ Rn. 22).[71]

24 Auch die Kritik an der nach **Abs. 1 S. 4** iVm **§ 10 späten Austrittsmöglichkeit der Verbraucher** (→ Rn. 18) vermag kaum zu überzeugen. Die Regelung ermöglicht einerseits angemeldeten Verbrauchern einen niedrigschwelligen Zugang zu kollektivem Rechtsschutz und entfaltet jedenfalls für diesen Kreis zugleich Potentiale der Kosteneinsparung für den vergleichsbereiten Unternehmer sowie der Ressourcenschonung für die Justiz. Andererseits gibt sie den Individualrechtsschutz nicht zugunsten einer rein kollektiven Lösung gänzlich Preis, soweit sie Verbrauchern einen späten Vergleichsaustritt gestattet. Der Gesetzgeber dürfte daher an der Schnittstelle der konkurrierenden Rechtsschutzsysteme einen nicht nur vertretbaren, sondern ausgewogenen Mittelweg gesucht und gefunden haben.

25 Ähnlich liegt es mit Kritik an **drohender Zeit- und Verfahrensverzögerung,** die für die Revisionsmöglichkeit nach § 16 Abs. 5 (→ § 16 Rn. 43) und die **Anknüpfung** an die formelle **Rechtskraft des Abhilfegrundurteils** für die Verfahrensfortsetzung **nach Abs. 2 S. 1** vorgebracht wird.[72] Im Vergleich zum Zeitaufwand für Berufung und Revision bei massenhaften Individualverfahren dürfte der gesetzgeberische Ansatz Justizgewährungsansprüche der Beteiligten auf der einen, Aspekte der Ressourcenschonung auf der anderen Seite ausgewogen ausgleichen.

---

[69] Krit. Bruns ZZPInt 27 (2023), 293 (327); Zöller/Althammer VDuG § 17 Rn. 1, 5 aE; Musielak/Voit/Stadler VDuG § 17 Rn. 1.

[70] Dafür Zöller/Vollkommer VDuG § 9 Rn. 2; zweifelnd Zöller/Althammer VDuG § 17 Rn. 5 aE.

[71] So – wie bereits vorangehend – Musielak/Voit/Stadler VDuG § 17 Rn. 2.

[72] Etwa Schneider/Conrady/Kapoor BB 2023, 2179 (2185); in diese Richtung auch HK-VDuG/Röthemeyer VDuG § 17 Rn. 5.

§ 18 Abhilfeendurteil

(1) **Die Urteilsformel des Abhilfeendurteils enthält folgende Angaben:**
1. **die Anordnung des Umsetzungsverfahrens,**
2. **die vorläufige Festsetzung der Kosten des Umsetzungsverfahrens,**
3. **die Verurteilung des Unternehmers zur Zahlung der nach Nummer 2 vorläufig festgesetzten Kosten des Umsetzungsverfahrens zu Händen des Sachwalters sowie**
4. **die Entscheidung über die Kosten des Verfahrens.**

(2) **Wird mit der Abhilfeklage ein kollektiver Gesamtbetrag geltend gemacht, enthält die Urteilsformel außerdem die Verurteilung des Unternehmers zur Zahlung eines solchen Betrags zu Händen des Sachwalters.**

(3) **Das Gericht kann bei Vorliegen besonderer Umstände, insbesondere einer Vielzahl betroffener Verbraucheransprüche, im Abhilfeendurteil die Widerspruchsfrist nach § 28 Absatz 2 Satz 1 angemessen verlängern.**

(4) [1]**Gegen Abhilfeendurteile findet die Revision statt.** [2]**Diese bedarf keiner Zulassung.**

Literatur: siehe § 16.

Übersicht

A. Überblick und Normzweck

1 Ist ein Abhilfegrundurteil nach § 16 ergangen (zu Abgrenzungen, Gesamteinordnung und -überblick → § 16 Rn. 2) und haben klageberechtigte Stelle und Unternehmer den Abhilferechtsstreit nicht durch einen wirksamen Vergleich gem. § 17 Abs. 1 beigelegt, entscheidet das Gericht im nächsten Schritt nach § 17 Abs. 2 durch Abhilfeendurteil gem. § 18.[1] Die Vorschrift regelt insbesondere den Inhalt der Urteilsformel (→ Rn. 2). Demgegenüber setzt sich im Falle eines kombinierten Abhilfegrund- und -endurteils nach § 16 Abs. 4 S. 1 (→ § 16 Rn. 34) die Urteilsformel zusammen aus den Angaben in § 16 Abs. 2 und § 18 Abs. 1, während § 18

---

[1] Vgl. BT-Drs. 20/6520, 81.

Abs. 2f. gem. § 16 Abs. 4 S. 2 entsprechend anzuwenden sind. Andere als diese Konstellationen regelt § 18 nicht, auch nicht etwa das streitige (Grund- oder End-) Urteil nach § 16 Abs. 1 S. 2 (→ § 16 Rn. 2, 27). Das Abhilfeendurteil schließt die Instanz ab und beendigt den Prozess iSd § 13 Abs. 1 S. 2 entsprechend § 300 ZPO. Unter den Voraussetzungen des § 301 ZPO kann entsprechend auch in Verbandsklageverfahren ein Teilurteil ergehen.[2] Abzugrenzen ist das Abhilfeendurteil neben dem vorangehenden Abhilfegrundurteil auch von den nachfolgenden Entscheidungen im Umsetzungsverfahren nach §§ 22ff., insbesondere von dessen Eröffnung nach § 24 durch das Gericht und der Errichtung des Umsetzungsfonds nach § 25 durch den Sachwalter (statt des Gerichts).

2 Die Regelung bestimmt in Abs. 1–3 die in der Urteilsformel erforderlichen Angaben und präzisiert so für Abhilfeendurteile die allgemeine Regelung des § 313 Abs. 1 Nr. 4 ZPO (vgl. § 13 Abs. 1 S. 1 Halbs. 2 und → § 13 Rn. 52). Während **Abs. 1** allgemeine Angaben zur Urteilsformel des Abhilfeendurteils enthält (→ Rn. 5), gilt **Abs. 2** (→ Rn. 4, 14ff.) nur für Klagen auf Zahlung eines kollektiven Gesamtbetrags (→ § 16 Rn. 2, 9ff.), nicht für Klagen auf andere Leistung als Zahlung (→ § 16 Rn. 2, 37ff.). Nachdem das Abhilfegrundurteil gem. § 16 die Haftung des Unternehmers ihrem abstrakt-generellen Grunde nach festgestellt (→ § 16 Rn. 9f.) und die Berechtigungsvoraussetzungen und -nachweise präzisiert hat (→ § 16 Rn. 12–16), die zum Verbandsklageregister angemeldete Verbraucher zur Inanspruchnahme der kollektiven Abhilfe zu erbringen haben, leitet das Abhilfeendurteil mit der streitigen Verurteilung des Unternehmers zum nächsten Schritt des Umsetzungsverfahrens nach §§ 22ff. über (vgl. Abs. 1 Nr. 1). Zugleich legt es dessen Fundament durch die Ausstattung des Sachwalters mit den erforderlichen finanziellen Mitteln für den Umsetzungsfonds nach § 25 (siehe Abs. 1 Nr. 2 und Nr. 3).[3] Weder im Abhilfegrund- noch im -endurteil entscheidet das Gericht über konkret-individuelle Verbraucheransprüche,[4] die vielmehr erst durch den Sachwalter im Umsetzungsverfahren zur Verteilung der Abhilfe geprüft werden (§ 27 Nr. 3, Nr. 9, Nr. 10, → § 27 Rn. 17ff.). Gegen die Entscheidung des Sachwalters können der betroffene Verbraucher und der Unternehmer im Widerspruchsverfahren bei dem Prozessgericht des Abhilfeverfahrens vorgehen (§ 28 Abs. 4 S. 1). Da die Widerspruchsfrist von vier Wochen gem. § 28 Abs. 2 im Einzelfall in komplexen Umsetzungsverfahren mit einer Vielzahl beteiligter Verbraucher zu kurz erscheinen kann, stellt **Abs. 3** bereits für das Abhilfeendurteil ihre Verlängerung in das Ermessen des Gerichts (→ Rn. 18ff.). Statthaftes Rechtsmittel gegen das Abhilfeendurteil ist nach **Abs. 4** die Revision (→ Rn. 21f.).

B. Umsetzung der Richtlinie

3 Während Abs. 1 Nr. 4 der Umsetzung von **Art. 12 Abs. 1f. Verbandsklagen-RL** mit **ErwG 12 S. 1** und **ErwG 38** dient, entspringen und unterliegen die übrigen Bestimmungen der nach der Richtlinie ausdrücklich vorgesehenen mitgliedstaatlichen Verfahrensautonomie.

---

[2] HK-VDuG/Röthemeyer VDuG § 17 Rn. 16.

[3] Vgl. Köhler/Bornkamm/Feddersen/Scherer VDuG § 18 Rn. 1, 3: Entscheidung über Modalitäten des Vollzugs.

[4] Deutlich BT-Drs. 20/6520, 82 zu Abs. 2, weiter: Kein Vollstreckungstitel zugunsten betroffener Verbraucher.

Der Wortlaut der Vorschrift entspricht ganz überwiegend dem RefE und dem RegE sowie der Beschlussempfehlung des 6. Ausschusses (Rechtsausschuss) des 20. Deutschen Bundestags.[5] Die seit dem RegE in **Abs. 2** enthaltene Spezialregelung für Abhilfeklagen auf Zahlung war ähnlich zuvor im Referentenentwurf in konditional offener Formulierung als Abs. 1 Nr. 1 vorgesehen, ergab an solch exponierter Stelle aber für Abhilfeklagen auf andere Leistung als Zahlung keinen Sinn und wurde daher entsprechend verschoben. Mit dem RegE ebenso ohne ausführliche Begründung neu eingefügt wurde zudem der seither unveränderte **Abs. 3** zur Möglichkeit einer Verlängerung der Widerspruchsfrist nach § 28 Abs. 2 S. 1. 4

C. Urteilsformel (Abs. 1)

Die gegenüber Urteilen im Individualrechtsstreit sehr ausführliche und detailreiche Urteilsformel ist nötig, weil das nachfolgende **Umsetzungsverfahren auf dem Fundament des Abhilfeendurteils** steht und seine Angaben dazu dienen, dem Sachwalter eine Abschätzung der wirtschaftlichen und organisatorischen Dimension seiner Tätigkeit zu ermöglichen, während ihm das Abhilfegrundurteil die sachliche Aufgabe der konkret-individuellen Prüfung von Ansprüchen angemeldeter Verbraucher vermittelt (→ § 16 Rn. 12ff.).[6] Ein **Ausspruch zur vorläufigen Vollstreckbarkeit** des Abhilfeendurteils ist nicht ausdrücklich vorgesehen, hat aber von Amts wegen zu erfolgen nach § 13 Abs. 1 S. 1 VDuG iVm §§ 704, 708f. ZPO (→ Rn. 22).[7] 5

I. Anordnung des Umsetzungsverfahrens (Abs. 1 Nr. 1)

Die Anordnung des Umsetzungsverfahrens dient bei Klagen auf kollektive Leistung (auf Zahlung eines kollektiven Gesamtbetrags oder auf andere Leistung als Zahlung an nicht namentlich benannte Verbraucher, vgl. § 16 Abs. 1 S. 1, → § 16 Rn. 2, 9ff., 39ff.) der Erfüllung berechtigter Ansprüche von im Klageantrag noch nicht namentlich benannten, aber bis zum Ablauf von drei Wochen nach dem Schluss der mündlichen Verhandlung zum Verbandsklageregister angemeldeten Verbrauchern, für die der Sachwalter kollektiv die Befriedigung sowohl von Zahlungsansprüchen (→ Rn. 14–16) umsetzten soll als auch von anderen als auf Zahlung gerichteten Leistungsansprüchen (→ Rn. 17).[8] Im ersten Fall verteilt der Sachwalter im Umsetzungsverfahren den kollektiven Gesamtbetrag (Abs. 2 und § 19) an berechtigte Verbraucher, im zweiten Fall organisiert er beispielsweise die Reparatur eines mangelhaften Produkts, das berechtigte Verbraucher zuvor bei dem Unternehmer erworben haben. Bei **Abhilfeklagen auf Leistung an namentlich benannte Verbraucher** bedarf es hingegen **keines Umsetzungsverfahrens,** sondern die klageberechtigte Stelle kann selbst aus dem bereits individualisierten Titel zugunsten der einzelnen Berechtigten vollstrecken.[9] Daher ergeht in dieser Konstellation nach § 16 Abs. 1 S. 2 grundsätzlich bereits kein Abhilfegrundurteil (→ § 16 Rn. 27ff., zum Streit bei Klagen auf andere Leistung als Zahlung → § 16 Rn. 42). 6

---

[5] VRUG-RefE, 13; BT-Drs. 20/6520, 16; BT-Drs. 20/7631, 20.

[6] Vgl. Köhler/Bornkamm/Feddersen/Scherer VDuG § 18 Rn. 5.

[7] Zöller/Althammer VDuG § 18 Rn. 9; HK-VDuG/Röthemeyer VDuG § 18 Rn. 10.

[8] Vgl. BT-Drs. 20/6520, 81.

[9] BT-Drs. 20/6520, 81.

II. Kosten des Umsetzungsverfahrens (Abs. 1 Nr. 2)

7 Die Kosten des dem Vollzug dienenden Umsetzungsverfahrens nach Nr. 2 sind im Ausgangspunkt zu trennen von der allgemeinen Kostenentscheidung für das der Erkenntnis dienende Abhilfeverfahren (dazu Nr. 4, → Rn. 12).[10] Es handelt sich bei Nr. 2 um Kosten vergleichbar den Vollstreckungskosten im Individualrechtsschutz, für die §§ 91 ZPO ff. – auch bei nur teilweise erfolgreicher Abhilfeklage – nicht gelten.[11] Den Gegenstand der Kosten des Umsetzungsverfahrens definiert **§ 20 Abs. 1** näher (→ § 20 Rn. 6ff.).

8 Sie sind **vorläufig** festzusetzen, während ihre tatsächliche Höhe erst zum Abschluss des Umsetzungsverfahrens mit Rücksicht auf dessen Aufwand nach § 36 Abs. 1 Nr. 1 zu ermitteln ist. Zur Zeit des Abhilfeendurteils kann das Gericht nur die **voraussichtliche Höhe** anhand des Umfangs des Umsetzungsverfahrens und des zu erwartenden Aufwands des Sachwalters antizipieren.[12] Anhaltspunkte für den Umfang des Umsetzungsverfahrens liefert die Zahl der bei der Prüfung durch den Sachwalter zu berücksichtigenden Ansprüche angemeldeter Verbraucher, während dessen Prüfungsaufwand nach den Vorgaben des Abhilfegrundurteils zu beurteilen ist (→ § 16 Rn. 12ff.).[13] Davon ausgehend **schätzt** das Gericht die Höhe der nach § 20 Abs. 1 **voraussichtlich anfallenden Sachwaltervergütung und zu erstattenden -auslagen.**[14] Dass der konkrete Sachwalter erst im Umsetzungsverfahren gem. § 23 bestellt wird und seine Person im Abhilfeverfahren regelmäßig noch nicht feststeht, kann die Schätzung einer adäquaten **Vergütung** erschweren (→ § 20 Rn. 9 und → § 32 Rn. 18).[15] Dem Gericht dürfte aber jedenfalls eine Schätzung mit Blick auf die erforderliche Qualifikation des Sachwalters und die übliche Vergütung in Ansehung des Verfahrensaufwands möglich sein. Für die Prognose zu den **Auslagen** ist insbesondere die Höhe der Verbindlichkeiten zu berücksichtigen, die der Sachwalter zum Zwecke der Abwicklung gegenüber Dritten voraussichtlich eingehen wird (→ § 20 Rn. 8).[16]

9 Bei der Schätzung ist zu beachten, dass die **Kosten des Umsetzungsverfahrens** nach § 20 anders als der kollektive Gesamtbetrag nach § 19 später **nicht durch die Klage nach § 21 zu erhöhen** sind, wenn die Finanzmittel aus den vorläufig festgesetzten Kosten sich als unzureichend erweisen. Stattdessen rechnet der Sachwalter die Kosten des Umsetzungsverfahrens und seine Ansprüche nach § 32 erst mit Schlussrechnung gem. § 33 ab. Um den Sachwalter insoweit nicht dem Insolvenzrisiko des Unternehmers auszusetzen, legen Teile des Schrifttums nahe, die voraussichtlichen **Kosten** des Umsetzungsverfahrens **im Zweifel insgesamt etwas höher** oder sogar großzügig vorläufig **zu schätzen.**[17] Umgekehrt liegt auf der Hand, dass eine zu stark übersetzte vorläufige Schätzung der Kosten beträchtliches Kapital des Unternehmers bis zum Abschluss des Umsetzungsverfahrens und einer Rückzahlung nach §§ 37, 36 binden und diesen so der Insolvenz erst aussetzen

---

10 Vgl. BT-Drs. 20/6520, 82 zu Nr. 4; Musielak/Voit/Stadler VDuG § 18 Rn. 1; HK-VDuG/Röthemeyer VDuG § 18 Rn. 7.
11 Musielak/Voit/Stadler VDuG § 18 Rn. 1.
12 BT-Drs. 20/6520, 81.
13 BT-Drs. 20/6520, 82.
14 Vgl. BT-Drs. 20/6520, 82.
15 HK-VDuG/Röthemeyer VDuG § 18 Rn. 4.
16 BT-Drs. 20/6520, 82.
17 Zöller/Althammer VDuG § 18 Rn. 3; HK-VDuG/Röthemeyer VDuG § 18 Rn. 4.

kann (ebenso → § 19 Rn. 19 zum parallelen Problem bei der Schätzung des kollektiven Gesamtbetrags). Daher bleiben Vorsicht und eine sachlich fundierte Einschätzung geboten, auch wenn die gesetzliche Konzeption der Rückerstattung überzahlter Beträge gem. § 37 nach Schlussabrechnung gem. § 33 im Vergleich zu dem Verfahren nach § 21 durchaus einen eher höheren als zu niedrigen vorläufigen Ansatz nahelegt, auch mit Blick auf den Zweck der nach Nr. 3 vorgesehenen Vorauszahlung der Kosten durch den Unternehmer (→ Rn. 10).

III. Verurteilung zur Zahlung der Kosten nach Nr. 2 (Abs. 1 Nr. 3)

Die Verurteilung des Unternehmers zur Zahlung der nach Nr. 2 vorläufig fest- **10** gesetzten Kosten des Umsetzungsverfahrens zu Händen des Sachwalters dient der **Vorbereitung** der Eröffnung **des Umsetzungsverfahrens** durch das Gericht nach § 24 und der Errichtung des Umsetzungsfonds nach § 25 durch den Sachwalter.[18] Ohne eine solche Vorauszahlung wäre der Sachwalter dem Risiko ausgesetzt, Vergütungs- oder Auslagenerstattungsansprüche nicht realisieren oder gegenüber Dritten eingegangene Verbindlichkeiten nicht begleichen zu können.[19] Zugleich wird so die Erfüllung der prozessualen Pflicht des Unternehmers zur Tragung der Kosten des Umsetzungsverfahrens nach § 20 Abs. 2 sichergestellt.[20] Insoweit ist die Regelung an § 887 Abs. 2 ZPO angelehnt.[21]

Zur Sicherung der tatsächlichen Durchführung des Umsetzungsverfahrens auch **11** im Verbraucherinteresse eröffnet die Titulierung der klageberechtigten Stelle den Weg in die Zwangsvollstreckung (wie bei Abs. 2, → Rn. 15; → § 29 Rn. 9), falls der Unternehmer dem Urteil nicht freiwillig Folge leistet.[22] Die Verurteilung zur **Zahlung zu Händen des Sachwalters** vermeidet dabei zum einen eine Vollstreckung durch den Sachwalter als nicht am Abhilfeverfahren beteiligten Dritten (→ § 29 Rn. 9) und stellt zugleich sicher, dass diesem die zur Eröffnung des Umsetzungsverfahrens nötige finanzielle Ausstattung zügig unmittelbar statt in einem Dreiecksverhältnis über die klageberechtigte Stelle zukommt.[23] Der Tenor zu Nr. 2 und Nr. 3 mag lauten: „Der Beklagte wird verurteilt, die vorläufig auf [Schätzbetrag in EUR, → Rn. 8 f.] festgesetzten Kosten des Umsetzungsverfahrens zu Händen des nach § 23 VDuG zu bestellenden Sachwalters zu zahlen“.[24]

IV. Kosten des Verfahrens (Abs. 1 Nr. 4)

Die allgemeine Kostenentscheidung für das der Erkenntnis dienende Abhilfever- **12** fahren nach Nr. 4 ist zu trennen von dem Ausspruch über die Kosten des nachfolgenden, dem Vollzug dienenden Umsetzungsverfahrens, die vorläufig nach Nr. 2 festzusetzen sind (→ Rn. 7 ff.).[25] Für die allgemeine Kostenentscheidung über die Gerichts- und Anwaltskosten des Abhilfeverfahrens nach Nr. 4 gelten § 13 Abs. 1 S. 1 VDuG iVm §§ 91 ff. ZPO (→ § 13 Rn. 20).[26] Für die Verfahrenskosten im kol-

---

[18] Vgl. Zöller/Althammer VDuG § 18 Rn. 4: Schaffung einer sicheren finanziellen Grundlage.
[19] BT-Drs. 20/6520, 82.
[20] Vgl. BT-Drs. 20/6520, 82.
[21] Köhler/Bornkamm/Feddersen/Scherer VDuG § 18 Rn. 10.
[22] BT-Drs. 20/6520, 82.
[23] Zöller/Althammer VDuG § 18 Rn. 4.
[24] Vgl. HK-VDuG/Röthemeyer VDuG § 18 Rn. 8.
[25] BT-Drs. 20/6520, 82.
[26] Vgl. BT-Drs. 20/6520, 82.

lektiven Rechtsschutz neu gefasst oder geschaffen wurden §§ 9 Abs. 2, 26a, 48 und 59a GKG (→ § 20 Rn. 7).

13 Gerichts- und Anwaltskosten im vollstreckungsähnlichen Umsetzungsverfahren sind nicht Gegenstand der Kostenentscheidung für das der Erkenntnis dienende Abhilfeverfahren nach Nr. 4, unterliegen vielmehr gesondert den Kosten des Umsetzungsverfahrens (→ Rn. 7 ff.) und ähneln insoweit den Kosten der Zwangsvollstreckung im Individualrechtsstreit. Die gerichtliche Gebühr für das Umsetzungsverfahren wird mit dessen Eröffnung fällig (§ 9 Abs. 2 GKG) und ist vom Unternehmer zu tragen (§ 26a GKG). Über die Beendigung des Umsetzungsverfahrens entscheidet das Gericht durch Beschluss, welcher hinsichtlich seiner Vollstreckbarkeit einem Kostenfestsetzungsbeschluss im Individualrechtsschutz gleichsteht (§ 36 Abs. 1 S. 3).

D. Verurteilung zur Zahlung des kollektiven Gesamtbetrags (Abs. 2)

I. Abhilfeklage auf Zahlung eines kollektiven Gesamtbetrags

14 Bei Abhilfeklagen auf Zahlung eines **kollektiven Gesamtbetrags** (§ 16 Abs. 1 S. 1 Alt. 1, → § 16 Rn. 2, 7 ff.) ist dieser in der Urteilsformel des Abhilfeendurteils gem. Abs. 2 **nach § 19 zu beziffern** und der Unternehmer zu dessen Zahlung zu Händen des Sachwalters zu verurteilen. Das Gericht prüft nach § 19 auch die Begründetheit der Höhe des beantragten kollektiven Gesamtbetrags (→ § 19 Rn. 8).[27] Es handelt sich dabei – ähnlich Abs. 1 Nr. 2 – um einen vorläufigen Betrag (→ Rn. 8 f.),[28] der allerdings nachträglich im Umsetzungsverfahren durch die Klage nach § 21 angepasst werden kann, wenn sich seine Höhe zur Erfüllung berechtigter Verbraucheransprüche als unzureichend erweist. Als Teil des kollektiven Gesamtbetrags können auch vor Klageerhebung entstandene Zinsen sowie Prozesszinsen zu berücksichtigen sein, die der Sachwalter berechtigten Verbrauchern im Umsetzungsverfahren nach allgemeinen Regeln zuspricht.[29]

15 Das Abhilfeendurteil dient als **Vollstreckungstitel für die klageberechtige Stelle** als Partei des Abhilfeverfahrens, die gegen den nicht freiwillig leistenden Unternehmer die Zwangsvollstreckung nach den Regeln für Geldforderungen gem. § 13 Abs. 1 S. 1 VDuG iVm §§ 803 ff. ZPO soll betreiben können (→ § 29 Rn. 9).[30] Dies ergibt sich in Ansehung der Prozessführungsbefugnis der klageberechtigten Stelle als besonderer prozessualer Klagebefugnis zwanglos aus dem sondergesetzlichen Charakter des VDuG oder bei Annahme einer Prozessstandschaft für die repräsentierten Verbraucher aus dem Prozesszweck der Erfüllung von deren materiell-rechtlichen Ansprüchen.[31] Bei Annahme einer eigenen materiellen Berechtigung der klageberechtigten Stelle läge hingegen eine Anwendung der §§ 887 f. ZPO näher.[32] **Für** angemeldete **Verbraucher** gibt das Abhilfeendurteil hingegen

---

[27] Vgl. BT-Drs. 20/6520, 82.

[28] Abweichend noch der Gesetzgebungsvorschlag von Bruns ZZP 134 (2021), 391 (421): Abschließende Gesamtabhilfesumme.

[29] Vgl. HK-VDuG/Röthemeyer VDuG § 18 Rn. 8 aE.

[30] BT-Drs. 20/6520, 82; dafür auch Musielak/Voit/Stadler VDuG § 18 Rn. 2.

[31] Zum Ganzen → Einleitung Rn. 18.

[32] Dafür Bruns ZZP 137 (2024), 3 (29); Zöller/Althammer VDuG § 18 Rn. 7; s. auch Maultzsch ZZP 137 (2024), 119 (129 ff., 132).

keinen Vollstreckungstitel her.[33] Deren konkret-individuelle Ansprüche sind nicht tituliert. Anders liegt es allein bei der Klage auf Zahlung an namentlich benannte Verbraucher, bei der daher weder ein Abhilfegrundurteil (§ 16 Abs. 1 S. 2, → § 16 Rn. 27ff., 42) noch ein Abhilfeendurteil ergeht.

Auch die Verurteilung zur Zahlung des kollektiven Gesamtbetrags **zu Händen des Sachwalters** dient – wie Abs. 1 Nr. 3 – der Vorbereitung des Umsetzungsverfahrens gem. §§ 24f. (→ Rn. 10f.). In diesem Verfahren soll der nach § 23 noch zu bestellende, im Tenor des Abhilfeendurteils daher noch nicht personalisierte Sachwalter den kollektiven Gesamtbetrag gem. § 27 Nr. 9 an zum Verbandsklageregister angemeldete Verbraucher nach der Prüfung ihrer Berechtigung (§ 27 Nr. 3) verteilen können.[34] Über die Berechtigungsvoraussetzungen und im Umsetzungsverfahren seitens der angemeldeten Verbraucher zu erbringenden Nachweise befindet hingegen bereits das Abhilfegrundurteil (§ 16 Abs. 2, → § 16 Rn. 12ff.), nicht das Abhilfeendurteil. Der Tenor des Abhilfeendurteils zu Abs. 2 mag lauten: „Der Beklagte wird verurteilt, [Schätzbetrag in EUR, → § 19 Rn. 13ff.] als kollektiven Gesamtbetrag zu Händen des nach § 23 VDuG zu bestellenden Sachwalters zu zahlen".[35] 16

II. Abhilfeklage auf andere Leistung als Zahlung

Bei Abhilfeklagen auf andere Leistung als Zahlung (§ 16 Abs. 1 S. 1 Alt. 2, → § 16 Rn. 2, 37ff.) kommt eine Bezifferung des Leistungsantrags nicht in Betracht. Bereits das Abhilfegrundurteil enthält den Ausspruch über die Verurteilung zur konkret titulierten Leistung (→ § 16 Rn. 40). Ein Umsetzungsverfahren findet jedenfalls bei einer Klage an nicht namentlich benannte Verbraucher statt (→ § 16 Rn. 40; bei namentlich benannten Verbrauchern str., → § 16 Rn. 42; → § 14 Rn. 22 und 34; → Einleitung Rn. 16). Ohne Errichtung eines Umsetzungsfonds nach § 25 fordert der Sachwalter den Unternehmer nach § 27 Nr. 10 zur Leistung auf und kann unter den Voraussetzungen des § 29 die Zwangsvollstreckung nach § 13 Abs. 1 S. 1 VDuG iVm § 888 ZPO einleiten (→ § 29 Rn. 16ff.). 17

E. Verlängerung der Widerspruchsfrist nach § 28 Abs. 2 S. 1 (Abs. 3)

Insbesondere der Unternehmer soll hinreichend Zeit für eine vollständige Nachprüfung der Entscheidungen des Sachwalters über die konkret-individuelle Anspruchsberechtigung eines Verbrauchers nach § 28 Abs. 1 haben.[36] Der beschiedene Verbraucher hat regelmäßig nur eine, nämlich die ihn selbst betreffende Entscheidung zu überprüfen, wofür die Dauer der Widerspruchsfrist in Anlehnung an allgemeine Rechtsmittelfristen meist ausreichen dürfte (vgl. §§ 517, 548 ZPO).[37] Der Unternehmer hingegen ist über die Gesamtdauer des Umsetzungsverfahrens hinweg mit einer Vielzahl von Entscheidungen des Sachwalters konfrontiert. Kann das Gericht aufgrund besonderer Umstände (→ Rn. 19) absehen, dass die in § 28 Abs. 2 S. 1 vorgesehene Regelfrist von vier Wochen dafür unzumutbar kurz ist, 18

---

[33] BT-Drs. 20/6520, 82; näher Meller-Hannich VersR 2023, 1321 (1327).

[34] Vgl. BT-Drs. 20/6520, 82.

[35] Vgl. HK-VDuG/Röthemeyer VDuG § 18 Rn. 8.

[36] BT-Drs. 20/6520, 82.

[37] HK-VDuG/Röthemeyer VDuG § 18 Rn. 9.

kann es **nach pflichtgemäßem Ermessen von Amts wegen** bereits in dem Abhilfeendurteil eine angemessene Verlängerung tenorieren (→ Rn. 20).[38] Die Fristverlängerung gilt für sämtliche Verbraucheransprüche und ist nicht einseitig auf Unternehmer oder Verbraucher zu beschränken.[39] Eine anlassbezogene Fristverlängerung im Umsetzungsverfahren ist nicht vorgesehen. Eine weitere Fristverlängerung findet nicht statt.[40]

19 **Besondere Umstände** können neben der gesetzlich erwähnten Vielzahl betroffener Verbraucheransprüche **beispielsweise** auch vorliegen, wenn der Entscheidung des Sachwalters eine Prüfung **komplexer Berechtigungsvoraussetzungen** oder eine **Vielzahl von Berechtigungsnachweisen** zugrunde liegen, die der Unternehmer mit Rücksicht auf die Zahl angemeldeter Verbraucher möglicherweise im Einzelfall nicht schnell genug nachprüfen kann.[41]

20 Bei der **Ermessensausübung** ist neben dem konkreten Anlass für die Verlängerung (→ Rn. 19) zu berücksichtigen, dass im Widerspruchsverfahren bis zur Entscheidung des Sachwalters nach § 28 Abs. 3 auch bei einem zunächst nur vorsorglich eingelegten Widerspruch noch Zeit für eine Nachprüfung bleibt sowie dass schließlich nach § 28 Abs. 4 S. 1 gegen diese Entscheidung das Gericht angerufen werden kann, weshalb das Gericht im Abhilfeendurteil die Möglichkeit der Fristverlängerung nur zurückhaltend gebrauchen mag.[42] Die Ermessenseinschätzung des Gerichts bedarf einer Begründung im Abhilfeendurteil.[43]

F. Rechtsmittel (Abs. 4) und vorläufige Vollstreckbarkeit

21 Beim Abhilfeendurteil gelten zur Statthaftigkeit der **Revision** die Ausführungen für das Abhilfegrundurteil zu § 16 Abs. 5 entsprechend (→ § 16 Rn. 43, vgl. zudem → § 42 Rn. 3ff. für Musterfeststellungsurteile).

22 Beginnt das Umsetzungsverfahren nach § 24, bevor das Abhilfeendurteil rechtskräftig wird, kann sich im Fall seiner Aufhebung hinsichtlich zuvor bereits umgesetzter Verbraucheransprüche die Rückforderung als problematisch erweisen und ein Vollstreckungsschaden des Unternehmers entstehen.[44] Um dies zu vermeiden, spricht sich ein Teil des Schrifttums dafür aus, bis zur Rechtskraft des Abhilfeendurteils mit der Vollstreckung und dem Beginn des Umsetzungsverfahren abzuwarten (vergleichbar der Verfahrensfortsetzung nach § 17 Abs. 2 beim Abhilfegrundurteil, → § 17 Rn. 20).[45] Nach anderer Ansicht kann sofort mit der Umsetzung begonnen werden, wenn das **Abhilfeendurteil** für **vorläufig vollstreckbar erklärt** wird gem. § 13 Abs. 1 S. 1 VDuG iVm §§ 704, 708f. ZPO, weil die regelmäßig auszusprechende Sicherheitsleistung dem Schutz vor Vollstreckungsschäden hinreichend Rechnung trägt.[46] Teilweise wird allerdings weitergehend vertreten, das Schutzbedürfnis des Unternehmers vor einem Vollstre-

[38] Vgl. BT-Drs. 20/6520, 82.
[39] HK-VDuG/Röthemeyer VDuG § 18 Rn. 9.
[40] Vgl. BT-Drs. 20/6520, 82.
[41] Vgl. Köhler/Bornkamm/Feddersen/Scherer VDuG § 18 Rn. 17.
[42] HK-VDuG/Röthemeyer VDuG § 18 Rn. 9.
[43] Köhler/Bornkamm/Feddersen/Scherer VDuG § 18 Rn. 17.
[44] Schneider/Conrady/Kapoor BB 2023, 2179 (2186); Zöller/Althammer VDuG § 18 Rn. 9.
[45] Zöller/Vollkommer VDuG § 24 Rn. 3.
[46] Zöller/Althammer VDuG § 18 Rn. 9.

ckungsschaden wiege gering, denn es beschränke sich auf Fälle einer fehlerhaften instanzgerichtlichen Einschätzung des kollektiven Gesamtbetrags oder der Kosten des Umsetzungsverfahrens (vgl. Abs. 1, 2, → Rn. 7ff., 14ff.; zum Umfang der Revision → § 19 Rn. 22 und → § 20 Rn. 22f.), weil der Grund der Haftung des Unternehmers bereits nach dem inzwischen rechtskräftigen Abhilfegrundurteil feststeht (vgl. § 17 Abs. 2, → § 17 Rn. 20) und daher weder Gegenstand des Abhilfeendurteils noch vom Schutzzweck der Sicherheitsleistung umfasst sei. Mit Rücksicht auf die insoweit abweichende Zweck- und Schutzrichtung der Sicherheitsleistung im kollektiven Rechtsschutz könne das Gericht daher in einschlägigen Fällen eine Sicherheitsleistung in geringerer Höhe festsetzen als bei der Leistungsklage im Individualrechtsschutz üblich.[47] Gegen diese Sichtweise mag jedoch sprechen, dass ein zu geringer Ansatz der Sicherheitsleistung gerade angesichts der Massenhaftigkeit betroffener Verbraucheransprüche in den eingangs erwähnten Fällen rein faktisch nicht zum Schutz des Unternehmers vor Vollstreckungsschäden auszureichen droht und daher an den aus dem Individualrechtsschutz hergebrachten Regeln zur Festsetzung der Sicherheitsleistung festzuhalten ist (dafür → § 13 Rn. 42).

G. Materielle Rechtskraft und Bindungswirkung

Das Abhilfeendurteil bewirkt allgemeinen Grundsätzen folgend materielle Rechtskraft nur zwischen den Parteien des Abhilfeverfahrens und ihren Rechtsnachfolgern nach § 13 Abs. 1 S. 2 entsprechend §§ 322, 325 ZPO, nicht den angemeldeten Verbrauchern als Dritten.[48] Diesen gegenüber ist in Umsetzung der Verbandsklagen-RL nach § 11 Abs. 3 S. 2 auch **keine Bindungswirkung** des Abhilfeendurteils vorgesehen (→ § 11 Rn. 26). Auch ohne solche kann sich für Verbraucher ein jedenfalls faktisch starker Anreiz – wenn nicht sogar ein gewisser Zwang – zur Teilnahme am Umsetzungsverfahren daraus ergeben, dass eine spätere Individualklage nach § 39 wegen mangelnder Nutzung des Widerspruchsverfahrens nach § 28 präkludiert sein kann.[49] 23

H. Kritik

Redaktionell hätte nahegelegen, die sachlogisch zusammenhängenden Nr. 2 und Nr. 3 des Abs. 1 zusammenzufassen, wie das Gericht auch beim Tenor regelmäßig verfahren wird (→ Rn. 11).[50] 24

Schwerer wiegt die Kritik, das recht komplizierte und schwerfällige Verfahren nach §§ 16–18 mit zwei aufeinanderfolgenden, jeweils gesondert mit der Revision angreifbaren Sachurteilen könne zu mitunter **mehrjährigen Verzögerungen** führen.[51] Die Prozessbeschleunigung, die ein möglichst frühes Abhilfegrundurteil 25

[47] Dafür und näher zum Ganzen HK-VDuG/Röthemeyer VDuG § 18 Rn. 11, wenngleich jedenfalls der weitergehende Vorschlag eines gänzlichen Verzichts auf die Festsetzung einer Sicherheitsleistung gegen die Bindung des Gerichts an einen Ausspruch nach § 13 Abs. 1. S. 1 VDuG iVm § 709 ZPO verstoßen dürfte.

[48] Ausf. Bruns ZZP 137 (2024), 3 (31ff., 34).

[49] Ausf. Heerma ZZP 136 (2023), 425 (453ff., 455); Zöller/Althammer VDuG § 18 Rn. 10.

[50] HK-VDuG/Röthemeyer VDuG § 18 Rn. 6: auch keine isolierte Anfechtbarkeit.

[51] Bruns ZZP 137 (2024), 3 (29); HK-VDuG/Röthemeyer VDuG § 18 Rn. 10.

nach § 16 und eine Fristsetzung zur Unterbreitung eines Vergleichsvorschlags nach § 17 bezwecken, scheint der Gesetzgeber durch eine drohende zeitintensive Rechtsmittelhäufung erkauft zu haben. Gerade die Abschichtung des lediglich abstrakt-generellen Erkenntnisverfahrens über den Anspruchsgrund im Abhilfegrundurteil von der konkret-individuellen Anspruchsprüfung im Umsetzungsverfahren verspricht jedoch nicht nur gegenüber einer Vielzahl von Individualverfahren durchaus Zeitersparnis, sondern dürfte auch das Revisionsverfahren nach § 16 Abs. 5 vereinfachen und verkürzen. Im Abhilfeendurteil hingegen sind letztlich vor allem kollektive Fragen der Vorbereitung des Umsetzungsverfahrens aufgeworfen, sodass auch insoweit eine Revision keinen allzu großen Zeitaufwand bereiten muss (→ Rn. 22). Zu erwarten ist vielmehr, dass im Umsetzungsverfahren die Klagen nach § 21 und Rechtsbehelfsverfahren nach § 28 Abs. 4 Schwerpunkt und Hauptverzögerungsursachen der Anspruchsdurchsetzung im kollektiven Rechtsschutz bilden. Darin mag kein Vorteil gegenüber dem in Massenverfahren bislang schwerfälligen Individualrechtsschutz liegen. Doch mit Blick auf das von der klageberechtigten Stelle allgemein (jedenfalls mit-)verfolgte öffentliche Rechtswahrungs- und -durchsetzungsinteresse dürfte eine frühzeitige, wenn auch zunächst abstrakt-generelle Verurteilung des Unternehmers durch das Abhilfegrundurteil das gesetzgeberisch gefundene, wenn auch verschachtelte Verfahren rechtfertigen. Ob vernünftige Unternehmer den zeitsparenden Weg des intendierten Vergleichsschlusses nach § 17 beschreiten, wird auch von der Besonnenheit der klageberechtigten Stelle bei den Verhandlungen dazu abhängen und von der Praxis zu zeigen sein.

§ 19 Kollektiver Gesamtbetrag

(1) **Das Gericht kann die Höhe des kollektiven Gesamtbetrags unter Würdigung aller Umstände nach freier Überzeugung bestimmen.**

(2) **§ 287 der Zivilprozessordnung ist entsprechend anzuwenden.**

Literatur: Mekat/Amrhein, Die Umsetzung der Verbandsklagen-RL in Deutschland nach dem Referentenentwurf, RAW 2023, 23; Skauradszun, Zur Bestimmung des kollektiven Gesamtbetrags nach dem VDuG, MDR 2024, 741.

Übersicht

A. Überblick und Normzweck

§ 19 regelt, was der dem Grunde nach verurteilte Unternehmer der Höhe nach (vorläufig) zu leisten hat. Hatte die klageberechtigte Stelle die Verurteilung des Unternehmers nicht zu Einzelzahlungen beantragt, sondern begehrt sie die Zahlung eines kollektiven Gesamtbetrags (§ 14 S. 2), wird der zu zahlende kollektive Gesamtbetrag im Abhilfe**end**urteil konkretisiert. Die Vorschrift hat damit maßgebliche Bedeutung für die **wirtschaftlichen Folgen** für den Beklagten. Sie räumt dem OLG hierzu erhebliches Ermessen ein,[1] da sie das Beweismaß für den kollektiven Gesamtbetrag vom Vollbeweis herabsetzt und dem Tatsachengericht eine Entscheidung „nach freier Überzeugung" ermöglicht, mithin in Form einer (stark gebundenen) **Schätzung** (→ Rn. 6 ff.).[2] Mit dieser Schätzung soll vermieden werden, dass bei jedem Einzelanspruch Einzelheiten zur Anspruchshöhe streitig entschieden werden müssen.[3] Eine solche Schätzung ist jedoch **nicht** mit einer **Billigkeitsentscheidung** zu verwechseln.[4] 1

§ 19 verfolgt das Ziel, dem OLG die Bestimmung des kollektiven Gesamtbetrags zu erleichtern. Die Vorschrift ist **§ 301 ZPO nachempfunden.** Diese Regelung ermöglicht im allgemeinen Zivilprozess das Zwischenurteil über den Grund und kann helfen, den Streit über den Anspruchsgrund von dem Streit über die Anspruchshöhe **abzuschichten.**[5] 2

§ 19 gehört systematisch zu Abschnitt 2 betreffend die **Abhilfeklagen.** Die Vorschrift ist Unterabschnitt 2 über die Abhilfeentscheidung zugeordnet. Sie betrifft damit nicht die zweite Gruppe der Verbandsklagen, die Musterfeststellungsklagen iSv §§ 1 Abs. 1 Nr. 2, 41, da es sich bei dieser Gruppe an Verbandsklagen nicht um Leistungsklagen, sondern um Feststellungsklagen handelt, und daher kein kollektiver Gesamtbetrag ausgeurteilt werden kann. § 19 betrifft allerdings auch nicht diejenigen Abhilfeklagen, mit denen die Leistung an namentlich benannte Verbraucher begehrt wird (§§ 14 S. 1, 16 Abs. 1 S. 2), obwohl diese im gleichen Abschnitt geregelt sind. § 19 ist nur im Falle des § 14 S. 2 anwendbar. Die Vorschrift ist ferner **entsprechend** im Erhöhungsverfahren **anwendbar** (§ 21 Abs. 2 S. 2). Der kollektive Gesamtbetrag iSv § 19 ist ein **zentraler Rechtsbegriff** des VDuG und daher Gegenstand etlicher Normen: 3

- § 14 S. 2, der als Klageziel das Begehren einer Zahlung eines kollektiven Gesamtbetrags zulässt;
- § 15 Abs. 2 S. 2, der im Falle eines solchen Klageziels Vorgaben für die Klageschrift macht (→ § 15 Rn. 38 ff.);
- § 16, wonach – ist der entsprechende Klageantrag begründet – der jedem berechtigten Verbraucher zustehende Betrag an dem kollektiven Gesamtbetrag oder die Methode zu dessen Berechnung Inhalt des Abhilfe**grund**urteils ist,[6] und zwar in der Urteilsformel (→ § 16 Rn. 28) (nicht aber der kollektive Ge-

[1] Köhler/Bornkamm/Feddersen/Scherer VDuG § 19 Rn. 5: Beurteilungsspielraum.
[2] BT-Drs. 20/6520, 83: „Das Gericht nimmt eine Schätzung vor"; Zöller/Althammer VDuG § 19 Rn. 2.
[3] HK-VDuG/Röthemeyer VDuG § 19 Rn. 2.
[4] Zöller/Althammer VDuG § 19 Rn. 6.
[5] Musielak/Voit/Musielak ZPO § 301 Rn. 1.
[6] Zöller/Althammer VDuG § 19 Rn. 4.

samtbetrag als solcher und der dazugehörige Zahlungsbefehl, was Gegenstand des Abhilfe**end**urteils ist, § 18 Abs. 2[7]);
- § 18 Abs. 2, der den Inhalt der Urteilsformel des Abhilfe**end**urteils vorgibt, mit der der kollektive Gesamtbetrag **konkret beziffert** wird (→ § 18 Rn. 14);[8]
- § 19 betreffend die (beweisrechtlichen) Vorgaben zur Bestimmung des kollektiven Gesamtbetrags;
- § 21 für den Fall einer späteren Erhöhung des kollektiven Gesamtbetrags, was allerdings nur über den Weg einer neuen Klage möglich ist („Erhöhungsverfahren"). Aufgrund von § 21 wird deutlich, dass der im Abhilfeendurteil bestimmte kollektive Gesamtbetrag nur **vorläufiger** Art ist;[9]
- § 24 zum Eröffnungsbeschluss, der die Zahlung des kollektiven Gesamtbetrags zu Händen des Sachwalters als Bedingung definiert, sofern der Unternehmer zur Zahlung eines solchen verurteilt ist;
- § 25, wonach der kollektive Gesamtbetrag einen Teil des **Umsetzungsfonds** bildet;
- § 27 zu den Aufgaben des Sachwalters betreffend den kollektiven Gesamtbetrag (→ § 27 Rn. 10, 35 f.);
- § 34 betreffend den Schlussbericht, der den kollektiven Gesamtbetrag den geleisteten Zahlungen gegenüberstellen muss;
- § 37 zu etwaigen nicht abgerufenen Beträgen des kollektiven Gesamtbetrags und
- § 38 für den Fall eines Insolvenzverfahrens über das Vermögen des Unternehmers.

B. Umsetzung der Richtlinie

4 § 19 hat **kein direktes Vorbild** in der Verbandsklagen-RL (vgl. aber ErwG 12 S. 1, wonach die Verbandsklagen-RL nicht die Regelung jedes Aspekts, insbesondere keine Vollharmonisierung, anstrebt).[10] Die Gesetzesbegründung der Bundesregierung nennt daher bei § 19 keinen zugrunde liegenden Artikel oder Erwägungsgrund.[11] Die Verbandsklagen-RL verwendet den Begriff des „kollektiven Gesamtbetrags" nicht. Einen gewissen Gleichlauf gibt es nur insoweit, als Art. 9 Abs. 1 Verbandsklagen-RL als Abhilfeform die Zahlung von Schadensersatz nennt und auch in der Gesetzesbegründung zu § 19 der Schadensersatz den vorrangigen Grund für einen solchen kollektiven Gesamtbetrag bildet.[12] § 19 kann folglich nur insoweit **richtlinienkonform ausgelegt** werden, als in anderen Artikeln oder Erwägungsgründen genannte Ziele für die Auslegung herangezogen werden.

5 Der Text des heutigen § 19 entspricht vollständig dem Referenten- und dem Regierungsentwurf und blieb auch in der Beschlussempfehlung des 6. Ausschusses (Rechtsausschuss) des 20. Deutschen Bundestags **unverändert.**[13] Die Entwurfsfassung war daher auffallend konstant. Sie wurde in den Stellungnahmen der **Ver-**

---

[7] BT-Drs. 20/6520, 83.
[8] BT-Drs. 20/6520, 83; Köhler/Bornkamm/Feddersen/Scherer VDuG § 19 Rn. 2; Zöller/Althammer VDuG § 19 Rn. 1.
[9] Zöller/Althammer VDuG § 19 Rn. 5.
[10] Köhler/Bornkamm/Feddersen/Scherer VDuG § 19 Rn. 4.
[11] Vgl. BT-Drs. 20/6520, 83.
[12] Vgl. BT-Drs. 20/6520, 83.
[13] VRUG-RefE, 14; BT-Drs. 20/6520, 16; BT-Drs. 20/7631, 9.

bände nur knapp thematisiert, teils zustimmend,[14] teils vor den Gefahren für den belasteten Unternehmer warnend,[15] teils gänzlich ablehnend[16].

C. Bestimmung des kollektiven Gesamtbetrags (Abs. 1)

Abs. 1 lässt die Bestimmung des kollektiven Gesamtbetrags nach freier Überzeugung zu. Dies ist Aufgabe des OLG als der einzigen **Tatsacheninstanz** in einem Verbandsklageverfahren. Gegenstand der (immer zulässigen) **Revisionsinstanz** vor dem BGH (§ 18 Abs. 4 S. 1) wäre die Rechtsanwendung des § 19 und insbesondere des § 287 ZPO sowie die Anwendung der zugrunde liegenden Vorschriften wie § 13 Abs. 1 S. 1 VDuG iVm § 138 ZPO (→ Rn. 22). 6

Die Regelung des § 19 ist insbesondere im Zusammenhang mit dem Klageziel nach § 14 S. 2 (→ Rn. 3 und → Rn. 9) und dem Inhalt der Klageschrift nach § 15 zu sehen (→ Rn. 10). Ferner ist immer mitzudenken, dass nicht abgerufene Beträge dem Unternehmer zu erstatten sind (§ 37),[17] allerdings zeitlich (deutlich) später (→ Rn. 19). Der nach § 19 bestimmte kollektive Gesamtbetrag ist Bestandteil der Urteilsformel des Abhilfe**end**urteils (§ 18 Abs. 2). Im Abhilfe**grund**urteil wird dieser Betrag hingegen noch nicht beziffert. 7

§ 19 gehört prozessrechtlich zum Beweisrecht. Auch der in Bezug genommene § 287 ZPO gehört systematisch zum Beweisrecht. § 19 kehrt die Darlegungs- und Beweislast nicht um.[18] Die Darlegungs- und ggf. Beweislast liegt weiter bei der klageberechtigten Stelle. Sie muss darlegen und ggf. beweisen, was der einzelne Verbraucher der Höhe nach verlangen kann (§ 15 Abs. 2) und was als kollektiver Gesamtbetrag für die am Ende der Frist (noch) angemeldeten (§ 46 Abs. 1 und 4) und berechtigten (§§ 25 Abs. 3 S. 1, 27 Nr. 9) Verbraucher gefordert werden kann.[19] § 19 betrifft stattdessen das **Beweismaß.**[20] Für die Bestimmung des kollektiven Gesamtbetrags muss das OLG nicht nach freier Überzeugung entscheiden, ob eine tatsächliche Behauptung für wahr oder für nicht wahr zu erachten ist (sog. Vollbeweis nach § 286 Abs. 1 S. 1 ZPO), sondern darf unter Würdigung aller Umstände nach freier Überzeugung entscheiden. Gegenüber dem Regelbeweismaß nach § 286 Abs. 1 S. 1 ZPO ist das Beweismaß bei § 19 in der Folge **herabgesetzt.** Für den zu erreichenden Überzeugungsgrad genügt eine **überwiegende, aber auf gesicherter Grundlage beruhende Wahrscheinlichkeit.**[21] Es muss also nur überwiegend wahrscheinlich sein, dass der begehrte und behauptete kollektive Gesamtbetrag für die am Ende der Frist (noch) angemeldeten und berechtigten Verbraucher benötigt wird.[22] 8

---

[14] DAV Stellungnahme VRUG, Rn. 19: entsprechende Anwendung von § 287 ZPO zu begrüßen.

[15] Bitkom Stellungnahme VRUG, 14.

[16] BIVA Stellungnahme VRUG, 7: ersatzlos zu streichen.

[17] Ähnlich HK-VDuG/Röthemeyer VDuG § 19 Rn. 1.

[18] Zöller/Althammer VDuG § 19 Rn. 6; Skauradszun MDR 2024, 741 (742).

[19] Skauradszun MDR 2024, 741 (742); ähnlich → § 18 Rn. 14.

[20] Zöller/Althammer VDuG § 19 Rn. 6.

[21] In allgemeiner Form BGH NJW 2000, 509; BGH NJW 2013, 2584 Rn. 20; BGH NJW 2015, 934 Rn. 45; MüKoZPO/Prütting ZPO § 287 Rn. 17; BeckOK ZPO/Bacher ZPO § 287 Rn. 17.

[22] Skauradszun MDR 2024, 741 (742).

I. Klageziel nach § 14 S. 2

9 Die Anwendung von § 19 kommt nur in Betracht, wenn die klageberechtigte Stelle mit der Abhilfeklage nach § 14 S. 2 für Verbraucher die Zahlung eines kollektiven Gesamtbetrags begehrt, den sie nach abstrakten Merkmalen beschreibt.[23] Hat diese stattdessen die Verurteilung des Unternehmers zu einer anderen Leistung an die betroffenen Verbraucher beantragt – nämlich **Einzelzahlungen** für **namentlich** benannte Verbraucher[24] –, darf das OLG einen kollektiven Gesamtbetrag nicht zusprechen (§ 13 Abs. 1 S. 2 VDuG iVm § 308 Abs. 1 S. 1 ZPO; → § 13 Rn. 53). Bei den in § 16 Abs. 1 S. 1 Alt. 1 und 2, S. 2 genannten Klagezielen handelt es sich um unterschiedliche Streitgegenstände im Sinne des zweigliedrigen Streitgegenstandsbegriffs[25], da unterschiedliche Anträge gestellt werden. Der häufigere Fall dürfte auf lange Sicht der kollektive Gesamtbetrag sein,[26] da dieser sowohl bei der Bestimmung durch die mit § 19 ermöglichte Schätzung als auch im späteren Umsetzungsverfahren durch die Erstattung nicht abgerufener Beträge nach § 37 mehr Flexibilität ermöglicht. In allen bislang erhobenen Verbandsklagen begehren die klageberechtigten Stellen kollektive Gesamtbeträge.[27]

II. Angaben in der Klageschrift nach § 15 Abs. 2 S. 2 und 3 und Klageerwiderung

10 Beantragt die klageberechtigte Stelle die Verurteilung des Unternehmers zur Zahlung eines kollektiven Gesamtbetrags, so **muss** die Klageschrift auch die **Höhe des einzelnen Verbraucheranspruchs** angeben, wenn alle Ansprüche der betroffenen Verbraucher der Höhe nach gleich sind (§ 15 Abs. 2 S. 2). Denn im Grundsatz ist der kollektive Gesamtbetrag die **Addition der (vollen) Einzelansprüche** der Verbraucher[28] bzw. die Multiplikation der einheitlichen Anspruchshöhe mit der Anzahl wirksam angemeldeter Ansprüche[29]. Wird nicht die Höhe des einzelnen Verbraucheranspruchs angegeben, soll die **Methode** angegeben werden, nach der sich die Höhe der jeweiligen einzelnen Ansprüche der betroffenen Verbraucher berechnen lässt (§ 15 Abs. 2 S. 3). Beide Regelungen dienen dazu, dem OLG eine Grundlage für die Bestimmung des kollektiven Gesamtbetrags durch Schätzung zu geben (vgl. §§ 16 Abs. 2 S. 2, 18 Abs. 2, 19).[30] In beiden Fällen muss der kollektive Gesamtbetrag in der Klageschrift nicht beziffert sein[31] und kann dies zu diesem Zeitpunkt regelmäßig auch noch nicht, da die Anmeldefrist noch längere Zeit läuft (§ 46 Abs. 1 S. 1).

11 Die konkreten Anhaltspunkte müssen in der Klageschrift **dargelegt** werden.[32] Werden sie vom Unternehmer in der Klageerwiderung iSv § 13 Abs. 1 S. 1 VDuG

---

[23] Köhler/Bornkamm/Feddersen/Scherer VDuG § 19 Rn. 1.

[24] BT-Drs. 20/6520, 83.

[25] Exemplarisch BGH NJW 2016, 1818 Rn. 27.

[26] Ebenso Mekat/Amrhein RAW 2023, 23; Gsell GRUR 2024, 979 (989).

[27] Vgl. Schleswig-Holsteinisches OLG (5 VKl 1/23), OLG Hamm (I-2 VKl 1/23, I-2 VKl 2/23, I-12 VKl 1/23). Die Abhilfeanträge sind im Verbandsklageregister einsehbar (vgl. § 44 Nr. 5).

[28] HK-VDuG/Röthemeyer VDuG § 19 Rn. 1; Köhler/Bornkamm/Feddersen/Scherer VDuG § 19 Rn. 7.

[29] Anders/Gehle/Schmidt VDuG § 19 Rn. 2.

[30] BT-Drs. 20/6520, 83.

[31] Anders/Gehle/Schmidt VDuG § 19 Rn. 1.

[32] Zöller/Althammer VDuG § 19 Rn. 4; dies dürfte auch Anders/Gehle/Schmidt VDuG § 19 Rn. 1 meinen.

iVm §138 Abs. 3 ZPO ausdrücklich bestritten, muss die klageberechtigte Stelle die **Anknüpfungstatsachen beweisen**[33] (→Rn. 13ff.). Die klageberechtigte Stelle kann sich hinsichtlich der Anknüpfungstatsachen nicht auf die Schätzvorschrift des §19 zurückziehen.[34] Gelingt der klageberechtigten Stelle in der Beweisaufnahme der Beweis der Anknüpfungstatsachen nicht, bleibt sie beweisfällig. Dann verbietet sich eine Schätzung nach §19. Die klageberechtigte Stelle kann ihre Darlegung in der Klageschrift im Rahmen der Präklusionsvorschriften (→§13 Rn. 50) im Übrigen bis zum Schluss der mündlichen Verhandlung ändern[35] und – wird die Darlegung ausdrücklich bestritten – Beweis für die Tatsachen antreten.

Die Pflicht- bzw. Sollangaben der Klageschrift nach §15 Abs. 2 S. 2 und 3 können in der **Replik** ergänzt werden.[36] Damit kann eine zunächst unzulässige Klageschrift zulässig werden. Im Übrigen gibt es keine Präklusionsvorschrift zulasten der klageberechtigten Stelle, wonach solche Anknüpfungstatsachen präkludiert sind, welche erst in der Replik dargelegt wurden. Über §13 Abs. 1 S. 2 finden aber §§277, 296 ZPO Anwendung, wonach Anknüpfungstatsachen für den kollektiven Gesamtbetrag, die erst nach der Frist für die Replik vorgebracht werden, **nur zuzulassen** sind, **wenn** nach der freien Überzeugung des OLG ihre Zulassung die Erledigung des Rechtsstreits nicht verzögern würde oder wenn die klageberechtigte Stelle die Verspätung genügend entschuldigt (→§13 Rn. 50). 12

D. Anwendung des §287 ZPO (Abs. 2)

§19 Abs. 2 erklärt §287 ZPO für entsprechend anwendbar und unterstreicht damit dessen Wichtigkeit. §287 ZPO wäre auch schon aufgrund von §13 Abs. 1 S. 1 und 2 anwendbar gewesen.[37] Ein kollektiver Gesamtbetrag kann – liegen materiell-rechtlich Schadensersatzansprüche zugrunde – unter das Tatbestandsmerkmal „Schaden" iSv §287 Abs. 1 ZPO bzw. – liegen andere Forderungen zugrunde – unter das Tatbestandsmerkmal „Forderung" in einer vermögensrechtlichen Streitigkeit iSv §287 Abs. 2 ZPO subsumiert werden. Die Anwendung von §287 ZPO ist im Ergebnis keine Besonderheit des VDuG, sondern liegt auf der Linie zum allgemeinen Zivilprozess. Die **entsprechende** Anwendung von §287 ZPO führt dazu, dass die Norm **im Lichte der Besonderheiten** der Abhilfeklagen auszulegen und anzuwenden ist (→§13 Rn. 8). Der Gesetzgeber hat damit Raum für spezifische Modifikationen bei Abhilfeklagen zugelassen. 13

§287 ZPO soll das OLG nach der Vorstellung der Verfasser der Gesetzesbegründung davon **entlasten,** aufwendige Tatsachenermittlungen durchzuführen und in umfangreiche Beweisaufnahmen einzutreten.[38] Das OLG werde ferner davon befreit, Einzelprüfungen zur Bestimmung der Schadenshöhe vorzunehmen, und könne nach seinem **Ermessen** entscheiden, ob und inwieweit es eine **Beweisaufnahme anordnet.**[39] Dahinter steht der im Zivilverfahrensrecht immer prominen- 14

[33] In allgemeiner Form BGH NJW-RR 2023, 297 Rn. 38; MüKoZPO/Prütting ZPO §287 Rn. 14; Musielak/Voit/Foerste ZPO §287 Rn. 7.
[34] Skauradszun MDR 2024, 741 (742).
[35] HK-VDuG/Röthemeyer VDuG §19 Rn. 5.
[36] Offenbar auch Zöller/Althammer VDuG §19 Rn. 4: später im Verfahren darlegen.
[37] Musielak/Voit/Stadler VDuG §19 Rn. 1.
[38] BT-Drs. 20/6520, 83; ebenso Zöller/Althammer VDuG §19 Rn. 6.
[39] BT-Drs. 20/6520, 83.

ter werdende Gedanke der **Verfahrensökonomie** (vgl. ErwG 7, 9, 19, 35, 47 Verbandsklagen-RL). Die Einschätzung der Verfasser ist allerdings optimistisch und praktisch deshalb schwer zu erreichen, da zwar Einzelprüfungen von Fällen erlässlich sein mögen, aber viele Konstellationen vorstellbar und bei den bisherigen Massenverfahren bekanntgeworden sind, bei denen ohne technische, naturwissenschaftliche, medizinische oder wirtschaftswissenschaftliche Sachverständige ein Beweis nicht erbracht werden kann. Die Erfahrung zeigt daher, dass (aufwendige) Beweisaufnahmen in der (einzigen!) Tatsacheninstanz unerlässlich sind. In solchen Schadensersatzverfahren ist § 287 Abs. 1 S. 2 ZPO ebenfalls anwendbar, der die Begutachtung durch Sachverständige in das Ermessen des Gerichts stellt. Im allgemeinen Zivilprozess wie auch bei Abhilfeklagen wird ohne Sachverständige aber häufig eine angemessene Bestimmung des zu zahlenden Betrags nicht möglich sein. § 19 Abs. 2 ist daher nicht so zu verstehen, dass das OLG mit dieser Vorschrift den kollektiven Gesamtbetrag schätzen darf, obwohl die zugrunde liegenden **Anknüpfungstatsachen** streitig sind.[40] In einem solchen Fall sind diese Anknüpfungstatsachen zunächst in einer Beweisaufnahme zu klären. Hier gilt das **Regelbeweismaß,** sodass die beweispflichtige Partei den **Vollbeweis** erbringen muss (→ Rn. 8).[41] Hinsichtlich der Anknüpfungstatsachen muss das OLG also nach freier Überzeugung entscheiden, ob die Anknüpfungstatsache für wahr oder für nicht wahr zu erachten ist (§ 13 Abs. 1 S. 2 VDuG iVm § 286 Abs. 1 S. 1 ZPO).

15 In den Fällen, in denen der von der klageberechtigten Stelle verfolgte materielle Anspruch ein Schadensersatzanspruch ist und das Vorliegen eines Schadens zu den Tatbestandsmerkmalen gehört, kann schon streitig sein, **„ob“** ein **Schaden** entstanden ist. Diese Frage ist zu klären, bevor die „Höhe“ des Schadens bestimmt werden kann. § 19 kommt jedoch nur zur Anwendung, wenn zuvor ein Abhilfe**grund**urteil erlassen wurde. Dazu muss das OLG davon überzeugt gewesen sein, dass ein Schaden vorliegt. Da nach § 287 Abs. 1 ZPO das Gericht unter Würdigung aller Umstände nach freier Überzeugung auch über das „Ob“ eines Schadens entscheiden kann, kann § 287 ZPO über § 13 Abs. 1 S. 2 schon für das Abhilfegrundurteil von Bedeutung sein (zur Abgrenzung → § 16 Rn. 20f.). Für die zugrunde liegenden Anknüpfungstatsachen gilt indes das Regelbeweismaß des § 13 Abs. 1 S. 2 VDuG iVm § 286 Abs. 1 S. 1 ZPO (→ Rn. 14).

I. Höhe des einzelnen Verbraucheranspruchs

16 Die klageberechtigte Stelle hat Anknüpfungstatsachen darzulegen und ggf. zu beweisen, aus denen sich die Höhe des einzelnen Verbraucheranspruchs bzw. die Methode zur entsprechenden Berechnung ergibt. Zu dem einzelnen Verbraucheranspruch kann ein Anspruch auf **Zinsen** gehören (→ § 18 Rn. 14).[42] Hierzu hat sie darzulegen und ggf. zu beweisen, „wie hoch der der Einzelnen oder dem Einzelnen entstandene Schaden durchschnittlich ist und auf welchen Umständen diese Annahme beruht“.[43] Die Schäden können unterschiedlich hoch sein (→ § 14 Rn. 31). Es gilt für

[40] Offenbar auch Musielak/Voit/Stadler VDuG § 19 Rn. 1 durch den Hinweis, dass die Parteien „die notwendige Schätzungsgrundlage liefern müssen“. Klarzustellen ist aber, dass nicht „die Parteien“, sondern die beweispflichtige Partei die Anknüpfungstatsachen darlegen und ggf. beweisen muss.

[41] Skauradszun MDR 2024, 741 (742).

[42] Vgl. HK-VDuG/Röthemeyer VDuG § 18 Rn. 8 aE.

[43] BT-Drs. 20/6520, 83.

die Anknüpfungstatsachen das **Regelbeweismaß** des § 13 Abs. 1 S. 2 VDuG iVm § 286 Abs. 1 S. 1 ZPO (→ Rn. 14). **Beispielsweise** könnte die klageberechtigte Stelle substantiiert darlegen, dass bei Verbrauchern, die das Produkt P1 der Produktionslinie L1 im mittleren Preissegment gekauft haben, die Schäden sachverständig auf 20% der Kaufpreise und bei Verbrauchern, die das Produkt P2 der Produktionslinie L2 im Hochpreissegment gekauft haben, die Schäden sachverständig auf 28% der Kaufpreise ermittelt wurden.[44] Da 2/3 der Verbraucher das Produkt P1 und nur 1/3 das Produkt P2 erworben haben, wird der durchschnittliche Einzelschaden bei 22,6% gesehen. Der jedem berechtigten Verbraucher zustehende Betrag oder die Berechnungsmethode wird schließlich in die Urteilsformel des Abhilfegrundurteils aufgenommen (§ 16 Abs. 2 S. 2). Zusammen mit dem aktuellen Auszug aus dem Verbandsklageregister und der Angabe der Kaufpreise für P1 und P2 kann so zum kollektiven Gesamtbetrag vorgetragen werden. Wie in → Rn. 18 ff. dargestellt, wird das OLG im Regelfall davon entlastet, bei den Einzelansprüchen Sonderfälle zu berücksichtigen.

II. Anzahl Anmeldungen

Für die Bestimmung des kollektiven Gesamtbetrags benötigt das OLG einen **17**
aktuellen Auszug aus dem Verbandsklageregister.[45] Diesen fordert es beim gemäß § 43 Abs. 1 S. 1 registerführenden Bundesamt für Justiz an (§ 48 Abs. 2). Mit diesem Auszug kann das OLG erkennen, wie viele Ansprüche insgesamt geltend gemacht wurden.[46] Die Anmelde- bzw. Rücknahmefrist nach § 46 Abs. 1 S. 1 und Abs. 4 S. 1 endet drei Wochen nach dem Schluss der mündlichen Verhandlung; es ist die mündliche Verhandlung zum Abhilfegrundurteil gemeint (ebenso → § 16 Rn. 25 und → § 46 Rn. 8), wie eine Zusammenschau aus § 9 Abs. 1 S. 2 und § 17 ergibt. Eine etwaige mündliche Verhandlung zum Abhilfeendurteil ist für die Verbraucher ohnehin weniger relevant. Die Anzahl Anmeldungen ist aber **nur ein Schätzkriterium** unter mehreren und mit Blick auf die Erfahrungen mit der früheren Musterfeststellungsklage **vorsichtig und kritisch** zu würdigen.[47] Denn nachweisen müssen die Verbraucher ihre individuelle Anspruchsberechtigung erst im Umsetzungsverfahren (vgl. § 27 Nr. 4).[48] Im Schrifttum wird für den Fall des § 16 Abs. 4 zugelassen, dass das OLG zum Schluss der mündlichen Verhandlung einen Auszug aus dem Verbandsklageregister anfordert und sodann schätzt, wie viele Verbraucher sich noch innerhalb der Frist des § 46 Abs. 1 S. 1 anmelden werden.[49] Um das Unternehmen wirtschaftlich nicht unangemessen zu belasten, ist indes ein strengeres Verständnis des Begriffs „aktueller Auszug" angezeigt. Als aktueller Auszug sollte nur ein solcher zu verstehen sein, der **nach Ablauf der Anmelde- bzw. Rücknahmefrist** des § 46 Abs. 1 S. 1 bzw. Abs. 4 S. 1 – also drei Wochen nach dem Schluss der mündlichen Verhandlung – erstellt wurde. Das OLG kann den Parteien

---

[44] Für diese unterschiedlich hohen Ansprüche darf wiederum ein Durchschnittsbetrag zugrunde gelegt werden, Anders/Gehle/Schmidt VDuG § 19 Rn. 2. Zu einem weiteren Beispiel Skauradszun MDR 2024, 741 (744).

[45] BT-Drs. 20/6520, 83; wohl auch HK-VDuG/Röthemeyer VDuG § 19 Rn. 2.

[46] Vgl. Köhler/Bornkamm/Feddersen/Scherer VDuG § 19 Rn. 5.

[47] Mekat/Amrhein RAW 2023, 23, 28 berichten von bis zu 40% fehlerhaften Anmeldungen bei der Musterfeststellungsklage aF. Ebenfalls kritisch und zurückhaltend Zöller/Althammer VDuG § 19 Rn. 3.

[48] Zöller/Althammer VDuG § 19 Rn. 4.

[49] Köhler/Bornkamm/Feddersen/Scherer VDuG § 19 Rn. 6.

deshalb beim kombinierten Verfahren nach § 16 Abs. 4 am Ende der mündlichen Verhandlung eine **Frist zur etwaigen Stellungnahme** zu dem Auszug aus dem Verbandsklageregister setzen.[50] Da die angemeldeten Ansprüche Auswirkung auf die Bestimmung des kollektiven Gesamtbetrags haben, haben die Parteien Anspruch auf rechtliches Gehör (Art. 103 Abs. 1 GG) zur finalen Anmeldelage im Verbandsklageregister. Es kann ferner angezeigt sein, dass das OLG aufgrund der Darlegung und ggf. des in der mündlichen Verhandlung erbrachten (exemplarischen) Beweises des Beklagten schätzt, wie hoch der Anteil der **fehlerhaft angemeldeten Ansprüche** sein dürfte und diesen Anteil **in Abzug** bringt. **Beispiel:** Die klageberechtigte Stelle trägt vor, dass 4.000 Ansprüche mit durchschnittlich 5.000 EUR angemeldet wurden (vgl. §§ 15 Abs. 2 S. 3, 46 Abs. 2 S. 2). Der Beklagte legt substantiiert dar – was unstreitig bleibt –, dass durch einen Zufallsgenerator 100 Ansprüche ausgewählt und sodann in der Rechtsabteilung KI-unterstützt auf Plausibilität geprüft wurden. 20 davon wurden unstreitig fehlerhaft angemeldet, weitere 10 waren offensichtlich unbegründet. Bei 70 Ansprüchen wäre eine Detailprüfung im Umsetzungsverfahren erforderlich (vgl. § 27 Nr. 3), sodass eine Berechtigung im Raum steht. Das OLG fordert nach Ablauf der An- und Abmeldefrist einen aktuellen Auszug an, der 4.050 Ansprüche listet, und hört die Parteien zur finalen Anmeldelage. Sodann schätzt es nach Fristablauf aufgrund des unstreitigen Beklagtenvortrags die Quote der fehlerhaften und offensichtlich unberechtigten Anmeldungen vorsichtig auf 25% und legt daher noch 4.050 ./. 1.012 = 3.038 Ansprüche zugrunde.[51]

III. Berechtigung der Einzelansprüche

18 Nach der Gesetzesbegründung und Stimmen im Schrifttum darf das OLG, sofern die Würdigung der Umstände dies zulässt, bei seiner Schätzung unterstellen, dass alle angemeldeten **Ansprüche in voller Höhe berechtigt** sind.[52] Es darf die Summe der denkbaren Höchstbeträge aller Einzelansprüche bilden.[53] Für den kollektiven Gesamtbetrag soll daher nicht geprüft werden müssen, ob Einzelansprüche ggf. anteilig schon erfüllt und damit untergegangen sind oder die Leistung ggf. teilweise zurückbehalten werden kann. Der in § 19 Abs. 1 gemachte **Vorbehalt,** wonach die „Würdigung aller Umstände" eine solche Vereinfachung bei der Schätzung zulassen muss, macht deutlich, dass das OLG bei der Bestimmung des kollektiven Gesamtbetrags nicht grundsätzlich außer Acht lassen darf, dass in einem konkreten Fall die Ansprüche der Verbraucher nicht in voller Höhe berechtigt sind, **beispielsweise** weil der Unternehmer vorsorglich auf Ansprüche eine Teilzahlung von 30% geleistet hatte. In solchen Fällen würde sich der kollektive Gesamtbetrag reduzieren.

19 Die Verfasser der Gesetzesbegründung versuchen die Vereinfachung bei der Schätzung damit zu **rechtfertigen,** dass im Falle eines tatsächlich zu hohen kollektiven Gesamtbetrags ein im Umsetzungsverfahren verbleibender Restbetrag vom Sachwalter an den Unternehmer **zurückzuerstatten** ist.[54] Das ist ausweislich § 37

---

[50] So der Vorschlag bei HK-VDuG/Röthemeyer VDuG § 19 Rn. 2.

[51] Zu einem weiteren Beispiel Skauradszun MDR 2024, 741 (744).

[52] BT-Drs. 20/6520, 83; HK-VDuG/Röthemeyer VDuG § 19 Rn. 3; Köhler/Bornkamm/Feddersen/Scherer VDuG § 19 Rn. 7. Kritisch Mekat/Amrhein RAW 2023, 23 (28) und mehrere der in → Rn. 5 genannten Verbände.

[53] BT-Drs. 20/6520, 83.

[54] BT-Drs. 20/6520, 83. Unkritisch daher HK-VDuG/Röthemeyer VDuG § 19 Rn. 3; Köhler/Bornkamm/Feddersen/Scherer VDuG § 19 Rn. 7.

zwar richtig und führt in der Gesamtschau zu einer Abmilderung etwaiger zu hoher Bestimmungen des kollektiven Gesamtbetrags. Allerdings ist dieses Vermögen bis zum Abschluss des Umsetzungsverfahrens für den Unternehmer nicht mehr verfügbar, mithin für mehrere Monate oder gar Jahre.[55] Das OLG hat daher die belastenden wirtschaftlichen Folgen einer zu hohen Bestimmung des kollektiven Gesamtbetrags zu bedenken und darf bei der Schätzung dann nicht mehr von in voller Höhe berechtigten Ansprüchen ausgehen, wenn der Unternehmer Anknüpfungstatsachen dargelegt und ggf. bewiesen hat, wonach die Berechtigung nicht in voller Höhe besteht.[56] Ein solch beachtlicher Vortrag des Unternehmers wäre die Darlegung, dass eine signifikante Zahl an Verbrauchern bei der Anmeldung **unrichtige Angaben** gemacht hat (vgl. auch → Rn. 17).[57] Das OLG sollte bedenken, dass bis zu einer etwaigen Entscheidung des BGH die klageberechtigte Stelle das Abhilfeendurteil (gegen Sicherheitsleistung) **vorläufig vollstrecken** kann (§ 13 Abs. 1 S. 1 VDuG iVm § 709 ZPO; → § 13 Rn. 42)[58] und dieses daher für längere Zeit ein für den Unternehmer bedrohlicher Vollstreckungstitel ist. Ob die klageberechtigte Stelle die Sicherheit leisten kann, hängt von der wirtschaftlichen Dimension des bestimmten kollektiven Gesamtbetrags ab, kann ab einer gewissen Höhe durchaus zweifelhaft sein[59] und wird davon abhängen, ob die klageberechtigte Stelle eine Bankbürgschaft iSv § 13 Abs. 1 S. 1 VDuG iVm § 108 Abs. 1 S. 2 ZPO finanzieren kann (→ § 13 Rn. 42).

Es ist daher Vorsicht geboten, wenn im Schrifttum vorgeschlagen wird, **im Zweifel** einen hohen kollektiven Gesamtbetrag zu bestimmen.[60] Umgekehrt wäre 20
§ 19 fehlerhaft angewandt, wenn das OLG einen kollektiven Gesamtbetrag bestimmt, bei dem schon im Zeitpunkt des Abhilfeendurteils überwiegend wahrscheinlich ist, dass während des Umsetzungsverfahrens nach § 21 eine Erhöhung des kollektiven Gesamtbetrags beantragt werden wird, da der bestimmte kollektive Gesamtbetrag zur Erfüllung der berechtigten Zahlungsansprüche aller angemeldeten Verbraucher nach überwiegender Wahrscheinlichkeit nicht ausreicht. Eine solche Erhöhung kann nur über eine neue Klage erzwungen werden („Erhöhungsverfahren"), was nicht prozessökonomisch wäre.

E. Abhilfeendurteil und Revision

Das OLG hat in den Entscheidungsgründen des Abhilfeendurteils die für die 21
Schätzung zugrunde gelegten Anknüpfungstatsachen zu benennen[61] und – waren

---

[55] Kritisch daher schon Meller-Hannich Stellungnahme VRUG, 7; Bitkom Stellungnahme VRUG, 14; VDA Stellungnahme VRUG, 2; auch andere richterliche Stimmen sehen dies kritisch Anders/Gehle/Schmidt VDuG § 19 Rn. 2: zwischenzeitlicher Liquiditätsverlust kann Unternehmer in Existenznot bringen; Gsell GRUR 2024, 979 (989). Ebenso Kalisz NZI 2024, 153 (158).

[56] Richtig HK-VDuG/Röthemeyer VDuG § 19 Rn. 4; ähnlich schon Bitkom Stellungnahme VRUG, 14: strenge[re] Voraussetzungen.

[57] Skauradszun MDR 2024, 741 (744). Ähnlich auch HK-VDuG/Röthemeyer VDuG § 19 Rn. 6. Ebenfalls kritisch Zöller/Althammer VDuG § 19 Rn. 3.

[58] BT-Drs. 20/6520, 76, 82; Zöller/Vollkommer VDuG § 24 Rn. 3.

[59] Zöller/Vollkommer VDuG § 24 Rn. 3.

[60] So HK-VDuG/Röthemeyer VDuG § 19 Rn. 4.

[61] Köhler/Bornkamm/Feddersen/Scherer VDuG § 19 Rn. 5 und 9.

diese streitig – zu begründen, welche Anknüpfungstatsachen von der beweisbelasteten klageberechtigten Stelle bewiesen wurden.

22 Die Bestimmung des kollektiven Gesamtbetrags ist nur teilweise revisibel (vgl. → Rn. 6).[62] Gegenstand der Revision kann die Rechtsanwendung des § 287 ZPO sein. Dies umfasst die prozessrechtliche Behandlung der Anknüpfungstatsachen. **Beispielsweise** wäre revisibel, wenn ein OLG verkennt, dass die Anknüpfungstatsachen nach § 13 Abs. 1 S. 2 VDuG iVm § 286 Abs. 1 S. 1 ZPO bewiesen werden müssen, oder ein OLG verkennt, dass für diese Beweisführung nicht § 287 ZPO, sondern der Vollbeweis iSv § 286 Abs. 1 S. 1 ZPO erbracht werden muss. Auch die rechtlichen Kriterien, die das OLG der Schätzung zugrunde legt, sind revisibel. Würde **beispielsweise** ein OLG pauschal den kollektiven Gesamtbetrag 20% über der Addition der angemeldeten Einzelansprüche ansetzen, wäre dies rechtsfehlerhaft, da § 19 keine pauschale Mehrbestimmung des kollektiven Gesamtbetrags zulässt.

23 Für die **Revision des Unternehmers** bedeutet dies, dass er – wenn die Ansprüche jedenfalls nicht (mehr) in voller Höhe bestehen und dies in der Tatsacheninstanz substantiiert dargelegt wurde – auf den Vorbehalt in der Gesetzesbegründung hinweisen und rügen kann, dass das OLG eine Maximalschätzung vorgenommen hat, obwohl eine signifikante Zahl an Verbrauchern keine oder keine Ansprüche in voller Höhe haben können.

§ 20 Kosten des Umsetzungsverfahrens

(1) **Kosten des Umsetzungsverfahrens im Sinne dieses Gesetzes sind:**

1. **die Auslagen des Sachwalters, insbesondere Verbindlichkeiten, die er zur ordnungsgemäßen Erfüllung seiner Aufgaben begründet, und**
2. **die Vergütung des Sachwalters.**

(2) **Die Kosten des Umsetzungsverfahrens trägt der Unternehmer.**

Literatur: Heerma, Das geplante Verbraucherrechtedurchsetzungsgesetz: Abhilfeurteile und deren Umsetzung nach dem VDuG, ZZP 136 (2023), 425; Mekat/Amrhein, Die Umsetzung der Verbandsklagen-RL in Deutschland nach dem Referentenentwurf, RAW 2023, 23; Schmittmann, Die insolvenzrechtlichen Aspekte des Referentenentwurfs eines Gesetzes zur Umsetzung der Richtlinie (EU) 2020/1828 über Verbandsklagen zum Schutz der Kollektivinteressen der Verbraucher und zur Aufhebung der Richtlinie 2009/22/EG, ZRI 2023, 277.

Übersicht

[62] Kritisch daher schon BIVA Stellungnahme VRUG, 7.

A. Überblick und Normzweck

1 Wird der Unternehmer nicht zu einer Leistung an namentlich benannte Verbraucher verurteilt, sondern zur Zahlung eines kollektiven Gesamtbetrags (§ 19), muss dieser denknotwendig an die berechtigten Empfänger verteilt werden. Diese Verteilung wird über das Umsetzungsverfahren koordiniert, für welches Kosten anfallen. § 20 ist im Zusammenhang mit § 18 Abs. 1 Nr. 2 zu lesen, wonach die Urteilsformel des **Abhilfeendurteils** vorläufig die Kosten des **Umsetzungs**verfahrens festsetzen muss. Die Regelung ist ferner im Zusammenhang mit § 32 zu verstehen, der die **Ansprüche** des Sachwalters auf die Erstellung der Auslagen, eine angemessene Vergütung und einen entsprechenden Vorschuss regelt.[1] Denn das, was vom Sachwalter nicht beansprucht werden kann, darf auch vorläufig nicht an Kosten festgesetzt werden. Diese Kosten treten sinngemäß an die Stelle der Kosten eines Zwangsvollstreckungsverfahrens.[2] Sie sind zu **trennen** von den Kosten des Erkenntnisverfahrens, über die in einer eigenen Kostengrundentscheidung entschieden wird (vgl. für das Abhilfeendurteil §§ 16 Abs. 3, 18 Abs. 1 Nr. 4 und für abweisende Abhilfegrundurteile sowie das Musterfeststellungsurteil § 13 Abs. 1 S. 1 VDuG iVm §§ 91 ff. ZPO). §§ 18 Abs. 1 Nr. 2, 20 sind demnach eine **Besonderheit** des VDuG, denn üblicherweise werden in einem Urteil im Erkenntnisverfahren die Kosten für das anschließende Zwangsvollstreckungsverfahren nicht festgesetzt.

2 § 20 verfolgt den Zweck, dem OLG die für die vorläufige Festsetzung **berücksichtigungsfähigen Kostenposten** vorzugeben. Im Vergleich zum kollektiven Gesamtbetrag nach § 19 wird die vorläufige Festsetzung der Kosten des Umsetzungsverfahrens für den Unternehmer zwar meist wirtschaftlich weniger belastend sein. Die wirtschaftliche Belastung ist jedoch keinesfalls zu unterschätzen. Dies zeigen zum einen die Vergütungsfestsetzung der Insolvenz- und Sachwalter, denen ebenfalls die Verwaltung einer (Sonder-)Masse zukommt, und zum anderen die Vergütungsfestsetzung der Restrukturierungsbeauftragten, deren Vergütungssystem Ähnlichkeiten zum VDuG aufweist.

3 § 20 ist **§ 54 Nr. 2 InsO nachempfunden,** der zu den (Insolvenz-)Verfahrenskosten die Vergütungen und die Auslagen des (vorläufigen) (Insolvenz-)Verwalters (und der Mitglieder des Gläubigerausschusses) zählt.[3] § 20 Abs. 1 Nr. 1 lehnt sich an **§ 55 Abs. 1 Nr. 1 InsO** betreffend die Begründung von Masseverbindlichkeiten an.[4] Dies ist kein Zufall, da maßgebliche Teile des Umsetzungsverfahrens – insbesondere betreffend den Sachwalter – dem Aufbau und der Terminologie der InsO ähneln (Bestellung, Eröffnungsbeschluss, gerichtliche Aufsicht und Haftung). Im Übrigen **ähneln** §§ 20, 32 den **§§ 80 ff. StaRUG** (Unternehmensstabilisierungs- und -restrukturierungsgesetz) betreffend die Vergütung des Restrukturierungsbeauftragten, dessen Honorar (ebenfalls) auf der Grundlage angemessener Stundensätze festgesetzt wird. Die Terminologie im VDuG ist insoweit aber klarer als die im StaRUG, wo „Vergütung" der Oberbegriff für „Honorar" und „Auslagen" ist.[5]

---

[1] HK-VDuG/Röthemeyer VDuG § 20 Rn. 2. Zur Diskussion, ob diese Ansprüche des Sachwalters insolvenzfest sind, vgl. Heerma ZZP 136 (2023), 425 (449).

[2] BT-Drs. 20/6520, 83; ebenso Köhler/Bornkamm/Feddersen/Scherer VDuG § 20 Rn. 12.

[3] Daher hatte Heerma ZZP 136 (2023), 425 (448) die Anwendung der InsVV empfohlen.

[4] Schmittmann ZRI 2023, 277 (278).

[5] Vgl. BeckOK StaRUG/Kümpel StaRUG § 80 Rn. 4.

B. Umsetzung der Richtlinie

4 § 20 hat **kein direktes Vorbild** in der Verbandsklagen-RL (vgl. aber ErwG 12 S. 1, wonach die Verbandsklagen-RL nicht die Regelung jedes Aspekts, insbesondere keine Vollharmonisierung, anstrebt).[6] Die Gesetzesbegründung der Bundesregierung nennt daher bei § 20 keinen zugrunde liegenden Artikel oder Erwägungsgrund. Dies ist auch darauf zurückzuführen, dass die Verbandsklagen-RL kein Umsetzungsverfahren und in der Konsequenz keine entsprechende Kostenregelung kennt. Allerdings regelt **Art. 12 Verbandsklagen-RL** die Aufteilung der Kosten der Verbandsklage und sieht hierfür das **Unterliegensprinzip** vor:[7] Die unterliegende Partei muss die von der obsiegenden Partei getragenen Verfahrenskosten zahlen. Ebenso sieht dies **ErwG 38** S. 1 Verbandsklagen-RL vor. Ferner formuliert **ErwG 36** letzter Satz Verbandsklagen-RL, dass die einzelnen Verbraucher im Rahmen der Verbandsklage keine verfahrensrechtlichen Pflichten haben und nur in Ausnahmefällen die Kosten des Verfahrens tragen. Auf diese beiden ErwGe nimmt die Gesetzesbegründung Bezug und **rechtfertigt** § 20 mit dem Gedanken, dass das Umsetzungsverfahren an die Stelle der (Einzel-)Vollstreckung tritt und in einem Vollstreckungsverfahren der (Vollstreckungs-)Schuldner – hier der verurteilte Unternehmer – die Kosten des Vollstreckungsverfahrens zu tragen hat.[8]

5 Der **Text** des heutigen § 20 entspricht vollständig dem Referenten- und dem Regierungsentwurf und blieb auch in der Beschlussempfehlung des 6. Ausschusses (Rechtsausschuss) des 20. Deutschen Bundestags **unverändert.**[9] Der Entwurfstext war also auffallend konstant. Die Regelung wurde in den Stellungnahmen der **Verbände** nur knapp thematisiert, dort allerdings **kritisiert.**[10] Soweit auch heute noch die systematische Verortung kritisiert wird,[11] ist allerdings zu sehen, dass die Regelung zu Recht in der Nähe des § 18 betreffend das Abhilfeendurteil gesetzt wurde, wenngleich sie fraglos eine Nähe zum Umsetzungsverfahren hat.

C. Kosten des Umsetzungsverfahrens (Abs. 1)

6 § 20 ist eine Detailregelung zu § 18 betreffend den Inhalt des Abhilfeendurteils. Dieses muss die Kosten des Umsetzungsverfahrens vorläufig festsetzen. Die **endgültigen Kosten** des Umsetzungsverfahrens setzt das OLG als Prozessgericht der Abhilfeklage durch Beschluss fest (Vollstreckungstitel[12]), wenn dieses die Beendigung des Umsetzungsverfahrens feststellt (§§ 22 Abs. 1, 36 Abs. 1 Nr. 1). Die Kosten

[6] Köhler/Bornkamm/Feddersen/Scherer VDuG § 20 Rn. 4.
[7] HK-VDuG/Röthemeyer VDuG § 20 Rn. 4.
[8] BT-Drs. 20/6520, 83.
[9] VRUG-RefE, 14; BT-Drs. 20/6520, 17; BT-Drs. 20/7631, 9.
[10] BIVA Stellungnahme VRUG, 7 (die Kritik bezog sich auf die systematische Verortung der Norm und die [vermeintlich] fehlende endgültige Festsetzung der Kosten des Umsetzungsverfahrens. Die endgültige Festsetzung fand und findet sich jedoch in § 36 Abs. 1 Nr. 1); Bitkom Stellungnahme VRUG, 10 (die Kritik bezog sich darauf, dass § 20 weiter gehe als das vollstreckungsrechtliche Pendant in § 788 Abs. 1 S. 1 ZPO, welches die Kostentragungspflicht auf die „notwendigen" Kosten beschränkt). Dazu → Rn. 19.
[11] HK-VDuG/Röthemeyer VDuG § 20 Rn. 1.
[12] Vgl. § 36 Abs. 1 S. 3 sowie Köhler/Bornkamm/Feddersen/Scherer VDuG § 20 Rn. 8.

des Umsetzungsverfahrens entsprechen den **Kosten eines Zwangsvollstreckungsverfahrens,** da das Umsetzungsverfahren sinngemäß an dessen Stelle tritt.[13] Diese Kosten gehören daher nicht zum Erkenntnisverfahren. Umgekehrt sind die **Kosten des Klägers** nicht von § 20 Abs. 1 und 2 umfasst,[14] da sie zum Erkenntnisverfahren gehören und entweder im klageabweisenden Abhilfegrundurteil oder im Abhilfeendurteil einer Partei oder beiden Parteien anteilig auferlegt werden (§ 16 Abs. 3, § 18 Abs. 1 Nr. 4 VDuG iVm §§ 91 ff. ZPO[15]).

Der Grund, warum die **Gericht**skosten in einem **Umsetzungs**verfahren in Abs. 1 nicht genannt werden, ist, dass sich die entsprechenden Gebührentatbestände direkt aus dem **GKG** ergeben.[16] Im GKG sind folgende Vorgaben und Gebühren relevant: 7

- § 9 Abs. 2 GKG, wonach die Gebühr für das Umsetzungsverfahren mit dessen Eröffnung **fällig** wird,
- § 26a GKG, wonach die Kosten des Umsetzungsverfahrens **nur** der im zugrunde liegenden Abhilfeverfahren verurteilte Unternehmer **trägt;** ein Rückgriff auf den Kläger ist damit ausgeschlossen,[17]
- § 48 Abs. 1 S. 3 GKG, wonach in Abhilfeverfahren einschließlich § 21 der **Streitwert** EUR 300.000 nicht übersteigen darf,
- § 59a GKG, wonach sich die Gebühr nach dem **Gesamtwert** der von dem Umsetzungsverfahren erfassten Ansprüche richtet, mithin dieser Gesamtwert höher als der Streitwert iSv § 48 Abs. 1 S. 3 GKG sein kann,[18]
- Nr. 1660 KV, wonach für das Umsetzungsverfahren eine **1,0 Gebühr** anfällt (Nr. 1213 KV letzter Absatz betrifft zwar auch das VDuG, allerdings das Abhilfeverfahren und dort eine etwaige Gebührenermäßigung). Wert des Streitgegenstands ist der Gesamtwert nach § 59a GKG.[19]

Für das **RVG** vgl. Nr. 3339 VV.

I. Auslagen des Sachwalters (Abs. 1 Nr. 1)

Zu den Kosten des Umsetzungsverfahrens gehören die „Auslagen des Sachwalters, insbesondere Verbindlichkeiten, die er zur ordnungsgemäßen Erfüllung seiner Aufgaben begründet“. Nach der Gesetzesbegründung sollen dies Verbindlichkeiten gegenüber **Dritten** sein, die zur Unterstützung bei der Wahrnehmung der Aufgaben des Sachwalters im Umsetzungsverfahren herangezogen werden, um eine zügige und reibungslose Durchführung des Umsetzungsverfahrens zu gewährleisten.[20] Diese Auslagen soll der Sachwalter nicht aus seiner Vergütung zahlen müssen.[21] Es handelt sich vielmehr um einen eigenständigen Kostenposten. Solche Dritten – wozu auch eigene Mitarbeiter gehören[22] – sind schon deshalb nahe- 8

13 BT-Drs. 20/6520, 83.
14 HK-VDuG/Röthemeyer VDuG § 20 Rn. 6.
15 Köhler/Bornkamm/Feddersen/Scherer VDuG § 20 Rn. 3.
16 Vgl. BT-Drs. 20/6520, 83; Köhler/Bornkamm/Feddersen/Scherer VDuG § 20 Rn. 6.
17 HK-VDuG/Röthemeyer VDuG § 20 Rn. 4.
18 Köhler/Bornkamm/Feddersen/Scherer VDuG § 20 Rn. 7.
19 Zöller/Althammer VDuG § 20 Rn. 1.
20 BT-Drs. 20/6520, 83.
21 Anders/Gehle/Schmidt VDuG § 20 Rn. 3.
22 AA Anders/Gehle/Schmidt VDuG § 20 Rn. 3. Da das Sachwalteramt aber ein persönliches privates Amt ist, dürften alle übrigen hinzugezogenen Personen „Dritte“ sein.

liegend, da die Aufgaben des Sachwalters ausweislich § 27 umfangreich sind.[23] In komplizierteren Umsetzungsverfahren sind tendenziell mehr unterstützende Dritte erforderlich.[24] Als **Beispiel** nennt die Gesetzesbegründung ferner Kosten für das Betreiben eines **Online-Portals** für die Verbraucher, mit dem sie Berechtigungsnachweise hochladen können.[25] Für **umfangreichere** Umsetzungsverfahren nennt die Gesetzesbegründung ferner als Beispiel, dass sich der Sachwalter durch Dritte entgeltlich unterstützen lässt und entsprechende Verbindlichkeiten begründet.[26] Ein weiteres Beispiel für Verbindlichkeiten gegenüber Dritten ist ein in Auftrag gegebenes Rechtsgutachten, wenn damit eine komplexere Frage geklärt und die Abwicklung in einer Vielzahl von Fällen rechtssicherer durchgeführt werden kann. Zu den Auslagen des Sachwalters werden regelmäßig die Kosten für eine angemessene **Berufshaftpflichtversicherung** gehören, die die Tätigkeit eines Sachwalters eines Umsetzungsverfahrens abdeckt (ebenso → § 23 Rn. 18). Zu weiteren Beispielen und Kriterien → § 32 Rn. 7 und 17.

9 Für das **OLG** besteht die Schwierigkeit, dass es bei der vorläufigen Festsetzung des Umsetzungsverfahrens **schwerlich voraussehen** kann, welche Auslagen zur ordnungsgemäßen Erfüllung anfallen werden, insbesondere da den Richtern des Senats mangels eigener Tätigkeit in der Sachwaltung eines Umsetzungsverfahrens hierfür die Erfahrung fehlt. Die Gesetzesbegründung führt für das zeitlich anschließende Umsetzungsverfahren aus, dass der bestellte Sachwalter das OLG vor der Begründung von Verbindlichkeiten fragen könne, ob es diese Verbindlichkeiten als ordnungsmäßig einschätzt.[27] Dieser – für sich genommen schon ungewöhnliche – Ansatz kommt jedenfalls vor der Bestellung des Sachwalters im Zeitpunkt des Erlasses des Abhilfeendurteils nicht in Betracht. **Praktisch** wäre denkbar, dass der Senat im Zuge der Vorbereitung des Abhilfeendurteils diejenige Person informatorisch anhört, die er nach §§ 22 Abs. 1, 23 Abs. 1 S. 1 in Kürze zu bestellen beabsichtigt (ähnlich → § 32 Rn. 19). Denn wie bei der Bestellung von Insolvenz- und Sachwaltern nach der InsO bzw. Restrukturierungsbeauftragten nach dem StaRUG fragen die bestellenden Richter vorab bei den zu bestellenden Personen an, ob **Bereitschaft zur Übernahme des Amtes** besteht. Daher wäre eine solche Abfrage nicht unüblich und könnte mit der Frage verbunden werden, welche Auslagen die Person in dem konkreten Umsetzungsverfahren erwartet, sollte sie bestellt werden. Dies würde im Übrigen der Empfehlung des Schrifttums und der gerichtlichen Praxis bei der ähnlichen Festsetzung der Vergütung im StaRUG entsprechen.[28] Der Nachteil einer solchen Vorgehensweise wäre, dass die Person, die bestellt werden soll, Einfluss auf ihre eigene Vergütung nehmen könnte. Jedenfalls in der Anfangszeit, in der noch keine oder wenig Erfahrungen mit den Kosten eines Umsetzungsverfahrens besehen, kann eine solche Vorgehensweise erwogen werden, entbindet das OLG jedoch nicht von einer einzelfallgerechten, autonomen Entscheidung (→ § 32 Rn. 8).

[23] Ähnlich Köhler/Bornkamm/Feddersen/Scherer VDuG § 20 Rn. 2.
[24] Ähnlich Zöller/Althammer VDuG § 20 Rn. 2.
[25] BT-Drs. 20/6520, 83. Zustimmend Zöller/Althammer VDuG § 20 Rn. 2.
[26] BT-Drs. 20/6520, 83.
[27] BT-Drs. 20/6520, 91.
[28] Vgl. BeckOK StaRUG/Kümpel StaRUG § 81 Rn. 48 mwN.

II. Vergütung des Sachwalters (Abs. 1 Nr. 2)

Zu den Kosten des Umsetzungsverfahrens gehört die (angemessene[29]) Vergütung des Sachwalters (→ Rn. 19). Diese regelt sich nach § 32. Danach hat der Sachwalter Anspruch auf eine **angemessene Vergütung** für seine Geschäftsführung. Der Gesetzgeber wollte sich an § 9 Abs. 6 SVertO orientieren,[30] also der 1972 erlassenen Schiffahrtsrechtlichen Verteilungsordnung (damals noch: Seerechtliche Verteilungsordnung), die in den §§ 4ff. SVertO ein Eröffnungsverfahren und in § 9 SVertO den Sachwalter kennt. § 9 Abs. 6 SVertO regelt, dass der Sachwalter „aus der Haftungssumme eine angemessene Vergütung für seine Geschäftsführung und die Erstattung angemessener barer Auslagen verlangen" kann. Diese – und weitere Regelungen in § 9 SVertO – haben sich wiederum an der (damaligen) Figur des Insolvenzverwalters orientiert.[31] Die **Orientierung an** § 9 Abs. 6 **SVertO** darf als **wenig sinnvoll** beurteilt werden.[32] Weder ist die SVertO ein Rechtsakt, der häufig benötigt wurde und somit zu nennenswerten Entscheidungen geführt hat,[33] noch gibt es viele Kommentierungen zu § 9 SVertO. Die wenigen Kommentierungen bleiben selbst in wissenschaftlichen Großkommentaren hinsichtlich § 9 Abs. 6 SVertO einsilbig, sodass das OLG für Abhilfeklagen diesbezüglich **keine gewinnbringenden Vergleiche** anstellen kann. 10

Der Gesetzgeber wollte die Vergütungsfestsetzung in das **Ermessen der OLGs**[34] legen und nannte in der Gesetzesbegründung nur mögliche **Kriterien,**[35] namentlich: 11

- Qualifikation des Sachwalters,
- Komplexität des Umsetzungsverfahrens,
- Haftungsrisiko des Sachwalters,
- Zeitaufwand für die Abwicklung.

Die Vergütung auf Basis des **Zeitaufwands** und eines festen Stundensatzes kann nach Auffassung des Gesetzgebers ein angemessener Vergütungsansatz sein,[36] der jedoch nicht in jedem Umsetzungsverfahren angemessen sein muss.[37] So kann ein Sachwalter in geeigneten Umsetzungsverfahren wenig Zeit aufwenden müssen und mittels automatisierter Prüfung und online gestützten Portal das Umsetzungsverfahren straff abwickeln können (→ § 27 Rn. 21; → § 32 Rn. 11), was allerdings nur deshalb möglich ist, da der Sachwalter vorab erheblich in derartige Systeme investiert und entsprechende Qualifikationen aufgebaut hat. In solchen Fällen kann es daher angemessen sein, eine **Vergütungspauschale** anzusetzen und diese mit einem Honorar nach Zeitaufwand zu kombinieren. Der Gesetzgeber hat im StaRUG zum 1.1.2021 für den Restrukturierungsbeauftragten – ein dem Sachwal- 12

---

29 Anders/Gehle/Schmidt VDuG § 20 Rn. 2.

30 BT-Drs. 20/6520, 91.

31 MüKoHGB/Eckardt SVertO § 9 Rn. 4.

32 Ebenso Heerma ZZP 136 (2023), 425 (448).

33 BeckRS listet keine Entscheidung.

34 Gemeint sind damit die Richter, nicht die Rechtspfleger. Auf die mahnenden Worte aus dem Schrifttum (etwa Heerma ZZP 136 (2023), 425 (448)) wollte der Gesetzgeber nicht hören und hat damit Personen zur Festsetzung berufen, die damit nicht vertraut sind.

35 BT-Drs. 20/6520, 91. Diesen Kriterien offenbar zustimmend Köhler/Bornkamm/Feddersen/Scherer VDuG § 20 Rn. 10.

36 Zustimmend Köhler/Bornkamm/Feddersen/Scherer VDuG § 20 Rn. 10. Ablehnend Heerma ZZP 136 (2023), 425 (448).

37 BT-Drs. 20/6520, 91.

ter zumindest in Teilen vergleichbarer Experte – einen Stundensatz **von bis zu EUR 350** und für dessen qualifizierte Mitarbeiter **von bis zu EUR 200** für im Regelfall angemessen eingeschätzt (§ 81 Abs. 1 und 3 StaRUG). Bei § 20 gehören eingesetzte Mitarbeiter nicht zur Vergütung des Sachwalters, sondern zu dessen Auslagen. Für das Umsetzungsverfahren müssen diese Stundensätze nicht übernommen werden, können jedoch einen Anhaltspunkt bilden und sind dann im Einzelfall angemessen zu bestimmen (→ § 32 Rn. 12).

13 Die Vergütung kann durch eine **Kombination an Vergütungsbestandteilen** angemessen gestaltet werden. Das OLG könnte **beispielsweise** für ein Umsetzungsverfahren mit 2.000[38] angemeldeten Ansprüchen in drei Kategorien an Ansprüchen und einem kollektiven Gesamtbetrag von EUR 3 Mio. vorläufig festsetzen:

- EUR 10.000 als **Vergütungspauschale** für die Einrichtung des Umsetzungsverfahrens und als Vergütung für die Vorhaltung eines entsprechenden Systems,
- bis zu 50 **Stunden** zu je EUR 300 als **Vergütung** des Sachwalters für die Definition der Prüfungsschritte für die angemeldeten Ansprüche und exemplarischen Prüfungen in den drei Kategorien an Ansprüchen,
- bis zu 80 **Stunden** zu je EUR 180 als **Auslagen** des Sachwalters für dessen qualifizierte technische, betriebswirtschaftliche und juristische[39] Mitarbeiter bei der Prüfung und Abwicklung der Ansprüche,
- EUR 7.500 als **Auslagenpauschale** des Sachwalters für den Betrieb der Online-Plattform, KI-gestützten Prüfungssoftware, Datensicherung und Kommunikation,
- EUR 3.500 als **Auslagenpauschale** des Sachwalters für die KI-gestützte und von einem Übersetzer gegengelesene Übersetzung der Online-Plattform und Kommunikation mit den Verbrauchern in die in diesem Umsetzungsverfahren benötigten Sprachen Englisch, Spanisch und Portugiesisch, wobei EUR 500 für die Lizenz der Übersetzungssoftware und EUR 1.000 pro Sprache angesetzt wurden.

Das OLG setzt damit vorläufig die Kosten des Umsetzungsverfahrens auf bis zu EUR 50.400 fest. Das Beispiel dient nicht dazu, die hier vorgeschlagenen Werte eins zu eins zu übernehmen, soll aber eine von mehreren Optionen darstellen, wie das OLG die Kosten vorläufig beziffern kann.

14 Hinsichtlich der in der Gesetzesbegründung genannten **Kriterien** wäre im genannten Beispiel von einem eher kleinerem Umsetzungsverfahren (2.000 angemeldete Ansprüche) mit geringer Komplexität (nur drei Kategorien an Ansprüchen) und einem eher überschaubaren Haftungsrisiko auszugehen (kollektiver Gesamtbetrag von EUR 3 Mio.; Haftpflichtversicherungen in dieser Höhe sind leicht und kurzfristig zu erhalten). Hinsichtlich der Qualifikation des Sachwalters käme etwa eine Person in Betracht, die wiederholt als Insolvenzverwalter oder Sachwalter in mittelgroßen Unternehmensinsolvenzen bestellt wurde.

15 Alternativ zu dem in Rn. 12 und 13 genannten Modus kann das OLG für die Vergütung des Sachwalters auch mit einem **Prozentsatz** des kollektiven Gesamtbetrags arbeiten. Es erscheint dann angemessen, degressive Prozentsätze anzunehmen. Je höher der kollektive Gesamtbetrag ist, um so tiefer wäre der Prozentsatz.

---

[38] Durchschnittlich wurden zur früheren Musterfeststellungsklage 1.500 Rechtsverhältnisse angemeldet, wenn die Statistik um die VW-Verfahren bereinigt wird (andernfalls: durchschnittlich 28.000 Anmeldungen), vgl. BT-Drs. 20/6520, 66.

[39] Köhler/Bornkamm/Feddersen/Scherer VDuG § 20 Rn. 9. Es handelt sich indes nicht um eine materiell-rechtliche Prüfung vergleichbar der Prüfung durch den gesetzlichen Richter → § 27 Rn. 17.

16 Bei der vorläufigen Festsetzung der Vergütung des Sachwalters hat das OLG zu bedenken, dass der Sachwalter auch Zeit für das Herausfiltern solcher Ansprüche braucht, die zu Unrecht angemeldet wurden. Das OLG darf nicht annehmen, dass nur redliche Verbraucher wohldurchdachte Anmeldungen vornehmen. Es besteht sogar die Gefahr, dass Verbraucher – oder solche, die sich dafür ausgeben – **missbräuchliche Anmeldungen** vornehmen,[40] ggf. als sog. **Trittbrettfahrer.** Es kann auch sein, dass der Unternehmer ausnahmsweise (vgl. Art. 12 Abs. 3 Verbandsklagen-RL) solche Verbraucher auf Erstattung von Verfahrenskosten verurteilen lassen kann, die diese Kosten durch Vorsatz oder Fahrlässigkeit verursacht haben.[41] Die für alle Seiten verfahrenseffizientere Lösung ist daher, bei der vorläufigen Festsetzung der Vergütung auch solche Konstellationen zu bedenken.

D. Kostentragungspflicht des Unternehmers (Abs. 2)

17 Abs. 2 regelt die materielle Kostentragungspflicht des Unternehmers.[42] Der Umsetzungsgesetzgeber führt diese Regelung auf ErwGe 36 und 38 Verbandsklagen-RL zurück (→ Rn. 4). Er vergleicht diese Kosten mit den Kosten des Zwangsvollstreckungsverfahrens, die der (Vollstreckungs-)Schuldner zu tragen habe.[43] Dieser Vergleich kann aber nur tragen, wenn unterstellt wird, dass der Schuldner den Vollstreckungstitel nicht freiwillig erfüllt und damit ein Vollstreckungsverfahren notwendig wird.[44] Fügt sich der Beklagte hingegen dem Ergebnis des Erkenntnisverfahrens, fallen keine Kosten des Zwangsvollstreckungsverfahrens an, da ein solches vom (Vollstreckungs-)Gläubiger nicht beantragt wird. Das **Umsetzungsverfahren** nach den §§ 22ff. ist hingegen – wird das Abhilfeverfahren nicht durch wirksamen Vergleich iSv § 17 beendet – **verpflichtend** (vgl. § 18 Abs. 1 Nr. 1), sodass diese **Kosten** dem Unternehmer selbst dann **oktroyiert** werden, wenn sich dieser dem Ergebnis des Erkenntnisverfahrens fügen will. Dieser Unterschied ergibt sich daraus, dass auch bei einem kooperierenden Unternehmer die Anspruchsberechtigung der am Umsetzungsverfahren teilnehmenden Verbraucher nach Maßgabe des Abhilfegrundurteils geprüft werden muss. Diese Prüfung liegt im Interesse des Unternehmers. Voraussichtlich werden – auch um fehlerhafte oder gar missbräuchliche Anmeldungen herauszufiltern – weitere Erklärungen der Verbraucher angefordert werden müssen. Im Übrigen ist regelmäßig eine kritische Prüfung der vorgelegten Berechtigungsnachweise notwendig (vgl. § 27 Nr. 3, 5, 11). Unter Kostengesichtspunkten wird der verurteilte **Unternehmer** daher häufig ein **Interesse an einem Vergleich** zur Umsetzung des Abhilfegrundurteils haben (vgl. § 17).

18 Der Unternehmer kommt der Kostentragungspflicht des Abs. 2 dergestalt nach, dass er den vorläufig festgesetzten Kostenbetrag in den Umsetzungsfonds **einzahlt** (§ 25 Abs. 1 S. 2), also auf ein getrennt geführtes (Treuhand-)Konto des Sachwalters überweist. Abs. 2 beinhaltet auch die Pflicht, einen etwaigen Fehlbetrag bei Beendigung des Umsetzungsverfahrens zu tragen, der durch Beschluss des Senats festgesetzt wird (vgl. § 36 Abs. 1 S. 2 Nr. 2 und → § 36 Rn. 9).[45] Abs. 2 enthält die maßgebliche

[40] Auf diese Gefahr weist HK-VDuG/Röthemeyer VDuG § 20 Rn. 5 zu Recht hin.
[41] Positiv auch HK-VDuG/Röthemeyer VDuG § 20 Rn. 5.
[42] Schmittmann ZRI 2023, 277 (279).
[43] BT-Drs. 20/6520, 83.
[44] Dies übersieht Zöller/Althammer VDuG § 20 Rn. 4.
[45] BT-Drs. 20/6520, 94.

Kostentragungsregelung, damit das OLG nach § 13 Abs. 1 S. 2 VDuG iVm § 308 Abs. 2 ZPO im Beschluss nach § 36 die Kostengrundentscheidung treffen kann.

19 Die Kostentragungspflicht wird im Wortlaut von Abs. 2 nicht auf solche Kosten beschränkt, die notwendig waren. Im Zwangsvollstreckungsrecht, mit dem der Gesetzgeber die Regelung in der Gesetzesbegründung verglichen hat, ist hingegen in § 788 Abs. 1 S. 1 ZPO geregelt, dass dem Schuldner nur solche Kosten der Zwangsvollstreckung zur Last fallen, die notwendig waren. Eine solche Einschränkung wurde im Gesetzgebungsverfahren gefordert.[46] Sie ergibt sich jedoch aus § 20 Abs. 1 Nr. 1 sowie mittelbar aus § 32 Abs. 1. Denn die Kostentragungspflicht des Unternehmers besteht für Auslagen nur, sowie diese „zur **ordnungsgemäßen** Erfüllung seiner Aufgaben begründet" wurden (§ 20 Abs. 1 Nr. 1) und für die Vergütung nur, soweit diese **„angemessen"** ist,[47] denn andernfalls hat der Sachwalter ausweislich § 32 Abs. 1 Nr. 2 keinen Anspruch darauf.[48] Auslagen, die nicht diesem Zweck dienen, sind nach der klaren Aussage der Gesetzesbegründung **nicht erstattungsfähig.**[49] Das OLG ist insoweit in der Pflicht, den Unternehmer zu schützen und darf diesem nur eine kostenangemessene Abwicklung auferlegen.[50] Zur Prüfung der Erstattungsfähigkeit → § 32 Rn. 8.

20 Lassen sich Verbraucher im Umsetzungsverfahren **anwaltlich vertreten,** werden derartige Kosten nicht von § 20 Abs. 1 und 2 erfasst.[51] Ggf. haben solche Verbraucher gegen den Unternehmer einen materiell-rechtlichen (Schadensersatz-)Anspruch, ggf. auch auf Freistellung nach § 257 BGB.

21 Abs. 2 enthält keine Einschränkung der materiellen Kostentragungspflicht, wenn im Umsetzungsverfahren deshalb Kosten entstehen, da der bestellte **Sachwalter abberufen** werden muss und ein neuer Sachwalter bestellt wird, der ggf. nach Zeitaufwand vergütet wird und denknotwendig eine Einarbeitungsphase braucht.[52] Der Unternehmer ist auch in solchen Fällen zur Tragung der Kosten verpflichtet (Abs. 2), kann aber ggf. den abberufenen Sachwalter nach § 31 Nr. 1 in Anspruch nehmen.

E. Abhilfeendurteil und Revision

22 Da ausweislich § 18 Abs. 4 gegen das Abhilfeendurteil (stets) die Revision zulässig ist, ist im Grundsatz auch die vorläufige Festsetzung der Kosten des Umsetzungsverfahrens **revisibel** und damit die Rechtsanwendung des OLG von **§ 20.**

23 Mögliche Revisionsangriffe sind

- eine Anwendung von § 20, die mit Art. 12 und ErwGe 36 und 38 Verbandsklagen-RL nicht vereinbar ist (wenngleich erstens die Verbandsklagen-RL keine Bestimmungen zum Umsetzungsverfahren enthält und zweitens die Auslegung der Richtlinie dem EuGH zustehen würde) (vgl. → Rn. 4),
- vom OLG für die Prognose von Auslagen des Sachwalters herangezogene Kriterien (vgl. → Rn. 9), die aus Rechtsgründen unzulässig sind, beispielsweise gegen Denkgesetze verstoßen,

---

[46] Bitkom Stellungnahme VRUG, 10.
[47] Zöller/Althammer VDuG § 20 Rn. 3; Anders/Gehle/Schmidt VDuG § 20 Rn. 2.
[48] HK-VDuG/Röthemeyer VDuG § 20 Rn. 3.
[49] BT-Drs. 20/6520, 91. Offenbar auch HK-VDuG/Röthemeyer VDuG § 20 Rn. 3.
[50] BT-Drs. 20/6520, 91.
[51] HK-VDuG/Röthemeyer VDuG § 20 Rn. 6.
[52] Darauf haben früh Mekat/Amrhein RAW 2023, 23 (29) hingewiesen.

- vom OLG für die angemessene Vergütung herangezogene Kriterien (vgl. → Rn. 11), die aus Rechtsgründen unzulässig sind, beispielsweise willkürlich erscheinen,
- vom OLG verkannte Einschränkungen wie sie in → Rn. 15 dargestellt wurden.

Nicht revisibel sind die vom OLG geschätzten „Zahlen“ etwa hinsichtlich des Zeitaufwands oder der Stundensätze. 24

§ 21 Erhöhung des kollektiven Gesamtbetrags

(1) [1]**Die klageberechtigte Stelle kann während des Umsetzungsverfahrens die Erhöhung des kollektiven Gesamtbetrags beantragen. [2]Die Klage ist nur zulässig, wenn die klageberechtigte Stelle Tatsachen vorträgt, aus denen sich ergibt, dass der kollektive Gesamtbetrag nicht zur Erfüllung der berechtigten Zahlungsansprüche aller angemeldeten Verbraucher ausreicht.**

(2) [1]**Reicht der kollektive Gesamtbetrag nicht zur Erfüllung der berechtigten Zahlungsansprüche aller angemeldeten Verbraucher aus, so ist der Unternehmer zur Zahlung eines weiteren kollektiven Gesamtbetrags zu verurteilen, der der Erhöhung entspricht. [2]§ 19 gilt entsprechend. [3]Das Umsetzungsverfahren ruht während des Erhöhungsverfahrens.**

Literatur: Bruns, Dogmatische Grundfragen der Verbandsklage auf Abhilfeleistung, ZZP 137 (2024), 3; Heerma, Das geplante Verbraucherrechtedurchsetzungsgesetz: Abhilfeurteile und deren Umsetzung nach dem VDuG, ZZP 136 (2023), 425; Mekat/Amrhein, Die Umsetzung der Verbandsklagen-RL in Deutschland nach dem Referentenentwurf, RAW 2023, 23; Stadler, Die neue Verbands(abhilfe)klage – Umsetzung der Richtlinie 2020/1828, ZZP 136 (2023), 129.

Übersicht

A. Überblick und Normzweck

§ 21 betreffend das **Erhöhungsverfahren** ist im Zusammenhang mit § 19 zu 1
lesen,[1] der den kollektiven Gesamtbetrag regelt, also dasjenige, was der dem Grunde nach verurteilte Unternehmer der Höhe nach (vorläufig) zu leisten hat. § 21 kann nur **einschlägig** sein, wenn die klageberechtigte Stelle mit der Ab-

[1] Köhler/Bornkamm/Feddersen/Scherer VDuG § 21 Rn. 1.

hilfeklage anstelle einer Leistung an namentlich benannte Verbraucher die **Zahlung eines kollektiven Gesamtbetrags** begehrt hat (§ 14 S. 2).[2] Da § 19 dem OLG eine (stark gebundene) Schätzung des kollektiven Gesamtbetrags ermöglicht (→ § 19 Rn. 6 ff.), musste geregelt werden, was gilt, wenn sich diese Schätzung später im Umsetzungsverfahren als zu niedrig erweist.[3] Dann kann eine **Erhöhungsklage** erhoben werden. Das Risiko eines zu geringen kollektiven Gesamtbetrags schätzte der Gesetzgeber selbst als „Unwägbarkeit" ein.[4] Der umgekehrte Fall – die Schätzung erweist sich als zu hoch – ist zwar juristisch einfacher zu lösen, da nicht abgerufene Beträge vom Sachwalter an den Unternehmer zu erstatten sind (§ 37), führt aber gleichwohl zu einer – mitunter bedrohlichen – Belastung des Unternehmers, da das Vermögen bis dahin nicht mehr zur Verfügung steht (→ § 19 Rn. 19).

2 § 21 soll dem Antrag auf Abänderung von Urteilen nach **§ 323 ZPO** ähneln.[5] § 21 ist **systematisch** Abschnitt 2 betreffend die Abhilfeklagen zugeordnet. Unterabschnitt 2 regelt die Abhilfeentscheidung. § 21 stellt zwar eine gedankliche Fortführung von § 19 dar, zeitlich entsteht das von § 21 adressierte Problem – eine **Masseinsuffizienz**[6] – jedoch im Umsetzungsverfahren. Das Erhöhungsverfahren wird **in das Umsetzungsverfahren eingeflochten** und dieses wird während der Rechtshängigkeit des Erhöhungsverfahrens kraft Gesetzes ruhend gestellt (§ 21 Abs. 2 S. 3; → Rn. 18). Im Falle eines begründeten Erhöhungsverlangens soll der erhöhte kollektive Gesamtbetrag noch in diesem Umsetzungsverfahren zur Erfüllung der angemeldeten Ansprüche genutzt werden.[7] Daher hätte die Vorschrift alternativ Unterabschnitt 3 betreffend das Umsetzungsverfahren zugeordnet werden können. Da die Erhöhung allerdings nicht im vorherigen Abhilfeverfahren erzielt werden kann, sondern nur in einem neuen Erkenntnisverfahren,[8] ist der Gedanke der Verfasser des VDuG – also als Regelungsort Unterabschnitt 2 zu bestimmen und nicht das Umsetzungsverfahren in Unterabschnitt 3 – zumindest nachvollziehbar. Das Umsetzungsverfahren in Unterabschnitt 3 tritt nämlich sinngemäß an die Stelle eines **Zwangsvollstreckung**sverfahrens (→ § 20 Rn. 1) und hätte damit (noch) weniger gepasst. Jedenfalls bis zum Ruhen des Umsetzungsverfahrens hat der Sachwalter in einem Masseinsuffizienzfall den Umsetzungsfonds **gleichmäßig** an die Verbraucher **zu verteilen** (§ 27 Nr. 9; sog. pro-rata-Verteilung).[9]

---

[2] Köhler/Bornkamm/Feddersen/Scherer VDuG § 21 Rn. 1.

[3] Ähnlich Anders/Gehle/Schmidt VDuG § 21 Rn. 1.

[4] BT-Drs. 20/6520, 84. Mekat/Amrhein RAW 2023, 23 (30): kaum kalkulierbares Risiko.

[5] HK-VDuG/Röthemeyer VDuG § 21 Rn. 1; Köhler/Bornkamm/Feddersen/Scherer VDuG § 21 Rn. 2. AA Zöller/Althammer VDuG § 21 Rn. 5. Sollte das Abhilfeendurteil an einem bloßen Rechnungsfehler leiden, ist dieser jederzeit vom OLG von Amts wegen zu berichtigen, § 13 Abs. 1 S. 1 VDuG iVm § 319 Abs. 1 ZPO, ebenso Köhler/Bornkamm/Feddersen/Scherer VDuG § 21 Rn. 8.

[6] § 208 InsO bezeichnet das Problem als „Masseunzulänglichkeit". Da der Umsetzungsfonds iSv § 25 eine Sondermasse darstellt, die unzulänglich werden kann, kann der aus dem Insolvenz stammende Begriff fortgeführt werden.

[7] BT-Drs. 20/6520, 84.

[8] HK-VDuG/Röthemeyer VDuG § 21 Rn. 1.

[9] Köhler/Bornkamm/Feddersen/Scherer VDuG § 21 Rn. 12; HK-VDuG/Röthemeyer VDuG § 21 Rn. 2; Anders/Gehle/Schmidt VDuG § 21 Rn. 2.

Systematisch betrifft § 21 Abs. 1 die Zulässigkeitsebene, während Abs. 2 die Begründetheit der Klage berührt. Zu § 21 gibt es keine Pendantvorschrift, wenn sich nicht der vorläufig festgesetzte kollektive Gesamtbetrag, sondern die vorläufig festgesetzten **Kosten des Umsetzungsverfahrens** als **zu niedrig** erweisen. Der Sachwalter hat dann Ansprüche nach § 32, deren Kosten bislang nicht festgesetzt wurden. In diesem Fall kann der Sachwalter einen Antrag auf Festsetzung der Höhe der Auslagen und der Vergütung (und eines etwaigen Vorschusses) stellen (§ 32 Abs. 2). 3

§ 21 zeigt eine der komplexen **konzeptionellen Schwächen** der Abhilfeklage, wenn die klageberechtigte Stelle einen kollektiven Gesamtbetrag begehrt hat. Für die betroffenen Verbraucher ist es vielleicht noch hinnehmbar, das (regelmäßig komplexe und damit länger dauernde) Abhilfeverfahren abzuwarten. Es wird jedoch nicht viele Verbraucher geben, die Verständnis dafür aufbringen, dass nach der gesetzlichen Konzeption noch ein **zweites Erkenntnisverfahren** benötigt werden kann, bevor die angemeldeten Ansprüche im Umsetzungsverfahren vollständig befriedigt werden können. Die Alternative[10] zu § 21 – **Individualklagen nach § 39**[11] (→ § 39 Rn. 8) – weist insoweit dieselbe konzeptionelle Schwäche auf. **Praktisch** kann dieser konzeptionellen Schwäche entgegengewirkt werden, indem die Parteien in ihrem schriftlichen **Vergleichsvorschlag** zur Umsetzung des Abhilfegrundurteils (§ 17 Abs. 1 S. 1) auch den **Fall der Masseinsuffizienz regeln.** Denn ohne diese Regelung scheint das Erhöhungsverfahren selbst dann der vorgebende Weg, wenn dieses die klageberechtigte Stelle anstrengt, der Unternehmer aber bereit ist, **freiwillig** den Umsetzungsfonds zu erhöhen.[12] Praktisch könnte aber die weitere Zahlung des Unternehmers in den Umsetzungsfonds das Rechtsschutzbedürfnis für ein Erhöhungsverfahren verhindern (und als erledigendes Ereignis entfallen lassen). 4

B. Umsetzung der Richtlinie

§ 21 hat **kein direktes Vorbild** in der Verbandsklagen-RL (vgl. aber ErwG 12 S. 1, wonach die Verbandsklagen-RL nicht die Regelung jedes Aspekts, insbesondere keine Vollharmonisierung, anstrebt). Die Gesetzesbegründung der Bundesregierung nennt daher bei § 21 keinen zugrunde liegenden Artikel oder Erwägungsgrund.[13] Die Verbandsklagen-RL verwendet den Begriff des „kollektiven Gesamtbetrags“ nicht. 5

Der Text des heutigen § 21 entspricht vollständig dem Referenten- und dem Regierungsentwurf und blieb auch in der Beschlussempfehlung des 6. Ausschusses (Rechtsausschuss) des 20. Deutschen Bundestags **unverändert.**[14] Die Entwurfsfassung war daher auffallend konstant. In den **Verbandsstellungnahmen** wurde das dogmatische Verständnis zu § 21 anders und konträr zur Gesetzesbegründung beschrieben,[15] das Risiko einer späteren Klage auf Erhöhung des kollektiven Gesamtbetrags und die Streitwertbegrenzung (→ Rn. 7) kritisiert[16]. Das Erhöhungsverfah- 6

---

[10] BT-Drs. 20/6520, 84.

[11] Köhler/Bornkamm/Feddersen/Scherer VDuG § 21 Rn. 2.

[12] HK-VDuG/Röthemeyer VDuG § 21 Rn. 3; Zöller/Althammer VDuG § 21 Rn. 2.

[13] Vgl. BT-Drs. 20/6520, 84.

[14] VRUG-RefE, 14; BT-Drs. 20/6520, 17; BT-Drs. 20/7631, 9.

[15] Vgl. BIVA Stellungnahme VRUG, 7

[16] Bitkom Stellungnahme VRUG, 12 und 19.

ren wurde – nicht ohne Grund – als **faktische Durchbrechung der Rechtskraft** des Abhilfeendurteils bewertet.[17]

C. Antrag und Zulässigkeit der Klage (Abs. 1)

7 Das Erhöhungsverfahren stellt ein (neues[18]) **Erkenntnisverfahren** dar. Es wird durch einen Antrag der klageberechtigten Stelle eingeleitet. Sie ist Partei iSv § 48 Abs. 4 (→ § 48 Rn. 15). Das Antragserfordernis verdeutlicht die für das Erhöhungsverfahren geltende **Dispositionsmaxime.** Für die Zulässigkeit der Klage regelt Abs. 1 besondere Zulässigkeitsvoraussetzungen. Die hierfür vorzutragenden Tatsachen betreffend die Masseinsuffizienz sind zugleich Gegenstand der Begründetheit **(doppelrelevante Tatsachen).** Ob tatsächlich ein Fall einer Masseinsuffizienz vorliegt, wird erst in der Begründetheit geklärt. Für diese Prüfungsebene gilt Abs. 2 und das durch § 19 und § 287 ZPO reduzierte Beweismaß (→ Rn. 16f.). Der Streitwert der Klage für das Erhöhungsverfahren darf den **Streitwert** EUR 300.000 nicht übersteigen (§ 48 Abs. 1 S. 3 GKG). Abhilfeverfahren und Erhöhungsverfahren haben jeweils eigenständige Streitwerte[19] und bedürfen jeweils eines Beschlusses zur Festsetzung des Streitwerts. Wie das Erhöhungsverfahren **materiell-rechtlich** zu erklären ist, ist unklar und von den Verfassern der Norm offenbar nicht bedacht worden. Es wurde im Schrifttum vorgeschlagen, die Abhilfeklage auf Zahlung eines kollektiven Gesamtbetrags als Geltendmachung eines materiell-rechtlichen Anspruchs auf Abschlagszahlung und das Erhöhungsverfahren als Geltendmachung eines Anspruchs auf Nachforderung zu erklären.[20] Dieses Erklärungsmodell würde jedoch implizieren, dass das OLG den kollektiven Gesamtbetrag als Abschlagszahlung bestimmen würde. Das OLG versucht jedoch, den kollektiven Gesamtbetrag möglichst genau zu bestimmen, sodass es gerade nicht zum Erhöhungsverfahren kommt. Selbiges soll eine Ausnahme sein, die das OLG gedanklich bei der Bestimmung des kollektiven Gesamtbetrages nicht grundsätzlich erwartet, wie dies bei Abschlags- und Schlusszahlungsverlangen der Fall ist. Das Erhöhungsverfahren sollte daher eher als **einseitige,** immer nur auf Erhöhung angelegte **prozessuale Korrektur der Schätzung** im Abhilfeverfahren verstanden werden (→ Rn. 1), die materiell-rechtlich den im Umsetzungsverfahren noch nicht vollständig erfüllten Anspruch der Verbraucher betrifft.

---

[17] Bitkom Stellungnahme VRUG, 12. Sehr nah auch HK-VDuG/Röthemeyer VDuG § 21 Rn. 6, der von einer „Änderung eines Teils des Tenors des Abhilfeendurteils" schreibt. Das ist nur faktisch – also wirtschaftlich – zutreffend, nicht aber prozessual. Köhler/Bornkamm/Feddersen/Scherer VDuG § 21 Rn. 2 und 6 und Anders/Gehle/Schmidt VDuG § 21 Rn. 1 meinen, dass die Abänderung des Abhilfeendurteils ohne § 21 an § 323 ZPO scheitern würde und § 21 eine Durchbrechung der materiellen Rechtskraft ermögliche. Auch dies ist nur faktisch zutreffend, nicht aber prozessual. Es kommt mit dem klagestattgebenden Urteil des Erhöhungsverfahrens ein weiterer, eigenständiger Leistungsbefehl hinzu (richtig Zöller/Althammer VDuG § 21 Rn. 3). Der im Abhilfeendurteil ausgeurteilte kollektive Gesamtbetrag bleibt davon unberührt (Zöller/Althammer VDuG § 21 Rn. 3: zuvor ergangenes Abhilfeendurteil gilt weiterhin). Diese Unsicherheiten betreffend die Rechtskraft des Abhilfeendurteils wurden schon im Gesetzgebungsverfahren betont (Stadler ZZP 136 (2023), 129 (136)).

[18] HK-VDuG/Röthemeyer VDuG § 21 Rn. 1; Anders/Gehle/Schmidt VDuG § 21 Rn. 3. Anders noch zum RefE BIVA Stellungnahme VRUG, 7: entgegen dem Wortlaut eine bloße Fortsetzung des Abhilfeverfahrens.

[19] HK-VDuG/Röthemeyer VDuG § 21 Rn. 9.

[20] Bruns ZZP 137 (2024), 3 (20).

I. Antrag (Abs. 1 S. 1)

Antragsberechtigt ist nur **die** (nicht irgendeine) **klageberechtigte Stelle** 8
(Abs. 1 S. 1).[21] Das OLG – welches sowohl als einzige Tatsacheninstanz im Abhilfeverfahren als auch als Prozessgericht für das Umsetzungsverfahren ausschließlich zuständig ist (§ 22 Abs. 1) – kann das Erhöhungsverfahren nicht von Amts wegen einleiten; gleiches gilt für den Sachwalter.[22] Mit dem Erlass des Abhilfeendurteils ist das Abhilfeverfahren beim OLG vielmehr abgeschlossen. Es wird vom Sachwalter auch nicht über die Masseinsuffizienz informiert; dieser informiert vielmehr nur die Parteien (§ 27 Nr. 8).[23] Das OLG wird für das Erhöhungsverfahren erstmals zuständig, wenn der Antrag nach § 21 Abs. 1 S. 1 gestellt wird (zur gerichtsinternen **Geschäftsverteilung** → Rn. 12).

Der **Antrag** für das Erhöhungsverfahren lautet **beispielsweise:** „Der Beklagte 9
wird zur Erhöhung des kollektiven Gesamtbetrags verurteilt, deren Höhe in das Ermessen des Gerichts gestellt wird, in der Anspruchskategorie A aber nicht unter EUR 1.000 pro angemeldeten Anspruch und in der Anspruchskategorie B nicht unter EUR 1.800 pro angemeldeten Anspruch betragen sollte." Der Antrag lehnt sich damit auf der einen Seite an den ursprünglichen Klagebegehren nach § 14 S. 2 und im Übrigen an den in § 21 Abs. 2 angedeuteten Urteilstenor an. Ob der Antrag schon im Revisionsverfahren vor dem BGH betreffend das Abhilfeendurteil gestellt werden kann,[24] hängt davon ab, ob das Umsetzungsverfahren vor Rechtskraft des Abhilfeendurteils eröffnet und betrieben wird. Wäre dies der Fall, könnte der **Antrag zeitlich** schon während des Umsetzungsverfahrens gestellt werden, allerdings vor dem OLG als Prozessgericht und nicht vor dem BGH, der in Zivilsachen nicht erstinstanzlich zuständig ist.

Ob die (angemeldeten) Verbraucher die klageberechtigte Stelle **zwingen** kön- 10
nen, den Antrag nach § 21 Abs. 1 S. 1 zu stellen, wurde weder in § 21 noch den Vorschriften über das Umsetzungsverfahren geregelt. Faktisch entsteht für die klageberechtigte Stelle aber ein Handlungsdruck, wenn der **Sachwalter** die Parteien nach § 27 Nr. 8 **informiert,** dass der kollektive Gesamtbetrag nicht zur Erfüllung der berechtigten Zahlungsansprüche aller angemeldeten Verbraucher ausreicht. Eine dem § 31 Nr. 2 entsprechende Haftungsvorschrift zugunsten der Verbraucher und zulasten der klageberechtigten Stelle, etwa wegen schuldhafter Nichtdurchsetzung des Erhöhungsverlangens, sieht das VDuG nicht vor (vgl. → Einleitung Rn. 19). Die Gesetzesbegründung schweigt hierüber. Es spricht jedenfalls alles dafür, dass die **klageberechtigte Stelle** über ein **Ermessen** verfügt, ob sie das Erhöhungsverfahren betreiben will.[25] Ist der kollektive Gesamtbetrag nur geringfügig zu niedrig,[26] wird es ermessensfehlerfrei sein, auf das Erhöhungsverfahren zu verzichten. Den Verbrauchern, die auch einen nur geringfügig noch fehlenden Betrag durchsetzen wollen, verbleibt der Weg der Individualklage nach § 39.

---

21 Anders/Gehle/Schmidt VDuG § 21 Rn. 3.

22 HK-VDuG/Röthemeyer VDuG § 21 Rn. 2.

23 Vgl. Anders/Gehle/Schmidt VDuG § 21 Rn. 1.

24 So BIVA Stellungnahme VRUG, 8.

25 HK-VDuG/Röthemeyer VDuG § 21 Rn. 2; Anders/Gehle/Schmidt VDuG § 21 Rn. 2; Mekat/Amrhein RAW 2023, 23 (30): keine Pflicht.

26 Vgl. zu einem Umkehrschluss BT-Drs. 20/6520, 84 zu Abs. 1, erster Absatz letzter Satz.

II. Zulässigkeit der Klage (Abs. 1 S. 2)

11 Die ausschließliche **Zuständigkeit des OLG** ergibt sich im Wege der teleologischen Extension aus § 3[27] und aus der systematischen Zusammenschau mit § 22 Abs. 1[28], da das Erhöhungsverfahren in das Umsetzungsverfahren integriert wird und für letzteres ausschließlich das Prozessgericht der Abhilfeklage zuständig ist. Eine Prorogation zu einem anderen Gericht ist daher nicht möglich.[29] § 21 Abs. 1 S. 2 enthält sodann eine **besondere Zulässigkeitsvoraussetzung.**[30] Die Klage auf Erhöhung des kollektiven Gesamtbetrags ist nur zulässig, „wenn die klageberechtigte Stelle Tatsachen vorträgt, aus denen sich ergibt, dass der kollektive Gesamtbetrag nicht zur Erfüllung der berechtigten Zahlungsansprüche aller angemeldeten Verbraucher ausreicht". Der Gesetzestext verwendet bewusst das Verb „vortragen" und nicht „darlegen", um den Unterschied zwischen Zulässigkeits- und Begründetheitsebene zu verdeutlichen. Wurden die entsprechenden Tatsachen vorgetragen, bestimmt sich die weitere Prüfung nach Abs. 2. Die in Abs. 1 S. 2 geregelte Zulässigkeitsvoraussetzung ist für die klageberechtigte Stelle nach der gesetzlichen Konzeption **keine nennenswerte Hürde.** Strengt diese das Erhöhungsverfahren an, ist zu erwarten, dass sie diejenigen Tatsachen vorträgt, aus denen sich ergibt, dass der kollektive Gesamtbetrag nicht zur Erfüllung der berechtigten Zahlungsansprüche aller angemeldeten Verbraucher ausreicht. Die **Problematik** besteht aber **praktisch** in der **Informationsgewinnung,** da dem VDuG eine **Rechtsgrundlage fehlt,** wonach die klageberechtigte Stelle vom Sachwalter diejenigen Informationen verlangen kann, aus denen sich die Masseinsuffizienz ergibt.[31] Grundstock der Information ist der Registerauszug nach § 48 Abs. 4, da die klageberechtigte Stelle Partei der Verbandsklage ist (→ § 48 Rn. 15). Darüber hinaus ist § 27 Nr. 8 nach Sinn und Zweck so auszulegen, dass es zu den Aufgaben des Sachwalters gehört, nicht nur über die Masseinsuffizienz zu informieren, sondern diese Information so detailliert zu geben, dass die klageberechtigte Stelle damit den Vortrag iSv § 21 Abs. 1 S. 2 halten kann.[32] Zur Unzulässigkeit von Erhöhungsklagen im Insolvenzverfahren über das Vermögen des Unternehmers → § 38 Rn. 15.

III. Gerichtsinterne Zuständigkeit

12 Ob nach dem Antrag iSv Abs. 1 S. 1 das zweite Erkenntnisverfahren **zu demselben Senat** des OLG gelangt, der auch das Abhilfeverfahren entschieden hat, um dort verfahrensökonomisch behandelt werden zu können, hängt von der jeweiligen Regelung des **Geschäftsverteilungsplans** des OLG ab (vgl. § 21 Abs. 1 S. 1 GVG), denn weder §§ 3, 22 noch das GVG regeln die gerichtsinterne Zuständigkeit für das Erhöhungsverfahren. Sollte der jeweilige Geschäftsverteilungsplan des OLG zumindest eine allgemeine Regelung zum **Sachzusammenhang** enthalten, ist diese einschlägig: Das Erhöhungsverfahren steht in einem solchen Sachzusammenhang

---

[27] Köhler/Bornkamm/Feddersen/Scherer VDuG § 21 Rn. 4.
[28] Mekat/Amrhein RAW 2023, 23 (24).
[29] Köhler/Bornkamm/Feddersen/Scherer VDuG § 21 Rn. 5.
[30] Zöller/Althammer VDuG § 21 Rn. 2.
[31] Mekat/Amrhein RAW 2023, 23 (30).
[32] Im Ergebnis ähnlich zu Anders/Gehle/Schmidt VDuG § 21 Rn. 3 und Zöller/Althammer VDuG § 21 Rn. 2. Heerma ZZP 136 (2023) 425 (445) schlägt vor, dass der Sachwalter eine Zwischenschlussrechnung aufstelle, mit der die klageberechtigte Stelle den Beweis erbringen könne.

zum Abhilfeverfahren, da es auf der ursprünglichen Anwendung des § 19 betreffend den kollektiven Gesamtbetrag basiert und die ursprünglichen Anknüpfungstatsachen von dem Senat des Abhilfeverfahrens gewürdigt wurden.[33] Hinsichtlich der **senatsinternen Geschäftsverteilungspläne** (§ 21 g GVG) ist ebenfalls von einem Sachzusammenhang auszugehen, wenn später ein Erhöhungsverfahren beantragt wird. Damit wird derselbe **Berichterstatter** zuständig, der für das Abhilfeverfahren zuständig war. Dies ist effizient, da dieser durch sein Votum und den Urteilsentwurf die Kriterien für die Schätzung nach § 19 vorbereitet hatte.

D. Begründetheitsprüfung, entsprechende Anwendung von § 19, Ruhen des Umsetzungsverfahrens (Abs. 2)

Abs. 2 betrifft die Begründetheitsebene (→ Rn. 14), beschreibt zudem den Urteilstenor für das zulässige und begründete Erhöhungsverfahren (→ Rn. 15), regelt die entsprechende Anwendung der zentralen Vorschrift des § 19 (→ Rn. 16) und bestimmt im Übrigen eine verfahrensrechtliche Folge für das Umsetzungsverfahren (→ Rn. 18). 13

I. Begründetheitsprüfung (Abs. 2 S. 1)

Auf der Begründetheitsebene ist zu prüfen, ob der kollektive Gesamtbetrag tatsächlich nicht zur Erfüllung der berechtigten Zahlungsansprüche aller angemeldeten Verbraucher ausreicht.[34] Die klageberechtigte Stelle muss dies zunächst **darlegen;** da es sich um eine doppelrelevante Tatsache handelt (→ Rn. 7), erfüllt ein substantiierter Vortrag zugleich die Zulässigkeitsvoraussetzung und die Darlegungslast der klageberechtigten Stelle. Ähnlich wie bei der Abhilfeklage (→ § 19 Rn. 10) muss die klageberechtigte Stelle nun vortragen bzw. darlegen, warum der **einzelne Verbraucheranspruch** im Nachhinein als **höher zu bewerten** ist. Denn die Erhöhung des kollektiven Gesamtbetrags resultiert daraus, dass nach der Addition der höheren Einzelansprüche ein höherer kollektiver Gesamtbetrag erforderlich wird (→ § 19 Rn. 10). Ein wichtiger Anwendungsfall kann eine mittlerweile eingetretene **Rechtsprechungsänderung** bzw. eine Präzisierung der bestehenden Rechtsprechung des BGH sein, wonach das OLG nun die Schäden der Verbraucher anders zu berechnen hat. Wird nicht die Höhe des einzelnen Verbraucheranspruchs angegeben, soll die **Methode** angegeben werden, nach der sich die Höhe der jeweiligen einzelnen Ansprüche der betroffenen Verbraucher berechnen lässt. Es muss dann dargelegt werden, warum nach dieser Methode nun von höheren Verbraucheransprüchen auszugehen ist. **Bestreitet** der Unternehmer diese Behauptung ausdrücklich (§ 13 Abs. 1 S. 1 VDuG iVm § 138 Abs. 3 ZPO), muss die klageberechtigte Stelle für eine begründete Klage den Beweis der Masseinsuffizienz erbringen. Es gilt dann wegen § 21 Abs. 2 S. 2 für das **Beweismaß** die besondere Vorschrift des § 19, die **§ 287 ZPO** für entsprechend anwendbar erklärt (→ Rn. 16). Allerdings muss der klageberechtigten Stelle auch für § 19 und § 287 ZPO der Beweis der **Anknüpfungstatsachen** gelingen (→ § 19 Rn. 11).[35] Hier 14

---

[33] Im Ergebnis so auch HK-VDuG/Röthemeyer VDuG § 21 Rn. 6.

[34] Heerma ZZP 136 (2023) 425 (445); Zöller/Althammer VDuG § 21 Rn. 3.

[35] In allgemeiner Form BGH NJW-RR 2023, 297 Rn. 38; MüKoZPO/Prütting ZPO § 287 Rn. 14; Musielak/Voit/Foerste ZPO § 287 Rn. 7.

gilt das **Regelbeweismaß des § 286 Abs. 1 S. 1 ZPO,** sodass die klageberechtigte Stelle den **Vollbeweis** erbringen muss (→ Rn. 8).

15 Ist die Klage begründet, verurteilt das OLG den Unternehmer zur Erhöhung des kollektiven Gesamtbetrags. Der **Tenor** lautet **beispielsweise:** „Der Beklagte wird verurteilt, zu Händen der Sachwalterin Rechtsanwältin Dr. A auf das Konto IBAN [Nummer] weitere EUR [Betrag] zu zahlen."[36] Der Tenor orientiert sich also auch im Falle des § 21 Abs. 2 an der in § 18 Abs. 2 genannten Urteilsformel. Wie auch sonst enthält er keine Hintergründe zum materiell-rechtlichen Anspruch oder zur verfahrensrechtlichen Situation. All dies ergibt sich aus den Urteilsgründen (§ 13 Abs. 1 S. 2 VDuG iVm § 313 Abs. 1 Nr. 6 ZPO). Durch den Begriff „weitere" wird aber für das Umsetzungsverfahren klar, dass eine zweite Zahlpflicht besteht, die zu der ersten hinzukommt und diese nicht ändert.

II. Entsprechende Anwendung von § 19 (Abs. 2 S. 2)

16 Da das OLG den kollektiven Gesamtbetrag unter Würdigung aller Umstände nach freier Überzeugung bestimmen kann (§ 19 Abs. 1), ergibt es Sinn, dass der Gesetzgeber diese Schätzung[37] auch für die Erhöhung desselben zugelassen hat. Die **Herabsetzung des entsprechenden Beweismaßes** ist Aufgabe von § 21 Abs. 2 S. 2 iVm § 19. Für die Bestimmung der Erhöhung des kollektiven Gesamtbetrags muss das OLG also nicht nach freier Überzeugung entscheiden, ob eine tatsächliche Behauptung für wahr oder für nicht wahr zu erachten ist (sog. Vollbeweis nach § 286 Abs. 1 S. 1 ZPO), sondern darf unter Würdigung aller Umstände nach freier Überzeugung entscheiden. Für den zu erreichenden Überzeugungsgrad genügt eine **überwiegende, aber auf gesicherter Grundlage beruhende Wahrscheinlichkeit.**[38] Es muss also nur überwiegend wahrscheinlich sein, dass die klageberechtigte Stelle die Erhöhung des kollektiven Gesamtbetrags für die angemeldeten Verbraucher verlangen kann.

17 Gesetzestechnisch führt § 21 Abs. 2 S. 2 zur **entsprechenden** Anwendung von § 19 und letzterer zur **entsprechenden** Anwendung von § 287 ZPO. Diese entsprechenden Anwendungen führen dazu, dass § 19 VDuG und § 287 ZPO im Licht der Besonderheiten des Erhöhungsverfahrens auszulegen und anzuwenden sind. Der Gesetzgeber hat damit (viel) Raum für **spezifische Modifikationen bei Erhöhungsverfahren** zugelassen (→ § 19 Rn. 13). Das OLG kann im Übrigen nach seinem **Ermessen** entscheiden, ob und inwieweit es eine **Beweisaufnahme anordnet** (§§ 21 Abs. 2 S. 2, 19 Abs. 2 VDuG iVm § 287 Abs. 1 S. 2 ZPO).

III. Ruhen des Umsetzungsverfahrens (Abs. 2 S. 3)

18 Das Umsetzungsverfahren ruht während des Erhöhungsverfahrens (Abs. 2 S. 3). Das Ruhen tritt mit **Erhebung** der Klage ein.[39] Dazu ist diese dem Unternehmer zuzustellen (§ 13 Abs. 1 S. 1 und 2 VDuG iVm §§ 253 Abs. 1, 166ff. ZPO).[40] Damit wird das Erhöhungsverfahren rechtshängig. Die bloße Anhängigkeit löst den ge-

---

36 Ähnlich auch HK-VDuG/Röthemeyer VDuG § 21 Rn. 8. Im Ergebnis ebenso, aber ohne Tenorierungsbeispiel, Köhler/Bornkamm/Feddersen/Scherer VDuG § 21 Rn. 3.

37 HK-VDuG/Röthemeyer VDuG § 21 Rn. 7.

38 In allgemeiner Form BGH NJW 2000, 509; BGH NJW 2013, 2584 Rn. 20; BGH NJW 2015, 934 Rn. 45; MüKoZPO/Prütting ZPO § 287 Rn. 17; BeckOK ZPO/Bacher ZPO § 287 Rn. 17.

39 Ebenso HK-VDuG/Röthemeyer VDuG § 21 Rn. 11.

40 HK-VDuG/Röthemeyer VDuG § 21 Rn. 11.

setzlichen Ruhenstatbestand hingegen noch nicht aus. Aus dem Ruhenstatbestand wird zugleich ersichtlich, dass das Erhöhungsverfahren erst ab dem Eröffnungsbeschluss iSv §24 und nur bis zum Beendigungsbeschluss iSv §36 statthaft ist.[41] Der Ruhenstatbestand besteht im Übrigen **kraft Gesetzes** und bedarf keines Beschlusses des OLG.[42] Der Ruhenstatbestand endet mit Rechtskraft des Urteils im Erhöhungsverfahrens (→Rn. 21).[43]

Das Ruhen des Verfahrens hat die Wirkung, dass der Lauf einer jeden **Frist** aufhört und nach Beendigung des Ruhens die volle Frist von neuem zu laufen beginnt (§13 Abs.1 S.1 VDuG iVm §249 Abs.1 ZPO).[44] Die während des Ruhens von einer Partei in Ansehung des Umsetzungsverfahrens vorgenommenen **Prozesshandlungen** sind der anderen Partei gegenüber ohne rechtliche Wirkung (§13 Abs.1 S.1 VDuG iVm §249 Abs.2 ZPO). Prozesshandlungen gegenüber dem Gericht sind von §249 Abs.2 ZPO nicht erfasst.[45] 19

Die klageberechtigte Stelle muss abwägen, ob sie zunächst die angemeldeten Verbraucheransprüche gleichmäßig durch den Sachwalter befriedigen lässt, also das Erhöhungsverfahren möglichst spät anhängig macht, oder umgekehrt die Erhöhungsklage eher bald erhebt, was den Nachteil hat, dass Abs.2 dann eine überschießende Wirkung hat, nämlich genau diese gleichmäßige Verteilung des ersten Fonds verhindert.[46] 20

E. Urteil, Revision und Sonstiges

Das Erhöhungsverfahren endet durch abweisendes oder stattgebendes (Leistungs-) Urteil. Es ähnelt dem Abhilfeendurteil und steht sodann selbständig neben dem schon erlassenen Abhilfeendurteil.[47] Die **Kostengrundentscheidung** bestimmt sich nach den §13 Abs.1 S.1 VDuG iVm §§91ff. ZPO, wobei §93 ZPO nicht anwendbar ist, da – fehlt es an einer vergleichsweisen Regelung (→Rn. 4) – die klageberechtigte Stelle gesetzlich auf das Erhöhungsverfahren verwiesen ist.[48] Die **vorläufige Vollstreckbarkeit** ohne oder gegen Sicherheitsleistung bestimmt sich nach §13 Abs.1 S.1 VDuG iVm §§708ff. ZPO. Das OLG hat in den Entscheidungsgründen die für die Schätzung zugrunde gelegten Anknüpfungstatsachen zu benennen und – waren diese streitig – zu **begründen,** welche Anknüpfungstatsachen von der beweisbelasteten klageberechtigten Stelle bewiesen wurden (vgl. §13 Abs.1 S.2 VDuG iVm §313 Abs.1 Nr.6 ZPO). In der **Zwangsvollstreckung** ist aus Buch 8 Abschnitt 2 betreffend die Zwangsvollstreckung wegen Geldforderungen einschlägig (§13 Abs.1 S.1 VDuG iVm §§802a-882i ZPO), basierend auf der Verweisnorm. 21

Wie auch die Bestimmung des kollektiven Gesamtbetrags **nur teilweise revisibel** ist (→§19 Rn. 22), gilt dies auch für das Urteil auf Erhöhung des kollektiven Gesamtbetrags oder das klageabweisende Urteil, sollte dagegen die Revision statt- 22

---

[41] HK-VDuG/Röthemeyer VDuG §21 Rn. 4; Zöller/Althammer VDuG §21 Rn. 2.
[42] HK-VDuG/Röthemeyer VDuG §21 Rn. 11.
[43] HK-VDuG/Röthemeyer VDuG §21 Rn. 12.
[44] Zöller/Althammer VDuG §21 Rn. 4.
[45] Stein/Jonas/Roth ZPO §249 Rn. 10ff.
[46] Daher zu Recht kritisch Anders/Gehle/Schmidt VDuG §21 Rn. 5.
[47] BT-Drs. 20/6520, 84; Zöller/Althammer VDuG §21 Rn. 3. Anders zum RefE BIVA Stellungnahme VRUG, 7, wonach das Abhilfeendurteil teilweise aufgehoben werde.
[48] HK-VDuG/Röthemeyer VDuG §21 Rn. 10f.

haft sein (→ Rn. 23).[49] Gegenstand der Revision könnte die Rechtsanwendung des § 287 ZPO sein. Dies umfasst auch die prozessrechtliche Behandlung der Anknüpfungstatsachen, beispielsweise die Überprüfung, ob das OLG für den Beweis der Anknüpfungstatsachen zu Recht § 13 Abs. 1 S. 2 VDuG iVm § 286 Abs. 1 S. 1 ZPO angewandt hat.

23 Das VDuG enthält für das klageabweisende oder klagestattgebende Urteil im Erhöhungsverfahren **keine Vorschriften zur Statthaftigkeit der Revision,**[50] obwohl dies in den Verbandsstellungnahmen angemahnt wurde.[51] § 18 Abs. 4 ist nach seinem Wortlaut nicht anwendbar, da das OLG am Ende des Erhöhungsverfahrens kein Abhilfeendurteil erlässt – dieses gab es schon –, sondern ein (besonderes) Leistungsurteil[52]. Für die Statthaftigkeit der Revision gilt allerdings auch nicht § 13 Abs. 1 S. 1 VDuG iVm § 543 Abs. 1 Nr. 1 ZPO (Zulassungsrevision), da das OLG nicht als Berufungsgericht entschieden hat. Da der Gesetzgeber jedoch ausweislich § 18 Abs. 4 und § 42 grundsätzlich die Revision in Verbandsklagen für statthaft erklärte, dürfte es sich um eine planwidrige Regelungslücke handeln. Da die Interessenlage beim Erhöhungsverfahren mit dem ursprünglichen Abhilfeverfahren vergleichbar scheint, muss **§ 18 Abs. 4 analog angewandt** werden.[53] Andernfalls wären Urteile im Erhöhungsverfahren nicht überprüfbar, was nicht der Wille des Gesetzgebers gewesen sein dürfte. Sollte der BGH die Statthaftigkeit der Revision verneinen, könnte der Verwerfungsbeschluss des BGH mit der **Verfassungsbeschwerde** angegriffen werden und die Verletzung des gesetzlichen Richters (= die vorenthaltenen Richter des Revisionsgerichts, die in der Sache nicht entschieden haben) gerügt werden (Art. 93 Abs. 1 Nr. 4a, 101 Abs. 1 S. 2 GG, §§ 13 Nr. 8a, 90 Abs. 1 und 2 S. 1 BVerfGG).

24 Nach Abschluss des Erhöhungsverfahrens wird das Umsetzungsverfahren **fortgesetzt.**[54] Dazu muss Rechtskraft des in → Rn. 21 genannten Leistungsurteils eingetreten sein.[55] Wann Rechtskraft eintritt, hängt davon ab, ob sich die in → Rn. 23 vorgeschlagene Statthaftigkeit der Revision durchsetzen wird. Für einen etwaigen nicht abgerufenen Betrag nach Erhöhung des kollektiven Gesamtbetrags gilt § 37, wonach der Sachwalter dem Unternehmer zur **Erstattung** des verbleibenden Betrags verpflichtet ist.[56]

25 Weder aus § 21 noch einer sonstigen Vorschrift ergibt sich, dass es grundsätzlich nur einmal ein Erhöhungsverfahren geben darf. Innerhalb der beiden zeitlichen Pole (→ Rn. 18) kann auch ein **weiteres Erhöhungsverfahren** anhängig gemacht werden.[57]

---

[49] Kritisch daher schon BIVA Stellungnahme VRUG, 7.

[50] HK-VDuG/Röthemeyer VDuG § 21 Rn. 14; ähnlich Köhler/Bornkamm/Feddersen/Scherer VDuG § 21 Rn. 10.

[51] BIVA Stellungnahme VRUG, 7.

[52] Köhler/Bornkamm/Feddersen/Scherer VDuG § 21 Rn. 9 (vgl. aber auch Fn. 16).

[53] Ebenso HK-VDuG/Röthemeyer VDuG § 21 Rn. 14 und Zöller/Althammer VDuG § 21 Rn. 5; im Ergebnis ebenso, aber methodisch unklar Köhler/Bornkamm/Feddersen/Scherer VDuG § 21 Rn. 10.

[54] BT-Drs. 20/6520, 84.

[55] HK-VDuG/Röthemeyer VDuG § 21 Rn. 12.

[56] Köhler/Bornkamm/Feddersen/Scherer VDuG § 21 Rn. 12.

[57] Köhler/Bornkamm/Feddersen/Scherer VDuG § 21 Rn. 12; HK-VDuG/Röthemeyer VDuG § 21 Rn. 4; Zöller/Althammer VDuG § 21 Rn. 1, 5; Anders/Gehle/Schmidt VDuG § 21 Rn. 2; Bruns ZZP 137 (2024), 3 (20).

Ist der Unternehmer der Auffassung, dass es nur deshalb zum Erhöhungsverfahren kommt, da der Sachwalter seine Pflichten im Umsetzungsverfahren verletzt hat, beispielsweise die Anspruchsberechtigung pflichtwidrig geprüft bzw. nicht geprüft oder die Ansprüche von Verbrauchern nicht pflichtgemäß erfüllt hat (vgl. § 27 Nr. 3 und 9), kann eine **Streitverkündung** in Betracht kommen.[58] § 13 Abs. 2 steht dem nicht entgegen. Verliert der Unternehmer nämlich das Erhöhungsverfahren und glaubt er, sich beim Sachwalter nach § 31 schadlos halten zu können, kann für diese Rechtsdurchsetzung die **Wirkung** der Streitverkündung wichtig sein (§§ 74 Abs. 3, 68 ZPO), wonach der Sachwalter im Folgeprozess mit der Behauptung nicht gehört wird, das OLG (oder der BGH) habe das Erhöhungsverfahren unrichtig entschieden. 26

Unterabschnitt 3 Umsetzungsverfahren

§ 22 Zuständigkeit; Entscheidungen im Umsetzungsverfahren

(1) **Für das Umsetzungsverfahren ist ausschließlich das Prozessgericht der Abhilfeklage zuständig.**

(2) **Die Entscheidungen des Gerichts im Umsetzungsverfahren können ohne mündliche Verhandlung ergehen.**

Literatur: Bayat, Die Verbandsklage und das Umsetzungsverfahren, IWRZ 2023, 258; Hakenberg, Die neue Verbandsklagen-Richtlinie der Europäischen Union, NJOZ 2021, 673; Janal, Die Umsetzung der Verbandsklagenrichtlinie, GRUR 2023, 985; Röthemeyer, Die neue Verbandsklagen-Richtlinie, VuR 2021, 43.

A. Überblick und Normzweck

Die Vorschrift enthält **zwei Regelungen,** deren einzige Gemeinsamkeit darin besteht, dass sie das Umsetzungsverfahren betreffen. Abs. 1 regelt die **Zuständigkeit.** Sie liegt beim Prozessgericht. Das Prozessgericht ist nach § 3 Abs. 1 stets das OLG. Abs. 2 betrifft das vom Prozessgericht zu beachtende Verfahren. Angelegenheiten, die das Umsetzungsverfahren betreffen, kann das Prozessgericht durch Beschluss entscheiden. 1

Das **Umsetzungsverfahren** ist ein **zentraler Bestandteil** der nach § 1 Abs. 1 Nr. 1 vorgesehenen und in §§ 14ff. geregelten Abhilfeklage. Es ist der letzte Schritt des Abhilfeverfahrens; ihm gehen im Regelfall das Abhilfegrundurteil gem. § 16 Abs. 1 S. 1, der erfolglose Vergleichsversuch gem. § 17 und das Abhilfeendurteil gem. § 18 voraus. Das Umsetzungsverfahren kommt aber dann nicht in Betracht, wenn eine Verurteilung des Beklagten auf Zahlung an namentlich benannte Verbraucher erfolgt. In diesem Fall vollstreckt die klageberechtigte Stelle das zusprechende Abhilfeurteil selbst als Titelgläubiger zugunsten der Verbraucher (→ § 29 Rn. 9).[1] 2

[58] Heerma ZZP 136 (2023), 425 (446).
[1] Köhler/Bornkamm/Feddersen/Scherer VDuG § 22 Rn. 1.

B. Umsetzung der Richtlinie

3 Die Richtlinie macht den Mitgliedsstaaten keine ausdrücklichen Vorgaben hinsichtlich Einrichtung oder Ausgestaltung des Umsetzungsverfahrens. ErwG 12 S. 1 Verbandsklagen-RL stellt klar, dass die Richtlinie nicht darauf abzielt, jeden Aspekt der Verbandsklage zu regeln. **Inhaltliche Determinanten** ergeben sich allerdings aus Art. 9 Abs. 6 Verbandsklagen-RL, wonach die Mitgliedstaaten sicherstellen müssen, dass Verbraucher aufgrund einer Abhilfeentscheidung Anspruch darauf haben, dass ihnen die in diesen Abhilfeentscheidungen vorgesehene Abhilfe zugutekommt, ohne klagen zu müssen. ErwG 9 S. 1 Verbandsklagen-RL fordert insoweit lediglich, dass die Umsetzung des deutschen Gesetzgebers eine wirksame und effiziente Möglichkeit zum Schutz der Kollektivinteressen der Verbraucher gewähren muss.

4 § 22 geht in seiner aktuellen Fassung auf den RegE zurück.[2] Er wurde unverändert übernommen.

C. Überblick über das Umsetzungsverfahren

1. Notwendigkeit des Umsetzungsverfahrens

5 Das Umsetzungsverfahren ist immer dann erforderlich, wenn die erfolgreiche Klage auf Zahlung eines kollektiven Gesamtbetrags oder auf die Verurteilung zu einer anderen Leistung als zur Zahlung gerichtet war. In diesem Fall erlässt das Gericht gem. § 16 Abs. 1 S. 1 zunächst ein **Abhilfegrundurteil** und nach **erfolglosen Vergleichsverhandlungen** sodann gem. § 17 Abs. 2 S. 2 ein **Abhilfeendurteil.** Im Abhilfeendurteil wird gem. § 18 Abs. 1 Nr. 1 das Umsetzungsverfahren angeordnet. Es dient dazu, den gem. § 18 Abs. 2 ausgeurteilten kollektiven Gesamtbetrag an die nachgewiesen berechtigten Verbraucher zu verteilen bzw. es muss die sonstige Leistung für sie bereitgestellt werden. Wird der Beklagte nach § 16 Abs. 1 S. 2 unmittelbar zur **Zahlung an namentlich benannte Verbraucher** verurteilt, bedarf es einer solchen Verteilung nicht; das Umsetzungsverfahren entfällt. Es sollte im Übrigen im Ermessen des OLG liegen, auch dann durch Endurteil zu entscheiden, wenn zwar der Unternehmer zu einer Leistung verurteilt wird, die nicht in einer Zahlung besteht, aber das Umsetzungsverfahren sinnlos ist; das könnte bspw. der Fall sein, wenn allen namentlich benannten Verbrauchern dieselbe Leistung geschuldet wird (vgl. auch → Einleitung Rn. 16; → § 14 Rn. 22 und 34; → § 16 Rn. 42). Angeordnet wird das Umsetzungsverfahren gem. § 18 Abs. 1 Nr. 1 im Abhilfeendurteil. Ausnahmsweise tritt gem. § 16 Abs. 4 S. 1 an die Stelle der Entscheidung durch Abhilfegrundurteil die Entscheidung durch Urteil (→ Einleitung Rn. 14). Da hier das Abhilfeendurteil entfällt, muss das Umsetzungsverfahren gem. § 16 Abs. 4 S. 2 bereits in diesem Urteil angeordnet werden.

2. Vorbereitung und Ausgestaltung

6 Die **Ausgestaltung** des Umsetzungsverfahrens richtet sich zum einen nach den §§ 25 ff. und zum anderen nach den vom Gericht gem. § 16 Abs. 2 S. 1 im **Abhilfegrundurteil** festgelegten Voraussetzungen, die die Anspruchsberechtigung der be-

[2] BT-Drs. 20/6520, 17.

troffenen Verbraucher und deren Nachweis betreffen, sowie nach den dort gem. Satz 2 bestimmten Vorgaben zur Berechnung der Einzelbeträge.

Zentrale Figur des Umsetzungsverfahrens ist der **Sachwalter,** in dessen Händen die **Durchführung** des Umsetzungsverfahrens liegt. Er wird gem. § 23 Abs. 1 S. 1 vom Gericht bestellt. Die Aufgaben des Sachwalters bestimmen sich vor allem nach § 27; insbesondere kommt ihm nach § 27 Nr. 3, 9 und 11 die Aufgabe zu, die Anspruchsberechtigung der am Umsetzungsverfahren teilnehmenden Verbraucher nach Maßgabe des Abhilfegrundurteils zu prüfen und berechtigte Ansprüche von Verbrauchern auf Zahlung zu erfüllen oder die Erfüllung abzulehnen (→ § 25 Rn. 28). 7

Der betroffene Verbraucher und der Unternehmer können gem. § 28 Abs. 2 S. 1 gegen die Entscheidung des Sachwalters **Widerspruch** einlegen. Hilft der Sachwalter dem Widerspruch nicht ab, kann gem. § 28 Abs. 4 S. 1 beim Prozessgericht die Entscheidung über den Widerspruch beantragt werden. 8

Außerdem obliegt es dem Sachwalter nach § 25 Abs. 1 einen **Umsetzungsfonds** zu errichten, in den der Unternehmer einzahlen muss. Der Sachwalter kann bei Gericht **Zwangsmittel** gegen den Unternehmer beantragen, sofern dieser Ansprüche aus dem Umsetzungsverfahren nicht erfüllt (→ § 29 Rn. 11 ff.). Er unterliegt selbst gem. § 30 Abs. 1 gerichtlicher Aufsicht. Das Gericht hat nach § 30 Abs. 2 Auskunftsrechte gegen den Sachwalter (→ § 30 Rn. 18 f.) und kann nach § 30 Abs. 3 Zwangsgelder festsetzen (→ § 30 Rn. 20 ff.). Nach Erledigung aller Aufgaben aus dem Umsetzungsverfahren erstellt der Sachwalter eine Schlussrechnung und einen Schlussbericht (§§ 33, 34). 9

3. Beginn, Beendigung

Nach der Bestellung des Sachwalters beschließt das Gericht nach Maßgabe von § 24 die **Eröffnung des Umsetzungsverfahrens.** Der Eröffnung muss die gerichtliche Bestellung des Sachwalters vorausgehen, weil andernfalls die Voraussetzungen der Eröffnung nach § 18 nicht erfüllt sein können. Das Umsetzungsverfahren endet gem. § 36 Abs. 1 S. 1 mit der gerichtlichen Feststellung der Beendigung des Umsetzungsverfahrens. Soweit nach Beendigung des Umsetzungsverfahrens der kollektive Gesamtbetrag nicht vollständig ausgekehrt ist, hat gem. § 37 S. 1 der Unternehmer gegen den Sachwalter einen Anspruch auf Erstattung des verbleibenden Betrags, der gem. Satz 2 mit der Bekanntgabe der Feststellung der Beendigung fällig wird. 10

D. Zuständigkeit des Prozessgerichts (Abs. 1)

Absatz 1 regelt die gerichtliche Zuständigkeit für das Umsetzungsverfahren; die gerichtlichen Aufgaben und Entscheidungen des Umsetzungsverfahrens sollen grundsätzlich von dem nach § 3 **zuständigen OLG** wahrgenommen und getroffen werden, das über die Abhilfeklage entschieden hat. Dieses Gericht ist im Umsetzungsverfahren ausschließlich örtlich, sachlich und funktionell zuständig.[3] Die Zuständigkeit eines anderen Gerichts kann weder durch **Zuständigkeitsvereinbarung** noch durch **rügelose Sacheinlassung** begründet werden (→ § 13 Rn. 9).[4] 11

3 Zöller/Vollkommer VDuG § 22 Rn. 4.

4 Köhler/Bornkamm/Feddersen/Scherer VDuG § 22 Rn. 1.

12 Diese Zuständigkeit gilt unproblematisch auch dann, wenn und soweit es sich um eine **grenzüberschreitende** Verbandsklage handelt, die in den Anwendungsbereich der Verbandsklagen-RL fällt. Zwar wird in ErwG 21 Verbandsklagen-RL klargestellt, dass sich die Frage der Internationalen Zuständigkeit und Vollstreckung im grenzüberschreitenden Kontext nach Maßgabe der Brüssel Ia-VO bestimmt. Zum einen ist aber das Abhilfeendurteil, das aus einer grenzüberschreitenden Verbandsklage in Deutschland hervorgeht, aus der Sicht der Verordnung schon keine Entscheidung eines anderen Mitgliedsstaates iSv Art. 36 Abs. 1 Brüssel Ia-VO. Zum anderen verweist Art. 41 Abs. 1 S. 1 Brüssel Ia-VO für die Zwecke der Vollstreckung ohnehin auf nationales Recht.

13 Die gesetzgeberische Zuständigkeitsentscheidung für das Abhilfeverfahren hat vor allem **prozessökonomische Gründe:** Da dieses Gericht bereits mit dem Rechtsstreit vertraut ist und das Abhilfegrundurteil erlassen hat, ist es auch am besten geeignet, die Beachtung der im Abhilfegrundurteil getroffenen Maßgaben zu überwachen.[5] Da die Umsetzung des Abhilfegrundurteils in den Händen des berufenen Sachwalters liegt, hat das Gericht lediglich eine begleitende Kontrollfunktion bei der Umsetzung der Abhilfeentscheidungen.[6] Mit Ausnahme der Entscheidung über den Widerspruch nach § 28 Abs. 4 S. 3 ist die Übertragung einzelner Aufgaben auf den Einzelrichter nicht vorgesehen (ebenso → Einleitung Rn. 26 und → § 24 Rn. 14).[7]

14 Zu den **Aufgaben des Gerichts** gehören neben der förmlichen **Eröffnung des Umsetzungsverfahrens** nach § 24 die **Bestellung des Sachwalters** nach § 23 Abs. 1 S. 1 und im Falle der Ablehnung des Sachwalters durch die Parteien die Entscheidung nach § 23 Abs. 4 und 6 über die Begründetheit des Ablehnungsantrags. Außerdem hat das Gericht gem. § 30 Abs. 1 die Aufsicht über den Sachwalter. Es kann ihm nach § 30 Abs. 2 S. 1 **Fristen zur Durchführung** des Umsetzungsverfahrens setzen und hat nach S. 2 Auskunftsrechte. Die damit korrespondierenden Pflichten des Sachwalters kann das Gericht nach § 30 Abs. 3 S. 1 durch Festsetzung eines **Zwangsgeldes** durchsetzen. Nach § 30 Abs. 3 S. 2 kann es den Sachwalter entlassen. Außerdem trifft nach § 32 Abs. 2 das Gericht die Entscheidung über Kosten, Vergütung und Vorschüsse des Sachwalters. Ebenso verhängt es gem. § 29 Zwangsmittel gegen den Unternehmer zur Vollstreckung von vertretbaren oder nicht vertretbaren Handlungen. Es prüft gem. §§ 34, 35 den Schlussbericht und die Schlussrechnung und entscheidet gem. § 38 Abs. 1 über die Einstellung oder Aussetzung des Umsetzungsverfahrens im Falle der Eröffnung eines Insolvenzverfahrens. Auch die Entscheidung über die Beendigung des Umsetzungsverfahrens nach § 36 liegt beim Gericht. Darüber hinaus ist es nach § 45 dafür verantwortlich, die nach § 44 im Verbandsklageregister zu veröffentlichenden Angaben zu übermitteln.

E. Entbehrlichkeit mündlicher Verhandlung (Abs. 2)

15 Während sich das Verfahren der Verbandsklage nach § 13 Abs. 1 S. 1 grundsätzlich nach den Vorschriften der ZPO bestimmt und damit auch der **Beibringungsgrundsatz** gilt (→ § 13 Rn. 28), wird für das Umsetzungsverfahren der Grundsatz

[5] BT-Drs. 20/6520, 84.
[6] BT-Drs. 20/6520, 84.
[7] Zöller/Vollkommer VDuG § 22 Rn. 4.

der Amtsermittlung vorgeschlagen,[8] es gilt aber auch dort der Beibringungsgrundsatz (→ § 13 Rn. 28).

Gemäß § 22 Abs. 2 trifft das Gericht seine Entscheidung im Umsetzungsverfahren durch **Beschluss.** Es geht dabei vor allem darum, eine rasche Durchführung des Umsetzungsverfahrens zu ermöglichen.[9] Die **Entbehrlichkeit einer mündlichen Erörterung** soll sich daraus ergeben, dass das Gericht im Umsetzungsverfahren keine materiell-rechtlichen Entscheidungen über individuelle Verbraucheransprüche trifft.[10] 16

F. Rechtsmittel

Gemäß § 13 Abs. 1 S. 1 VDuG iVm § 574 Abs. 1 S. 1 Nr. 2 ZPO ist gegen die im Umsetzungsverfahren erlassenen Beschlüsse die **Rechtsbeschwerde** statthaft; es gelten die Zulässigkeitsvoraussetzungen nach § 574 Abs. 2 und 3 ZPO. Bei Nichtzulassung der Rechtsbeschwerde kommen als Rechtsbehelfe die **Gehörsrüge** nach § 13 Abs. 1 S. 2 VDuG iVm § 321a ZPO oder die **Gegenvorstellung** in Betracht (ebenso → § 13 Rn. 39).[11] Der Beschluss hinsichtlich des Widerspruchs ist gem. § 28 Abs. 4 S. 6 unanfechtbar. 17

§ 23 Bestellung des Sachwalters

(1) [1]**Das Gericht bestellt einen Sachwalter.** [2]**Vor der Bestellung sollen die Parteien des Abhilfeverfahrens zur Person des Sachwalters gehört werden.**

(2) [1]**Zum Sachwalter ist eine geeignete und von den Parteien unabhängige Person zu bestellen.** [2]**Die Unabhängigkeit wird nicht schon dadurch ausgeschlossen, dass die Person von einer Partei vorgeschlagen worden ist.** [3]**Das Gericht kann von der als Sachwalter vorgesehenen Person den Nachweis einer Berufshaftpflichtversicherung verlangen, deren Deckungssumme dem Umfang des Umsetzungsverfahrens angemessen ist.**

(3) [1]**Der Sachwalter erhält vom Gericht eine Urkunde über seine Bestellung.** [2]**Bei Beendigung seines Amtes hat der Sachwalter dem Gericht die Urkunde zurückzugeben.**

(4) [1]**Ein Sachwalter kann von den Parteien aus denselben Gründen, die nach § 42 der Zivilprozessordnung zur Ablehnung eines Richters berechtigen, abgelehnt werden.** [2]**Der Ablehnungsgrund ist glaubhaft zu machen; zur Versicherung an Eides statt darf die Partei nicht zugelassen werden.** [3]**Ein Sachwalter kann auch wegen Ungeeignetheit abgelehnt werden.**

(5) [1]**Ein Ablehnungsantrag ist binnen zwei Wochen nach der Verkündung oder der Zustellung des Beschlusses über die Bestellung zu stellen.** [2]**Zu einem späteren Zeitpunkt ist der Antrag auf Ablehnung nur zulässig, wenn die Partei glaubhaft macht, dass sie ohne ihr Verschulden verhindert war, den Ablehnungsgrund früher geltend zu machen.**

---

[8] Zöller/Vollkommer VDuG § 22 Rn. 7.
[9] BT-Drs. 20/6520, 84.
[10] BT-Drs. 20/6520, 84.
[11] Zöller/Vollkommer VDuG § 22 Rn. 8.

(6) **Gegen den Beschluss, durch den die Ablehnung für begründet erklärt wird, findet kein Rechtsmittel statt.**

Literatur: Dahl/Linnenbrink, Die Position des Sachwalters im Umsetzungsverfahren der neuen Verbandsabhilfeklage nach VDuG, NZI 2024, 33; Heerma, Das geplante Verbraucherrechtedurchsetzungsgesetz: Abhilfeurteile und deren Umsetzung nach dem VDuG, ZZP 136 (2023), 425; Schmittmann, Die insolvenzrechtlichen Aspekte des Referentenentwurfs eines Gesetzes zur Umsetzung der Richtlinie (EU) 2020/1828 über Verbandsklagen zum Schutz der Kollektivinteressen der Verbraucher und zur Aufhebung der Richtlinie 2009/22/EG, ZRI 2023, 277.

Übersicht

A. Überblick und Normzweck

1 Wird im Anschluss an den Erlass eines Abhilfegrundurteils keine Einigung zwischen der klageberechtigten Stelle und dem Unternehmer erzielt, ordnet das Gericht in einem Abhilfeendurteil das Umsetzungsverfahren an (§ 18 Abs. 1 Nr. 1). In diesem nimmt der Sachwalter eine maßgebliche Stellung ein. § 23 bestimmt die gerichtliche Bestellung des Sachwalters und die verfahrensrechtlichen Möglichkeiten gegen diese sowie die Anforderungen an den Sachwalter. Der Sachwalter ist Verwalter des Umsetzungsfonds (vorläufig festgesetzte Kosten und kollektiver Gesamtbetrag, der im Abhilfeendurteil gemäß § 18 Abs. 2 gerichtlich festgesetzt wurde), überprüft die Berechtigung der angemeldeten Verbraucher (§ 46) und zahlt bei positiver Entscheidung die Gelder an die Verbraucher aus (§ 27 Nr. 9) bzw. veranlasst etwaige notwendige Erfüllungshandlungen des beklagten Unternehmers (§ 27 Nr. 10). Schließlich verfasst er den Schlussbericht (§ 34) und die Schlussrechnung (§ 33), um dem Gericht die Kontrolle seines Tätigwerdens zu ermöglichen und so das Umsetzungsverfahren dem Abschluss zuzuführen.[1]

2 Für die Position des Sachwalters kommen insbesondere Personen in Betracht, die Erfahrung mit der Fremdvermögensverwaltung haben (arg. § 25 Abs. 2 S. 1).[2] Zu nennen sind insoweit beispielsweise Rechtsanwälte, Steuerberater, Betriebswirte, Wirtschaftsprüfer oder Insolvenzverwalter.[3] Teilweise wird auch eine funktionale Vergleichbarkeit mit dem Testamentsvollstrecker angenommen.[4]

3 Im Hinblick auf § 38 empfiehlt sich aber insbesondere eine **Qualifikation als Insolvenzverwalter.**[5] Parallelen zum Insolvenzverwalter finden sich in formaler wie struktureller Hinsicht, etwa weil beide vom Gericht eine Urkunde über ihre Bestellung erhalten und den Nachweis über den Abschluss einer entsprechenden Haftpflichtversicherung erbringen müssen. Diese haben ihren Ursprung nicht zu-

[1] Vgl. Köhler/Bornkamm/Feddersen/Scherer VDuG § 23 Rn. 1.
[2] Musielak/Voit/Stadler VDuG § 23 Rn. 1.
[3] BT-Drs. 20/6520, 85.
[4] HK-VDuG/Röthemeyer VDuG § 23 Rn. 1.
[5] Musielak/Voit/Stadler VDuG § 23 Rn. 1.

letzt in dem Umstand, dass das VDuG Anleihen bei der Schiffahrtsrechtlichen Verteilungsordnung (SVertO) genommen hat,[6] die ihrerseits dem Insolvenzrecht nachgebildet ist.[7] Die in Abs. 2 beschriebene Auswahl des Sachwalters ist inhaltlich an § 9 Abs. 1 SVertO angelehnt.[8] Die Insolvenzordnung kennt im Eigenverwaltungs- und Schutzschirmverfahren ebenfalls die Position eines Sachwalters.

B. Umsetzung der Richtlinie

§ 23 hat **keine Entsprechung** in der Verbandsklagen-RL. Nach ErwG 12 S. 1 4
stellt die Verbandsklagen-RL aber keine allumfassende, vollharmonisierende Regelung dar. Die Gesetzesbegründung der Bundesregierung nimmt insoweit lediglich auf ErwG 50 Bezug und verweist darauf, dass von Verbrauchern gefordert werden kann, zur Erlangung individueller Abhilfe bestimmte Maßnahmen zu ergreifen, beispielsweise sich bei der für die Durchsetzung der Abhilfeentscheidung zuständigen Stelle zu melden.[9] Die für die Durchsetzung der Abhilfegrundentscheidungen im Umsetzungsverfahren zuständige Stelle ist der vom Gericht zu bestellende Sachwalter.

Der Text des § 23 war bereits im Referenten- und Regierungsentwurf enthalten 5
und blieb auch in der Beschlussempfehlung des 6. Ausschusses (Rechtsausschuss) des 20. Deutschen Bundestags **unverändert.**[10]

Der Bundesrat und verschiedene Verbände forderten jedoch inhaltliche Ver- 6
schärfungen zur Sicherstellung der persönlichen und fachlichen Eignung (in Anlehnung an § 56 Abs. 1 S. 1 InsO), die Einführung der Möglichkeit zur Einsetzung weiterer Sachwalter und der verpflichtenden Unterhaltung einer **Berufshaftpflichtversicherung.**[11] Bei der Regelung der Eignung des Sachwalters sei sicherzustellen, dass die konkreten Anforderungen an seine fachliche Qualifikation, Unabhängigkeit, praktische Berufserfahrung und persönliche Zuverlässigkeit sich aus dem Gesetz ergeben. Wegen der gegebenen Vergleichbarkeit der Stellung des Sachwalters mit der eines Insolvenzverwalters sollte ein wesentliches Kriterium für die Eignung die „Geschäftskundigkeit" iSd § 56 Abs. 1 S. 1 InsO sein. Die dem Gericht nachzuweisenden Kenntnisse müssten eine ordnungsgemäße Erfüllung der Aufgaben nach § 27 sicherstellen.[12] Zusätzlich forderte der Bundesrat statt der letztlich in § 23 Abs. 4 kodifizierten Ablehnung eine Möglichkeit zur Entlassung des Sachwalters. Dieser habe keine Richterstellung inne, sondern bekleide eine der SVertO und InsO entsprechende Position, bei der die Entlassung statthaft sei. Ziel dieser Überlegung war die Vermeidung von erwartbaren zeitlichen Verzögerungen durch die Entscheidung über einen Ablehnungsantrag.[13] Diese Vorschläge des Bundesrates wurden jedoch als nicht erforderlich abgelehnt, insbesondere unter Hinweis auf die offene Formulierung des § 9 SVertO.[14]

---

6 BT-Drs. 20/6520, 85.
7 Dahl/Linnenbrink NZI 2024, 33 (35).
8 BT-Drs. 20/6520, 85.
9 BT-Drs. 20/6520, 84; ausführlich Köhler/Bornkamm/Feddersen/Scherer VDuG § 23 Rn. 2.
10 BT-Drs. 20/7631, 23.
11 BT-Drs. 20/6878, 3; DAV Stellungnahme VRUG, Rn. 20f.; BIVA Stellungnahme VRUG, 7.
12 BT-Drs. 20/6878, 3.
13 Vgl. BT-Drs. 20/6878, 4.
14 BT-Drs. 20/6878, 9.

C. Bestellung des Sachwalters (Abs. 1 und 3)

7 Zur Durchführung des Umsetzungsverfahrens bedarf es stets der Bestellung eines Sachwalters. Die Suche nach einer dazu bereiten Person erfolgt von Amts wegen durch das Prozessgericht. Der Sachwalter prüft die geltend gemachten Verbraucheransprüche nach Maßgabe des Abhilfegrundurteils und veranlasst die Erfüllung der Ansprüche, die sich als berechtigt erweisen. Der Sachwalter ist vom Gericht durch Beschluss zu bestellen. Zuvor soll es die Parteien des Abhilfeverfahrens zur Person des Sachwalters hören.

8 Die Bestellung erfolgt – wie sich bereits aus § 22 Abs. 1 ergibt – vom Prozessgericht der Abhilfeklage durch **Beschluss.** Der Beschluss ergeht durch den **Senat als Kollegialorgan** (ebenso → § 30 Rn. 9).[15] Eine Einzelrichterentscheidung kommt mangels besonderer gesetzlicher Anordnung, wie sie etwa in § 28 Abs. 4 S. 3 enthalten ist, nicht in Betracht.

9 In **zeitlicher Hinsicht** hat die Bestellung des Sachwalters der Eröffnung des Umsetzungsverfahrens vorauszugehen, weil der Eröffnungsbeschluss nach § 24 voraussetzt, dass der Sachwalter bereits Zahlungen erhalten hat.[16] Wie sich bereits aus dem Umstand ergibt, dass der Sachwalter gemäß § 25 das Treuhandkonto für den Umsetzungsfonds einrichten muss (→ § 25 Rn. 12), ist er **spätestens** nach Eintritt der Rechtskraft des Abhilfeendurteils zu ernennen. Zu Recht weist Vollkommer[17] darauf hin, dass im Einzelfall sogar eine noch frühere Ernennung erforderlich sein kann, etwa dann, wenn eine vorläufige Vollstreckung des Abhilfeendurteils erfolgen soll (→ § 13 Rn. 42). Richtig ist auch, dass deshalb im **Zeitpunkt** der Ernennung des Sachwalters noch offen ist, ob die Kosten (§§ 18 Abs. 1 Nr. 2, 24) und der kollektive Gesamtbetrag (§§ 18 Abs. 2, 24) tatsächlich einbezahlt oder vollstreckt werden können (→ § 29 Rn. 9).

10 Der Bestellungsbeschluss, der im Verbandsklageregister gemäß § 44 Nr. 14 öffentlich bekannt zu machen ist, bedarf keiner Begründung. Die Bekanntmachung ersetzt eine Verkündung oder Zustellung an die Parteien. Ebenso wie bei § 56 Abs. 1 InsO ist der Bestellungsbeschluss **unanfechtbar.** Vor der Ernennung sind aber die Parteien des Abhilfeverfahrens zur Person des Sachwalters anzuhören.[18] Die Anhörung, die nicht in einer mündlichen Verhandlung stattfinden muss, sondern auch schriftlich erfolgen kann, kann nur unterbleiben, wenn besondere Gründe vorliegen.[19]

11 Das Amt des Sachwalters **beginnt** nach dessen Annahme (ebenso → § 30 Rn. 9).[20] Er ist Partei kraft Amtes. Sein ausdrückliches Einverständnis ist erforderlich. Immerhin sind mit der Sachwaltertätigkeit Haftungs- und Kostenrisiken verbunden, die sich etwa im Falle der Insolvenz des Unternehmers (§ 38) realisieren können oder ausdrücklich in der Vorschrift des § 31 angeordnet sind.[21] Das Amt **endet** entweder mit Erfüllung aller Aufgaben des Sachwalters im Umsetzungsverfahren, die in bestimmten Fällen gemäß § 37 noch nach Beendigung des Umsetzungsverfahrens liegen können, oder es endet mit seiner Entlassung gemäß § 30 Abs. 3 S. 3 durch das Gericht nach vorheriger Androhung aus wichtigem

---

[15] Zöller/Vollkommer VDuG § 23 Rn. 2.
[16] Anders/Gehle/Schmidt VDuG § 23 Rn. 2.
[17] Zöller/Vollkommer VDuG § 23 Rn. 1.
[18] BT-Drs. 20/6520, 95.
[19] Köhler/Bornkamm/Feddersen/Scherer VDuG § 23 Rn. 3.
[20] Zöller/Vollkommer VDuG § 23 Rn. 3.
[21] HK-VDuG/Röthemeyer VDuG § 23 Rn. 1.

Grund.[22] Daneben kann der Sachwalter – ebenso wie ein Insolvenzverwalter nach § 59 Abs. 1 S. 2 InsO – durch das Gericht auf eigenen Wunsch aus wichtigem Grund entlassen werden (ebenso → § 30 Rn. 33).

Der Sachwalter erhält gemäß § 23 Abs. 3 mit seiner Ernennung eine **Bestallungsurkunde,** die er bei Beendigung des Amtes dem Gericht zurückzugeben hat (§ 23 Abs. 3 S. 2). Die Rückgabepflicht soll Missbräuchen vorbeugen. Die Regelung entspricht annähernd wortgleich § 56 Abs. 2 InsO. Die Urkunde dient während des Umsetzungsverfahrens zur Legitimation des Sachwalters. Sie kann etwa bei der Begründung von Verbindlichkeiten bei der Beauftragung Dritter von Bedeutung sein.[23] 12

D. Qualifikation des Sachwalters (Abs. 2)

Die Regelung zur Qualifikation des Sachwalters lehnt sich an § 9 Abs 1 SVertO an. Sie ähnelt § 56 Abs. 1 S. 1, 3 InsO. Hier wie dort ist eine geeignete und von den Parteien **unabhängige** Person zu bestellen. Den Parteien steht es frei, dem Gericht zur Bestellung eine bestimmte Person vorzuschlagen. Alleine hierdurch wird die Unabhängigkeit einer Person nicht infrage gestellt. Das Gericht ist an einen solchen Vorschlag jedoch nicht gebunden. Der Sachwalter ist Amtsträger, der ähnlich wie der Insolvenzverwalter in § 58 InsO gemäß § 30 gerichtlicher Aufsicht und Kontrolle untersteht (→ § 30 Rn. 9 ff.).[24] 13

Unklar ist, ob nur eine natürliche oder auch eine juristische Person, wie etwa eine Rechtsanwalts-, Steuerberatungs- oder Insolvenzverwaltungsgesellschaft, eingesetzt werden kann. Einer Ansicht[25] nach soll der Gesetzestext unausgesprochen davon ausgehen, dass nur eine natürliche Person als Sachwalter in Betracht kommt. In der Gesetzesbegründung werde durchgehend nur von „einem Sachwalter oder einer Sachwalterin" gesprochen, nur eine natürliche Person könne aber entweder männlichen oder weiblichen Geschlechts sein. Tatsächlich legen die Formulierungen von Gesetz und Begründung zwar nahe, dass beim Sachwalter an eine natürliche Person gedacht wurde, eine Beschränkung hierauf entsprechend § 56 Abs. 1 S. 1 InsO findet sich jedoch nicht, sodass auch die Bestellung einer Personen- oder Kapitalgesellschaft möglich scheint.[26] Für das Amt des Insolvenzverwalters hat der BGH zwar entschieden, dass die Bestellung einer juristischen Person nicht die gebotene höchstpersönliche und kontinuierliche Amtsausübung gewährleiste, nicht das Amtsverständnis des Gesetzes der haftungs- und strafrechtlich persönlichen Verantwortung verwirkliche, aus gesellschaftsinternen Gründen die Willensbildung des Amtsträgers erschwere und seine gerichtliche Aufsicht sowie die Prüfung der Unabhängigkeit die Gefahr ungedeckter Haftungsansprüche berge.[27] Die Entscheidungen von BGH und BVerfG sind auf Zustimmung, aber auch auf Ablehnung gestoßen. Den Kritikern[28] ist darin beizutreten, dass sich im Umgang mit 14

---

[22] Köhler/Bornkamm/Feddersen/Scherer VDuG § 23 Rn. 4.

[23] HK-VDuG/Röthemeyer VDuG § 23 Rn. 10.

[24] Schmittmann ZRI 2023, 277 (279); Heerma ZZP 136 (2023), 425 (441).

[25] Köhler/Bornkamm/Feddersen/Scherer VDuG § 23 Rn. 3; im Ergebnis auch Schmittmann ZRI 2023, 277 (279).

[26] Anders/Gehle/Schmidt VDuG § 23 Rn. 3.

[27] BGH NZI 2013, 1022; bestätigt durch BVerfG NZI 2016, 163.

[28] Vgl. zur Kritik zusammenfassend: Uhlenbruck/Zipperer InsO § 56 Rn. 13.

Rechtsanwalts-, Steuerberatungs- und Wirtschaftsprüfungsgesellschaften ein Wandel vollzogen hat, wie das zB die §§ 59c, 591 BRAO und ihnen folgend die Gerichtspraxis belegen.[29] Tatsächlich steht der höchstpersönlichen Amtsausübung die Rechtsform der juristischen Person nicht entgegen. Die Kontinuität der Verfahrensabwicklung wird nicht mehr als bei natürlichen Personen beeinträchtigt. Die gerichtliche Überwachung kann durch Benennung eines „ausübenden Verwalters" erleichtert werden. Interessenkollisionen lassen sich dank der Sozietätserstreckung in § 45 Abs. 3 BRAO vermeiden. Schließlich kann der Beschränkung der Haftung auf das Gesellschaftsvermögen durch eine Haftpflichtversicherung begegnet werden.

15 Die **Eignung** ist vom Gericht unter Berücksichtigung des Umfangs, der Komplexität und der zu erwartenden Schwierigkeiten des Umsetzungsverfahrens zu beurteilen. Wenn Umfang oder Komplexität des Umsetzungsverfahrens es erfordern, kommen ausschließlich Berufsträger in Betracht, die nicht nur über eine **qualifizierende Ausbildung** und **einschlägige Berufserfahrung** verfügen, sondern auch über entsprechend ausgestattete Büros mit besonders geschulter Mitarbeiterschaft. Große Umsetzungsverfahren, bei denen eine Vielzahl von Einzelansprüchen zu prüfen ist, werden sich regelmäßig nur mit einem größeren Mitarbeiterstab und der nötigen technischen Ausstattung sachgerecht und in angemessener Zeit bewältigen lassen.[30]

16 Die rechtsförmige Befriedigung gerade einer Vielzahl Betroffener nach vorheriger Prüfung der Anspruchsberechtigungen gemäß den Vorgaben des Abhilfegrundurteils ist identisch mit der Verfahrensabwicklung in einem Insolvenzverfahren, also der Prüfung der zur Insolvenztabelle angemeldeten Forderungen, (bejahendenfalls) deren Feststellung und – quotalen – Befriedigung. Hieraus resultiert, dass **Insolvenzverwalter** mit ihrem ohnehin vorhandenen Mitarbeiterstab, zumindest wenn sie in sogenannten Großverfahren tätig waren und sind, in besonderem Maße für eine Tätigkeit als Sachwalter geeignet sind. Vorhanden ist in diesen Fällen neben dem Mitarbeiterstab insbesondere stets die umfangreiche und kostspielige technische Ausstattung, die jeder Insolvenzverwalter zur Führung der Insolvenztabelle und dem Austausch mit dem Insolvenzgericht zwingend benötigt. Auch an deren Erfahrung kann kein Zweifel bestehen. Die Nutzung der ohnehin vorhandenen technischen Ausstattung dürfte keine oder zumindest kaum Zusatzkosten verursachen, was im Interesse aller Beteiligten liegt.[31] Richtig ist deshalb, wenn darauf hingewiesen wird, dass das Gericht auf die Vorauswahllisten der Insolvenzgerichte und auf Initiativbewerbungen geeigneter Personen, wie dies Insolvenzverwalter häufig sein werden, zurückgreifen sollte.[32]

17 Röthemeyer[33] erläutert, dass das Verbandsklagegericht anders als das Insolvenzgericht bei der Auswahl und Bestellung des Sachwalters nicht unter einem besonderen Zeitdruck steht. Vor diesem Hintergrund meint er, dass das Gericht jedenfalls bei komplex prognostizierten Umsetzungsverfahren schon im Laufe des Erkenntnisverfahrens Kontakt zu in Betracht kommenden Personen aufnehmen und sich auch Konzepte zur Umsetzung des Urteils geben lassen könne, was auch im Rahmen von Vergleichsgesprächen nützlich sei. Tatsächlich scheint es ausgeschlossen zu

---

29 Uhlenbruck/Zipperer InsO § 56 Rn. 13.

30 BT-Drs. 20/6520, 85.

31 Dahl/Linnenbrink NZI 2024, 33 (35).

32 Schmittmann ZRI 2023, 277 (279); Köhler/Bornkamm/Feddersen/Scherer VDuG § 23 Rn. 6.

33 HK-VDuG/Röthemeyer VDuG § 23 Rn. 4, 7.

sein, bereits im Erkenntnisverfahren einen potentiellen Sachwalter mit Blick auf ein Umsetzungsverfahren zu kontaktieren, gäbe das Gericht doch damit bereits zu einem verfrühten Zeitpunkt, nämlich noch vor Schluss der mündlichen Verhandlung, zu erkennen, dass es im Ergebnis deutlich zu einem klagezusprechenden Urteil tendiert und auch schon die Urteilsformel im Kopf haben muss; andernfalls wäre die Frage nach einem Vorschlag zu deren Umsetzung nicht denkbar. Jedenfalls aber steht zu einem solch frühen Zeitpunkt noch nicht fest, ob es überhaupt zu einem Umsetzungsverfahren und der Bestellung eines Sachwalters kommt. Es leuchtet deshalb nicht ein, dass das Gericht in diesem Verfahrensstadium – was gleichfalls die Frage der Kostentragung aufwirft – einen potentiellen Kandidaten mit der Durchführung von Aufgaben wie der Erarbeitung eines Konzeptes zur Umsetzung eines Urteils, welches es noch nicht gibt, beauftragen können soll. Die Erarbeitung eines Konzeptes zur Umsetzung eines Urteils dürfte regelmäßig mit ganz erheblichem Aufwand verbunden sein und gehört zu einer der Kernaufgaben (§ 27) eines bestellten Sachwalters.

Im Interesse sowohl des verurteilten Unternehmers als auch der berechtigten 18
Verbraucher wird es zumeist erforderlich sein, dass der Sachwalter über eine angemessene **Berufshaftpflichtversicherung** verfügt, die etwaige Regressansprüche gegen den Sachwalter, die sich im Laufe des Umsetzungsverfahrens ergeben könnten, abdeckt.[34] Das Gericht kann einen entsprechenden Nachweis verlangen und sollte dies auch stets tun (ebenso → § 30 Rn. 18). Dies gilt insbesondere, wenn ein großer Betrag zu verwalten und ein komplexes Umsetzungsverfahren durchzuführen ist. Da die Tätigkeit als Sachwalter im Umsetzungsverfahren regelmäßig nicht von den bestehenden Berufshaftpflichtversicherungspolicen abgedeckt sein wird, sondern – wie beim Insolvenzverwalter auch – gesondert einzudecken ist, sind die **Kosten** hierfür den vom Unternehmer einzuzahlenden Kosten des Umsetzungsverfahrens zuzuschlagen (ebenso → § 20 Rn. 8).[35]

E. Ablehnung des Sachwalters (Abs. 4–6)

Die Parteien des Abhilfeverfahrens sind berechtigt, den Sachwalter **abzulehnen** 19
(Abs. 4). Ein Ablehnungsrecht der Verbraucher ist nicht vorgesehen. Die Regelung dient der Sicherstellung der Unparteilichkeit des Sachwalters und ist an die Vorschrift des § 406 ZPO angelehnt.[36] Der Sachwalter kann deshalb wegen **Befangenheit** abgelehnt werden. Die Ablehnungsgründe ergeben sich aus §§ 41, 42 ZPO, dh aus denselben Gründen, aus denen auch ein Richter von der Ausübung des Richteramts ausgeschlossen ist oder abgelehnt werden kann.[37] Die erforderliche Glaubhaftmachung des Ablehnungsgrundes kann entsprechend § 406 Abs. 3 ZPO nicht durch eine eigene eidesstattliche Versicherung der ablehnenden Partei erfolgen.[38] Glaubhaft gemacht ist der Ablehnungsgrund dann, wenn eine überwiegende Wahrscheinlichkeit dafür besteht, was der freien Würdigung durch das Gericht unterliegt.[39] Zusätzlich besteht die Möglichkeit, den Sachwalter wegen **Ungeeignet-**

[34] BT-Drs. 20/6520, 85.
[35] Vgl. HK-VDuG/Röthemeyer VDuG § 23 Rn. 6.
[36] BT-Drs. 20/6520, 85.
[37] Ausführlich hierzu: HK-VDuG/Röthemeyer VDuG § 23 Rn. 11ff.
[38] Anders/Gehle/Schmidt VDuG § 23 Rn. 8.
[39] Köhler/Bornkamm/Feddersen/Scherer VDuG § 23 Rn. 12.

heit abzulehnen. Die Ungeeignetheit kann sich aus der fehlenden Sachkunde oder wegen organisatorischer Unzulänglichkeit für die Abwicklung des Umsetzungsverfahrens ergeben. Der Sache nach wird hiermit das fehlende Anfechtungsrecht gegenüber dem Bestellungsbeschluss ersetzt, weil damit die Auswahlentscheidung nach § 23 Abs. 2 nochmals überprüft werden kann.[40] Erweist sich die Ungeeignetheit erst im Laufe des Verfahrens, sieht auch § 30 Abs. 3 S. 3 die Abberufung des Sachwalters durch das Gericht von Amts wegen vor (→ § 30 Rn. 29).

20 Der **Antrag** nach § 23 **Abs. 5** S. 1 ist, wie in § 406 Abs. 2 S. 1 und 2 ZPO, möglichst unmittelbar nach der Bestellung des Sachwalters zu stellen. Ein später als zwei Wochen nach Verkündung oder Zustellung des Bestellungsbeschlusses gestellter Ablehnungsantrag ist nur unter den besonderen Voraussetzungen des S. 2 zulässig, also wenn der Ablehnungsgrund von der ablehnenden Partei nicht früher geltend gemacht werden konnte, was glaubhaft zu machen ist. Wird der Sachwalter nach Aufnahme seiner Tätigkeit erfolgreich abgelehnt, ist wie bei seiner Entlassung zu verfahren. Zuständig für den Ablehnungsantrag ist das Gericht (§ 22 Abs. 1), das als Kollegialorgan nach Anhörung der anderen Partei und des Sachwalters entscheidet.[41] Der Beschluss ist nach § 44 Nr. 14 im Verbandsklageregister bekanntzumachen.

21 Bei Erfolg des Ablehnungsantrags endet das Amt des Sachwalters unmittelbar, denn eine Anfechtung der Entscheidung scheidet nach Abs. 6 aus. Der Sachwalter hat dann eine Schlussrechnung (§ 33) zu erstellen und einen Schlussbericht einzureichen (§ 34) sowie die Bestallungsurkunde zurückzugeben.[42] Bis dahin angefallenen Auslagen und die anteilige Vergütung sind abzurechnen (§ 32). Gleichzeitig ist ein neuer Sachwalter zu bestellen. Dieser kann von den Arbeitsergebnissen des Vorgängers Gebrauch machen, wobei er getroffene Maßnahmen überprüfen darf und zumindest dann sollte, soweit der Ablehnungsgrund dazu Anlass bietet; zur Änderung einer Entscheidung über die Anspruchsberechtigung ist er hingegen nicht befugt.[43] Entsprechend § 406 ZPO ist ein **Rechtsmittel** lediglich gegen den Beschluss zulässig, mit dem die Ablehnung für unbegründet erklärt wird **(Abs. 6).** Das Gericht hat nach den allgemeinen Vorschriften (§ 13 Abs. 1 S. 1 VDuG iVm §§ 574 Abs. 1 S. 1 Nr. 2, Abs. 3 ZPO) die Rechtsbeschwerde unter den Voraussetzungen des § 574 Abs. 2 ZPO zuzulassen. Der Beschluss ist dem Antragsteller zuzustellen, soweit die Rechtsbeschwerde zugelassen wird, sonst formlos mitzuteilen.[44] Eine Bekanntmachung im Verbandsklageregister unterbleibt.

§ 24 Eröffnungsbeschluss

Das Gericht beschließt die Eröffnung des Umsetzungsverfahrens, sobald der Unternehmer die folgenden Beträge zu Händen des Sachwalters gezahlt hat:

1. **den vorläufig festgesetzten Kostenbetrag (§ 18 Absatz 1 Nummer 2),**
2. **den kollektiven Gesamtbetrag (§ 18 Absatz 2), sofern der Unternehmer zur Zahlung eines solchen verurteilt ist.**

---

[40] Zöller/Vollkommer VDuG § 23 Rn. 7.
[41] Zöller/Vollkommer VDuG § 23 Rn. 9.
[42] Anders/Gehle/Schmidt VDuG § 23 Rn. 9; Köhler/Bornkamm/Feddersen/Scherer VDuG § 23 Rn. 14.
[43] HK-VDuG/Röthemeyer VDuG § 23 Rn. 21.
[44] Zöller/Vollkommer VDuG § 23 Rn. 10.

A. Überblick und Normzweck

Die Vorschrift behandelt die Voraussetzungen für die **Eröffnung** des **Umsetzungsverfahrens.** Es handelt sich hierbei um den letzten Schritt des vierphasigen Modells des Abhilfeverfahrens, der auf das Abhilfegrundurteil (§ 16 Abs. 1 S. 1), den gescheiterten Vergleichsversuch (§ 17) und das Abhilfeendurteil (§ 18) folgt. Die Eröffnung des Umsetzungsverfahrens führt insoweit zu einer Zäsur, als das Erkenntnisverfahren abgeschlossen ist und der Sachwalter beginnen kann, die Ansprüche anhand der Anmeldungen und des Abhilfegrundurteils zu prüfen und auf deren Erfüllung hinzuwirken.[1] 1

Nach der Bestellung des Sachwalters hat der Unternehmer sowohl den im Abhilfeendurteil gemäß § 18 Abs. 1 Nr. 2 vorläufig festgesetzten Kostenbetrag als auch den dort gemäß § 18 Abs. 2 genannten kollektiven Gesamtbetrag zu zahlen. Die Zahlung muss gemäß § 18 Abs. 1 Nr. 2, 3, Abs. 2 zu Händen des Sachwalters erfolgen. Erst nach Erfüllung dieser Zahlungsverpflichtungen beschließt das Gericht – als letzter Schritt des Abhilfeverfahrens – die Eröffnung des Umsetzungsverfahrens gemäß § 24.[2] Mit dieser zeitlichen Abfolge soll verhindert werden, dass zunächst die Staatskasse oder der Kläger Adressat der Zahlungen sind.[3] 2

B. Umsetzung der Richtlinie

§ 24 hat **keine Entsprechung** in der Verbandsklagen-RL. Die Gesetzesbegründung der Bundesregierung nimmt daher auf keinen Artikel oder Erwägungsgrund Bezug. Nach ErwG 12 S. 1 stellt die Verbandsklagen-RL aber keine allumfassende, vollharmonisierende Regelung dar, weshalb der nationale Gesetzgeber insoweit frei und in der Ausgestaltung des Umsetzungsverfahrens und der Voraussetzungen für seine Eröffnung nur insoweit gebunden war, als die Umsetzung „eine wirksame und effiziente Möglichkeit" zum Schutz „der Kollektivinteressen der Verbraucher" entsprechend ErwG 9 S. 1 Verbandsklagen-RL bieten musste.[4] Dem wird die Regelung des § 24 gerecht. Lediglich die **Bekanntmachung** des Eröffnungsbeschlusses des Umsetzungsverfahren nach § 44 Nr. 15 im Verbandsklageregister entspricht den Vorgaben nach ErwG 60 S. 1 der Verbandsklagen-RL. 3

Im Text des § 24 im Referenten- und Regierungsentwurf hieß es mit Blick auf § 24 Nr. 2 noch, dass der Unternehmer „gegebenenfalls" den kollektiven Gesamtbetrag zu zahlen hat, sofern er zur Zahlung eines solchen verurteilt ist. Der Terminus „gegebenenfalls" wurde aufgrund Beschlussempfehlung des 6. Ausschusses (Rechtsausschuss) des 20. Deutschen Bundestags in der Endfassung als redaktionelle Anpassung gestrichen.[5] 4

In der Stellungnahme des BIVA-Pflegeschutzbundes zum VRUG[6] war gefordert worden, dem Unternehmer für die Zahlung eine Frist zu setzen, damit durch eine verzögerte Zahlung keine weitere Verzögerung des Verfahrens stattfindet. Dem ist 5

---

[1] Zöller/Vollkommer VDuG § 24 Rn. 1.
[2] Vgl. Köhler/Bornkamm/Feddersen/Scherer VDuG § 24 Rn. 1.
[3] HK-VDuG/Röthemeyer VDuG § 24 Rn. 1.
[4] Vgl. auch Köhler/Bornkamm/Feddersen/Scherer VDuG § 24 Rn. 3.
[5] BT-Drs. 20/7631, 23.
[6] BIVA Stellungnahme VRUG, 8.

man konsequenterweise nicht gefolgt, handelt es sich bei dem Abhilfeendurteil doch um einen „gewöhnlichen" Leistungstitel, das gegebenenfalls von der klageberechtigten Stelle mit den Mitteln der Zwangsvollstreckung durchzusetzen ist (→ § 29 Rn. 9).

C. Regelungsgegenstand

6 Das Umsetzungsverfahren wird mit dem gerichtlichen Eröffnungsbeschluss eröffnet. Dessen Voraussetzung ist, dass die im Abhilfeendurteil vorläufig festgesetzten Kosten für das Umsetzungsverfahren zu Händen des bestellten Sachwalters gezahlt worden sind. Sofern der Unternehmer gleichzeitig zur Zahlung eines kollektiven Gesamtbetrags verurteilt worden ist, muss auch dieser Betrag zu Händen des Sachwalters geleistet worden sein. Von den Zahlungseingängen erfährt das Gericht durch den Sachwalter (§ 27 Nr. 1).

I. Zahlungseingang

7 Erforderlich ist jedenfalls die **vollständige Einzahlung** des **Kostenbetrags** nach § 24 Nr. 1.[7] Andernfalls müsste der Sachwalter hinsichtlich seiner Auslagen, die er zur Durchführung des Umsetzungsverfahrens tätigen muss, in Vorleistung treten. Außerdem bekäme der Sachwalter ohne den Eingang dieser Summe während des laufenden Umsetzungsverfahrens keine Vergütung. Da beides praktisch nicht zu realisieren ist, ist die Verfügung des Sachwalters über diese Summe essenziell für die Durchführung des Umsetzungsverfahrens.[8]

8 Nach Nr. 2 muss auch der im Abhilfeendurteil tenorierte **kollektive Gesamtbetrag** vor Eröffnung des Umsetzungsverfahrens beim Sachwalter eingegangen sein. Teilweise wird vertreten, dass für den Fall, dass der geschuldete kollektive Gesamtbetrag nur **teilweise eingezahlt** ist, das Gericht nach Ermessen entscheidet, ob das Umsetzungsverfahrens gleichwohl zu eröffnen ist. Dies soll aus einem Umkehrschluss aus § 38 Abs. 1 S. 3 folgen (→ § 38 Rn. 10ff.).[9] Richtiger Ansicht nach wird das Umsetzungsverfahrens aber nicht eröffnet, solange nicht auch der kollektive Gesamtbetrag **vollständig eingezahlt** ist oder im Wege der Vollstreckung vollständig beigetrieben werden konnte (ebenso → § 38 Rn. 30).[10] Der kollektive Gesamtbetrag muss dem Sachwalter zwingend vollständig zur Verfügung stehen, damit dieser an die berechtigten Verbraucher zur Befriedigung ihrer Ansprüche gemäß § 27 Nr. 9 ausgekehrt werden kann.[11]

9 Unerheblich ist, ob der verurteilte Unternehmer selbst die Zahlungen geleistet hat. Entscheidend ist aufgrund der Regelung des § 267 BGB nur, ob auf die tenorierte Schuld geleistet worden ist, sodass auch **Dritte** die **Zahlung** an den Sachwalter leisten können (ebenso → § 38 Rn. 34).[12]

10 Der Eingang einer anderen Leistung, etwa eine Nachlieferung von Produkten, gehört nicht zu den Voraussetzungen der Regelung. Die Erfüllung berechtigter

---

[7] Zöller/Vollkommer VDuG § 24 Rn. 2.
[8] Köhler/Bornkamm/Feddersen/Scherer VDuG § 24 Rn. 7.
[9] Zöller/Vollkommer VDuG § 24 Rn. 2.
[10] HK-VDuG/Röthemeyer VDuG § 24 Rn. 2; Zöller/Vollkommer VDuG § 24 Rn. 4.
[11] Köhler/Bornkamm/Feddersen/Scherer VDuG § 24 Rn. 7.
[12] Köhler/Bornkamm/Feddersen/Scherer VDuG § 24 Rn. 6.

Verbraucheransprüche, die auf eine **andere Leistung als Zahlung** gerichtet sind, ist zwar nach der gesetzlichen Konzeption Aufgabe des Unternehmers, der Sachwalter fordert den Unternehmer jedoch lediglich auf, an die konkret bezeichneten Verbraucher die sonstige Leistung zu erbringen.[13]

II. Zwangsweise Durchsetzung

Sind die eingegangenen Summen geringer als die tenorierten Summen oder ist innerhalb einer vom Sachwalter gesetzten Frist keine Zahlung eingegangen, muss der Sachwalter dies der obsiegenden klageberechtigten Stelle mitteilen, damit diese als Titelgläubigerin die **zwangsweise Beitreibung** der titulierten Summen gemäß §§ 802a ff., 803ff., 865ff. ZPO betreiben kann (→ § 29 Rn. 9).[14] Eine Betreibung der Zwangsvollstreckung durch den Sachwalter oder die Verbraucher kommt nicht in Betracht.[15] Die im Wege der Zwangsvollstreckung beigetriebenen Geldbeträge sind vom Vollstreckungsorgan an den Sachwalter zu übergeben bzw. auf das von ihm dazu geführte Treuhandkonto einzuzahlen.[16] 11

Wird der Sachwalter bereits vor Rechtskraft des Abhilfeendurteils bestellt (→ § 23 Rn. 9), kann die klageberechtigte Stelle theoretisch die Zwangsvollstreckung aus dem für **vorläufig vollstreckbar** erklärten Abhilfeendurteil nach § 13 Abs. 1 S. 1 VDuG iVm § 709 ZPO gegen Sicherheitsleistung betreiben. Zu Recht wird aber darauf hingewiesen, dass die klageberechtigte Stelle kaum in der Lage sein dürfte, die sich am Wert der geschuldeten Abhilfeleistung orientierende Sicherheitsleistung zu erbringen (→ § 13 Rn. 42).[17] Hieraus resultiert, dass eine Vollstreckung regelmäßig erst nach Rechtskraft des Abhilfeendurteils in Betracht kommen wird. Realistisch dürfte zuvor allenfalls eine Sicherungsvollstreckung nach § 13 Abs. 1 S. 1 VDuG iVm § 720a ZPO sein.[18] 12

Erhält der Sachwalter auf das Abhilfeendurteil keine oder keine vollständigen Zahlungen, weil auch die Zwangsvollstreckung fruchtlos verlaufen ist, ist ein (Gläubiger-)**Insolvenzantrag** über das Vermögen des Unternehmers nach § 14 InsO durch die klageberechtigte Stelle denkbar. Sind kollektiver Gesamtbetrag und/ oder festgesetzter Kostenbetrag nur teilweise eingezahlt und kommt es zur Eröffnung eines Insolvenzverfahren über das Vermögen des Unternehmers, ist umstritten, ob § 38 trotz fehlender Eröffnung des Umsetzungsverfahrens einschlägig ist (→ § 38 Rn. 9ff.). 13

III. Sonstiges

Die Eröffnung erfolgt – wie sich bereits aus § 22 Abs. 1 ergibt – vom Prozessgericht der Abhilfeklage durch **Beschluss.** Der Beschluss ergeht durch den **Senat als Kollegialorgan.** Eine Einzelrichterentscheidung kommt mangels besonderer gesetzlicher Anordnung, wie sie etwa in § 28 Abs. 4 S. 3 enthalten ist, nicht in Betracht (ebenso → Einleitung Rn. 26). Nach den allgemeinen Regelungen hat das Gericht zu entscheiden, ob es gegen den Eröffnungsbeschluss die **Rechts-** 14

---

13 Köhler/Bornkamm/Feddersen/Scherer VDuG § 24 Rn. 8.
14 Köhler/Bornkamm/Feddersen/Scherer VDuG § 24 Rn. 6.
15 Anders/Gehle/Schmidt VDuG § 24 Rn. 1.
16 Zöller/Vollkommer VDuG § 24 Rn. 3.
17 Zöller/Vollkommer VDuG § 24 Rn. 3.
18 Zöller/Vollkommer VDuG § 24 Rn. 3.

beschwerde zulässt, § 13 Abs. 1 S. 1 VDuG iVm § 574 Abs. 1 S. 1 Nr. 2 ZPO.[19] Der Eröffnungsbeschluss beschwert den Unternehmer als Maßnahme der Zwangsvollstreckung im weiteren Sinne; die Ablehnung der Eröffnung beschwert die klageberechtigte Stelle.[20] Eine Beschwer des Sachwalters kommt im Falle einer Eröffnung des Umsetzungsverfahrens trotz unvollständiger Zahlung in Betracht.[21]

15 Der Eröffnungsbeschluss ist im Verbandsklageregister **öffentlich bekanntzumachen** (§ 44 Nr. 15), dem Unternehmer förmlich zuzustellen (§ 13 Abs. 1 S. 1 VDuG iVm § 750 Abs. 1 ZPO) und dem Sachwalter formlos mitzuteilen. Die Bekanntmachung im Verbandsklageregister verschafft den angemeldeten Verbrauchern Kenntnis davon, dass das Umsetzungsverfahrens eröffnet wurde und ihr angemeldeter Anspruch zur Prüfung durch den Sachwalter ansteht.[22]

§ 25 Umsetzungsfonds

(1) **[1]Der Sachwalter errichtet einen Umsetzungsfonds. [2]In diesen sind der vorläufig festgesetzte Kostenbetrag und gegebenenfalls der kollektive Gesamtbetrag sowie gegebenenfalls dessen Erhöhung einzuzahlen.**

(2) **[1]Der Umsetzungsfonds ist vom Vermögen des Sachwalters getrennt zu führen. [2]Der Sachwalter verwaltet den Umsetzungsfonds und verfügt über ihn.**

(3) **[1]Berechtigte Ansprüche von Verbrauchern auf Zahlung erfüllt der Sachwalter unmittelbar durch Zahlung aus dem Umsetzungsfonds. [2]Beträge zur Begleichung von Kosten des Umsetzungsverfahrens und Vorschüsse darf der Sachwalter dem Umsetzungsfonds nur nach Anordnung des Gerichts entnehmen. [3]Diese Entnahmen dürfen in ihrer Gesamtsumme den vorläufig festgesetzten Kostenbetrag nicht übersteigen.**

(4) **Die Gelder des Umsetzungsfonds unterliegen nicht der Pfändung.**

Literatur: Bayat, Die Verbandsklage und das Umsetzungsverfahren, IWRZ 2023, 258; Heerma, Das geplante Verbraucherrechtedurchsetzungsgesetz: Abhilfeurteile und deren Umsetzung nach dem VDuG, ZZP 136 (2023), 425; Kalisz, Supervorrang von Verbrauchern – eine Fehlentwicklung in § 38 VDuG, NZI 2024, 153; Thönissen, Insolvenz und kollektiver Rechtsschutz, KTS 2023, 205.

Übersicht

[19] Zöller/Vollkommer VDuG § 24 Rn. 5; HK-VDuG/Röthemeyer VDuG § 24 Rn. 5.
[20] Zöller/Vollkommer VDuG § 24 Rn. 5.
[21] HK-VDuG/Röthemeyer VDuG § 24 Rn. 5.
[22] Köhler/Bornkamm/Feddersen/Scherer VDuG § 24 Rn. 10.

A. Überblick und Normzweck

§ 25 ist eine Kernvorschrift des Umsetzungsverfahrens.[1] Die Regelung betrifft den Umsetzungsfonds als ein besonders geschütztes **Sondervermögen** bzw. Sondermasse. Dieses Sondervermögen ist **nicht rechtsfähig,** sondern wird von einer Partei kraft Amtes[2] – dem Sachwalter – verwaltet (Abs. 2 S. 1). Es handelt sich um **Treuhandvermögen.**[3] Aufgrund dieses Rechtscharakters brauchte es Schutzvorschriften zugunsten der berechtigten Verbraucher. Diese Regelungen werden in § 25 gebündelt. 1

In der Vorschrift werden zentrale **Rechte und Pflichten des Sachwalters** genannt, namentlich der Errichtungsauftrag (Abs. 1 S. 1; → Rn. 11), die Verwaltungs- und Verfügungsbefugnis über den Umsetzungsfonds (Abs. 2 S. 2; → Rn. 24) und unter welchen Voraussetzungen Gelder des Umsetzungsfonds verwendet werden dürfen (Abs. 3; → Rn. 27). Die Vorschrift regelt, welches Vermögen zum geschützten und stark reglementierten Umsetzungsfonds gehört (Abs. 1 S. 2; → Rn. 14 ff.). Die Vorschrift ist darüber hinaus **zwangsvollstreckungs- und insolvenzrechtlicher Natur** (Abs. 2 S. 1 und Abs. 4; → Rn. 18 sowie → Rn. 38) und insoweit eine Schutzvorschrift für die berechtigten Verbraucher. Abs. 2 S. 1 ist iSd Haftungsrechts ein **Schutzgesetz,** da die Rechtsnorm nach ihrem Zweck und Inhalt dazu dienen soll, die berechtigten Verbraucher als einzelnen Personenkreis zu schützen. Es war augenscheinlich vom Gesetzgeber gewollt, diesen Personenkreis auch in der Insolvenz des Sachwalters vor einem Ausfall zu bewahren.[4] 2

§ 25 kann **systematisch** nur relevant sein, wenn die klageberechtigte Stelle gegen den Unternehmer mit einer Abhilfeklage – gleich in welcher Variante (vgl. § 14) – erfolgreich war und das OLG als Prozessgericht der Abhilfeklage (§ 22 Abs. 1) durch Beschluss das Umsetzungsverfahren eröffnet hat (§ 24). Wie der Wortlaut der §§ 24, 25 deutlich macht, handelt es sich typischerweise um Abhilfeklagen, die auf eine **Zahlung** gerichtet waren, da dann neben dem Kostenbetrag ein Einzahlen in den Umsetzungsfonds erforderlich ist. Wenngleich **Kryptowährungen**/Währungstoken iSv Art. 3 Abs. 1 Nr. 5 MiCAR, § 1 Abs. 11 S. 1 Nr. 10, S. 4 KWG kein staatlich ausgegebenes Geld sind,[5] kämen Einzahlungen auch in 3

---

1 HK-VDuG/Röthemeyer VDuG § 25 Rn. 1; Köhler/Bornkamm/Feddersen/Scherer VDuG § 25 Rn. 1: Umsetzungsfonds als wirtschaftliches Rückgrat des Umsetzungsverfahrens.

2 Heerma ZZP 136 (2023), 425 (442): Amtsträger.

3 Anders/Gehle/Schmidt VDuG § 25 Rn. 1 f.; wohl auch HK-VDuG/Röthemeyer VDuG § 25 Rn. 7 (Pfändungsschutz des Umsetzungsfonds folge der Konstruktion eines Treuhandkontos); im Ergebnis wohl auch Köhler/Bornkamm/Feddersen/Scherer VDuG § 25 Rn. 11.

4 Vgl. zu den Anforderungen des BGH an die Eigenschaft als Schutzgesetz NJW 1964, 396 (397), NJW 1994, 1801 (1804), NZI 2019, 351 (354).

5 Skauradszun AcP 221 (2021), 353 (369). Beachte § 2 Abs. 1 KMAG-E.

Form von Kryptowährungen in Betracht. Bei Musterfeststellungsklagen (§§ 41 f.) sind im Übrigen die Vorschriften zum Umsetzungsverfahren nicht einschlägig.

4 Die Vorschrift ist in weiten Teilen – wie das gesamte Umsetzungsverfahren – den Parallelregelungen der InsO und dem Zwangsvollstreckungsrecht der ZPO nachempfunden. § 25 Abs. 1 S. 2 zum Inhalt des Umsetzungsfonds ähnelt **§ 35 InsO,** der definiert, welches Vermögen zur Insolvenzmasse gehört. § 25 Abs. 4 zum Pfändungsschutz ähnelt Vorschriften wie § 811 ZPO und §§ 850a, 850k ZPO. Eine ähnliche Regelung wurde kurze Zeit später in § 28 Abs. 2 KMAG-E entwickelt. Hier wie dort ist im Vollstreckungsverfahren für Verstöße gegen den Pfändungsschutz im Regelfall die **Vollstreckungserinnerung** nach § 766 ZPO statthaft (→ Rn. 40).[6] Da der Umsetzungsfonds vom Eigenvermögen des Sachwalters getrennt geführt werden muss (Abs. 2 S. 1) und im Übrigen nicht der Pfändung unterliegt, gehört er **nicht** zur **Insolvenzmasse** des Sachwalters (§ 36 Abs. 1 S. 1 InsO), sollte über dessen Vermögen das Insolvenzverfahren eröffnet werden.[7] Zu Insolvenzverfahren über das Vermögen des Unternehmers oder Stabilisierungs- und Restrukturierungsrahmen nach dem **StaRUG** vgl. die Sondervorschrift des § 38.[8]

5 Die in § 25 Abs. 2 S. 1 genannte **Vermögenstrennungspflicht** (→ Rn. 18 ff.) geht auf den **treuhänderischen Charakter** der Verwaltung zurück (→ Rn. 1).[9] Es handelt sich um eine fremdnützige Treuhand, bei der der Sachwalter das Vermögen im Interesse der berechtigten Verbraucher verwaltet. Die Vermögenstrennung ermöglicht den berechtigten Verbrauchern, das Treuhandvermögen im Falle eines Insolvenzverfahrens über das Vermögen des Sachwalters nach § 47 InsO **auszusondern** (→ Rn. 19). Da der Sachwalter aber aus dem Umsetzungsfonds nur berechtigte Ansprüche erfüllen darf (§ 25 Abs. 3 S. 1), verwaltet er das Vermögen des Umsetzungsfonds auch treuhänderisch für den Unternehmer, dem nach Beendigung des Umsetzungsverfahrens verbleibende Beträge zu erstatten sind (§ 37). Daher kann die Konstruktion als **Doppeltreuhand** bezeichnet werden (ebenso → § 27 Rn. 46).

6 § 25 Abs. 2 S. 2 ist **§ 80 Abs. 1 InsO nachgebildet,** der im Regelinsolvenzverfahren die Verwaltungs- und Verfügungsbefugnis des Insolvenzverwalters regelt. Genauso wie § 80 Abs. 1 InsO eine zentrale Vorschrift des Insolvenzverfahrens ist, aus der sich zahlreiche Einzelrechte und -pflichten des Verwalters ergeben, ist dies auch bei § 25 Abs. 2 S. 2 der Fall. Wenn einzelne Rechte und Pflichten betreffend den Umsetzungsfonds nicht genauer geregelt sind (etwa in § 27), ist **im Zweifel** zu fragen, ob sich diese aus der **Verwaltungs- und Verfügungsbefugnis** des Sachwalters ableiten lassen (→ Rn. 24 f.).

7 § 25 Abs. 3 ähnelt den **Verwertungsvorschriften** der § 159 InsO, wonach der Insolvenzverwalter das zur Insolvenzmasse gehörende Vermögen zu verwerten hat, sowie § 196 Abs. 2 InsO, wonach die Schlussverteilung nur mit Zustimmung des Insolvenzgerichts vorgenommen werden darf (→ Rn. 27 ff.).

---

[6] Köhler/Bornkamm/Feddersen/Scherer VDuG § 25 Rn. 18; Zöller/Vollkommer VDuG § 25 Rn. 1.

[7] Thönissen KTS 2023, 205 (214).

[8] Aus der Spezialliteratur etwa Kalisz NZI 2024, 153.

[9] BT-Drs. 20/6520, 86; Anders/Gehle/Schmidt VDuG § 25 Rn. 2; Kalisz NZI 2024, 153 (158). Ähnlich auch Köhler/Bornkamm/Feddersen/Scherer VDuG § 25 Rn. 8: Sachwalter als treuhänderisch Beauftragter.

B. Umsetzung der Richtlinie

§ 25 hat **kein direktes Vorbild** in der Verbandsklagen-RL (vgl. aber ErwG 12 S. 1, wonach die Verbandsklagen-RL nicht die Regelung jedes Aspekts, insbesondere keine Vollharmonisierung, anstrebt).[10] Die Gesetzesbegründung der Bundesregierung nennt daher bei § 25 keinen zugrunde liegenden Artikel oder Erwägungsgrund.[11] Die Verbandsklagen-RL kennt kein Umsetzungsverfahren und demzufolge keinen Umsetzungsfonds. 8

Der Text des heutigen § 25 entspricht vollständig dem Referenten- und dem Regierungsentwurf und blieb auch in der Beschlussempfehlung des 6. Ausschusses (Rechtsausschuss) des 20. Deutschen Bundestags **unverändert.**[12] Die Entwurfsfassung war insofern auffallend konstant. 9

In den Stellungnahmen der **Verbände** wurde § 25 kaum thematisiert. Die treuhänderische Verwaltung des kollektiven Gesamtbetrags im Umsetzungsfonds wurde nur einmal aufgegriffen und bekräftigt.[13] 10

C. Errichtung und Bestandteile des Umsetzungsfonds (Abs. 1)

I. Errichtung durch den Sachwalter (Abs. 1 S. 1)

Abs. 1 S. 1 regelt die Pflicht des Sachwalters, einen Umsetzungsfonds zu errichten. Die **Pflicht besteht** für den Sachwalter nicht erst mit der Eröffnung des Umsetzungsverfahrens (§ 24), sondern schon **ab der Bestellung** (§ 23 Abs. 1 S. 1).[14] Denn für die Eröffnung des Umsetzungsverfahrens müssen die Beträge des § 24 Nr. 1 und ggf. Nr. 2 schon beim Sachwalter eingezahlt worden sein, was denknotwendig einen eingerichteten Umsetzungsfonds voraussetzt. 11

Praktisch weist sich der Sachwalter mit der Bestellungsurkunde (auch: Bestallungsurkunde) des OLG bei einem Kreditinstitut aus und eröffnet ein **Treuhandkonto**[15] auf seinen Namen und mit Zuordnung zu dem konkreten Umsetzungsverfahren[16], etwa durch Nennung des Gerichts und Aktenzeichens. Diese Kontoverbindung teilt der Sachwalter dem Unternehmer mit. Sodann kann der Unternehmer die Beträge iSv § 24 einzahlen. Soweit die Gesetzesbegründung davon spricht, dass der Sachwalter den Unternehmer „anweisen" könne, die Beträge auf ein bestimmtes Konto einzuzahlen,[17] erschließt sich nicht, aus welcher Norm 12

---

[10] Köhler/Bornkamm/Feddersen/Scherer VDuG § 25 Rn. 3.

[11] Vgl. BT-Drs. 20/6520, 86.

[12] VRUG-RefE, 15 f.; BT-Drs. 20/6520, 18; BT-Drs. 20/7631, 24.

[13] Bitkom Stellungnahme VRUG, 16.

[14] Zöller/Vollkommer VDuG § 25 Rn. 1; etwas vorsichtiger, aber im Ergebnis ebenso HK-VDuG/Röthemeyer VDuG § 25 Rn. 3.

[15] Bayat IWRZ 2023, 258 (263). Tendenziell für ein solches Treuhandkonto Köhler/Bornkamm/Feddersen/Scherer VDuG § 25 Rn. 7; Kalisz NZI 2024, 153 (154); HK-VDuG/Röthemeyer VDuG § 25 Rn. 7 vergleicht § 25 mit der Konstruktion eines Treuhandkontos.

[16] Zöller/Vollkommer VDuG § 25 Rn. 1.

[17] BT-Drs. 20/6520, 86.

ein solches Weisungsrecht folgen sollte. Gemeint sein dürfte, dass der Sachwalter dem verurteilten Unternehmer mitteilt, auf welches Konto dieser zur Erfüllung des Leistungstenors nach § 18 Abs. 1 Nr. 3 einen Zahlungsvorgang autorisieren soll.

13 Weder Abs. 1 S. 1 noch eine andere Regelung des VDuG sehen vor, dass der Unternehmer vom Sachwalter einen **Nachweis** darüber verlangen kann, dass das eingerichtete Konto ein **Treuhandkonto** ist und vom Vermögen des Sachwalters getrennt geführt wird. Da der Sachwalter jedoch zur Vermögenstrennung verpflichtet ist (Abs. 2 S. 1; → Rn. 18 ff.) und die Gelder ausweislich der Gesetzesbegründung „nur zu treuen Händen erhält“[18], wird man eine solche Nachweispflicht – und folglich ein Recht des Unternehmers auf Vorlegung eines Nachweises – aus § 25 Abs. 1 S. 1, Abs. 2 S. 1 ableiten können. Der Sachwalter erfüllt diese Nachweispflicht in der Weise, dass er dem Unternehmer eine formfreie Bestätigung des Kreditinstituts zuschickt, aus dem der Treuhandcharakter des Kontos und die Vermögenstrennung vom Eigenvermögen des Sachwalters hervorgehen.

II. Bestandteile des Umsetzungsfonds (Abs. 1 S. 2)

14 Mindestbestandteil des Umsetzungsfonds ist der vorläufig festgesetzte **Kostenbetrag.**[19] Dieser Betrag wird durch das Abhilfeendurteil vorläufig festgesetzt (§ 18 Abs. 1 Nr. 2) und bestimmt sich nach § 20. Der Betrag setzt sich zusammen aus den Auslagen des Sachwalters (§ 20 Abs. 1 Nr. 1; vgl. → § 20 Rn. 8) und der Vergütung des Sachwalters (§ 20 Abs. 1 Nr. 2; vgl. → § 20 Rn. 10). Dieser Bestandteil des Umsetzungsfonds wird auch dann benötigt, wenn die klageberechtigte Stelle den Unternehmer zu einer anderen Leistung als zur Zahlung verurteilen ließ (vgl. § 14 S. 1) und der Unternehmer damit nicht zur Zahlung eines kollektiven Gesamtbetrags (§ 14 S. 2) verurteilt wurde (vgl. aber auch → Einleitung Rn. 16 und → § 14 Rn. 22 sowie → § 16 Rn. 42).

15 Weder Abs. 1 S. 2, Abs. 2 S. 1 noch eine andere Vorschrift des VDuG regeln eindeutig, dass innerhalb des vom Eigenvermögen des Sachwalters zu trennenden Umsetzungsfonds darüber hinaus der vorläufig festgesetzte Kostenbetrag von dem ggf. einbezahlten kollektiven Gesamtbetrag einschließlich eines etwaigen Erhöhungsbetrags zu trennen ist. Eine solche **zweistufige Vermögenstrennung** ist jedoch erforderlich. Denn beide Vermögensmassen sind **zweckgebunden** und dürfen nicht zur Befriedigung des jeweils anderen Zwecks eingesetzt werden, wie aus Abs. 3 S. 3 erkennbar ist.[20]

16 **Praktisch** können die beiden Vermögensmassen durch **Unterkonten** des Treuhandkontos voneinander getrennt werden[21] und sollten[22] dies auch, wenn der Umsetzungsfonds auch aus dem kollektiven Gesamtbetrag besteht. Auf Unterkonto 1 wird der bezahlte Betrag für den vorläufig festgesetzten Kostenbetrag geführt, auf Unterkonto 2 der kollektive Gesamtbetrag, sofern der Unternehmer zur Zahlung eines solchen verurteilt ist.

17 **Beispiel:** Der Unternehmer überweist auf das Treuhandkonto des Sachwalters EUR 120.000 für die vorläufig festgesetzten Kosten des Umsetzungsverfahrens,

---

[18] BT-Drs. 20/6520, 86.

[19] Ähnlich Köhler/Bornkamm/Feddersen/Scherer VDuG § 25 Rn. 5.

[20] Zöller/Vollkommer VDuG § 25 Rn. 3.

[21] HK-VDuG/Röthemeyer VDuG § 25 Rn. 2.

[22] Zumindest als Empfehlung so auch Köhler/Bornkamm/Feddersen/Scherer VDuG § 25 Rn. 13.

nämlich EUR 20.000 für die Auslagen und EUR 100.000 für die Vergütung des Sachwalters, sowie EUR 3,75 Mio. als kollektiven Gesamtbetrag. Im Laufe des Umsetzungsverfahrens übersteigen die Auslagen den vorläufig festgesetzten Betrag um weitere EUR 15.000, während der kollektive Gesamtbetrag voraussichtlich nur zu EUR 3,4 Mio. benötigt wird, da sich einige angemeldete Ansprüche als unberechtigt erweisen. Der Sachwalter dürfte ohne Anordnung des OLG keine Beträge aus dem Umsetzungsfonds für die Begleichung der Kosten des Umsetzungsverfahrens entnehmen (§ 25 Abs. 3 S. 2). Überdies dürfte er keine Beträge, die als kollektiver Gesamtbetrag eingezahlt wurden, für die Kosten des Umsetzungsverfahrens verwenden (vgl. Abs. 3 S. 3; → Rn. 36).[23]

D. Vermögenstrennung und Verwaltungs- und Verfügungsbefugnis (Abs. 2)

I. Vermögenstrennung (Abs. 2 S. 1)

Der Umsetzungsfonds ist vom Vermögen des Sachwalters getrennt zu führen. **18** Abs. 2 S. 1 begründet eine **Vermögenstrennungspflicht.** Der Sachwalter verwaltet damit sein Eigenvermögen und das Treuhandvermögen. Diese Vermögensmassen müssen getrennt werden. Sie dürfen nicht vermischt werden.[24] Die Vermögenstrennungspflicht besteht auf drei Ebenen: die rechtliche, technische und operative Vermögenstrennung. Solche dreifachen Vermögenstrennungen wurden zuletzt häufig im europäischen und deutschen Recht kodifiziert (vgl. etwa Art. 36 Abs. 2, 75 Abs. 7 MiCAR; § 28 Abs. 1 KMAG-E).[25] **Rechtlich** besteht wegen § 25 Abs. 2 S. 1 eine Vermögenstrennungspflicht; anders als etwa in Art. 75 Abs. 7 UAbs. 2 MiCAR wird die rechtliche Vermögenstrennung jedoch durch § 25 Abs. 2 S. 1 nicht unmittelbar vorgenommen.[26] **Technisch** wird das Eigen- und Treuhandvermögen durch Führung unterschiedlicher Konten gewährleistet (→ Rn. 16f.).[27] **Operativ** wird das Eigen- und Treuhandvermögen durch unterschiedliche Buchführungen getrennt. Verfügungen über das Eigenvermögen sind buchhalterisch von Entnahmen aus dem Treuhandvermögen zu trennen. Ferner sind Entnahmen auch getrennt nach den beiden Unterkonten zu buchen (→ Rn. 16f.).

Folge der rechtlichen Vermögenstrennung ist, dass andere Gläubiger als die **19** berechtigten Verbraucher **keinen Zugriff** auf das Treuhandvermögen haben. Denn der kollektive Gesamtbetrag dient ausschließlich der Erfüllung berechtigter Zahlungsansprüche von Verbrauchern, der vorläufig festgesetzte Kostenbetrag ausschließlich der Deckung der Kosten des Umsetzungsverfahrens.[28] Diese haftungsrechtliche Zuordnung gilt ausweislich § 25 Abs. 4 sowohl für die Einzelzwangsvollstreckung (Pfändung, → Rn. 38) als auch für die Gesamtvollstreckung, also ein Insolvenzverfahren über das Vermögen des Sachwalters. Da der Umsetzungsfonds vom Eigenvermögen des Sachwalters getrennt geführt werden muss (Abs. 2 S. 1) und im Übrigen nach Abs. 4 nicht der Pfändung unterliegt, gehört er

[23] BT-Drs. 20/6520, 86.
[24] Anders/Gehle/Schmidt VDuG § 25 Rn. 2.
[25] Dazu Skauradszun/Wrede RDi 2024, 55.
[26] Dazu Skauradszun/Nguyen ZVglRWiss 123 (2024), 261.
[27] Köhler/Bornkamm/Feddersen/Scherer VDuG § 25 Rn. 7.
[28] BT-Drs. 20/6520, 86.

nicht zur **Insolvenzmasse** des Sachwalters, sollte über dessen Vermögen ein Insolvenzverfahren eröffnet werden. Denn Gegenstände, die nicht der Zwangsvollstreckung unterliegen, gehören nicht zur Insolvenzmasse (§ 36 Abs. 1 S. 1 InsO). Zugriff auf das Treuhandvermögen haben, soweit es den kollektiven Gesamtbetrag betrifft, nur die berechtigten Verbraucher, im Übrigen der Unternehmer. Vor der Anordnung nach § 25 Abs. 3 S. 2 bzw. der endgültigen Festsetzung nach § 36 Abs. 1 S. 2 Nr. 1 steht der Anteil am Umsetzungsfonds für die Kosten des Umsetzungsverfahrens weder dem Sachwalter noch den Verbrauchern zu. Dieses Vermögen steht haftungsrechtlich vielmehr weiterhin dem Unternehmer zu. Ihm steht folglich ein **Aussonderungsrecht** nach § 47 InsO zu.

20 Nach **§ 47 InsO** ist kein Insolvenzgläubiger, wer aufgrund eines dinglichen oder persönlichen Rechts geltend machen kann, dass ein Gegenstand nicht zur Insolvenzmasse gehört. Der Anspruch auf Aussonderung des Gegenstands bestimmt sich dabei nach den Gesetzen, die außerhalb des Insolvenzverfahrens gelten. Aus dem Eigentum folgt dieser Anspruch auf Aussonderung nicht, da die Verbraucher an dem Buchgeld auf dem Treuhandkonto des Sachwalters kein Eigentum haben. Eigentum kann an Sachen, mithin körperlichen Gegenständen bestehen (§§ 90, 903 BGB). Eine Buchposition stellt keinen körperlichen Gegenstand dar. Aus § 27 Nr. 9 ergibt sich, dass die berechtigten Verbraucher einen Anspruch auf Befriedigung aus dem Umsetzungsfonds haben. Dieser Anspruch richtet sich gegen das Treuhandvermögen. Es stellt Treugut einer **fremdnützigen Treuhand** dar. Eine solche fremdnützige Treuhand (auch Verwaltungstreuhand genannt) macht aus, dass die Treuhand primär oder gar ausschließlich den Interessen des Treuhänders dient.[29] Die Besonderheit besteht hier darin, dass das Treugut (= kollektiver Gesamtbetrag) dem Treuhänder (= Sachwalter) nicht von den Treugebern (= berechtigte Verbraucher) übergeben wurde, sondern von einem Dritten (= Unternehmer), der hierzu verurteilt wurde. Mit dieser Verurteilung wird das Vermögen haftungsrechtlich den berechtigten Verbrauchern zugesprochen.[30] Im insolvenzrechtlichen Schrifttum ist anerkannt, dass der Treugeber das Treugut in der Insolvenz des fremdnützigen Treuhänders aussondern kann.[31] Nach der Rechtsprechung des **BGH** seien für ein solches Aussonderungsrecht die Vermögensmassen beim Treuhänder zu trennen **(Vermögenstrennungsprinzip)** und es müsse jederzeit bestimmt oder bestimmbar sein, was zum Eigenvermögen und was zum Treuhandvermögen gehöre.[32] Diese Vermögenstrennung müsse der Treuhänder überdies durchgehend respektieren.[33] Im Moment der Insolvenzverfahrenseröffnung befindet sich das Treuhandvermögen folglich formal in der Sphäre des Sachwalters, da dieser Inhaber des Treuhandkontos ist. Dieses Vermögen muss aber vom Insolvenzverwalter oder vom eigenverwaltenden Schuldner herausgegeben werden. Hinsichtlich des Anteils am Umsetzungsfonds für den kollektiven Gesamtbetrag sind

---

[29] Vgl. Uhlenbruck/Brinkmann InsO § 47 Rn. 78; Frankfurter Kommentar InsO/Imberger § 47 Rn. 46.

[30] HK-VDuG/Röthemeyer VDuG § 25 Rn. 7.

[31] Uhlenbruck/Brinkmann InsO § 47 Rn. 78; Graf-Schlicker/Bremen InsO § 47 Rn. 18; Andres/Leithaus/Leithaus InsO § 47 Rn. 12; BeckOK InsR/Haneke § 47 Rn. 106; K. Schmidt/Thole InsO § 47 Rn. 81.

[32] BGH NJW-RR 2003, 1375 (1376).

[33] BGH NZI 2011, 371 Rn. 16; ebenso aus dem Schrifttum K. Schmidt/Thole InsO § 47 Rn. 84; Graf-Schlicker/Bremen InsO § 47 Rn. 18; Andres/Leithaus/Leithaus InsO § 47 Rn. 12. Ausführlich Skauradszun/Schweizer/Kümpel ZIP 2022, 2101 (2108).

die berechtigten Verbraucher aussonderungsberechtigt, hinsichtlich des Anteils für die vorläufig festgesetzten Kosten des Umsetzungsverfahrens der Unternehmer.

Die **praktische Umsetzung** der Aussonderung wurde vom Gesetzgeber 21
jedoch offenbar nicht vertiefter durchdacht. Machen Hunderte, gar Tausende Verbraucher hinsichtlich ihres Anteils am kollektiven Gesamtbetrag Aussonderungsrechte geltend und müsste nun der Insolvenzverwalter deren Anspruchsberechtigung prüfen und berechtigte Ansprüche erfüllen, würde er die gesetzlichen Aufgaben des Sachwalters übernehmen (§ 27). Die praktisch sinnvollste **Lösung** ist, dass das OLG zunächst die Bestellung desjenigen Sachwalters widerruft,[34] über dessen Vermögen ein Insolvenzverfahren eröffnet wurde, sodann einen neuen Sachwalter bestellt (§ 23 Abs. 1 S. 1) und der neu bestellte Sachwalter die Aussonderung für alle Verbraucher gegenüber dem Insolvenzverwalter des insolventen Sachwalters dergestalt geltend macht, dass dieser die Überweisung des noch verbleibenden Kostenbetrags und ggf. des kollektiven Gesamtbetrags auf sein Treuhandkonto verlangt. Sodann kann der Umsetzungsfonds von einem neuen Treuhandkonto aus verwertet werden. Diese Lösung vermeidet, dass Vermögen an den Unternehmer zurücküberwiesen und dort womöglich von anderen Gläubigern gepfändet (§§ 828ff. ZPO) oder Teil der Insolvenzmasse wird (§ 35 Abs. 1 InsO). Die hier unterbreitete Lösung ähnelt im Übrigen § 46i Abs. 3 S. 1 KWG und § 45 Abs. 3 S. 1 KMAG-E.[35]

Wird das Eigenvermögen des Sachwalters mit dem Treuhandvermögen **vermischt,** wird die Treuhand verletzt. Die zivilrechtliche Rechtsfolge ist, dass die be- 22
rechtigten Verbraucher in der Insolvenz des Sachwalters das Vermögen für den kollektiven Gesamtbetrag nicht mehr aussondern können. Das vermischte Vermögen würde Teil der Insolvenzmasse werden.[36] Im Einzelfall kann ein **Ersatzaussonderungsrecht** nach § 48 InsO bestehen. In der Einzelzwangsvollstreckung gilt, dass die Vermögensvermischung den Pfändungsschutz nach § 25 Abs. 4 untergehen lässt.[37] Die Vermögenstrennungspflicht stellt eine Pflicht iSv § 31 dar. Sie bezweckt den Schutz der berechtigten Verbraucher (→ Rn. 1). Wird die Vermögenstrennungspflicht verletzt, ist der Sachwalter den berechtigten Verbrauchern zum **Schadensersatz** verpflichtet (§ 31 Nr. 2; zum Schutzgesetzcharakter → Rn. 2). **Strafrechtlich** kann die Vermögensvermischung den Straftatbestand der Untreue verwirklichen (§ 266 StGB).[38] Dann käme überdies ein Schadensersatzanspruch der Verbraucher gemäß § 823 Abs. 2 BGB iVm § 266 StGB in Betracht.

Entnimmt der Sachwalter rechtswidrig Beträge von dem Unterkonto, auf wel- 23
ches der kollektive Gesamtbetrag einbezahlt wurde, besteht das Aussonderungsrecht der berechtigten Verbraucher **pro rata am verbleibenden Treuhandvermögen** fort. Dies gilt im Übrigen nach § 27 Nr. 9 Fall 2 auch dann, wenn außerhalb eines Insolvenzverfahrens der kollektive Gesamtbetrag nicht zur Erfüllung der berechtigten Ansprüche aller Verbraucher ausreicht.

---

[34] Actus contrarius zu § 23 Abs. 1 S. 1; alternativ kann § 30 Abs. 3 S. 3 analog angewandt werden.

[35] Ausf. zur praktischen Umsetzung von § 46i Abs. 3 KWG d'Avoine/Hamacher ZRI 2024, 49 und zur Umsetzung von § 45 Abs. 3 KMAG Skauradszun/Linardatos/Skauradszun KMAG § 45 Rn. 40ff.

[36] Köhler/Bornkamm/Feddersen/Scherer VDuG § 25 Rn. 6.

[37] Köhler/Bornkamm/Feddersen/Scherer VDuG § 25 Rn. 6.

[38] Vgl. zu einem knappen Bericht aus der Praxis zur Unterschlagung von Treuhandvermögen Heerma ZZP 136 (2023), 425 (441).

II. Verwaltungs- und Verfügungsbefugnis (Abs. 2 S. 2)

24 Der Sachwalter verwaltet den Umsetzungsfonds und verfügt über ihn (Abs. 2 S. 2). Dieser kann das Konto selbst führen und auf die Gelder kraft Verfügungsbefugnis unmittelbar zugreifen.[39] Inwieweit er dies darf, bestimmt sich ua nach Abs. 3. Die Verwaltungs- und Verfügungsbefugnis nach Abs. 2 S. 2 ähnelt § 80 Abs. 1 InsO. Aus der Regelung ist die Rechtsstellung des Sachwalters zu entwickeln.

25 Der Sachwalter wird mit der Bestellung nach § 23 Abs. 1 S. 1 Inhaber eines **privaten Amtes** (vgl. § 23 Abs. 3 S. 2: „Amt"; → § 28 Rn. 15). Es handelt sich um ein höchstpersönliches Amt. Das Amt beginnt mit der Bestellung durch das OLG und der **Annahme** des Amts gegenüber dem OLG. Mit Zugang der Annahmeerklärung beim OLG erlangt der Sachwalter die Verwaltungs- und Verfügungsbefugnis **rückwirkend.** Diese Verwaltungs- und Verfügungsbefugnis besteht wegen Abs. 2 S. 2 unmittelbar aufgrund einer gesetzlichen Regelung. Der Sachwalter übt die Verwaltungs- und Verfügungsbefugnis nicht hoheitlich aus, sondern als natürliche Person mit Wirkung für und gegen die Sondermasse (→ Rn. 1). **Beispiel:** Den Kontoführungsvertrag geht Frau Dr. Anna Müller als Sachwalterin über den Umsetzungsfonds in dem Umsetzungsverfahren des OLG Frankfurt a. M., 8 VKl 2/24 ein.

26 Pflichtverletzungen des Sachwalters können im **Innenverhältnis** den Haftungstatbestand des § 31 erfüllen.[40] Die Verfügungen des Sachwalters im **Außenverhältnis** sind jedoch im Regelfall wirksam.[41] Wie im allgemeinen Vertretungsrecht endet die Verfügungsbefugnis, wenn Sachwalter und Dritter bewusst zum Nachteil der berechtigten Verbraucher handeln (sittenwidrige **Kollusion**).[42]

E. Verwendung des Umsetzungsfonds (Abs. 3)

27 Der Umsetzungsfonds wird als Treuhandvermögen durch die Vermögenstrennung auf drei Ebenen geschützt (→ Rn. 18). Das Treuhandvermögen darf nur nach Maßgabe des Abs. 3 verwendet werden. Dabei wird unterschieden zwischen der Verwendung des Umsetzungsfonds durch Erfüllung von berechtigten Verbraucheransprüchen (→ Rn. 28) und der Entnahme zugunsten der eigenen Vergütung und eigener Auslagen (→ Rn. 30 ff.), die zudem der Höhe nach begrenzt ist (→ Rn. 36).

I. Erfüllung von Verbraucheransprüchen (Abs. 3 S. 1)

28 Berechtigte Ansprüche von Verbrauchern auf Zahlung erfüllt der Sachwalter unmittelbar durch Zahlung aus dem Umsetzungsfonds (Abs. 3 S. 1). Praktisch bedeutet dies, dass für einen Zahlungsvorgang („Überweisung") das Treuhandkonto des Sachwalters (Zahlungsdienstnutzer, § 675 f Abs. 1 BGB) belastet wird und ein konkreter berechtigter Verbraucher (Zahlungsempfänger) gegen sein Kreditinstitut (Zahlungsdienstleister iSv § 675 t Abs. 1 S. 1 BGB) einen Wertstellungsanspruch erlangt (§ 675 t Abs. 1 BGB).[43] **Zeitlich** kommt diese Verwendung nach Aufstellung

---

[39] BT-Drs. 20/6520, 86; HK-VDuG/Röthemeyer VDuG § 25 Rn. 4; Köhler/Bornkamm/Feddersen/Scherer VDuG § 25 Rn. 8.
[40] Köhler/Bornkamm/Feddersen/Scherer VDuG § 25 Rn. 8 und 14.
[41] HK-VDuG/Röthemeyer VDuG § 25 Rn. 4.
[42] Vgl. zum allgemeinen Stellvertretungsrecht etwa MüKoBGB/Schubert § 164 Rn. 227.
[43] Vgl. BT-Drs. 20/6520, 86.

des **Auszahlungsplans** iSv § 27 Nr. 7 in Betracht.[44] Die Auszahlung durch den Sachwalter führt zur (vollständigen oder zumindest teilweisen) Erfüllung der Ansprüche der Verbraucher, obwohl der Sachwalter nicht der Schuldner, sondern insoweit Dritter ist (§§ 267 Abs. 1 S. 1, 362 BGB).[45] Zu der Frage, ob Zahlungen im Wege der Insolvenzanfechtung zurückgefordert werden können → § 38 Rn. 42.[46]

Die sachliche Legitimation für eine Verwendung des eingezahlten kollektiven **29** Gesamtbetrags folgt aus der Prüfung der Anspruchsberechtigung (§ 27 Nr. 3).[47] Die Anspruchsberechtigung wird anhand der Urteilsformel des **Abhilfegrundurteils** geprüft,[48] denn dieses enthält Angaben zu den konkreten Voraussetzungen, nach denen sich die Anspruchsberechtigung der betroffenen Verbraucher bestimmt (§ 16 Abs. 2 S. 1 Nr. 1), und die von jedem einzelnen Verbraucher im Umsetzungsverfahren zu erbringenden Berechtigungsnachweise (§ 16 Abs. 2 S. 1 Nr. 2). Der Sachwalter muss ferner berücksichtigen, dass sich der Betrag, der jedem berechtigen Verbraucher zusteht, aus dem Abhilfegrundurteil ergibt (§ 16 Abs. 2 S. 2). In den Fällen, in denen nach der Mitteilung über die Anspruchsberechtigung (§ 28 Abs. 1) ein **Widerspruch** erhoben wurde (§ 28 Abs. 2) und der Sachwalter bei seiner Bewertung bleibt, bildet die sachliche Legitimation die Entscheidung des OLG über den Widerspruch (§ 28 Abs. 4 S. 2).[49]

II. Kosten und Vorschüsse (Abs. 3 S. 2)

Beträge zur Begleichung von Kosten des Umsetzungsverfahrens und Vorschüsse **30** darf der Sachwalter dem Umsetzungsfonds nur nach Anordnung des Gerichts entnehmen (Abs. 3 S. 2). Obwohl derjenige Teil des Umsetzungsfonds, der für die vorläufig festgesetzten Kosten des Umsetzungsverfahrens einbezahlt wurde, wirtschaftlich dem Sachwalter zugeordnet ist, besteht für diesen **kein Selbstentnahmerecht.** Vielmehr bedarf es einen Antrag[50] des Sachwalters und eines Beschlusses des OLG.

Ein beispielhafter **Antrag** würde lauten: „Es wird beantragt, dem Sachwalter **31** die Entnahme aus dem Umsetzungsfonds in dem Umsetzungsverfahren des OLG Frankfurt a. M., 8 VKl 2/24 in Höhe von EUR 8.000,00 für Auslagen und EUR 30.000,00 für seine Vergütung zu gestatten." Der Sachwalter hat in seinem Antrag **darzulegen,** dass diese Auslagen tatsächlich anfallen oder schon angefallen sind und dies **nachzuweisen,** etwa durch Beifügung der Rechnung eines externen IT-Dienstleisters. Das OLG **prüft** die beantragte Entnahme.[51] Dazu gehört der Abgleich mit dem im Abhilfeendurteil vorläufig festgesetzten Kostenbetrag[52] und den Entscheidungsgründen zu § 20, also was für die Auslagen des Sachwalters (§ 20 Abs. 1 Nr. 1) und die Vergütung des Sachwalters (§ 20 Abs. 1

---

44 HK-VDuG/Röthemeyer VDuG § 25 Rn. 5.

45 HK-VDuG/Röthemeyer VDuG § 25 Rn. 8; Köhler/Bornkamm/Feddersen/Scherer VDuG § 25 Rn. 12.

46 Auch Thönissen KTS 2023, 205 (215) erinnert an die etwaige Insolvenzanfechtung.

47 HK-VDuG/Röthemeyer VDuG § 25 Rn. 8; Köhler/Bornkamm/Feddersen/Scherer VDuG § 25 Rn. 12.

48 BT-Drs. 20/6520, 86; HK-VDuG/Röthemeyer VDuG § 25 Rn. 8.

49 Zöller/Vollkommer VDuG § 25 Rn. 3. Zu den praktischen Konsequenzen Bayat IWRZ 2023, 258 (263).

50 BT-Drs. 20/6520, 86.

51 BT-Drs. 20/6520, 86; Köhler/Bornkamm/Feddersen/Scherer VDuG § 25 Rn. 15.

52 Anders/Gehle/Schmidt VDuG § 25 Rn. 3.

Nr. 2) vorläufig maximal festgesetzt wurde. Das OLG hat ferner die höhenmäßige Begrenzung nach Abs. 3 S. 3 zu berücksichtigen (→ Rn. 36).[53]

32 Der **Tenor** des Beschlusses des OLG könnte lauten: „Dem Sachwalter wird die Entnahme aus dem Umsetzungsfonds in dem Umsetzungsverfahren des OLG Frankfurt a. M., 8 VKl 2/24 in Höhe von EUR 8.000,00 für Auslagen und EUR 30.000,00 für seine Vergütung gestattet."

33 Lässt der Sachwalter einen Zahlungsvorgang vom Treuhandkonto auf sein eigenes Konto oder das eines Dritten ausführen, obwohl das OLG die Entnahme nicht gestattet hat, verletzt der Sachwalter die Pflicht aus Abs. 3 S. 2. Ob eine **Haftung nach § 31** in Betracht kommt, wird auch davon abhängen, ob der Zahlungsvorgang einen Schaden verursacht hat. Konnte der Sachwalter die Entnahme der Höhe nach beanspruchen (§ 32), dürfte es an einem Schaden fehlen. Konnte er die Entnahme nicht beanspruchen, ist zu klären, ob § 25 Abs. 3 S. 2 den Schutz des Unternehmers oder des bzw. der Verbraucher bezweckt. Denn davon hängt ab, wem gegenüber der Unternehmer zum Schadensersatz verpflichtet ist (vgl. § 31; vgl. auch → Rn. 2). Da das Umsetzungsverfahren allem voran der Befriedigung der berechtigten Verbraucheransprüche dient und mit diesen Geldern das Umsetzungsverfahren bezahlt wird, bezweckt § 25 Abs. 3 S. 2 den Schutz der Verbraucher, sodass diese schadensersatzberechtigt wären (§ 31 Nr. 2).

34 Ordnet das OLG rechtswidrig die Entnahme durch den Sachwalter an, kann dies die Gelder für den kollektiven Gesamtbetrag angreifen. Für die Haftung wegen **Amtspflichtverletzung** gelten § 839 Abs. 1 BGB iVm Art. 34 GG. Bei der Anordnung nach § 25 Abs. 3 S. 2 gilt **nicht** das **Richterprivileg** des § 839 Abs. 2 S. 1 BGB. Die Anordnung ist keine urteilsgleiche Entscheidung, wie auch sonst Beschlüsse in Kostenfestsetzungsverfahren und Vollstreckungs- und Insolvenzverfahren nicht unter § 839 Abs. 2 BGB subsumiert werden.[54]

35 Der Sachwalter kann auf den in → Rn. 30 f. genannten **Antrag verzichten** und die endgültige Festsetzung abwarten. Er kann dann nach Antragstellung (§ 32 Abs. 2) und Festsetzung durch das OLG (§ 36 Abs. 1 Nr. 1) den endgültig festgesetzten Betrag für die Kosten des Umsetzungsverfahrens entnehmen.[55] Diese Vorgehensweise macht aber nur Sinn, wenn das Umsetzungsverfahren sehr kurz sein wird und der in → Rn. 30 f. genannte Antrag die endgültige Festsetzung nach § 36 womöglich sogar verzögern würde.

III. Begrenzung der Entnahme (Abs. 3 S. 3)

36 Die Entnahmen nach Abs. 3 S. 2 dürfen in ihrer Gesamtsumme den vorläufig festgesetzten Kostenbetrag nicht übersteigen (Abs. 3 S. 3; Deckungsprinzip[56]). Aus dieser Regelung wird ersichtlich, dass eine **zweistufige Vermögenstrennung** erforderlich ist und beide Vermögensmassen – Kosten des Umsetzungsverfahrens und kollektiver Gesamtbetrag – **zweckgebunden**[57] sind und nicht zur Befriedigung des jeweils anderen Zwecks eingesetzt werden dürfen (→ Rn. 15). Ferner wird aus dieser Regelung ersichtlich, dass die Vermögenstrennung auch operativer Art sein muss, mithin die Unterkonten buchhalterisch getrennt geführt werden müssen (→ Rn. 16 f.).

---

53 BT-Drs. 20/6520, 86.

54 MüKoBGB/Papier/Shirvani § 839 Rn. 396 mwN.

55 HK-VDuG/Röthemeyer VDuG § 25 Rn. 6.

56 Köhler/Bornkamm/Feddersen/Scherer VDuG § 25 Rn. 14.

57 Ähnlich Köhler/Bornkamm/Feddersen/Scherer VDuG § 25 Rn. 13.

Ein **Verstoß** gegen die Entnahmebegrenzung macht die **Verfügung nicht unwirksam.**[58] Es kann dann die Haftung des Sachwalters nach § 31 zu prüfen sein. Reicht der vorläufig festgesetzte Kostenbetrag nicht aus, sodass eine Entnahme nicht möglich ist, kommt zwar nicht das Erhöhungsverfahren nach § 21, allerdings die Geltendmachung eines weiteren Anspruchs nach § 32 im Wege der Schlussrechnung in Betracht (§ 33). Ist dieser weitere Anspruch begründet, setzt das OLG den vom Unternehmer noch an den Sachwalter zu zahlenden Kostenbetrag fest (§ 36 Abs. 1 S. 1 Nr. 2).[59] 37

F. Pfändungsschutz (Abs. 4)

Die Gelder des Umsetzungsfonds unterliegen nicht der Pfändung (Abs. 4). Vergleichbar mit den Pfändungsschutzvorschriften der §§ 811, 850a, 850k ZPO kann der Gesetzgeber bestimmtes Vermögen von der Pfändung ausnehmen, da in der Abwägung der schützenswerten Interessen der Parteien einem Interesse eine höhere Stellung eingeräumt wird. Hier hat der Gesetzgeber das Interesse der Pfändungsgläubiger nach einem Vollstreckungsgegenstand mit dem Interesse der berechtigten Verbraucher nach einer Haftungsmasse abgewogen und den berechtigten Verbrauchern grundsätzlich einen Vorrang eingeräumt.[60] Die Zwangsvollstreckung wegen Geldforderungen in Forderungen (§§ 828 ff. ZPO) ist daher nicht zulässig. Die Auszahlungsansprüche des Sachwalters gegen das kontoführende Kreditinstitut unterliegen nicht der Pfändung nach § 829 ZPO. 38

G. Rechtsbehelfe, Vollstreckungsrechtsbehelfe

Gegen die Anordnung des OLG nach Abs. 3 S. 2 findet **kein Rechtsmittel** statt. § 13 Abs. 1 S. 1 VDuG iVm § 567 ZPO ist nicht einschlägig, da kein Amts- oder Landgericht entschieden hat. Ein Umkehrschluss dergestalt, dass in § 23 Abs. 6 ausdrücklich geregelt wurde, dass gegen den dort genannten Beschluss kein Rechtsmittel stattfindet, kann nicht dazu führen, dass der Beschluss nach Abs. 3 S. 2 mit der (Rechts-)Beschwerde vor dem BGH angegriffen werden kann, nur weil hier eine dem § 23 Abs. 6 entsprechende Regelung fehlt. § 23 Abs. 6 ist insoweit nur deklaratorisch. 39

Ein Verstoß gegen den Pfändungsschutz nach Abs. 4 kann mit der **Vollstreckungserinnerung** nach § 13 Abs. 1 S. 1 VDuG iVm § 766 ZPO geltend gemacht werden.[61] Es würde sich um eine Einwendung handeln, die die Art und Weise der Zwangsvollstreckung betrifft. Zuständig ist das **Vollstreckungsgericht** (§ 766 Abs. 1 S. 1 ZPO). Diese Zuständigkeit ist ausschließlich (§ 13 Abs. 1 S. 1 VDuG iVm § 802 ZPO). Sollte vor der Vollstreckungsmaßnahme rechtliches Gehör gewährt worden sein, ist die sofortige Beschwerde nach § 13 Abs. 1 S. 1 VDuG iVm § 793 ZPO statthaft.[62] 40

---

[58] HK-VDuG/Röthemeyer VDuG § 25 Rn. 4.
[59] Anders/Gehle/Schmidt VDuG § 25 Rn. 3.
[60] BT-Drs. 20/6520, 86.
[61] Köhler/Bornkamm/Feddersen/Scherer VDuG § 25 Rn. 18; Zöller/Vollkommer VDuG § 25 Rn. 1.
[62] HK-ZPO/Kindl ZPO § 766 Rn. 6.

§ 26 Teilnahme am Umsetzungsverfahren

An dem Umsetzungsverfahren nehmen alle Verbraucher teil, die ihre Ansprüche wirksam zum Verbandsklageregister angemeldet haben und die ihre Anmeldung nicht wirksam zurückgenommen haben.

A. Überblick und Normzweck

1 Die Vorschrift steht im Kontext der Regelungen zu den **Verfahrensbeteiligten im Umsetzungsverfahren.** Mit hoheitlich-prozessualen Funktionen beteiligt sind das **Prozessgericht** der Abhilfeklage als Aufsichts- und Kontrollorgan (vgl. insb. §§ **22,** 24, 28 Abs. 4, 30; → Einleitung Rn. 26) und der **Sachwalter** als Vollzugsorgan (vgl. insb. §§ **23,** 25, 27, 28), sachlich geht es um die Umsetzung der Abhilfeentscheidung unter parteiseitiger Beteiligung des **Unternehmers** (vgl. insb. §§ **24;** 27 Nr. 8, 10; 28 Abs. 1; 29) und der angemeldeten **Verbraucher,** deren konkret-individuelle Ansprüche der kollektive Rechtsschutz im Umsetzungsverfahren zu befriedigen sucht.[1] Das Umsetzungsverfahren weist darin strukturelle Ähnlichkeit mit der Zwangsvollstreckung im Individualrechtsschutz auf. Eine Zwangsvollstreckung bei zusprechender Verurteilung kommt zwar auch im kollektiven Rechtsschutz nach allgemeinen prozessualen Grundsätzen in Betracht, bleibt aber den Parteirollen im Abhilfeverfahren folgend auf die kollektive Ebene beschränkt. So erfolgt die Vollstreckung nur zwischen klageberechtigter Stelle und Unternehmer aus dem Urteil (in Fällen des § 16 Abs. 1 S. 2, → § 16 Rn. 28, oder des § 16 Abs. 4, → § 16 Rn. 34) oder sonst regelmäßig aus dem Abhilfeendurteil (insb. → § 18 Rn. 11, 15). Weil Verbraucher aus Abhilfeentscheidungen nicht vollstrecken können (→ § 16 Rn. 23f., 28, → § 18 Rn. 15), bedarf es im kollektiven Rechtsschutz zur Befriedigung ihrer Ansprüche neben dem vorangehenden Schritt der erwähnten kollektiven Zwangsvollstreckung zwischen klageberechtigter Stelle und Unternehmer in einem weiteren, neuartigen Schritt der vollstreckungsähnlichen Konstruktion eines konkret-individuellen Umsetzungsverfahrens zwischen den genannten Beteiligten.

2 Die Regelung bestimmt den **Kreis derer, die von dem Sachwalter im Umsetzungsverfahren zu berücksichtigen sind.**[2] Sie stellt eine sachlich-personelle **Verknüpfung zwischen** dem erkennenden **Abhilfeverfahren** nach Unterabschnitt 1, das durch Abhilfeentscheidung nach Unterabschnitt 2 beendet wird, **und** dem **Umsetzungsverfahren** in Unterabschnitt 3 des zweiten Abschnitts her. Nötig ist dies, weil das Abhilfeverfahren ohne Prozessbeteiligung der betroffenen Verbraucher abstrakt-generell über deren Ansprüche erkennt und sich nach § 11 Abs. 3 die Bindungswirkung der Abhilfeentscheidungen auf angemeldete Verbraucher beschränkt (→ § 11 Rn. 24). Soll das Umsetzungsverfahren deren Vollzug und der Prüfung der konkret-individuellen Berechtigung der Verbraucher dienen, ist sachlich-personell der von § 26 gewährleistete Gleichlauf betroffener Verbraucheransprüche sicherzustellen. Die Regelung weist funktional **Ähnlichkeit** mit **§ 750 Abs. 1 S. 1 ZPO** auf, dessen Bezugnahme auf das Urteil als Vollstreckungstitel im Bereich des Individualrechtsschutzes einen Gleichlauf zwischen den Parteien des

---

[1] S. etwa BT-Drs. 20/6520, 81 zu § 18 Abs. 1 Nr. 1, 86 zu § 25 Abs. 3.

[2] BT-Drs. 20/6520, 87.

Erkenntnis- und des Vollstreckungsverfahrens bezweckt. Mangels Parteirolle des Verbrauchers im Abhilfeverfahren bedarf es für den kollektiven Rechtsschutz insoweit der umfangreicheren Konstruktion des § 26.

Der Sachwalter prüft nach § 27 Nr. 3–6, ob teilnehmende Verbraucher iSd § 26 ihn vom Vorliegen der im Abhilfegrundurteil ausgesprochenen Berechtigungsvoraussetzungen anhand einschlägiger Nachweise überzeugen können (§ 16 Abs. 2, → § 16 Rn. 12ff.). 3

B. Umsetzung der Richtlinie

Die Gesetzesmaterialien deuten mit einer Bezugnahme auf die Bindungswirkung der Abhilfeentscheidung[3] (sachlich: § 11 Abs. 3, → § 11 Rn. 24) einen mittelbaren Zusammenhang zu **Art. 9 Abs. 2f.** Verbandsklagen-RL mit **ErwG 43ff.** an, wonach Verbraucher ohne ihren ausdrücklichen Willen nicht im Verbandsklageverfahren repräsentiert werden können und daher auch nicht an dessen Ergebnis gebunden sind. Damit sind unionsrechtlich insbesondere die Bindungswirkung von Abhilfeentscheidungen nach § 11 Abs. 3 und die Anmeldung zum Verbandsklageregister nach § 46 determiniert. Im Rahmen der Entscheidung des deutschen Gesetzgebers für eine Anmeldungs- statt Widerspruchslösung (Opt-in statt Opt-out) zum Verbandsklageverfahren nach § 46 unterliegt § 26 weitgehend mitgliedstaatlicher Verfahrensautonomie.[4] 4

Der geltende **Wortlaut** der Regelung entspricht dem RefE und dem RegE sowie der Beschlussempfehlung des 6. Ausschusses (Rechtsausschuss) des 20. Deutschen Bundestags **nahezu unverändert.**[5] Die Beschlussempfehlung ersetzte lediglich redaktionell die Formulierung „nicht oder nicht fristgerecht zurückgenommen" durch die Worte „nicht wirksam zurückgenommen", um den Fehlschluss zu vermeiden, das Ausscheiden aus dem Verfahren setze eine lediglich frist-, nicht aber auch formgerechte (§ 47 Abs. 1, 2) Erklärung voraus.[6] 5

C. Regelungsgegenstand

I. Am Umsetzungsverfahren teilnehmende Verbraucher

Die Bestimmung bezeichnet Verbraucher im Umsetzungsverfahren nach §§ 22ff. als **Teilnehmer** und führt damit einen prozessual neuen Begriff ein.[7] So lassen sich begriffliche Überschneidungen zum Vollstreckungsverfahren nach §§ 704ff. ZPO vermeiden, zu dem es auf kollektiver Ebene zwischen klageberechtigter Stelle und Unternehmer kommen kann (→ Rn. 1). 6

Wer **Verbraucher** ist, definiert § 1 Abs. 2 (→ § 1 Rn. 19ff.). Die Teilnahmeberechtigung am Umsetzungsverfahren richtet sich nach den übrigen Voraussetzungen, eine besondere Erklärung im Umsetzungsverfahren ist nicht erforderlich.[8] 7

---

[3] BT-Drs. 20/6520, 87.
[4] Vgl. Köhler/Bornkamm/Feddersen/Scherer VDuG § 26 Rn. 2.
[5] VRUG-RefE, 16; BT-Drs. 20/6520, 18; BT-Drs. 20/7631, 24.
[6] BT-Drs. 20/7631, 109.
[7] HK-VDuG/Röthemeyer VDuG § 26 Rn. 1.
[8] Musielak/Voit/Stadler VDuG § 26 Rn. 1.

II. Wirksame Anmeldung zum Verbandsklageregister

8 Unter den **Voraussetzungen der §§ 46f.** melden sich Verbraucher wirksam zum Verbandsklageregister an, indem sie sich fristgemäß (§ 46 Abs. 1, → § 46 Rn. 8) und in Textform gegenüber dem Bundesamt für Justiz (§ 47 Abs. 1, → § 47 Rn. 4ff.) erklären und die nach § 46 Abs. 2 (→ § 46 Rn. 16ff.) erforderlichen Angaben machen. Zur Beurteilung der Anmeldung nach § 26 kommt es zunächst allein darauf an, dass Verbraucher sie in der Vergangenheit wirksam vorgenommen haben, nicht dass sie noch gegenwärtig wirksam angemeldet sind (s. zur Rücknahme vielmehr → Rn. 11).

9 Der **Sachwalter prüft** die Wirksamkeit der Anmeldung **nach § 27 Nr. 3** (→ § 27 Rn. 17ff.). Er kann sich dazu einen Auszug aus dem Verbandsklageregister beim Bundesamt für Justiz erteilen lassen nach § 27 Nr. 2 (→ § 27 Rn. 13ff.), § 48 Abs. 2 (→ § 48 Rn. 8ff.) und § 6 Abs. 1 S. 2 VKRegV. Problematisch an dem Auszug kann sein, dass die Angaben bei Eintragung in das Verbandsklageregister gem. § 46 Abs. 3 nicht inhaltlich geprüft werden und daher falsche bis hin zu scherzhaften Eintragungen möglich sind (→ § 46 Rn. 35ff.). Die **inhaltliche Richtigkeit der Angaben** hat daher (erst) der Sachwalter zu prüfen.[9] Diese Aufgabe des Sachwalters nach § 27 Nr. 3 im Verhältnis zu § 46 Abs. 3 korrespondiert ansatzweise mit der Rechtslage bei der bisherigen Musterfeststellungsklage nach §§ 606ff. ZPO aF, bei der nach der Rechtsprechung zu § 608 Abs. 2 ZPO aF ebenfalls erst im Rahmen einer sich anschließenden Leistungsklage die Richtigkeit der vorangegangenen Verbraucherangaben im Klageregister zu prüfen war.[10] Diese – teils strenge und restriktive – Rechtsprechung wird mit Rücksicht auf die Besonderheiten des VDuG weitgehend auf § 46 Abs. 3 zu übertragen sein.[11] Vorsicht geboten ist bei der Heranziehung früherer Rechtsprechung zu § 608 Abs. 2 ZPO, wo Voraussetzungen einer wirksamen Anmeldung nach § 46 Abs. 2 von der Beurteilung sondergesetzlicher Regeln abhängen, etwa beim Verbrauchbegriff nach § 46 Abs. 2 Nr. 1 von der Erweiterung des Personenkreises nach § 1 Abs. 2.[12] Andere Voraussetzungen wie die konkret-individuelle Angabe des Gegenstands und Grunds des Anspruchs oder des Rechtsverhältnisses nach § 46 Abs. 2 Nr. 5 entsprechen inhaltlich der bisherigen Regelung etwa des § 608 Abs. 2 (hier: Nr. 4) ZPO aF und dürften im Lichte der dazu früher ergangenen Rechtsprechung durch den Sachwalter auszulegen sein.[13]

10 Beurteilt der Sachwalter die **Anmeldung** als **unwirksam,** nimmt der eingetragene Verbraucher nicht am Umsetzungsverfahren teil. Er ist nach § 28 Abs. 1 zu benachrichtigen (→ § 28 Rn. 11ff.) und bleibt nach erfolglosem Widerspruch (§ 28 Abs. 2ff., → § 28 Rn. 16ff.) auf den Weg einer Individualklage nach § 39 verwiesen.[14]

---

[9] Köhler/Bornkamm/Feddersen/Scherer VDuG § 26 Rn. 5: **Beispielsweise** keine Teilnahme mit Mercedes-Pkw an einem Verfahren zu VW-Abgasskandal.

[10] So Köhler/Bornkamm/Feddersen/Scherer VDuG § 26 Rn. 5 mit Verweis auf BGH VersR 2023, 121 Rn. 24 = BeckRS 2022, 33057.

[11] Vgl. Köhler/Bornkamm/Feddersen/Scherer VDuG § 26 Rn. 6f.

[12] AA wohl Köhler/Bornkamm/Feddersen/Scherer VDuG § 26 Rn. 7 aE mit Verweis auf BGH VersR 2023, 121 Rn. 13ff. = BeckRS 2022, 33057.

[13] Insoweit zutr. Köhler/Bornkamm/Feddersen/Scherer VDuG § 26 Rn. 6 mit Verweis auf die strenge Handhabe durch BGH NJW 2023, 1888 Rn. 17f.

[14] Vgl. Köhler/Bornkamm/Feddersen/Scherer VDuG § 26 Rn. 8.

III. Keine wirksame Rücknahme der Anmeldung

Am Umsetzungsverfahren nehmen nur Verbraucher teil, die ihre Anmeldung nicht oder nicht wirksam zurückgenommen haben. Wirksam ist eine Rücknahme, die fristgerecht nach § 46 Abs. 4 (→ § 46 Rn. 38) und in Textform gegenüber dem Bundesamt für Justiz (§ 47 Abs. 1, → § 47 Rn. 12) erklärt ist.[15] Stellt der Sachwalter bei seiner Prüfung nach § 27 Nr. 3 (→ § 27 Rn. 17ff.) eine wirksame Rücknahme fest, nimmt der zuvor angemeldete Verbraucher nicht am Umsetzungsverfahren teil und kann nachfolgend bei der Verteilung des kollektiven Gesamtbetrags oder der Zuweisung einer anderen Leistung als Zahlung unberücksichtigt bleiben (zu Klagerechten des Verbrauchers → Rn. 10). Ob der Sachwalter die Unwirksamkeit einer Rücknahme der Anmeldung nur prüft, wenn sich der Verbraucher gleichwohl am Umsetzungsverfahren beteiligen will,[16] erscheint zweifelhaft. Der **Sachwalter prüft** nach § 26 **von Amts wegen,** ob ein Verbraucher am Umsetzungsverfahren teilnimmt. Dazu muss dieser sich wirksam angemeldet haben (nicht: sein, → Rn. 8). Mit der Anmeldung wird er im Verbandsklageregister geführt (vgl. § 3 VKRegV) und im Fall einer Rücknahme der Anmeldung auch nicht etwa automatisch gelöscht. Denn die Rücknahme als „actus contrarius“ zur Anmeldung dürfte mangels gesetzlicher Regelung analog § 46 Abs. 3 ohne inhaltliche Prüfung schlicht als weiterer Eintrag im Verbandsklageregister enthalten sein (vgl. § 4 Abs. 2 S. 1 VKRegV). Der Sachwalter dürfte deshalb die Wirksamkeit der Rücknahme nach §§ 29 Nr. 3, 26 von Amts wegen zu prüfen haben, ohne dass es auf die behauptete Berufung des Verbrauchers auf die Unwirksamkeit der Rücknahme ankommen kann. Auch in den Fällen einer verfristeten oder formell unwirksamen Rücknahme gem. § 4 Abs. 2 S. 2f. VKRegV muss sich der Verbraucher nicht auf die Unwirksamkeit der Rücknahme berufen. Mangels Eintragung der Rücknahme im Verbandsklageregister nimmt er in diesen Fällen bei zuvor erfolgter wirksamer Anmeldung zum Verbandsklageregister weiterhin an dem Umsetzungsverfahren teil, ohne dass sich für den Sachwalter Anhaltspunkte für eine Rücknahme aus dem Verbandsklageregister ergeben. Daher liegt es näher, den **letzten Satzteil** des § 26 als Beschreibung eines **negativen Tatbestandsmerkmals,** nicht als Regelung zur Darlegungs- und Beweislast zu verstehen. 11

§27 Aufgaben des Sachwalters

Der Sachwalter hat folgende Aufgaben und Befugnisse:

1. **er weist dem Gericht den Erhalt folgender Beträge nach:**
   a) **den Erhalt des vorläufig festgesetzten Kostenbetrags und**
   b) **für den Fall der Verurteilung zur Zahlung eines kollektiven Gesamtbetrags den Erhalt des kollektiven Gesamtbetrags sowie gegebenenfalls dessen Erhöhung,**
2. **er kann vom Bundesamt für Justiz einen Auszug aus dem Verbandsklageregister verlangen, der die am Umsetzungsverfahren teilnehmenden Verbraucher sowie sämtliche Angaben ausweist, die im Verbandsklageregister zu den geltend gemachten Ansprüchen vermerkt sind,**
3. **er prüft die Anspruchsberechtigung der am Umsetzungsverfahren teilnehmenden Verbraucher nach Maßgabe des Abhilfegrundurteils,**

[15] Zum Formerfordernis s. auch → Rn. 5.

[16] So Zöller/Vollkommer VDuG § 26 Rn. 2.

4. er setzt den am Umsetzungsverfahren teilnehmenden Verbrauchern, sofern er dies für erforderlich hält, eine Frist zur Vorlage der Berechtigungsnachweise,
5. er kann im Einzelfall ergänzende Erklärungen der Verbraucher oder des Unternehmers verlangen und zu diesem Zwecke Fristen setzen,
6. er kann nicht fristgerecht eingegangene Berechtigungsnachweise und Erklärungen zurückweisen, wenn er den betroffenen Verbraucher zuvor auf diese Rechtsfolge hingewiesen hat,
7. er stellt die Gesamthöhe der berechtigten Ansprüche aller Verbraucher auf Zahlung in einem Auszahlungsplan zusammen,
8. er informiert die Parteien, sofern der kollektive Gesamtbetrag nicht zur Erfüllung der berechtigten Zahlungsansprüche aller angemeldeten Verbraucher ausreicht,
9. er erfüllt berechtigte Ansprüche von Verbrauchern auf Zahlung und sorgt für den Fall, dass nach dem Auszahlungsplan der kollektive Gesamtbetrag nicht zur Erfüllung der berechtigten Ansprüche aller Verbraucher ausreicht, für eine gleichmäßige Verteilung,
10. er fordert für den Fall der Verurteilung zu einer anderen Leistung als zur Zahlung den Unternehmer zur Erfüllung berechtigter Verbraucheransprüche auf, setzt ihm zu diesem Zweck angemessene Fristen und verlangt die Anzeige der Erfüllung sowie die Vorlage von Nachweisen und
11. er kann die Erfüllung geltend gemachter Ansprüche von Verbrauchern ganz oder teilweise ablehnen.

Literatur: Bayat, Die Verbandsklage und das Umsetzungsverfahren, IWRZ 2023, 258; Dahl/Linnenbrink, Die Position des Sachwalters im Umsetzungsverfahren der neuen Verbandsabhilfeklage nach VDuG, NZI 2024, 33; Mekat/Amrein, Die Umsetzung der Verbandsklagen-RL in Deutschland nach dem Referentenentwurf, RAW 2023, 23; Schläfke/Lühmann, Kollektiver Rechtsschutz nach der Umsetzung der EU-Verbandsklagen-RL, NJW 2023, 3385.

Übersicht

A. Überblick und Normzweck

§ 27 normiert die **konkreten Aufgaben** des Sachwalters und stattet ihn mit denjenigen **Befugnissen** aus, die er zur Aufgabenbewältigung benötigt. § 23 und § 27 stehen mit dem den Umsetzungsfonds regelnden § 25 in unmittelbarem Zusammenhang. Der Tenor des Abhilfegrundurteils konkretisiert und füllt die sich aus § 27 ergebenden Prüfungspflichten des Sachwalters im jeweiligen Einzelfall aus. Der Sachwalter hat zu untersuchen, ob dem einzelnen Verbraucher die angemeldete Forderung dem Grunde und der Höhe nach zusteht. Zur Ermöglichung dieser Prüfung hat der Verbraucher mit Rücksicht auf den Inhalt des Abhilfegrundurteils gemäß § 16 Abs. 2 S. 1 Nr. 2 seine Berechtigung durch Vorlage von Nachweisen zu belegen. Kommt der Sachwalter im Rahmen dieser Prüfung zu dem Ergebnis, dass der Anspruch berechtigt ist, so hat er ihn gegenüber dem Verbraucher zu erfüllen (§ 27 Nr. 9 und 10). Anderenfalls hat er die Erfüllung ganz oder teilweise abzulehnen (§ 27 Nr. 11).[1] 1

Gegen die (teilweise) ablehnende Entscheidung des Sachwalters kann der Verbraucher primär im Wege des **Widerspruchsverfahrens** gemäß § 28 vorgehen. Nach § 39 kann er auch **Individualklage** erheben, dies jedoch nur aus Gründen, die nicht bereits im Widerspruchsverfahren hätten geltend gemacht werden können (→ § 39 Rn. 12f.).[2] 2

Die Reihenfolge der Aufzählung entspricht dem **zeitlichen Ablauf** des Umsetzungsverfahrens.[3] Weitere Pflichten des Sachwalters finden sich in § 28 hinsichtlich der Mitteilung seiner Prüfungsergebnisse an Verbraucher und Unternehmer sowie in den §§ 33, 34 im Zusammenhang mit der Beendigung des Umsetzungsverfahrens. 3

Die Regelungen in § 27 können nicht ohne weiteres etwa durch Vorschriften der **ZPO** zu Beweismitteln oder zur Beweiswürdigung ergänzt werden (ebenso → § 13 Rn. 51). Zwar ist das Umsetzungsverfahren Teil des gerichtlichen Verfahrens, es unterliegt aber andersartigen und nicht vergleichbaren Rahmenbedingungen. Hierzu gehört insbesondere, dass der Sachwalter als Hauptentscheider nicht Richter ist. Richtig ist deshalb, wenn angenommen wird, dass eine ausdrückliche Anordnung der Geltung von ZPO-Vorschriften zu erwarten gewesen wäre, wenn der Gesetzgeber dies gewollt hätte.[4] 4

B. Umsetzung der Richtlinie

§ 27 hat **keine Entsprechung** in der Verbandsklagen-RL. ErwG 12 S. 1 Verbandsklagen-RL stellt klar, dass die Verbandsklagen-RL keine allumfassende, vollharmonisierende Regelung darstellt. Mit Blick auf ErwG 50 S. 2 und 4 Verbandsklagen-RL lässt sich lediglich feststellen, dass die Schaffung eines Umsetzungsverfahrens mit einem Sachwalter die gleiche Zielrichtung wie die Richtlinie aufweist. Die Gesetzesbegründung der Bundesregierung nimmt daher auf keinen Artikel oder Erwägungsgrund Bezug.[5] 5

---

1 Köhler/Bornkamm/Feddersen/Scherer VDuG § 27 Rn. 1f.

2 Köhler/Bornkamm/Feddersen/Scherer VDuG § 27 Rn. 2.

3 Anders/Gehle/Schmidt VDuG § 27 Rn. 1; aA offenbar Musielak/Voit/Stadler VDuG § 27 Rn. 1.

4 Ähnlich: HK-VDuG/Röthemeyer VDuG § 27 Rn. 1.

5 Siehe auch Köhler/Bornkamm/Feddersen/Scherer VDuG § 27 Rn. 3.

6 Der Text des § 27 ist identisch mit demjenigen im Referenten- und im Regierungsentwurf und blieb auch in der Beschlussempfehlung des 6. Ausschusses (Rechtsausschuss) des 20. Deutschen Bundestags **unverändert.**[6]

7 Der DAV[7] hatte angeregt klarzustellen, dass **Auszahlungen** an Verbraucher erst **nach Feststellung sämtlicher Ansprüche** auf der Grundlage des nach § 27 Nr. 7 aufzustellenden Auszahlungsplans erfolgen sollen, wie es auch in § 26 Abs. 2 SVertO vorgesehen ist, an den sich die Vorschrift anlehnt. Trotz der Formulierung des § 30 Abs. 2 S. 2 Nr. 2, wonach das Gericht vom Sachwalter Auskunft darüber verlangen kann, welche von Verbrauchern geltend gemachten Ansprüche der Sachwalter in welcher Höhe bereits erfüllt hat, ist grundsätzlich davon auszugehen, dass entsprechend der Anregung des DAV die Verbraucheransprüche erst nach Prüfung der Ansprüche aller Verbraucher und endgültiger Aufstellung des Auszahlungsplans ausgezahlt werden (→ Rn. 34, 37 ff.).

8 Weiterhin rügte der BIVA-Pflegeschutzbund, dass der Umgang mit Pflicht- oder Fristverletzungen des Sachwalters fehle. Es müsse klar geregelt werden, dass das Gericht des Abhilfeverfahrens die Aufgaben des Sachwalters übernehmen müsse, wenn er diese pflichtwidrig nicht erledige.[8] Diese Forderung widerspricht der funktionalen Aufteilung im VDuG, in dem das **Gericht** lediglich eine Aufsichts- und Kontrollfunktion im Sinne einer **Rechtsaufsicht** wahrnimmt (→ § 30 Rn. 12). § 30 Abs. 1 bestimmt ausdrücklich, dass der Sachwalter unter der Aufsicht des Gerichts steht. Zudem kann das Gericht den Sachwalter nach dieser Regelung jederzeit zur Vorlage von Zwischenberichten auffordern (§ 30 Abs. 2 S. 2) und ihm hierzu Fristen (§ 30 Abs. 2 S. 3) setzen. Schließlich kann das Gericht nach vorheriger Androhung Zwangsgeld gegen den Sachwalter festsetzen, wenn er die ihm nach diesem Gesetz obliegenden Pflichten nicht erfüllt (§ 30 Abs. 3 S. 1). Hinzu kommt, dass eine solche systemfremde Regelung das Gericht in jeder Hinsicht überfordern würde. Die richtige Lösung besteht deshalb darin, dass das Gericht – ebenso wie im Insolvenzverfahren nach § 59 Abs. 1 S. 1 InsO – gemäß § 30 Abs. 3 S. 3 den Sachwalter nach vorheriger Androhung aus wichtigem Grund entlassen und stattdessen einen neuen Sachwalter bestellen kann.

C. Regelungsgegenstand

9 Die Regelung beschreibt die **Aufgaben** und **Befugnisse,** die dem **Sachwalter** im Rahmen der Umsetzung der Abhilfegrundentscheidung und der Abwicklung des Umsetzungsverfahren als **Schlüsselfigur** zukommen.[9]

I. Nachweis von Zahlungseingängen (Nr. 1)

10 Ist der vorläufig festgesetzte Betrag zur Deckung der Kosten des Umsetzungsverfahrens und – sofern der Unternehmer hierzu verurteilt wurde – der kollektive Gesamtbetrag durch den verurteilten Unternehmer **gezahlt** worden, unterrichtet der Sachwalter hiervon das Gericht. Der Zahlungseingang ist dem Gericht nachzuweisen, und zwar entweder durch Vorlage des Kontoauszugs oder durch Bestätigung

[6] BT-Drs. 20/7631, 24.
[7] DAV Stellungnahme VRUG, Rn. 22.
[8] BIVA Stellungnahme VRUG, 8.
[9] BT-Drs. 20/6520, 87.

des Kreditinstituts.[10] Im Anschluss daran erlässt das Gericht den Eröffnungsbeschluss nach § 24 und der Sachwalter kann mit der Durchführung des Umsetzungsverfahrens beginnen. Die gezahlten Beträge erhält der Sachwalter zu treuen Händen (→ § 25 Rn. 1). Beide Beträge sind in einen Umsetzungsfonds einzuzahlen, der getrennt vom sonstigen Vermögen des Sachwalters zu errichten ist (§ 25 Abs. 2 S. 1). Die in ihm enthaltenen Gelder unterliegen nicht einer Pfändung gegenüber dem Sachwalter (§ 25 Abs. 4; → § 25 Rn. 38).[11]

Der Sachwalter kann auf die **Gelder** im Umsetzungsfonds unmittelbar **zugreifen** und über sie **verfügen** (§ 25 Abs. 2 S. 1). Gelder zur Deckung von Kosten und zur Begleichung von Vorschüssen ist er erst dann berechtigt zu entnehmen, wenn das Gericht dies zuvor angeordnet hat (§ 25 Abs. 3 S. 2). Sofern der kollektive Gesamtbetrag in einem Erhöhungsverfahren erhöht werden sollte, hat der Sachwalter dem Gericht auch den Erhalt dieses Betrags nachzuweisen.[12] 11

Sollten die vom Unternehmer geschuldeten **Zahlungen** auch nach vorheriger Mahnung **nicht** beim Sachwalter **eingehen,** hat dieser die klageberechtigte Stelle zu informieren, die dann die Vollstreckung betreiben kann (§ 13 Abs. 1 S. 1 VDuG iVm § 704 ZPO; → § 29 Rn. 9). Ist die Vollstreckung erfolglos, und zwar unabhängig davon, ob die geschuldeten Beträge ganz oder teilweise nicht eingehen, wird das Umsetzungsverfahren nicht eröffnet (→ § 24 Rn. 8). Gegebenenfalls sind Teilzahlungen auf den Kostenbetrag durch den Sachwalter gegenüber dem Gericht nach bzw. analog § 32 abzurechnen und der Sachwalter ist zu veranlassen, etwaige Differenzen ebenso wie **Teileinzahlungen** auf den kollektiven Gesamtbetrag an den Unternehmer zurückzuzahlen.[13] Jedenfalls die analoge Anwendung von § 32 scheint geboten, weil nicht einzusehen ist, dass dem Sachwalter nur mit dem formalen Argument, dass es nicht zur Eröffnung des Umsetzungsverfahrens gekommen ist, die Erstattung ihm bereits entstandener Kosten und auch eine Vergütung für die bereits erfolgte Tätigkeit verwehrt werden soll. Immerhin sind Teilzahlungen auf den Kostenbetrag durch den Unternehmer in einem solchen Fall bereits erbracht worden. Andernfalls müssten die Teilzahlungen auf den Kostenbetrag dem Unternehmer erstattet werden, obwohl er durch seine Nichtleistung im Übrigen die Nichteröffnung des Umsetzungsverfahrens zu vertreten hat. 12

II. Auszug aus dem Verbandsklageregister (Nr. 2)

Ausweislich der Gesetzesbegründung[14] erhält der Sachwalter aus einem ihm auf Anforderung vom Bundesamt für Justiz zu übermittelnden aktuellen Auszug aus dem **Verbandsklageregister** eine Übersicht über die im Umsetzungsverfahren zu berücksichtigenden Verbraucheransprüche. Der Verbraucher wird bei Anmeldung zum Verbandsklageregister auf die mit der Übermittlung einhergehende Datenverarbeitung hingewiesen. 13

Die Vorschrift steht in Zusammenhang mit § 26. Mit Blick darauf, dass nur registrierte Verbraucher am Umsetzungsverfahren teilnehmen können, muss der Sachwalter in Erfahrung bringen, wer im Verbandsklageregister registriert wurde. Er kann deshalb Auskunft vom **Bundesamt für Justiz** (BfJ) verlangen, wo das Ver- 14

---

10 HK-VDuG/Röthemeyer VDuG § 27 Rn. 4.

11 Dahl/Linnenbrink NZI 2024, 33 (35).

12 So die Gesetzesbegründung BT-Drs. 20/6520, 87.

13 Ähnlich HK-VDuG/Röthemeyer VDuG § 24 Rn. 3.

14 BT-Drs. 20/6520, 87.

bandsklageregister geführt wird. Der Auszug hat die am Umsetzungsverfahren teilnehmenden Verbraucher sowie sämtliche Angaben auszuweisen, die im Verbandsklageregister zu den geltend gemachten Ansprüchen vermerkt sind. Er muss aktuell sein und alle entsprechenden Daten umfassen.[15]

15 Die **datenschutzrechtliche** Grundlage für die Weitergabe dieser Informationen aus dem Verbandsklageregister ergibt sich aus § 48 Abs. 2 S. 1.

16 Im Umfang seiner rechtlichen Bedeutung ist der Auszug für den Sachwalter **verbindlich** mit Blick darauf, dass eine Registrierung des Verbrauchers mit den hierfür notwendigen Angaben wirksam vorgenommen worden ist (§ 48 Abs. 2 S. 1 iVm § 46 Abs. 3). Die inhaltliche Prüfung der Anspruchsberechtigung obliegt dem Sachwalter im Rahmen von Nr. 3. Nicht gelistete Verbraucher darf der Sachwalter nicht berücksichtigen. Meldet sich ein nicht gelisteter Verbraucher bei ihm, hat er diesen darauf hinzuweisen, dass er sich zunächst beim Bundesamt für Justiz im Verbandsklageregister registrieren muss.[16]

III. Prüfung der Anspruchsberechtigung (Nr. 3)

17 Der Sachwalter hat die Berechtigung der am Umsetzungsverfahren teilnehmenden Verbraucher nach Maßgabe des Abhilfegrundurteils (§ 16 Abs. 2 S. 1 Nr. 1 und 2) zu prüfen. Es handelt sich um die **zentrale Aufgabe** des Sachwalters.[17] Hierfür gestaltet er das **Prüfverfahren** angemessen aus und trifft angemessene Vorkehrungen dafür, dass die Verbraucher die im Abhilfegrundurteil bestimmten Berechtigungsnachweise vorlegen können. Der Sachwalter nimmt insgesamt aber **keine materiell-rechtliche Prüfung** vor und ist deshalb auch mit einem gesetzlichen Richter nicht zu vergleichen.[18]

18 Inhaltlich kann es für die **Prüfung** des Sachwalters alleine auf die im **Abhilfegrundurteil** festgelegten **Parameter** ankommen. Soweit hierin die Verbraucher etwa zur Vorlage bestimmter Dokumente verpflichtet sind, müssen sie dem nachkommen. Für eine „großzügige Auslegung" des Abhilfegrundurteils, gleich ob zugunsten des Verbrauchers oder Unternehmers, besteht kein Raum,[19] ergibt sich dies doch schon mit Blick auf die Neutralitätspflicht des Sachwalters, der treuhänderisch sowohl für den Unternehmer als auch die Verbraucher tätig ist (→ Rn. 46 und → § 25 Rn. 5).

19 Dem Unternehmer steht es frei, Ansprüche von Verbrauchern ausdrücklich **unstreitig** zu stellen (§ 13 Abs. 1 S. 1 VDuG iVm § 138 Abs. 3 ZPO).[20] Auch wenn es sich beim Umsetzungsverfahren nicht um ein kontradiktorisches Verfahren handelt, muss der Sachwalter daran gebunden sein (→ § 13 Rn. 28).

20 Zur Prüfung, ob die Verbraucher anspruchsberechtigt sind, gehört auch, ob es sich tatsächlich um **Verbraucher** (§ 1 Abs. 1) oder **Kleinunternehmer** (§ 1 Abs. 2) handelt. Bei natürlichen Personen dürfte deren Verbrauchereigenschaft vermutet werden können, bei juristischen Personen oder Gesellschaften wäre der Nachweis für das Vorliegen der Voraussetzungen des § 1 Abs. 2 vom Kleinunternehmer zu führen.[21] Danach sind kleine Unternehmen solche, die weniger als zehn Personen

---

[15] Köhler/Bornkamm/Feddersen/Scherer VDuG § 27 Rn. 8.
[16] HK-VDuG/Röthemeyer VDuG § 27 Rn. 7.
[17] Anders/Gehle/Schmidt VDuG § 27 Rn. 4.
[18] Dahl/Linnenbrink NZI 2024, 33 (35); Schläfke/Lühmann NJW 2023, 3385 (3390).
[19] AA HK-VDuG/Röthemeyer VDuG § 27 Rn. 11.
[20] Zöller/Vollkommer VDuG § 27 Rn. 2.
[21] Zöller/Vollkommer VDuG § 27 Rn. 2.

beschäftigen und deren Jahresumsatz oder Jahresbilanz EUR 2.000.000,00 nicht übersteigt.

Bei Umsetzungsverfahren größeren Umfangs kommt etwa die Einrichtung eines **Online-Portals** in Betracht, über das die Verbraucher die erforderlichen Nachweise elektronisch übermitteln können (→ § 20 Rn. 13). Eingesetzt werden können auch **„Legal Tech Tools“,** um die Prüfung der Anspruchsberechtigung durch automatisierte Verfahren zu erleichtern (→ § 20 Rn. 12).[22] Insolvenzverwalter haben solche Techniken gerade in größeren Insolvenzverfahren bislang schon häufig genutzt. Mit dem Gläubigerinformationssystem (GIS) besteht etwa für die Gläubiger die Möglichkeit, Insolvenzverfahren online einzusehen, Information über den aktuellen Stand zu erhalten sowie Forderungen anzumelden und sich über deren Prüfungsergebnisse zu informieren.[23] Seit Inkrafttreten des Gesetzes zur weiteren Digitalisierung der Justiz am 17.7.2024 sind Insolvenzverwalter nach § 5 Abs. 5 S. 1 InsO verpflichtet, in allen Verfahren ein GIS vorzuhalten. Außerdem ist seit der Neufassung des § 174 Abs. 4 S. 1 InsO das Angebot zu einer elektronischen Forderungsanmeldung für Insolvenzverwalter verpflichtend.[24] Aus der Möglichkeit einer solchen Nutzung folgt, dass nicht etwa die Vorlage von Urkunden im Original verlangt werden muss, zumal Interessen des Unternehmers, der Beanstandungen spätestens im Widerspruchsverfahren (§ 28) vorbringen kann, nicht ernsthaft gefährdet sind.[25] 21

Nach Art. 9 Abs. 4 S. 1 Verbandsklagen-RL sollen die Mitgliedstaaten Vorschriften festlegen, um sicherzustellen, dass Verbraucher, die ausdrücklich oder stillschweigend ihren Willen geäußert haben, sich in einer Verbandsklage repräsentieren zu lassen, sich weder in anderen Verbandsklagen dieser Art aus demselben Klagegrund und gegen denselben Unternehmer repräsentieren lassen können noch die Möglichkeit haben, eine Einzelklage aus demselben Klagegrund und gegen denselben Unternehmer zu erheben. Die Mitgliedstaaten sollen ferner Vorschriften festlegen, um sicherzustellen, dass Verbraucher nicht mehr als einmal eine Entschädigung aus demselben Klagegrund gegen denselben Unternehmer erhalten (Art. 9 Abs. 4 S. 2 Verbandsklagen-RL). Es ist zu bezweifeln, dass, wie angenommen wird,[26] der Sachwalter anhand des Verbandsklageregisters, in das er gemäß § 48 Abs. 2 einen Anspruch auf Einsichtnahme und Übersendung eines Auszugs hat, überprüfen muss, ob eine solche **Mehrfach-Repräsentation** vorliegt. Schon rein faktisch dürfte er hierzu nicht in der Lage sein, erhält der Sachwalter doch nur Einsicht und Auskunft aus dem Verbandsklageregister hinsichtlich des Verfahrens, in dem er zum Sachwalter bestellt worden ist. Hinsichtlich eines anderen, vorangegangenen oder gar parallellaufenden Klageverfahrens hat er ersichtlich **keine Auskunftsrechte.** Solche dürften ihm auch aus datenschutzrechtlichen Gründen kaum erteilt werden können. Der Sache nach ist aber auch nicht einzusehen, dass der Verbraucher, sollte er in einem vorangegangenen Verfahren oder auch im Verhandlungswege bereits eine Teilzahlung erhalten haben, mit dem noch offenen Restbetrag nicht an der Abhilfeklage sollte teilnehmen dürfen. Nach § 46 Abs. 2 S. 2 ist der Verbraucher gehalten, bei der Anmeldung zum Verbandsklageregister auch Angaben zur Höhe seines Anspruchs zu machen (→ § 46 Rn. 25 ff.); insoweit 22

---

22 BT-Drs. 20/6520, 87.

23 Dahl/Linnenbrink NZI 2024, 33 (35).

24 BT-Drs. 20/10943; BT-Drs. 20/11788.

25 HK-VDuG/Röthemeyer VDuG § 27 Rn. 12.

26 Köhler/Bornkamm/Feddersen/Scherer VDuG § 27 Rn. 4, 11.

ist er verpflichtet, seinen Anspruch der Höhe nach auf den offenen Restbetrag zu beschränken. Dass die einmalige Teilnahme an einem Verfahren eine weitergehende – auch gerichtliche – Geltendmachung der Restforderung ausschließen soll, ist gerade nicht der Fall, wie § 39 zeigt, wonach der Verbraucher nach Abschluss des Umsetzungsverfahrens eventuell noch nicht bediente Forderungen im Wege der Individualklage geltend machen kann.

IV. Frist zur Vorlage der Berechtigungsnachweise (Nr. 4)

23 Der Sachwalter hat sicherzustellen, dass das Umsetzungsverfahren in **angemessener Zeit** durchgeführt wird. Sind die dazu erforderlichen Vorkehrungen getroffen, bedarf es nach der gesetzgeberischen Vorstellung[27] der Mitwirkung der Verbraucher, die Berechtigungsnachweise vorlegen und gegebenenfalls ergänzende Erklärungen abgeben müssen. Der Sachwalter kann und wird den Verbrauchern hierfür regelmäßig eine Frist setzen. Die Mitwirkung kann von den Verbrauchern bereits deshalb verlangt werden, weil es auch in deren Interesse liegt, das Umsetzungsverfahren so zügig wie möglich durchzuführen.[28]

24 Die **Frist** muss so beschaffen sein, dass Verbrauchern ausreichend Zeit zur Mitwirkung zur Verfügung steht. Der Umfang des Umsetzungsverfahren beeinflusst die Fristlänge ebenso wie die Komplexität der zu erbringenden Nachweise und die dafür zur Verfügung stehenden Kommunikationswege. Eine Frist von drei Wochen dürfte regelmäßig ausreichend sein.[29] Sollte im Einzelfall die einem Verbraucher gesetzte Frist nicht ausreichend sein, steht es dem Verbraucher frei, sich an den Sachwalter zu wenden und um **Fristverlängerung** zu bitten. Liegen glaubhafte und nachvollziehbare Gründe für eine Fristverlängerung vor, wird der Sachwalter regelmäßig gehalten sein, hierauf einzugehen. Mit der Fristsetzung sollte der Hinweis verbunden sein, dass die Nachweise bei nicht fristgerechter Vorlage gemäß Nr. 6 zurückgewiesen werden können.[30]

V. Frist für ergänzende Erklärungen (Nr. 5)

25 Bei unvollständigen oder unverständlichen Angaben kann der Sachwalter in Einzelfällen auf Ergänzungen der Verbraucher hinwirken. Zwecks **Vermeidung unnötiger Verzögerungen** kann und wird er dem betroffenen Verbraucher eine Frist setzen. Dies gilt auch für erforderliche ergänzende Erklärungen des Unternehmers.[31]

26 **Zweck der Regelung** ist nicht, Verbrauchern Gelegenheit zu geben, verfristete Vorlagen der Berechtigung nachzuholen.[32] Tatsächlich sollen die ergänzenden Erklärungen ausschließlich dazu dienen, Unklarheiten oder Ungereimtheiten aufzuklären, die sich aus den vorgelegten Dokumenten ergeben.

27 Anders als wohl erwogen wird,[33] kann der **Unternehmer** nicht zu ergänzenden Erklärungen insoweit herangezogen werden, als damit der Anspruch des Verbrauchers erst belegt werden würde. Es kann nicht darauf ankommen, ob der Verbrau-

---

27 BT-Drs. 20/6520, 87 f.
28 Köhler/Bornkamm/Feddersen/Scherer VDuG § 27 Rn. 12.
29 HK-VDuG/Röthemeyer VDuG § 27 Rn. 16.
30 Köhler/Bornkamm/Feddersen/Scherer VDuG § 27 Rn. 13.
31 BT-Drs. 20/6520, 88.
32 HK-VDuG/Röthemeyer VDuG § 27 Rn. 17.
33 HK-VDuG/Röthemeyer VDuG § 27 Rn. 17.

cher – aus welchen Gründen auch immer – Nachweise nicht oder nicht mehr erbringen kann, der Unternehmer aber dazu in der Lage wäre. Der Unternehmer kann auch im Umsetzungsverfahren nicht verpflichtet werden, den Anspruch des Verbrauchers durch Vorlage von Dokumenten oder Abgabe von Erklärungen **schlüssig** zu machen. Es muss insoweit beim Beibringungsgrundsatz verbleiben (→ § 13 Rn. 28), auch wenn es sich beim Umsetzungsverfahren nicht mehr um ein kontradiktorisches Verfahren handelt. Andernfalls würde der Verbraucher deutlich bessergestellt als bei einer Individualklage. Selbstverständlich ist der Sachwalter berechtigt, den Unternehmer schon vorab um Aufklärung zu bitten, wenn er etwa dazu neigt, einen Anspruch des Verbrauchers akzeptieren zu wollen, aber noch Restzweifel bestehen; so kann gegebenenfalls ein Widerspruchsverfahren durch den Unternehmer vermieden werden.

Mit der Fristsetzung sollte der **Hinweis** verbunden sein, dass die Nachweise bei nicht fristgerechter Vorlage gemäß Nr. 6 zurückgewiesen werden können. Nur bei entsprechendem Hinweis ist der Sachwalter zur Zurückweisung der ergänzenden Erklärungen nach Nr. 6 befugt; dies gilt nicht gegenüber dem Unternehmer, da die Regelung des Nr. 6 insoweit nur den Hinweis gegenüber dem Verbraucher erwähnt.[34] 28

VI. Zurückweisung nicht fristgerecht eingegangener Berechtigungsnachweise und Erklärungen (Nr. 6)

Mit dieser Regelung will der Gesetzgeber[35] einer **Verzögerung** der Abwicklung **vorbeugen.** Zu berücksichtigen hat der Sachwalter grundsätzlich ausschließlich fristgerecht eingegangene Nachweise und Erklärungen. Die Vorschrift gilt nicht gegenüber dem Unternehmer, da die Regelung des Nr. 6 insoweit nur den Hinweis gegenüber dem Verbraucher erwähnt.[36] Nicht fristgerecht eingereichte Nachweise oder nicht fristgerecht abgegebene Erklärungen kann er zurückweisen. Die Verbraucher sind darüber zu informieren, dass die Fristversäumnis die Zurückweisung von Nachweisen und Erklärungen zur Folge haben kann. Der Hinweis kann bereits bei der Aufforderung mit Fristsetzung gegeben werden. 29

Dem Sachwalter steht ein **Ermessen** zu, Fälle unverschuldeter Säumnis zu berücksichtigen. Dabei muss der Sachwalter allerdings keine aufwändige Prüfung vornehmen, sondern kann sich auf Plausibilitätsüberlegungen beschränken.[37] Bei der Ausübung des Ermessens wird der Sachwalter neben dem Verschulden insbesondere auch zu berücksichtigen haben, ob und in welchem Ausmaß die verspätete Übermittlung zur Verzögerung des Verfahrens führt.[38] Sind die verspätetet übersandten Nachweise in sich schlüssig und weitere Nachfragen entbehrlich, wird er im Zweifel von einer Zurückweisung absehen. Bei verspäteten Erklärungen wird der Sachwalter eine entsprechende Abwägung vornehmen. Soweit Fristversäumnisse entschuldigt sind, sanktioniert er sie nicht. Auch verspätete Erklärungen, die das Verfahren insgesamt nicht verzögern, wird er regelmäßig berücksichtigen. Nicht entschuldigt verfristet abgegebene Erklärungen, die weitere Aufklärung wie neuerliche Erklä- 30

34 Köhler/Bornkamm/Feddersen/Scherer VDuG § 27 Rn. 15; Anders/Gehle/Schmidt VDuG § 27 Rn. 5.
35 BT-Drs. 20/6520, 88.
36 Köhler/Bornkamm/Feddersen/Scherer VDuG § 27 Rn. 15; Anders/Gehle/Schmidt VDuG § 27 Rn. 5.
37 HK-VDuG/Röthemeyer VDuG § 27 Rn. 20.
38 Anders/Gehle/Schmidt VDuG § 27 Rn. 5.

rungsaufforderungen erforderlich machen, wird er zurückweisen.[39] Der Sache nach führt die Zurückweisung zur Nichtberücksichtigung des betroffenen Verbraucheranspruchs bei der Entscheidung über die Erfüllung nach Nr. 9 oder Nr. 11.

VII. Auszahlungsplan (Nr. 7)

31 Um einen Überblick über die Höhe der berechtigten Zahlungsansprüche aller Verbraucher zu erhalten, ist die **Aufstellung** eines **Auszahlungsplans** notwendig. Gleichzeitig kann der Sachwalter auf diese Weise feststellen, ob der kollektive Gesamtbetrag zur vollständigen Erfüllung sämtlicher Ansprüche ausreicht oder nur eine anteilige Erfüllung erfolgt.[40]

32 Ist eine **vollständige Erfüllung** mangels ausreichendem kollektiven Gesamtbetrags **nicht möglich,** hat der Sachwalter die klageberechtigte Stelle und den Unternehmer gemäß Nr. 8 von der Unterdeckung zu unterrichten. Der klageberechtigten Stelle obliegt dann die Entscheidung darüber, ob sie ein Erhöhungsverfahren nach § 21 Abs. 1 durchführen will. Ist dies der Fall, ruht während der Zeit des Erhöhungsverfahrens das Umsetzungsverfahren nach § 21 Abs. 2 S. 3. Selbstredend kann der Unternehmer den Fehlbetrag auch freiwillig auffüllen (→ § 21 Rn. 4).

33 Wird ein Erhöhungsverfahren nicht durchgeführt, hat der Sachwalter den Auszahlungsplan hinsichtlich der Höhe der berechtigten Auszahlungsansprüche entsprechend anzupassen und eine **quotale Verteilung** vorzusehen (→ § 21 Rn. 2).[41] Nach Abschluss des Umsetzungsverfahrens können in diesem Fall die Verbraucher wegen des noch nicht befriedigten Teils ihrer Ansprüche eine Individualklage gemäß § 39 erheben (→ § 21 Rn. 4). Hierbei kommt ihnen die Bindungswirkung des Abhilfegrundurteils nach § 11 Abs. 3 zugute.

34 Erst nach abschließender Aufstellung des Auszahlungsplans sollte der Sachwalter sinnvollerweise mit der **Erfüllung** der Verbraucheransprüche beginnen[42], auch wenn der Wortlaut des § 30 Abs. 2 S. 2 Nr. 2 eine andere Vorgehensweise vorzusehen scheint. Im Fall einer (vollständigen) Vorabbefriedigung einzelner Gläubiger, obwohl der kollektive Gesamtbetrag nicht zur Erfüllung sämtlicher berechtigter Verbraucheransprüche ausreicht, käme es zu einer Ungleichbehandlung der übrigen Gläubiger, die dann nur eine geringere quotale Befriedigung erhalten würden. Konsequenterweise sollte dann eine Auszahlung sogar nicht vor Abschluss des Widerspruchsverfahrens nach § 28 erfolgen, weil sich hieraus ergebende Änderungen im Auszahlungsplan noch angemessen berücksichtigt werden müssen.[43]

VIII. Informationspflichten bei nicht ausreichendem kollektivem Gesamtbetrag (Nr. 8)

35 Reicht der kollektive Gesamtbetrag absehbar nicht zur Erfüllung der berechtigten Zahlungsansprüche aller Verbraucher aus, hat der Sachwalter die Parteien (klageberechtigte Stelle und Unternehmer) darüber zu informieren und die Umstände darzulegen, die diesen Rückschluss zulassen. Für die klageberechtigte Stelle ist diese

---

[39] Vgl. zum Ganzen ebenso: HK-VDuG/Röthemeyer VDuG § 27 Rn. 20.

[40] BT-Drs. 20/6520, 88.

[41] Zu einer nicht Gesetz gewordenen, den Sachwalter weniger belastenden Alternative vgl. HK-VDuG/Röthemeyer VDuG § 27 Rn. 35.

[42] Anders/Gehle/Schmidt VDuG § 27 Rn. 6.

[43] Vgl. HK-VDuG/Röthemeyer VDuG § 27 Rn. 26 ff.

Information insbesondere von Bedeutung, um entscheiden zu können, ob sie ein Erhöhungsverfahren nach § 21 einleiten will, wenn der Unternehmer nicht freiwillig einen Nachschuss leistet (→ Rn. 32). Der Sachwalter kann in jeder Phase des Umsetzungsverfahrens entsprechend informieren, sobald er hinreichend sicher abschätzen kann, dass und in welchem Umfang der kollektive Gesamtbetrag nicht ausreichen wird.[44]

IX. Erfüllung berechtigter Ansprüche (Nr. 9)

Ergibt die Prüfung, dass ein Verbraucher die im Abhilfegrundurteil bestimmten Berechtigungsvoraussetzungen erfüllt und die vom Gericht bestimmten Berechtigungsnachweise vorgelegt hat, sorgt der Sachwalter dafür, dass der geltend gemachte **Verbraucheranspruch** aus dem dafür zur Verfügung stehenden Umsetzungsfonds **erfüllt** wird. Steht einem Verbraucher ein Zahlungsanspruch zu, dessen Höhe nach einer vom Gericht festgelegten Berechnungsmethode zu ermitteln ist, berechnet der Sachwalter die individuelle Anspruchshöhe. Ist die Forderungshöhe dagegen vom Gericht bestimmt, veranlasst der Sachwalter die Zahlung. Reicht der kollektive Gesamtbetrag nicht zur vollständigen Erfüllung der Ansprüche aller angemeldeten Verbraucher aus, sorgt der Sachwalter für eine gleichmäßige (quotale) Verteilung der zur Verfügung stehenden Summe.[45] Alle Zahlungen erfolgen unmittelbar aus dem Umsetzungsfonds durch Banküberweisung. Nachdem § 46 Abs. 2 eine Verpflichtung des Verbrauchers zur Angabe seiner Kontodaten bei der Anmeldung seiner Ansprüche zur Eintragung in der Verbandsklageregister nicht enthält, hat der Sachwalter die Verbraucher, möglichst bereits im Rahmen seiner Korrespondenz betreffend die Einreichung notwendiger Dokumente, zur Mitteilung der Kontodaten aufzufordern. 36

Anders als teilweise vertreten,[46] kann nicht pauschal angenommen werden, dass die **Erfüllung** berechtigter Zahlungsansprüche in **zeitlicher Hinsicht** erst nach Abschluss des Widerspruchsverfahrens nach § 28 Abs. 1–3 und gegebenenfalls gerichtlicher Überprüfung nach § 28 Abs. 4 zu beginnen hat. Vielmehr ist im Interesse des Beschleunigungsgrundsatzes zu differenzieren[47]: 37

1. Fallgruppe: Gemäß § 19 Abs. 1 kann das Gericht die Höhe des kollektiven Gesamtbetrags unter Würdigung aller Umstände nach freier Überzeugung bestimmen. Dem Gericht steht ein großer Spielraum bei der ihm erlaubten Schätzung zu, sodass es – auch ausweislich der Gesetzesbegründung – in deren Rahmen der Einfachheit halber auch von der vollen Berechtigung aller angemeldeten Verbraucheransprüche ausgehen darf (→ § 19 Rn. 18, dort auch zu Einschränkungen).[48] Steht aber fest, dass der kollektive Gesamtbetrag zur Begleichung aller von den Verbrauchern über das Verbandsklageregister angemeldeten Ansprüche unabhängig vom Prüfergebnis des Sachwalters ausreicht, kann der Sachwalter unmittelbar mit der Auszahlung beginnen. Ein solcher Maximalbetrag steht drei Wochen nach Schluss der mündlichen Verhandlung fest, weil die Verbraucher gemäß § 46 Abs. 1 S. 1 nur 38

---

44 HK-VDuG/Röthemeyer VDuG § 27 Rn. 31; Köhler/Bornkamm/Feddersen/Scherer VDuG § 27 Rn. 19.

45 BT-Drs. 20/6520, 88.

46 Vgl. HK-VDuG/Röthemeyer VDuG § 27 Rn. 32, 25ff.; wohl auch Köhler/Bornkamm/Feddersen/Scherer VDuG § 27 Rn. 20.

47 Ähnlich Bayat IWRZ 2023, 258 (263f.).

48 BT-Drs. 20/6520, 83; HK-VDuG/Röthemeyer VDuG § 19 Rn. 4.

noch bis zu diesem Zeitpunkt eine Eintragung in das Verbandsklageregister vornehmen können. Insbesondere die Durchführung des Widerspruchsverfahrens nach § 28 muss in einer solchen Konstellation nicht abgewartet werden, da das Widerspruchsverfahren nicht zum Ergebnis haben kann, dass der bereits eingezahlte kollektive Gesamtbetrag in Summe nicht ausreichen könnte. Je nach Ausgang des Widerspruchsverfahrens muss der Sachwalter entweder den Zahlungsanspruch des Verbrauchers aus dem vorhandenen Geld erfüllen oder einen etwaigen Überschuss an den Unternehmer nach Abschluss des Umsetzungsverfahren erstatten (§ 37).

39 **2. Fallgruppe:** Reicht der kollektive Gesamtbetrag nicht zur Erfüllung sämtlicher berechtigter Zahlungsansprüche aller angemeldeten Verbraucher aus und entscheidet sich die klageberechtigte Stelle zur Durchführung eines Erhöhungsverfahrens, bestimmt § 21 Abs. 2 S. 3, dass das Umsetzungsverfahren während des Erhöhungsverfahrens ruht (→ § 21 Rn. 18). Vom Ergebnis des Erhöhungsverfahrens hängt ab, ob der nach weiterer Einzahlung erhöhte kollektive Gesamtbetrag die Summe aller angemeldeten Ansprüche unabhängig vom Prüfergebnis des Sachwalters erreicht oder übersteigt (dann ist zu verfahren gemäß Fallgruppe 1), oder ob erst der Abschluss des Widerspruchsverfahrens nach § 28 abgewartet werden muss, um Sicherheit darüber zu erhalten, ob und in welcher Höhe nur eine Quotenzahlung statt einer vollen Befriedigung erfolgen kann (dann ist zu verfahren wie in Fallgruppe 3).

40 **3. Fallgruppe:** Reicht der kollektive Gesamtbetrag nicht zur Erfüllung sämtlicher berechtigter Zahlungsansprüche aus und wird keine Erhöhungsverfahren durchgeführt, kann der Sachwalter die Verbraucher nur quotal bedienen. Die Vorschrift des Nr. 9 geht insoweit selbst vom Grundsatz der pro-rata-Verteilung aus (→ § 21 Rn. 2).[49] Die genaue Höhe der Quote steht in diesem Fall erst nach Abschluss des Widerspruchsverfahrens nach § 28 Abs. 1–3 und des sich gegebenenfalls anschließenden gerichtlichen Prüfverfahrens nach § 28 Abs. 4 fest. Es ist deshalb gerechtfertigt und geboten, erst im Anschluss daran mit der Auszahlung der Ansprüche zu beginnen. Andernfalls würde eine nicht zu rechtfertigende Ungleichbehandlung der Verbraucher drohen. Eine frühere Auszahlung wäre dem Sachwalter nur dann möglich, wenn er für die im Streit stehenden Forderungen Rückstellungen bilden und nach Abschluss des Widerspruchsverfahrens eine Nachtragsverteilung der gegebenenfalls freiwerdenden Beträge vornehmen würde. Da es sich hierbei heruntergebrochen auf die berechtigten Verbraucher regelmäßig nur um äußerst geringe Beträge handeln dürfte, steht die zeit- und kostenintensive Durchführung einer Nachtragsverteilung in keinem Verhältnis zu dem Nachteil, der dadurch entsteht, dass mit der Auszahlung zugewartet wird.

X. Andere Leistung als Zahlung (Nr. 10)

41 Ist der **Anspruch** des Verbrauchers **nicht auf Zahlung gerichtet,** fordert der Sachwalter den Unternehmer zur Erfüllung des konkreten Einzelanspruchs auf. Dies ist etwa der Fall, wenn der Unternehmer zu Reparaturleistungen oder zur Neulieferung mangelfreier Produkte verurteilt worden ist. Um sicherzustellen, dass der Anspruch des berechtigten Verbrauchers binnen angemessener Zeit erfüllt wird, setzt der Sachwalter dem Unternehmer eine Frist zur Leistung und vergewissert sich, ob der Einzelanspruch fristgerecht erfüllt worden ist. Zu diesem Zweck ver-

[49] Köhler/Bornkamm/Feddersen/Scherer VDuG § 21 Rn. 12; HK-VDuG/Röthemeyer VDuG § 21 Rn. 2; Anders/Gehle/Schmidt VDuG § 21 Rn. 2.

langt der Sachwalter vom Unternehmer eine Anzeige der Erfüllung mit entsprechenden Nachweisen.[50]

Zur Angemessenheit der **Frist** ist auf den Einzelfall abzustellen. Sind etwa Produkte an eine Vielzahl von Verbrauchern zu liefern, müssen auch Herstellungskapazitäten und -zeiträume berücksichtigt werden, bei Reparaturleistungen die Werkstattkapazitäten. In Massenverfahren bietet es sich an, gestaffelt mehrere Fristen zu setzen, damit die vom Unternehmer durchzuführenden Handlungen ratierlich und vom Sachwalter kontrollierbar erfolgen können.[51] 42

Im Einvernehmen mit dem Unternehmer kann der Sachwalter die Modalitäten der Leistung angepasst an das individuelle Umsetzungsverfahren so festlegen, dass die Leistung möglichst **effizient** und **zügig** erbracht wird. Hierbei wird er – anders als angenommen[52] – regelmäßig dafür sorgen, dass etwa eine Lieferung von Produkten direkt vom Unternehmer an die Verbraucher erfolgt. Es dürfte insofern weder zweckdienlich noch kostenorientiert sein, wenn es zunächst zu einer Lieferung an den Sachwalter käme, der diese dann an die Verbraucher weiterverteilen müsste. 43

Erbringt der Unternehmer die Leistung nicht innerhalb der vom Sachwalter gesetzten Frist, ist es Aufgabe des Sachwalters, durch **Zwangsvollstreckung** gemäß § 29 Abs. 1 die Leistung an die berechtigten Verbraucher bewirken zu lassen. Auf Antrag des Sachwalters ordnet das Gericht an, dass der Unternehmer durch Zwangsgeld und für den Fall, dass dieses nicht beigetrieben werden kann, durch Zwangshaft zur Vornahme der anderen vertretbaren Handlung oder der nicht vertretbaren Handlung angehalten wird. Für die Zwecke der Vollstreckung der Zwangsmittel tritt der Sachwalter nach § 29 Abs. 1 S. 2 an die Stelle des Gläubigers (→ § 29 Rn. 11). 44

XI. Ablehnung der Erfüllung (Nr. 11)

Ergibt die Prüfung des Sachwalters, dass die im Abhilfegrundurteil festgelegten Berechtigungsvoraussetzungen und -nachweise im Einzelfall **nicht erfüllt** oder vorgelegt worden sind, oder ergibt die Prüfung, dass der geltend gemachte Anspruch nicht in voller Höhe besteht, lehnt der Sachwalter die Erfüllung ganz oder teilweise ab. Der betroffene Verbraucher kann der Ablehnungsentscheidung widersprechen (§ 28).[53] 45

D. Sonstiges

Nicht zu Unrecht kritisiert Stadler,[54] dass **Regelungen** zur **genauen Abwicklung** wie etwa mögliche Zug-um-Zug Rückgabepflichten der Verbraucher **fehlen.** Er will dem Sachwalter deshalb zubilligen, entsprechende Einschränkungen der Auszahlung vorsehen zu können. Dem ist zuzustimmen. Richtig ist, dass der Sachwalter als **Doppeltreuhänder** sowohl Pflichten gegenüber den anmeldenden Verbrauchern als Sicherungstreuhänder als auch gegenüber dem Unternehmer als 46

---

[50] BT-Drs. 20/6520, 88f.

[51] Vgl zum Ganzen HK-VDuG/Röthemeyer VDuG § 27 Rn. 37.

[52] Köhler/Bornkamm/Feddersen/Scherer VDuG § 27 Rn 23.

[53] BT-Drs. 20/6520, 89.

[54] Musielak/Voit/Stadler VDuG § 27 Rn. 1.; so auch Mekat/Amrein RAW 2023, 23 (29).

Verwaltungstreuhänder hat (ebenso → § 25 Rn. 5), für deren schuldhafte Verletzung er unter den Voraussetzungen des § 31 haftet.[55]

47 Wie vorstehend erwähnt (→ Rn. 22), dürfte es für den Sachwalter nicht möglich sein, aufzuklären und zu prüfen, ob bei am Umsetzungsverfahren teilnehmenden Verbrauchern im Einzelfall eine **Mehrfach-Repräsentation** gegeben ist. Es darf deshalb angenommen werden, dass der Gesetzgeber die Vorgaben aus Art. 9 Abs. 4 Verbandsklagen-RL nicht umgesetzt hat. Denkbar scheint insoweit jedenfalls, dass in § 46 Abs. 2 eine **zusätzliche Regelung** dergestalt aufgenommen wird, dass der Verbraucher bei der Anmeldung seiner Ansprüche zur Eintragung in das Verbandsklageregister auch versichern muss, dass er seine Ansprüche nicht bereits gegen den Unternehmer in einem anderen Verfahren geltend gemacht hat, oder aber zumindest klarstellt, dass er bereits einen Teilbetrag erhalten hat.

§ 28 Widerspruchsverfahren

(1) **Der Sachwalter teilt dem betroffenen Verbraucher und dem Unternehmer in Textform mit, ob sich ein Anspruch nach Prüfung ganz oder teilweise als berechtigt erweist.**

(2) **[1]Der betroffene Verbraucher und der Unternehmer können vorbehaltlich einer Entscheidung nach § 18 Absatz 3 binnen vier Wochen nach Zugang der Mitteilung des Sachwalters widersprechen. [2]Der Widerspruch ist in Textform an den Sachwalter zu richten und zu begründen.**

(3) **Der Sachwalter übermittelt dem betroffenen Verbraucher und dem Unternehmer seine Entscheidung über den Widerspruch in Textform.**

(4) **[1]Der betroffene Verbraucher und der Unternehmer können bei dem Prozessgericht des Abhilfeverfahrens binnen zwei Wochen nach Zugang der Widerspruchsentscheidung des Sachwalters eine gerichtliche Entscheidung über den Widerspruch beantragen, soweit sie durch die Widerspruchsentscheidung des Sachwalters beschwert sind. [2]Das Gericht entscheidet durch Beschluss. [3]Es kann die Entscheidung auf einen Einzelrichter übertragen. [4]Die Entscheidung kann im schriftlichen Verfahren nach Anhörung des betroffenen Verbrauchers und des Unternehmers ergehen. [5]§ 78 Absatz 1 Satz 1 der Zivilprozessordnung ist nicht anzuwenden. [6]Die Entscheidung des Gerichts ist unanfechtbar.**

Literatur: Heerma, Das geplante Verbraucherrechtedurchsetzungsgesetz: Abhilfeurteile und deren Umsetzung nach dem VDuG, ZZP 2023, 425.

Übersicht

[55] Musielak/Voit/Stadler VDuG § 27 Rn. 1.

A. Überblick und Normzweck

Das in §28 geregelte Widerspruchsverfahren[1] stellt eine Maßnahme zur **Überprüfung** der Tätigkeit und Aufgabenerfüllung des **Sachwalters** im Rahmen dessen Prüfungsverpflichtung gemäß §27 Nr. 3 dar. Der Verbraucher muss den Nachweis erbringen, dass er gemäß dem Abhilfegrundurteil Inhaber der auf seinen Namen lautenden angemeldeten Forderungen – dem Grunde und der Höhe nach – ist, um seinen Anteil am kollektiven Gesamtbetrag ausgezahlt zu erhalten. Der Sachwalter teilt nach §28 Abs. 1 dem Verbraucher und dem Unternehmer das Ergebnis seiner darauf beruhenden Anspruchsprüfung mit. Entscheidet der Sachwalter zumindest teilweise entgegen dem Begehren des Verbrauchers, kommt es also zu einer vollständigen oder teilweisen Ablehnung des Anspruchs, dann steht dem Verbraucher gemäß §28 Abs. 2 die Möglichkeit offen, im Rahmen eines Widerspruchsverfahrens die Entscheidung des Sachwalters zu rügen. Dieser erhält Gelegenheit zum „Überdenken" seiner Entscheidung.[2] Dieselbe Möglichkeit hat der Unternehmer nach der Mitteilung, dass der Sachwalter einen Anspruch des Verbrauchers ganz oder teilweise für gegeben hält. 1

Die daraufhin getroffene **Widerspruchsentscheidung** teilt der Sachwalter nach §28 Abs. 3 dem Verbraucher und dem Unternehmer mit. Hilft der Sachwalter dem Widerspruchsführer nicht ab, steht dem dadurch beschwerten Unternehmer oder Verbraucher die Möglichkeit offen, die Widerspruchsentscheidung nach §28 Abs. 4 S. 1 gerichtlich überprüfen zu lassen. Die **Entscheidung** des Gerichts ist **unanfechtbar,** §28 Abs. 4 S. 6. 2

Soweit Verbraucher oder Unternehmer durch die Entscheidung des Gerichts beschwert sind, steht dem Verbraucher zur Durchsetzung seines Anspruchs die **Individualklage** nach §39 offen (→ §39 Rn. 12f.), während der Unternehmer gem. §40 eine **Klage** gegen den einzelnen Verbraucher auf **Herausgabe der ungerechtfertigten Bereicherung** geltend machen kann (→ §40 Rn. 6ff.). Nach §§39, 40 Abs. 1 können hierbei nur Gründe geltend gemacht werden, die vor dem Prozessgericht des Abhilfeverfahrens oder im Widerspruchsverfahren nach §28 nicht hätten geltend gemacht werden können. 3

Ziel der Norm soll insgesamt eine **Effizienzsteigerung** sein, analog zum verwaltungsrechtlichen Widerspruchsverfahren. Sowohl Verbraucher als auch Unternehmer sollen nicht gehalten sein, unmittelbar Individualklagen nach §39 oder §40 anstrengen zu müssen.[3] 4

B. Umsetzung der Richtlinie

§28 hat **keine Entsprechung** in der Verbandsklagen-RL. ErwG 12 S. 1 Verbandsklagen-RL stellt klar, dass die Verbandsklagen-RL keine allumfassende, vollharmonisierende Regelung darstellt. Mit Blick auf ErwG 50 S. 2, 4 Verbandsklagen-RL lässt sich lediglich feststellen, dass die Schaffung eines Umsetzungsverfahrens mit einem Sachwalter die gleiche Zielrichtung wie die Richtlinie aufweist. 5

---

[1] Vergleichend zur Rechtsnatur der Vollstreckungserinnerung gemäß §766 ZPO HK-VDuG/Röthemeyer VDuG §28 Rn. 3.

[2] Köhler/Bornkamm/Feddersen/Scherer VDuG §28 Rn. 1f.

[3] Vgl. Köhler/Bornkamm/Feddersen/Scherer VDuG §28 Rn. 5.

Die Gesetzesbegründung der Bundesregierung nimmt daher auf keinen Artikel oder Erwägungsgrund Bezug.[4] Soweit sich in der Begründung zu Abs. 3 eine Bezugnahme auf Art. 9 Abs. 6 und ErwG 50 Verbandsklagen-RL findet, kommt den dortigen Ausführungen keine Bedeutung mehr zu, da nach der Beschlussempfehlung des Rechtsausschusses die Regelung des Abs. 4 in die endgültige Gesetzesfassung eingefügt wurde.[5]

6 Der Normtext hat während des **Gesetzgebungsprozesses** eine Reihe von Änderungen erfahren. Abs. 1 ist unverändert geblieben. Bei Abs. 2 empfahl der Rechtsausschuss zur Bestimmung des Fristbeginns die Einfügung des Zusatzes „nach Zugang der Mitteilung des Sachwalters". Diese wurde klarstellend umgesetzt.[6] Erst durch die Beschlussempfehlung des Rechtsausschusses wurde § 28 Abs. 4, der eine gerichtliche Überprüfung der Widerspruchsentscheidung des Sachwalters vorsieht, in das Gesetz eingefügt.[7] Folgerichtig wurde gleichzeitig die vormalig im Gesetzentwurf in § 28 Abs. 3 S. 2 enthaltene Regelung gestrichen, wonach die Entscheidung des Sachwalters unanfechtbar sein sollte.[8]

7 Die Streichung des im Gesetzentwurf der Bundesregierung vorgesehenen § 28 Abs. 3 S. 2 und die damit verbundene Einführung des § 28 Abs. 4 trägt auch der Kritik des BIVA-Pflegeschutzbundes in seiner Stellungnahme Rechnung, wonach wenigstens eine **gerichtliche Überprüfung** der **Entscheidung** des **Sachwalters** gefordert wurde, weil es nicht angehe, dass dem Verbraucher nach einer Widerspruchsentscheidung durch den Sachwalter, der eine eigentlich hoheitliche Aufgabe als Privatperson wahrnimmt, keine gerichtliche Überprüfungsmöglichkeit zur Verfügung steht.[9]

8 In der Literatur wird die Streichung der Unanfechtbarkeit der Entscheidung des Sachwalters, die ursprünglich in § 28 Abs. 3 S. 2 vorgesehen war, zwar aus verfassungsrechtlichen Gründen für geboten gehalten, die im parlamentarischen Verfahren gefundene Lösung aber gleichwohl aufgrund eines immanenten **Missbrauchsrisikos kritisiert.**[10] Befürchtet wird, dass die beabsichtigte Entlastung der Individualgerichte von post-kollektiven Verfahren konterkariert wird. So könnten an Verzögerung interessierte Unternehmer eine flächige gerichtliche Überprüfung auch bei geringer oder fehlender Erfolgsaussicht vornehmen lassen. Auf Verbraucherseite könnten skalengetriebene Modelle von Legal-Tech-Unternehmen zu einer massenhaften Anrufung des Prozessgerichts der Abhilfeklage führen. Für das Prozessgericht der Abhilfeklage bestünde die Gefahr, dass es mit einer Vielzahl von unter Umständen niedrigschwelligen Einzelfragen konfrontiert wird, ohne damit endgültig über die Einzelverfahren zu entscheiden.

9 Der Sache nach wurde der Rechtsbehelf gegen die Widerspruchsentscheidung des Sachwalters nach § 28 Abs. 4 zu Recht eingefügt, um sicherzustellen, dass das Prozessgericht und nicht der Sachwalter, dem **keine richterlichen Befugnisse** zukommen, abschließend über die Anspruchsberechtigung der angemeldeten Verbraucher nach Maßgabe des Abhilfegrundurteils entscheiden kann. Die Vorschrift

---

[4] BT-Drs. 20/6520, 87.
[5] BT-Drs. 20/7631, 26.
[6] BT-Drs. 20/7631, 109.
[7] BT-Drs. 20/6520, 87.
[8] Vgl. BT-Drs. 20/7631, 27.
[9] BIVA Stellungnahme VRUG, 9; vgl. dazu auch Musielak/Voit/Stadler VDuG § 28 Rn. 1 mwN.
[10] HK-VDuG/Röthemeyer VDuG § 28 Rn. 1.

enthält einen Kompromiss zwischen Beschleunigung des Umsetzungsverfahrens einerseits und hinreichendem Rechtsschutz gegen die Entscheidung des Sachwalters andererseits. Deshalb ist folgerichtig, dass das Prozessgericht der Abhilfeklage die Entscheidung des Sachwalters überprüft, nicht aber abschließend über das Bestehen des Anspruchs des Verbrauchers gegen den Unternehmer entscheidet. Für die vollumfängliche Prüfung des einzelnen Anspruchs auch mit weitergehenden Beweismitteln als denjenigen, die im Abhilfegrundurteil zum Beleg der Anspruchsberechtigung aufgeführt sind, verbleibt es bei der allgemeinen amts- oder landgerichtlichen Zuständigkeit über §§ 39, 40.

C. Regelungsgegenstand

10 Die Norm regelt das Widerspruchsverfahren als einem dem Umsetzungsverfahren immanenten Rechtsbehelf. Widerspruchsbefugt sind neben den Verbrauchern auch der Unternehmer, der sich gegen die Anerkennung eines Anspruchs wehren kann.[11]

I. Mitteilung des Prüfungsergebnisses (Abs. 1)

11 Der Sachwalter prüft gemäß § 27 Nr. 3 jeden im Umsetzungsverfahren zu berücksichtigenden Verbraucheranspruch nach Maßgabe des Abhilfegrundurteils (§ 16 Abs. 2 S. 1 Nr. 1) und teilt das Ergebnis der Anspruchsprüfung dem betroffenen Verbraucher und dem Unternehmer mit (→ § 27 Rn. 17 ff.).[12] Fällt das **Prüfungsergebnis positiv** aus, nimmt der Verbraucher an der Verteilung des kollektiven Gesamtbetrags teil bzw. erhält er Befriedigung seines nicht auf Zahlung gerichteten Anspruchs, sofern der Unternehmer nicht erfolgreich Widerspruch einlegt. Für den Unternehmer bildet die Mitteilung also die Informationsgrundlage dafür, ob er gem. § 28 Abs. 2 Widerspruch einlegen soll. Bei **negativem Prüfungsergebnis** ist die Mitteilung die zentrale Information für die Entscheidung des Verbrauchers, ob er gem. § 28 Abs. 2 der Entscheidung des Sachwalters widersprechen möchte.

12 Ob die Mitteilung des Sachwalters über sein Prüfergebnis zu **begründen** ist, ist nicht geregelt. Für alle Beteiligten ist dies jedoch sinnvoll und aus Effizienzgründen zumindest faktisch geboten, erfährt doch der Verbraucher bei einem ablehnenden Ergebnis erst hierdurch, warum sein Anspruch nicht anerkannt wurde und kann nur mit einer Begründung abwägen, ob er diesen Mangel im Widerspruchsverfahren beseitigen kann. Umgekehrt gilt selbiges für den Unternehmer, der den vorausgegangenen Schriftverkehr zwischen Sachwalter und Verbraucher regelmäßig nicht kennen wird.[13]

13 Der Sachwalter muss die Mitteilung gem. § 126b BGB in **Textform** verfassen. Ist durch Gesetz Textform vorgeschrieben, so muss eine lesbare Erklärung, in der die Person des Erklärenden genannt ist, auf einem dauerhaften Datenträger abgegeben werden. Ein solcher ist jedes Medium, das es dem Empfänger ermöglicht, eine auf dem Datenträger befindliche, an ihn persönlich gerichtete Erklärung so aufzubewahren oder zu speichern, dass sie ihm während eines für ihren Zweck angemessenen

---

[11] Anders/Gehle/Schmidt VDuG § 28 Rn. 1.
[12] BT-Drs. 20/6520, 89.
[13] HK-VDuG/Röthemeyer VDuG § 28 Rn. 5.

Zeitraums zugänglich sowie geeignet ist, die Erklärung unverändert wiederzugeben. Die Voraussetzungen der Textform werden definitionsgemäß auch durch die Schriftform (§ 126 BGB), die elektronische Form (§ 126a BGB), die notarielle Beurkundung und die öffentliche Beglaubigung erfüllt. Die Textform, die die geringsten Anforderungen stellt, kann daher durch alle anderen Formen ersetzt werden.[14]

14 Der **Zugang** der Mitteilung lässt die vierwöchige Widerspruchsfrist gem. § 28 Abs. 2 S. 1 beginnen. Wer aus einer Erklärung Rechte herleiten will, muss die Einhaltung des Textformerfordernisses beweisen. Dies gilt sowohl für die Frage der formwirksamen Abgabe der Erklärung als auch für den formwirksamen Zugang empfangsbedürftiger Erklärungen. Das daraus resultierende Beweisproblem lässt sich bei elektronischen Erklärungen etwa mit Bestätigungsanforderungen oder Kontrollprogrammen lösen.[15]

15 Eine **förmliche Belehrung** von Verbrauchern und Unternehmer über das Widerspruchsrecht und die Widerspruchsfrist nach Abs. 2 ist nicht vorgesehen. Auch wenn der Sachwalter keine Richterfunktion innehat, sondern als Partei kraft Amtes fungiert (ebenso → § 25 Rn. 25), dürfte es aus verfahrensökonomischen Gründen sinnvoll und angezeigt sein, wenn er analog § 232 S. 1 ZPO seiner Mitteilung über das Prüfergebnis eine Rechtsbehelfsbelehrung hinsichtlich des Widerspruchsverfahrens beifügt.[16] Andernfalls besteht das Risiko, Verbraucher und Unternehmer mangels Kenntnis über eine Widerspruchsmöglichkeit in die die Instanzgerichte belastenden Individualklagen nach §§ 39, 40 zu treiben.

II. Widerspruch durch Verbraucher und Unternehmer (Abs. 2)

16 Hält der Sachwalter einen konkreten Verbraucheranspruch im Umsetzungsverfahren für ganz oder teilweise berechtigt, kann der Unternehmer dem Prüfungsergebnis widersprechen. Ergibt die Prüfung, dass ein konkreter Verbraucheranspruch ganz oder teilweise abzulehnen ist, kann der betroffene Verbraucher dem Prüfungsergebnis widersprechen. Um die zügige Abwicklung des Umsetzungsverfahrens nicht zu gefährden, ist der Widerspruch innerhalb von vier Wochen nach der Sachwalterentscheidung zu erheben. Durch das Begründungserfordernis wird sichergestellt, dass der Widerspruch nicht ins Blaue hinein erfolgt und dem Sachwalter konkrete Anhaltspunkte an die Hand gegeben werden, um seine Ausgangsentscheidung zu überprüfen.[17]

17 Der Verbraucher ist durch das Prüfungsergebnis des Sachwalters **beschwert,** soweit sein Anspruch nicht akzeptiert wird. Der Unternehmer ist beschwert, soweit dem Verbraucher ein Anspruch zuerkannt wird. Revidiert der Sachwalter mit der Widerspruchsentscheidung nach Abs. 3 seine ursprüngliche Entscheidung über die Berechtigung des Verbraucheranspruchs, sei sie zustimmend oder ablehnend gewesen, bedeutet die Widerspruchsentscheidung für den anderen Teil eine **erstmalige Beschwer.**[18] Es wird vertreten, dass derjenige, der durch die Widerspruchsentscheidung erstmalig beschwert wird, seinerseits wiederum das Widerspruchsverfahren nach Abs. 1 betreiben können muss.[19] Hiergegen spricht aber die

[14] MüKoBGB/Einsele BGB § 126b Rn. 10.
[15] MüKoBGB/Einsele BGB § 126b Rn. 13 mwN.
[16] HK-VDuG/Röthemeyer VDuG § 28 Rn. 8.
[17] BT-Drs. 20/6520, 89.
[18] Köhler/Bornkamm/Feddersen/Scherer VDuG § 28 Rn. 5.
[19] Anders/Gehle/Schmidt VDuG § 28 Rn. 3.

Begründung in der Beschlussempfehlung des Rechtsausschusses.[20] Dort heißt es ausdrücklich, dass dem betroffenen Verbraucher und dem Unternehmer mit Abs. 4 S. 1 die Möglichkeit eingeräumt wird, gegen die Widerspruchsentscheidung des Sachwalters einen besonderen Rechtsbehelf zum Prozessgericht des Abhilfeverfahrens zu erheben, soweit sie durch die Widerspruchsentscheidung **erstmals oder weiterhin beschwert** sind.[21]

Dieser Rechtsbehelf ist in **Textform** iSv § 126b BGB an den Sachwalter zu richten. Die **Widerspruchsfrist** beträgt vier Wochen und beginnt mit Zugang der Mitteilung des Sachwalters. Für die Berechnung der Frist gelten gem. § 13 Abs. 1 S. 1 VDuG iVm § 222 Abs. 1 ZPO die §§ 187, 188 Abs. 2 BGB.[22] Das Gericht hat die Möglichkeit nach § 18 Abs. 3, ausnahmsweise eine angemessene längere Frist zu bestimmen. Eine Verlängerung der Frist durch den Sachwalter ist im Gesetz nicht vorgesehen und kann auch nicht erfolgen.[23] Dies folgt schon daraus, dass der Sachwalter als Partei kraft Amtes und nicht als Richter fungiert (→ Rn. 15 und → § 25 Rn. 25). Es steht ihm nicht zu, eine gesetzlich angeordnete Frist eigenmächtig zu verlängern. 18

III. Widerspruchsentscheidung des Sachwalters (Abs. 3)

Der Sachwalter kann dem Widerspruch abhelfen oder aber an dem Prüfergebnis festhalten. Die Widerspruchsentscheidung ist dem betroffenen Verbraucher sowie dem Unternehmer in Textform iSv § 126b BGB zu übermitteln. Der **Zugang** der **Widerspruchsentscheidung** löst die Frist von zwei Wochen aus, binnen derer der betroffene Verbraucher oder der Unternehmer beim Prozessgericht des Abhilfeverfahrens eine gerichtliche Entscheidung über den Widerspruch beantragen kann, § 28 Abs. 4 S. 1. (→ Rn. 14). Da die Entscheidung in Textform ergeht, erhalten der betroffene Verbraucher und der Unternehmer einen Nachweis über das Prüfungsergebnis im Widerspruchsverfahren. Dieser kann in einem späteren Gerichtsverfahren vorgelegt werden, sollten später Ansprüche auf dem Individualklageweg verfolgt werden.[24] 19

Nicht geregelt hat der Gesetzgeber, ob bei Einlegung eines Widerspruchs der anderen Seite (Verbraucher oder Unternehmer) **Gelegenheit zur Stellungnahme** zu geben ist. Einer Ansicht nach bedürfe es mit Blick auf die Frage, ob und in welcher Höhe ein Betrag auszuzahlen ist, zur Wahrung des rechtlichen Gehörs des jeweils anderen Teils dessen Einbeziehung in das Rechtsbehelfsverfahren.[25] Anderer Auffassung nach ist der Sachwalter insoweit frei.[26] Beiden Auffassungen ist aber darin zuzustimmen, dass zur Effizienzsteigerung des Verfahrens inklusive der Vermeidung eines gerichtlichen Verfahrens nach Abs. 4 die gegebenenfalls mit einer Stellungnahme des anderen Teils verbundene Verzögerung in Kauf genommen werden sollte. Auf diese Weise besteht schließlich auch die Möglichkeit, dass der Sachwalter unter Einbeziehung von Verbraucher und Unternehmer auf eine abschließende vergleichsweise Einigung hinwirkt. 20

---

[20] BT-Drs. 20/7631, 110.

[21] So auch Zöller/Vollkommer VDuG § 28 Rn. 4.

[22] Anders/Gehle/Schmidt VDuG § 28 Rn. 2.

[23] AA Anders/Gehle/Schmidt VDuG § 28 Rn. 2; unklar HK-VDuG/Röthemeyer VDuG § 28 Rn. 11.

[24] BT-Drs. 20/6520, 89.

[25] Heerma ZZP 135 (2023), 425 (450).

[26] HK-VDuG/Röthemeyer VDuG § 28 Rn. 14.

21 Da es sich bei den Fristen zur Vorlage der Berechtigungsnachweise und sonstiger Erklärungen (§ 27 Nr. 4 und 5) ebenso wie bei der Widerspruchsfrist selbst nicht um Ausschlussfristen handelt, steht es im **Ermessen** des Sachwalters, ob er verspätet eingegangene neue Erkenntnisse berücksichtigt und dem Widerspruch trotzdem abhilft.[27] Es gelten insoweit dieselben Maßstäbe wie im Rahmen von § 27 Nr. 4 und 5 (→ § 27 Rn. 29 f.).

22 Wie auch seine Ausgangsentscheidung sollte der Sachwalter die Widerspruchsentscheidung **begründen** (→ Rn. 12).

IV. Gerichtliche Entscheidung über den Widerspruch (Abs. 4)

23 Dem betroffenen Verbraucher und dem Unternehmer wird mit Abs. 4 S. 1 die Möglichkeit eingeräumt, gegen die Widerspruchsentscheidung des Sachwalters einen besonderen Rechtsbehelf zum **Prozessgericht** des **Abhilfeverfahrens** zu erheben, soweit sie durch die Widerspruchsentscheidung erstmals oder weiterhin beschwert sind. Das Gericht hat daraufhin über den Widerspruch zu entscheiden. Seine Entscheidungskompetenz bleibt dabei auf die Reichweite des Widerspruchs beschränkt. Es hat daher allein die **Richtigkeit** der **Entscheidung** des **Sachwalters** nachzuprüfen[28], also zu beurteilen, ob der betroffene Verbraucher die Voraussetzungen zur Teilnahme am Umsetzungsverfahren erfüllt (§ 26) und die im Abhilfegrundurteil zugelassenen Berechtigungsnachweise (§ 16 Abs. 2 S. 1 Nr. 2) vorgelegt hat. Alle weiteren Tatsachen und Rechtsfragen, die den individuellen Anspruch des betroffenen Verbrauchers betreffen, sind ggf. in den nicht beim Prozessgericht des Abhilfeverfahrens, sondern nach den allgemeinen Regelungen bei den zuständigen Amts- oder Landgerichten zu führenden gerichtlichen Anschlussverfahren (§§ 39, 40) zu klären. Das betrifft insbesondere Fälle, in denen der betroffene Verbraucher seine Berechtigung nur mit alternativen, im Abhilfegrundurteil nicht zugelassenen Mitteln – etwa durch Zeugenbeweis – nachweisen kann oder der Unternehmer individuelle Einwendungen gegen den vom Verbraucher erhobenen Anspruch geltend macht. Das auf eine zügige abschließende Klärung angelegte besondere Widerspruchsverfahren nach Abs. 4 ist nicht geeignet, solche in den Anspruchsbeziehungen diverser Verbraucher zum verurteilten Unternehmer auftretenden Besonderheiten abschließend zu klären.[29]

24 Der Rechtsbehelf dient dem Rechtsschutz und der **Sicherung zutreffender Auslegung des Abhilfeurteils** und mittelbar auch der Entlastung der Gerichte von etwa nachfolgenden Individualklagen.[30]

25 Bei der Beantragung einer gerichtlichen Entscheidung über den Widerspruch handelt es sich um einen auf **zwei Wochen befristeten** Rechtsbehelf. Die Frist beginnt mit Zugang der Widerspruchsentscheidung (§ 28 Abs. 4 S. 1). Der Zugang ist damit zu dokumentieren (→ Rn. 14).[31] Für die Fristberechnung und die Wiedereinsetzung in den vorigen Stand gelten die allgemeinen Vorschriften (§ 13 Abs. 1 S. 1 VDuG iVm § 222 Abs. 1 ZPO iVm §§ 187 f. BGB sowie §§ 233 f. ZPO).[32]

---

[27] Ausführlich HK-VDuG/Röthemeyer VDuG § 28 Rn. 12.

[28] Dies harmoniert damit, dass das Gericht im Umsetzungsverfahren nur eine Rechtsaufsicht ausübt → § 30 Rn. 12.

[29] So insgesamt die Begründung in der Beschlussempfehlung des Rechtsausschusses zur Einfügung von § 28 Abs. 4, BT-Drs. 20/7631, 110.

[30] HK-VDuG/Röthemeyer VDuG § 28 Rn. 18.

[31] Anders/Gehle/Schmidt VDuG § 28 Rn. 5; Zöller/Vollkommer VDuG § 28 Rn. 4.

[32] HK-VDuG/Röthemeyer VDuG § 28 Rn. 19.

Da gemäß § 28 Abs. 4 S. 5 für das Widerspruchsverfahren § 78 Abs. 1 S. 1 ZPO nicht anzuwenden ist, besteht für den Antrag **kein Anwaltszwang.** Hieraus resultiert, dass keine Pflicht zur Einreichung elektronischer Dokumente gemäß § 130d ZPO besteht, wenn Verbraucher oder Unternehmer den Antrag selbst stellen, was für die gerichtliche Bearbeitung ein deutliches Erschwernis darstellen kann.[33] Eine bestimmte Form für den Antrag auf gerichtliche Entscheidung sieht Abs. 4 nicht vor. Nach den allgemeinen Regeln des VDuG gelten § 13 Abs. 1 S. 1 VDuG iVm §§ 130, 130a ZPO (Brief, Fax, elektronisches Dokument – keine E-Mail). Der Widerspruch bedarf keiner Begründung.[34] 26

Das OLG entscheidet gemäß Abs. 4 S. 2 durch **Beschluss.** Eine mündliche Verhandlung ist nicht erforderlich, wohl aber die Gewährung **rechtlichen Gehörs** (Abs. 4 S. 4). Zu hören ist neben dem Verbraucher und dem Unternehmer auch der Sachwalter, immerhin geht es um die Überprüfung seiner Entscheidung.[35] Die Entscheidung kann auf einen **Einzelrichter** übertragen werden (Abs. 4 S. 3). Das ist sachgerecht, denn die Überprüfung der Entscheidung des Sachwalters erfolgt auf der Grundlage des Abhilfegrundurteils (§ 16).[36] Die Entscheidung des Gerichts ist **unanfechtbar** (Abs. 4 S. 6). 27

Inhaltlich beschränkt sich die **Prüfung** des OLG alleine auf die Richtigkeit der Widerspruchsentscheidung des Sachwalters, also darauf, ob der Verbraucher gem. § 26 am Umsetzungsverfahren teilnimmt, er die Voraussetzungen der Anspruchsberechtigung gemäß § 16 Abs. 2 Nr. 1 erfüllt, er die zu erbringenden Berechtigungsnachweise gem. § 16 Abs. 2 Nr. 2 vorgelegt hat und der Sachwalter diese auch nicht zurecht zurückgewiesen hat (§ 27 Nr. 6).[37] Soweit vertreten wird[38], andere Handlungen des Sachwalters wie etwa Fristsetzungen und Zurückweisungen nach § 27 Nr. 4, 5, 6 und 10 seien nicht überprüfbar, kann dem nicht gefolgt werden. Entsprechende Zurückweisungen führen für den Verbraucher in aller Regel zu einer Versagung der Teilnahme am Umsetzungsverfahren, sind also elementarer Bestandteil der Prüfung und Entscheidung durch den Sachwalter. Hat sich der Sachwalter bei einer entsprechenden Entscheidung im Rahmen seines Ermessens bewegt, war die Entscheidung und damit auch die Widerspruchsentscheidung des Sachwalters zutreffend und kann vom Gericht nicht korrigiert werden.[39] Nicht richtig ist die Ansicht, dass das Gericht, sollte es im Rahmen seiner gerichtlichen Entscheidung eine generelle Fehlinterpretation des Abhilfegrundurteils durch den Sachwalter feststellen, sei es dass er bestimmte Nachweise nicht genügen lässt oder umgekehrt unzutreffend anerkennt, parallel den Sachwalter auch anweisen können soll, bei ihm bereits abgeschlossene Vorgänge entsprechend abzuändern.[40] Bei Abs. 4 handelt es sich um einen Individualrechtsschutz, der sowohl von Seiten des Unternehmers als auch von Seiten der Verbraucher in jedem Einzelfall geltend ge- 28

---

[33] Anders/Gehle/Schmidt VDuG § 28 Rn. 6.

[34] Zöller/Vollkommer VDuG § 28 Rn. 4.

[35] Anders/Gehle/Schmidt VDuG § 28 Rn. 8; aA HK-VDuG/Röthemeyer VDuG § 28 Rn. 24; offenbar auchKöhler/Bornkamm/Feddersen/Scherer VDuG § 28 Rn. 14; Zöller/Vollkommer VDuG § 28 Rn. 4.

[36] Anders/Gehle/Schmidt VDuG § 28 Rn. 7.

[37] So auch Anders/Gehle/Schmidt VDuG § 28 Rn. 7; Zöller/Vollkommer VDuG § 28 Rn. 5.

[38] HK-VDuG/Röthemeyer VDuG § 28 Rn. 22.

[39] AA HK-VDuG/Röthemeyer VDuG § 28 Rn. 23.

[40] So aber HK-VDuG/Röthemeyer VDuG § 28 Rn. 27.

macht werden kann und auch muss. Folgerichtig besteht auch kein Widerspruchsrecht für die klageberechtigte Stelle.[41] Im Übrigen ist das Umsetzungsverfahren vom Beschleunigungsgrundsatz geprägt. Wer sich in diesem Rahmen nicht um seine eigenen Belange kümmert, muss den steinigen Weg des Individualrechtsschutzes nach §§ 39, 40 beschreiten.

29 **Gerichtsgebühren** sollen für das Verfahren nach Abs. 4 nicht anfallen.[42] Lässt sich ein Verbraucher oder der Unternehmer anwaltlich vertreten, sind die hierfür entstehenden Kosten unabhängig vom Ausgang der gerichtlichen Entscheidung selbst zu tragen.

§ 29 Zwangsmittel gegen den Unternehmer

(1) [1]Kommt der Unternehmer einer Aufforderung des Sachwalters zur Erfüllung eines Anspruchs eines Verbrauchers, der auf eine andere vertretbare Handlung als Zahlung oder auf eine nicht vertretbare Handlung gerichtet ist, nicht fristgerecht nach, so kann das Gericht auf Antrag des Sachwalters anordnen, dass der Unternehmer durch Zwangsgeld und für den Fall, dass dieses nicht beigetrieben werden kann, durch Zwangshaft zur Vornahme der anderen vertretbaren Handlung oder der nicht vertretbaren Handlung anzuhalten sei. [2]Für die Zwecke der Vollstreckung der Zwangsmittel tritt der Sachwalter an die Stelle des Gläubigers.

(2) [1]Auf andere vertretbare Handlungen als Zahlung ist § 888 der Zivilprozessordnung mit Ausnahme seines Absatzes 1 Satz 1 entsprechend anzuwenden; § 887 Absatz 1 und 2 der Zivilprozessordnung ist auf solche Handlungen nicht anzuwenden. [2]Auf nicht vertretbare Handlungen ist § 888 Absatz 1 Satz 1 der Zivilprozessordnung nicht anzuwenden.

Literatur: Meller-Hannich, Der RefE für ein Verbandsklagenrichtlinienumsetzungsgesetz (VRUG), DB 2023, 628.

Übersicht

[41] Heerma ZZP 135 (2023), 425 (453).
[42] HK-VDuG/Röthemeyer VDuG § 28 Rn. 28.

A. Überblick und Normzweck

1 § 29 stellt eine **vollstreckungsrechtliche** Vorschrift dar.[1] Sie betrifft nicht den Fall, dass der Unternehmer im Urteil zu einer Zahlung an namentlich benannte Verbraucher (§ 16 Abs. 1 S. 2) oder im Abhilfe**end**urteil zu einer Zahlung eines kollektiven Gesamtbetrags verurteilt wurde (§ 18 Abs. 2).[2] Denn im erstgenannten Fall gilt das allgemeine Zwangsvollstreckungsrecht der ZPO (→ Rn. 9) und im letztgenannten Fall ist im Umsetzungsverfahren vorgesehen, dass der Sachwalter berechtigte Ansprüche der Verbraucher unmittelbar durch Zahlung aus dem Umsetzungsfonds erfüllt (→ Rn. 9 und → § 25 Rn. 27 ff.). Die Vorschrift betrifft stattdessen nur diejenigen Fälle, in denen das OLG den Unternehmer im Abhilfegrundurteil zur Leistung einer **anderen vertretbaren Handlung als Zahlung,** etwa Reparatur oder Ersatzleistung (→ Rn. 10), oder **zur Leistung einer nicht vertretbaren Handlung** (→ Rn. 10) verurteilt hat (§ 16 Abs. 1 S. 1),[3] der Unternehmer dem Abhilfeendurteil jedoch nicht nachkommt.

2 **Sinn und Zweck** der Regelung ist, die Ansprüche der Verbraucher auch in diesen Fällen zügig durchzusetzen. Denn diese haben für das Erkenntnisverfahren typischerweise schon längere Zeit auf einen Vollstreckungstitel gewartet und sollen nicht auch noch im Umsetzungsverfahren eine Verzögerung der Anspruchserfüllung hinnehmen müssen. Anstelle der bei vertretbaren Handlungen üblichen Ermächtigung des Vollstreckungsgläubigers, die Handlung auf Kosten des Vollstreckungsschuldners durch einen Dritten vornehmen zu lassen (vgl. § 887 ZPO), wird – wie es der Regelfall bei nicht vertretbaren Handlungen ist (vgl. § 888 ZPO) – grundsätzlich Druck zur Anspruchserfüllung durch Zwangsgeld und Zwangshaft ausgeübt. Da über § 13 Abs. 1 S. 1 die Norm des § 887 ZPO anwendbar gewesen wäre,[4] brauchte es eine Sondervorschrift, die deren Anwendbarkeit ausschließt.

3 Die für die Praxis maßgeblichen Fragen zur Höhe des Zwangsgelds, zur Dauer der subsidiär zulässigen Zwangshaft sowie alle Details zum Haftbefehl (sog. Ersatzzwangshaft[5]) regelt nicht das VDuG, sondern über die allgemeine **Verweisvorschrift des § 13 Abs. 1 S. 1** die ZPO in § 888 ZPO und in den §§ 802g ff. ZPO.[6] Viele für die Praxis maßgebliche Fragen wurden im VDuG nicht geregelt, insbesondere das Problem, dass der Unternehmer die Tatsachen für den Antrag des Sachwalters **bestreiten kann** und damit im Umsetzungsverfahren streitige Tatsachen **geklärt** werden müssen (→ Rn. 24).

4 Spiegelnorm zu § 29 ist § 30, der nicht den Unternehmer, sondern den Sachwalter betrifft, der ebenfalls mit einem Zwangsgeld zur Erfüllung von Pflichten angehalten werden kann.

---

1 Ähnlich HK-VDuG/Röthemeyer VDuG § 29 Rn. 1; Zöller/Vollkommer VDuG § 29 Rn. 1.
2 HK-VDuG/Röthemeyer VDuG § 29 Rn. 1; Zöller/Vollkommer VDuG § 29 Rn. 1.
3 Anders/Gehle/Schmidt VDuG § 29 Rn. 1; Zöller/Vollkommer VDuG § 29 Rn. 2.
4 Köhler/Bornkamm/Feddersen/Scherer VDuG § 29 Rn. 1.
5 HK-VDuG/Röthemeyer VDuG § 29 Rn. 8.
6 Köhler/Bornkamm/Feddersen/Scherer VDuG § 29 Rn. 11.

B. Umsetzung der Richtlinie

5 § 29 hat **kein direktes Vorbild** in der Verbandsklagen-RL (vgl. aber ErwG 12 S. 1, wonach die Verbandsklagen-RL nicht die Regelung jedes Aspekts, insbesondere keine Vollharmonisierung, anstrebt).[7] Die Gesetzesbegründung der Bundesregierung nennt daher bei § 29 keinen zugrunde liegenden Artikel oder Erwägungsgrund.[8] Die Verbandsklagen-RL kennt kein Umsetzungsverfahren und demzufolge keine Zwangsmaßnahmen in der Umsetzungsphase. Themenverwandt ist allerdings ErwG 69 Verbandsklagen-RL, der vergleichbare Zwangsmaßnahmen für die Durchsetzung der Unterlassungsentscheidung erwähnt. Danach sollten die Mitgliedstaaten dafür sorgen, dass Sanktionen wie Geldbußen oder **Zwangsgelder** verhängt werden können (ErwG 69 S. 2 Verbandsklagen-RL). Solche Maßnahmen sollen **abschreckend** und **verhältnismäßig** sein (ErwG 69 S. 1 Verbandsklagen-RL), was für die Bestimmung der Höhe des Zwangsgelds bzw. der Dauer der Zwangshaft zu berücksichtigen ist. § 29 ist insoweit richtlinienkonform auszulegen.

6 Im **Referentenentwurf** waren für § 29 Abs. 2 noch zwei weitere Sätze vorgesehen, wonach gegen den Beschluss des Gerichts auf Anordnung der Zwangsmittel die sofortige Beschwerde statthaft (S. 3) und hierfür § 793 ZPO entsprechend anwendbar sein sollte (S. 4).[9] Diese beiden Sätze wurden für den RegE nicht übernommen.[10] Die Nichtübernahme wurde im **RegE** zwar nicht begründet, dafür wuchs die Begründung des § 29 um einen Satz an, wonach gegen den Beschluss die Rechtsbeschwerde statthaft sei, wenn diese zugelassen wurde, und sich deren Zulässigkeit nach den allgemeinen Vorschriften bestimmen soll (→ Rn. 30).[11] Diese Anpassung im RegE erscheint **stimmig:** Zwar entspricht das Umsetzungsverfahren einem Vollstreckungsverfahren, sodass als Vollstreckungsrechtsbehelf die sofortige Beschwerde nach § 793 ZPO nicht gänzlich fernliegend gewesen wäre. Da es hier aber um eine Entscheidung des OLG geht, erscheint es insgesamt stimmiger, auf die Vorschriften zur Rechtsbeschwerde abzustellen und die dortigen Grundsätze anzuwenden, mithin dem OLG die Entscheidung aufzuerlegen, ob die Voraussetzungen für eine Zulassung der Rechtsbeschwerde zum BGH gegeben sind.

7 Sowohl der RefE als auch der RegE hatten § 29 nur für andere vertretbare Handlungen als Zahlung konzipiert, nicht aber für **nicht vertretbare Handlungen.**[12] Dieser Vollstreckungsgegenstand wurde erst durch den 6. Ausschuss (Rechtsausschuss) des 20. Deutschen Bundestags ergänzt und folglich zweimal in Abs. 1 eingefügt. In der Folge wurde Abs. 2 um einen S. 2 ergänzt, der für diese nicht vertretbaren Handlungen die allgemeine Vorschrift des § 888 Abs. 1 S. 1 ZPO für nicht anwendbar erklärt.[13] Diese Änderung ging auf den Bundesrat zurück.[14] Sie sollte **klarstellender Natur** sein. Bei nicht vertretbaren Handlungen

[7] Köhler/Bornkamm/Feddersen/Scherer VDuG § 29 Rn. 5.
[8] Vgl. BT-Drs. 20/6520, 86.
[9] VRUG-RefE, 17.
[10] BT-Drs. 20/6520, 20.
[11] BT-Drs. 20/6520, 90.
[12] VRUG-RefE, 17; BT-Drs. 20/6520, 20.
[13] BT-Drs. 20/7631, 27f.
[14] BT-Drs. 20/6878, 4.

sollen die Ansprüche erst recht durch Zwangsgeld und (subsidiär) Zwangshaft durchgesetzt werden.[15]

8 In den Stellungnahmen der **Verbände** wurde § 29 nur von einem Verband thematisiert und kritisiert, dass für andere vertretbare Handlungen als Zahlung von § 887 ZPO abgewichen werden soll. Es wurde ausgeführt, dass es effizienter sein dürfte, den Sachwalter zur Vornahme der Handlung zu ermächtigen und nur dann auf Zwangsgeld oder Zwangshaft zurückzugreifen, wenn weder der Sachwalter noch ein von ihm beauftragter Dritter die Handlung vornehmen kann.[16]

C. Zwangsmittel und Zuständigkeit (Abs. 1)

I. Fallgruppen in der Zwangsvollstreckung (Abs. 1 S. 1)

9 Abs. 1 setzt ein nach § 24 eröffnetes Umsetzungsverfahren voraus.[17] Das Umsetzungsverfahren tritt sinngemäß an die Stelle des Zwangsvollstreckungsverfahrens der ZPO.[18] Typisch für das Zwangsvollstreckungsrecht der ZPO ist die Unterteilung zwischen dem Grund der Vollstreckung („Wegen was wird vollstreckt?") und dem Vollstreckungsgegenstand („In was wird vollstreckt?"). Die im Zwangsvollstreckungsrecht besonders ausführlich geregelte Zwangsvollstreckung wegen Geldforderungen (§§ 802a-882i ZPO) wird auch bei Abhilfeklagen benötigt, wenn der Unternehmer zur Zahlung an namentlich benannte Verbraucher verurteilt wurde (§ 16 Abs. 1 S. 2; **1. Fallgruppe;** für einen doppelten Ausnahmefall → Einleitung Rn. 16).[19] Vollstreckungsgläubiger ist dann die vormalig klageberechtigte Stelle.[20] Die genannten Vorschriften der ZPO werden im Umsetzungsverfahren hingegen auf die Regelung des § 25 Abs. 3 S. 1 verschlankt, wenn der Unternehmer zur Zahlung eines kollektiven Gesamtbetrags verurteilt wurde **(2. Fallgruppe):** Berechtigte Ansprüche von Verbrauchern auf Zahlung erfüllt der Sachwalter unmittelbar durch Zahlung aus dem Umsetzungsfonds (§ 25 Abs. 3 S. 1; → § 25 Rn. 27 ff.).[21] Dies setzt allerdings voraus, dass der Unternehmer die im Abhilfeendurteil ausgeurteilten Beiträge geleistet hat, da erst dann das OLG die Eröffnung des Umsetzungsverfahrens beschließt (§ 24). Kommt der Unternehmer diesen Zahlpflichten nicht nach, muss die klageberechtigte Stelle als Titelgläubigerin – nicht der Sachwalter – die **Zahlung vom Unternehmer erzwingen** und hierzu die Vollstreckungstatbestände der §§ 808, 829, 857, 864 ZPO nutzen, die über § 13 Abs. 1 S. 1 anwendbar sind.[22] Der Sachwalter ist deshalb nicht zuständig, da es noch an der Eröffnung des Umsetzungsverfahrens fehlt.

10 Im allgemeinen Zwangsvollstreckungsrecht der ZPO ist bei der Zwangsvollstreckung zur Erzwingung von Handlungen zwischen **vertretbaren und nicht ver-**

---

[15] BT-Drs. 20/7631, 112; bestätigend Anders/Gehle/Schmidt VDuG § 29 Rn. 1.

[16] BIVA Stellungnahme VRUG, 9.

[17] Köhler/Bornkamm/Feddersen/Scherer VDuG § 29 Rn. 6.

[18] BT-Drs. 20/6520, 83.

[19] HK-VDuG/Röthemeyer VDuG § 29 Rn. 1.

[20] HK-VDuG/Röthemeyer VDuG § 29 Rn. 1; Zöller/Althammer VDuG § 16 Rn. 3.

[21] Im Ergebnis ebenso HK-VDuG/Röthemeyer VDuG § 29 Rn. 1; Zöller/Vollkommer VDuG § 29 Rn. 1.

[22] Vgl. BT-Drs. 20/6520, 82; ähnlich auch Köhler/Bornkamm/Feddersen/Scherer VDuG § 29 Rn. 4, 6.

tretbaren Handlungen zu unterscheiden. Während der Vollstreckungstatbestand des § 887 ZPO für vertretbare Handlungen den Anspruch im Wege einer Ersatzvornahme durchsetzt,[23] sieht der Vollstreckungstatbestand des § 888 ZPO für nicht vertretbare Handlungen die Durchsetzung im Wege von Zwangsgeld oder Zwangshaft vor. Grundidee ist, dass bei einer vertretbaren Handlung diese auch durch einen Dritten – etwa ein anderes Unternehmen – vorgenommen werden kann, während bei nicht vertretbaren Handlungen der Vollstreckungsgläubiger darauf angewiesen ist, dass der Vollstreckungsschuldner den Vollstreckungstitel erfüllt. **Beispielsweise** kann die Nachlieferung oder Nachbesserung eines Standard-Artikels iS einer Gattungsschuld regelmäßig auch von Dritten durchgeführt werden, sodass das primäre Ziel des Vollstreckungsgläubigers erreicht werden würde und sich das Problem auf die Kostenerstattung durch den Vollstreckungsschuldner verschieben würde. Die von den Referenten des VDuG in der Gesetzesbegründung genannten Beispiele für vertretbare Handlungen sind die **Reparatur** und die **Ersatzleistung.**[24] Ein weiteres Beispiel ist die Verurteilung des Unternehmers zu einer **Neuberechnung.**[25] Anders als für das allgemeine Zwangsvollstreckungsrecht beschrieben, sollen jedoch andere vertretbare Handlungen als Zahlung im Umsetzungsverfahren einheitlich durch die Zwangsmittel Zwangsgeld und Zwangshaft durchgesetzt werden **(3. Fallgruppe).** Bei nicht vertretbaren Handlungen sieht der Rechtsstaat sowohl im allgemeinen Zwangsvollstreckungsrecht als auch im Umsetzungsverfahren nach dem VDuG nur noch zwei Möglichkeiten vor, das Zwangsgeld und die Zwangshaft **(4. Fallgruppe).** Beide Zwangsmittel sind im Übrigen **keine Strafen,**[26] sondern Mittel des Staates, den durch seine Gerichte geschaffenen Vollstreckungstitel notfalls auch gegen den Willen des verurteilten Unternehmers durchzusetzen. Zwangsgeld und Zwangshaft sind also Reaktionen auf die Renitenz des Vollstreckungsschuldners, trotz Rechtskraft der Entscheidung des Erkenntnisverfahrens sich nicht fügen zu wollen. Bei der 3. und 4. Fallgruppe gilt § 29 schließlich unabhängig davon, ob die im Abhilfegrundurteil ausgeurteilte Handlung gegenüber namentlich benannten Verbrauchern oder kollektiv an die berechtigten Verbraucher vorzunehmen ist, allerdings steht dem OLG in **geeigneten Fällen** ein eigenes **Ermessen** zu, direkt durch (End-)Urteil zu entscheiden und kein Umsetzungsverfahren anordnen zu müssen, wenn **beide Sonderfälle** zusammen auftreten: Die Verurteilung des Unternehmers zu einer **anderen** Leistung als Zahlung an **namentlich** benannte Verbraucher (ebenso und ausführlicher → § 14 Rn. 22 und 34; → § 16 Rn. 42; → § 22 Rn. 5; → Einleitung Rn. 16).[27]

II. Antragsberechtigung und weitere Zuständigkeit des Sachwalters (Abs. 1 S. 1 und 2)

11 Für § 29 gilt die **Dispositionsmaxime.** Das OLG entscheidet folglich nur auf Antrag und nicht von Amts wegen. **Antragsberechtigt** ist nur der Sachwalter, nicht ein angemeldeter Verbraucher, nicht die Gesamtheit der angemeldeten Ver-

---

23 Meller-Hannich DB 2023, 628 (633); HK-VDuG/Röthemeyer VDuG § 29 Rn. 1; Zöller/Vollkommer VDuG § 29 Rn. 1.

24 BT-Drs. 20/6520, 90; bestätigend Meller-Hannich DB 2023, 628 (633).

25 Zöller/Vollkommer VDuG § 29 Rn. 1.

26 HK-VDuG/Röthemeyer VDuG § 29 Rn. 6.

27 HK-VDuG/Röthemeyer VDuG § 29 Rn. 3.

braucher[28] und auch nicht die klageberechtigte Stelle. Dies ergibt sich nicht nur aus Abs. 1 S. 1, sondern auch aus S. 2, wonach der Sachwalter für die Zwecke der Vollstreckung der Zwangsmittel an die Stelle des Gläubigers tritt. Stellt der Sachwalter den Antrag nach § 29 Abs. 1 S. 1 nicht, obwohl die Voraussetzungen vorliegen, kann dies eine Pflichtverletzung iSv § 31 darstellen, die – entsteht den berechtigten Verbrauchern ein Schaden – zur **Haftung des Sachwalters** führen kann. Denn die Antragsberechtigung ist vom Sachwalter **treuhänderisch** für die berechtigten Verbraucher auszuüben.[29]

Der Sachwalter muss keine konkrete Höhe des Zwangsgelds und keine konkrete **12** Dauer der Zwangshaft beantragen (zu einem beispielhaften, konkreten Antrag → Rn. 17). Er kann die Höhe bzw. Dauer des Zwangsmittels in das Ermessen des OLG stellen und bei seinem Antrag eine ihm verhältnismäßig erscheinende Untergrenze nennen. **Beispiel:** „Gegen den Antragsgegner wird wegen Zuwiderhandlung gegen die im Abhilfegrundurteil des Oberlandesgerichts Frankfurt am Main vom 17.2.2025 – 8 VKl 3/24 enthaltene Verpflichtung, den am Umsetzungsverfahren teilnehmenden berechtigten Verbrauchern für Produkt ABC Nachlieferung zu leisten, für jede nicht nachgewiesene Erfüllung der Aufforderung des Antragstellers vom 1.3.2025 ein Zwangsgeld festgesetzt, welches in das Ermessen des Gerichts gestellt wird, jedoch zumindest EUR 150 betragen sollte."

Der **Sachwalter tritt** für die Zwecke der Vollstreckung der Zwangsmittel **an die** **13** **Stelle des Gläubigers** (Abs. 1 S. 2). Hintergrund dieser Regelung ist, dass das Abhilfegrundurteil als Teil des Vollstreckungstitels (→ Rn. 19) nicht auf den Sachwalter, sondern die klageberechtigte Stelle lautet.[30] Die klageberechtigte Stelle ist bei § 29 jedoch nicht mehr involviert. In dem in → Rn. 17 genannten Beispiel müssen daher die berechtigten Verbraucher nicht beantragen, dass das Zwangsgeld beigetrieben bzw. die Zwangshaft durchgeführt wird. Diesen Antrag stellt der Sachwalter.

III. Zuständigkeit des Gerichts und Anhörungspflicht (Abs. 1 S. 1)

Für die Entscheidung über den Antrag des Sachwalters ist das Gericht zuständig. **14** Gemeint ist das in § 22 Abs. 1 genannte Prozessgericht der Abhilfeklage,[31] also im Regelfall das **OLG,** in dessen Bezirk sich der allgemeine Gerichtsstand des Unternehmers befindet (§ 3 Abs. 1; sofern einer der Sonderfälle des § 3 Abs. 2 oder 3 vorliegt, ist dieses Gericht für die Abhilfeklage und somit auch für das Umsetzungsverfahren und folglich für die Entscheidung über den Zwangsmittelantrag zuständig). Das OLG ist damit – entgegen der Konzeption der ZPO – ausnahmsweise auch **Vollstreckungsorgan.**[32] Es entscheidet der **Senat.** Eine Übertragung auf den Einzelrichter kommt nicht in Betracht, wie ein Umkehrschluss zu § 28 Abs. 4 S. 3 deutlich macht, wo im Umsetzungsverfahren ein Übertragungsbeschluss zugelassen wird (→ § 30 Rn. 16). Es fehlt an einer planwidrigen Regelungslücke, da sich der Gesetzgeber ausweislich § 28 Abs. 4 S. 3 mit der Übertragung auf den Einzelrichter

---

[28] Köhler/Bornkamm/Feddersen/Scherer VDuG § 29 Rn. 9.

[29] HK-VDuG/Röthemeyer VDuG § 29 Rn. 4.

[30] Köhler/Bornkamm/Feddersen/Scherer VDuG § 29 Rn. 8.

[31] Anders/Gehle/Schmidt VDuG § 29 Rn. 3.

[32] Zöller/Vollkommer VDuG § 29 Rn. 2. Mindestens missverständlich Musielak/Voit/Stadler VDuG § 29 Rn. 1, die beim Sachwalter die „Vollstreckungszuständigkeit" sieht, obwohl diesem nur ein Antragsrecht zusteht.

im Umsetzungsverfahren befasst hat. Dass die geltende Rechtslage wenig überzeugt, kann nicht vom Rechtsanwender, sondern nur vom Gesetzgeber geändert werden.

15 § 29 regelt nicht, ob das OLG den Antragsgegner – den Unternehmer – zu dem vom Sachwalter gestellten Antrag hören muss. Das OLG muss die Zwangsmittel aufgrund von § 29 Abs. 2 S. 1 (für den Fall einer anderen vertretbaren Handlung als Zahlung) bzw. § 13 Abs. 1 S. 1 VDuG (für den Fall einer nicht vertretbaren Handlung) iVm § 888 Abs. 2 ZPO zwar **nicht androhen,**[33] es hat den Antragsgegner **aber** gemäß § 13 Abs. 1 S. 1 VDuG iVm § 891 S. 2 ZPO zu dem gestellten Antrag **zu hören**[34]. Dazu kann der Vorsitzende beispielsweise verfügen, dass der Antragsgegner binnen einer oder zwei Wochen zu dem Antrag des Sachwalters Stellung nehmen kann.

IV. Antrag und Tenor (Abs. 1 S. 1)

16 Primäres Zwangsmittel ist das Zwangsgeld. Es wird durch einen **Beschluss** angeordnet. Die Höhe des **einzelnen** Zwangsgelds bestimmt sich nach § 29 Abs. 2 S. 1 (für den Fall einer anderen vertretbaren Handlung als Zahlung) bzw. § 13 Abs. 1 S. 1 VDuG (für den Fall einer nicht vertretbaren Handlung) iVm § 888 Abs. 1 S. 2 ZPO und darf den Betrag von EUR 25.000 nicht übersteigen.[35] Die maximale Zwangsgeldhöhe deckt sich mit der Parallelnorm betreffend den Sachwalter (§ 30 Abs. 3 S. 2). Zwangsgeld wird an die **Justizkasse**[36] des jeweiligen Bundeslands bezahlt, in dem das OLG seinen Sitz hat, nicht an die Verbraucher, nicht an die klageberechtigte Stelle und auch nicht an den Sachwalter.

17 **Antrag** und **Tenor** lauten **beispielsweise:**

„Gegen den Antragsgegner wird wegen Zuwiderhandlung gegen die im Abhilfegrundurteil des Oberlandesgerichts Frankfurt am Main vom 17.2.2025 – 8 VKl 3/24 enthaltene Verpflichtung, den am Umsetzungsverfahren teilnehmenden berechtigten Verbrauchern für Produkt ABC Nachlieferung zu leisten, für jede nicht nachgewiesene Erfüllung nach der Aufforderung des Antragstellers vom 1.3.2025 ein Zwangsgeld von EUR 200 festgesetzt“.[37] Bei natürlichen Personen als Unternehmer kann im Antrag beispielsweise ergänzt werden bzw. muss im Tenor angefügt werden: „und für den Fall, dass dieses nicht beigetrieben werden kann, fünf Tage Zwangshaft angeordnet“.

Diesem fiktiven Beispiel liegt das Produkt ABC zugrunde, welches einen Verkaufspreis von EUR 1.000 hat. Ferner ist von 8.000 berechtigten Verbrauchern auszugehen. **Verhältnismäßig** iSv ErwG 69 S. 1 Verbandsklagen-RL erscheint daher nur ein solches Zwangsgeld, welches unter der Hälfte, jedenfalls bei der ersten Anordnung auch unter einem Drittel des Verkaufspreises der Sache liegt. Zudem hat das OLG den für Verbandsklagen typischen Multiplikationseffekt zu berücksichtigen. Im Beispiel kann ein Zwangsgeld von EUR 200 bei 8.000 berechtigten Verbrauchern zu einer Zahlpflicht von EUR 1.600.000 (!) führen. Der **Wert des Ver-**

---

[33] BT-Drs. 20/6520, 90; Köhler/Bornkamm/Feddersen/Scherer VDuG § 29 Rn. 12.

[34] Zöller/Vollkommer VDuG § 29 Rn. 4.

[35] HK-VDuG/Röthemeyer VDuG § 29 Rn. 7; Köhler/Bornkamm/Feddersen/Scherer VDuG § 29 Rn. 11.

[36] Zöller/Vollkommer VDuG § 29 Rn. 5.

[37] Vgl. zu ähnlichen Formulierungsbeispielen Schuschke/Walker/Kessen/Thole, Vollstreckung und Vorläufiger Rechtsschutz, § 888 ZPO Rn. 40.

fahrensgegenstandes besteht in der Summe des angeordneten Zwangsgeldes, hier also EUR 1.600.000. Schließlich hat das OLG zu berücksichtigen, dass Zwangsmittel ggf. **wiederholt**[38] **angeordnet** werden müssen und daher nicht schon bei der ersten Anordnung das maximal verhältnismäßige Zwangsgeld angeordnet werden sollte. Umgekehrt hat das OLG zu bedenken, dass ein zu geringes Zwangsgeld das gesetzgeberische Ziel nicht erreichen kann, den entgegenstehenden Willen des Unternehmers zu überwinden und die im Erkenntnisverfahren ausgeurteilte Pflicht durchzusetzen.[39]

Zwangsgelderhöhend kann das OLG berücksichtigen – wobei stets die Besonderheiten des Einzelfalls zu würdigen sind –, dass 18
- der Unternehmer nach einem festgesetzten Zwangsgeld der Aufforderung des Sachwalters **gleichwohl** nicht nachkommt und daher nach einem Antrag des Sachwalters erneut Zwangsgeld festgesetzt werden muss,
- der Unternehmer der Aufforderung des Sachwalters **vorsätzlich** im Sinne von dolus directus 1. Grades nicht nachkommt,
- die **Zeit** besonders lang ist, in der der Unternehmer der Aufforderung des Sachwalters nicht nachgekommen ist, beispielsweise mehr als sechs Monate,
- die berechtigten Verbraucher auf diese Art Handlung **dringend angewiesen** sind, beispielsweise eine Reparatur von Kühl- oder Heizgeräten.

Subsidiäres Zwangsmittel ist die **Zwangshaft.** Sie kommt ausweislich des Wortlauts von Abs. 1 S. 1 nur in Betracht, wenn das Zwangsgeld nicht beigetrieben werden konnte. Zwangshaft kann **nur bei natürlichen Personen** angeordnet werden. Unternehmer als juristische Person oder Personengesellschaft können nicht in Zwangshaft genommen werden. Bei diesen Unternehmern kommt nur Zwangsgeld in Betracht. Allerdings kann die Zwangshaft nach allgemeiner Meinung im Schrifttum zu § 888 ZPO gegen ihre **Mitglieder des Vertretungsorgans** angeordnet werden.[40] § 29 Abs. 1 S. 1 dürfte also zugleich Rechtsgrundlage für das OLG sein, die hinter dem Unternehmen stehenden geschäftsleitenden Personen in Zwangshaft zu nehmen. Gewisse Bedenken bleiben aber, da es sich um einen grundrechtsrelevanten Eingriff in die Freiheit dieser Personen handelt und die gesetzliche Grundlage hierfür sehr vage scheint. 19

Die Mindestdauer einer Zwangshaft beträgt einen Tag. Vergleichbar zu § 888 ZPO und § 890 ZPO erscheint jedenfalls bei der ersten Anordnung nur eine Zwangshaft verhältnismäßig, die eine Dauer **von wenigen Tagen** hat, beispielsweise drei bis fünf Tage Zwangshaft. Allerdings muss die Dauer der Ersatzzwangshaft im Verhältnis zur Höhe des Zwangsgelds stehen,[41] sodass in dem Beispiel aus → Rn. 17 bei einem hohen Zwangsgeld von EUR 1.600.000 eine Ersatzzwangshaft von zwei bis drei Monaten verhältnismäßig scheint (beachte aber → Rn. 22). Sobald der Unternehmer zur Erfüllung der im Abhilfegrundurteil tenorierten Handlung bereit ist (vgl. § 16 Abs. 2 S. 3), ist die Vollziehung des Haftbefehls auszusetzen (§ 29 Abs. 2 S. 1 bzw. § 13 Abs. 1 S. 1 VDuG iVm §§ 888 Abs. 1 S. 3, 802i 20

---

[38] Köhler/Bornkamm/Feddersen/Scherer VDuG § 29 Rn. 12.

[39] Zutreffend HK-VDuG/Röthemeyer VDuG § 29 Rn. 7.

[40] So zum allgemeinen Vollstreckungstatbestand des § 888 ZPO: MüKoZPO/Gruber ZPO § 888 Rn. 26; Musielak/Voit/Lackmann ZPO § 888 Rn. 10. Implizit auch BGH NJW 2022, 393 Rn. 76: „Im Fall einer juristischen Person ist das Zwangsgeld ebenfalls gegen diese selbst zu verhängen; die Verhängung von Zwangshaft kommt mangels Handlungsfähigkeit der juristischen Person allerdings stets ausschließlich gegen ihre Organe in Betracht".

[41] Köhler/Bornkamm/Feddersen/Scherer VDuG § 29 Rn. 11.

Abs. 3 S. 1 ZPO). Nach Erfüllung der Handlung ist der Unternehmer förmlich aus der Zwangshaft zu entlassen (§ 29 Abs. 2 S. 1 bzw. § 13 Abs. 1 S. 1 VDuG iVm §§ 888 Abs. 1 S. 3, 802i Abs. 2 S. 1 ZPO). Denn Ziel der Zwangshaft ist nicht die Bestrafung (→ Rn. 10), sondern die Durchsetzung der im Erkenntnisverfahren ausgeurteilten Handlungspflicht.

21 Die Zwangshaft wird durch einen **Haftbefehl** des OLG angeordnet (§ 29 Abs. 2 S. 1 bzw. § 13 Abs. 1 S. 1 VDuG iVm §§ 888 Abs. 1 S. 3, 802g Abs. 1 S. 1 ZPO). In dem Haftbefehl bezeichnet das OLG den Sachwalter als Vollstreckungsgläubiger, den Unternehmer als natürliche Person in seiner Rolle als Vollstreckungsschuldner und als Grund der Verhaftung die Erzwingung der ausgeurteilten Handlung. Das OLG formuliert **beispielsweise:** „Zur Erzwingung der im Abhilfegrundurteil des Oberlandesgerichts Frankfurt am Main vom 17.2.2025 – 8 VKl 3/24 enthaltenen Verpflichtung, den am Umsetzungsverfahren teilnehmenden berechtigten Verbrauchern für Produkt ABC Nachlieferung zu leisten, ist der Schuldner für fünf Tage in Zwangshaft zu nehmen". Das OLG übersendet den Haftbefehl dem örtlich zuständigen **Gerichtsvollzieher,** der die Verhaftung durchführt und hierbei dem Unternehmer eine beglaubigte Abschrift des Haftbefehls aushändigt (§ 29 Abs. 2 S. 1 bzw. § 13 Abs. 1 S. 1 VDuG iVm §§ 888 Abs. 1 S. 3, 802g Abs. 2 ZPO). Da das örtliche Amtsgericht zwar über Zellen verfügt, aber in der Regel nicht für einen vollständigen Vollzug eingerichtet ist, wozu 24 Stunden sieben Tage die Woche erhebliches Personal und Sicherheitsvorkehrungen erforderlich sind, fährt der Gerichtsvollzieher den verhafteten Unternehmer in die nächste **Justizvollzugsanstalt,** die eine Aufnahmekapazität für Kurzzeithäftlinge hat. Zum Verfahren bei der Verhaftung siehe § 145 Gerichtsvollzieher-Geschäftsanweisung (GVGA).

22 Es kann theoretisch Fälle geben, in denen der Unternehmer trotz Zwangshaft nicht bereit ist, die ausgeurteilte Handlung vorzunehmen. Die Zwangshaft darf jedoch die Dauer von **sechs Monaten** nicht übersteigen.[42] Nach Ablauf dieser Zeit wird der Unternehmer von Amts wegen aus der Zwangshaft entlassen (§ 29 Abs. 2 S. 1 bzw. § 13 Abs. 1 S. 1 VDuG iVm §§ 888 Abs. 1 S. 3, 802j Abs. 1 ZPO). Dann enden die Möglichkeiten eines Rechtsstaats, was hinzunehmen ist.

V. Begründetheit des Antrags und Ermessen des Gerichts (Abs. 1 S. 1)

23 Die vom Unternehmer erwartete Handlung ergibt sich aus dem Tenor des Abhilfegrundurteils (§ 16 Abs. 2 S. 3). Dieses stellt zusammen mit dem Abhilfeendurteil und dem Eröffnungsbeschluss nach § 24 – denn nur dann besteht ein Umsetzungsverfahren – den **Vollstreckungstitel** dar, welches einer vollstreckbaren Ausfertigung **(Vollstreckungsklausel)** bedarf und **zugestellt** worden sein muss.[43] Der Antrag des Sachwalters ist begründet, wenn der Sachwalter den Unternehmer gestützt auf seine Befugnis aus § 27 Nr. 10[44]

– in Textform[45] zur Handlung **aufgefordert,**

[42] Köhler/Bornkamm/Feddersen/Scherer VDuG § 29 Rn. 11; HK-VDuG/Röthemeyer VDuG § 29 Rn. 8 (dort irrtümlich § 8**20**j ZPO in Bezug genommen, was § 8**02**j ZPO sein muss; der darüber hinaus bei Röthemeyer zitierte § 913 ZPO wurde aufgehoben).

[43] Zöller/Vollkommer VDuG § 29 Rn. 2.

[44] Auch Köhler/Bornkamm/Feddersen/Scherer VDuG § 29 Rn. 7 und Musielak/Voit/Stadler VDuG § 29 Rn. 1 stellen allein auf § 27 Nr. 10 ab.

[45] Anders/Gehle/Schmidt VDuG § 29 Rn. 2.

- zur Erfüllung eine (angemessene[46]) **Frist gesetzt** und
- der Unternehmer innerhalb dieser Frist **keinen Nachweis über die Erfüllung vorgelegt** hat.[47]

Ob der Nachweis **schuldhaft** nicht vorgelegt wurde, ist kein Prüfungsschritt.[48]

Von § 29 und keiner anderen Norm des VDuG wird jedoch beantwortet, was gilt, wenn diese Voraussetzungen in tatsächlicher Hinsicht streitig sind oder das OLG die gesetzte Frist für nicht angemessen bewertet. Da es sich bei § 29 nicht um das Erkenntnisverfahren, sondern das Äquivalent zu einem Zwangsvollstreckungsverfahren handelt, gelten die Grundsätze zur **Darlegung und Beweisführung** in Vollstreckungsverfahren. Daher kann Abs. 1 S. 1 verständig nur so ausgelegt werden, dass der Antrag zunächst **schlüssig** sein muss, woran es fehlt, wenn der Sachwalter im Antrag eine oder mehrere der drei genannten Voraussetzungen nicht darlegt. Bestreitet der Unternehmer in seiner Anhörung (→ Rn. 15) eine oder mehrere Tatsachen, muss sie der Sachwalter glaubhaft machen. Ist das OLG der Auffassung, dass die Tatsachen nicht überwiegend wahrscheinlich sind oder bewertet es die gesetzte **Frist** für **nicht angemessen,** ist der Antrag zurückzuweisen (beachte aber → Rn. 25). Die Fristen des § 28 müssen im Übrigen zuvor abgelaufen sein, bevor der Sachwalter eine Frist iSv § 29 setzen kann. Der Sachwalter kann einen **neuen Antrag stellen.** Bei all dem gilt aufgrund der **Formalisierung der Zwangsvollstreckung,** dass das OLG in seiner Funktion als Vollstreckungsorgan die materiell-rechtliche Verpflichtung zur ausgeurteilten Handlung nicht mehr überprüfen darf, auch wenn es später zu der Erkenntnis gelangt, dass seine eigene Entscheidung nicht überzeugend war.[49] 24

Dem OLG steht bei der Entscheidung über den Antrag des Sachwalters ein **Ermessen** zu („kann").[50] Bewertet es etwa die vom Sachwalter gesetzte Frist für nicht angemessen, ist aber im Zeitpunkt der Entscheidung des OLG eine angemessene Zeit verstrichen und hat der Unternehmer gleichwohl keinen Nachweis über die Erfüllung vorgelegt, ist es ermessensfehlerfrei, wenn das OLG nun ein Zwangsgeld anordnet. 25

D. Verhältnis zu §§ 887, 888 ZPO (Abs. 2)

I. Keine Anwendung von § 887 ZPO (Abs. 2 S. 1 Halbs. 2)

Die für vertretbare Handlungen im Regelfall einschlägige Vorschrift des § 887 ZPO findet keine direkte und über § 13 Abs. 1 S. 1 keine entsprechende Anwendung.[51] 26

II. Anwendung von § 888 ZPO (Abs. 2 S. 1 Halbs. 1 und 2)

Auf andere vertretbare Handlungen als Zahlung sowie nicht vertretbare Handlungen findet einheitlich über § 29 Abs. 2 S. 1 (für den Fall einer anderen vertretbaren Handlung als Zahlung) bzw. § 13 Abs. 1 S. 1 (für den Fall einer nicht vertret- 27

---

[46] Im Ergebnis ebenso HK-VDuG/Röthemeyer VDuG § 29 Rn. 5.
[47] Anders/Gehle/Schmidt VDuG § 29 Rn. 3.
[48] Im Ergebnis ebenso HK-VDuG/Röthemeyer VDuG § 29 Rn. 5.
[49] Zöller/Vollkommer VDuG § 29 Rn. 4.
[50] HK-VDuG/Röthemeyer VDuG § 29 Rn. 6.
[51] Im Ergebnis auch Meller-Hannich DB 2023, 628 (633).

baren Handlung) der Vollstreckungstatbestand des § 888 ZPO Anwendung. Ausgenommen ist nur dessen Abs. 1 S. 1, da sich die gewünschte Regelungsaussage unmittelbar aus § 29 Abs. 1 S. 1 ergibt. Ausweislich der Gesetzesbegründung ist folglich anwendbar § 888 Abs. 1 S. 2 (Höhe des einzelnen Zwangsgelds), S. 3 (Zwangshaft), Abs. 2 (keine Androhung) und Abs. 3 ZPO (keine Anwendung bei Diensten aus einem Dienstvertrag[52]).[53]

E. Kostengrundentscheidung, Beschlussbegründung

28 Der Beschluss auf Festsetzung eines Zwangsmittels oder (teilweise) Zurückweisung des Antrags muss eine **Kostengrundentscheidung** enthalten. Es liegt eine kontradiktorische Verfahrenssituation vor. Es gelten über § 13 Abs. 1 S. 1 VDuG die §§ 91 ff. ZPO. Wird dem Antrag des Sachwalters voll stattgegeben, lautet die Kostengrundentscheidung: „Der Antragsgegner trägt die Kosten des Verfahrens". Wird dem Antrag teilweise entsprochen, sind die Kosten verhältnismäßig zu teilen. Gerichtskosten fallen allerdings keine an, da das GKG in seinem Kostenverzeichnis für diese Verfahrenssituation keinen Tatbestand enthält. Es können aber Gebühren nach dem RVG anfallen.

29 Der Beschluss auf Festsetzung der Zwangsmittel ist, wie auch Beschlüsse nach §§ 887, 888 ZPO, zu **begründen.** Es sind insbesondere kurz (vgl. § 13 Abs. 1 S. 2 VDuG iVm § 313 Abs. 3 ZPO) die Erwägungen des Senats darzulegen, die zu der Höhe des Zwangsgelds bzw. der Dauer der Zwangshaft geführt haben. Ferner ist bei Zwangshaft zu begründen, wieso das Zwangsgeld nicht beigetrieben werden konnte und was für die Beitreibung in welchem Zeitraum unternommen wurde. Die Anordnung von Zwangshaft ist mit Blick auf Art. 2 und 104 GG **grundrechtsrelevant** und daher vertiefter zu begründen als die Anordnung von Zwangsgeld.

F. Rechtsbeschwerde und Vollstreckungsabwehrklage

30 Gegen den Beschluss des OLG ist die **Rechtsbeschwerde** statthaft, wenn diese vom OLG nach § 13 Abs. 1 S. 1 VDuG iVm § 574 Abs. 1 S. 1 Nr. 2 ZPO zugelassen wurde.[54] Die sofortige Beschwerde nach § 793 ZPO hingegen ist – anders als im Zwangsvollstreckungsrecht[55] – nicht statthaft (→ Rn. 6). Das OLG hat über die Zulassung bzw. Nichtzulassung in seinem Beschluss zu entscheiden (Tenor: „Die Rechtsbeschwerde wird [nicht] zugelassen") und die Entscheidung kurz zu begründen. Es hat die Rechtsbeschwerde zuzulassen, wenn die Rechtssache grundsätzliche Bedeutung hat. Grundsätzliche Bedeutung kommt einer Rechtssache nach der Rechtsprechung des BGH zu, wenn sie eine entscheidungserhebliche, klärungsbedürftige und klärungsfähige Rechtsfrage aufwirft, die sich in einer unbestimmten Vielzahl von Fällen stellen kann und deshalb das abstrakte Interesse der Allgemein-

---

52 Köhler/Bornkamm/Feddersen/Scherer VDuG § 29 Rn. 13.

53 BT-Drs. 20/6520, 90.

54 HK-VDuG/Röthemeyer VDuG § 29 Rn. 9; Köhler/Bornkamm/Feddersen/Scherer VDuG § 29 Rn. 10.

55 Zöller/Seibel ZPO § 888 Rn. 17 (gegen Zwangsgeld und Zwangshaft); BeckOK ZPO/Fleck ZPO § 802g Rn. 12 (gegen den Haftbefehl); MüKoZPO/Forbriger ZPO § 802g Rn. 22 (gegen den Haftbefehl).

heit an der einheitlichen Entwicklung und Handhabung des Rechts berührt.[56] **Beispiel:** Das OLG ist der Auffassung, dass entsprechend → Rn. 19 Zwangshaft gegen die Mitglieder der Geschäftsleitung einer GmbH angeordnet werden kann. Eine solche, vom Wortlaut nicht eindeutig gedeckte Entscheidung hätte grundsätzliche Bedeutung. Es hat die Rechtsbeschwerde ferner zuzulassen, wenn die Fortbildung des Rechts oder die Sicherung einer einheitlichen Rechtsprechung eine Entscheidung des Rechtsbeschwerdegerichts erfordert. **Beispiel:** Die Oberlandesgerichte A und B haben Zwangsgelder angeordnet, die den Wert der zu erzwingenden Handlung übersteigen (→ Rn. 17), das OLG C hingegen erachtet dies grundsätzlich für unverhältnismäßig. Es muss zur Sicherung einer einheitlichen Rechtsprechung die Rechtsbeschwerde zulassen.

Rechtsbeschwerdegericht ist der BGH (§ 133 GVG). Für die **Frist** (Notfrist von einem Monat nach Zustellung des Anordnungsbeschlusses des OLG), **Form** (Beschwerdeschrift beim BGH) und **Begründung** (ein Monat nach Zustellung; Angabe der Rechtsbeschwerdegründe) gilt § 13 Abs. 1 S. 1 VDuG iVm §§ 575 f. ZPO. Für das Verfahren vor dem BGH gilt § 577 ZPO. Die Parteien müssen sich durch einen **bei dem BGH zugelassenen Rechtsanwalt** vertreten lassen (§ 13 Abs. 1 S. 1 VDuG iVm § 78 Abs. 1 S. 3 ZPO). **31**

Ist der Vollstreckungstitel rechtskräftig, will der Unternehmer aber Einwendungen geltend machen, die den durch das Abhilfegrundurteil festgestellten Anspruch betreffen, ist dafür die **Vollstreckungsabwehrklage** statthaft (§ 13 Abs. 1 S. 1 VDuG iVm § 767 ZPO). **Beispiel:** Der Unternehmer wird im Abhilfegrundurteil verurteilt, 1.500 namentlich benannten Verbrauchern Nachbesserung zu leisten. Nach Schluss der letzten mündlichen Verhandlung und nach Eröffnung des Umsetzungsverfahrens ist der Unternehmer der Auffassung, dass Unmöglichkeit nach § 275 Abs. 1 BGB eingetreten ist, er also die Kaufsache bei keinem Verbraucher nachbessern kann. Der Sachwalter sieht dies anders und strengt Zwangsmittel an. Der Unternehmer kann die Vollstreckungsabwehrklage erheben. Das Gericht des Umsetzungsverfahrens kann die Entscheidung über einen etwaigen Antrag auf Zwangsgeld bis zur Rechtskraft des Verfahrens nach § 767 ZPO zurückstellen. **32**

§ 30 Gerichtliche Aufsicht; Zwangsmittel gegen den Sachwalter

(1) Der Sachwalter untersteht der Aufsicht des Gerichts.

(2) [1]Das Gericht kann dem Sachwalter zur Durchführung des Umsetzungsverfahrens Fristen setzen. [2]Es kann vom Sachwalter jederzeit Zwischenberichte über den Stand des Umsetzungsverfahrens anfordern, insbesondere Auskunft darüber verlangen,

1. **auf welche Art und Weise der Sachwalter die von Verbrauchern zu erbringenden Berechtigungsnachweise prüft und**
2. **welche von Verbrauchern geltend gemachten Ansprüche der Sachwalter in welcher Höhe bereits erfüllt hat.**

[3]Das Gericht kann dem Sachwalter Fristen zur Übermittlung von Zwischenberichten setzen.

---

[56] BGH NJW 2003, 1943.

(3) [1]**Erfüllt der Sachwalter die ihm nach diesem Gesetz obliegenden Pflichten nicht, so kann das Gericht nach vorheriger Androhung ein Zwangsgeld gegen ihn festsetzen.** [2]**Das einzelne Zwangsgeld darf den Betrag von 25 000 Euro nicht übersteigen.** [3]**Nach vorheriger Androhung kann das Gericht den Sachwalter aus wichtigem Grund entlassen.**

Literatur: Dahl/Linnenbrink, Die Position des Sachwalters im Umsetzungsverfahren der neuen Verbandsabhilfeklage nach VDuG, NZI 2024, 33; Heerma, Das geplante Verbraucherrechtedurchsetzungsgesetz: Abhilfeurteile und deren Umsetzung nach dem VDuG, ZZP 136 (2023), 425; Keller, Die gerichtliche Aufsicht bei Unklarheiten in der Insolvenzabwicklung, NZI 2009, 633; Ganter, Die Aufsicht des Insolvenzgerichts und ihre Grenzen, ZInsO 2017, 2517; Schmidberger, Möglichkeiten und Grenzen der insolvenzgerichtlichen Aufsicht, NZI 2011, 928.

Übersicht

A. Überblick und Normzweck

1 § 30 betrifft das Verhältnis zwischen dem OLG und dem von ihm bestellten Sachwalter. Die Norm basiert auf dem dogmatischen Konzept, dass der Sachwalter als **Partei kraft Amtes**[1] über den Umsetzungsfonds verwaltungs- und verfügungsbefugt ist und **treuhänderischen Pflichten**[2] gegenüber den berechtigten Verbrauchern und dem Unternehmer unterliegt. Daher ist eine gerichtliche Aufsicht im Grundsatz notwendig. Es handelt sich um eine **Rechtsaufsicht,** nicht um eine **Fachaufsicht** (→ Rn. 12).

2 Zweck der Vorschrift ist, dem OLG Aufsichtsrechte einzuräumen und als **ultima ratio** auch über die Entlassung des Sachwalters beschließen zu können (→ Rn. 29). Die Aufsichtsrechte umfassen nach dem Gesetzeswortlaut das Recht, Zwischenberichte anzufordern (→ Rn. 17), das Auskunftsrecht (→ Rn. 18) und das Recht, den Sachwalter entlassen zu können (→ Rn. 29). Diese Rechte können durch Zwangsgeld durchgesetzt werden (→ Rn. 20). Das wichtigste, ebenfalls durch Zwangsgeld durchsetzbare Aufsichtsrecht – das **Weisungsrecht** des OLG

[1] Wohl synonym Heerma ZZP 136 (2023), 425 (442): Amtsträger.

[2] Dahl/Linnenbrink NZI 2024, 33 (35).

gegenüber dem Sachwalter – wurde nur in der Gesetzesbegründung deutlich angesprochen, im Normtext aber nur schwach zum Ausdruck gebracht (→ Rn. 14).[3]

3 Die Aufsichtspflicht ist eine **Dauerpflicht.**[4] Gleichwohl ist zu sehen, dass der Senat den Sachwalter realistischerweise im Regelfall nicht kontinuierlich proaktiv kontrollieren kann und durch eine übermäßige Aufsicht auch nicht bei seiner Arbeit behindern soll.[5] Praktisch wird das OLG vor allem dann tätig, wenn es durch die Verfahrensbeteiligten auf etwaige Missstände hingewiesen wird (→ Rn. 13). Daher spricht nichts dagegen, dass der Unternehmer – dem hinsichtlich der gerichtlichen Aufsicht über den Sachwalter im Übrigen kein Antragrecht zusteht – schriftsätzlich eine konkrete Überprüfung anregt.[6] Einen **Anspruch** auf Einschreiten der Aufsicht haben die Verfahrensbeteiligten allerdings **nicht.**[7] Da den Senaten – anders als etwa den Insolvenzgerichten – derzeit meist die Erfahrung mit einer derartigen Aufsicht fehlt, muss sich erst eine Linie herausbilden.

4 § 30 regelt nicht, welche Handlungen des Sachwalters beaufsichtigt werden. Diese ergeben sich vielmehr aus den einzelnen Vorschriften des Umsetzungsverfahrens (§§ 22–38). Besondere Bedeutung haben der **Katalog des § 27** zu den Aufgaben des Sachwalters und im Übrigen zentrale Vorschriften wie etwa § 25 zum Umsetzungsfonds und der dort zum Ausdruck kommende **treuhänderische Charakter** der Vermögensverwaltungs- und -verfügungsbefugnis (→ § 25 Rn. 1).

5 Die Norm wurde ausweislich der Gesetzesbegründung § 9 Abs. 5 SVertO nachgebildet,[8] also der 1972 erlassenen Schiffahrtsrechtlichen Verteilungsordnung (damals noch: Seerechtliche Verteilungsordnung), die in den §§ 4 ff. SVertO ein Eröffnungsverfahren und in § 9 SVertO den Sachwalter kennt. Diese – und weitere Regelungen in § 9 SVertO – haben sich wiederum an der (damaligen) Figur des Insolvenzverwalters orientiert.[9] Die **Orientierung an** § 9 Abs. 5 **SVertO** darf als **wenig sinnvoll** beurteilt werden.[10] Weder ist die SVertO ein Rechtsakt, der häufig benötigt wurde und somit zu nennenswerten Entscheidungen geführt hat,[11] noch gibt es viele Kommentierungen zu § 9 SVertO. Die wenigen Kommentierungen bleiben selbst in wissenschaftlichen Großkommentaren hinsichtlich § 9 Abs. 5 SVertO einsilbig, sodass das OLG für Abhilfeklagen diesbezüglich **keine gewinnbringenden Vergleiche** anstellen kann. Diese Einschätzung deckt sich mit → § 20 Rn. 10, da sich die Referenten des VDuG auch hinsichtlich § 20 an der SVertO orientiert haben. Gewinnbringender ist, sich hinsichtlich der Aufsicht **an § 58 InsO** und hinsichtlich der Entlassung an **§ 59 InsO zu orientieren,**[12] der ähnlich formulierte Regelungen enthält[13] und in der Rechtspraxis wesentlich umfangreicher erprobt ist.

---

[3] BT-Drs. 20/6520, 90.
[4] Ebenso bei § 58 InsO: K. Schmidt/Ries InsO § 58 Rn. 8.
[5] Vgl. zu § 58 InsO Schmidberger NZI 2011, 928: Keine „Gängelung des Verwalters".
[6] Im Ergebnis ebenso HK-VDuG/Röthemeyer VDuG § 30 Rn. 3.
[7] Ebenso bei § 58 InsO: K. Schmidt/Ries InsO § 58 Rn. 8.
[8] BT-Drs. 20/6520, 90.
[9] MüKoHGB/Eckardt SVertO § 9 Rn. 4.
[10] Ebenso Heerma ZZP 136 (2023), 425 (442).
[11] BeckRS listet keine Entscheidung.
[12] Diese Parallelen betonen auch Köhler/Bornkamm/Feddersen/Scherer VDuG § 30 Rn. 1 f. und Heerma ZZP 136 (2023), 425 (442).
[13] Dahl/Linnenbrink NZI 2024, 33 (36).

B. Umsetzung der Richtlinie

6 § 30 hat **kein direktes Vorbild** in der Verbandsklagen-RL (vgl. aber ErwG 12 S. 1, wonach die Verbandsklagen-RL nicht die Regelung jedes Aspekts, insbesondere keine Vollharmonisierung, anstrebt).[14] Die Gesetzesbegründung der Bundesregierung nennt daher bei § 30 keinen zugrunde liegenden Artikel oder Erwägungsgrund.[15] Die Verbandsklagen-RL kennt kein Umsetzungsverfahren und demzufolge kein Aufsichtsmodell und keine Zwangsmaßnahmen in der Umsetzungsphase.[16] Sie erwähnt auch den Begriff des Sachwalters nicht. Eine gewisse thematische Nähe hat ErwG 69 Verbandsklagen-RL, der vergleichbare Zwangsmaßnahmen für die Durchsetzung der Unterlassungsentscheidung erwähnt, allerdings den Unternehmer betrifft. Danach sollten die Mitgliedstaaten dafür sorgen, dass Sanktionen wie Geldbußen oder **Zwangsgelder** verhängt werden können (ErwG 69 S. 2 Verbandsklagen-RL). Solche Maßnahmen sollen **abschreckend** und **verhältnismäßig** sein (ErwG 69 S. 1 Verbandsklagen-RL). Bei der Festsetzung des Zwangsgelds iSv § 30 Abs. 3 S. 2 und der Entscheidung über die Entlassung ist zumindest der in der Verbandsklagen-RL genannte Verhältnismäßigkeitsgrundsatz zu beachten (→ Rn. 25).[17]

7 § 30 entspricht in Abs. 1 und 2 sowie Abs. 3 S. 1 bis 3 vollständig dem **Referentenentwurf.**[18] In § 30 Abs. 3 S. 4 sollte zunächst noch geregelt werden, dass dem Sachwalter gegen die Beschlüsse nach den Sätzen 1 und 3 die Rechtsbeschwerde zusteht. Dieser Satz 4 wurde im **Regierungsentwurf** nicht übernommen.[19] Die Nichtübernahme wurde im Regierungsentwurf zwar nicht begründet, dafür wuchs die Begründung des § 30 um den Hinweis an, dass das OLG über die Zulassung der Rechtsbeschwerde nach den allgemeinen Vorgaben des § 574 Abs. 2 ZPO zu entscheiden habe (→ Rn. 38ff.). In der Beschlussempfehlung des 6. Ausschusses (Rechtsausschuss) des 20. Deutschen Bundestags wurde § 30 sodann nicht mehr verändert.[20]

8 In den Stellungnahmen der **Verbände** wurde angeregt, dass der klageberechtigten Stelle und dem Unternehmer ein Einsichtsrecht in die Zwischenberichte des Sachwalters zustehen müsse.[21] Ein Einsichtsrecht wurde in der Folge zwar nicht kodifiziert, kann sich jedoch aus anderen Vorschriften ergeben, etwa aus § 13 Abs. 1 S. 2 VDuG iVm § 299 ZPO.[22] Im Übrigen wurde angeregt, in § 30 Abs. 3 S. 3 deutlicher zu regeln, dass ein Grund für die Entlassung sein könne, dass der Sachwalter nicht mehr unabhängig ist.[23] Dies stellt aber auch ohne ausdrückliche Klarstellung im Gesetzeswortlaut einen Grund für die Entlassung dar (→ Rn. 30).

---

[14] Köhler/Bornkamm/Feddersen/Scherer VDuG § 30 Rn. 3.

[15] Vgl. BT-Drs. 20/6520, 86.

[16] Köhler/Bornkamm/Feddersen/Scherer VDuG § 30 Rn. 3.

[17] Ebenso Köhler/Bornkamm/Feddersen/Scherer VDuG § 30 Rn. 12.

[18] VRUG-RefE, 17f.

[19] BT-Drs. 20/6520, 20.

[20] BT-Drs. 20/7631, 28.

[21] BIVA Stellungnahme VRUG, 9.

[22] So wie der Schuldner Einsicht in die Insolvenzakte nehmen kann (Keller, Insolvenzrecht, 1. Teil, 2. Kapitel Rn. 211) hat auch der Unternehmer ein Einsichtsrecht. Er verfügt allein schon aufgrund der Fälle des §§ 21 und 31 über ein rechtliches Interesse hieran.

[23] VID Stellungnahme VRUG, 15.

C. Aufsicht (Abs. 1)

I. Dogmatik der Aufsicht und gerichtsinterne Zuständigkeit

Mit der Bestellung des Sachwalters durch einen Beschluss des Senats des OLG (§ 23 Abs. 1 S. 1; → § 23 Rn. 8) und dessen **Annahme** der Bestellung (→ § 23 Rn. 11) erlangt der Sachwalter die Stellung einer **Partei kraft Amtes.**[24] In diesem Moment **beginnt** die gerichtliche Pflicht zur Aufsicht.[25] Die Aufsicht **endet** sodann im Regelfall mit Ende des privaten Amts, kann aber noch in der Zeit danach wirken,[26] etwa wenn der Sachwalter noch unerfüllten Pflichten unterliegt, beispielsweise nach seiner Entlassung noch keine Schlussrechnung gelegt (§ 33), den Schlussbericht noch nicht vorgelegt (§ 34), die Bestellungsurkunde noch nicht zurückgegeben (§ 23 Abs. 3 S. 2) oder im Falle einer Bestellung eines neuen Sachwalters den Umsetzungsfonds noch nicht auf den neu bestellten Sachwalter übertragen hat. Auch diese Pflichten sind nach Beendigung des Amtes zu beaufsichtigen. Deren Erfüllung kann durch Zwangsgeld erzwungen werden, obwohl der Sachwalter zu diesem Zeitpunkt nicht mehr im Amt ist.[27] 9

Vergleichbar mit einem Insolvenzverwalter ist der Sachwalter über den Umsetzungsfonds verwaltungs- und verfügungsbefugt und erfüllt die Pflichten **treuhänderisch** zugunsten der berechtigten Verbraucher und des Unternehmers. Da der Sachwalter **hoheitliche** Befugnisse ausübt, die ihm von einem staatlichen Gericht übertragen wurden, in der Folge bürgerlich-rechtlich wirksame Verfügungen vornehmen kann und mitunter ein großes Sondervermögen verantwortet, ist die gerichtliche Aufsicht das Gegenstück zu dieser Rechtsmacht. 10

Die Aufsicht übt das Gericht aus, mithin das in § 22 Abs. 1 genannte Prozessgericht in seiner Rolle als **Justizbehörde.** Das OLG wird also nicht als Prozessgericht des Erkenntnisverfahrens tätig, sondern in einem Verfahren, welches funktional dem Zwangsvollstreckungsverfahren entspricht. Im Grundsatz ist der **Senat** zuständig, nicht der Vorsitzende und auch nicht der für das Erkenntnisverfahren zuständige Berichterstatter. Alle Beschlüsse – also der Beschluss auf Weisung, auf Androhung oder Festsetzung von Zwangsgeld und der Beschluss auf Entlassung des Sachwalters – müssen in **Senatsbesetzung** entschieden werden. Es ist aber zulässig, dass der **Vorsitzende** die **Verfügungen** erlässt, mit denen die Zwischenberichte, insbesondere Auskünfte, verlangt werden (→ Rn. 17). Gleiches gilt für die Fristsetzungen. Denn hiermit wird das Umsetzungsverfahren lediglich organisatorisch betrieben, nicht aber in der Sache entschieden. Es ist de lege lata **nicht zulässig,** dass der Senat das Umsetzungsverfahren oder die Aufgaben und Befugnisse aus § 30 durch Beschluss auf eines seiner Mitglieder als **Einzelrichter überträgt.**[28] Nur für § 28 Abs. 4 S. 3 hat der Gesetzgeber eine solche Übertragung zugelassen. Soweit gleichwohl und mit schlanker Begründung eine eigenmächtige Übertragung für 11

---

[24] Heerma ZZP 136 (2023), 425 (442).

[25] Köhler/Bornkamm/Feddersen/Scherer VDuG § 30 Rn. 4, die allerdings das Erfordernis der Annahme übersieht. Richtig hingegen K. Schmidt/Ries InsO § 58 Rn. 3 für die Parallelvorschrift des § 58 InsO.

[26] Dies sieht Köhler/Bornkamm/Feddersen/Scherer VDuG § 30 Rn. 4 nicht.

[27] Köhler/Bornkamm/Feddersen/Scherer VDuG § 30 Rn. 14. Dies entspricht auch der Rechtslage zu § 58 InsO: K. Schmidt/Ries InsO § 58 Rn. 1.

[28] Unrichtig HK-VDuG/Röthemeyer VDuG § 30 Rn. 12 und § 22 Rn. 6.

zulässig gehalten wird,[29] ist Vorsicht geboten. Ohne eine Vorschrift vergleichbar mit § 28 Abs. 4 S. 3 VDuG, § 348a ZPO oder § 526 ZPO steht dem Senat eine solche Übertragung nicht zu. Sie würde dazu führen, dass den Verfahrensbeteiligten der **gesetzliche Richter entzogen** wird, was einen Verstoß gegen das **Verfahrensgrundrecht** des Art. 101 Abs. 1 S. 2 GG bedeuten würde und – wird die Rechtsbeschwerde nicht zugelassen – mit der **Verfassungsbeschwerde** gerügt werden könnte (Art. 93 Abs. 1 Nr. 4a GG). Wird die Rechtsbeschwerde zugelassen, müsste der BGH den Beschluss des Einzelrichters des OLG aufheben. Perspektivisch erscheint es aber angemessen, in § 22 aufzunehmen, dass der Senat das Umsetzungsverfahren auf eines seiner Mitglieder übertragen kann, wenn das Verfahren keine besonderen Schwierigkeiten tatsächlicher oder rechtlicher Art aufweist. § 526 ZPO, einschließlich der etwaigen Rückübertragung, könnte hierzu eine Vorlage sein. Es erscheint insoweit **unverhältnismäßig,** dem Insolvenzrichter in womöglich milliardenschweren Insolvenzverfahren die Aufsicht über den Insolvenzverwalter als Einzelrichter zuzumuten, in Umsetzungsverfahren jedoch eine volle Senatsbesetzung zu verlangen, selbst wenn das konkrete Verfahren beim OLG keine tatsächlichen oder rechtlichen Schwierigkeiten bereitet.

12 Bei der in Abs. 1 genannten Aufsicht handelt es sich um eine **Rechtsaufsicht.** Das OLG prüft nur die ordnungsmäßige Erfüllung des Umsetzungsverfahrens, also ob der Sachwalter eine Handlung vornimmt, die er nach dem VDuG nicht vornehmen darf, oder ob er eine Handlung unterlässt, die er nach dem VDuG vornehmen muss (→ § 35 Rn. 2). Es handelt sich hingegen **nicht** um eine **Fachaufsicht.**[30] Das OLG prüft nicht die Zweckmäßigkeit der Verwaltung[31] und kann sein Ermessen nicht an die Stelle des Ermessens des Sachwalters setzen,[32] welches diesem bei der Erfüllung seiner Pflichten im Umsetzungsverfahren zusteht[33]. Beispielsweise kann das OLG den Sachwalter, der die Berechtigungsnachweise der Verbraucher mit der Software A prüft, nicht anweisen, stattdessen die Software B zu nutzen (anschaulich ferner → § 35 Rn. 15). Innerhalb der Rechtsaufsicht steht dem OLG hingegen ein **Ermessen** zu.[34] Dieses Ermessen ist vom BGH in engen Grenzen überprüfbar.[35] Wird die Rechtsbeschwerde zugelassen (→ Rn. 38ff.), kann der BGH den Ermessensnichtgebrauch und den Ermessensfehlgebrauch prüfen, soweit es sich um Rechtsfragen handelt. Hat sich das Ermessen des OLG auf null reduziert, ist jede andere Entscheidung vom BGH im Rahmen eines etwaigen Rechtsbeschwerdeverfahrens aufzuheben. Fehler des OLG bei der ihm obliegenden Aufsicht können

---

[29] HK-VDuG/Röthemeyer VDuG § 30 Rn. 12.

[30] AA HK-VDuG/Röthemeyer VDuG § 30 Rn. 1: Eine Art Fachaufsicht (wenig konsequent dann aber dessen Ausführungen bei § 35 Rn. 1). Zur ganz herrschenden Meinung (Rechtsaufsicht) bei der Parallelvorschrift des § 58 InsO siehe hingegen K. Schmidt/Ries InsO § 58 Rn. 3; BeckOK InsR/Göcke InsO § 58 Rn. 5; Uhlenbruck/Vallender/Zipperer InsO § 58 Rn. 2; Kayser/Thole/Riedel InsO § 58 Rn. 1; Keller NZI 2009, 633 mwN; ebenso, aber etwas weiter MüKoInsO/Graeber InsO § 58 Rn. 20.

[31] Ebenso bei § 58 InsO K. Schmidt/Ries InsO § 58 Rn. 9; Kayser/Thole/Riedel InsO § 58 Rn. 5.

[32] Ebenso bei § 58 InsO K. Schmidt/Ries InsO § 58 Rn. 11; Ganter ZInsO 2017, 2517 (2518).

[33] Köhler/Bornkamm/Feddersen/Scherer VDuG § 30 Rn. 5.

[34] Ebenso bei § 58 InsO BGH NZI 2010, 147; K. Schmidt/Ries InsO § 58 Rn. 3; Ganter ZInsO 2017, 2517.

[35] AA HK-VDuG/Röthemeyer VDuG § 30 Rn. 3.

Amtshaftungsansprüche begründen (§ 839 BGB, Art. 34 GG).[36] Es gilt **nicht** das **Spruchrichterprivileg,** da das OLG die Rechtsaufsicht als **Justizbehörde** ausübt und nicht rechtsprechend tätig ist.[37] Dies entspricht im Übrigen der Rechtslage bei der Parallelvorschrift des § 58 InsO betreffend die nahezu wortgleiche Aufsicht über den Insolvenzverwalter.[38]

II. Praktische Durchführung der Aufsicht

Ähnlich zur Aufsicht des Insolvenzverwalters durch das Insolvenzgericht (§ 58 **13**
Abs. 1 S. 1 InsO) bedeutet die rechtliche Dauerpflicht der Aufsicht nicht, dass das OLG den Sachwalter anlasslos kontinuierlich aktiv kontrollieren muss. Dies wäre vom Senat weder leistbar noch verhältnismäßig. § 30 Abs. 1 ist also weder so zu verstehen noch praktisch so umsetzbar, dass sich der Senat ohne Anlass jede Verwaltungsmaßnahme berichten lässt und diese prüft. Praktisch sinnvoll und umsetzbar ist aber, wenn sich der Senat je nach Umsetzungsverfahren einmal im Monat, im Quartal oder im Halbjahr einen Zwischenbericht vorlegen lässt. Praktisch wird die Aufsicht vor allem dann intensiviert, wenn das OLG **Anhaltspunkte für Unstimmigkeiten** oder gar Missstände im Umsetzungsverfahren erhält, beispielsweise durch Mitteilungen des Unternehmers, eines angemeldeten Verbrauchers oder eines Dritten.

D. Anweisungen, Auskunft, Zwischenberichte, Fristsetzungen (Abs. 2)

I. Anweisungen und Fristsetzungen (Abs. 2 S. 1 und 3)

Fristsetzungen sind in Abs. 2 sowohl in allgemeiner Form für die Durchführung **14**
des Umsetzungsverfahrens (S. 1) als auch speziell für die Übermittlung von Zwischenberichten (S. 3) geregelt. Die Befugnis zu derartigen Fristsetzungen hätte nicht kodifiziert werden müssen, sondern folgt schon aus der dem OLG zustehenden Aufsichtsbefugnis nach Abs. 1. Abs. 2 S. 1. Sie ist aber deshalb bedeutsam, da die Norm dem OLG konkludent die Befugnis einräumt, „zur Durchführung" **Anweisungen** erteilen zu können, die dann innerhalb der gesetzten Frist zu erfüllen sind. Ein solches Weisungsrecht spricht die Gesetzesbegründung ausdrücklich an: „Ergibt die Prüfung des Gericht [sic] Anlass zur Beanstandung, weist es die Sachwalterin oder den Sachwalter an und überwacht im weiteren Verlauf die Einhaltung der erforderlichen Änderungen."[39] Aufgrund des eindeutig dokumentierten Willens des Gesetzgebers besteht kein Zweifel, dass das OLG zur Anweisung befugt ist.[40]

---

[36] Ebenso bei § 58 InsO: K. Schmidt/Ries InsO § 58 Rn. 1; Kayser/Thole/Riedel InsO § 58 Rn. 7.

[37] Eindeutig BT-Drs. 20/6520, 93: „[...] denn das Gericht nimmt keine rechtsprechenden Aufgaben wahr, sondern hat im Umsetzungsverfahren lediglich Überwachungs- und Kontrollfunktionen hinsichtlich des ordnungsgemäßen Ablaufs des Umsetzungsverfahrens [...]".

[38] K. Schmidt/Ries InsO § 58 Rn. 1; Kayser/Thole/Riedel InsO § 58 Rn. 7; Ganter ZInsO 2017, 2517 (2524). Dasselbe gilt im Kontext des § 75 Abs. 1 StaRUG betreffend den Restrukturierungsbeauftragten BeckOK StaRUG/Hänel StaRUG § 75 Rn. 30.

[39] BT-Drs. 20/6520, 90.

[40] HK-VDuG/Röthemeyer VDuG § 30 Rn. 1 (Gericht übt Leitungsfunktion aus), Rn. 2 (gezielte Weisungen), Rn. 7 (Weisungen). Im Ergebnis ebenso, jedoch ohne Herleitung Köh-

Dieses Weisungsrecht ist allerdings restriktiv zu verstehen und darf nicht zu einer – nicht bestehenden – Fachaufsicht werden.

15 Praktisch braucht es Fristsetzungen auch deshalb, um die Akte effizient bearbeiten zu können und durch Wiedervorlagen der Akte eine effektive Aufsicht zu gewährleisten. Dem OLG steht im Übrigen ein weites Ermessen bei der Bestimmung der **Fristlänge** zu. Bei Zweifeln an der ordnungsmäßigen Durchführung des Umsetzungsverfahrens kann die Frist sehr kurz sein, beispielsweise zwei Wochen, bei routinemäßig angeforderten Zwischenberichten kann eine längere Frist, beispielsweise drei oder vier Wochen, ausreichend sein. Bei Fällen konkreter Gefahr, etwa aufgrund fehlender Vermögenstrennung (§ 25 Abs. 2 S. 1), kann die Frist auch nur wenige Werktage sein. Die vom OLG gesetzten Fristen können im Übrigen verlängert werden.[41]

16 Für Fristsetzungen ist der **Vorsitzende** des Senats zuständig → Rn. 11. Eines Beschlusses bedarf es nicht, dieses Mehr wäre aber unschädlich. Ein Beschluss, der eine inhaltliche Weisung enthält, wird – wie jeder andere Beschluss nach § 30 – vom **Senat** gefasst.

II. Zwischenberichte (Abs. 2 S. 2)

17 Zwischenberichte dienen der Dokumentation des Umsetzungsverfahrens. Sie werden durch **Verfügung** des Vorsitzenden angefordert (→ Rn. 11). Der Unternehmer kann sie nicht anfordern.[42] Aus dessen Sicht ist gegenüber dem OLG jedoch eine Anregung möglich. Eines Beschlusses bedarf es vom OLG nicht, dieses Mehr wäre aber unschädlich. Obwohl unter den Wortlaut auch mündliche Zwischenberichte subsumiert werden könnten, ist der Begriff verständig so auszulegen, dass – wie bei Gerichtsakten üblich – zumindest ein **unterschriebenes** Dokument vorgelegt werden muss. Eine qualifizierte Signatur ist nicht vorgeschrieben. Rechtsanwälte als Sachwalter können Zwischenberichte über das beA einreichen. Es bietet sich an, sich an der Form der Berichte der Insolvenzverwalter gegenüber dem Insolvenzgericht zu orientieren. Daher kann das OLG auch eine bestimmte **Form,**[43] ferner einen bestimmten **Aufbau** der Zwischenberichte verlangen. **Beispielsweise** kann das OLG vorgeben, dass in einem **ersten Kapitel** berichtet wird, welches Online-Portal den Verbrauchern für die Erbringung der Berechtigungsnachweise zur Verfügung gestellt wird, welche Rückmeldungen der Sachwalter hierzu von den Verbrauchern erhalten hat und ob die Verbraucher ohne technische Störungen die Nachweise bislang hochladen konnten. In einem **zweiten Kapitel** könnte die in Abs. 2 S. 2 Nr. 1 genannte Prüfung dargestellt werden und berichtet werden, gegenüber wie vielen Verbrauchern und dem Unternehmer schon die Mitteilung nach § 28 Abs. 1 erteilt wurde und in wie vielen Fällen ein Widerspruch nach § 28 Abs. 2 eingegangen ist. Teil des Berichts können exemplarische Widerspruchsentscheidungen iSv § 28 Abs. 3 sein, anhand derer das OLG einschätzen kann, ob die Widerspruchsführer die maßgeblichen Argumente mitgeteilt bekommen haben, warum der Widerspruch als begründet oder unbegründet angesehen wurde. In einem **dritten Kapitel** könnte dem OLG ein Überblick verschafft wer-

---

ler/Bornkamm/Feddersen/Scherer VDuG § 30 Rn. 7, 9; HK-VDuG/Röthemeyer VDuG § 30 Rn. 1 (Gericht übt Leitungsfunktion aus) und Rn. 2 (gezielte Weisungen).

[41] HK-VDuG/Röthemeyer VDuG § 30 Rn. 4.

[42] Mekat/Amrhein RAW 2023, 23 (29).

[43] So auch BGH NZI 2010, 147 zu der Parallelnorm des § 58 InsO.

den, in welchem Verhältnis Ansprüche als berechtigt bzw. unberechtigt eingeschätzt wurden und wie viele Ansprüche noch zu prüfen sind. Ferner könnte genannt werden, wie viele Fälle Sonderprobleme aufgeworfen haben. In dem abschließenden **vierten Kapitel** könnte der Bericht über die bisherige Anspruchserfüllung iSv Abs. 2 S. 2 Nr. 2 enthalten sein.

III. Auskunft (Abs. 2 S. 2)

Unterkategorie der Zwischenberichte sind einzelne Auskunftsverlangen. Auskünfte werden durch **Verfügung** angefordert. Eines Beschlusses bedarf es nicht, dieses Mehr wäre aber unschädlich. Durch das Wort **„insbesondere"** in Abs. 2 S. 2 wird deutlich, dass das OLG auch noch andere Formen von Zwischenberichten anfordern kann, ferner die Themen des Auskunftsverlangens in Abs. 2 S. 2 nicht abschließend zu verstehen sind.[44] Die Auskunft kann etwa die Prüfung der Berechtigungsnachweise umfassen (vgl. § 27 Nr. 3), also formale Aspekte wie die Frage, wie die Verbraucher Unterlagen übersenden können, wie der **Datenschutz** eingehalten wird oder wie die Berechtigungsnachweise gespeichert werden und ob sie mithilfe von KI ausgewertet werden.[45] Die Auskunft kann sich auch auf die Prüfung der Berechtigungsnachweise entsprechend dem Abhilfegrundurteil beziehen (§ 16 Abs. 2 Nr. 1), im Übrigen auf die Frage, welche Kriterien der Sachwalter zugrunde legt, um von einem geführten bzw. nichtgeführten Berechtigungsnachweis auszugehen. Das Auskunftsverlangen kann sich ferner auf den quantitativen Fortschritt[46] des Umsetzungsverfahrens beziehen, also welche Ansprüche bereits erfüllt sind (vgl. § 27 Nr. 9 und 10; → § 27 Rn. 34). Eine solche Auskunft kann sinnvoll sein, wenn das OLG abschätzen will, ob der **kollektive Gesamtbetrag** als Teil des Umsetzungsfonds (§ 24) voraussichtlich ausreichen wird oder ein Antrag auf Erhöhung des kollektiven Gesamtbetrags (§ 21) zu erwarten ist. 18

Weitere Auskunftsverlangen können einen aktuellen **Kontoauszug** betreffen.[47] Das OLG kann Auskunft über die Unterhaltung einer angemessenen Berufshaftpflichtversicherung verlangen (→ § 23 Rn. 18). Das OLG kann schließlich verfügen, dass der Sachwalter in einem **mündlichen** Anhörungstermin Auskunft gibt.[48] Die Teilnahme kann mit Zwangsgeld erzwungen werden.[49] 19

E. Zwangsgeld und Entlassung (Abs. 3)

I. Androhung und Festsetzung von Zwangsgeld (Abs. 3 S. 1)

Vergleichbar dem in § 29 genannten Zwangsgeld für den Unternehmer kann auch der Sachwalter durch die Festsetzung von Zwangsgeld zur ordnungsmäßigen Erfüllung seiner Pflichten angehalten werden. Es handelt sich **nicht** um eine **Be-** 20

[44] HK-VDuG/Röthemeyer VDuG § 30 Rn. 6.

[45] Zur Prüfung durch Legal Tech und automatisierte Verfahren Dahl/Linnenbrink NZI 2024, 33 (35).

[46] HK-VDuG/Röthemeyer VDuG § 30 Rn. 6.

[47] Ebenso bei § 58 InsO K. Schmidt/Ries InsO § 58 Rn. 5.

[48] Ebenso bei § 58 InsO K. Schmidt/Ries InsO § 58 Rn. 6.

[49] BGH NZI 2010, 147 zur Parallelnorm des § 58 InsO.

strafung,[50] sondern dient dazu, den Sachwalter zur ordnungsmäßigen Erfüllung seiner Aufgaben anzuhalten. Anders als bei dem in § 29 genannten Zwangsgeld bedarf es für die Androhung und Festsetzung von Zwangsgeld nach § 30 Abs. 3 **keines vorherigen Antrags.** Das OLG wird bei der Androhung und Festsetzung von Zwangsgeld als **Justizbehörde** tätig. Zwangshaft ist nicht zulässig,[51] wie ein Umkehrschluss zu § 29 Abs. 1 S. 1 deutlich macht.

21 Zuständig ist der **Senat.**[52] Eine Übertragung auf den Einzelrichter kommt nicht in Betracht, wie ein Umkehrschluss zu § 28 Abs. 4 S. 3 deutlich macht, wo im Umsetzungsverfahren ein Übertragungsbeschluss zugelassen wird (→ Rn. 11 und → § 29 Rn. 14). Der Senat entscheidet sowohl bei der Androhung als auch bei der Festsetzung durch **Beschluss.**

22 Der **Tenor** für die **Androhung** kann lauten: „Der Senat beabsichtigt, gegen den Sachwalter ein Zwangsgeld festzusetzen. Hierzu kann der Sachwalter innerhalb von drei Wochen Stellung nehmen." Sodann folgt die Begründung des Senats, in dem die Pflichtverletzungen zu nennen und begründen sind. Eine solche Fristsetzung ist auch bei der Parallelnorm des § 58 InsO üblich.[53] In der Androhung wird keine finale Zwangsgeldhöhe genannt, da diese auch davon abhängt, ob bzw. wie der Sachwalter Stellung genommen hat. Es ist aber sinnvoll, dass das OLG aus **Transparenzgründen** eine Größenordnung nennt. Hierzu kann es **beispielsweise** formulieren: „Der Senat tendiert nach vorläufiger Einschätzung und vorbehaltlich der Stellungnahme des Sachwalters dazu, das einzelne Zwangsgeld auf einen Betrag zwischen EUR 2.000 und 5.000 festzusetzen."

23 Der **Tenor** zur **Festsetzung** des Zwangsgeldes kann lauten: „Gegen den Sachwalter wird wegen Verletzung seiner Pflicht zu … ein Zwangsgeld in Höhe von EUR 10.000 festgesetzt." Sollten mehrere Pflichtverletzungen vorliegen, können mehrere Zwangsgelder, auch unterschiedlicher Höhe, festgesetzt werden.

24 Der **materiell-rechtliche Grund** für die Androhung und etwaige Festsetzung von Zwangsgeld ist die Nichterfüllung von Pflichten, die dem Sachwalter „nach diesem Gesetz oblieg[en]" (Abs. 3 S. 1). Pflichtverletzungen aus anderen Gesetzen oder Berufsordnungen, etwa der WPO oder BORA, sind nicht relevant.[54] Als **Beispiele** für ein zulässigerweise festgesetztes Zwangsgeld nennt die Gesetzesbegründung die Nichtdurchführung der Prüfung der Verbraucheransprüche in angemessener Zeit oder die nicht ordnungsgemäße Art und Weise der Prüfung dieser Ansprüche.[55] Viele für Abs. 3 S. 1 relevante Pflichten sind in § 27 gelistet.[56] Zu weiteren Beispielen nach Schluss des Umsetzungsverfahrens und sogar nach Beendigung des Amtes → Rn. 9.

25 Abs. 3 S. 1 verlangt keine **subjektive Vorwerfbarkeit.** Anhaltspunkte dafür, dass ein Verschulden erforderlich ist, ergeben sich auch nicht aus der Gesetzesbegründung. Nach Sinn und Zweck erscheint jedoch ein Zwangsgeld unverhältnismäßig, wenn der Sachwalter die Pflicht weder vorsätzlich noch fahrlässig verletzt hat. Abs. 3 S. 1 ist daher so auszulegen, dass die Festsetzung von Zwangsgeld nur

---

[50] Ebenso zur Parallelnorm § 58 InsO BGH ZInsO 2015, 303 (304); K. Schmidt/Ries InsO § 58 Rn. 21.

[51] HK-VDuG/Röthemeyer VDuG § 30 Rn. 8.

[52] HK-VDuG/Röthemeyer VDuG § 30 Rn. 12.

[53] K. Schmidt/Ries InsO § 58 Rn. 20.

[54] Vgl. so auch zu § 58 InsO K. Schmidt/Ries InsO § 58 Rn. 15 mwN.

[55] BT-Drs. 20/6520, 91.

[56] HK-VDuG/Röthemeyer VDuG § 30 Rn. 8.

bei einem **schuldhaften** Verstoß rechtmäßig ist.[57] Dies entspricht auch dem in ErwG 69 S. 1 Verbandsklagen-RL zum Ausdruck gebrachten Gedanken, der die Verhältnismäßigkeit der Sanktionen ausdrücklich nennt. Im Übrigen entspricht dies der Rechtslage bei dem nach § 58 Abs. 2 S. 1 InsO festsetzbaren Zwangsgeld gegen den Insolvenzverwalter.[58]

Vergleichbar der höchstrichterlichen Rechtsprechung zur Festsetzung von **26**
Zwangsgeld gegen den Insolvenzverwalter[59] ist die **Festsetzung aufzuheben,** wenn der Zweck erreicht wurde. Erfüllt der Sachwalter die zu erzwingende Pflicht, bevor der Zwangsgeldbeschluss vollstreckt wurde, hat das OLG seinen Beschluss aufzuheben (Tenor: „Der Beschluss des Oberlandesgerichts … vom … Az … wird aufgehoben.").[60]

II. Höhe des Zwangsgelds (Abs. 3 S. 2)

Das einzelne Zwangsgeld darf den Betrag von EUR 25.000 nicht übersteigen. **27**
Zwangsgelderhöhend kann das OLG berücksichtigen – wobei stets die Besonderheiten des Einzelfalls zu würdigen sind –, dass

- gegenüber dem Sachwalter schon einmal ein Zwangsgeld festgesetzt werden musste, dieser seinen Pflichten jedoch **gleichwohl** nicht nachkommt, eine Entlassung aber noch nicht verhältnismäßig erscheint,
- der Sachwalter einer Pflicht **vorsätzlich** im Sinne von dolus directus 1. Grades nicht nachkommt,
- die **Dauer** der Pflichtverletzung des Sachwalters besonders lang ist, beispielsweise mehrere Monate,
- die Pflichtverletzung die berechtigten Verbraucher einem **Schadensrisiko** aussetzt.

Zwangsgeld kann **wiederholt** festgesetzt werden.[61] Auch für den neuen Be- **28**
schluss des OLG gilt dann aber der Höchstbetrag aus Abs. 3 S. 2.[62] Muss das OLG erneut ein Zwangsgeld festsetzen, kann die Summe der einzelnen Zwangsgelder aus dem ersten und zweiten Beschluss jedoch die Höchstgrenze von EUR 25.000 übersteigen (Beispiel: In einem ersten Beschluss wird das einzelne Zwangsgeld auf EUR 10.000, in einem zweiten Beschluss wird das einzelne Zwangsgeld auf EUR 20.000 festgesetzt). Zwangsgeld wird an die **Justizkasse**[63] des jeweiligen Bundeslands bezahlt, in dem das OLG seinen Sitz hat, nicht an die Verbraucher und nicht an die klageberechtigte Stelle (→ § 29 Rn. 16). Das OLG vollstreckt das Zwangsgeld von Amts wegen.

---

57 Im Ergebnis ebenso Köhler/Bornkamm/Feddersen/Scherer VDuG § 30 Rn. 9.

58 K. Schmidt/Ries InsO § 58 Rn. 19; Keller NZI 2009, 633 (634) mwN. Darauf weist Köhler/Bornkamm/Feddersen/Scherer VDuG § 30 Rn. 10 zu Recht hin.

59 BGH WM 2012, 50 = BeckRS 2011, 29733; ebenso Kayser/Thole/Riedel InsO § 58 Rn. 19.

60 Ähnlich Köhler/Bornkamm/Feddersen/Scherer VDuG § 30 Rn. 10; zu § 58 InsO auch Schmidberger NZI 2011, 928 (929); Ganter ZInsO 2017, 2517 (2520).

61 Anders/Gehle/Schmidt VDuG § 30 Rn. 3. Ebenso zur Parallelnorm § 58 InsO K. Schmidt/Ries InsO § 58 Rn. 21.

62 Nicht richtig daher HK-VDuG/Röthemeyer VDuG § 30 Rn. 8.

63 Zöller/Vollkommer VDuG § 29 Rn. 5.

III. Entlassung des Sachwalters (Abs. 3 S. 3)

29 Als **ultima ratio** kann das OLG den Sachwalter entlassen.[64] Für die Entscheidung ist der **Senat** zuständig. Eine Übertragung auf den Einzelrichter kommt nicht in Betracht, wie ein Umkehrschluss zu § 28 Abs. 4 S. 3 deutlich macht (→ Rn. 11 sowie → § 29 Rn. 14). Der Senat entscheidet sowohl bei der Androhung als auch bei der Festsetzung durch **Beschluss.** Der Tenor lautet: „Der Sachwalter wird entlassen."

30 Das VDuG regelt die materiell-rechtlichen Voraussetzungen für die Entlassung nicht, sondern verlangt nur einen „wichtigen Grund" für die Entlassung.[65] Aus § 23 Abs. 2 S. 1 und 3 und der Gesetzesbegründung zu § 30 kann jedoch geschlossen werden, dass zulässige Gründe für die Entlassung sind:

– der Sachwalter ist **nicht länger geeignet,**[66]
– der Sachwalter ist **nicht mehr unabhängig**[67] von den Parteien
– der Sachwalter verfügt über **keine Berufshaftpflichtversicherung** mehr.

31 Kann eine Person in einem solchen Fall nicht als Sachwalter bestellt werden, muss in der Konsequenz bei einem bereits bestellten Sachwalter die Entlassung möglich sein. Gleiches gilt, wenn später bekannt wird, dass die Bestellvoraussetzungen schon von Anfang an nicht vorlagen. Die verlorengegangene Eignung kann daraus resultieren, dass der Sachwalter zentrale Pflichten des VDuG nicht erfüllt und aufgrund der vergeblichen Anweisung und ggf. sogar Androhung oder gar endgültigen Festsetzung von Zwangsgeld keine Gewähr für eine zukünftige Pflichterfüllung bietet. **Beispiel:** Der Sachwalter führt den Umsetzungsfonds entgegen § 25 Abs. 2 nicht getrennt von seinem Eigenvermögen. Das OLG beschließt, den Sachwalter anzuweisen (→ Rn. 14), die Vermögenstrennung binnen dreier Werktage herzustellen und nachzuweisen (§ 30 Abs. 2 S. 1). Dem kommt der Sachwalter nicht nach. Das OLG beschließt die Androhung eines Zwangsgeldes (§ 30 Abs. 3 S. 1) und setzt eine Frist zur Erfüllung und Stellungnahme von drei Werktagen. Der Sachwalter reagiert nicht. Das OLG setzt ein Zwangsgeld fest. Der Sachwalter reagiert weiter nicht. Das OLG droht die Entlassung an, zu der der Sachwalter binnen zweier Werktage Stellung nehmen kann. Dies tut er nicht. Das OLG beschließt nun die Entlassung (§ 30 Abs. 3 S. 3). Mit einem weiteren Beschluss bestellt es ab Rechtskraft[68] des Entlassungsbeschlusses (→ Rn. 40) einen neuen Sachwalter (§ 23 Abs. 1 S. 1). Wird die Rechtsbeschwerde nicht zugelassen, können beide Entscheidungen in einem Beschluss kombiniert werden.

32 Vor dem Beschluss auf Entlassung des Sachwalters hat das OLG ausweislich des Wortlauts des Abs. 3 S. 3 und der Gesetzesbegründung dem Sachwalter seine Entlassung **anzudrohen.**[69] Im Regelfall hat das OLG vor der Entlassung versucht, die Pflichterfüllung durch festgesetzte Zwangsgelder zu erreichen, eine tatbestandliche Voraussetzung für die Androhung ist dies jedoch nicht.[70] Im Einzelfall ist eine Ent-

---

[64] Köhler/Bornkamm/Feddersen/Scherer VDuG § 30 Rn. 11; HK-VDuG/Röthemeyer VDuG § 30 Rn. 1.

[65] Ebenso BT-Drs. 20/6520, 91.

[66] BT-Drs. 20/6520, 91: Ordnungsgemäße Abwicklung nicht gewährleistet oder für die Aufgabe ungeeignet; ebenso Köhler/Bornkamm/Feddersen/Scherer VDuG § 30 Rn. 11.

[67] Ebenso Köhler/Bornkamm/Feddersen/Scherer VDuG § 30 Rn. 11 und so schon die Anregung von VID Stellungnahme VRUG, 15.

[68] BT-Drs. 20/6520, 91; Zöller/Vollkommer VDuG § 30 Rn. 1.

[69] BT-Drs. 20/6520, 91.

[70] Im Ergebnis ebenso HK-VDuG/Röthemeyer VDuG § 30 Rn. 9.

lassung **auch ohne vorherige Androhung rechtmäßig,** wenn nämlich die Androhung nur eine unnötige Förmelei wäre, der Sachwalter aber schon zu verstehen gegeben hat, die Art und Weise der Verwaltung nicht ändern zu werden, oder mit Blick auf die Schwere des Pflichtenverstoßes und die Gefahr für die Verbraucher ein weiteres Zuwarten bis zur Entlassung nicht verantwortbar ist.

Das OLG kann die Entlassung beschließen, wenn der **Sachwalter um seine** 33
Entlassung ersucht[71] und hierfür ein wichtiger Grund besteht. Dies entspricht auch der Rechtslage in § 59 Abs. 1 S. 1 und 2 InsO (→ § 23 Rn. 11). Dies mag beispielsweise in Betracht kommen, wenn der Sachwalter dauerhaft erkrankt ist; gleiches gilt, wenn der Sachwalter nach seiner Bestellung feststellt, dass er mit dem Umsetzungsverfahren überfordert[72] ist und dies auch nicht durch weitere Mitarbeiter oder höheren Zeitaufwand in den Aufbau der Kenntnisse gelöst werden kann. Ein Entlassungsersuchen ohne wichtigen Grund oder zur Unzeit kann ggf. Schäden verursachen und damit eine Haftung begründen (vgl. § 31).

Ab Rechtskraft des Entlassungsbeschlusses **ruht** das Umsetzungsverfahren,[73] 34
allerdings nicht im verfahrensrechtlichen Sinne, sondern bloß faktisch. Denn ohne Sachwalter fehlt eine Person, die über den Umsetzungsfonds verwaltungs- und verfügungsbefugt ist (→ § 25 Rn. 24ff.).

Nach der Entlassung kann die **Vergütung** des Sachwalters problematisch wer- 35
den. Er hat Anspruch auf eine **angemessene** Vergütung (§ 32 Abs. 1 Nr. 2). Angemessen kann nach der Entlassung eine geringere Vergütung sein, beispielsweise da zentrale Aufgaben nicht erfüllt wurden und daher dieser Aufwand bei dem Amtsnachfolger entstehen wird und die Bezahlung dieses Aufwands von dem Nachfolger zu Recht auch beansprucht werden wird. Das Umsetzungsverfahren kann insgesamt durch die Entlassung und Neubestellung teurer werden, sodass im Beschluss über die Beendigung des Umsetzungsverfahrens ggf. höhere Kosten festgesetzt werden müssen (§ 36 Abs. 1 Nr. 1).[74] Der neu bestellte Sachwalter trägt insoweit das Insolvenzrisiko des Unternehmers.[75]

F. Kostengrundentscheidung, Beschlussbegründung

Ob der Beschluss auf Weisung, Androhung bzw. Festsetzung eines Zwangsmit- 36
tels gegen den Sachwalter eine **Kostengrundentscheidung** enthalten muss, wurde nicht geregelt und ist nicht eindeutig. Gegen eine Kostengrundentscheidung spricht, dass es sich nicht um eine kontradiktorische Verfahrenssituation handelt. Das OLG wird im Zuge seiner Rechtsaufsicht als Justizbehörde tätig. Für eine Kostengrundentscheidung spricht hingegen, dass das Umsetzungsverfahren das Äquivalent zu einem Zwangsvollstreckungsverfahren darstellt und in einem Zwangsvollstreckungsverfahren Kosten anfallen, die nach Maßgabe des § 788 ZPO festzusetzen sind. Ist aber § 788 ZPO durch § 13 Abs. 1 S. 1 VDuG anwendbar, hat das Prozessgericht ausweislich § 788 Abs. 2 S. 2 ZPO bei Zwangsgeldfestsetzungen nach § 788 ZPO Kosten festzusetzen und wird der Sachwalter bei der Festsetzung

---

71 Köhler/Bornkamm/Feddersen/Scherer VDuG § 30 Rn. 4, 13; HK-VDuG/Röthemeyer VDuG § 30 Rn. 9.

72 HK-VDuG/Röthemeyer VDuG § 30 Rn. 9.

73 Köhler/Bornkamm/Feddersen/Scherer VDuG § 30 Rn. 13.

74 HK-VDuG/Röthemeyer VDuG § 30 Rn. 11.

75 HK-VDuG/Röthemeyer VDuG § 30 Rn. 11.

von Zwangsgeld als Schuldner iSd § 788 Abs. 1 S. 1 ZPO angesehen, dann erscheint eine Kostengrundentscheidung angezeigt. Anders als § 788 Abs. 2 S. 1 ZPO enthält § 788 Abs. 2 S. 2 ZPO kein Antragserfordernis enthält. Würde man dies auch bei § 788 Abs. 2 S. 2 ZPO für erforderlich halten, entfällt ein Antragserfordernis zumindest bei der Aufsicht nach § 30, da keine kontradiktorische Situation besteht, wie dies bei den in § 788 Abs. 2 S. 2 ZPO genannten Tatbeständen der §§ 887, 888, 890 ZPO der Fall ist. Wertungsmäßig wäre es im Übrigen nicht einzusehen, dass das Land durch seine Justiz Zwangsmittel festsetzen muss und der betroffene Sachwalter die Kosten des Verfahrens nicht zu tragen bräuchte. Versteht man den Sachwalter (und nicht den Unternehmer) in dieser Situation als Vollstreckungsschuldner, spricht schließlich auch § 29 Nr. 4 GKG dafür, dass der Sachwalter der richtige Kostenschuldner ist. Im Übrigen enthalten auch Beschlüsse auf Entlassung des Insolvenzverwalters nach § 59 InsO und solche nach §§ 888, 890 ZPO Kostengrundentscheidungen, auch bei Beschlüssen auf Androhung nach § 890 Abs. 2 ZPO.

37 Der Beschluss auf Androhung und Festsetzung eines Zwangsmittels oder auf Entlassung des Sachwalters ist, wie auch Beschlüsse nach §§ 887, 888 ZPO, zu **begründen.** Es sind insbesondere kurz (vgl. § 13 Abs. 1 S. 2 VDuG iVm § 313 Abs. 3 ZPO) die Pflichtverstöße und die Erwägungen des Senats darzulegen, die zu der Höhe des Zwangsgelds geführt haben. Eine Entlassung ist vertiefter zu begründen. Wird die Rechtsbeschwerde zugelassen, gilt, dass der Beschluss des OLG den maßgeblichen Sachverhalt, über den der Senat entschieden hat, wiedergeben muss.[76] Andernfalls müsste der BGH den Beschluss mangels ausreichender Grundlage für die Nachprüfung aufheben.[77]

G. Rechtsbeschwerde

38 Gegen die Beschlüsse des OLG nach § 30 ist die **Rechtsbeschwerde** statthaft, wenn diese vom OLG nach § 13 Abs. 1 S. 1 VDuG iVm § 574 Abs. 1 S. 1 Nr. 2 ZPO zugelassen wurde.[78] Das OLG hat über die Zulassung bzw. Nichtzulassung in dem jeweiligen Beschluss zu entscheiden (Tenor: „Die Rechtsbeschwerde wird [nicht] zugelassen.") und die Entscheidung kurz zu begründen.

39 Anders als bei der Parallelnorm des § 58 InsO ist auch der Beschluss, mit dem das OLG eine **Weisung** erteilt, und der Beschluss auf **Androhung** eines Zwangsgelds **rechtsmittelfähig.** Die anderslautende Rechtslage bei der Parallelnorm des § 58 InsO[79] ist auf das VDuG nicht übertragbar. Im Insolvenzrecht gilt wegen § 6 InsO das Enumerationsprinzip, wonach die sofortige Beschwerde nur statthaft ist, wenn sie in der InsO vorgesehen ist. Bei der bloßen Androhung sieht § 58 Abs. 2 InsO keine sofortige Beschwerde vor. Daher ist die dortige Auffassung des BGH und des Schrifttums, wonach eine sofortige Beschwerde nicht statthaft ist, zutreffend. Ein solches Enumerationsprinzip sehen jedoch weder das VDuG noch die ZPO vor. Daher hat das OLG § 13 Abs. 1 S. 1 VDuG iVm § 574 Abs. 2 ZPO auch für die weiteren auf Grund von § 30 erlassenen Beschlüsse zu prüfen. Dies erscheint auch angemessen, da der Sachwalter bei einer Weisung oder bei der Androhung von

---

[76] Vgl. in allgemeiner Form MüKoZPO/Hamdorf ZPO § 577 Rn. 12.
[77] Vgl. in allgemeiner Form MüKoZPO/Hamdorf ZPO § 577 Rn. 12.
[78] BT-Drs. 20/6520, 91; unstreitig, vgl. etwa HK-VDuG/Röthemeyer VDuG § 30 Rn. 14.
[79] BGH NZI 2011, 442; K. Schmidt/Ries InsO § 58 Rn. 24.

Zwangsgeld grundsätzlich beschwert ist. Denn diese Beschlüsse beeinflussen seine gesetzliche Verwaltungs- und Verfügungsbefugnis.

Lässt das OLG die Rechtsbeschwerde nicht zu, ist der Beschluss unmittelbar **40** **rechtskräftig.** Denn weder das VDuG noch die ZPO kennen eine Nichtzulassungsbeschwerde im Falle der Rechtsbeschwerde. Eine Nichtzulassungsbeschwerde ist in § 544 ZPO nur für die nicht zugelassene Revision vorgesehen. Eine außerordentliche Beschwerde ist nicht statthaft und auch nicht geboten.[80] Hat das OLG die Entlassung des Sachwalters beschlossen und in diesem Beschluss die Rechtsbeschwerde zugelassen, ist zu beachten, dass nach der Vorstellung der Verfasser der Gesetzesbegründung ein neuer Sachwalter nach § 23 Abs. 1 S. 1 nicht bestellt werden darf, sondern zunächst die **Rechtskraft** des Entlassungsbeschlusses **abgewartet** werden muss.[81] Hintergrund dieser Überlegung ist, dass der BGH den Entlassungsbeschluss ggf. aufhebt und der Sachwalter damit sein Amt nicht verloren hat.

Das OLG hat die Rechtsbeschwerde zuzulassen, wenn die Rechtssache **grund-** **41** **sätzliche Bedeutung** hat (**Beispiel:** Das OLG ist der Auffassung, dass dem Sachwalter eine Pflicht zukommt, die im VDuG nicht expressis verbis genannt ist, sich nach Auffassung des OLG jedoch durch Auslegung ergeben soll. Diese Pflicht erfüllt der Sachwalter trotz Weisung und Zwangsgeldfestsetzung nicht, weshalb das OLG seine Entlassung beschließt. Da der Grund der Entlassung nicht eindeutig ist, hat seine Entscheidung grundsätzliche Bedeutung für das VDuG, sodass die Rechtsbeschwerde zuzulassen ist) oder die **Fortbildung des Rechts oder die Sicherung einer einheitlichen Rechtsprechung** eine Entscheidung des Rechtsbeschwerdegerichts erfordert (**Beispiel:** Die Oberlandesgerichte A und B sind der Auffassung, dass eine Entlassung des Sachwalters ohne vorherige Androhung aufgrund des Wortlauts von Abs. 3 S. 3, der Gesetzesbegründung und des Ultima-ratio-Gedankens nicht in Betracht kommt. Das OLG C ist jedoch der Auffassung, dass bei den in → Rn. 32 genannten Gründen auch eine sofortige Entlassung rechtmäßig ist und entscheidet entsprechend. Es muss zur Sicherung einer einheitlichen Rechtsprechung die Rechtsbeschwerde zulassen).

Rechtsbeschwerdegericht ist der BGH (§ 133 GVG). Für die **Frist** (Notfrist von **42** einem Monat nach Zustellung des Anordnungsbeschlusses des OLG), **Form** (Beschwerdeschrift beim BGH) und **Begründung** (ein Monat nach Zustellung; Angabe der Rechtsbeschwerdegründe) gilt § 13 Abs. 1 S. 1 VDuG iVm §§ 575f. ZPO. Für das Verfahren vor dem BGH gilt § 577 ZPO. Die Parteien müssen sich durch einen **bei dem BGH zugelassenen Rechtsanwalt** vertreten lassen (§ 13 Abs. 1 S. 1 VDuG iVm § 78 Abs. 1 S. 3 ZPO).

Der BGH hat seiner Entscheidung über die Rechtsbeschwerde die **tatsäch-** **43** **lichen Feststellungen** des OLG zugrunde zu legen (§ 13 Abs. 1 S. 1 VDuG iVm §§ 577 Abs. 2 S. 4, 559 ZPO).[82] Hat das OLG den Sachwalter mündlich angehört, dann gilt dies auch für das **Sitzungsprotokoll.** Waren Tatsachen vor dem OLG streitig und hat dieses eine Tatsache für wahr oder nicht wahr festgestellt, so ist diese Feststellung für den BGH bindend, es sei denn, dass in Bezug auf die Feststellung ein zulässiger und begründeter Angriff im Wege der Rechtsbeschwerde erhoben ist (§ 13 Abs. 1 S. 1 VDuG iVm §§ 577 Abs. 2 S. 4, 559 Abs. 2 ZPO).

---

[80] HK-ZPO/Koch § 574 Rn. 15.
[81] BT-Drs. 20/6520, 91.
[82] Vgl. in allgemeiner Form MüKoZPO/Hamdorf ZPO § 577 Rn. 12.

44 Gegen bloße **Verfügungen,** mit denen Zwischenberichte angefordert oder Auskünfte verlangt bzw. Fristen gesetzt werden (→ Rn. 11 ff.), ist kein Rechtsmittel statthaft.[83] Verfassungsrechtlich ist dies unbedenklich.[84]

§ 31 Haftung des Sachwalters

[1]Verletzt der Sachwalter schuldhaft ihm nach diesem Gesetz obliegende Pflichten, so ist er zum Schadensersatz verpflichtet, und zwar

1. **dem Unternehmer, wenn die verletzte Pflicht den Schutz des Unternehmers bezweckt, und**
2. **dem Verbraucher, wenn die verletzte Pflicht den Schutz des Verbrauchers bezweckt.**

[2]Der Sachwalter hat für die Sorgfalt eines ordentlichen und gewissenhaften Sachwalters einzustehen.

Literatur: Dahl/Linnenbrink, Die Position des Sachwalters im Umsetzungsverfahren der neuen Verbandsabhilfeklage nach VDuG, NZI 2024, 33; Heerma, Das geplante Verbraucherrechtedurchsetzungsgesetz: Abhilfeurteile und deren Umsetzung nach dem VDuG, ZZP 136 (2023), 425; Kalisz, Supervorrang von Verbrauchern – eine Fehlentwicklung in § 38 VDuG, NZI 2024, 153; Stadler, Die neue Verbands(abhilfe)klage – Umsetzung der Richtlinie 2020/1828, ZZP 136 (2023), 129.

Übersicht

[83] So auch bei § 58 InsO K. Schmidt/Ries InsO § 58 Rn. 24.
[84] Vgl. die ähnliche Entscheidung BVerfG NZI 2010, 57.

A. Überblick und Normzweck

I. Allgemeines

§ 31 statuiert eine (**gesetzliche,** jedoch **rechtsgeschäftsähnliche,** → Rn. 5) **Haftung auf Schadensersatz** für den Fall einer **schuldhaften Pflichtverletzung** des Sachwalters im Umsetzungsverfahren (oder ggf. danach, → Rn. 9). Anspruchsberechtigt sind sowohl der **Unternehmer** (Nr. 1) als auch die von dem Abhilfe- und Umsetzungsverfahren betroffenen, dh wirksam zum Verbandsklageregister angemeldeten[1] **Verbraucher** (Nr. 2), sofern der **Sachwalter** eine im Einzelfall **jeweils gerade (auch) ihren Schutz bezweckende Pflicht verletzt** (→ Rn. 11ff.). § 31 verdrängt als lex specialis § 280 Abs. 1 BGB (→ Rn. 8), nicht jedoch eine daneben ebenfalls denkbare gesetzliche (meist: deliktische) Haftung (→ Rn. 29). 1

II. Normzweck

Die Haftung nach § 31 dient als **Ausgleich** der mit der Amtsübernahme verbundenen, **weitreichenden Befugnisse eines Sachwalters** (vgl. insbes. § 27).[2] Daneben bezweckt § 31 – mittelbar – die Gewährleistung eines **weitreichenden Verbraucherschutzes;** denn eine (drohende) Haftung des Sachwalters fungiert neben dem Ausgleichsgedanken naturgemäß zugleich als **Mittel einer Verhaltenssteuerung**[3] in Richtung einer möglichst effektiven Durchsetzung (u. a.) der jeweiligen Verbraucherinteressen. Zugleich werden auch die **Unternehmer** vor einer Veruntreuung bzw. ungebührlichen Inanspruchnahmen ihrer finanziellen bzw. sonstigen Ressourcen geschützt (Rechtsgedanke des § 37). 2

[1] HK-VDuG/Röthemeyer VDuG § 31 Rn. 1.

[2] So – zu § 60 Abs. 1 InsO – MüKoInsO/Schoppmeyer InsO § 60 Rn. 1a.

[3] Zur gegenwärtig intensiv diskutierten Problematik einer Verhaltenssteuerung bzw. Regulierung (iSe Private Enforcement) durch Privatrecht allgemein s. etwa Hellgardt, Regulierung und Privatrecht, 2016, passim.

III. (Eingeschränkter) Auslegungsgleichlauf mit § 60 Abs. 1 InsO

3 Die Regelung in § 31 gründet – mangels entsprechender Vorgaben in der Verbandsklagen-RL (→ Rn. 4) – auf einer **autonomen Entscheidung des deutschen Gesetzgebers.** Bei ihrer Schaffung hat sich dieser allerdings stark an der in **§ 60 Abs. 1 InsO** enthaltenen Regelung zur Haftung eines Insolvenzverwalters orientiert.[4] Bei der Auslegung von § 31 können daher im Einzelfall **Literatur sowie Rechtsprechung zu § 60 Abs. 1 InsO ergänzend mit herangezogen** werden (ebenso → § 30 Rn. 5 für die Vorschriften der InsO zur Aufsicht und Entlassung).[5]

B. Umsetzung der Richtlinie

4 Die Verbandsklagen-RL enthält weder unmittelbare Vorgaben hinsichtlich des Umsetzungsverfahrens nach §§ 22ff. (→ § 22 Rn. 3)[6] im Allgemeinen noch des Amtes bzw. der Befugnisse sowie einer Haftung des Sachwalters im Speziellen. Lediglich **mittelbar** spielt – bei der Auslegung (auch) von § 31 – **ErwG 9 S. 1 Verbandsklagen-RL** eine Rolle; danach müssen die Mitgliedstaaten sicherstellen, dass das Abhilfeverfahren (insgesamt) „eine wirksame und effiziente Möglichkeit […] [darstellt], [um] die Kollektivinteressen der Verbraucher zu schützen". Im **Gesetzgebungsverfahren** hat die Vorschrift keinerlei Änderungen erfahren.[7]

C. Rechtsgrund der Haftung; Dogmatik

I. Problematik

5 Da in aller Regel[8] **keine rechtsgeschäftliche Beziehung** zwischen Sachwalter auf der einen sowie Unternehmer bzw. angemeldeten Verbrauchern auf der anderen Seite besteht (ebenso → Einleitung Rn. 27), statuiert § 31 nicht etwa eine vertragliche, sondern **eine gesetzliche Haftung;**[9] denn das Umsetzungsverfahren wird gerade kraft Gesetzes (§§ 22ff.) und nicht etwa im Wege vertraglicher Vereinbarung zwischen den Verfahrensbeteiligten (ggf. im weiteren Sinne) eröffnet und durchgeführt. **In dogmatischer Hinsicht** kommt somit eine entweder **rein deliktische** oder aber eine Einordnung als zwar gesetzliche, jedoch **rechtsgeschäftsähnliche Haftung (auf der Grundlage eines gesetzlichen Schuldverhältnisses)** in Betracht. Hinsichtlich der Haftung des Insolvenzverwalters nach § 60 Abs. 1 InsO – als unmittelbarem Vorbild von § 31 (→ Rn. 3)[10] – werden beide Positionen,

---

[4] BT-Drs. 20/6520, 91.

[5] So auch (allerdings nur in Bezug auf § 31 S. 2) HK-VDuG/Röthemeyer VDuG § 31 Rn. 2.

[6] Köhler/Bornkamm/Feddersen/Scherer VDuG § 31 Rn. 2.

[7] Vgl. BT-Drs. 20/6520, 20.

[8] Anders kann dies allenfalls im Falle eines Vergleichsschlusses sein (an dem fakultativ auch die betroffenen Verbraucher beteiligt sein können, → § 9 Rn. 8ff.); allerdings ersetzt ein Vergleichsschluss bei der Abhilfeklage idR das spätere Umsetzungsverfahren (→ § 9 Rn. 20).

[9] So auch – zu § 60 Abs. 1 InsO – MüKoInsO/Schoppmeyer InsO § 60 Rn. 4ff. sowie K. Schmidt InsO/Thole InsO § 60 Rn. 2.

[10] BT-Drs. 20/6520, 91.

teilweise sogar vermittelnd,[11] vertreten.[12] Für eine rein deliktische Qualifikation spricht ua die **Nähe zur Amtshaftung** iSv § 839 BGB sowie die Tatsache, dass § 31 ein Verschulden und kein (weitergehendes[13], weil bereits vom Wortlaut her § 278 BGB mit erfassendes) Vertretenmüssen voraussetzt; für eine Einstufung als rechtsgeschäftsähnliche Haftung hingegen spricht entscheidend (→ Rn. 7), dass mit der Eröffnung des Umsetzungsverfahrens gem. **§§ 22 ff. besondere, über die normalen deliktischen Jedermann-Pflichten weit hinausgehende Befugnisse sowie Pflichten** (→ Rn. 11 ff.) im Verhältnis zwischen dem Sachwalter sowie den genannten Verfahrensbeteiligten entstehen.

II. Praktische Auswirkungen

Die dogmatische Einordnung der Haftung nach § 31 ist nicht etwa rein akademi- 6
scher Natur, sondern bedingt – ganz im Gegenteil – **weitgehende Implikationen auch für die Praxis;** insbes. hängt davon nämlich die (fragliche, → Rn. 18) Anwendbarkeit von **§ 278 BGB** oder zB auch von **§ 32 ZPO** (→ Rn. 31) auf die Haftung des Sachwalters nach § 31 ab.[14] Denn etwa § 278 BGB setzt bei unmittelbarer Anwendung zwingend eine (bereits zuvor bestehende, jedoch nicht notwendig rechtsgeschäftliche) **Sonderverbindung** voraus.[15]

III. Qualifikation als rechtsgeschäftsähnliche Haftung

Richtigerweise ist (auch) die Haftung nach § 31 – in Anlehnung an die hM zu 7
§ 60 Abs. 1 InsO[16] – als **rechtsgeschäftsähnlich** einzustufen; denn mit der gerichtlichen Bestellung des Sachwalters nach § 23 Abs. 1 S. 1 entsteht (gerade auch aus § 31 ersichtlich) ein **besonderes gesetzliches Nähe- und Pflichtenverhältnis** – und damit in dogmatischer Hinsicht eine **Sonderverbindung iSd §§ 280 ff. BGB** – zwischen dem Sachwalter auf der einen Seite sowie dem Unternehmer und den zum Verbandsklageregister angemeldeten Verbrauchern auf der anderen Seite. Dafür spricht nicht zuletzt die Vergleichbarkeit der Rechtsstellung des Sachwalters mit einem **doppelten** (sowohl gegenüber angemeldeten Verbrauchern[17] als auch Unternehmer[18] bestehenden) **Treuhandverhältnis** (ebenso → Einleitung Rn. 27; → § 25 Rn. 5; → § 27 Rn. 46).[19]

---

[11] So unterscheidet K. Schmidt zwischen einer Haftung im Innenverhältnis ggü. dem Insolvenzschuldner (dann: rechtsgeschäftsähnliche Haftung) sowie einer Haftung im Außenverhältnis (zB ggü. den Insolvenzgläubigern; dann: deliktsähnliche Haftung), vgl. ua K. Schmidt KTS 1976, 191; K. Schmidt KTS 1984, 345; K. Schmidt KTS 1991, 211; K. Schmidt KTS 1994, 309.

[12] Vgl. den Überblick bei MüKoInsO/Schoppmeyer InsO § 60 Rn. 4 ff.

[13] Zur – grundlegenden – Unterscheidung zwischen Verschulden und Vertretenmüssen s. etwa Paulus Schuldrecht BT/1 Kap. 2 Rn. 208 ff.

[14] Vgl. K. Schmidt InsO/Thole InsO § 60 Rn. 2.

[15] S. statt aller Paulus Schuldrecht BT/1 Kap. 2 Rn. 210.

[16] So auch – in Bezug auf § 60 Abs. 1 InsO – BGH NJW 1985, 1161; BGH NJW 1994, 323; MüKoInsO/Schoppmeyer InsO § 60 Rn. 8 und tendenziell auch K. Schmidt InsO/Thole InsO § 60 Rn. 2. (Nur) bei § 60 Abs. 1 InsO spricht allerdings zusätzlich noch ein Umkehrschluss aus § 60 Abs. 2 InsO für das Entstehen einer Sonderverbindung zwischen den Beteiligten bei Eröffnung des Insolvenzverfahrens.

[17] Vgl. Heerma ZZP 136 (2023), 425 (443).

[18] Darauf primär abstellend Kalisz NZI 2024, 153 (154).

[19] Heerma ZZP 136 (2023), 425 (443).

IV. Verhältnis zu § 280 Abs. 1 BGB

8 Das soeben → Rn. 7 Gesagte hat zur Folge, dass bei Vorliegen einer Pflichtverletzung des Sachwalters an sich neben § 31 S. 1 auch eine Haftung nach **§ 280 Abs. 1 BGB** – als Grundtatbestand (fast) aller Schadensersatzansprüche aus einem Schuldverhältnis[20] – in Betracht kommt. Insofern fungiert jedoch **§ 31 S. 1** richtigerweise als **vorrangige lex specialis;** bereits die Existenz von § 31 **schließt somit eine Anwendung von § 280 Abs. 1 BGB auf Pflichtverletzungen des Sachwalters grds. kategorisch aus.** Andernfalls würde das reine Verschuldenserfordernis in § 31 sowie dessen – von § 280 Abs. 1 S. 2 BGB abweichende – Beweislastverteilung (→ Rn. 21) gleichsam durch die Hintertür unterlaufen und völlig entwertet. Etwas anderes gilt jedoch, wenn im Einzelfall **privatautonom besondere Pflichten des Sachwalters vereinbart** werden (zB durch Vertrag zwischen Sachwalter und Unternehmer); dann wiederum findet die Besserstellung des Gläubigers ihre Rechtfertigung gerade in der vertraglichen Regelung (→ Rn. 15).

D. Haftungsvoraussetzungen

9 § 31 S. 1 nennt als Voraussetzungen einer Schadensersatzhaftung des Sachwalters neben **(1.)** der **Verletzung einer diesem gerade nach dem VDuG obliegenden Pflicht,** die zudem **(2.)** dem **Schutz entweder des Unternehmers** oder **der angemeldeten Verbraucher dient,** lediglich noch ein **(3.) Verschulden.** Darüber hinaus muss jedoch – aus der systematischen Stellung von § 31 ersichtlich – zum Zeitpunkt der jeweiligen Pflichtverletzung bereits **(4.)** zuvor ein Umsetzungsverfahren eröffnet gewesen sein; die vorherige Beendigung des Umsetzungsverfahrens schadet hingegen nicht, da den Sachwalter – aus § 37 S. 1 ersichtlich – auch nach Beendigung im Einzelfall noch Pflichten treffen (können), → Rn. 12.[21]

I. Pflichtverletzung

10 **1. Allgemeines.** Die Haftung des Sachwalters setzt nach § 31 S. 1 zunächst die Verletzung einer diesem „nach diesem Gesetz obliegende[n] Pflicht […]" voraus. Damit ist – ebenso wie zB bei § 280 Abs. 1 BGB[22] – der **objektive Unrechtstatbestand** gemeint, dh losgelöst von einer etwaigen subjektiven Vorwerfbarkeit (dem Verschulden) lediglich ein **objektives Zurückbleiben des Sachwalters hinter seinen aus dem VDuG resultierenden Pflichten.**[23] Ähnlich wie § 280 Abs. 1 BGB ist § 31 S. 1 damit letztlich eine bloße **„Blankettnorm";**[24] denn die Bejahung der Haftung setzt stets die Prüfung weiterer Vorschriften voraus. (Erst) von deren Auslegung hängen wiederum der Inhalt und die Schutzrichtung der jeweils etwaig verletzten Pflicht ab.[25] Entsprechend entscheidet auch nicht etwa § 31 S. 1, sondern die jeweils verletzte Pflicht (bzw. deren gesetzliche Regelung), ob eine Pflichtverletzung im Einzelfall erfolgs- oder verhaltensbezogen erfolgt.

---

[20] Vgl. Paulus Schuldrecht BT/1 Kap. 2 Rn. 142.
[21] Köhler/Bornkamm/Feddersen/Scherer VDuG § 31 Rn. 3.
[22] BT-Drs. 14/6040, 135.
[23] Vgl. – zu § 60 Abs. 1 InsO – K. Schmidt InsO/Thole InsO § 60 Rn. 8.
[24] So zu § 280 Abs. 1 BGB Grüneberg/Grüneberg BGB § 241 Rn. 7.
[25] So auch – zu § 60 Abs. 1 InsO – MüKoInsO/Schoppmeyer InsO § 60 Rn. 1 a.

2. Pflichten nach dem VDuG; Schutzzweck. Nach dem Gesetzeswortlaut („nach diesem Gesetz") erfasst § 31 S. 1 lediglich die Verletzung von **im VDuG selbst geregelten,** (somit) kraft Gesetzes bestehenden Pflichten; zur Frage, ob darüber hinaus auch die Verletzung sonstiger, ggf. aus anderen Rechtsquellen resultierender Pflichten erfasst wird, → Rn. 15. Zusätzlich muss eine im Einzelfall verletzte Pflicht – je nach Anspruchsteller – entweder den **Schutz des Unternehmers (Nr. 1) oder aber eines (angemeldeten) Verbrauchers (Nr. 2) bezwecken;** zum Charakter der Pflichtenstellung des Sachwalters als eine doppelte Treuhand s. bereits → Rn. 7. Ob eine gesetzliche Pflicht im Einzelfall jeweils einen derartigen Beteiligtenschutz bezweckt, ergibt sich oft bereits aus dem Gesetzeswortlaut; hilfsweise ist **im Einzelfall** eine **teleologische Auslegung** erforderlich.[26] Im Übrigen lässt das Gesetz keine Beschränkung auf den Schutz (nur) von Vermögensinteressen erkennen;[27] daneben dürfte daher grds. auch die – faktisch wohl seltene – Verletzung von Pflichten, die dem Schutz lediglich sonstiger Interessen dienen, erfasst sein. 11

a) Überblick. Hauptquelle gesetzlicher Pflichten des Sachwalters innerhalb des VDuG sind naturgemäß die **Vorschriften zum Umsetzungsverfahren selbst, dh die §§ 22–38.** Eine hervorgehobene Bedeutung kommt dabei zunächst **§ 27** zu, der in Nr. 1-11 die wesentlichen Aufgaben des Sachwalters sowie die sich aus diesen im Einzelfall ergebenden Pflichten aufzählt; dazu näher → § 27 Rn. 9 ff. Weitere potentiell iSv § 31 S. 1 drittschützende Pflichten normieren insbes. **§ 25 Abs. 2 S. 1, Abs. 3 S. 2 und 3** (hinsichtlich der Vermögenstrennungspflicht und der Entnahmen aus dem Umsetzungsfonds), **§ 33** (Schlussrechnungslegung), **§ 34** (Vorlage des Schlussberichts) sowie – nach Beendigung des Umsetzungsverfahrens – **§ 37 S. 1** (Erstattung verbleibender Beträge).[28] Aus **§ 32 Abs. 2** folgt (im Umkehrschluss) eine – den Unternehmer schützende – Pflicht eines Sachwalters, sich selbst Auslagen und Vergütungen nur im gesetzlich vorgesehenen bzw. gerichtlich genehmigten Umfang auszuzahlen.[29] 12

b) Pflichten iSv § 31 gegenüber dem Unternehmer. Als (einziges) Beispiel der Verletzung einer den Sachwalter nach dem VDuG gerade zum Schutz des Unternehmers treffenden Pflicht nennt der **RegE** „ohne ordnungsgemäße Prüfung der Berechtigung" vorgenommene Auszahlungen an Verbraucher;[30] entsprechend bezwecken jedenfalls die den Sachwalter aus **§ 27 Nr. 9**[31] und wohl auch **§ 27 Nr. 3**[32] treffenden Pflichten (auch) den Schutz des Unternehmers. Das Gleiche gilt für die Prüfpflichten des Sachwalters **iRe Widerspruchsverfahrens gem. § 28 Abs. 3**[33] sowie – naturgemäß – die aus **§ 25 Abs. 2 S. 1, Abs. 3 S. 2 und 3** folgenden Pflichten, das Vermögen des Umsetzungsfonds von seinem Vermögen getrennt zu führen und keine unberechtigten (und/oder ohne gerichtliche Anordnung erfolgende) Entnahmen aus dem Umsetzungsfonds durchzuführen.[34] Daneben die- 13

---

[26] HK-VDuG/Röthemeyer VDuG § 31 Rn. 1.

[27] So aber wohl Zöller/Vollkommer VDuG § 31 Rn. 1.

[28] Köhler/Bornkamm/Feddersen/Scherer VDuG § 31 Rn. 3.

[29] Zöller/Vollkommer VDuG § 31 Rn. 2.

[30] BT-Drs. 20/6520, 91.

[31] Wohl aA (nur im Falle der Nichterfüllung berechtigter Ansprüche oder bei lediglich anteiliger Befriedigung) Köhler/Bornkamm/Feddersen/Scherer VDuG § 31 Rn. 13.

[32] Köhler/Bornkamm/Feddersen/Scherer VDuG § 31 Rn. 9.

[33] Köhler/Bornkamm/Feddersen/Scherer VDuG § 31 Rn. 9.

[34] Köhler/Bornkamm/Feddersen/Scherer VDuG § 31 Rn. 19.

nen zudem insbes. noch die Pflichten des Sachwalters gem. **§ 27 Nr. 5**[35], **Nr. 7**[36], **Nr. 8**[37] und **Nr. 11**[38] dem Schutz (jedenfalls auch) des Unternehmers. Auch die aus **§ 33** folgende Pflicht zur Schlussrechnungslegung sowie diejenige zur Vorlage eines Schlussberichts aus **§ 34** schützen grds. ebenfalls den Unternehmer.[39] Dies gilt ebenfalls für die den Sachwalter nach Beendigung des Umsetzungsverfahrens gem. **§ 37 S. 1** treffende Pflicht zur (Rück-)Erstattung etwaig verbliebener Beträge im Umsetzungsfonds an den Unternehmer (→ Rn. 12; s. dort auch zu etwaigen Pflichten bei der Auszahlung von Auslagen und Vergütungen iSv **§ 32**).

14 **c) Pflichten iSv § 31 gegenüber angemeldeten Verbrauchern.** Dem Schutz (jedenfalls auch) der angemeldeten Verbraucher dienen im VDuG insbes. die **aus § 27 Nr. 3**[40] resultierende Pflicht zur Prüfung von deren Anspruchsberechtigung sowie – gem. **§ 27 Nr. 9**[41] – zur anschließenden (ggf. anteiligen und gleichmäßigen) Erfüllung. Das Gleiche gilt für die Pflichten des Sachwalters nach **§ 27 Nr. 5**[42], **Nr. 7**[43], **Nr. 8**[44] und **Nr. 11**[45] sowie dessen Prüfpflichten **iRe Widerspruchsverfahrens gem. § 28 Abs. 3**[46] und die nach **§ 34**[47] bestehende Verpflichtung des Sachwalters zur Erstellung und Vorlage eines Schlussberichts. Wohl sogar alleine den Schutz der angemeldeten Verbraucher (und nicht zugleich auch des Unternehmers) bezwecken demgegenüber die Pflichten des Sachwalters aus **§ 27 Nr. 4**[48], **Nr. 6**[49] und **Nr. 10**[50] sowie dessen (u. a.) aus **§ 29** resultierende Pflicht zur (ordnungsgemäßen) Durchführung einer etwaigen **Zwangsvollstreckung** zugunsten der angemeldeten Verbraucher (s. dazu → § 14 Rn. 24).[51]

15 **3. Pflichten außerhalb des VDuG.** Weder das Gesetz selbst noch die Gesetzesmaterialien enthalten einen (positiven) Hinweis darauf, ob im Einzelfall auch die Verletzung **außerhalb des VDuG normierter** (gesetzlicher oder vielleicht sogar – ausnahmsweise – privatautonom vereinbarter) **Pflichten** eine Haftung nach § 31 S. 1 auslösen kann. Der **Gesetzeswortlaut,** der von „nach diesem Gesetz" bestehenden Pflichten spricht, scheint dem auf den ersten Blick **zu widersprechen.** In Anlehnung an die hM zu § 60 Abs. 1 InsO (→ Rn. 3), der eine gleichlautende Einschränkung enthält, ist insofern jedoch richtigerweise nicht der formelle Regelungsstandort im VDuG selbst entscheidend, sondern – in materieller Hinsicht – ob eine dem Sachwalter obliegende Pflicht **diesen im Einzelfall gerade in seiner**

---

35 Köhler/Bornkamm/Feddersen/Scherer VDuG § 31 Rn. 10.
36 Köhler/Bornkamm/Feddersen/Scherer VDuG § 31 Rn. 11.
37 Köhler/Bornkamm/Feddersen/Scherer VDuG § 31 Rn. 12.
38 Köhler/Bornkamm/Feddersen/Scherer VDuG § 31 Rn. 16.
39 Köhler/Bornkamm/Feddersen/Scherer VDuG § 31 Rn. 17 f.
40 Köhler/Bornkamm/Feddersen/Scherer VDuG § 31 Rn. 9.
41 Köhler/Bornkamm/Feddersen/Scherer VDuG § 31 Rn. 13, 15.
42 Köhler/Bornkamm/Feddersen/Scherer VDuG § 31 Rn. 10.
43 Köhler/Bornkamm/Feddersen/Scherer VDuG § 31 Rn. 11.
44 Köhler/Bornkamm/Feddersen/Scherer VDuG § 31 Rn. 12.
45 Köhler/Bornkamm/Feddersen/Scherer VDuG § 31 Rn. 16.
46 Köhler/Bornkamm/Feddersen/Scherer VDuG § 31 Rn. 9.
47 Köhler/Bornkamm/Feddersen/Scherer VDuG § 31 Rn. 18.
48 Köhler/Bornkamm/Feddersen/Scherer VDuG § 31 Rn. 10.
49 Köhler/Bornkamm/Feddersen/Scherer VDuG § 31 Rn. 10.
50 Köhler/Bornkamm/Feddersen/Scherer VDuG § 31 Rn. 14.
51 Köhler/Bornkamm/Feddersen/Scherer VDuG § 31 Rn. 14.

Funktion als solchen trifft oder nicht.[52] Ist dies der Fall, können auch außerhalb des VDuG geregelte Pflichten im Falle ihrer Verletzung eine Haftung nach § 31 S. 1 auslösen. Richtigerweise gilt dies jedoch **nur für gesetzliche Pflichten;** im Falle einer (wegen § 23 Abs. 2 S. 1 unwahrscheinlichen; s. jedoch → Rn. 18) privatautonomen Vereinbarung von Pflichten des Sachwalters dürfte hingegen – ausnahmsweise und vorrangig – sogar § 280 Abs. 1 BGB eingreifen (→ Rn. 8).

II. Verschulden

1. Bedeutung: Vorsatz und Fahrlässigkeit. Neben der (objektiven) Pflicht- 16
verletzung des Sachwalters (→ Rn. 10ff.) setzt die Haftung nach § 31 S. 1 ein **(subjektives) Verschulden** voraus; die Vorschrift statuiert also gerade keine Garantiehaftung. Somit ist nach (ganz) allgemeinen Grundsätzen erforderlich, dass der Sachwalter die jeweilige Pflichtverletzung entweder **vorsätzlich** oder **fahrlässig** verursacht hat.[53] **Bezugspunkt** des Verschuldens ist dabei **(nur) die jeweils haftungsbegründende Pflichtverletzung,** nicht (zusätzlich) auch der dadurch etwaig entstandene Schaden; dieser ist vielmehr nach allgemeinen Grundsätzen erst iRd Haftungsausfüllung relevant (→ Rn. 22ff.).[54] Ausreichend ist im Regelfall **jegliche Form von Fahrlässigkeit.**[55]

2. (Objektiver) Fahrlässigkeitsmaßstab. Der genannte Haftungsmaßstab 17
folgt dabei (nur) mittelbar aus **§ 276 Abs. 1 S. 1 BGB;** denn die §§ 276–278 BGB regeln gerade das (für § 31 S. 1 an sich nicht relevante) Vertretenmüssen und nicht etwa (nur) das Verschulden.[56] Zurückgegriffen werden kann insofern allerdings ohne Weiteres auf die allgemeine Definition der **Fahrlässigkeit** in **§ 276 Abs. 2 BGB;** danach handelt fahrlässig, wer die im Verkehr erforderliche Sorgfalt außer Acht lässt. Dieser – im zivilrechtlichen Haftungsrecht (anders als im Straf- und Steuerrecht) gerade **objektivierte**[57] – Maßstab wird in **§ 31 S. 2** für die Zwecke der Haftung nach § 31 S. 1 dahingehend **modifiziert** (und **verschärft**), dass der Sachwalter „für die **Sorgfalt eines ordentlichen und gewissenhaften Sachwalters** einzustehen“[58] hat. Entsprechend ist für die Bildung des Fahrlässigkeitsmaßstabes nicht etwa auf einen durchschnittlich sorgfältigen Normalbürger abzustellen; Maßstab ist vielmehr ein **durchschnittlich sorgfältiger und aufmerksamer Sachwalter** iSd §§ 22ff. Dabei sind insbes. die normalen Kenntnisse, Aufgaben und die übliche Qualifikation eines Sachwalters sowie die Umstände, unter denen ein solcher seine Tätigkeit normalerweise ausübt, zu **berücksichtigen.**[59] Erfüllt ein Sachwalter diese objektivierten Anforderungen im Einzelfall nicht, handelt er daher, selbst wenn er seinem subjektiven Ausbildungs- und Fähigkeitsstand entsprechend agiert, fahrlässig.[60]

---

[52] MüKoInsO/Schoppmeyer InsO § 60 Rn. 1a; K. Schmidt InsO/Thole InsO § 60 Rn. 7.
[53] HK-VDuG/Röthemeyer VDuG § 31 Rn. 2; MüKoInsO/Schoppmeyer InsO § 60 Rn. 89.
[54] Vgl. Paulus Schuldrecht BT/1 Kap. 2 Rn. 143.
[55] Köhler/Bornkamm/Feddersen/Scherer VDuG § 31 Rn. 4.
[56] Vgl. dazu bereits → Rn. 5 sowie – statt aller – Paulus Schuldrecht BT/1 Kap. 2 Rn. 208ff.
[57] BGH NJW 2021, 1818 Rn. 32; BeckOGK/Schaub BGB § 276 Rn. 72; Grüneberg/Grüneberg BGB § 276 Rn. 15.
[58] Hervorhebung durch Verf.
[59] So – zu § 60 Abs. 1 InsO – MüKoInsO/Schoppmeyer InsO § 60 Rn. 89.
[60] HK-VDuG/Röthemeyer VDuG § 31 Rn. 2; K. Schmidt InsO/Thole InsO § 60 Rn. 37.

18 **3. Haftungsbeschränkungen.** Ob die Haftung des Sachwalters im Einzelfall **privatautonom** (ggf. iRv AGB) **erweitert oder beschränkt** werden kann, verrät des Gesetz nicht. Dagegen sprechen – jedenfalls in Bezug auf eine Haftungsbeschränkung sowie die Haftung gegenüber angemeldeten Verbrauchern – **ErwG 9 S. 1 Verbandsklagen-RL** (→ Rn. 4) sowie der **Rechtsgedanke zB von § 476 Abs. 1 S. 1 BGB.** Im Verhältnis zwischen Unternehmer und Sachwalter dürfte eine solche Vereinbarung jedoch (in den allgemeinen Grenzen insbes. nach §§ 305 ff., 310 Abs. 1 S. 1 Var. 1 BGB) aber grds. zulässig sein.

III. Einstehenmüssen für Dritte (§ 278 BGB)

19 Anders als bei § 60 Abs. 1 InsO, wo die Frage einer Anwendbarkeit von § 278 BGB auf die Haftung des Insolvenzverwalters mittelbar in **§ 60 Abs. 2 InsO** beantwortet (und bejaht) wird,[61] enthält das VDuG selbst – höchst bedauerlicherweise – **keinen Hinweis darauf,** ob der Sachwalter im Rahmen seiner Amtsausübung auch für das etwaige **(fremde) Verschulden seiner Erfüllungsgehilfen** nach **§ 278 BGB** einzustehen hat. Dagegen spricht bei unbefangener Betrachtung der Gesetzeswortlaut, da § 31 S. 1 alleine auf das – somit **eigene[62] – Verschulden** (und nicht ein Vertretenmüssen) des Sachwalters abstellt. Richtigerweise ist § 278 BGB jedoch – über den Gesetzeswortlaut hinaus – auch auf die Haftung des Sachwalters nach § 31 S. 1 **anzuwenden;**[63] eines (daneben möglichen) Rückgriffs auf ein etwaiges (eigenes) **Organisationsverschulden** des Sachwalters bedarf es daher insofern nicht. Dafür spricht zunächst die allgemeine Interessenlage sowie die Parallele zu § 60 Abs. 1 InsO (→ Rn. 3); darüber hinaus ist die Anwendung von § 278 BGB jedoch auch dogmatisch geboten. Denn durch die gerichtliche Bestellung des Sachwalters entsteht, wie in → Rn. 7 f. gezeigt, ein **gesetzliches Schuldverhältnis** – und damit eine **Sonderverbindung iSd §§ 280 ff. BGB** – zwischen Sachwalter auf der einen sowie Unternehmer bzw. angemeldeten Verbrauchern auf der anderen Seite. Dieses wiederum bildet die dogmatische Grundlage dafür, § 278 BGB auch auf eine Sachwalterhaftung nach § 31 S. 1 anzuwenden. Dafür spricht nicht zuletzt **auch § 20 Abs. 1 Nr. 1,** da darunter nach der Gesetzesbegründung auch Verbindlichkeiten des Sachwalters gegenüber Dritten fallen, die zur Unterstützung bei der Wahrnehmung der Aufgaben des Sachwalters im Umsetzungsverfahren herangezogen werden (→ § 20 Rn. 8).[64]

IV. Anspruchsberechtigte

20 Anspruchsberechtigt sind nach § 31 S. 1 der **Unternehmer** sowie die im Einzelfall **zum Verbandsklageregister angemeldeten Verbraucher.** Eine Haftung gegenüber der **klageberechtigten Stelle** sieht § 31 demgegenüber (ebenso wenig wie eine Haftung der klageberechtigten Stelle selbst, zB wegen fahrlässiger Prozessführung[65]) nicht vor. Diese vermeintliche Lücke erklärt sich dadurch, dass die kla-

---

[61] S. nur MüKoInsO/Schoppmeyer InsO § 60 Rn. 93.

[62] S. statt aller Paulus Schuldrecht BT/1 Kap. 2 Rn. 210.

[63] So im Ergebnis (allerdings ohne Begründung) auch HK-VDuG/Röthemeyer VDuG § 31 Rn. 2; Köhler/Bornkamm/Feddersen/Scherer VDuG § 31 Rn. 5.

[64] BT-Drs. 20/6520, 83.

[65] Eine solche richtet sich daher nicht etwa nach § 31 S. 1, sondern nach allgemeinen Grundsätzen; danach kommt regelmäßig allenfalls eine gesetzliche Haftung nach Deliktsrecht sowie ggf. den Regeln der GoA in Betracht. Bei Abhilfeklagen zugunsten namentlich benannter Verbraucher kann im Einzelfall sogar ein Auftrag iSv §§ 662 ff. BGB vorliegen; s.

geberechtigte Stelle die entsprechenden Ansprüche der Verbraucher im Abhilfeverfahren richtigerweise **lediglich in (gesetzlicher) Prozessstandschaft** einklagt (→ § 14 Rn. 11 ff.), sodass der Sachwalter idR gar keine eigenen Rechte der klageberechtigten Stelle verletzen kann bzw. diese jedenfalls keinen eigenen Schaden erleidet.[66] **Analog § 92 InsO** (→ Rn. 3) kann es der klageberechtigten Stelle im Einzelfall allerdings gestattet werden, ausnahmsweise einen etwaigen kollektiven (dh allen angemeldeten Verbrauchern gleichermaßen, etwa durch rechtswidrige Verkürzung des Umsetzungsfonds, entstandenen) **„Gesamtschaden"** im eigenen Namen geltend zu machen.[67]

V. Beweislast

Die **Beweislast** (auch) iRv § 31 trifft nach allgemeinen Grundsätzen grds. **den jeweiligen Anspruchsteller;** mangels gesetzlicher Anordnung einer Beweislastumkehr gilt dies auch (und gerade) für das Vorliegen eines Verschuldens des Sachwalters.[68] Insofern **scheidet** sowohl eine direkte als auch analoge Anwendung von **§ 280 Abs. 1 S. 2 BGB im Umkehrschluss aus § 31 S. 1 aus** (→ Rn. 8). Allerdings können im Einzelfall Nachweiserleichterungen nach Maßgabe entweder einer Beweislastverteilung nach Gefahrenbereichen, den Grundsätzen einer **sekundären Darlegungslast** sowie ausnahmsweise im Wege eines Anscheinsbeweises Anwendung finden.[69] 21

E. Rechtsfolge

Sind die in → Rn. 9 ff. genannten Voraussetzungen einer Haftung des Sachwalters erfüllt, steht dem jeweiligen Gläubiger **dem Grunde nach** ein Schadensersatzanspruch zu. Mangels spezieller schadensrechtlicher Regelungen im VDuG selbst beurteilt sich der konkrete Inhalt eines Schadensersatzanspruchs iSv § 31 S. 1 im Einzelfall nach Maßgabe des **allgemeinen,** grds. für alle zivilrechtlichen Schadensersatzansprüche geltenden[70] **Schadensrechts** in den **§§ 249–255 BGB.**[71] 22

I. Schadensberechnung nach §§ 249 ff. BGB

1. Schadensermittlung. Nach der gesetzlichen Systematik der §§ 249 ff. BGB schuldet ein Sachwalter nach § 31 S. 1 **primär Naturalrestitution** (§§ 249 f. BGB), dh Herstellung des gedachten schadensfreien Zustands „in Natur".[72] Schadensersatz in **Geld** schuldet der Sachwalter demgegenüber (sofern nicht der hypo- 23

zum Ganzen näher Musielak/Voit/Stadler VDuG Vorb. Rn. 24 sowie Röthemeyer VuR 2023, 332; s. auch Maultzsch ZZP 137 (2024), 119 (146 ff.), der insofern für eine an § 311 Abs. 3 BGB angelehnte Haftung nach § 280 Abs. 1 BGB plädiert.

66 So auch HK-VDuG/Röthemeyer VDuG § 31 Rn. 1.

67 Zöller/Vollkommer VDuG § 31 Rn. 2; Rechtsfolge von § 92 InsO ist eine Einziehungsermächtigung mitsamt Prozessführungsbefugnis, s. K. Schmidt InsO/K. Schmidt InsO § 92 Rn. 11.

68 S. – zu § 60 Abs. 1 InsO – MüKoInsO/Schoppmeyer InsO § 60 Rn. 121.

69 So auch – zu § 60 Abs. 1 InsO – K. Schmidt InsO/Thole InsO § 60 Rn. 53.

70 BeckOGK BGB/Brand BGB § 249 Rn. 3.

71 Zöller/Vollkommer VDuG § 31 Rn. 2.

72 Vgl. allgemein BeckOK BGB/Flume BGB § 249 Rn. 2.

thetische Vergleichsmaßstab bereits in einer Geldzahlung besteht) nur **hilfsweise,** insbes. gem. § 249 Abs. 2 S. 1 BGB, § 250 BGB oder § 251 BGB.[73] Wiederum ausnahmsweise kommt zudem – in Abweichung von dem gesetzlichen Regelfall einer konkreten Schadensberechnung nach Maßgabe der Differenzhypothese[74] – eine **abstrakte (normative) Schadensberechnung** in Betracht.[75]

24 **2. Haftungsausfüllende Kausalität; Widerspruchsverfahren.** Im Rahmen der **haftungsausfüllenden Kausalität** entfällt nach allgemeinen Grundsätzen ggf. der Zurechnungszusammenhang, wenn der jeweilige Gläubiger es unterlässt, ihm ohne Weiteres offenstehende und zumutbare Wege zur Verhinderung oder Beseitigung der haftungsbegründenden Pflichtverletzung zu ergreifen.[76] Insofern ist (gerade) iRd Umsetzungsverfahrens nach dem VDuG von Bedeutung, dass es sowohl dem Unternehmer als auch den angemeldeten Verbrauchern **gem. § 28 Abs. 2 S. 1 möglich ist, ein Widerspruchsverfahren** (sowie eine anschließende gerichtliche Überprüfung gem. § 28 Abs. 4) **gegen etwaige pflichtwidrige Entscheidungen des Sachwalters anzustrengen.**[77] Unterlässt ein Schadensersatzgläubiger dies ohne sachlichen Grund, wird daher im Regelfall der Zurechnungszusammenhang zwischen der jeweiligen Pflichtverletzung und dem daraus an sich resultierenden Schaden fehlen.[78]

25 **3. Mitverschulden.** Darüber hinaus führt ein etwaiges **Mitverschulden** des jeweiligen Anspruchstellers ohne Weiteres gem. **§ 254 BGB** zu einer Anspruchskürzung.

II. Beweismaß (§ 287 ZPO)

26 Hinsichtlich der Schadensberechnung gilt § 13 Abs. 1 S. 2 VDuG iVm **§ 287 ZPO.** Danach kann das über einen Schadensersatzanspruch nach § 31 S. 1 erkennende Gericht insbes. über die Existenz und Höhe des im Einzelfall zu ersetzenden Schadens, sofern der Haftungsbegründungstatbestand erfüllt ist, unter Würdigung aller Umstände **nach freier Überzeugung** entscheiden und ggf. auch schätzen.[79] § 19 Abs. 2, der – insofern als lex specialis – sogar ausdrücklich die entsprechende Anwendung von § 287 ZPO für die gerichtliche Bestimmung eines kollektiven Gesamtbetrages im Verbandsklageverfahren anordnet, ist insofern allerdings nicht einschlägig.

III. Versicherbarkeit

27 Gem. **§ 23 Abs. 2 S. 3** „kann" das Gericht „von der als Sachwalter vorgesehenen Person den Nachweis einer Berufshaftpflichtversicherung verlangen, deren Deckungssumme dem Umfang des Umsetzungsverfahrens angemessen ist" (→ § 23 Rn. 18). Daraus folgt, dass die Haftung des Sachwalters aus § 31 S. 1 ohne Weiteres –

[73] BeckOGK/Brand BGB § 249 Rn. 57, 58 und 59.
[74] MüKoBGB/Oetker BGB § 249 Rn. 16ff.
[75] BeckOK BGB/Flume BGB § 249 Rn. 180ff.
[76] Zöller/Vollkommer VDuG § 31 Rn. 1; Köhler/Bornkamm/Feddersen/Scherer VDuG § 31 Rn. 21.
[77] Köhler/Bornkamm/Feddersen/Scherer VDuG § 31 Rn. 20.
[78] Heerma ZZP 136 (2023), 425 (443); Zöller/Vollkommer VDuG § 31 Rn. 1; Köhler/Bornkamm/Feddersen/Scherer VDuG § 31 Rn. 21.
[79] MüKoZPO/Prütting ZPO § 287 Rn. 16; BeckOK ZPO/Bacher ZPO § 287 Rn. 3.

ggf. sogar verpflichtend – versicherbar ist.[80] Eine Beschränkung der Versicherbarkeit auf einen bestimmten Prozentsatz kennt das VDuG demgegenüber – anders als zB § 93 Abs. 2 S. 3 AktG in Bezug auf die Organhaftung bei der Aktiengesellschaft (allerdings wegen der Fremdversicherung unter abweichenden Vorbedingungen) – nicht.

IV. Verjährung

Das VDuG sieht keine besondere Regelung der **Verjährung** von Schadensersatzansprüchen nach § 31 S. 1 vor. (Bereits) nach allgemeinen Grundsätzen gilt daher insofern die **regelmäßige Verjährungsfrist,** dh **§ 195 BGB;** demnach verjähren Schadensersatzansprüche nach § 31 S. 1 grds. **innerhalb von drei Jahren,** beginnend mit dem Schluss des Jahres, in dem der Anspruch entstanden ist und in dem der jeweilige Gläubiger davon Kenntnis (oder grobfahrlässige Unkenntnis) „erlangt" hat, **§ 199 Abs. 1 BGB.** Dafür spricht auch die Regelung in **§ 62 S. 1 InsO** (→ Rn. 3). Eine § 62 S. 2 InsO entsprechende Verjährungshöchstgrenze kennt das VDuG hingegen nicht. 28

F. Anspruchskonkurrenz

Neben eine Haftung nach § 31 S. 1 können im Einzelfall **weitere gesetzliche Haftungstatbestände,** insbes. solche aus dem **Deliktsrecht,** treten; insofern besteht regelmäßig **Anspruchskonkurrenz.**[81] Demgegenüber verdrängt § 31 S. 1 – als **lex specialis** – eine an sich nach allgemeinen Grundsätzen ebenfalls denkbare rechtsgeschäftsähnliche Haftung nach § 280 Abs. 1 BGB (→ Rn. 7 f.). Zu einer etwaigen (nicht § 31 S. 1 unterfallenden) **Haftung der klageberechtigten Stelle** → Rn. 20 Fn. 65. 29

G. Prozessuales

I. Prozessführungsbefugnis

Die **Prozessführungsbefugnis** für eine Schadensersatzklage gegen den Sachwalter besitzt nach allgemeinen Grundsätzen grds. nur der jeweils betroffene Gläubiger selbst, dh entweder der Unternehmer oder der jeweils geschädigte Verbraucher. Eine Geltendmachung durch die klageberechtigte Stelle in Prozessstandschaft sieht das Gesetz (insofern) nicht vor; **analog § 92 InsO** kommt jedoch eine Geltendmachung sog. „Gesamtschäden" der Verbraucher durch die klageberechtigte Stelle in Betracht (→ Rn. 20). 30

II. Gerichtsstand

Hinsichtlich der **Zuständigkeit** trifft das VDuG ebenfalls keine Sonderregelung. Schadensersatzansprüche aus § 31 S. 1 sind daher grds. am **allgemeinen Gerichtsstand des Sachwalters** einzuklagen; trotz der Vorbildfunktion von § 60 Abs. 1 InsO (→ Rn. 3) kommt insofern – mangels hinreichender Vergleichbarkeit 31

[80] Stadler ZZP 136 (2023), 129 (136).
[81] Vgl. – zu § 60 Abs. 1 InsO – K. Schmidt InsO/Thole InsO § 60 Rn. 48.

von Insolvenzverfahren und Umsetzungsverfahren – eine analoge Anwendung von § 19a ZPO richtigerweise nicht in Betracht. Wegen der Deliktsähnlichkeit der Haftung aus § 31 S. 1 (→ Rn. 5) greift daneben jedoch idR der **besondere Gerichtsstand** der unerlaubten Handlung nach **§ 32 ZPO** ein.[82] Bei grenzüberschreitendem Bezug ist insofern – neben **Art. 4 Brüssel Ia-VO** – regelmäßig **Art. 7 Nr. 2 Brüssel Ia-VO** einschlägig.

§ 32 Ansprüche des Sachwalters

(1) **Der Sachwalter hat Anspruch auf**

1. **die Erstattung der Auslagen, die er zur ordnungsgemäßen Erfüllung seiner Aufgaben begründet,**
2. **eine angemessene Vergütung für seine Geschäftsführung und**
3. **einen Vorschuss auf seine Auslagen und seine Vergütung, soweit dies zur Erfüllung seiner Aufgaben notwendig ist.**

(2) **Auf Antrag des Sachwalters setzt das Gericht die Höhe der Auslagen, der Vergütung und des Vorschusses fest.**

Literatur: Dahl/Linnenbrink, Die Position des Sachwalters im Umsetzungsverfahren der neuen Verbandsabhilfeklage nach VDuG, NZI 2024, 33; Heerma, Das geplante Verbraucherrechtedurchsetzungsgesetz: Abhilfeurteile und deren Umsetzung nach dem VDuG, ZZP 136 (2023), 425; Schmittmann, Die insolvenzrechtlichen Aspekte des Referentenentwurfs eines Gesetzes zur Umsetzung der Richtlinie (EU) 2020/1828 über Verbandsklagen zum Schutz der Kollektivinteressen der Verbraucher und zur Aufhebung der Richtlinie 2009/22/EG, ZRI 2023, 277; Schultze-Moderow/Steinle/Muchow, Die neue Sammelklage – Ein Balanceakt zwischen Verbraucher- und Unternehmensinteressen, BB 2023, 72; Thönissen, Zuständigkeit und Sperrwirkung bei Verbandsabhilfeklagen, EuZW 2023, 637.

A. Überblick und Normzweck

1 § 32 Abs. 1 begründet einen Anspruch des Sachwalters auf die Erstattung von **Auslagen,** auf die Zahlung einer angemessenen **Vergütung** sowie auf die Zahlung diesbezüglicher **Vorschüsse.** Abs. 2 sieht für die Anspruchshöhe die **gerichtliche Festsetzung** auf Antrag vor. Der Sachwalter soll damit einen Ausgleich für die im Umsetzungsverfahren entstehenden Kosten erhalten und für seine Tätigkeit angemessen vergütet werden.

2 Die Norm entspricht im Wesentlichen **§ 9 Abs. 6 SVertO.** Allerdings gibt es nur wenig Rechtsprechung und Literatur zu § 9 Abs. 6 SVertO, sodass ein Rückgriff hierauf zum Zwecke der Auslegung des § 32 kaum weiterführt (→ § 20 Rn. 10).[1]

B. Umsetzung der Richtlinie

3 § 32 hat **kein direktes Vorbild** in der Verbandsklagen-RL (vgl. aber ErwG 12 S. 1, wonach die Verbandsklagen-RL nicht die Regelung jedes Aspekts, insbesondere keine Vollharmonisierung anstrebt). Die Gesetzesbegründung der Bundes-

[82] So zu § 60 Abs. 1 InsO K. Schmidt InsO/Thole InsO § 60 Rn. 53.
[1] Heerma ZZP 136 (2023), 425 (448).

regierung nennt daher bei § 32 keinen zugrundeliegenden Artikel oder Erwägungsgrund.[2]

Im **Referentenentwurf** waren in Abs. 2 ursprünglich weitere Sätze vorgesehen. 4
Nach S. 2 stand dem Sachwalter und dem Unternehmer als Rechtsbehelf gegen den Beschluss über die Höhe der Auslagen, der Vergütung und des Vorschusses **generell** die **Rechtsbeschwerde** zu.[3] Aus S. 3 ergab sich einschränkend die entsprechende Geltung von § 567 Abs. 2 ZPO, wonach der Wert des Beschwerdegegenstandes 200 Euro übersteigen musste.[4] Sowohl S. 2 als auch S. 3 wurden im späteren **Regierungsentwurf** gestrichen.[5] Die Gesetzbegründung stellt klar, dass eine Rechtsbeschwerde stattdessen nur noch möglich ist, wenn das OLG diese nach den allgemeinen Vorschriften gem. **§ 574 Abs. 1 S. 1 Nr. 2, Abs. 2, 3 ZPO** zulässt. Demnach wurde die generelle Statthaftigkeit der Rechtsbeschwerde durch eine **gerichtliche Zugangssteuerung** ersetzt.[6] Diese Einschränkung des Rechtswegs wurde im Regierungsentwurf auch an anderen Stellen vorgenommen, vgl. § 6 Abs. 2, § 9 Abs. 2, § 23 Abs. 6, § 30 Abs. 3, § 36 Abs. 2.[7] Die Änderung wurde vom Rechtsausschuss weder beanstandet noch kommentiert.[8] Rechtspolitisch soll das Zulassungserfordernis wohl der Entlastung des BGH dienen, der sich nicht mit geringgewichtigen oder tatsächlichen Einzelfragen befassen soll.[9]

C. Ansprüche des Sachwalters (Abs. 1)

Abs. 1 regelt die Ansprüche des Sachwalters unter Aufzählung der Anspruchs- 5
gegenstände. Bei den Auslagen des Sachwalters handelt es sich um **Kosten des Umsetzungsverfahrens** (§ 20 Abs. 1 Nr. 1). Gleiches gilt für die **Vergütung** (§ 20 Abs. 1 Nr. 2). Sie werden mit der **Festsetzung** im Rahmen des Beschlusses über die Beendigung des Umsetzungsverfahrens fällig (§ 36 Abs. 1 S. 2 Nr. 2).[10] Bei einem gerichtlich festgesetzten Vorschuss ist der Sachwalter zur Entnahme des Betrags aus dem Umsetzungsfonds (§ 25 Abs. 3 S. 2) befugt (→ § 25 Rn. 30 ff.).[11] Diese Befugnis findet nach § 25 Abs. 3 S. 3 ihre Grenze in dem vorläufig festgesetzten Kostenbetrag (§ 18 Abs. 1 Nr. 2).[12]

I. Auslagen (Nr. 1)

Dem Sachwalter steht nach Abs. 1 Nr. 1 ein Erstattungsanspruch zu, der sich auf 6
die Auslagen erstreckt, die er zur ordnungsgemäßen Erfüllung seiner Aufgaben (§ 27) begründet.

Auslagen meint dabei insbesondere die Begründung von **Verbindlichkeiten** 7
gegenüber Dritten durch den Sachwalter, die als Hilfspersonen einen reibungs-

[2] Vgl. BT-Drs. 20/6520, 91 f.
[3] VRUG-RefE, 18.
[4] VRUG-RefE, 18.
[5] Vgl. BT-Drs. 20/6520, 20 f.
[6] HK-VDuG/Röthemeyer VDuG § 32 Rn. 20.
[7] Vgl. VRUG-RefE, 9, 10, 15, 18, 20; BT-Drs. 20/6520, 12, 13, 18, 20, 22.
[8] Vgl. BT-Drs. 20/7631, 29.
[9] HK-VDuG/Röthemeyer VDuG § 23 Rn. 29.
[10] HK-VDuG/Röthemeyer VDuG § 32 Rn. 11.
[11] HK-VDuG/Röthemeyer VDuG § 32 Rn. 11.
[12] HK-VDuG/Röthemeyer VDuG § 32 Rn. 11.

losen Ablauf des Umsetzungsverfahrens gewährleisten sollen.[13] Beispiel für eine solche Verbindlichkeit ist die Beauftragung Dritter zur Einrichtung und zum Betreiben eines Online-Portals, auf dem Verbraucher Berechtigungsnachweise hochladen können.[14] Daneben kommt die Beauftragung von Schreibkräften und juristisch geschultem Personal in Betracht.[15] Geht der Sachwalter eine solche Verbindlichkeit ein, macht er dies ausschließlich **in eigenem Namen.**[16] Die hieraus anfallenden Aufwendungen kann der Sachwalter anschließend als Kosten des Umsetzungsverfahrens geltend machen und erstattet verlangen. Demnach begründen die Verbindlichkeiten des Sachwalters keine unmittelbaren Zahlungspflichten des Unternehmers an Dritte. Stattdessen laufen alle Zahlungen des Unternehmers über den Sachwalter (§§ 18 Abs. 1 Nr. 3, 36 Abs. 1 Nr. 2).[17] Neben den Dienstleistungen Dritter kommen als Auslagen auch **Sachanschaffungen** des Sachwalters in Betracht. Hierzu können beispielsweise „Legal Tech Tools" zählen, welche durch automatisierte Verfahren die Prüfung der Berechtigungsnachweise von Verbrauchern erleichtern.[18] Schließlich sind auch **Reisekosten** des Sachwalters sowie der **Verbrauch bestehender Betriebsmittel** als erstattungsfähige Auslagen einzuordnen.[19]

8 Kein Anspruch des Sachwalters besteht hinsichtlich der Erstattung von Auslagen, die nicht der **ordnungsgemäßen Aufgabenerfüllung** dienen.[20] Die ordnungsgemäße Aufgabenerfüllung hängt nach der Gesetzesbegründung von der **Erforderlichkeit der Ausgaben**[21] sowie dem umzusetzenden **Urteilstenor** ab, wobei dem Sachwalter **Ermessen** hinsichtlich der Art und Weise der Umsetzung zukommt.[22] Dies dient dem Interesse des Unternehmers an einer kostenangemessenen Abwicklung des Umsetzungsverfahrens und ist damit eine Schutzbestimmung zu dessen Gunsten.[23] Denn der Unternehmer ist gem. § 20 Abs. 2 verpflichtet, die Kosten des Umsetzungsverfahrens zu tragen. Er soll damit vor Kostenbelastungen geschützt werden, die nicht zur Durchführung des Umsetzungsverfahrens erforderlich sind.[24] Entsprechend ist hier im Rahmen der gerichtlichen Prüfung der Erstattungsfähigkeit ein **eher strenger Maßstab** anzulegen (→ § 20 Rn. 18). Je höher die Kosten einer Umsetzungsmaßnahme sind, desto genauer ist deren Erforderlichkeit zu prüfen. Dies gilt insbesondere für Verbindlichkeiten gegenüber Dritten, da die Umsetzung durch den Sachwalter vom Grundsatz der Selbsterledigung geprägt ist.[25] Dabei ist weiter zu berücksichtigen, dass der Sachwalter vor der Tätigung hoher Ausgaben oder bei Unsicherheit im Hinblick auf deren Erforderlichkeit das OLG um eine **Prüfung der Erstattungsfähigkeit ersuchen** kann.[26] Das OLG

---

13 BT-Drs. 20/6520, 91.
14 BT-Drs. 20/6520, 83.
15 Köhler/Bornkamm/Feddersen/Scherer VDuG § 32 Rn. 4.
16 HK-VDuG/Röthemeyer VDuG § 32 Rn. 2.
17 HK-VDuG/Röthemeyer VDuG § 32 Rn. 2.
18 BT-Drs. 20/6520, 87; Heerma ZZP 136 (2023), 425 (449).
19 HK-VDuG/Röthemeyer VDuG § 32 Rn. 2.
20 BT-Drs. 20/6520, 91.
21 Vgl. BT-Drs. 20/6520, 91.
22 HK-VDuG/Röthemeyer VDuG § 32 Rn. 3.
23 Vgl. BT-Drs. 20/6520, 91.
24 BT-Drs. 20/6520, 91.
25 HK-VDuG/Röthemeyer VDuG § 32 Rn. 3.
26 BT-Drs. 20/6520, 91.

ist aber auch ohne Ersuchen des Sachwalters gehalten, im Rahmen seiner Aufsicht über den Sachwalter nach § 30 Abs. 1 über die laufenden Auslagen des Sachwalters zu wachen und gegebenenfalls Zwischenberichte nach § 30 Abs. 2 anzufordern.

Kernfrage wird regelmäßig die **Bewertung der Erforderlichkeit** der Auslagen durch das OLG sein. Der Gesetzgeber hat dem OLG keine genaueren Vorgaben oder Richtwerte an die Hand gegeben, sodass das OLG hier eine eigene Bewertung im Einzelfall vornehmen muss.[27] Das OLG hat das Kosteninteresse des Unternehmers mit dem Umsetzungsinteresse der Verbraucher und des Sachwalters in Ausgleich zu bringen. Dies kann nicht alleine durch eine Befragung der Sachwalter erfolgen, da hierdurch die berechtigten Interessen des Unternehmers möglicherweise nicht hinreichend berücksichtigt werden. Das OLG muss sich daher selbst im Detail mit den **Umständen des Einzelfalls** beschäftigen und auf dieser Basis eine **autonome Entscheidung** treffen (→ § 20 Rn. 9). 9

II. Vergütung (Nr. 2)

Abs. 1 Nr. 2 begründet den Anspruch des Sachwalters auf eine angemessene Vergütung für seine Geschäftsführung. Die **Höhe der Vergütung** ist, mangels genauer Bezifferung, durch das OLG unter Berücksichtigung der **besonderen Umstände des Einzelfalls** zu bemessen.[28] Als für die Vergütungshöhe zu berücksichtigende Faktoren kommen etwa die notwendige Qualifikation und das Haftungsrisiko des Sachwalters sowie die Komplexität des Umsetzungsverfahrens in Betracht.[29] Anknüpfungspunkt des Haftungsrisikos wird vor allem auch die Höhe des zu verteilenden kollektiven Gesamtbetrags sein.[30] Der Gesetzgeber hat bewusst davon abgesehen, hier konkretere Vorgaben zu machen und überlässt es der Rechtsprechung, Grundsätze für die Bestimmung der Angemessenheit im Einzelfall herauszubilden.[31] So hat sich auch der Vorschlag des Bundesrats, für die Höhe der Vergütung **Rahmensätze** nach dem Vorbild der Insolvenzvergütungsverordnung vorzusehen,[32] nicht durchgesetzt. Die Bundesregierung hat sich stattdessen ausdrücklich für die **gerichtliche Bestimmung** anhand der Umstände des Einzelfalls ausgesprochen.[33] 10

Je nach Relevanz der geleisteten Stunden für die Durchführung des Umsetzungsverfahrens ist eine Abrechnung nach **gerichtlich festgelegten Stundensätzen** denkbar.[34] In digitalisierten Verfahren kann die Bedeutung der durch den Sachwalter aufgewendeten Zeit allerdings in den Hintergrund treten. Gerade bei Umsetzungsverfahren, in denen Online-Portale bereitzustellen und automatisierte Prüfverfahren durchzuführen sind, kann die Prüfung der Nachweise mit einem deutlich geringeren Zeitaufwand einhergehen (→ § 20 Rn. 12; → § 27 Rn. 21).[35] Demgegenüber kann die Ermöglichung eines solchen Verfahrens vorab einen besonderen Zeitaufwand, spezifisches Know-how und Vorab-Investitionen des Sach- 11

---

27 Kritisch Schmittmann ZRI 2023, 277 (281 f.).
28 BT-Drs. 20/6520, 91.
29 BT-Drs. 20/6520, 91.
30 Vgl. BT-Drs. 20/6520, 91.
31 Vgl. BT-Drs. 20/6520, 91.
32 BR-Drs. 145/23 (Beschluss), 6 f.
33 Vgl. BT-Drs. 20/6878, 10.
34 BT-Drs. 20/6520, 91.
35 BT-Drs. 20/6520, 91.

walters erfordern, was ebenfalls in die Beurteilung der Angemessenheit einzufließen hat.[36] In dem Zusammenhang ist ebenfalls zu berücksichtigen, dass die Erforderlichkeit angegebener Stunden oftmals nur schwer vom OLG überprüft werden kann, gerade wenn eine Vielzahl von Stunden angegeben wird.[37]

12 Grundsätzlich käme für die Bestimmung angemessener Stundensätze im Einzelfall eine **Orientierung an den üblichen Honoraren** in vergleichbaren Bereichen in Betracht.[38] Dabei müssen jedoch die Besonderheiten und Charakteristiken der jeweiligen Berufe berücksichtigt werden. So bleiben etwa das Anforderungsprofil und der Aufgabenkreis eines Sachwalters[39] typischerweise hinter denen eines **Insolvenzverwalters** zurück, was sich in der Vergütung wiederspiegeln muss.[40] Während ein Sachwalter gem. § 23 Abs. 2 nur geeignet und unabhängig sein soll, um Abhilfeentscheidungen umzusetzen,[41] muss ein Insolvenzverwalter besondere Geschäftskunde nach § 56 InsO aufweisen.[42] Insolvenzverwalter haben regelmäßig komplexere Aufgaben wahrzunehmen und benötigen Spezialkenntnisse zu betriebswirtschaftlichen, sachenrechtlichen, vollstreckungsrechtlichen, arbeitsrechtlichen oder gesellschaftsrechtlichen Fragen.[43] Unter vergleichbaren Gesichtspunkten erscheint eine Vergütung nach den Maßstäben für **Restrukturierungsbeauftragte** nach §§ 81, 83 StaRUG ebenfalls ungeeignet.[44] Auch eine Anlehnung an das Honorar eines **Sachverständigen** nach § 9 Abs. 1 JVEG ist nicht ohne weiteres möglich, da deren Tätigkeit mangels verwaltender Natur der Sache nicht vergleichbar erscheint. Sinnvoll könnte im Einzelfall eine Orientierung am **Sachwalter im Insolvenzverfahren** nach § 12 InsVV sein, der ebenfalls nur einen begrenzten Kreis an Verwaltungsaufgaben innehat.[45] Eine Berücksichtigung der Komplexität des jeweiligen Umsetzungsverfahrens über Zu- und Abschläge entsprechend § 3 InsVV kann prinzipiell geeignet sein, um die Besonderheiten des Einzelfalls zu berücksichtigen. Insofern könnten die Grundsätze der InsVV und die hier vorgesehenen Regelsätze auf Basis des Werts der Insolvenzmasse in bestimmten Einzelfällen als ein Orientierungspunkt herangezogen werden.[46]

III. Vorschuss (Nr. 3)

13 Abs. 3 Nr. 3 sieht die Möglichkeit vor, dass der Sachwalter einen Vorschuss für seine Auslagen und seine Vergütung erhält, anstatt die endgültige Festsetzung nach § 36 Abs. 1 S. 1 Nr. 1 abzuwarten. Der Anspruch ist an die **Notwendigkeit des Vorschusses zur Aufgabenerfüllung** geknüpft. Gerade bei zeitintensiveren Umsetzungsverfahren soll verhindert werden, dass der Sachwalter vollumfänglich in Vorleistung treten muss.[47] Gleichzeitig schafft die Vorschrift Abhilfe im Hinblick

---

[36] BT-Drs. 20/6520, 91.
[37] VID Stellungnahme VRUG, 13.
[38] HK-VDuG/Röthemeyer VDuG § 32 Rn. 6.
[39] Hierzu im Detail Dahl/Linnenbrink NZI 2024, 33 (35ff.).
[40] AA Heerma ZZP 136 (2023), 425 (448).
[41] Schultze-Moderow/Steinle/Muchow BB 2023, 72 (74).
[42] So auch BR-Drs. 145/23 (Beschluss), 7.
[43] Keller, Insolvenzrecht, Rn. 272; HK-VDuG/Röthemeyer VDuG § 32 Rn. 19.
[44] So aber etwa Dahl/Linnenbrink NZI 2024, 33 (36).
[45] Dahl/Linnenbrink NZI 2024, 33 (37).
[46] VID Stellungnahme VRUG, 14.
[47] BT-Drs. 20/6520, 92.

auf Verbindlichkeiten gegenüber Dritten, die bereits während des Umsetzungsverfahrens zu erfüllen sind.[48]

D. Gerichtliche Festsetzung (Abs. 2)

Abs. 2 betrifft die gerichtliche Festsetzung der Höhe der Auslagen, der Vergütung und des Vorschusses (Kosten des Umsetzungsverfahrens). Es handelt sich hierbei um eine **sonstige Entscheidung** des OLG. Das OLG entscheidet in Senatsbesetzung. Eine Übertragung auf den Einzelrichter ist nicht vorgesehen, wie ein Umkehrschluss zu § 28 Abs. 4 S. 3 deutlich macht (→ Einleitung Rn. 30). 14

Ohne Festsetzung darf der Sachwalter nach § 25 Abs. 3 S. 2 keine Beiträge auf Grundlage seiner Ansprüche aus dem Umsetzungsfonds entnehmen. Die Festsetzung erfolgt auf **Antrag des Sachwalters.**[49] Die Norm kommt sowohl dem Unternehmer als auch den Verbrauchern zu Gute. Laut Gesetzesbegründung soll die gerichtliche Prüfung im Rahmen der Kostenfestsetzung verhindern, dass die Kosten des Umsetzungsverfahrens zu Lasten des Unternehmers in ungerechtfertigter Weise anwachsen.[50] Gleichzeitig verhindert die Bestimmung eine Aufzehrung des kollektiven Gesamtbetrags durch Kosten des Umsetzungsverfahrens.[51] 15

Die Festsetzung der Kosten des Umsetzungsverfahrens nach § 32 Abs. 2 begrenzt die Höhe der Vergütung des Sachwalters nicht, sondern deckelt nur die Höhe möglicher Vorschussansprüche des Sachwalters nach § 25 Abs. 3 S. 2.[52] Sollten die tatsächlich erforderlichen Ausgaben die vorläufige Festsetzung übersteigen, ist eine Erstattung des Differenzbetrags nach § 36 Abs. 1 S. 2 Nr. 2 vorgesehen. 16

Im Gesetz und seiner Begründung finden sich keine Vorgaben, wie detailliert eine vorläufige Festsetzung der Kosten des Umsetzungsverfahrens sein muss. Regelmäßig wird daher die **Bestimmung eines Fixums,** zB als prozentualer Anteil des kollektiven Gesamtbetrags, ausreichend sein. Für den Vergütungsanteil der Kosten ist eine Orientierung am Gesamtbetrag regelmäßig sachgerecht, da der Umsetzungsaufwand und das Haftungsrisiko typischerweise mit der Höhe dieses Betrags korrelieren werden.[53] Faktoren für die Bestimmung der zu erwartenden Auslagen sind weiter die Anzahl der zu prüfenden Verbraucheransprüche im Klageregister sowie die Individualisierungsvorgaben im Abhilfegrundurteil.[54] Das Verhältnis zum wirtschaftlichen Wert der Sache und dem Aufwand sowie der Komplexität der Verteilung lässt sich dabei im Einzelfall durch eine flexible Anpassung des Prozentsatzes berücksichtigen. 17

§ 44 Nr. 16 sieht vor, dass Beschlüsse über die Feststellung der Beendigung des Umsetzungsverfahrens – und damit zugleich die finale Kostenfestsetzung nach § 36 Abs. 1 S. 2 – im Verbandsklageregister **öffentlich bekannt** gemacht werden (→ § 44 Rn. 23). Daher werden sich hier schnell Erfahrungswerte herausbilden, welche im Rahmen der vorläufigen Festsetzung vom OLG ebenfalls als ein Indikator herangezogen werden können. 18

---

48 BT-Drs. 20/6520, 92.
49 BT-Drs. 20/6520, 92.
50 BT-Drs. 20/6520, 92.
51 BT-Drs. 20/6520, 92.
52 BT-Drs. 20/6520, 92.
53 HK-VDuG/Röthemeyer VDuG § 32 Rn. 5.
54 BT-Drs. 20/6520, 81 f.

E. Sonstiges

19 Angesichts der vielen ungeklärten Fragen hinsichtlich der Kostenbestimmung (→ Rn. 10ff.) sollten die Kosten des Umsetzungsverfahrens und Ansprüche des Sachwalters **möglichst frühzeitig** im Umsetzungsverfahren erörtert werden, so etwa zumindest auf informellem Wege in der Vergleichsphase nach § 17 oder spätestens bei Bestellung des Sachwalters.[55] Dies erscheint aus Transparenzgründen vorteilhaft. In jedem Fall muss vor Festsetzung der Kosten eine **Anhörung der Parteien** erfolgen, um sicherzustellen, dass die beiderseitigen Interessen an einer angemessenen Kostenverteilung gewahrt werden.[56] Mangels gesetzlicher Vorgaben und Rechtsprechungspraxis ist die Berechnungsweise vorerst den Sachwaltern überlassen.[57] Von den OLGs ist allerdings zu erwarten, dass sie eine sorgfältige Prüfung der Abrechnungsstruktur und -details vornehmen und hierauf aufsetzend eine eigene Bewertung der Berechtigung entsprechend der gesetzlichen Vorgaben durchführen.

20 Die gerichtliche Überprüfung der Festsetzung der erstattungsfähigen Auslagen, der Vergütung und der Vorschüsse erfolgt im Wege der **Rechtsbeschwerde,** wobei noch die Zulassung nach den § 13 Abs. 1 S. 1 VDuG iVm § 574 Abs. 1 S. 1 Nr. 2, Abs. 2, 3 ZPO erforderlich ist.[58] Für den Sachwalter wird alternativ eine Implementierung der sofortigen Beschwerde als statthafter Rechtsbehelf gefordert.[59]

§ 33 Schlussrechnung

[1]Der Sachwalter hat dem Gericht bei Beendigung seines Amtes Schlussrechnung zu legen. [2]Die Rechnung einschließlich der Belege muss spätestens einen Monat nach Beendigung des Umsetzungsverfahrens

1. elektronisch oder auf der Geschäftsstelle des Gerichts eingereicht werden und
2. zur Einsicht des Unternehmers zur Verfügung stehen.

[3]Das Gericht benachrichtigt den Unternehmer unverzüglich vom Eingang der Schlussrechnung. [4]Der Unternehmer ist berechtigt, Einwendungen gegen die Schlussrechnung zu erheben. [5]Soweit binnen zwei Wochen nach der Benachrichtigung keine Einwendungen erhoben werden, gilt die Rechnung als anerkannt.

Literatur: Dahl/Linnenbrink, Die Position des Sachwalters im Umsetzungsverfahren der neuen Verbandsabhilfeklage nach VDuG, NZI 2024, 33; Schmittmann, Die insolvenzrechtlichen Aspekte des Referentenentwurfs eines Gesetzes zur Umsetzung der Richtlinie (EU) 2020/1828 über Verbandsklagen zum Schutz der Kollektivinteressen der Verbraucher und zur Aufhebung der Richtlinie 2009/22/EG, ZRI 2023, 277.

---

[55] HK-VDuG/Röthemeyer VDuG § 32 Rn. 19.
[56] HK-VDuG/Röthemeyer VDuG § 32 Rn. 19.
[57] HK-VDuG/Röthemeyer VDuG § 32 Rn. 16.
[58] BT-Drs. 20/6520, 92.
[59] HK-VDuG/Röthemeyer VDuG § 32 Rn. 20, § 23 Rn. 24ff., 29.

A. Überblick und Normzweck

1 Am Ende des Umsetzungsverfahrens muss der Sachwalter zwecks Prüfung durch das Gericht (und den Unternehmer) eine Schlussrechnung gemäß §33 und einen Schlussbericht gemäß §34 vorlegen. Beide Dokumente werden wie im Insolvenzverfahren üblicherweise gemeinsam beim Gericht eingereicht und von diesem gemäß §35 geprüft. Die Norm des §33 ist §9 Abs. 7 SVertO nachgebildet.[1] Die Schlussrechnung enthält eine **Aufstellung** aller dem Sachwalter durch die Aufgabenwahrnehmung im Umsetzungsverfahren entstandenen **Kosten** sowie die beanspruchte **Vergütung.** Sie gibt Aufschluss über die Verwendung des vorläufig festgesetzten Kostenbetrags, etwa weil Vorschüsse ausgezahlt worden sind, sowie über noch ausstehende Forderungen des Sachwalters.

2 Eine **Kontrollmöglichkeit** für den **Unternehmer** ist deshalb erforderlich, weil es die von ihm zur Verfügung gestellten Beträge sind, die im Umsetzungsverfahren durch den Sachwalter verausgabt wurden.

B. Umsetzung der Richtlinie

3 §33 hat **keine Entsprechung** in der Verbandsklagen-RL. ErwG 12 S. 1 Verbandsklagen-RL stellt klar, dass die Verbandsklagen-RL keine allumfassende, vollharmonisierende Regelung darstellt. Mit Blick auf ErwG 50 S. 2 und 4 Verbandsklagen-RL lässt sich lediglich feststellen, dass die Schaffung eines Umsetzungsverfahrens mit einem Sachwalter die gleiche Zielrichtung wie die Richtlinie aufweist. Die Gesetzesbegründung der Bundesregierung nimmt daher auf keinen Artikel oder Erwägungsgrund Bezug.

4 Der Text des §33 ist identisch mit demjenigen im Referenten- und im Regierungsentwurf und blieb auch in der Beschlussempfehlung des 6. Ausschusses (Rechtsausschuss) des 20. Deutschen Bundestags **unverändert.**[2]

5 Die Anregung des Bundesrats zur **Verlängerung** der **Frist** zur Erhebung von Einwendungen durch den Unternehmer in §33 S. 4 und 5 wurde nicht umgesetzt. Der Bundesrat hatte angemerkt, dass angesichts des bei vielen Verfahrensbeteiligten zu erwartenden Prüfungsaufwands, insbesondere im Zusammenhang mit Fragestellungen der Angemessenheit der Vergütung, die Frist sehr kurz bemessen sei. Er hat deshalb darum gebeten, zu prüfen, ob die Frist nicht entsprechend §28 Abs. 2 S. 1 auf vier Wochen verlängert werden sollte. Schließlich würde sich das Verfahren für die Verbraucher dadurch nicht verzögern, weil deren Ansprüche im Zeitpunkt der Schlussrechnung bereits befriedigt sind.[3] Auch der VID[4] hat in seiner Stellungnahme zum Referentenentwurf die Frist als zu kurz bemessen kritisiert: Insbesondere in Massenverfahren mit einer Vielzahl betroffener Verbraucher und entsprechenden Aktivitäten des Sachwalters sollte die Frist für den Unternehmer den Umständen angemessen sein und mindestens vier Wochen betragen. In der Beschlussempfehlung des Rechtsausschusses hat es insoweit keine Änderungsvorschläge gegeben, sodass an der ursprünglichen Regelung von zwei Wochen festgehalten wurde.

---

[1] BT-Drs. 20/6520, 92.
[2] BT-Drs. 20/7631, 28.
[3] BT-Drs. 20/6878, 5.
[4] VID Stellungnahme VRUG, 12.

C. Regelungsgegenstand

6 § 33 regelt Inhalt, Form und Verfahren der Schlussrechnung sowie deren Anerkennung. Es besteht eine **Vergleichbarkeit** zwischen dieser Schlussrechnung und der in § 66 Abs. 2 InsO geregelten **insolvenzrechtlichen Schlussrechnung.**[5]

I. Schlussrechnungslegung bei Amtsbeendigung (S. 1)

7 Die Schlussrechnung des Sachwalters ist **Grundlage** für die **Festsetzung** der Höhe der Auslagen, der Vorschüsse und der Vergütung nach § 32 Abs. 2. Die Schlussrechnung soll am Ende des Umsetzungsverfahrens gewährleisten, dass eine **Kontrollmöglichkeit** über die Ausgaben geschaffen wird. Mit der Schlussrechnung wird dem Gericht ebenso wie dem Unternehmer die Möglichkeit verschafft, die Beanspruchung des vorläufig festgesetzten Kostenbetrags des Sachwalters detailliert nachvollziehen und kontrollieren zu können.[6] Die Schlussrechnung hat eine Aufstellung aller dem Sachwalter durch die Aufgabenwahrnehmung im Umsetzungsverfahren entstandenen Kosten einschließlich seiner Vergütung zu enthalten.[7] Die Schlussrechnung enthält detailliert jede finanzielle Transaktion, die vom Sachwalter aus dem vorläufig festgesetzten und vom Unternehmer gemäß § 25 Abs. 1 S. 2 in den Umsetzungsfonds zu zahlenden Kostenbetrag getätigt wurde. Sie gibt Aufschluss über Vorschusszahlungen, die im Rahmen des § 32 Abs. 1 Nr. 3 dem Sachwalter auf seine Auslagen und Vergütung gewährt wurden sowie die noch offenen Restbeträge.[8]

II. Frist und Form (S. 2)

8 Binnen eines **Monats** nach Beendigung des Umsetzungsverfahrens ist der Sachwalter nach S. 2 verpflichtet, dem Gericht die Schlussrechnung vorzulegen. Mit Blick auf die Vorschrift des § 36 Abs. 1 Nr. 1 meint **Beendigung** hier den faktischen Abschluss des Umsetzungsverfahrens durch die Befriedigung aller berechtigten Ansprüche oder deren Ablehnung, nötigenfalls nach Durchführung eines Widerspruchsverfahrens gemäß § 28.[9] Der Begriff ist daher im tatsächlichen, nicht im rechtlichen Sinne zu verstehen. Das Gericht kann nach § 30 Aufsichtsmaßnahmen ergreifen, wenn der Sachwalter seiner Verpflichtung nicht fristgerecht nachkommt (→ § 30 Rn. 2).[10]

9 Die Rechnung einschließlich der Belege muss **elektronisch** oder auf der Geschäftsstelle des Gerichts eingereicht werden (Nr. 1) und zur **Einsicht des Unternehmers** zur Verfügung stehen (Nr. 2). In der praktischen Umsetzung dürfte die elektronische Übermittlung durch den Sachwalter an das Gericht üblich werden. Das Gericht wird die elektronisch eingereichte Schlussrechnung digital an den Unternehmer weiterleiten. Sollte es ausnahmsweise, etwa auf Fremdbelege im Ori-

---

[5] Schmittmann ZRI 2023, 277 (282).
[6] Dahl/Linnenbrink NZI 2024, 33 (36).
[7] BT-Drs. 20/6520, 92.
[8] Köhler/Bornkamm/Feddersen/Scherer VDuG § 33 Rn. 6.
[9] Köhler/Bornkamm/Feddersen/Scherer VDuG § 33 Rn. 7; HK-VDuG/Röthemeyer VDuG § 33 Rn. 4; Anders/Gehle/Schmidt VDuG § 33 Rn. 2.
[10] HK-VDuG/Röthemeyer VDuG § 33 Rn. 4.

ginal ankommen, erfolgt die Einreichung durch den Sachwalter in Papierform. Originale oder Kopien wird das Gericht in diesen Fällen an den Unternehmer nicht übersenden, sodass dieser gehalten ist, Einsicht im Gericht zu nehmen.[11]

III. Beteiligung des Unternehmers und Anerkennungsfiktion (S. 3–5)

Nach S. 3 informiert das Gericht den Unternehmer **unverzüglich** über den Eingang der Schlussrechnung. Erhebt der Unternehmer Einwendungen gegen die Schlussrechnung, so hat das Gericht Gelegenheit, sich mit dem Vorbringen auseinanderzusetzen, bevor es die Schlussrechnung und damit die geltend gemachten Kosten und die beanspruchte Vergütung billigt. Die Frist von zwei Wochen stellt einen zeitnahen Abschluss der Prüfung sicher. Erhebt der Unternehmer keine Einwendungen, gilt die Schlussrechnung als anerkannt. Der Unternehmer erklärt dadurch konkludent, dass die Kostenaufstellung der Schlussrechnung korrekt ist und die darin aufgeführten Kosten zu tragen sind.[12] Diese Fiktion entlastet das Gericht von einer weiteren Prüfungspflicht.[13] Der Begriff „Gericht" in der Norm ist so zu verstehen, dass das OLG in Senatsbesetzung entscheiden muss und die Entscheidung nicht auf den Einzelrichter übertragen kann (Umkehrschluss aus § 28 Abs. 4 S. 3). 10

Die **Frist** von **zwei Wochen,** binnen derer der Unternehmer Einwendungen erheben muss, beginnt mit dem Zugang der Benachrichtigung, zumindest wenn mit der Benachrichtigung zugleich die Schlussrechnung inklusive sämtlicher Belege zur Verfügung gestellt wird, sodass der Unternehmer ab diesem Zeitpunkt mit seiner Prüfung beginnen kann. Muss die Schlussrechnung ausnahmsweise im Gericht vom Unternehmer eingesehen werden, wird entscheidend sein, wann der Unternehmer erstmalig die Möglichkeit zur tatsächlichen Einsichtnahme und damit Prüfung hat. Eine **Rechtsbehelfsbelehrung** des Unternehmers durch das Gericht über § 13 Abs. 1 S. 1 VDuG iVm § 232 ZPO scheint nicht zwingend, da es sich hier nicht um eine gerichtliche Entscheidung handelt. Gleichwohl sollte das Gericht angesichts der Kürze der Frist und der Fiktionswirkung nach S. 5 den Unternehmer entsprechend und ausführlich belehren; hierbei sollte zu Nachweiszwecken auch auf die früheste Einsichtnahmemöglichkeit auf der Geschäftsstelle mit deren Öffnungszeiten hingewiesen werden. 11

Zu Recht wird in der Literatur im Übrigen vertreten, dass die Frist von zwei Wochen insbesondere in komplexeren Umsetzungsverfahren sehr knapp bemessen ist (→ Rn. 5). Im Hinblick darauf, dass die Frist nicht als Notfrist iSd § 224 Abs. 1 ZPO bezeichnet wird, wird deshalb für eine **Verlängerungsmöglichkeit** plädiert.[14] 12

Der Unternehmer ist berechtigt, die Schlussrechnung seinerseits zu prüfen und bei Bedarf nach S. 4 Einwendungen gegen sie geltend zu machen. Nach S. 5 wird die **Anerkennung** der Schlussrechnung **fingiert,** wenn nach der in S. 3 genannten Benachrichtigung der Unternehmer keine Einwendungen gegen die Schlussrechnung innerhalb der zweiwöchigen Frist erhebt. 13

---

[11] HK-VDuG/Röthemeyer VDuG § 33 Rn. 5.

[12] BT-Drs. 20/6520, 92; Köhler/Bornkamm/Feddersen/Scherer VDuG § 33 Rn. 8; Anders/Gehle/Schmidt VDuG § 33 Rn. 1.

[13] BT-Drs. 20/6520, 92; Köhler/Bornkamm/Feddersen/Scherer VDuG § 33 Rn. 9.

[14] Anders/Gehle/Schmidt VDuG § 33 Rn. 2.

14 **Kritik:** Auch wenn in der Gesetzesbegründung insoweit von der Entlastung einer „weiteren" Prüfungspflicht die Rede ist[15] und eine inhaltliche Prüfung durch das Gericht entfallen soll, wenn der Unternehmer innerhalb der festgelegten Frist keine Einwendungen gegen die Schlussrechnung erhoben hat,[16] sollten jedenfalls offensichtliche Unrichtigkeiten oder grobe Unverhältnismäßigkeiten auch ohne Einwendungen des Unternehmers durch das Gericht bemängelt werden.

15 Erhebt der Unternehmer **Einwendungen** gegen die Schlussrechnung, ist das Gericht verpflichtet, sich bei der anstehenden Prüfung gemäß § 35 Abs. 1 mit dem Vorbringen auseinanderzusetzen. Folgt das Gericht den Einwendungen des Unternehmers, so fordert es den Sachwalter unter Setzung einer Frist dazu auf, der Beanstandung abzuhelfen.[17] Erst wenn die Beanstandungen vom Sachwalter behoben sind, stellt das Gericht die Beendigung des Umsetzungsverfahrens gemäß § 36 fest.

§ 34 Schlussbericht

(1) [1]**Der Sachwalter teilt dem Gericht die Beendigung des Umsetzungsverfahrens unverzüglich mit.** [2]**Das Gericht setzt dem Sachwalter eine angemessene Frist zur Vorlage des Schlussberichts.** [3]**Die Sätze 1 und 2 gelten auch für den Fall der vorzeitigen Beendigung des Amtes des Sachwalters und der Einstellung des Umsetzungsverfahrens.**

(2) **Der Schlussbericht enthält folgende Angaben:**

1. **eine Auflistung der im Umsetzungsverfahren von Verbrauchern geltend gemachten Ansprüche, die**
   a) **vom Sachwalter ganz oder teilweise durch Zahlung erfüllt wurden unter Angabe des jeweiligen Namens des Verbrauchers, des jeweiligen Zahlungszeitpunkts und des jeweiligen Zahlungsbetrags oder**
   b) **vom Unternehmer anders als durch Zahlung erfüllt wurden unter Angabe des jeweiligen Namens des Verbrauchers und des Zeitpunkts der Erbringung der jeweiligen Leistung,**
2. **eine Auflistung der vollständig oder teilweise abgelehnten Ansprüche von Verbrauchern unter Angabe**
   a) **des jeweiligen Namens des Verbrauchers,**
   b) **der jeweiligen Art oder der jeweiligen Höhe des geltend gemachten Anspruchs sowie**
   c) **des Umfangs der jeweiligen Ablehnung,**
3. **eine zusammenfassende Gegenüberstellung der aus dem Umsetzungsfonds geleisteten Zahlungen und des kollektiven Gesamtbetrags.**

(3) **Die Parteien erhalten vom Gericht eine formlose Abschrift des Schlussberichts.**

Literatur: Schmittmann, Die insolvenzrechtlichen Aspekte des Referentenentwurfs eines Gesetzes zur Umsetzung der Richtlinie (EU) 2020/1828 über Verbandsklagen zum Schutz der Kollektivinteressen der Verbraucher und zur Aufhebung der Richtlinie 2009/22/EG, ZRI 2023, 277.

---

[15] BT-Drs. 20/6520, 92.

[16] BT-Drs. 20/6520, 94.

[17] Köhler/Bornkamm/Feddersen/Scherer VDuG § 33 Rn. 10.

Übersicht

A. Überblick und Normzweck

1 Hinsichtlich der Erstellung des Schlussberichts liegen Parallelen zum Insolvenzverfahren nahe. Im Insolvenzverfahren ist die Einreichung eines Schlussberichts gegenüber dem Insolvenzgericht üblich, ohne dass dies gesetzlich geregelt ist. In § 34 finden sich indes detaillierte Regelungen zum Schlussbericht, den der Sachwalter dem Gericht einzureichen hat.[1]

2 Der Schlussbericht gibt **Auskunft** über das Schicksal der im Umsetzungsverfahren geltend gemachten Ansprüche und über die Verwendung des **kollektiven Gesamtbetrags.** Er ermöglicht dem Gericht die **abschließende Prüfung,** ob alle im Umsetzungsverfahren zu berücksichtigenden Verbraucheransprüche bearbeitet wurden, insbesondere für wen und wie der kollektive Gesamtbetrag verwendet worden ist.[2] Systematisch steht die Regelung zum einen in engem Zusammenhang mit dem die Schlussrechnung betreffenden § 33. Der Schlussbericht iVm der Schlussrechnung nach § 33 dient als Nachweis für die Verwendung des **vorläufig festgesetzten Kostenbetrags.**[3] Zum anderen steht die Regelung im Zusammenhang mit § 35, der die Prüfung des Schlussberichts und der Schlussrechnung durch das Gericht anordnet. Falls es Beanstandungen gibt, fordert das Gericht den Sachwalter in diesem Rahmen unter Fristsetzung dazu auf, der Beanstandung abzuhelfen, § 35 Abs. 2.

3 Der Unternehmer und die klageberechtigte Stelle erhalten eine **Abschrift** des Schlussberichts. Da der Unternehmer bereits im Widerspruchsverfahren gemäß § 28 Einwendungen hinsichtlich der Verwendung des kollektiven Gesamtbetrags geltend machen konnte, steht ihm – anders als bei der Schlussrechnung gemäß § 33 S. 4 (→ § 33 Rn. 10 ff.) – im Rahmen des Schlussberichts diese Möglichkeit nicht mehr zur Verfügung.

B. Umsetzung der Richtlinie

4 § 34 hat **keine Entsprechung** in der Verbandsklagen-RL. ErwG 12 S. 1 Verbandsklagen-RL stellt klar, dass die Verbandsklagen-RL keine allumfassende, vollharmonisierende Regelung darstellt. Mit Blick auf ErwG 50 S. 2 und 4 Verbandsklagen-RL lässt sich lediglich feststellen, dass die Schaffung eines Umsetzungsverfahrens mit einem Sachwalter die gleiche Zielrichtung wie die Richtlinie aufweist. Die Gesetzesbegründung der Bundesregierung nimmt daher auf keinen Artikel oder Erwägungsgrund Bezug.

---

[1] Schmittmann ZRI 2023, 277 (282).
[2] Zöller/Vollkommer VDuG § 34 Rn. 1.
[3] Köhler/Bornkamm/Feddersen/Scherer VDuG § 23 Rn. 1 f., 4.

5 Der Text des § 34 ist identisch mit demjenigen im Referenten- und im Regierungsentwurf und blieb auch in der Beschlussempfehlung des 6. Ausschusses (Rechtsausschuss) des 20. Deutschen Bundestags **unverändert.**[4]

6 Gerügt wurde, dass die bereits im Referentenentwurf in § 34 Abs. 2 Nr. 2 Buchst. a enthaltene **bloße Auflistung** des jeweiligen **Namens** des Verbrauchers, dessen Anspruch ganz oder teilweise abgelehnt wurde, nicht ausreichend sei. Der Sachwalter müsse den Bericht so erstellen, dass der Unternehmer alle erforderlichen Angaben hat, um den Vorgang zuordnen und prüfen zu können.[5] Dieser Anregung ist im Gesetzgebungsverfahren nicht nachgekommen worden. Der Gesetzgeber ist insoweit offenbar davon ausgegangen, dass die vorgeschriebenen Angaben ausreichend sind, um die jeweiligen Verbraucher identifizieren zu können. Dies dürfte schon deshalb richtig sein, weil der Sachwalter dem Unternehmer gem. § 28 Abs. 1 ohnehin in Textform mitteilt, ob sich ein Anspruch nach Prüfung ganz oder teilweise als berechtigt erweist. Da diese Mitteilung die Grundlage für die Erhebung eines Widerspruchs ist, dürften schon in diesem Zusammenhang alle relevanten Informationen zur unzweifelhaften Identifizierung des jeweiligen Verbrauchers gegeben worden sein.

7 Der BIVA-Pflegeschutzbund vertrat in seiner Stellungnahme die Ansicht, den Parteien des Abhilfeverfahrens müsse ein **Rechtsmittel** gegen **Unrichtigkeiten im Schlussbericht** zugestanden werden.[6] Auch diese Anregung ist im Gesetzgebungsverfahren nicht aufgegriffen worden. Gleichwohl wird in der Literatur[7] zu Recht vertreten, dass es sich im Rahmen der gerichtlichen Prüfung gemäß § 35 auch ohne förmliche Rechtsbehelfsmöglichkeit anbieten könnte, den Parteien des Abhilfeverfahrens, also Unternehmer und klageberechtigter Stelle, eine kurze Frist zur Stellungnahme einzuräumen. An anderer Stelle[8] heißt es insoweit sogar, dass die Übermittlung des Schlussberichts an die Parteien gemäß § 34 Abs. 3 diesen die Möglichkeit des rechtlichen Gehörs vor der das Verfahren abschließenden formellen Beendigung des Umsetzungsverfahrens nach § 36 ermögliche.

C. Regelungsgegenstand

8 Abs. 1 regelt die Mitteilung des Sachwalters an das Gericht über die Beendigung des Umsetzungsverfahrens. In Abs. 2 wird detailliert aufgeführt, welche Angaben der Schlussbericht im Einzelnen enthalten muss. Abs. 3 schreibt schließlich vor, dass die Parteien vom Gericht eine formlose Abschrift des Schlussberichts erhalten.

I. Beendigung des Umsetzungsverfahrens (Abs. 1)

9 Der Sachwalter **informiert** das Gericht über die **Beendigung des Umsetzungsverfahrens** unverzüglich, also ohne schuldhaftes Zögern (§ 121 Abs. 1 S. 1 BGB). Beendet hat der Sachwalter das Umsetzungsverfahren, wenn alle im Umset-

---

[4] BT-Drs. 20/7631, 29f.
[5] Bitcom Stellungnahme VRUG, 15.
[6] BIVA Stellungnahme VRUG, 10.
[7] HK-VDuG/Röthemeyer VDuG § 34 Rn. 8.
[8] Anders/Gehle/Schmidt VDuG § 34 Rn. 4.

zungsverfahren zu berücksichtigenden Ansprüche erfüllt oder, ggf. nach Durchführung eines Widerspruchsverfahrens, abgelehnt worden sind.[9]

Mit Blick auf die Vorschrift des § 36 Abs. 1 Nr. 1 meint **Beendigung** hier den faktischen Abschluss des Umsetzungsverfahrens durch die Befriedigung aller berechtigten Ansprüche oder deren Ablehnung, nötigenfalls nach Durchführung eines Widerspruchsverfahrens gemäß § 28.[10] Der Begriff ist daher im tatsächlichen und nicht im rechtlichen Sinne zu verstehen. Das Umsetzungsverfahren ist beendet, wenn der Sachwalter alle angemeldeten Ansprüche beschieden hat, die als berechtigt anerkannten Ansprüche im Rahmen der Möglichkeiten des Umsetzungsfonds befriedigt wurden und alle Widerspruchsverfahren abgeschlossen sind.[11] 10

In Abs. 1 S. 3 wird klargestellt, dass die Regelungen auch für den Fall der **vorzeitigen Beendigung** des Amtes des Sachwalters und der **Einstellung** des Umsetzungsverfahrens nach § 38 Abs. 1 S. 2 und 3 gelten (→ § 38 Rn. 28ff.).[12] Die Verpflichtung zur Mitteilung über die vorzeitige Beendigung des Verfahrens wegen einer Entlassung aus wichtigem Grund (§ 30 Abs. 3 S. 3; → § 30 Rn. 29f.), erfolgreicher Ablehnung des Sachwalters gemäß § 23 Abs. 4 oder Einstellung des Umsetzungsverfahrens nach § 38 Abs. 1 S. 2 oder 3 dürfte jedoch eine bloße Förmelei und dementsprechend überflüssig sein, da das Gericht ohnehin Kenntnis von diesen Umständen hat.[13] Zu einer vorzeitigen Beendigung kann es insbesondere durch den Eintritt der Insolvenz des Unternehmers kommen. Auf Antrag des Sachwalters wird das Umsetzungsverfahren gemäß § 38 Abs. 1 S. 2 zur Klärung möglicher Insolvenzanfechtungsansprüche (gerichtet auf Rückzahlung der nach § 24 gezahlten Beträge; → § 38 Rn. 21ff.) ausgesetzt oder eingestellt.[14] Außerdem erfolgt nach § 38 Abs. 1 S. 3 eine Einstellung des Verfahrens wegen bei Verfahrenseröffnung nicht vollständig eingezahlter Beträge gem. § 24 (→ § 38 Rn. 30ff.). 11

Ein **Schlussbericht** ist gemäß Abs. 1 S. 3 auch zu erstellen, wenn der Sachwalter **vorzeitig entlassen** (§ 30 Abs. 3 S. 3) oder das Umsetzungsverfahren nach § 38 Abs. 1 S. 2 **eingestellt** wird. Im ersten Fall dient der Bericht des ausscheidenden Sachwalters als Grundlage für die Fortsetzung der Arbeit durch den neu bestellten Sachwalter. Im zweiten Fall bildet der Schlussbericht die Zäsur zur Arbeit des Sachwalters als Sonderinsolvenzverwalter gemäß § 38 Abs. 3 S. 2 im Insolvenzverfahren über das Vermögen des Unternehmers (→ § 38 Rn. 44ff.). Im Restrukturierungsverfahren nach dem StaRUG benötigt der Restrukturierungsbeauftragte den Schlussbericht als Arbeitsgrundlage (→ § 38 Rn. 51ff.).[15] 12

Das Gericht fordert den **Schlussbericht** über das Umsetzungsverfahren an und setzt dem Sachwalter für dessen **Vorlage** eine **Frist,** deren Länge sich nach Umfang und Komplexität des Umsetzungsverfahrens richtet. Hierdurch wird sichergestellt, dass das Gericht die Tätigkeit des Sachwalters abschließend zeitnah überprüfen kann.[16] Reicht der Sachwalter den Schlussbericht nicht zeitgleich mit der Beendi- 13

[9] BT-Drs. 20/6520, 92.
[10] Köhler/Bornkamm/Feddersen/Scherer VDuG § 34 Rn. 5; HK-VDuG/Röthemeyer VDuG § 34 Rn. 2.
[11] Anders/Gehle/Schmidt VDuG § 34 Rn. 1; HK-VDuG/Röthemeyer VDuG § 34 Rn. 3.
[12] BT-Drs. 20/6520, 92.
[13] Anders/Gehle/Schmidt VDuG § 34 Rn. 2.
[14] Köhler/Bornkamm/Feddersen/Scherer VDuG § 34 Rn. 6.
[15] Vgl. zum Ganzen: HK-VDuG/Röthemeyer VDuG § 34 Rn. 4.
[16] BT-Drs. 20/6520, 92.

gungsnachricht ein, mag er dem Gericht von sich aus den Zeitbedarf für die Erstellung des Schlussberichts mitteilen. Zu Recht wird davon ausgegangen, dass sich das Gericht regelmäßig daran orientieren und nur in Ausnahmefällen eine kürzere Frist setzen wird.[17]

II. Notwendiger Inhalt des Schlussberichts (Abs. 2)

14 Die Regelung zählt die **notwendigen Inhalte** des Schlussberichts auf. Dem Sachwalter steht es jedoch frei, im Schlussbericht **zusätzliche Angaben** zu machen, etwa hinsichtlich einer Kooperationsbereitschaft des Unternehmers oder Komplikationen bei der Umsetzung.[18]

15 Der Schlussbericht enthält gemäß Abs. 2 Nr. 1 eine **Auflistung** aller im Umsetzungsverfahren berücksichtigten **Verbraucheransprüche,** die der Sachwalter ganz oder teilweise durch Zahlung aus dem kollektiven Gesamtbetrag **erfüllt** hat. Handelt es sich um Verbraucheransprüche, die nicht auf Zahlung lauten, geht aus dem Schlussbericht hervor, welche Verbraucheransprüche von dem Unternehmer erfüllt worden sind.[19]

16 Die Verbraucheransprüche sind durch Angabe des **Namens,** des **Zeitpunkts** und der **Höhe** der erfolgten Zahlung bzw. der Erbringung der sonstigen Leistung durch den Unternehmer zu konkretisieren. Das Gericht kann aus dem Schlussbericht damit etwa ersehen, dass ein bestimmter namentlich bezeichneter Verbraucher einen Zahlungsanspruch über EUR 50 geltend gemacht hat, der von dem Sachwalter an einem bestimmten Tag vollständig beglichen worden ist. Oder dem Gericht ist etwa ersichtlich, dass ein bestimmter namentlich bezeichneter Verbraucher einen Nachlieferungsanspruch über ein bestimmtes Produkt geltend gemacht hat und der Unternehmer der Aufforderung des Sachwalters nachgekommen ist und diesem Verbraucher an einem bestimmten Tag ein neues Produkt geliefert hat.[20]

17 Der Sachwalter ist verpflichtet, bei Zahlungsansprüchen den **Zahlungszeitpunkt** zu vermerken. Das ist nach richtiger Ansicht der Zeitpunkt der **Vornahme** der **Leistungshandlung.** Es genügt deshalb, wenn der Sachwalter auflistet, wann er die Zahlung veranlasst hat. Soweit auf die Erfüllung nach § 362 BGB und damit auf den Zahlungseingang beim Verbraucher abgestellt wird[21], würde dies beim Sachwalter zu erheblichem Mehraufwand und wenig praktikablen Nachweisschwierigkeiten führen, ohne dass hiermit ein wie auch immer gearteter Vorteil für das Umsetzungsverfahren verbunden wäre. Schließlich müsste der Sachwalter sich von jedem Verbraucher den Zahlungseingang bestätigen lassen, was ihm kaum gelingen wird und auch unzumutbar scheint.

18 Ist der **Anspruch** des Verbrauchers nicht **auf Zahlung gerichtet,** fordert der Sachwalter den Unternehmer zur Erfüllung des konkreten Einzelanspruchs auf (§ 27 Nr. 10; → § 27 Rn. 41 ff.). Dies ist etwa der Fall, wenn der Unternehmer zu Reparaturleistungen oder zur Neulieferung mangelfreier Produkte verurteilt worden ist. Zwecks Sicherstellung, dass der berechtigte Verbraucher binnen angemessener Zeit seinen Anspruch erfüllt bekommt, setzt der Sachwalter dem Unternehmer

---

[17] HK-VDuG/Röthemeyer VDuG § 34 Rn. 2.
[18] Köhler/Bornkamm/Feddersen/Scherer VDuG § 34 Rn. 7.
[19] BT-Drs. 20/6520, 93.
[20] BT-Drs. 20/6520, 93.
[21] HK-VDuG/Röthemeyer VDuG § 34 Rn. 5.

eine Frist zur Leistung und vergewissert sich, ob der Einzelanspruch fristgerecht erfüllt worden ist. Zu diesem Zweck verlangt der Sachwalter vom Unternehmer eine Anzeige der Erfüllung mit entsprechenden **Nachweisen** auch über den **Zeitpunkt** der **Leistungserbringung** (→ § 27 Rn. 41).[22]

Des Weiteren listet der Schlussbericht auf, welche **Verbraucheransprüche** geltend gemacht, aber von dem Sachwalter **ganz oder teilweise abgelehnt** worden sind (§ 27 Nr. 11; → § 27 Rn. 45). Es muss deutlich werden, welcher Verbraucher den Anspruch geltend gemacht hat, ob es sich um einen Zahlungsanspruch oder einen anderen Anspruch handelt und ob der Sachwalter die Erfüllung des geltend gemachten Anspruchs ganz oder nur teilweise abgelehnt hat. (Teilweise) offene Verbraucheransprüche sind dem Gericht im Schlussbericht also kenntlich zu machen.[23] 19

Die Angabe der **Ablehnungsgründe** ist jedoch nicht erforderlich. Gleichwohl kann die Angabe des Ablehnungsgrundes zweckdienlich sein, wenn eine Vielzahl der Ansprüche aus abstrakt-generellen, also nicht konkret-individuellen Gründen abgelehnt wurde. Das soll dem Gericht die Prüfung dahingehend ermöglichen, ob das Abhilfeurteil durch den Sachwalter zutreffend ausgelegt wurde.[24] Obwohl es weder unmittelbar noch mittelbar rechtlich geboten ist, wird die Mitteilung der **Durchführung** eines **Widerspruchsverfahrens** angeraten.[25] 20

Ist ein Anspruch nur **teilweise abgelehnt,** teilweise aber **erfüllt** worden, muss dieser Anspruch sowohl mit den Angaben nach Abs. 2 Nr. 1 als auch mit den Angaben nach Abs. 2 Nr. 2 im Schlussbericht aufgeführt werden.[26] 21

Schließlich muss der Schlussbericht eine **zusammenfassende Gegenüberstellung** der aus dem Umsetzungsfonds **geleisteten Zahlungen** und des **kollektiven Gesamtbetrags** enthalten (Abs. 2 Nr. 3). Die Regelung dient zur Klarstellung, ob vom kollektiven Gesamtbetrag ein Restbetrag verblieben ist, der im Umsetzungsverfahren nicht ausgekehrt worden ist.[27] Ist ein solcher Restbetrag verblieben, muss dieser gem. § 37 vom Sachwalter an den Unternehmer zurückgezahlt werden (→ § 37 Rn. 4ff.). Zu diesem Zweck wird der aus dem Schlussbericht ersichtliche Restbetrag in der gerichtlichen Feststellung der Beendigung des Umsetzungsverfahrens gemäß § 36 Abs. 1 S. 2 Nr. 3 ausgewiesen (→ § 36 Rn. 11). Die Rückzahlung ist fällig mit der Bekanntmachung des Beschlusses über die Feststellung der Beendigung des Umsetzungsverfahrens im Verbandsklageregister (§ 37 S. 2).[28] 22

III. Information der Parteien (Abs. 3)

Die Regelung dient dazu, die Parteien über die Tätigkeit des Sachwalters sowie das Ergebnis des Umsetzungsverfahrens zu informieren.[29] Damit erhalten die Parteien **rechtliches Gehör** vor der das Verfahren abschließenden formellen Beendigung des Umsetzungsverfahrens nach § 36.[30] 23

---

[22] BT-Drs. 20/6520, 88f.
[23] BT-Drs. 20/6520, 93.
[24] HK-VDuG/Röthemeyer VDuG § 34 Rn. 6.
[25] HK-VDuG/Röthemeyer VDuG § 34 Rn. 6.
[26] Köhler/Bornkamm/Feddersen/Scherer VDuG § 34 Rn. 12; Anders/Gehle/Schmidt VDuG § 34 Rn. 3.
[27] BT-Drs. 20/6520, 93.
[28] Vgl. auch Köhler/Bornkamm/Feddersen/Scherer VDuG § 34 Rn. 13.
[29] BT-Drs. 20/6520, 93.
[30] Anders/Gehle/Schmidt VDuG § 34 Rn. 4.

24 **Einwendungen** gegen den Schlussbericht können weder von der klageberechtigten Stelle noch vom Unternehmer geltend gemacht werden.[31] Der Unternehmer war zur Rüge der Entscheidungen des Sachwalters bezüglich der Befriedigung der einzelnen Verbraucher bereits zuvor – während des Widerspruchsverfahrens gemäß § 28 – berechtigt (→ § 28 Rn. 16ff.). Während nach § 33 S. 4 die Schlussrechnung durch den Unternehmer angegriffen werden kann, ist ihm dies bezüglich des Schlussberichts nicht möglich (→ Rn. 7; → § 33 Rn. 10ff.).[32] Der Verbraucher ist auch nicht zur Geltendmachung von Einwendungen gegen den Schlussbericht berechtigt. Nur das Gericht kann im Rahmen seiner Prüfung nach § 35 den Schlussbericht beanstanden und den Sachwalter zur Nachbesserung auffordern. Erst wenn der Sachwalter den Rügen abgeholfen hat, stellt das Gericht gemäß § 36 die Beendigung des Umsetzungsverfahrens fest.[33] Der Begriff „Gericht" in der Norm ist so zu verstehen, dass das OLG in Senatsbesetzung entscheiden muss und die Entscheidung nicht auf den Einzelrichter übertragen kann (Umkehrschluss aus § 28 Abs. 4 S. 3).

§ 35 Prüfung des Schlussberichts und der Schlussrechnung

(1) **Das Gericht prüft den Schlussbericht und die Schlussrechnung des Sachwalters.**

(2) **Beanstandet das Gericht den Schlussbericht oder die Schlussrechnung, so fordert es den Sachwalter unter Fristsetzung dazu auf, der Beanstandung abzuhelfen.**

Literatur: Dahl/Linnenbrink, Die Position des Sachwalters im Umsetzungsverfahren der neuen Verbandsabhilfeklage nach VDuG, NZI 2024, 33; Graeber/Graeber, Zur Zulässigkeit der Beauftragung externer Schlussrechnungsprüfer durch Insolvenzgerichte, NZI 2014, 298; Schmittmann, Die insolvenzrechtlichen Aspekte des Referentenentwurfs eines Gesetzes zur Umsetzung der Richtlinie (EU) 2020/1828 über Verbandsklagen zum Schutz der Kollektivinteressen der Verbraucher und zur Aufhebung der Richtlinie 2009/22/EG, ZRI 2023, 277.

A. Überblick und Normzweck

1 Nach § 35 Abs. 1 hat das Gericht die Schlussrechnung (§ 33) und den Schlussbericht (§ 34) zu prüfen. Der **gerichtlichen Prüfung** unterliegt die **Verwendung** der vom Unternehmer in den Umsetzungsfonds gemäß § 25 Abs. 1 S. 2 eingezahlten **Beträge** hinsichtlich der vorläufig festgesetzten Kosten und ggf. des kollektiven Gesamtbetrags.[1]

2 Nicht überprüft wird die sachliche Richtigkeit der Entscheidungen des Sachwalters hinsichtlich dessen Prüfung der einzelnen Verbraucheransprüche (→ Rn. 8). Es geht alleine um die Ordnungsgemäßheit des Ablaufs des Umsetzungsverfahrens und die Vollständigkeit und Schlüssigkeit der Angaben (zur Rechtsaufsicht → § 30 Rn. 12). Das Gericht hat nur eine **Überwachungs- und Kontrollfunktion,** die

[31] Köhler/Bornkamm/Feddersen/Scherer VDuG § 34 Rn. 15.
[32] Köhler/Bornkamm/Feddersen/Scherer VDuG § 34 Rn. 14.
[33] Köhler/Bornkamm/Feddersen/Scherer VDuG § 34 Rn. 15.
[1] Köhler/Bornkamm/Feddersen/Scherer VDuG § 35 Rn. 1f.

sich aus der gesetzlichen Aufgabenzuweisung ergibt, und soll in diesem Bereich gerade **keine rechtsprechende Aufgabe** wahrnehmen (ebenso → § 30 Rn. 12).[2]

Inhalt der Prüfung des **Schlussberichts** ist, ob die nach § 34 erforderlichen Angaben enthalten und diese vollständig und schlüssig sind. Die **Schlussrechnung** soll das Gericht nur noch eingeschränkt zu prüfen haben, weil sie bei nicht fristgerechter Rüge durch den Unternehmer nach § 33 S. 5 als anerkannt gilt (→ Rn. 11 f.; → § 33 Rn. 13 f.). 3

Wenn gegen Schlussrechnung und -bericht vom Gericht keine Einwendungen erhoben werden oder den Beanstandungen durch den Sachwalter abgeholfen ist, stellt das Gericht die **Beendigung** des **Umsetzungsverfahrens** nach § 36 fest (→ § 36 Rn. 6).[3] 4

B. Umsetzung der Richtlinie

§ 35 hat **keine Entsprechung** in der Verbandsklagen-RL. ErwG 12 S. 1 Verbandsklagen-RL stellt klar, dass die Verbandsklagen-RL keine allumfassende, vollharmonisierende Regelung darstellt. Mit Blick auf ErwG 50 S. 2, 4 Verbandsklagen-RL lässt sich lediglich feststellen, dass die Schaffung eines Umsetzungsverfahrens mit einem Sachwalter die gleiche Zielrichtung wie die Richtlinie aufweist. Die Gesetzesbegründung der Bundesregierung nimmt daher auf keinen Artikel oder Erwägungsgrund Bezug. 5

Der Text des § 35 ist identisch mit demjenigen im Referenten- und im Regierungsentwurf und blieb auch in der Beschlussempfehlung des 6. Ausschusses (Rechtsausschuss) des 20. Deutschen Bundestags **unverändert.**[4] 6

C. Regelungsgegenstand

Abs. 1 verpflichtet das Gericht, die Schlussrechnung gemäß § 33 und den Schlussbericht gemäß § 34 zu prüfen. Abs. 2 regelt, wie bei Beanstandungen des Gerichts zu verfahren ist. Der Begriff „Gericht" in der Norm ist so zu verstehen, dass das OLG in Senatsbesetzung entscheiden muss und die Entscheidung nicht auf den Einzelrichter übertragen kann (Umkehrschluss aus § 28 Abs. 4 S. 3). 7

I. Prüfung (Abs. 1)

Die Prüfung des **Schlussberichts** durch das Gericht erstreckt sich auf die in § 34 Abs. 2 festgelegten Angaben. Das Gericht muss nicht darüber befinden, ob die Entscheidung, einzelne Verbraucheransprüche nicht, nur teilweise oder vollständig zu erfüllen, von dem Sachwalter jeweils inhaltlich richtig getroffen worden ist (→ Rn. 2). Das Gericht prüft auch nicht, ob der Sachwalter den Unternehmer im Einzelfall zu Recht zur Erfüllung von Nichtzahlungsansprüchen angehalten hat. Es handelt sich insgesamt nicht um eine gerichtliche Prüfung von Einzelansprüchen, denn das Gericht nimmt keine rechtsprechenden Aufgaben wahr, sondern hat im 8

---

[2] HK-VDuG/Röthemeyer VDuG § 35 Rn. 1; Köhler/Bornkamm/Feddersen/Scherer VDuG § 35 Rn. 2.

[3] Köhler/Bornkamm/Feddersen/Scherer VDuG § 35 Rn. 3.

[4] BT-Drs. 20/7631, 30.

Umsetzungsverfahren lediglich **Überwachungs- und Kontrollfunktionen** hinsichtlich des ordnungsgemäßen Ablaufs des Umsetzungsverfahrens und der Verwendung der Gelder des Umsetzungsfonds (→ § 30 Rn. 12). Es prüft, ob der Sachwalter seinen Aufgaben ordnungsgemäß nachgekommen ist, und geht Einwendungen des Unternehmers gegen die Kostenlegung nach.[5]

9 Die Prüfung des Schlussberichts ist im Wesentlichen **formaler Natur.** Letztlich hat das Gericht festzustellen, ob die Namen aller Teilnehmer am Umsetzungsverfahren nach § 26 in mindestens einer der beiden Rubriken nach § 34 Abs. 2 Nr. 1 und 2 aufgeführt sind und die Gegenüberstellung von Zu- und Abflüssen des Umsetzungsfonds rechnerisch richtig dargestellt ist, wobei die Zuflüsse der Summe der nach § 27 Nr. 1 und die Abflüsse der Summe der nach § 34 Abs. 2 Nr. 1 Buchst. a mitzuteilenden Auszahlungsbeträge entsprechen müssen.[6]

10 Mit der zu prüfenden **Schlussrechnung** (§ 33) wird dem Gericht ebenso wie dem Unternehmer die Möglichkeit verschafft, die Beanspruchung des vorläufig festgesetzten Kostenbetrags des Sachwalters detailliert nachvollziehen und kontrollieren zu können.[7] Die Schlussrechnung hat eine Aufstellung aller dem Sachwalter durch die Aufgabenwahrnehmung im Umsetzungsverfahren entstandenen Kosten einschließlich seiner Vergütung zu enthalten.[8] Die Schlussrechnung enthält detailliert jede finanzielle Transaktion, die vom Sachwalter aus dem vorläufig festgesetzten und vom Unternehmer gemäß § 25 Abs. 1 S. 2 in den Umsetzungsfonds zu zahlenden Kostenbetrag getätigt wurde. Sie gibt Aufschluss über Vorschusszahlungen, die im Rahmen des § 32 Abs. 1 Nr. 3 dem Sachwalter auf seine Auslagen und Vergütung gewährt wurden, sowie die noch offenen Restbeträge.[9]

11 Die Prüfpflicht des Gerichts steht bezüglich der Schlussrechnung im **Spannungsverhältnis** zu der Anerkenntnisfiktion des § 33 S. 5. Der Unternehmer ist berechtigt, die Schlussrechnung seinerseits zu prüfen und bei Bedarf nach § 33 S. 4 Einwendungen gegen sie geltend zu machen. Nach § 33 S. 5 wird die **Anerkennung** der Schlussrechnung **fingiert,** wenn nach der in § 33 S. 3 genannten Benachrichtigung der Unternehmer innerhalb der zweiwöchigen Frist keine Einwendungen gegen die Schlussrechnung erhebt. Das Gericht ist an diese Fiktion gebunden und wird von seiner Prüfungsverpflichtung befreit.[10] Der Unternehmer erklärt dadurch konkludent, dass die Kostenaufstellung in der Schlussrechnung korrekt ist und er die genannten Kosten zu tragen hat (→ § 33 Rn. 13).[11]

12 **Kritik:** Auch wenn in der Gesetzesbegründung insoweit von der Entlastung von einer „weiteren" Prüfungspflicht die Rede ist[12] und eine inhaltliche Prüfung durch das Gericht entfallen soll, wenn der Unternehmer innerhalb der festgelegten Frist keine Einwendungen gegen die Schlussrechnung erhoben hat,[13] sollten jedenfalls offensichtliche Unrichtigkeiten oder grobe Unverhältnismäßigkeiten auch ohne

---

5 BT-Drs. 20/6520, 93.

6 Anders/Gehle/Schmidt VDuG § 35 Rn. 1.

7 Dahl/Linnenbrink NZI 2024, 33 (36).

8 BT-Drs. 20/6520, 92.

9 Köhler/Bornkamm/Feddersen/Scherer VDuG § 35 Rn. 5, § 33 Rn. 6.

10 Köhler/Bornkamm/Feddersen/Scherer VDuG § 35 Rn. 6, § 33 Rn. 9; HK-VDuG/Röthemeyer VDuG § 35 Rn. 2.

11 BT-Drs. 20/6520, 92; Köhler/Bornkamm/Feddersen/Scherer VDuG § 33 Rn. 8; Anders/Gehle/Schmidt VDuG § 33 Rn. 1.

12 BT-Drs. 20/6520, 92.

13 BT-Drs. 20/6520, 94.

Einwendungen des Unternehmers durch das Gericht nach § 35 Abs. 2 bemängelt werden (→ § 33 Rn. 14).

II. Beanstandung (Abs. 2)

Ergibt die gerichtliche Prüfung Grund für Beanstandungen des Schlussberichts oder der Schlussrechnung, fordert das Gericht den Sachwalter auf, der **Beanstandung** nachzukommen und ihr **abzuhelfen.** So ist es beispielsweise, wenn sich aus dem Schlussbericht ergibt, dass bestimmte Verbraucheransprüche noch nicht geprüft worden sind oder an berechtigte Verbraucher noch nicht gezahlt worden ist. Die Schlussrechnung kann etwa deshalb fehlerhaft sein, weil der Sachwalter bestimmte Auslagen fehlerhaft angegeben hat.[14] Im Rahmen der Beanstandung kann das Gericht auch Einwendungen des Unternehmers aufgreifen, die dieser gegen die Schlussrechnung gemäß § 33 S. 4 erhoben hat.[15] 13

Um einen zügigen Abschluss des Umsetzungsverfahrens zu bewirken, setzt das Gericht dem Sachwalter eine **Frist,** um der Beanstandung abzuhelfen. Die Länge dieser Frist ist im Gesetz nicht bestimmt. Sie richtet sich nach dem Inhalt der Beanstandung und der erforderlichen Zeit zur Beseitigung.[16] Wird der gerichtlichen Beanstandung nicht abgeholfen, so kann das Gericht Zwangsmaßnahmen im Rahmen der allgemeinen Aufsicht anordnen (→ § 30 Rn. 14ff.).[17] Erst wenn alle gerichtlichen Beanstandungen behoben sind, stellt das Gericht die Beendigung des Umsetzungsverfahrens fest (→ § 36 Rn. 6).[18] 14

Nicht gefolgt werden kann der Ansicht, dass das Gericht einzugreifen habe, wenn es dem Schlussbericht Fehler bei der **Interpretation** des **Abhilfegrundurteils** entnimmt. In einem solchen Fall habe das Gericht durch abstrakt-generelle, nicht einzelfallbezogene Hinweise auf eine korrekte Umsetzung des Urteils – iSd Auslegungsprärogative des Abhilfegerichts – hinzuwirken.[19] Schon rein tatsächlich dürfte in diesem Zeitpunkt eine andere Umsetzung des Urteils regelmäßig nicht mehr möglich sein, da der kollektive Gesamtbetrag vom Sachwalter bereits verteilt worden ist. Zudem ginge eine solch inhaltliche Prüfung über die vom Gesetzgeber gesetzten Grenzen hinaus, der nur eine formale Prüfung des Schlussberichts vorgesehen hat (zur reinen Rechtsaufsicht → § 30 Rn. 12). Der Sache nach sind solche Fragen im Rahmen des Widerspruchsverfahrens nach § 28 Abs. 2 und 3 und insbesondere nach § 28 Abs. 4 im Rahmen der gerichtlichen Überprüfung der Widerspruchsentscheidung des Sachwalters zu klären. 15

D. Sonstiges

Nicht geregelt ist, ob das Gericht auch **externe Prüfer,** wie im Insolvenzverfahren teils üblich, mit der Prüfung beauftragen darf.[20] Da gerade in komplexen und umfangreichen Umsetzungsverfahren mit einer Vielzahl von Transaktionen zu 16

---

14 BT-Drs. 20/6520, 94.
15 Köhler/Bornkamm/Feddersen/Scherer VDuG § 35 Rn. 5, § 33 Rn. 9.
16 Köhler/Bornkamm/Feddersen/Scherer VDuG § 35 Rn. 9.
17 HK-VDuG/Röthemeyer VDuG § 35 Rn. 3.
18 BT-Drs. 20/6520, 94.
19 HK-VDuG/Röthemeyer VDuG § 35 Rn. 1.
20 Schmittmann ZRI 2023, 277 (282).

rechnen ist, die buchhalterisch erfasst werden müssen, sollte das Gericht grundsätzlich berechtigt sein, im Einzelfall externe Fachleute einzusetzen, weil eine derart umfangreiche Prüfung für das Gericht unzumutbar sein dürfte. Tatsächlich steht einer Beauftragung externer Prüfer aber der Umstand entgegen, dass die Erstattung gerichtlicher Auslagen im Umsetzungsverfahren nicht vorgesehen ist. Auch gehören solche Kosten nicht zu denen des Umsetzungsverfahrens nach § 20. Im Unterschied dazu zählen im Insolvenzverfahren die Kosten eines externen Schlussrechnungsprüfers zu den Gerichtskosten nach § 54 Nr. 1 InsO, welche sich aus Gerichtsgebühren und Auslagen zusammensetzen, zu welchen die vom Insolvenzgericht verauslagten Sachverständigenkosten gehören.[21] Dies sollte vom Gesetzgeber korrigiert werden (→ Einleitung Rn. 30).

§ 36 Feststellung der Beendigung des Umsetzungsverfahrens

(1) [1]**Das Gericht stellt die Beendigung des Umsetzungsverfahrens fest.** [2]**Der Beschluss enthält:**
1. **die endgültige Festsetzung der Kosten des Umsetzungsverfahrens,**
2. **die Festsetzung eines vom Unternehmer noch an den Sachwalter zu zahlenden Kostenbetrags, wenn die Kosten des Umsetzungsverfahrens den vorläufig festgesetzten Kostenbetrag übersteigen, sowie**
3. **die Angabe, ob und in welcher Höhe ein Restbetrag verbleibt.**

[3]**Der Beschluss steht hinsichtlich seiner Vollstreckbarkeit einem Kostenfestsetzungsbeschluss gleich.**

(2) **Der Beschluss ist den Parteien und dem Sachwalter zuzustellen.**

A. Überblick und Normzweck

1 § 36 regelt die **formelle Feststellung der Beendigung des Umsetzungsverfahrens.** Diese erfolgt durch **Beschluss** (Abs. 1).

B. Umsetzung der Richtlinie

2 Die **Verbandsklagen-RL** enthält **keine unmittelbaren Vorgaben** zum Umsetzungsverfahren (→ § 22 Rn. 3). Vor diesem Hintergrund dient § 36 nicht der Umsetzung der Richtlinie.

3 Die Vorschrift war bereits im **Referentenentwurf enthalten.** Dort war noch vorgesehen, dass der Sachwalter und der Unternehmer gegen den Beschluss **Rechtsbeschwerde** einlegen könnten (Abs. 2 S. 2 VRUG-RefE). Im **Regierungsentwurf** wurde die Regelung **gestrichen.** Das wurde teilweise kritisiert.[1] In der **Begründung** des Regierungsentwurfs wurde darauf verwiesen, dass das Gericht die **Rechtsbeschwerde** nach den allgemeinen Vorschriften **zulassen kann** (§ 574 Abs. 1 S. 1 Nr. 2 ZPO; → § 13 Rn. 38). Kritik fand sich schließlich daran, dass der Gesetzesentwurf nicht vorsah, dass das Gericht (von Amts wegen) eine rechtskräftige Feststellung der Beendigung des Amts des Sachwalters trifft, sondern

[21] Graeber/Graeber NZI 2014, 298 (302) mwN.
[1] VID Stellungnahme VRUG, 22.

das Amt mit der Auskehr etwaiger Restbeträge endet.[2] Der **Rechtsausschuss** schlug gegenüber dem Regierungsentwurf **keine Änderungen** vor.[3]

C. Feststellung der Beendigung durch Beschluss

I. Inhalt des Beschlusses

4 Die **Beendigung** des Umsetzungsverfahrens wird durch einen **Beschluss des Gerichts,** also des Spruchkörpers, formell **festgestellt** (Abs. 1 S. 1; → Rn. 5). Der **Beschluss enthält** außer der Feststellung der Beendigung **Kostenfestsetzungen** (Abs. 1 S. 2 Nr. 1 und 2; → Rn. 7 und 8f.) und die **Angabe** eines etwaigen **Restbetrags** (→ Rn. 11).

5 **1. Beendigung des Umsetzungsverfahrens.** Der **Beschluss** beendet das Umsetzungsverfahren nach dem Wortlaut des Gesetzes nicht, sondern **stellt** die **Beendigung fest.** Das impliziert, dass die tatsächliche Beendigung bereits erfolgt ist. Mit der Feststellung **soll** für alle Beteiligten insbesondere **feststehen,** dass im Umsetzungsverfahren über **alle** zu berücksichtigenden **Verbraucheransprüche entschieden** worden ist.[4]

6 Das Gesetz nennt keine **Voraussetzungen** für die Feststellung der Beendigung. Sie ist zu treffen, wenn die **Prüfungen des Schlussberichts und der Schlussrechnung** (→ § 35 Rn. 7ff.) **keinen Anlass zu Beanstandungen** bieten.[5] **Gleiches** gilt, wenn das Gericht **Beanstandungen** hatte, diese aber **erledigt** sind.[6]

7 **2. Kosten des Umsetzungsverfahrens.** Die **Kosten des Umsetzungsverfahrens** (§ 20 Abs. 1; → § 20 Rn. 6ff.) werden im Beschluss **endgültig festgesetzt** (Abs. 1 S. 2 Nr. 1), nachdem sie zuvor vorläufig festgesetzt wurden (§ 18 Abs. 1 Nr. 2; → § 18 Rn. 8). **Grundlage** der endgültigen Festsetzung sind die nach der vom Gericht geprüften (→ § 35 Rn. 7ff.) **Schlussrechnung** (→ § 33 Rn. 6ff.) tatsächlich angefallenen Kosten des Umsetzungsverfahrens.

8 Wenn die **endgültig festzusetzenden Kosten** (→ Rn. 7) den **vorläufig festgesetzten Kostenbetrag** (→ § 18 Rn. 8) **übersteigen, setzt** das **Gericht** den vom Unternehmer noch an den Sachwalter **zu zahlenden Kostenbetrag fest** (Abs. 1 S. 2 Nr. 2).

9 Der Beschluss beinhaltet nach der gesetzlichen Konzeption eine **Kostenfestsetzung.** Eine bloße Kostengrundentscheidung könnte die Voraussetzungen nicht erfüllen, als Vollstreckungstitel zu dienen (Abs. 1 S. 3; → Rn. 14). Der Kostenfestsetzung muss allerdings eine **Kostengrundentscheidung vorausgehen.**[7] Das Abhilfeendurteil enthält eine Kostengrundentscheidung für die vorläufig festgesetzten Kosten (§ 18 Abs. 1 Nr. 3; → § 18 Rn. 10f.) und die „Kosten des Verfahrens" (§ 18 Abs. 1 Nr. 4). **Problematisch** ist der Fall, in dem die **endgültig festzusetzenden Kosten** den **vorläufig festgesetzten Kostenbetrag übersteigen** (→ Rn. 8). Diese Kosten hat der **Unternehmer** nach der Kostentragungsregelung des § 20

[2] Bruns Stellungnahme VRUG, 49.
[3] BT-Drs. 20/7631, 30.
[4] VRUG-RefE, 97; BT-Drs. 20/6520, 94.
[5] VRUG-RefE, 97; BT-Drs. 20/6520, 94.
[6] Vgl. VRUG-RefE, 97; BT-Drs. 20/6520, 94.
[7] BGH NJW 2018, 1169 Rn. 8.

Abs. 2 als **Kosten des Umsetzungsverfahrens zu tragen** (→ § 20 Rn. 16ff.). Die Verurteilung nach § 18 Abs. 1 Nr. 3 umfasst diese aber nicht, da es sich insoweit gerade nicht mehr um die vorläufigen Kosten handelt. Von der Verurteilung nach § 18 Abs. 1 Nr. 4 sind sie ebenfalls nicht umfasst (→ § 18 Rn. 12), da nach dem Willen des Gesetzgebers die Kosten des Umsetzungsverfahrens von den allgemeinen Verfahrenskosten zu trennen sind.[8] Damit fehlt es im Gesetz an dieser Stelle an einer Regelung zur Kostengrundentscheidung, soweit die endgültig festzusetzenden Kosten den vorläufig festgesetzten Kostenbetrag übersteigen (→ Rn. 8). Da das Gericht aber nach **§ 13 Abs. 1 S. 2 VDuG iVm § 308 Abs. 2 ZPO** stets eine **Kostengrundentscheidung** zu treffen hat, ist diese hinsichtlich der übersteigenden Kosten **im Beschluss** nach § 36 **auszusprechen.**

10 **Zuständig** für die Kostenfestsetzung ist nicht (wie im Verfahren der §§ 103ff. ZPO) der Rechtspfleger (§ 21 Nr. 1 RPflG). § 36 setzt einen einheitlichen Beschluss voraus, der die Feststellungen des **Senats** enthalten muss (→ Rn. 4). Dieser muss deshalb auch über die Kostenfestsetzung entscheiden.

11 **3. Restbetrag.** Der Beschluss enthält außerdem die **Angabe,** ob und in welcher Höhe ein **Restbetrag** (§ 37) verbleibt. Die Gesetzesbegründung spricht davon, dass der Beschluss der „Festsetzung" dieses Betrags diene.[9] Der Unternehmer hat gegen den Sachwalter einen **Rückzahlungsanspruch** hinsichtlich eines übrigen kollektiven Gesamtbetrags und eines übrigen Kostenbetrags (→ § 37 Rn. 4ff.). Der Beschluss nach Abs. 1 S. 2 Nr. 3 ist insoweit für den Unternehmer **vollstreckbar** (→ Rn. 14).[10]

II. Zustellung

12 Der **Beschluss** ist den Parteien und dem Sachwalter **zuzustellen** (Abs. 2). Anzuwenden sind die § 166ff. ZPO (§ 13 Abs. 1 S. 1; → § 13 Rn. 34). Außerdem ist der Beschluss im **Klageregister öffentlich bekannt zu machen** (§ 44 Nr. 16; → § 44 Rn. 23).

III. Rechtsmittel

13 Gegen den Beschluss ist die **Rechtsbeschwerde statthaft,** wenn das **Gericht** sie **zugelassen** hat (§ 574 Abs. 1 S. 1 Nr. 2 ZPO). **Anfechtbar** ist der **gesamte Inhalt des Beschlusses,** also die Feststellung der Beendigung (Abs. 1 S. 1), die Kostenfestsetzungen (Abs. 1 S. 2 Nr. 1 und 2) und die Angabe des Restbetrags (Abs. 1 S. 2 Nr. 3).

D. Vollstreckungstitel (Abs. 1 S. 3)

14 Der **Beschluss** steht gesetzlich mit seinem **vollstreckungsfähigen Inhalt** einem Kostenfestsetzungsbeschluss gleich (Abs. 1 S. 3). Damit dient er als **Vollstreckungstitel** (§ 794 Abs. 1 Nr. 2 ZPO).

---

[8] BT-Drs. 20/6520, 82.

[9] BT-Drs. 20/6520, 94.

[10] Ebenso Anders/Gehle/Schmidt VDuG § 36 Rn. 3; Köhler/Bornkamm/Feddersen/Scherer VDuG § 37 Rn. 7; HK-VDuG/Röthemeyer VDuG § 36 Rn. 8.

§37 Nicht abgerufene Beträge

[1]Ist der kollektive Gesamtbetrag nach Beendigung des Umsetzungsverfahrens nicht vollständig ausgekehrt oder übersteigt der vorläufig festgesetzte Kostenbetrag die endgültig festgesetzten Kosten des Umsetzungsverfahrens, so ist der Sachwalter dem Unternehmer zur Erstattung des verbleibenden Betrags verpflichtet. [2]Dieser Rückzahlungsanspruch ist mit der Bekanntmachung des Beschlusses über die Feststellung der Beendigung des Umsetzungsverfahrens im Verbandsklageregister fällig.

Literatur: Gsell, Die Umsetzung der Verbandsklagenrichtlinie, GRUR 2024, 979; Skauradszun, Die Bestimmung des kollektiven Gesamtbetrags nach dem VDuG, MDR 2024, 741.

A. Überblick und Normzweck

Die Vorschrift betrifft das **Verbleiben eines Rests des kollektiven Gesamtbetrags** oder des **vorläufig festgesetzten und eingezahlten Kostenbetrags** in Umsetzungsfonds (§ 25 Abs. 1 S. 2; → § 25 Rn. 14ff.). Der Beschluss, mit dem die Beendigung des Umsetzungsverfahrens festgestellt wird (§ 36 Abs. 1 S. 1; → § 36 Rn. 5), enthält die Angabe, ob ein solcher Restbetrag vorhanden ist (§ 36 Abs. 1 S. 2 Nr. 3; → 36 Rn. 11). 1

B. Umsetzung der Richtlinie

Die **Verbandsklagen-RL** enthält für die in § 37 getroffenen Regelungen **keine zwingenden Vorgaben.** 2

Die Vorschrift fand sich bereits **ursprünglich** im **RefE.**[1] In den Stellungnahmen zum RefE wurde hervorgehoben, dass bis zum Eintritt der Fälligkeit (→ Rn. 5) keine Zinsen anfallen.[2] Die Regelung war im **weiteren Gesetzgebungsverfahren unauffällig.**[3] Der **Rechtsausschuss** sah **keinen Änderungsbedarf.**[4] Zu Recht wird darauf hingewiesen, dass bis zur Erstattung in beachtlichem Maße Mittel des Unternehmers gebunden sein können, die diesem sodann zu erstatten sind.[5] 3

C. Erstattungspflicht des Sachwalters

I. Anspruchsgrundlage

Der **Sachwalter** ist **dem Unternehmer** zur **Erstattung** des verbleibenden Betrags **verpflichtet** (S. 1). Die Vorschrift enthält damit eine **materiell-rechtliche Anspruchsgrundlage** für den Anspruch des Unternehmers gegen den Sachwalter. 4

---

[1] VRUG-RefE, 20.
[2] DAV Stellungnahme VRUG, Rn. 22.
[3] BT-Drs. 20/6520, 22.
[4] BT-Drs. 20/7631, 31.
[5] Gsell GRUR 2024, 979 (989f.); Skauradszun MDR 2024, 741 (743f.) mwN.

Ohne nähere Bedeutung ist, dass S. 1 von der „Erstattung" spricht, S. 2 vom „Rückzahlungsanspruch", da derselbe Anspruch gemeint ist.

II. Fälligkeit

5 Die **Fälligkeit** des Anspruchs richtet sich nach S. 2. Sie tritt ein **mit der Bekanntmachung des Beschlusses** über die **Feststellung der Beendigung des Umsetzungsverfahrens im Verbandsklageregister** (§ 44 Nr. 16; → § 44 Rn. 23). Gemeint ist damit aber, dass der **Beschluss** die **Angabe** nach § 36 Abs. 1 S. 2 Nr. 3 zum **Restbetrag enthalten muss.** Denn der Gesetzgeber ging für die Begründung des § 37 davon aus, dass der Beschluss mit dem die Beendigung des Umsetzungsverfahrens festgestellt wird, über einen Restbetrag abschließend Auskunft gibt.[6] Die Feststellung der Beendigung des Umsetzungsverfahrens (§ 36 Abs. 1 S. 1) gibt diese Auskunft hingegen nicht. Praktisch relevant dürfte diese Unterscheidung aber nur sein, wenn im Beschluss die Angabe zum Restbetrag (§ 36 Abs. 1 S. 2 Nr. 3) versehentlich vergessen wurde.

III. Verjährung

6 Der Anspruch unterliegt der **Verjährung** (§ 194 Abs. 1 BGB), da das Gesetz nichts Anderweitiges regelt. Er kann aber nach dem Wortlaut des S. 1 schon nur in Abhängigkeit der Auskehr des kollektiven Gesamtbetrags oder der endgültigen Kostenfestsetzung (§ 36 Abs. 1 S. 2 Nr. 1; → § 36 Rn. 7) entstehen. Zur Fälligkeit → Rn. 5. Sobald der **Beschluss,** in dem der **Restbetrag angegeben** ist (§ 36 Abs. 1 S. 2 Nr. 3; → § 36 Rn. 11) und der gleichzeitig Vollstreckungstitel ist (→ Rn. 7), **rechtskräftig** ist, beträgt die **Verjährungsfrist 30 Jahre** (§ 197 Abs. 1 Nr. 3 BGB).

IV. Vollstreckung

7 Zu **vollstrecken** ist nach den **Regelungen der §§ 704 ff., 802 a ff. ZPO.** Der **Beschluss,** der die **Angabe des Restbetrags** enthält (§ 36 Abs. 1 S. 2 Nr. 3), ist hierfür **Vollstreckungstitel** des Unternehmers (→ § 36 Rn. 11, 14). Der **Anspruch** muss deshalb **nicht erneut verfolgt und tituliert** werden.

§ 38 Insolvenzverfahren über das Vermögen des Unternehmers; Restrukturierung

(1) [1]**Die Eröffnung eines Insolvenzverfahrens über das Vermögen des Unternehmers hindert die Durchführung des Umsetzungsverfahrens nicht.** [2]**Auf Antrag des Sachwalters wird das Umsetzungsverfahren zwecks Klärung möglicher Insolvenzanfechtungsansprüche auf Rückzahlung der nach § 24 gezahlten Beträge ausgesetzt oder, sofern nach Einschätzung des Sachwalters ein Anfechtungsanspruch besteht und dieser nicht offensichtlich unbegründet ist, eingestellt.** [3]**Das Umsetzungsverfahren ist auch einzustellen, wenn zum Zeitpunkt der Verfahrenseröffnung lediglich ein Teil der nach § 24 zu leistenden Zahlungen erbracht ist.**

---

[6] BT-Drs. 20/6520, 95.

(2) [1]**Wird das Umsetzungsverfahren eingestellt, sind alle nach § 24 erfolgten Zahlungen an die Insolvenzmasse zurückzugewähren.** [2]**Die zurückzugewährenden Zahlungen gelten als auf den vorläufig festgesetzten Kostenbetrag (§ 18 Absatz 1 Nummer 3) und den kollektiven Gesamtbetrag (§ 18 Absatz 2) in dem Verhältnis geleistet, in dem beide Beträge zueinander stehen.**

(3) [1]**Der auf den kollektiven Gesamtbetrag entfallende Teil der nach Absatz 2 an die Masse zurückgewährten Zahlungen bildet eine Sondermasse zur Befriedigung derjenigen Verbraucher, die im Rahmen des Umsetzungsverfahrens einen berechtigten Zahlungsanspruch gehabt hätten; dies gilt nicht für Zahlungen, die der Insolvenzanfechtung unterliegen.** [2]**Zur Verwaltung und Verteilung der Sondermasse ist der Sachwalter zum Sonderinsolvenzverwalter zu bestellen.**

(4) **§ 11 Absatz 3 gilt auch im Verhältnis zu allen Insolvenzgläubigern.**

(5) [1]**Werden die in einem Abhilfegrundurteil ausgeurteilten Ansprüche in einen Restrukturierungsplan nach dem Unternehmensstabilisierungs- und -restrukturierungsgesetz einbezogen, so ist für die betroffenen Anspruchsinhaber im Restrukturierungsplan eine eigenständige Gruppe zu bilden.** [2]**Die Abwicklung der durch den Plan gestalteten Verbraucherforderungen ist dem Restrukturierungsbeauftragten zu übertragen.**

Literatur: Brzoza, VRUG – Entgegen dem Gesetzeswortlaut: Kein Verzicht auf das Auswahlermessen, ZInsO 2024, 775; Brzoza, Vergütungsproblematik der insolvenzrechtlichen Sondermasse durch VRUG generell geklärt?, NZI 2024, 481; Dahl/Linnenbrink, Die Position des Sachwalters im Umsetzungsverfahren der neuen Verbandsabhilfeklage nach VDuG, NZI 2024, 33; Heerma, Das geplante Verbraucherrechtedurchsetzungsgesetz: Abhilfeurteile und deren Umsetzung nach dem VDuG, ZZP 136 (2023), 425; Scherer, Abhilfeansprüche in der Insolvenz, NZI 2023, 985; Scherer, Verbandsklagen nach dem VDuG im Insolvenzverfahren, NZI 2024, 352; Schmittmann, Die insolvenzrechtlichen Aspekte des Referentenentwurfs eines Gesetzes zur Umsetzung der Richtlinie (EU) 2020/1828 über Verbandsklagen zum Schutz der Kollektivinteressen der Verbraucher und zur Aufhebung der Richtlinie 2009/22/EG, ZRI 2023, 277; Thönissen, Insolvenz und kollektiver Rechtsschutz, KTS 2023, 205.

Übersicht

A. Überblick und Normzweck

1 Wird während der rechtshängigen[1] Verbandsklage ein Insolvenzverfahren über das Vermögen des Unternehmers eröffnet, gilt § 13 Abs. 1 S. 1 VDuG iVm **§ 240 S. 1 ZPO:** Das Erkenntnisverfahren wird kraft Gesetzes unterbrochen (→ Rn. 8). § 38 hingegen betrifft zwei Sonderfälle, die beim Unternehmer ab der Eröffnung des Umsetzungsverfahrens auftreten können (→ Rn. 9 ff.): die Eröffnung eines **Insolvenzverfahrens** (→ Rn. 12) oder eine Restrukturierung nach dem deutschen Unternehmensstabilisierungs- und -restrukturierungsgesetz (**StaRUG;** → Rn. 51). In dem erstgenannten Sonderfall ist der Unternehmer entweder **drohend zahlungsunfähig** (vgl. § 18 InsO) oder materiell insolvent (vgl. § 17 InsO und ggf. § 19 InsO), in dem zweitgenannten Sonderfall soll eine drohende Zahlungsunfähigkeit nachhaltig beseitigt werden (vgl. § 29 Abs. 1 StaRUG). Für den Sonderfall der Eröffnung eines Insolvenzverfahrens ist eine **grundlegende Weichenstellung** danach vorzunehmen, ob der Unternehmer in den Umsetzungsfonds bereits anfechtungsfest eingezahlt hat oder nicht.[2] Ist dies der Fall, entsteht eine nach § 25 geschützte **Sondermasse.** Obgleich des eröffneten Insolvenzverfahrens kann und soll den berechtigten Verbrauchern diese Sondermasse nach den Vorgaben des Umsetzungsverfahrens weiterhin zur Verfügung stehen.[3] Fehlt es jedoch an einer anfechtungsfest gebildeten Sondermasse, kann diese ab Eröffnung des Insolvenzverfahrens nicht mehr aufgebaut werden, da der Unternehmer nun nicht mehr verfügungsbefugt ist (§ 80 Abs. 1 InsO) und es andernfalls – würde man die Insolvenzmasse um das Vermögen mindern, welches zum Aufbau des Umsetzungsfonds benötigt wird – zur Benachteiligung aller übrigen Insolvenzgläubiger kommen würde. Dies würde dem im Insolvenzrecht geltenden Gläubigergleichbehandlungsgrundsatz widersprechen (→ Rn. 3). § 38 Abs. 2 S. 1 verfolgt für einen solchen „Sonder-Sonderfall“ den Zweck, dass die Vermögensmassen wieder verschmelzen. Die Insolvenzmasse soll also um den Betrag des Umsetzungsfonds anwachsen und sodann allen Insolvenzgläubigern gleichmäßig zur Verfügung stehen. Es gilt der Grundsatz **par conditio creditorum.**

---

[1] MüKoZPO/Stackmann ZPO § 240 Rn. 3.
[2] BT-Drs. 20/6520, 96.
[3] BT-Drs. 20/6520, 95; Köhler/Bornkamm/Feddersen/Scherer VDuG § 38 Rn. 10.

Zweck des § 38 ist ferner, zwei unterschiedliche **Zivilverfahren in Einklang** zu bringen, nämlich auf der einen Seite das Umsetzungsverfahren nach den §§ 22ff. als Äquivalent zum Zwangsvollstreckungsverfahren und auf der anderen Seite das Insolvenzverfahren, welches ein Gesamtvollstreckungsverfahren darstellt. § 38 Abs. 5 hingegen bezweckt, auf der einen Seite das Umsetzungsverfahren und auf der anderen Seite die Restrukturierungssache nach dem StaRUG in Einklang zu bringen. Da beide Zivilverfahren – Insolvenzverfahren und Restrukturierungssachen – zum einen das Vermögen des Unternehmers betreffen, zum anderen die Werthaltigkeit und Durchsetzbarkeit der Ansprüche der Gläubiger – zu denen auch die Ansprüche der berechtigten Verbraucher gehören können –, hat § 38 die Aufgabe, zu klären, welchem Zivilverfahren Vorrang eingeräumt wird bzw. wie die Interessen aller Beteiligter zu einem fairen Ausgleich gebracht werden. 2

Normzweck ist schließlich, **Grundsätze** der Insolvenzverfahren bzw. Restrukturierungssachen zu **wahren.** Bei Insolvenzverfahren gilt im Regelfall, dass Rechtshandlungen, die vor der Eröffnung des Insolvenzverfahrens vorgenommen worden sind und die **Insolvenzgläubiger benachteiligen,** unter den Voraussetzungen der §§ 129ff. InsO vom Insolvenzverwalter angefochten werden können. Mit dem Insolvenzanfechtungsrecht wird die **Gläubigergleichbehandlung** wieder hergestellt.[4] Betreffend Stabilisierungs- und Restrukturierungsrahmen wird an den Grundsatz angeknüpft, dass Forderungen, die gegen eine restrukturierungsfähige Person begründet sind (sog. Restrukturierungsforderungen) auf der Grundlage eines Restrukturierungsplans und nach Maßgabe des StaRUG gestaltet werden können (§ 2 Abs. 1 Nr. 1 StaRUG). Aus § 38 wird also ersichtlich, dass dem Gesetzgeber beide Grundsätze aus dem Insolvenz- bzw. Restrukturierungsrecht wichtiger erschienen als der unbedingte Schutz der Ansprüche berechtigter Verbraucher in der finanziellen Krise des Unternehmers. In der Insolvenz haben also auch die berechtigten Verbraucher hinzunehmen, dass anfechtbar erlangtes Sondervermögen an die Insolvenzmasse zurückzugewähren ist. In der Restrukturierung sind Verbraucher gewöhnliche Gläubiger.[5] Diese Wertungen überzeugen. Nur bei einem Sondervermögen, welches vor der Eröffnung des Insolvenzverfahrens anfechtungsfest aus dem Vermögen des Unternehmers ausgeschieden ist, bleiben die berechtigten Verbraucher auch im Insolvenzfalle hinsichtlich dieser Sondermasse berechtigt und damit wirtschaftlich privilegiert. Dies kann man zwar rechtspolitisch kritisieren (→ Rn. 7), dogmatisch erscheint es jedoch konsequent. 3

§ 38 ist im Übrigen eine Vorschrift, die aufgrund der dort geregelten Anträge auf Aussetzung oder Einstellung, aufgrund der Anordnung der Bindungswirkung von vorherigen Urteilen aus Abhilfeverfahren gegenüber Verfahrensbeteiligten des Insolvenzverfahrens und aufgrund der Bestellung von Sonderverwaltern als Parteien kraft Amtes zahlreiche **Kernthemen des Zivilverfahrensrechts** bündelt. Die praktische Umsetzung dieser Sondervorschrift ist komplex. Ob die Vorschrift in der Praxis allerdings nennenswert zur Anwendung gelangt, wird sich erst noch zeigen. Womöglich gibt es eher selten Unternehmer, über deren Vermögen im Umsetzungsverfahren ein Insolvenzverfahren eröffnet wird.[6] Denkbar erscheint allerdings, dass ein Unternehmer strategisch die Gestaltung von Ansprüchen der Verbraucher anstrengt, um so über den Umweg des StaRUG die Niederlage im VDuG- 4

---

[4] Schmittmann ZRI 2023, 277 (283); K. Schmidt/K. Schmidt InsO § 129 Rn. 1.

[5] Vgl. BeckOK StaRUG/Skauradszun StaRUG § 2 Rn. 40.

[6] Beispielsweise wurden Musterfeststellungsklagen nach § 606 ZPO etliche Male gegen Sparkassen erhoben, bei denen ein vergleichsweise geringes Insolvenzrisiko besteht.

Erkenntnisverfahren wirtschaftlich zu „korrigieren“. Obwohl die praktische Anwendung der Norm also zumindest zweifelhaft ist, gehört sie zu den wenigen Vorschriften, die eine lange und auffallend detaillierte Begründung erhalten hat.[7]

B. Umsetzung der Richtlinie

5 § 38 hat **kein direktes Vorbild** in der Verbandsklagen-RL (vgl. aber ErwG 12 S. 1, wonach die Verbandsklagen-RL nicht die Regelung jedes Aspekts, insbesondere keine Vollharmonisierung, anstrebt).[8] Die Gesetzesbegründung der Bundesregierung nennt daher bei § 38 keinen zugrunde liegenden Artikel oder Erwägungsgrund.[9] Die Verbandsklagen-RL kennt kein Umsetzungsverfahren und demzufolge nicht den Umsetzungsfonds als Sondervermögen.

6 § 38 wurde zwischen **RefE, RegE** und Beschlussempfehlung des 6. Ausschusses des Deutschen Bundestages hinsichtlich des Aufbaus umfangreich verändert, inhaltlich blieb die Vorschrift jedoch überwiegend stabil. Der Text des heutigen § 38 Abs. 1 S. 1 und 2 entspricht dem RefE.[10] S. 3 wurde im RegE ergänzt und aus dem damaligen Abs. 3 des RefE entnommen.[11] Abs. 2 S. 1 entspricht dem RefE und wurde sodann lediglich um den Verweis auf Abs. 1 S. 2 gekürzt. Abs. 2 S. 2 entspricht Abs. 2 S. 3 des RefE. Der damalige Abs. 2 S. 2 des RefE wurde in einen eigenen Absatz verschoben und sodann um den Vorbehalt erweitert, dass die Sondermasse dann nicht zur Befriedigung der Verbraucher dient, wenn die Zahlungen auf den kollektiven Gesamtbetrag der Insolvenzanfechtung unterliegen. Abs. 5 blieb seit dem RefE unverändert. Abs. 3 S. 2 zur Bestellung des Sachwalters als Sonderinsolvenzverwalter wurde erst in der **Beschlussempfehlung** ergänzt.[12]

7 In den Stellungnahmen der **Verbände** wurde § 38 vom Verband Insolvenzverwalter und Sachwalter Deutschlands (VID) stark kritisiert. Der VID argumentierte, dass die InsO 1994 in dem Bestreben entwickelt wurde, die zahlreichen Vorrechte für besonders Privilegierte abzuschaffen und stattdessen Insolvenzgläubiger gleich zu behandeln. Das Schaffen einer Sondermasse zugunsten der berechtigten Verbraucher (§ 38 Abs. 3 S. 1) schaffe genau ein solches, ursprünglich nicht gewolltes Vorrecht.[13] Der VID rügte ebenfalls nachvollziehbar, dass die in § 38 kurzerhand aufgenommenen anfechtungsrechtlichen Prüfungen tatsächlich – jenseits weniger eindeutiger Konstellationen – regelmäßig nur nach Einholung von externem Rat bzw. Rechtsgutachten entschieden werden können, was weitere Kosten verursache.[14] Nach der hier vertretenen Auslegung ist bei der in § 38 Abs. 3 S. 1 geregelten Sondermasse zu sehen, dass es sich um Vermögen handelt, welches haftungsrechtlich schon vor der Eröffnung des Insolvenzverfahrens aus dem Vermögen des Un-

---

[7] BT-Drs. 20/6520, 95–97.

[8] Köhler/Bornkamm/Feddersen/Scherer VDuG § 38 Rn. 3.

[9] Vgl. BT-Drs. 20/6520, 95.

[10] VRUG-RefE, 20.

[11] BT-Drs. 20/6520, 22.

[12] BT-Drs. 20/7631, 33; zu einer Bewertung der Begründung des Rechtsausschusses vgl. Köhler/Bornkamm/Feddersen/Scherer VDuG § 38 Rn, 19f.

[13] VID Stellungnahme VRUG, 4; ähnlich kritisch Köhler/Bornkamm/Feddersen/Scherer VDuG § 38 Rn. 22, Schmittmann ZRI 2023, 277 (283) und Scherer NZI 2023, 985. Gegen diese Kritik wiederum HK-VDuG/Röthemeyer VDuG § 38 Rn. 5.

[14] VID Stellungnahme VRUG, 4f.

ternehmers ausgeschieden und den Verbrauchern zugewiesen wurde → Rn. 42.[15] § 38 Abs. 2 S. 1 formuliert daher zutreffend, dass dieses Sondervermögen „an die Insolvenzmasse zurückzugewähren" ist, was verdeutlicht, dass das Sondervermögen zuvor aus dem Haftungsvermögen des Unternehmers ausgeschieden war.

C. Anwendungsbereich, Insolvenzverfahren, Aussetzung und Einstellung (Abs. 1)

I. Anwendungsbereich (Abs. 1)

Für den sachlichen und zeitlichen Anwendungsbereich sind verschiedene Fallgruppen zu differenzieren. **1. Fallgruppe:** Für die Phase zwischen Rechtshängigkeit[16] des **Erkenntnisverfahrens** und Rechtskraft der das Erkenntnisverfahren abschließenden Entscheidung kommt es nach § 13 Abs. 1 S. 1 VDuG iVm § 240 S. 1 ZPO unstreitig zur Unterbrechung.[17] **2. Fallgruppe:** Für ein Umsetzungsverfahren, für das zwar der vorläufig festgesetzte Kostenbetrag eingezahlt wurde (§ 24 Nr. 1), der Unternehmer jedoch nicht zur Zahlung eines kollektiven Gesamtbetrags verurteilt wurde, sondern eine **andere vertretbare Handlung als Zahlung** (Beispiel: Reparatur) oder eine **nicht vertretbare Handlung** vornehmen muss (→ § 29 Rn. 10), enthält § 38 keine Regelung. Aufgrund der Regelungen der Insolvenzordnung muss ein solches Umsetzungsverfahren eingestellt werden, da im eröffneten Insolvenzverfahren eine Zwangsvollstreckung gegen den Unternehmer verboten ist (§ 89 Abs. 1 InsO) und das insolvenzrechtliche Vollstreckungsverbot auch die Zwangsmittel des § 29 umfasst.[18] § 38 Abs. 1 S. 3 gilt daher für diesen Fall **analog.** Die Regelungslücke ist planwidrig, da der Gesetzgeber ausweislich § 38 Abs. 1 verschiedene Varianten regeln wollte, jedoch den – voraussichtlich weniger häufigen – Fall der Verurteilung zu einer anderen vertretbaren Handlung als Zahlung oder einer nicht vertretbaren Handlung bei der Sondervorschrift des § 38 übersehen hat. Die in → Rn. 2ff. dargestellte Interessenlage ist jedoch vergleichbar. 8

3. Fallgruppe: Der Unternehmer hat in den Umsetzungsfonds noch keine Zahlung geleistet. Es kommt dann nicht zur Eröffnung des Umsetzungsverfahrens (→ Rn. 30). Wird über das Vermögen des Unternehmers ein Insolvenzverfahren eröffnet, ist der Insolvenzverwalter über die Insolvenzmasse verwaltungs- und verfügungsbefugt (§§ 80 Abs. 1, 35 Abs. 1 InsO). **4. Fallgruppe:** Für die Fälle, in denen der Unternehmer zur Zahlung eines kollektiven Gesamtbetrags verurteilt wurde, besteht Uneinigkeit, ab wann Abs. 1 anwendbar ist. Nach der **ersten Auffassung** ist Abs. 1 schon **ab der ersten Teilzahlung** des Unternehmers in den Umsetzungsfonds anwendbar. Dies sei aus Abs. 1 S. 3 zu schließen, der solche Teilzahlungen adressiere.[19] § 38 setze damit keine Eröffnung des Umsetzungsverfahrens voraus.[20] 9

---

[15] Überzeugend BT-Drs. 20/6520, 96.

[16] MüKoZPO/Stackmann ZPO § 240 Rn. 3.

[17] Thönissen KTS 2023, 205 (214); HK-VDuG/Röthemeyer VDuG § 38 Rn. 3; Zöller/Vollkommer VDuG § 38 Rn. 1; Anders/Gehle/Schmidt VDuG § 38 Rn. 2.

[18] Im Ergebnis wie hier Zöller/Vollkommer VDuG § 38 Rn. 4.

[19] HK-VDuG/Röthemeyer VDuG § 38 Rn. 4.

[20] Zöller/Vollkommer VDuG § 38 Rn. 1.

10 Nach der **zweiten Auffassung** ist Abs. 1 erst **ab Eröffnung** des Umsetzungsverfahrens iSv § 24 anwendbar.[21] Zur Eröffnung des Umsetzungsverfahrens komme es nur, wenn die Beträge iSv § 24 eingezahlt wurden. Wurde zwar das Erkenntnisverfahren rechtskräftig abgeschlossen, das Umsetzungsverfahren hingegen noch nicht eröffnet, sei auf die allgemeinen Vorschriften der InsO abzustellen.[22] Es sei jedoch nicht bedacht worden, dass die Verbraucher in so einem Fall ihre Ansprüche wohl nicht bzw. nicht alle zur Insolvenztabelle anmelden (vgl. §§ 174 ff. InsO) und der Sachwalter nicht die Aufgabe habe, diese Ansprüche als gemeinsamer Vertreter der Verbraucher zur Tabelle anzumelden.[23]

11 **Stellungnahme:** Die zuletzt genannte Ansicht ist richtig. § 38 ist erst und nur ab Eröffnung des Umsetzungsverfahrens anwendbar. Erstens ist § 38 eine Vorschrift, die systematisch in Unterabschnitt 3 zum Umsetzungsverfahren verortet ist. Dies spricht dafür, dass es ein solches Umsetzungsverfahren tatsächlich geben muss, was unzweifelhaft einen Eröffnungsbeschluss des OLG voraussetzt (§ 24). Zweitens soll nach dem Wortlaut des Abs. 1 S. 1 „die Durchführung des Umsetzungsverfahrens" durch die Eröffnung eines Insolvenzverfahrens nicht gehindert werden. Der Wortlaut ist also insoweit eindeutig, als erst das Umsetzungsverfahren eröffnet und sodann das Insolvenzverfahren eröffnet werden muss, denn nur dann stellt sich die Frage, ob das Umsetzungsverfahren weiter „durchgeführt" werden kann. Hätte der Gesetzgeber Abs. 1 schon vor der Eröffnung des Umsetzungsverfahrens für anwendbar erklären wollen, hätte er formulieren können: „hindert die Eröffnung des Umsetzungsverfahrens nicht". Drittens spricht Abs. 1 S. 3 nicht für die Gegenauffassung, sondern für die hier vertretene Auslegung. Denn dort wird die Einstellung des Umsetzungsverfahrens thematisiert, was denklogisch ein Umsetzungsverfahren voraussetzt. Andernfalls gibt es kein Verfahren, welches eingestellt werden kann. Abs. 1 S. 3 ist vielmehr als Sonderfall zu § 24 zu verstehen, denn die in Abs. 1 S. 3 genannte Teilzahlung führt im Regelfall dazu, dass das OLG die Eröffnung des Umsetzungsverfahrens gar nicht erst beschließt (→ Rn. 30).[24] Diesen Beschluss darf es nämlich erst fassen, „sobald" der Unternehmer die Beträge des § 24 bezahlt hat. Insoweit ist der Wortlaut des § 24 eindeutig.

II. Insolvenzverfahren (Abs. 1 S. 1)

12 Abs. 1 regelt das verfahrensrechtliche Verhältnis zweier Zivilverfahren zueinander, namentlich das Verhältnis des Umsetzungsverfahrens zu einem eröffneten Insolvenzverfahren. Grundüberlegung der Verfasser des VDuG war, dass die Ansprüche der Verbraucher zur Zeit der Eröffnung des Insolvenzverfahrens begründet sind und daher nach dem Insolvenzrecht grundsätzlich nur ungesicherte, einfache **Insolvenzforderungen** darstellen (vgl. § 38 InsO).[25] Solche Insolvenzforderungen werden erst dann befriedigt, wenn Aussonderungsrechte erfüllt (vgl. § 47 InsO) und Absonderungsrechte an Vermögensgegenständen befriedigt (vgl. §§ 49 ff. InsO) sowie die vorweg zu erfüllenden Masseverbindlichkeiten berichtigt wurden (vgl. §§ 53 ff. InsO). Dies ist der Grund, warum Insolvenzforderungen statistisch gesehen

[21] Köhler/Bornkamm/Feddersen/Scherer VDuG § 38 Rn. 4; Musielak/Voit/Stadler VDuG § 38 Rn. 1.
[22] Anders/Gehle/Schmidt VDuG § 38 Rn. 2.
[23] Zur Kritik Anders/Gehle/Schmidt VDuG § 38 Rn. 2.
[24] Insoweit übereinstimmend mit HK-VDuG/Röthemeyer VDuG § 38 Rn. 14.
[25] BT-Drs. 20/6520, 95.

meist nur quotal erfüllt werden, nämlich mit der sog. **Insolvenzquote.** Diese ist für jede (Unternehmens-)Insolvenz individuell am Ende des Insolvenzverfahrens zu berechnen und liegt häufig weit unter 50% des Nominalwerts, nicht selten nur im einstelligen Bereich. In nicht wenigen Verfahren geht die Insolvenzquote sogar gegen null, sodass das Insolvenzverfahren für einfache und nachrangige Insolvenzgläubiger (§§ 38f. InsO) einen Totalausfall bedeutet. Neben dem wirtschaftlichen Verlust ist bei (Unternehmens-)Insolvenzverfahren eine mehrmonatige bis mehrjährige **Dauer** für die Anmeldung, Prüfung und Verteilung üblich (vgl. §§ 174ff. InsO).[26] All dies kann für die Verbraucher zu der in der Gesetzesbegründung angesprochenen „insolvenzbedingten Störung“[27] führen.

Der Wortlaut des § 38 ist weit genug, um unter dem Begriff der **Insolvenzverfahren** nicht nur in Deutschland eröffnete Verfahren zu subsumieren, sondern auch solche, die **im Ausland** – auch außerhalb der EU – eröffnet wurden. Es ist grundsätzlich zwischen Insolvenzverfahren im Anwendungsbereich der Europäischen Insolvenzverordnung **(EuInsVO)** und solchen im Anwendungsbereich des **deutschen Internationalen Insolvenzrechts** (§§ 335ff. InsO) zu differenzieren. Die Grundlagen decken sich allerdings. Für das Insolvenzverfahren und seine Wirkungen gilt nach Art. 7 Abs. 1 EuInsVO das Insolvenzrecht des Staates, in dessen Hoheitsgebiet das Verfahren eröffnet wird **(lex fori concursus),** soweit die EuInsVO nichts anderes bestimmt. Nach diesem Grundsatz stünde dem deutschen Gesetzgeber nicht die Gesetzgebungskompetenz zu, dem ausländischen Verfahren vorzuschreiben, ob das deutsche Umsetzungsverfahren durchgeführt wird oder nicht. Dies würde sich dann nämlich allein nach der lex fori concursus bestimmen. Etwas anderes kann sich jedoch aus **Art. 18 EuInsVO** ergeben. Demnach gilt für die Wirkungen des Insolvenzverfahrens auf einen anhängigen Rechtsstreit oder ein anhängiges Schiedsverfahren über einen Gegenstand oder ein Recht, der bzw. das Teil der Insolvenzmasse ist, ausschließlich das Recht des Mitgliedstaats, in dem der Rechtsstreit anhängig oder in dem das Schiedsgericht belegen ist. Art. 18 EuInsVO ist unionsautonom auszulegen. Unter dem Begriff des **Rechtsstreits** sind Erkenntnisverfahren zu verstehen. Es erscheint jedoch zweifelhaft, dass auch Verteilungsverfahren wie das deutsche Umsetzungsverfahren erfasst sein sollten. Unklar ist, ob das streitige Widerspruchsverfahren nach § 28 Abs. 4 einen Rechtsstreit iSv Art. 18 EuInsVO darstellt. Ob der Umsetzungsfonds Teil der **Insolvenzmasse** ist, lässt sich nur nach der lex fori concursus beurteilen (Art. 7 Abs. 2 S. 2 Buchst. b EuInsVO). Es sprechen also gleich mehrere Gründe gegen die Anwendung von Art. 18 EuInsVO. Wird die Eröffnung eines ausländischen Insolvenzverfahrens anerkannt (vgl. Art. 19 Abs. 1 EuInsVO) und entfaltet die Eröffnung des Insolvenzverfahrens in Deutschland die Wirkungen, die das Recht des Staates der Verfahrenseröffnung dem Verfahren beilegt (vgl. Art. 20ff. EuInsVO) und ist nach der lex fori concursus vorgesehen, dass Zivilverfahren unterbrochen werden, dann ist diese Wirkung in Deutschland Folge der Anerkennung. Im Anwendungsbereich der EuInsVO stünde dem deutschen Gesetzgeber grundsätzlich keine Einschränkung zu. Das **deutsche Internationale Insolvenzrecht** ist nicht nur für Insolvenzverfahren einschlägig, die in einem Drittstaat eröffnet wurden, sondern auch für solche Insolvenzverfahren, die Schuldner betreffen, die aufgrund der Bereichsausnahme des Art. 1 Abs. 2 EuInsVO nicht von der EuInsVO erfasst werden. Dies betrifft die für Verbandsklagen wichtigen Versicherungsunternehmen (Art. 1 Abs. 2 Buchst. a EuInsVO), Kredit- 13

[26] Vgl. BT-Drs. 20/6520, 95.
[27] BT-Drs. 20/6520, 95.

institute (Buchst. b), Wertpapierfirmen einschließlich anderer Firmen, Einrichtungen und Unternehmen, die unter die Sanierungs-RL fallen, (Buchst. c) sowie Organismen für gemeinsame Anlagen (Buchst. d). Im Anwendungsbereich der §§ 335ff., 343ff. InsO (deutsches Internationales Insolvenzrecht), ist § 352 InsO zu bedenken. Diese Vorschrift ist die nationale Parallelvorschrift zu Art. 18 EuInsVO.[28] Nach **§ 352 Abs. 1 S. 1 InsO** wird ein Rechtsstreit durch die Eröffnung des ausländischen Insolvenzverfahrens unterbrochen, der zur Zeit der Eröffnung anhängig ist und die Insolvenzmasse betrifft. Nach deutschem Verständnis wird man das Umsetzungsverfahren nicht als Rechtsstreit iSv § 352 Abs. 1 S. 1 InsO verstehen können. Versteht man den Umsetzungsfonds iSv § 25 zudem so, dass es sich um eine aus dem Vermögen des Unternehmers ausgeschiedene Sondermasse handelt, die haftungsrechtlich den berechtigten Verbrauchern zugeordnet ist, betrifft das deutsche Umsetzungsverfahren nicht die Insolvenzmasse. Folgt man dieser Sichtweise und hält man § 352 Abs. 1 S. 1 InsO nicht für anwendbar, bleibt es bei dem Grundsatz, dass für die Wirkungen des Insolvenzverfahrens das Insolvenzrecht des Staates gilt, in dessen Hoheitsgebiet das Verfahren eröffnet wird. Dem deutschen Gesetzgeber hingegen steht es dann nicht zu, über die Durchführung des Umsetzungsverfahrens zu entscheiden.

14 Öffentliche Restrukturierungssachen nach dem StaRUG sind keine Insolvenzverfahren iSv § 38 Abs. 1, obwohl sie im Anwendungsbereich der EuInsVO als Insolvenzverfahren gelten: In der Europäischen Union regelt Art. 2 Nr. 4 EuInsVO iVm mit **Anhang A,** welche Verfahren der Mitgliedstaaten als Insolvenzverfahren iSd EuInsVO anzusehen sind. Deutsche **öffentliche Restrukturierungssachen** nach dem StaRUG sind zugleich nach Art. 2 Nr. 4 EuInsVO als Insolvenzverfahren iSd EuInsVO zu verstehen, da sie seit dem 9.1.2022 in Anhang A EuInsVO genannt werden.[29] Für solche Verfahren wären – da es sich iSd EuInsVO um Insolvenzverfahren handelt – § 38 Abs. 1–4 anwendbar. Da der deutsche Gesetzgeber offenbar nicht an die EuInsVO dachte, dürfte bei einer deutschen öffentlichen Restrukturierungssache § 38 so auszulegen sein, dass ausschließlich § 38 Abs. 5 zur Anwendung gelangt, nicht aber § 38 Abs. 1–4. Dafür spricht neben der systematischen Unterscheidung von Insolvenzverfahren und Restrukturierungssachen in § 38, dass es in öffentlichen Restrukturierungssachen keine Insolvenzmasse gibt und keine Insolvenzanfechtungsansprüche entstehen. Was im Übrigen im Anwendungsbereich der EuInsVO als „Entscheidung zur Eröffnung eines Insolvenzverfahrens" zu verstehen ist, bestimmt **Art. 2 Nr. 7 EuInsVO.** Schon vor der eigentlichen **Verfahrenseröffnung** kann ein (vorläufiger) Verwalter bestellt werden (vgl. zu diesem Begriff Art. 2 Nr. 5 EuInsVO iVm Anhang B). Dies gilt ebenfalls als Eröffnungsentscheidung. In deutschen Insolvenzverfahren wird ein Insolvenzverfahren durch einen Beschluss nach § 27 InsO eröffnet.

15 § 38 erfasst nur Insolvenzverfahren über das Vermögen des Unternehmers. Insolvenzverfahren über das Vermögen der **klageberechtigten Stelle** sind nicht besonders geregelt.[30] Es gelten im Regelfall die Vorschriften der InsO. Im Grundsatz hat das Insolvenzverfahren der klageberechtigten Stelle weniger Störpotential für die Verbraucher. Die klageberechtigte Stelle wird allerdings etwa benötigt, um die **Erhöhungsklage** nach § 21 zu erheben. Der Insolvenzverwalter der klageberechtig-

---

[28] Ein Unterschied besteht insofern, als es sich bei Art. 18 EuInsVO um eine Kollisionsnorm und bei § 352 InsO um eine Sachnorm handeln soll; vgl. exemplarisch MüKoInsO/Thole InsO § 352 Rn. 1.

[29] VO (EU) 2021/2260 vom 15.12.2021.

[30] Zöller/Vollkommer VDuG § 38 Rn. 1.

ten Stellen kann als Partei kraft Amtes zwar Aktivprozesse führen (vgl. § 80 Abs. 1 InsO), allerdings nur zugunsten der Insolvenzmasse. Die Erhöhungsklage kommt der Insolvenzmasse der klageberechtigten Stelle nicht zugute, sodass offen ist, ob und wer in so einem Fall eine Erhöhungsklage erheben könnte. Von § 38 nicht vorgesehen ist, dass bei einer Streitgenossenschaft auf Beklagtenseite nach § 7 Abs. 1 mehrere Unternehmer verurteilt wurden, jedoch später nicht über das Vermögen von allen, sondern nur von einzelnen Unternehmern ein Insolvenzverfahren eröffnet wird (→ Einleitung Rn. 17).

III. Durchführung des Umsetzungsverfahrens trotz Insolvenzverfahrens (Abs. 1 S. 1)

Das Umsetzungsverfahren ist ein Zivilverfahren äquivalent zum Vollstreckungsverfahren nach der ZPO bzw. dem ZVG bzw. äquivalent zum Gesamtvollstreckungsverfahren nach der InsO. Über § 13 Abs. 1 S. 1 wäre **§ 240 S. 1 ZPO** anwendbar gewesen. Diese Vorschrift regelt, dass das (Erkenntnis-)Verfahren nach der ZPO kraft Gesetzes unterbrochen wird, wenn ein Insolvenzverfahren eröffnet wird (→ Rn. 8 zur Eröffnung während des Erkenntnisverfahrens). Zweck des § 38 Abs. 1 S. 1 ist es, abweichend von § 240 S. 1 ZPO im Grundsatz die Fortdauer des Umsetzungsverfahrens anzuordnen.[31] Es kommt also nicht grundsätzlich zur Unterbrechung. Aus Abs. 1 S. 1 kann gefolgert werden, dass der Sachwalter im Grundsatz weiter Ansprüche der Verbraucher erfüllen darf.[32] Problematisch ist aber die Zeit, in der der Sachwalter schon Anhaltspunkte für Insolvenzanfechtungsansprüche hat, gar den Einstellungsantrag gestellt hat, das OLG das Umsetzungsverfahren jedoch noch nicht eingestellt hat. Abs. 1 S. 1 dürfte nicht so zu verstehen sein, dass der Sachwalter dennoch an Verbraucher leisten darf, da andernfalls diese noch voll befriedigt werden, während die übrigen berechtigten Verbraucher ihre Ansprüche in Kürze nach § 174 InsO gegenüber dem Sonderinsolvenzverwalter anmelden müssen, um aus der Sondermasse befriedigt zu werden, ggf. auch nur quotal (→ Rn. 12). Abs. 1 S. 1 ist daher **restriktiv so auszulegen,** dass der Sachwalter ab dem Moment, ab dem er Kenntnis davon hat, dass (voraussichtlich) Insolvenzanfechtungsansprüche bestehen, und er deshalb den Einstellungsantrag nach Abs. 1 S. 2 Var. 2 stellen muss, keine Zahlungen mehr vornehmen darf. Der Sachwalter hat ab diesem Moment den **Grundsatz der Gläubigergleichbehandlung** zu wahren, der das Insolvenzrecht prägt (vgl. § 1 S. 1 InsO). Leistet der Sachwalter gleichwohl noch an Verbraucher, ist zu prüfen, ob auch gegenüber diesen Insolvenzanfechtungsansprüche bestehen und diese zusammen mit dem Sachwalter gesamtschuldnerisch auf Rückgewähr haften. **16**

Darüber hinaus sind – auch wenn das Umsetzungsverfahren weiter durchgeführt wird – nicht mehr alle Varianten zulässig, die es in einem Umsetzungsverfahren geben kann. So kann die klageberechtigte Stelle gegen den Unternehmer **keine Erhöhungsklage** nach § 21 erheben.[33] Erstens ist der Unternehmer nicht mehr passivlegitimiert. Partei kraft Amtes ist ab der Eröffnung des Insolvenzverfahrens der Insolvenzverwalter (vgl. § 80 Abs. 1 InsO). Nur im Falle der Eigenverwaltung bleibt der Unternehmer passivlegitimiert (vgl. § 270 Abs. 1. S. 1 InsO). Zwei- **17**

[31] Köhler/Bornkamm/Feddersen/Scherer VDuG § 38 Rn. 4; HK-VDuG/Röthemeyer VDuG § 38 Rn. 4. Unsauber daher BT-Drs. 20/6520, 95, wonach Abs. 1 S. 1 klarstellender Natur sei.

[32] HK-VDuG/Röthemeyer VDuG § 38 Rn. 7; Brzoza NZI 2024, 481.

[33] HK-VDuG/Röthemeyer VDuG § 38 Rn. 7, 11; Zöller/Vollkommer VDuG § 38 Rn. 6.

tens können Insolvenzgläubiger ihre Forderungen im eröffneten Insolvenzverfahren – auch im Falle der Eigenverwaltung – nur nach den Vorschriften über das Insolvenzverfahren verfolgen (§ 87 InsO), also durch Anmeldung der Forderungen zur Insolvenztabelle (§§ 174ff. InsO). Daher kann auch die klageberechtigte Stelle während des parallel zum Umsetzungsverfahren laufenden Insolvenzverfahrens nicht an den Vorschriften der InsO vorbei den Unternehmer zu einer weiteren Zahlung verurteilen lassen. Die teils vorgeschlagene Kombination der kollektiven Geltendmachung des Erhöhungsverlangens durch die klageberechtigte Stelle, nun aber im Wege der Anmeldung des Erhöhungsverlangens zur Insolvenztabelle,[34] erscheint insoweit denkbar, als die klageberechtigte Stelle den angemeldeten Verbrauchern eine **Poolführung** anbietet. Denn schon bislang wurde es als zulässig angesehen, dass sich mehrere Gläubiger zu einem Gläubigerpool zusammenschließen und die Anmeldung durch einen Poolführer treuhänderisch durchführen lassen.[35]

IV. Antrag auf Aussetzung (Abs. 1 S. 2 Var. 1)

18 **1. Grundlagen, Zuständigkeiten, Haftung des Sachwalters.** Der Sachwalter ist berechtigt, einen Antrag auf Aussetzung des Umsetzungsverfahrens zu stellen (Abs. 1 S. 2 Var. 1). **Ziel** der Aussetzung muss die **Klärung** möglicher **Insolvenzanfechtungsansprüche** auf Rückzahlung der nach § 24 gezahlten Beträge sein. § 38 erfasst nach seinem Wortlaut nicht die Anfechtungsansprüche nach dem **Anfechtungsgesetz** (AnfG). Diese ermöglichen die Anfechtung außerhalb des Insolvenzverfahrens (§ 1 Abs. 1 AnfG), haben aber teils ähnliche Anfechtungstatbestände, etwa bei vorsätzlicher Benachteiligung (§ 3 AnfG) und unentgeltlicher Leistung (§ 4 AnfG). Aus § 38 folgt inzident, dass Personen, die schon häufiger als Insolvenzverwalter bestellt wurden und damit Insolvenzanfechtungsansprüche prüfen mussten, für das Amt des Sachwalters in Betracht kommen. Denn Personen ohne profunde Kenntnisse zum Insolvenzanfechtungsrecht werden anfechtbare Sachverhalte häufig nicht einschätzen können. Allerdings ist zweifelhaft, ob Abs. 1 S. 2 Var. 1 so zu verstehen ist, dass dem Sachwalter die Aufgabe zukommt, Insolvenzanfechtungsansprüche von Amts wegen zu prüfen, oder ob dies die Aufgabe des Insolvenzverwalters bleibt. Die für viele Insolvenzanfechtungstatbestände (etwa §§ 130, 131, 133 InsO) zentrale Frage, ab wann Zahlungsunfähigkeit oder drohende Zahlungsunfähigkeit vorlag und was der Schuldner wusste und wollte, kann der Sachwalter nicht beurteilen, da ihm hierzu die Daten und Unterlagen des Unternehmers fehlen. Daraus folgt, dass dem **Sachwalter keine Pflicht** obliegt, **von Amts wegen Insolvenzanfechtungstatbestände zu prüfen.**[36] Erfährt er aber von anfechtbaren Rechtshandlungen, etwa da der Insolvenzverwalter den Sachwalter informiert oder gar in Anspruch nimmt,[37] wird Abs. 1 S. 2 Var. 1 so zu verstehen sein, dass der Sachwalter nun einer Überprüfungspflicht unterliegt. Denn andernfalls kann er pflichtgemäß weder den Aussetzungs- noch den Einstellungsantrag stellen.

19 Sinn und Zweck dieser Aussetzung ist, dass die berechtigten Verbraucher dann nicht von dem Umsetzungsfonds als Sondervermögen profitieren sollen, wenn

---

[34] HK-VDuG/Röthemeyer VDuG § 38 Rn. 7.
[35] MüKoInsO/Riedel InsO § 174 Rn. 24.
[36] Überzeugend Schmittmann ZRI 2023, 277 (283).
[37] HK-VDuG/Röthemeyer VDuG § 38 Rn. 8.

dieses nicht insolvenzanfechtungsfest entstanden ist,[38] sondern nur durch Benachteiligung der (übrigen) Insolvenzgläubiger (vgl. § 129 Abs. 1 InsO). Wie in der Anhörung der Verbände zutreffend dargelegt wurde, ist die Klärung von **Insolvenzanfechtungsansprüchen** allerdings häufig **rechtlich und tatsächlich komplex und langwierig.**[39] Nicht umsonst müssen die Land- und Oberlandesgerichte für das Insolvenzanfechtungsrecht spezialisierte Kammern und Senate einrichten (§§ 72a Abs. 1 Nr. 7, 119a Abs. 1 Nr. 7 GVG). Die Verfasser der Regelung scheinen der Vorstellung unterlegen zu sein, dass diese Klärung zeitnah vorgenommen werden kann und zu einem eindeutigen Ergebnis kommt, sodass bei nach Einschätzung des Sachwalters bestehenden Insolvenzanfechtungsansprüchen die Einstellung nach Abs. 1 S. 2 Var. 2 beantragt und zeitnah über die endgültige Einstellung des Umsetzungsverfahrens beschlossen werden kann. Allein schon mit Blick auf die Vielzahl denkbarer Insolvenzanfechtungstatbestände und die dort häufig zu prüfenden subjektiven Tatbestandsmerkmale sowie mit Blick auf die umfangreiche Rechtsprechung des BGH und der Oberlandesgerichte zu vielen Varianten der Anfechtungsgründe erscheint dieser **Verfahrensablauf realitätsfern.** Sollte der Sachwalter nach der Klärung in der Aussetzungsphase den Einstellungsantrag stellen und wird das Umsetzungsverfahren vom OLG eingestellt, sind alle nach § 24 erfolgten Zahlungen an die Insolvenzmasse zurückzugewähren (Abs. 2 S. 1). Sie bilden dann dort aber keine Sondermasse, da der Umsetzungsfonds nach Einschätzung des Sachwalters anfechtbar erstellt wurde (vgl. Abs. 3 S. 1 letzter Halbs.). Der Insolvenzverwalter wird dann kaum eine andere Position einnehmen und von sich aus eine Sondermasse bilden. Sollte sich dann aber **später herausstellen,** dass die Einschätzung des Sachwalters unzutreffend war und tatsächlich **keine Insolvenzanfechtungsansprüche bestehen,** werden die Ansprüche der berechtigten Verbraucher nur aus der allgemeinen Insolvenzmasse befriedigt. Dieses – praktisch realistische – Problem hat der Gesetzgeber offenbar nicht bedacht.

Ein **unberechtigter** Aussetzungsantrag führt für die Verbraucher zumindest **20**
insoweit zu einem Schaden, als deren Ansprüche erst später – mitunter Jahre später – erfüllt werden. Es wäre zu erwarten, dass einige oder gar alle berechtigten Verbraucher ihre **Schäden** nach § 31 vom Sachwalter ersetzt verlangen. Um dieses **Haftungsrisiko** abzumildern, eine etwaige Exkulpation durch den eingeholten Rechtsrat vorzubereiten oder eine etwaige Regressmöglichkeit zu schaffen, kann dem Sachwalter nur empfohlen werden, ein externes **Rechtsgutachten** eines unabhängigen Experten **einzuholen** und die Klärung iSv Abs. 1 S. 2 gerichtlich[40] herbeiführen zu lassen, **bevor** er den Einstellungsantrag stellt.[41] Wie diese gerichtliche Klärung vom Sachwalter allerdings forciert werden kann, wurde von § 38 und der Gesetzesbegründung nicht thematisiert. Der Regelfall ist die **Leistungsklage** des Insolvenzverwalters gegen den Sachwalter[42] auf Rückgewähr nach § 143 Abs. 1 S. 1 InsO. Ausnahmsweise dürfte die gerichtliche Klärung auch durch eine **Feststellungsklage** des Insolvenzverwalters gegen den Sachwalter zulässig sein. Ist nämlich zu erwarten, dass der Sachwalter, sollte er in diesem Feststellungsverfahren unterliegen, in der Folge den Einstellungsantrag nach Abs. 1 S. 2 Var. 2 stellt und da-

---

[38] Thönissen KTS 2023, 205 (216).

[39] VID Stellungnahme VRUG, 3f.

[40] Dies hält auch HK-VDuG/Röthemeyer VDuG § 38 Rn. 9 für möglich.

[41] Zur Problematik, dass der Sachwalter diese Kosten tragen wird, Dahl/Linnenbrick NZI 2024, 33 (37).

[42] Tendenziell auch HK-VDuG/Röthemeyer VDuG § 38 Rn. 9.

mit der vom Gesetzgeber gewünschte Ablauf eintritt (Abs. 2 und 3), besteht für diese Klage ausnahmsweise ein Feststellungsinteresse, obwohl im Regelfall der Leistungsklage ein Vorrang zukommt. Da der Sachwalter Partei kraft Amtes ist und im Rahmen der Klärung iSv Abs. 1 S. 2 bzw. der Insolvenzanfechtung passivlegitimiert ist und zudem der Umsetzungsfonds über keine Mittel für die Abwehr von Insolvenzanfechtungsansprüchen verfügt, ist § 116 S. 1 Nr. 1 ZPO über die Beantragung von **Prozesskostenhilfe** einschlägig.[43] Auch wenn das Umsetzungsverfahren wirtschaftlich den angemeldeten, berechtigten Verbrauchern zugute kommt, erscheint es diesen nicht zumutbar zu sein, die Kosten für die Abwehr von Insolvenzanfechtungsansprüchen aufzubringen (vgl. zu diesem Kriterium § 116 S. 1 Nr. 1 ZPO). Schließlich kann es Fälle geben, in denen der Sachwalter zur Herbeiführung der gerichtlichen Klärung gegen den Insolvenzverwalter Feststellungsklage mit dem Antrag erhebt, festzustellen, dass die vom Insolvenzverwalter behaupteten Insolvenzanfechtungsansprüche nicht bestehen. Auch für diese Aktivsituation kann der Sachwalter einen Antrag auf Prozesskostenhilfe stellen. Wird dieser mangels Erfolgsaussicht abgewiesen, besteht zwar ein Indiz, dass Insolvenzanfechtungsansprüche bestehen und daher der Einstellungsantrag berechtigterweise gestellt werden kann,[44] sicher ist dies allerdings nicht. Man wird dem Sachwalter wohl raten müssen, die erstinstanzliche Entscheidung über den Antrag auf Prozesskostenhilfe mit der sofortigen Beschwerde überprüfen zu lassen (vgl. § 127 ZPO).

21 **2. Rechtshandlung iSv § 129 InsO und Anfechtungen nach §§ 130, 133 InsO.** Das Umsetzungsverfahren tritt zwar nach der Gesetzesbegründung sinngemäß an die Stelle einer Vollstreckung,[45] dies meint jedoch nicht, dass Einzahlungen des Unternehmers in den Umsetzungsfonds eine Vollstreckung vor Eröffnung des Insolvenzverfahrens darstellen, die nach den Maßgaben des § 88 InsO unwirksam sind. Ausweislich § 38 Abs. 1 kann aber das Insolvenzanfechtungsrecht der §§ 129 ff. InsO einschlägig sein. Nach § 129 Abs. 1 InsO können **Rechtshandlungen,** die vor der Eröffnung des Insolvenzverfahrens vorgenommen worden sind und die Insolvenzgläubiger benachteiligen, nach Maßgabe der §§ 130–146 InsO vom Insolvenzverwalter angefochten werden. Neben den Grundvoraussetzungen aus § 129 InsO muss hierzu ein **Insolvenzanfechtungstatbestand** erfüllt sein, der stets auch eine Anfechtungsfrist enthält. Zahlt der Unternehmer den vorläufig festgesetzten Kostenbetrag und den kollektiven Gesamtbetrag, sofern der Unternehmer zur Zahlung eines solchen verurteilt ist, in den Umsetzungsfonds ein, stellt diese Zahlung eine Rechtshandlung iSv § 129 Abs. 1 InsO dar,[46] die die (übrigen) Insolvenzgläubiger benachteiligt.[47] Denn die Zahlung mindert die Aktivmasse des späteren Insolvenzschuldners.[48] Ob einer dieser Anfechtungstatbestände, die nicht darauf zugeschnitten sind, dass ein Sachwalter involviert ist, tatsächlich erfüllt ist, ist allerdings nicht einfach zu beurteilen und wurde naturgemäß noch von keinem Gericht, insbesondere keinem Berufungsgericht oder dem BGH entschie-

---

43 Schmittmann ZRI 2023, 277 (283); HK-VDuG/Röthemeyer VDuG § 38 Rn. 9.

44 So für den Regelfall Schmittmann ZRI 2023, 277 (283).

45 BT-Drs. 20/6520, 83.

46 Allgemein zu Zahlungen MüKoInsO/Kayser/Freudenberg InsO § 129 Rn. 14. Allgemein für Zahlungen als Rechtshandlung K. Schmidt InsO/K. Schmidt InsO § 129 Rn. 62.

47 Ebenso Scherer NZI 2023, 985 (987) für direkte Leistungen des Unternehmers an namentlich benannte Verbraucher.

48 Scherer NZI 2023, 985 (987); MüKoInsO/Kayser/Freudenberg InsO § 129 Rn. 77.

den.[49] Ungeklärt ist derzeit ua, wer **Anfechtungsgegner** eines Insolvenzanfechtungsanspruchs sein kann, etwa der Sachwalter als Empfänger der Zahlungen nach § 24 oder die berechtigten Verbraucher. Es spricht einiges dafür, dass im Grundsatz der Sachwalter der Anfechtungsgegner ist. Erstens erhält nur der Sachwalter eine oder mehrere Zahlungen vom Unternehmer. Zweitens ist nur der Sachwalter über den Umsetzungsfonds verfügungsbefugt (§ 25 Abs. 2 S. 2), sodass nur der Sachwalter rechtlich etwas zurückgewähren könnte. Drittens wären die Verbraucher faktisch nicht in der Lage, etwas zurückzugewähren, da diese keinen gemeinsamen Vertreter haben und sich somit nicht koordinieren können. Viertens wären Individualanfechtungen gegenüber Hunderten, gar Tausenden Verbrauchern realitätsfern. Zu klären wird ferner sein, ob es anfechtungsrechtlich einen Unterschied macht, ob der Sachwalter Ansprüche nach § 25 Abs. 3 schon erfüllt hat oder nicht.[50] Im Insolvenzanfechtungsrecht ist insoweit anerkannt, dass auch die Befriedigung aus einer Zwangsvollstreckungsmaßnahme – der das Umsetzungsverfahren dogmatisch entspricht – der Insolvenzanfechtung unterliegen kann.[51] Ferner kann anfechtungsrechtlich ein Sonderfall darin bestehen, dass der Unternehmer eine **andere vertretbare Handlung als Zahlung** oder eine **nicht vertretbare Handlung** (vgl. § 29 Abs. 1 S. 1) an namentlich benannte Verbraucher erbracht hat, die angefochten werden soll,[52] während die Zahlung des vorläufig festgesetzten Kostenbetrags nach § 24 Nr. 1 anfechtungsfest ist, etwa da der Sachwalter als potentieller Anfechtungsgegner den subjektiven Tatbestand des jeweiligen Anfechtungstatbestands nicht erfüllt. Dann wäre zu klären, ob auch in solchen Fällen nach Sinn und Zweck § 38 einschlägig ist (→ Rn. 2ff.). Anhand von zwei wichtigen Insolvenzanfechtungstatbeständen sollen die sich neu stellenden Fragen veranschaulicht werden:

Die **Kongruenzanfechtung** nach **§ 130 InsO** betrifft Rechtshandlungen iSv **22**
§ 129 InsO, die in einer bestimmten Zeit einem „Insolvenzgläubiger" eine Sicherung oder Befriedigung gewährt oder ermöglicht haben. Der Anfechtungstatbestand wird von der Inkongruenzanfechtung nach § 131 InsO abgegrenzt, den ausmacht, dass dem Insolvenzgläubiger eine Sicherung oder Befriedigung gewährt oder ermöglicht wurde, die er nicht oder nicht in der Art oder nicht zu der Zeit zu beanspruchen hatte (§ 131 Abs. 1 InsO).[53] Das Umsetzungsverfahren tritt zwar nach der Gesetzesbegründung sinngemäß an die Stelle einer Vollstreckung,[54] dies bedeutet jedoch nicht, dass die Fallgruppe der Zwangsvollstreckung, die zur Inkongruenz führen kann,[55] grundsätzlich auf das Umsetzungsverfahren übertragen werden könnte. Leistet der Unternehmer wie nach dem Abhilfeendurteil geschuldet und

---

[49] HK-VDuG/Röthemeyer VDuG § 38 Rn. 6 meint, eine Anfechtung erscheine „praktisch kaum vorstellbar". Der Gesetzgeber hat dies offenbar anders gesehen. Im Übrigen stellt Röthemeyer für die Rechtshandlung iSv § 129 InsO auf die Handlung ab, die zur Abhilfeklage geführt hat. Dies ist aber nicht das Verständnis des Gesetzgebers gewesen.

[50] Vgl. dazu Köhler/Bornkamm/Feddersen/Scherer VDuG § 38 Rn. 14f.

[51] BeckOK InsR/Cymutta InsO § 88 Rn. 15e.

[52] Vgl. Scherer NZI 2023, 985 (987). Teilweise so auch Anders/Gehle/Schmidt VDuG § 38 Rn. 3, der allerdings meint, dass in diesem Fall schon kein Umsetzungsverfahren stattfindet. Ausweislich §§ 24 und 29 gibt es jedoch auch in diesen Fällen nach dem Gesetzeswortlaut ein Umsetzungsverfahren. Zu einer teleologischen Extension von § 16 Abs. 1 S. 2 allerdings → Einleitung Rn. 16.

[53] K. Schmidt InsO/Ganter/Weinland InsO § 130 Rn. 1.

[54] BT-Drs. 20/6520, 83.

[55] Etwa K. Schmidt InsO/Ganter/Weinland InsO § 130 Rn. 23.

erhalten Sachwalter und berechtigte Verbraucher aus dem Umsetzungsfonds, was sie nach dem VDuG beanspruchen dürfen, ist die Kongruenzanfechtung einschlägig. Der Sachwalter kann hinsichtlich seiner Ansprüche aus § 32 Insolvenzgläubiger sein, soweit diese Ansprüche zur Zeit der Eröffnung des Insolvenzverfahrens begründet waren (vgl. § 38 InsO). Da der Sachwalter keinen eigenen Anspruch gegen den Unternehmer auf die Gerichtskosten und den kollektiven Gesamtbetrag hat, ist er diesbezüglich kein Insolvenzgläubiger iSv § 38 InsO. Die berechtigten Verbraucher sind aufgrund ihrer Ansprüche Insolvenzgläubiger. Anfechtbare Rechtshandlung kann die Zahlung des Unternehmers auf ein Konto des Sachwalters sein. Es wäre damit zu entscheiden, ob dies zumindest als **Ermöglichen** der späteren Befriedigung der berechtigten Verbraucher auszulegen ist. Anfechtbare Rechtshandlung kann auch die Zahlung des Sachwalters an die Verbraucher oder Auslagengläubiger sein, denn die Rechtshandlung iSv § 130 InsO muss nicht unbedingt vom Schuldner vorgenommen oder veranlasst worden sein.[56] Eine ähnliche Frage stellt sich beim subjektiven Tatbestand des § 130 Abs. 1 S. 1 Nr. 1 InsO: Anfechtbar sind danach Rechtshandlungen nur, wenn der Schuldner zur Zeit der Rechtshandlung zahlungsunfähig war (vgl. § 17 InsO) und der Gläubiger zu dieser Zeit die Zahlungsunfähigkeit **kannte.** Dieser Kenntnis beim Sachwalter bzw. den Verbrauchern kann einer Kenntnis von Umständen gleichstehen, die zwingend auf die Zahlungsunfähigkeit schließen lassen (§ 130 Abs. 2 InsO). Dies wären etwa Situationen, in denen der Unternehmer gegenüber dem Sachwalter vor der Zahlung Äußerungen tätigt, die auf eine eingetretene Zahlungsunfähigkeit schließen lassen. Ob eine Kenntnis beim Sachwalter den berechtigten Verbrauchern **zugerechnet** wird – bzw. umgekehrt –, ist ebenfalls noch nicht entschieden, hängt mit der dogmatischen Stellung des Sachwalters zusammenhängen und ist nach der hier vertretenen Auffassung abzulehnen (→ Rn. 25 und → § 30 Rn. 30).

23 Die sog. **Vorsatzanfechtung** nach **§ 133 InsO** betrifft Rechtshandlungen, die der Schuldner in den letzten zehn Jahren vor dem Antrag auf Eröffnung des Insolvenzverfahrens oder nach diesem Antrag mit dem Vorsatz, seine Gläubiger zu benachteiligen (sog. Gläubigerbenachteiligungsvorsatz), vorgenommen hat, wenn der andere Teil zur Zeit der Handlung den Vorsatz des Schuldners kannte (§ 133 Abs. 1 S. 1 InsO). Die Zahlung des Unternehmers in den Umsetzungsfonds stellt eine Rechtshandlung iSv §§ 129 Abs. 1, 133 Abs. 1 InsO dar, genauso wie die Zahlung aus dem Umsetzungsfonds anfechtungsrelevant sein kann. Da sie dem Sachwalter bzw. den Verbrauchern eine Befriedigung ermöglicht, wird die Anfechtungsfrist auf vier Jahre verkürzt (§ 133 Abs. 2 InsO), vorausgesetzt der Unternehmer zahlt wie nach dem Abhilfeendurteil geschuldet (vgl. § 18 Abs. 1 Nr. 2 und Abs. 2). Die Vorsatzanfechtung ist auch gegen Leistungsempfänger möglich, die nicht Insolvenzgläubiger sind.[57] Versteht man folglich den Sachwalter bzw. die berechtigten Verbraucher als den „anderen Teil" iSv § 133 InsO, kann deren Kenntnis vom Gläubigerbenachteiligungsvorsatz des Unternehmers nur dann nach § 133 Abs. 1 S. 2 InsO vermutet werden, wenn der Sachwalter bzw. die berechtigten Verbraucher von der **eingetretenen Zahlungsunfähigkeit** des Unternehmers (vgl. § 17 InsO) wussten (vgl. § 133 Abs. 3 S. 1 InsO). Es ist im Grundsatz denkbar, dass Anfechtungsansprüche nur gegenüber dem Sachwalter oder nur gegenüber einzelnen Verbrauchern bestehen, die von der eingetretenen Zahlungsunfähigkeit (dann Vermutungstatbestand) bzw. dem Gläubigerbenachteiligungsvorsatz (denn Regeltat-

---

[56] BGH NJW 1978, 758 unter V. 2. b); K. Schmidt InsO/Ganter/Weinland InsO § 130 Rn. 8.
[57] K. Schmidt InsO/Ganter/Weinland InsO § 133 Rn. 34.

bestand) wussten (→ Rn. 17). Zu Fragen einer etwaigen Zurechnung → Rn. 22 und → Rn. 25.

Die genannten Beispiele zeigen, dass die berechtigten Verbraucher zwar Insolvenzgläubiger iSv §§ 130–132 InsO sein können, deren Kenntnis jedoch von der Kenntnis des Sachwalters zu unterscheiden ist, der die Zahlung entgegennimmt. Sollte es Fälle geben, in denen sich Insolvenzanfechtungsansprüche gegen den Sachwalter richten, wäre § 38 Abs. 1 S. 2 schon deshalb **fragwürdig konzipiert,** da dann ausgerechnet diejenige Person Insolvenzanfechtungsansprüche prüfen würde, die diesen Ansprüchen ausgesetzt wäre. Es wäre dann fernliegend, dass der Sachwalter den Einstellungsantrag nach Abs. 1 S. 2 Var. 2 stellt und damit dem Insolvenzverwalter des Unternehmers die Insolvenzanfechtung „auf dem Silbertablett" serviert.[58] **24**

Sind Insolvenzanfechtungsansprüche zu klären, die subjektive Tatbestandsvoraussetzungen enthalten, ist zu bedenken, dass der **subjektive Tatbestand individuell** für jeden Anspruchsgegner zu prüfen ist, beispielsweise für den Sachwalter oder jeden Verbraucher, gegenüber dem angefochten werden soll. Es kann also sein, dass einzelne Verbraucher den subjektiven Tatbestand erfüllen, andere hingegen nicht.[59] Zwischen den einzelnen Verbrauchern findet eine Zurechnung von Wissen nicht statt. Wissen des Sachwalters ist den Verbrauchern ebenfalls nicht zuzurechnen. Der Sachwalter ist Partei kraft Amtes bezogen auf das Sondervermögen, nicht aber Vertreter oder Prozessbevollmächtigter eines einzelnen Verbrauchers. Auch sonst ist das Wissen eines Vollstreckungsorgans – etwa des Gerichtsvollziehers – dem Gläubiger nicht zuzurechnen.[60] **25**

3. Prüfung des OLG. § 38 Abs. 1 S. 2 Var. 1 ist so ausgestaltet, dass dem OLG bei der Prüfung des Antrags des Sachwalters auf Aussetzung **kein Ermessen** zukommt.[61] Wird der Antrag gestellt und wird als Antragsgrund die Klärung möglicher Insolvenzanfechtungsansprüche vorgetragen, muss das OLG das Umsetzungsverfahren aussetzen. Zuständig ist der **Senat.** Dem Sachwalter kommt damit eine **erhebliche Rechtsmacht** zu, da sein Antrag über die praktische Durchführung oder Aussetzung des Umsetzungsverfahrens entscheidet. Als Ausgleich für diese Rechtsmacht kann Abs. 1 S. 2 Var. 1 nicht dergestalt eingeschränkt werden, dass der Sachwalter in seinem Antrag nennen müsse, welche Rechtshandlung auf eine Insolvenzanfechtbarkeit hin untersucht werde. Wäre diese Rechtshandlung offensichtlich insolvenzanfechtungsfest – etwa da die Insolvenzanfechtungsfrist abgelaufen ist oder offensichtlich die Voraussetzungen eines Bargeschäfts iSv § 142 InsO erfüllt sind – bräuchte es die Aussetzung „zwecks Klärung" zwar nicht, da diesbezüglich nichts zu klären ist. Das OLG wird aber für eine gerichtliche Klärung möglicher Insolvenzanfechtungsansprüche zumindest erstinstanzlich nicht zuständig sein, sodass es dem OLG in seiner Funktion als Vollstreckungsbehörde nicht zusteht, über Ansprüche zu befinden, die in einem Erkenntnisverfahren erst noch zu klären sind. Ferner gibt es im Insolvenzanfechtungsrecht selten eine Konstellation, die als „offensichtlich insolvenzanfechtungsfest" eingeschätzt werden kann. Daher kommt als Ausgleich für die erhebliche Rechtsmacht des Sachwalters vorrangig die **26**

---

[58] Wohl deshalb kritisiert Musielak/Voit/Stadler VDuG § 38 Rn. 3 zu Recht, dass die Ansprüche des Sachwalters nicht anfechtungsfest sind.

[59] Sehr nahe an BT-Drs. 20/6520, 96, wo zum Ausdruck gebracht wird, dass ggf. nur ein Teil der Insolvenzanfechtungsansprüche besteht.

[60] K. Schmidt InsO/Ganter/Weinland InsO § 130 Rn. 72.

[61] Anders/Gehle/Schmidt VDuG § 38 Rn. 4: keine Prüfungskompetenz des Gerichts.

Haftung nach § 31 in Betracht, wenn der Aussetzungsantrag pflichtwidrig und schuldhaft gestellt wird und den berechtigten Verbrauchern ein Schaden entstanden ist. Zur Einholung von Rechtsgutachten → Rn. 20.

27 Während der Aussetzung dürfen keine Ansprüche von Verbrauchern erfüllt werden. Der Lauf etwaiger vom Sachwalter gesetzter **Fristen** (vgl. § 27) hört auf und beginnt nach Ende der Aussetzung von Neuem zu laufen (§ 13 Abs. 1 S. 1 VDuG iVm § 249 Abs. 1 ZPO).[62]

V. Antrag auf Einstellung bei anfechtbaren Zahlungen (Abs. 1 S. 2 Var. 2)

28 Der Sachwalter ist berechtigt, einen Antrag auf **Einstellung** des Umsetzungsverfahrens zu stellen (Abs. 1 S. 2 Var. 2). Der Antrag kann direkt und unabhängig von einem zuvor gestellten Aussetzungsantrag nach Abs. 1 S. 2 Var. 1 gestellt werden, etwa wenn der Sachwalter bereits zur Einschätzung gelangt ist, dass ein Insolvenzanfechtungsanspruch besteht. Abs. 1 S. 2 Var. 2 ist ebenfalls so ausgestaltet, dass dem OLG bei der Prüfung des Antrags des Sachwalters **kein Ermessen** zukommt (→ Rn. 26).[63] Es kommt auf die Einschätzung des Sachwalters an.[64] Wird der Antrag gestellt und trägt der Sachwalter schlüssig[65] vor, dass nach seiner Einschätzung ein Anfechtungsanspruch besteht, muss das OLG das Umsetzungsverfahren einstellen. Das OLG darf den Einstellungsantrag nur dann ablehnen, wenn der vom Sachwalter angenommene Insolvenzanfechtungsanspruch **„offensichtlich unbegründet"** ist.[66] Das Merkmal ist in Abs. 1 S. 3 sprachlich missglückt integriert worden, da es auch so gelesen werden kann, dass es sich auf die Person des Sachwalters bezieht;[67] dann entstünde jedoch eine unstimmige Doppelung.[68] Gemeint ist vielmehr eine gerichtliche Prüfung. Zuständig ist der **Senat** (→ Rn. 26). Der Beschluss ist nach § 44 Nr. 16 bekanntzumachen (→ § 44 Rn. 23).

29 Dem Sachwalter kommt damit eine **erhebliche Rechtsmacht** zu.[69] Stellt der Sachwalter den Einstellungsantrag allerdings pflichtwidrig und schuldhaft, kommt eine Haftung nach § 31 in Betracht, wenn den berechtigten Verbrauchern ein Schaden entstanden ist. Zur eigenen Haftungsvermeidung kann es notwendig sein, dass der Sachwalter Rechtsgutachten in Auftrag gibt (→ Rn. 20). Die entsprechenden Auslagen konnten bei der vorläufigen Festsetzung der Kosten des Umsetzungsverfahrens noch nicht berücksichtigt werden (vgl. §§ 18 Abs. 1 Nr. 4, 20 Abs. 1 Nr. 1), sodass der Sachwalter den **Anspruch auf Auslagenerstattung** (§ 32 Abs. 1 Nr. 1) erst später stellen kann. Gegen welche Vermögensmasse sich der Anspruch auf-

---

[62] Überzeugend HK-VDuG/Röthemeyer VDuG § 38 Rn. 10.

[63] Anders/Gehle/Schmidt VDuG § 38 Rn. 4: keine Prüfungskompetenz des Gerichts.

[64] BT-Drs. 20/6520, 96; Dahl/Linnenbrick NZI 2024, 33 (37); Scherer NZI 2023, 985 (988).

[65] BT-Drs. 20/6520, 96.

[66] BT-Drs. 20/6520, 96; HK-VDuG/Röthemeyer VDuG § 38 Rn. 13; Scherer NZI 2023, 985 (988); Köhler/Bornkamm/Feddersen/Scherer VDuG § 38 Rn. 6 und Schmittmann ZRI 2023, 277 (283) kritisieren die fehlende weitere Konkretisierung des Begriffs.

[67] So versteht es Scherer NZI 2023, 985 (989).

[68] Heerma ZZP 136 (2023), 425 (458).

[69] HK-VDuG/Röthemeyer VDuG § 38 Rn. 13: Einschätzungsprärogative. Ähnlich auch Köhler/Bornkamm/Feddersen/Scherer VDuG § 38 Rn. 21, die zu Recht Bedenken äußert, dass der Sachwalter faktisch über das Bestehen oder Nichtbestehen von Insolvenzanfechtungsansprüchen entscheidet.

grund § 36 Abs. 1 S. 2 Nr. 2 richtet und in welchem Rang dieser Anspruch steht, ist unklar. Es kann sich nicht um eine Insolvenzforderung handeln, da der Anspruch erst im eröffneten Insolvenzverfahren entsteht. Es handelt sich allerdings auch nicht um eine Masseforderung, da der Anspruch weder unter § 54 InsO noch § 55 InsO fällt. Denn es geht nicht um die Verwaltung der Insolvenzmasse, sondern um die Verwaltung der Sondermasse. Der Einstellungsbeschluss **beendet das private Amt** des Sachwalters.[70] Diese Wirkung ist nicht davon abhängig, dass der Beschluss dem Sachwalter erfolgreich zugestellt wurde.

VI. Antrag auf Einstellung bei Teilzahlungen (Abs. 1 S. 3)

Der von Abs. 1 S. 3 adressierte Sonderfall sollte im Grundsatz nicht vorkommen können, da das OLG die Eröffnung des Umsetzungsverfahrens erst beschließt, sobald der Unternehmer die Beträge nach § 24 gezahlt hat.[71] Hat der Unternehmer dem ungeachtet nicht alle nach § 24 zu leistenden Zahlungen erbracht, fehlt es an der Sondermasse, die zur Zweckerreichung des Umsetzungsverfahrens notwendig ist. Theoretisch könnte der Unternehmer die noch ausstehenden Beträge nach Aufhebung des Insolvenzverfahrens leisten, was jedoch als unwahrscheinlich eingeschätzt wurde.[72] Das Umsetzungsverfahren ist daher einzustellen, wenn zum Zeitpunkt der Eröffnung des Insolvenzverfahrens lediglich ein Teil der nach § 24 zu leistenden Zahlungen erbracht wurde. Es ist irrelevant, ob der **vorläufig festgesetzte Kostenbetrag** oder der **kollektive Gesamtbetrag** noch nicht eingezahlt wurde. Fehlt die Zahlung auf den vorläufig festgesetzten Kostenbetrag, ist im Grundsatz die Finanzierung des Umsetzungsverfahrens nicht gegeben (zu Sonderfällen → Rn. 34). Zum Begriff des Insolvenzverfahrens → Rn. 12, zum Begriff der Eröffnung des Insolvenzverfahrens → Rn. 14. Ab der Eröffnung des Insolvenzverfahrens kann die Sondermasse des § 25 nicht mehr aufgebaut werden, da es dann zur Benachteiligung aller übrigen Insolvenzgläubiger kommen würde (→ Rn. 1). Denn die Insolvenzmasse würde um diejenigen Beträge vermindert, die für die Zahlung nach § 24 benötigt werden würden. Eine solche Benachteiligung der Insolvenzgläubiger würde dem im Insolvenzrecht geltenden Gläubigergleichbehandlungsgrundsatz widersprechen (→ Rn. 3). **30**

Abs. 1 S. 3 regelt nicht, ob das OLG die Einstellung von Amts wegen oder nur auf Antrag beschließen darf. Da Abs. 1 S. 2 Var. 1 und 2 jeweils Antragsrechte enthalten und S. 3 durch das Wort „auch" offensichtlich auf S. 2 Bezug nimmt, ist die Norm so auszulegen, dass es ebenfalls eines **Antrags des Sachwalters** bedarf. Nach Sinn und Zweck braucht es diesen Antrag auch deshalb, da nur der Sachwalter unmittelbar feststellen kann, ob alle im Abhilfeendurteil genannten Zahlungspflichten erfüllt wurden oder lediglich ein Teil erbracht wurde. **31**

Legt der Sachwalter dar, dass zur Zeit der Verfahrenseröffnung nicht alle nach § 24 zu leistenden Zahlungen erbracht wurden, und beantragt er die Einstellung, kommt dem OLG **kein Ermessen** zu. Es hat die Einstellung zu beschließen. Für Fragen der **Haftung** gilt → Rn. 20 entsprechend. **32**

---

[70] HK-VDuG/Röthemeyer VDuG § 38 Rn. 13.

[71] Köhler/Bornkamm/Feddersen/Scherer VDuG § 38 Rn. 8; Scherer NZI 2023, 985 (987, 988); HK-VDuG/Röthemeyer VDuG § 38 Rn. 14. Ähnlich Anders/Gehle/Schmidt VDuG § 38 Rn. 2: Eröffnung ist dann abzulehnen; ebenfalls ähnlich Zöller/Vollkommer VDuG § 38 Rn. 4: Umsetzungsverfahren wird erst gar nicht durchgeführt.

[72] BT-Drs. 20/6520, 96; Köhler/Bornkamm/Feddersen/Scherer VDuG § 38 Rn. 8; Musielak/Voit/Stadler VDuG § 38 Rn. 2.

33 Alle Anträge nach Abs. 1 hat das OLG in **Senatsbesetzung** zu entscheiden (→ Rn. 26). Eine Übertragung der Entscheidung auf den Einzelrichter kommt nicht in Betracht, wie ein Umkehrschluss aus § 28 Abs. 4 S. 3 deutlich macht. Dies ist keine Besonderheit im Umsetzungsverfahren, sondern entspricht auch der Rechtslage in → § 29 Rn. 14 und → § 30 Rn. 11. Der Beschluss ist nach § 44 Nr. 16 bekanntzumachen (→ § 44 Rn. 23).

34 Abs. 1 S. 3 ist ungewöhnlich strikt formuliert, ohne auf **Sonderfälle** einzugehen. Erstens kann es sein, dass zwar ein Teil der nach § 24 Nr. 1 zu leistenden Zahlungen auf den vorläufig festgesetzten Kostenbetrag noch fehlt, allerdings ein Verbraucher oder ein Dritter ein (schützenswertes) Interesse daran hat, diese Kosten zu decken, um so die Durchführung des Umsetzungsverfahrens zu sichern. Theoretisch können sogar alle berechtigten Verbraucher ein Interesse daran haben, die Einstellung des Umsetzungsverfahrens dergestalt zu verhindern, dass diese den noch ausstehenden Betrag leisten. Während § 26 Abs. 1 Nr. 2 InsO sowohl den Vorschuss des erforderlichen Geldbetrags als auch die Stundung von Kosten nach § 4a InsO kennt, fehlt § 38 eine solche Sonderregelung. Nach Sinn und Zweck darf das Umsetzungsverfahren jedoch nicht eingestellt werden, wenn der vom Unternehmer noch fehlende Teil der nach § 24 zu leistenden **Zahlungen von dritter Seite** rechtzeitig **erbracht** wurde. Dass Leistungen auf Zahlungspflichten durch Dritte mit befreiender Wirkung möglich sind, regelt § 267 Abs. 1 S. 1 BGB (→ ebenso § 24 Rn. 9). Die Einwilligung des Unternehmers ist nach § 267 Abs. 1 S. 2 BGB nicht erforderlich. Abs. 1 S. 3 ist in einem solchen Fall **teleologisch zu reduzieren.**

35 Zweitens handelt es sich bei der Zahlung nach § 24 Nr. 1 um eine solche auf den „vorläufig" festgesetzten Kostenbetrag. Ausweislich § 37 kann es sein, dass es später zur Erstattung der nicht abgerufenen Beträge kommt. Daher erscheint Abs. 1 S. 3 für den Fall zu weitgehend formuliert, in dem zwar nur ein Teil der nach § 24 zu leistenden Zahlungen erbracht wurde, der **fehlende Teil aber ohnehin nicht benötigt** wird und – sollte er gleichwohl noch erbracht werden – voraussichtlich ohnehin an den Unternehmer zu erstatten wäre. In so einem Sonderfall muss § 38 Abs. 1 S. 3 **teleologisch reduziert** werden. Denn dann kann das Umsetzungsverfahren – sofern der Unternehmer anfechtungsfest gezahlt hat – durchgeführt werden, ohne mit insolvenzrechtlichen Grundsätzen zu konfligieren.

36 Drittens kann es den Fall geben, in dem der Teil für den vorläufig festgesetzten Kostenbetrag vollständig erbracht wurde, hinsichtlich der Zahlung auf den **kollektiven Gesamtbetrag allerdings nur ein Teil.** Diesen Fall regeln Abs. 2 S. 2 (→ Rn. 39) und Abs. 3 (→ Rn. 42). Fehlt beispielsweise nur noch ein Teil von 10%, ist das Umsetzungsverfahren zwar einzustellen, die Verteilung wird jedoch im Insolvenzverfahren fortgesetzt, wobei der Sachwalter zum Sonderinsolvenzverwalter bestellt wird (→ Rn. 44).

D. Rückgewähr an die Insolvenzmasse (Abs. 2)

37 Abs. 2 ist eine Folgevorschrift zur Einstellung nach Abs. 1 S. 2 Var. 2 (anfechtbar aufgebauter Umsetzungsfonds) und Abs. 1 S. 3 (teilaufgebauter Umsetzungsfonds).[73] Nach Abs. 2 S. 1 sind nach dem Einstellungsbeschluss des OLG alle nach § 24 erfolgten Zahlungen an die Insolvenzmasse zurückzugewähren. In der Insol-

[73] Köhler/Bornkamm/Feddersen/Scherer VDuG § 38 Rn. 9.

venzmasse bildet der Umsetzungsfonds allerdings eine Sondermasse (Abs. 3 S. 1, → Rn. 42). Dies ist jedoch beschränkt auf den Betrag für den kollektiven Gesamtbetrag. Der Betrag für die Kosten fällt in die allgemeine Insolvenzmasse[74] und kommt den übrigen Insolvenzgläubigern zugute.

I. Rückgewährpflicht zugunsten der Insolvenzmasse (Abs. 2 S. 1)

Abs. 2 S. 1 enthält eine Rückgewährpflicht, der der Sachwalter unterliegt. Es kann sich potentiell um eine Pflicht handeln, die auch ein entlassener Sachwalter noch erfüllen muss (→ § 30 Rn. 9). Zur Erfüllung der Pflicht erteilt der Sachwalter einen Zahlungsauftrag bei der kontoführenden Bank zugunsten des Anderkontos des Insolvenzverwalters. 38

II. Verhältnis der Zahlungen zueinander (Abs. 2 S. 2)

Abs. 2 S. 2 regelt das Verhältnis der beiden Zahlungen nach § 24 bzw. § 18 Abs. 1 Nr. 3 und § 18 Abs. 2 zueinander. Ohne Abs. 2 S. 2 würden die beiden Teilbeträge in der Insolvenzmasse vermischt und fortan nicht länger getrennt werden. Abs. 2 S. 2 ist deshalb im Zusammenhang mit Abs. 3 S. 1 zu sehen, der innerhalb der Insolvenzmasse die Bildung einer Sondermasse anordnet.[75] Allerdings wird diese Sondermasse nur für den Teil des Vermögens des bisherigen Umsetzungsfonds gebildet, der durch den kollektiven Gesamtbetrag gebildet wurde. 39

Beispiel: Der Betrag für die Kosten steht zum Betrag für den kollektiven Gesamtbetrag im Verhältnis 1:12. Bei einem Umsetzungsfonds von EUR 3,25 Mio. entfallen auf den kollektiven Gesamtbetrag EUR 3 Mio. Innerhalb der Insolvenzmasse bildet der Betrag von EUR 3 Mio. eine Sondermasse iSv Abs. 3 → Rn. 42. 40

Abs. 2 S. 2 soll gesetzestechnisch eine Fiktion darstellen. Um bei Teilzahlungen den Anteil in rechtssicherer Weise bestimmen zu können, der auf den kollektiven Gesamtbetrag entfällt, soll Abs. 2 S. 2 nach der Gesetzesbegründung eine anteilsmäßige Tilgung der Forderungen auf die Deckung der vorläufig festgesetzten Kosten und des kollektiven Gesamtbetrags fingieren.[76] Da dieses Verhältnis auch der Realität entsprechen kann, handelt es sich richtigerweise gesetzestechnisch um eine **unwiderlegliche Vermutung.** 41

E. Verwaltung der Sondermasse (Abs. 3)

I. Sondermasse innerhalb der Insolvenzmasse (Abs. 3 S. 1)

Der auf den kollektiven Gesamtbetrag entfallende Teil bildet eine **Sondermasse.** Rechtlich iSd des Eigentums- bzw. Vermögensrechts steht dem Unternehmer die Sondermasse zu, haftungsrechtlich jedoch den Verbrauchern (→ Rn. 7).[77] Es kann sein, dass diese Sondermasse geringer ist als der ursprünglich in den Umsetzungsfonds eingezahlte kollektive Gesamtbetrag, da der Sachwalter vor den Beschlüssen des OLG nach § 38 schon **erste Ansprüche der Verbraucher erfüllt** 42

[74] HK-VDuG/Röthemeyer VDuG § 38 Rn. 18.

[75] BT-Drs. 20/6520, 96.

[76] BT-Drs. 20/6520, 95; Köhler/Bornkamm/Feddersen/Scherer VDuG § 38 Rn. 11; Schmittmann ZRI 2023, 277 (283).

[77] BT-Drs. 20/6520, 96; Musielak/Voit/Stadler VDuG § 38 Rn. 1.

hat (vgl. § 25 Abs. 3 S. 1).[78] Da die Ansprüche der Verbraucher aus einem Vermögen erfüllt wurden, welches haftungsrechtlich schon aus dem Vermögen des Unternehmers ausgeschieden war, sind diese Zahlungen – sofern die Zahlungen des Unternehmers nicht anfechtbar sind – im Regelfall nicht anfechtbar. Zuständig für die **Bildung** der Sondermasse ist der **Insolvenzverwalter.** Praktisch wird ein besonderes (Treuhand-)Konto eingerichtet oder ein Anderkonto des Insolvenzverwalterkontos verwendet. Für die Verwaltung und Verteilung der Sondermasse ist sodann der Sonderinsolvenzverwalter zuständig.

43 Eine Sondermasse ist nicht zu bilden, wenn die Zahlungen in den Umsetzungsfonds der Insolvenzanfechtung unterliegen, da dieses Vermögen dann nicht zur Befriedigung der Verbraucher dienen darf (Abs. 3 S. 1 letzter Halbs.).[79] Insolvenzanfechtungsansprüche richten sich vom Insolvenzverwalter zugunsten der allgemeinen Insolvenzmasse gegen den Sachwalter (→ Rn. 21). Der Insolvenzverwalter muss **darlegen** und ggf. **beweisen,** dass die Zahlungen der Insolvenzanfechtung unterliegen.[80] Sind sich Insolvenzverwalter und Sachwalter einig – etwa da der Insolvenzverwalter nach seiner Prüfung zu dem gleichen Ergebnis kommt wie der Sachwalter im Zuge seiner Klärung iSv Abs. 1 S. 2 – gilt Abs. 2 S. 1. Der Sachwalter leistet also in die allgemeine Insolvenzmasse. Sind sich Insolvenzverwalter und Sonderinsolvenzverwalter hingegen nicht einig, muss der **Insolvenzverwalter den Sachwalter** auf Rückgewähr nach § 143 InsO iVm §§ 129ff. InsO **verklagen** (→ Rn. 20).

II. Verwaltung der Sondermasse und Bestellung des Sonderinsolvenzverwalters (Abs. 3 S. 1 und 2)

44 Verwaltungs- und verfügungsbefugt über die Sondermasse ist der **Sonderinsolvenzverwalter.** Hierzu wird der zuvor vom OLG nach § 23 bestellte Sachwalter zum Sonderinsolvenzverwalter bestellt. Für das Umsetzungsverfahren ist im Grundsatz das OLG zuständig (§ 22 iVm § 3 Abs. 1), weshalb systematisch für § 38 Abs. 3 S. 2 ebenfalls das OLG zuständig scheint. Da zu diesem Zeitpunkt allerdings schon das Insolvenzverfahren eröffnet wurde und das Insolvenzgericht analog § 58 Abs. 1 InsO für die Bestellung von Sonderinsolvenzverwaltern zuständig ist, ist **allein** das **Insolvenzgericht zuständig.**[81] Der Sonderinsolvenzverwalter soll **vor** der Bildung der Sondermasse bestellt werden, da andernfalls diese Vermögensmasse verwalterlos ist.

45 § 38 regelt nicht, was mit der bisherigen Bestellung zum Sachwalter geschieht, ob dieses private Amt also endet oder ob es eines Entlassungsbeschlusses bedarf. Dies ist deshalb misslich, da das Amtsgericht keine Rechtsmacht hat, den Bestellbeschluss des OLG aufzuheben und daher eine klarere Regelung angezeigt gewesen wäre. Daher ist Abs. 3 S. 2 so auszulegen, dass **mit der Bestellung** des Sachwalters zum Sonderinsolvenzverwalter **und** dessen **Annahme** des neuen Amtes das bisherige private Amt als Sachwalter **kraft Gesetzes endet.** Das OLG muss über die Entlassung oder Aufhebung des Bestellbeschlusses nicht beschließen. Das im Schrift-

---

78 Darauf macht Musielak/Voit/Stadler VDuG § 38 Rn. 3 zurecht aufmerksam.

79 Uneindeutig Köhler/Bornkamm/Feddersen/Scherer VDuG § 38 Rn. 16, eindeutig hingegen dies. in Scherer NZI 2023, 985 (987).

80 Anders/Gehle/Schmidt VDuG § 38 Rn. 5.

81 Anders/Gehle/Schmidt VDuG § 38 Rn. 5. Zur analogen Anwendung bei der Bestellung von Sonderinsolvenzverwaltern K. Schmidt/Ries InsO § 58 Rn. 66. Zum Auswahlermessen bei der Bestellung Brzoza ZInsO 2024, 775.

tum offenbar bestehende Verständnis, dass zwei Ämter gleichzeitig bestehen[82] – das Amt des Sachwalters und das Amt des Sonderinsolvenzverwalters – überzeugt nicht, da andernfalls nicht klar wäre, welches Regelungsregime – VDuG oder InsO – für die jeweilige Rechtsfrage heranzuziehen ist.[83]

Die **Verwaltungs- und Verfügungsbefugnis** des Sonderinsolvenzverwalters beschränkt sich auf die Sondermasse. Diese ist zur Befriedigung derjenigen Verbraucher zu verwenden, die im Rahmen des Umsetzungsverfahrens einen berechtigten Zahlungsanspruch gehabt hätten (Abs. 3 S. 1 Halbs. 1). Abs. 3 ist nicht so zu verstehen, dass der zum Sonderinsolvenzverwalter **umqualifizierte** Sachwalter die Sondermasse nach den Vorgaben des VDuG verwaltet und hierzu zB berechtigte Ansprüche nach Maßgabe des § 25 Abs. 3 erfüllt oder die Aufgaben nach § 27 erledigt. Vielmehr gelten für den Sonderinsolvenzverwalter nun die **Vorschriften der InsO.** Die Verbraucher müssen also ihre Ansprüche beim Sonderinsolvenzverwalter zur Insolvenztabelle – bezogen auf die Sondermasse – anmelden.[84] Für diese Anmeldung ist weder die klageberechtigte Stelle, der vormalige Sachwalter noch sonst ein gemeinsamer Vertreter zuständig.[85] Vielmehr sind die **Verbraucher selbst zuständig,** sodass in solchen Fällen zu erwarten ist, dass viele Verbraucher von einer Anmeldung absehen (Problem des „rationalen Desinteresses"). 46

Wird die Sondermasse nicht vollständig ausgekehrt, regelt § 38 nicht, ob die Sondermasse aufzulösen und an die allgemeine Insolvenzmasse **zurückzugewähren** ist. Dies ergibt sich jedoch aus einer Zusammenschau zwischen § 38 Abs. 3 S. 1 und § 37 und ist das einzig wirtschaftlich stimmige Ergebnis. Hierzu erteilt der Sonderinsolvenzverwalter einen Zahlungsauftrag zugunsten des Insolvenzverwalterkontos. 47

Die **Vergütung** des Sonderinsolvenzverwalters richtet sich nach § 63 InsO.[86] Abs. 3 regelt nicht, unter welchen Voraussetzungen der **Sonderinsolvenzverwalter entlassen** werden kann. Da dieser nicht (mehr) die Rechtsstellung eines Sachwalters innehat, ist für die Prüfung der Entlassung nicht § 30 Abs. 3 S. 3 einschlägig. Es ist damit auch nicht das OLG zuständig. Zuständig ist vielmehr das Amtsgericht als **Insolvenzgericht.** Für die Entlassung des Sonderinsolvenzverwalters gelten die Vorgaben des **§ 59 InsO.** 48

F. Bindung an rechtskräftige VDuG-Urteile (Abs. 4)

§ 11 Abs. 3 gilt nach § 38 Abs. 4 auch im Verhältnis zu allen Insolvenzgläubigern. **Rechtskräftige** Urteile über Verbandsklagen binden ein zur Entscheidung eines Rechtsstreits zwischen einem angemeldeten Verbraucher und dem verklagten Unternehmer berufenes Gericht, soweit dessen Entscheidung den Lebenssachverhalt 49

[82] Musielak/Voit/Stadler VDuG § 38 Rn. 3: „Sachwalter in seiner Eigenschaft als Sonderinsolvenzverwalter".

[83] Dies wird etwa bei HK-VDuG/Röthemeyer VDuG § 38 Rn. 17 deutlich, der mal Vorschriften der InsO – etwa zur Vergütung und Haftung –, mal aus dem VDuG bemühen will – etwa zur Aufsicht.

[84] Scherer NZI 2023, 985, 987; Zöller/Vollkommer VDuG § 38 Rn. 7.

[85] Im Ergebnis so auch Zöller/Vollkommer VDuG § 38 Rn. 7: keine Sammelanmeldung.

[86] HK-VDuG/Röthemeyer VDuG § 38 Rn. 17; Dahl/Linnenbrink NZI 2024, 33 (37). Ausf. Brzoza NZI 2024, 481.

der Verbandsklage und einen mit der Abhilfeklage geltend gemachten Anspruch oder ein mit der Musterfeststellungsklage geltend gemachtes Feststellungsziel betrifft (§ 11 Abs. 3 S. 1).[87] Nach § 11 Abs. 3 S. 2 gilt dies jedoch nicht für Abhilfeendurteile.

50 Insolvenzgläubiger können nicht über Beschlüsse der Gläubigerversammlung oder Abstimmungen über einen Insolvenzplan Einfluss auf die schon rechtskräftige Entscheidung des OLG nehmen. Die Bindungswirkung beschränkt sich allerdings – wie immer – auf den **Streitgegenstand** der Verbandsklage.[88] Praktisch relevant ist dies etwa für die Frage, ob die Höhe der Sondermasse – und damit die Minderung der allgemeinen Insolvenzmasse – nach Rechtskraft des **Abhilfeendurteils** (vgl. § 18 Abs. 2) noch einmal in Frage gestellt werden kann. Aufgrund der Bindungswirkung ist dies nicht möglich. Auch in Tabellenfeststellungsverfahren nach § 179 InsO sind die Gerichte nach Abs. 4 gebunden.[89] Schließlich ist auch der Sonderinsolvenzverwalter iSv Abs. 3 S. 2 gebunden, insbesondere bei der Prüfung der Ansprüche der Verbraucher.[90] Dies gilt ausdrücklich auch für das Widerspruchsrecht des (Sonder-)Insolvenzverwalters.[91]

G. Stabilisierungs- und Restrukturierungsrahmen (Abs. 5)

51 Abs. 5 betrifft nicht eröffnete Insolvenzverfahren, sondern Stabilisierungs- und Restrukturierungsrahmen nach dem Unternehmensstabilisierungs- und -restrukturierungsgesetz **(StaRUG).** Bei diesem Gesetz handelt es sich um das Umsetzungsgesetz zur Richtlinie (EU) 2019/1023 vom 20.6.2019.[92] Restrukturierungssachen ermöglichen keinen Aussetzungs- und keinen Einstellungsantrag iSv § 38 Abs. 1 und 2. Dies ist darin begründet, dass sich Fragen der Insolvenzanfechtung nicht stellen. Denn der Anspruch auf Rückgewähr wegen Insolvenzanfechtung (§ 143 Abs. 1 InsO) entsteht im Zeitpunkt der Eröffnung des Insolvenzverfahrens,[93] woran es hier fehlt.

I. Gestaltungen im Restrukturierungsplan (Abs. 5 S. 1)

52 Der Gesetzgeber des StaRUG hielt es für sachgerecht, dass Verbraucher als Planbetroffene nicht ausgewählt werden (§ 8 S. 2 Nr. 2 StaRUG). Abs. 5 S. 1 hingegen enthält konkludent die Aussage, dass Ansprüche der Verbraucher in einen Restrukturierungsplan einbezogen werden können. Sie werden insoweit auch nicht im Katalog des § 4 StaRUG genannt, der Rechtsverhältnisse nennt, die einer Gestaltung unzugänglich sind. Bei den Rechten von Verbrauchern kann es sich um **gestaltbare Rechtsverhältnisse** iSv § 2 StaRUG handeln. Die Forderungen der Verbraucher können **Restrukturierungsforderungen** iSv § 2 Abs. 1 Nr. 1 StaRUG sein. Dies setzt voraus, dass der Unternehmer als Anspruchsgegner eine

87 Köhler/Bornkamm/Feddersen/Scherer VDuG § 38 Rn. 23.
88 Heerma ZZP 136 (2023), 425 (438).
89 BT-Drs. 20/6520, 96; Köhler/Bornkamm/Feddersen/Scherer VDuG § 38 Rn. 24; Anders/Gehle/Schmidt VDuG § 38 Rn. 6.
90 Köhler/Bornkamm/Feddersen/Scherer VDuG § 38 Rn. 26f.; HK-VDuG/Röthemeyer VDuG § 38 Rn. 17, 20.
91 Köhler/Bornkamm/Feddersen/Scherer VDuG § 38 Rn. 23.
92 Zur Umsetzung BeckOK StaRUG/Skauradszun Einleitung Rn. 2ff.
93 BGH NZI 2010, 298 Rn. 8.

restrukturierungsfähige Person ist (vgl. § 2 Abs. 1 Nr. 1 StaRUG). Die Restrukturierungsfähigkeit bestimmt sich nach § 30 StaRUG. Bedeutsam ist die Bereichsausnahme für die **Finanzbranche** (§ 30 Abs. 2 StaRUG, § 1 Abs. 19 KWG).[94] Nicht restrukturierungsfähig nach dem StaRUG sind damit die Bank- und Wertpapierdienstleistungsbranche sowie die Versicherungsbranche. Dies ist praxisrelevant, da bisherige Musterfeststellungsklagen zahlreich auch gegen **Sparkassen** erhoben wurden.[95]

Die **Gestaltung** der Forderungen der Verbraucher bestimmt sich nach § 7 **53**
StaRUG. Der gestaltende Teil des Restrukturierungsplans kann beispielsweise eine Kürzung um einen bestimmten Bruchteil oder eine Stundung vorsehen (§ 7 Abs. 2 StaRUG).[96] Forderungen der Verbraucher sind jedoch nur insoweit gestaltbar, als sie gegen den Unternehmer schon begründet sind (§ 2 Abs. 1 Nr. 1 StaRUG). Der hierfür relevante **Zeitpunkt** bestimmt sich nach § 2 Abs. 5 StaRUG. Dies ist der Zeitpunkt der Unterbreitung des Planangebots nach § 17 StaRUG bzw. im Fall einer Abstimmung im gerichtlichen Planabstimmungsverfahren der Zeitpunkt der Antragstellung nach § 45 StaRUG. Die in einem Abhilfegrundurteil ausgeurteilten Ansprüche sind grundsätzlich schon begründet iSv § 2 Abs. 1 Nr. 1 StaRUG.

§ 38 Abs. 5 S. 1 darf nicht so verstanden werden, dass die Gestaltung ohne weitere **54**
Anforderungen möglich wäre. Es gelten nach dem StaRUG vielmehr zahlreiche weitere Einschränkungen, beispielsweise die Pflicht, den Verbrauchern innerhalb ihrer Gruppe gleiche Rechte anzubieten (**Gleichbehandlungsgrundsatz,** § 10 Abs. 1 StaRUG) und die Verbraucher nicht schlechter zu stellen als sie ohne den Restrukturierungsplan stünden (sog. individuelles **Schlechterstellungsverbot,** § 64 Abs. 1 S. 1 StaRUG, und gruppenbezogenes Schlechterstellungsverbot, § 26 Abs. 1 Nr. 1 StaRUG).[97] Sollte es sich bei den Ansprüchen der Verbraucher um **deliktische Ansprüche** handeln, ist zu berücksichtigen, dass Forderungen aus **vorsätzlich** begangenen unerlaubten Handlungen einer Gestaltung unzugänglich sind (§ 4 S. 1 Nr. 2 StaRUG).[98]

Werden Ansprüche der Verbraucher in den gestaltenden Teil des Restrukturie- **55**
rungsplans einbezogen, sind diese **Planbetroffene** iSv § 7 Abs. 1 StaRUG. Ihnen stehen damit alle Verfahrensrechte zu, die das StaRUG vorsieht, etwa Abstimmungsrechte, Rechtsbehelfe wie der Minderheitenschutzantrag (§ 64 StaRUG)[99] und die sofortige Beschwerde (§ 66 StaRUG). Das Einbeziehen mancher Verbraucher und Nichteinbeziehen von anderen Verbrauchern würde regelmäßig nicht sachgerecht iSv § 8 S. 2 StaRUG sein. Die Gleichartigkeit der Verbraucheransprüche iSv § 15 verhindert regelmäßig eine Differenzierung bei der Auswahl iSv § 8 S. 2 Nr. 2 StaRUG.

---

[94] Im Detail dazu BeckOK StaRUG/Kramer StaRUG § 30 Rn. 64f.; MüKoStaRUG/Skauradszun StaRUG § 30 Rn. 33ff.

[95] Thüringer OLG 5 MK 1/23; Brandenburgisches OLG 4 MK 1/22, 4 MK 2/21; OLG Dresden 5 MK 1/22; OLG Naumburg 5 MK 2/21.

[96] Zu weiteren Gestaltungen BeckOK StaRUG/Skauradszun StaRUG § 2 Rn. 50.

[97] Ausführlich zum Schlechterstellungsverbot BeckOK StaRUG/Skauradszun StaRUG § 64 Rn. 11.

[98] Dazu BeckOK StaRUG/Skauradszun StaRUG § 4 Rn. 10f.

[99] Köhler/Bornkamm/Feddersen/Scherer VDuG § 38 Rn. 31; HK-VDuG/Röthemeyer VDuG § 38 Rn. 22.

II. Gruppenbildung im Restrukturierungsplan (Abs. 5 S. 1)

56 Für die betroffenen Anspruchsinhaber ist im Restrukturierungsplan eine eigenständige Gruppe zu bilden (Abs. 5 S. 1). Gemeint sind die Verbraucher, nicht der Sachwalter.[100] Das kann dazu führen, dass mehrere Gruppen für Verbraucher gebildet werden müssen, da nach § 9 Abs. 2 S. 4 StaRUG Kleingläubiger zu einer eigenständigen Gruppe zusammengefasst werden müssen, wenn für deren Rechte nach § 9 Abs. 1 StaRUG eine Gruppe gebildet wurde.[101] Verbraucher sind typischerweise einfache Restrukturierungsgläubiger iSv § 9 Abs. 1 S. 2 Nr. 2 StaRUG. § 38 Abs. 5 S. 1 ergänzt folglich **§ 9 Abs. 1 S. 2, Abs. 2 S. 4 StaRUG** zur Einteilung der Planbetroffenen um eine Pflichtgruppe, wenn die ausgeurteilten Ansprüche der Verbraucher gestaltet werden sollen. Fehlt diese Pflichtgruppe, liegt ein wesentlicher inhaltlicher Mangel des Restrukturierungsplans vor, der ein Bestätigungshindernis nach § 63 Abs. 1 Nr. 2 Fall 1 StaRUG darstellt und zur Pflichtversagung der Planbestätigung führt.[102]

57 Der Schuldner benötigt im Grundsatz die **Mehrheiten** nach § 25 StaRUG. In jeder Gruppe müssen **drei Viertel** der Stimmrechte für die Annahme des Restrukturierungsplans stimmen. Das **Stimmrecht** bestimmt sich im Grundsatz bei Restrukturierungsforderungen nach dem Betrag (§ 24 Abs. 1 Nr. 1 StaRUG).[103] Es ist praktisch fernliegend, dass ein Unternehmer drei Viertel oder mehr der Stimmrechte der Verbraucher zur Teilnahme am Erörterungs- und Abstimmungstermin (§ 45 StaRUG) motivieren kann und dann auch noch von drei Viertel der Stimmrechte eine Zustimmung erhält. Weder das VDuG noch das StaRUG sehen eine Vertretung der Verbraucher durch einen **gemeinsamen Vertreter** vor. Eine solche Repräsentation kennt das Schuldverschreibungsgesetz (SchVG) sowohl für Insolvenzverfahren (§ 19 Abs. 1–5 SchVG) als auch Restrukturierungssachen (§ 19 Abs. 6 SchVG).[104] Wird ein solcher gemeinsamer Vertreter bestellt, wozu nach § 5 SchVG die Mehrheit der abgegebenen Stimmen genügt,[105] ist in der Folge eine Zustimmung durch den gemeinsamen Vertreter denkbar. Eine vergleichbare rechtsgeschäftliche Vertretung ist im VDuG nicht geregelt und lässt sich auch nicht eindeutig aus § 27 herleiten, wenngleich dort gewisse repräsentative Elemente nicht zu übersehen sind. Vom Gesetzgeber womöglich nicht hinreichend bedacht wurde, dass das rationale Desinteresse der Verbraucher dazu führen wird, dass diese nicht einmal an der Abstimmung teilnehmen und folglich nicht gegen den Restrukturierungsplan stimmen werden. Dies wiederum führt dazu, dass die **Verbraucher keine zulässigen Minderheitenschutzanträge stellen können,** denn dazu müssen sie gegen den Restrukturierungsplan gestimmt haben (§ 64 Abs. 1 S. 1 StaRUG). Andernfalls fehlt ihnen das Rechtsschutzbedürfnis für einen Minderheitenschutzantrag.[106] Ferner wäre ein solcher Minderheitenschutzantrag nur zulässig, wenn der Verbraucher bereits im Abstimmungsverfahren dem Plan widersprochen und geltend gemacht hat, dass er durch den Plan voraussichtlich schlechter gestellt wird als

---

[100] HK-VDuG/Röthemeyer VDuG § 38 Rn. 23.

[101] Kritisch daher Schmittmann ZRI 2023, 277 (285) und Köhler/Bornkamm/Feddersen/Scherer VDuG § 38 Rn. 32.

[102] Vgl. BeckOK StaRUG/Skauradszun StaRUG § 63 Rn. 17.

[103] HK-VDuG/Röthemeyer VDuG § 38 Rn. 22.

[104] Ausführlich BeckOK StaRUG/Skauradszun StaRUG § 2 Rn. 67 a ff.

[105] Ausführlich BeckOK StaRUG/Skauradszun StaRUG § 2 Rn. 69 a.

[106] BeckOK StaRUG/Skauradszun StaRUG § 64 Rn. 43 mwN.

er ohne Plan stünde (§ 64 Abs. 2 S. 1 StaRUG).[107] In den praktisch wichtigen gerichtlichen Erörterungs- und Abstimmungsterminen müsste der Verbraucher diese Schlechterstellung sogar spätestens in diesem Termin glaubhaft machen (§ 64 Abs. 2 S. 2 StaRUG).[108] Da all dies unwahrscheinlich ist, werden sich Verbraucher regelmäßig nicht gegen die Gestaltung wehren bzw. wehren können. Klarzustellen ist, dass der **Sachwalter** für die Verbraucher keine Minderheitenschutzanträge stellen kann. Er ist diesbezüglich weder Planbetroffener iSv § 64 Abs. 1 S. 1 StaRUG noch Vertreter oder Prozessbevollmächtigter der Verbraucher.

Da eine Zustimmung der Pflichtgruppe der Verbraucher praktisch fernliegend ist, kommt eine Planbestätigung nach § 29 Abs. 2 Nr. 4, §§ 60ff. StaRUG nur in Betracht, wenn die Zustimmung dieser Gruppe nach § 26 StaRUG fingiert wird **(gruppenübergreifende Mehrheitsentscheidung).**[109] Dies wiederum ist nur möglich, wenn die Mitglieder dieser Gruppe nicht schlechter gestellt werden als sie ohne einen Restrukturierungsplan stünden (sog. **gruppenbezogenes Schlechterstellungsverbot;** Vergleich zwischen Planszenario und nächstbestem Alternativszenario, § 26 Abs. 1 Nr. 1 StaRUG),[110] die absolute Prioritätsregel gewahrt ist (§§ 26 Abs. 1 Nr. 2, 27 Abs. 1 StaRUG) und die Mehrheit der abstimmenden Gruppen dem Restrukturierungsplan mit den erforderlichen Mehrheiten zugestimmt hat (§ 26 Abs. 1 Nr. 3 StaRUG). Hinsichtlich des Schlechterstellungsverbots ist zu sehen, dass die Verbraucher im nächstbesten Alternativszenario auf die Sondermasse nach Abs. 3 S. 1 zugreifen könnten.[111] Hinsichtlich der absoluten Priorität gilt, dass kein planbetroffener Gläubiger mit Nachrang gegenüber den Verbrauchern und ferner keine am Unternehmen beteiligte Person einen wirtschaftlichen Wert des Plans **(Planwert)** erhalten darf, es sei denn, dass dieser Wert durch Leistung in das Vermögen des Unternehmers vollständig ausgeglichen wird (§ 27 Abs. 1 Nr. 2 StaRUG) oder eine Ausnahme zur absoluten Priorität nach § 28 StaRUG besteht (sog. **Durchbrechung** der absoluten Priorität). Kann der Restrukturierungsplan nur durch § 26 StaRUG als angenommen angesehen werden, muss er zwingend nach den §§ 60ff. StaRUG vom Restrukturierungsgericht bestätigt werden.[112] 58

III. Abwicklung durch Restrukturierungsbeauftragten (Abs. 5 S. 2)

Die Abwicklung der durch den Plan gestalteten Verbraucherforderungen ist dem Restrukturierungsbeauftragten zu übertragen (Abs. 5 S. 2). Zuständig ist das **Restrukturierungsgericht** (§ 34 StaRUG). Da Rechte von Verbrauchern berührt werden, bestellt das Restrukturierungsgericht einen **Restrukturierungsbeauftragten von Amts wegen** (§ 73 Abs. 1 S. 1 Nr. 1 StaRUG).[113] Dessen Aufgabenprofil be- 59

[107] Ausführlich BeckOK StaRUG/Skauradszun StaRUG § 64 Rn. 46ff.

[108] Ausführlich BeckOK StaRUG/Skauradszun StaRUG § 64 Rn. 50ff.

[109] Als möglich eingeschätzt von BT-Drs. 20/6520, 96; HK-VDuG/Röthemeyer VDuG § 38 Rn. 22.

[110] BT-Drs. 20/6520, 97; HK-VDuG/Röthemeyer VDuG § 38 Rn. 22.

[111] BT-Drs. 20/6520, 97; Köhler/Bornkamm/Feddersen/Scherer VDuG § 38 Rn. 31.

[112] BeckOK StaRUG/Skauradszun StaRUG § 60 Rn. 17 mwN.

[113] Köhler/Bornkamm/Feddersen/Scherer VDuG § 38 Rn. 31. Nach § 73 Abs. 1 S. 2 StaRUG kann das Restrukturierungsgericht im Falle des § 73 Abs. 1 S. 1 Nr. 1 StaRUG von der Bestellung absehen, wenn die Bestellung zur Wahrung der Rechte der Beteiligten nicht erforderlich oder offensichtlich unverhältnismäßig ist. Dieser Ausnahmetatbestand kann aber nie erfüllt sein, wenn schon das VDuG die Übertragung der Abwicklung der durch den Plan gestalteten Verbraucherforderungen an den Restrukturierungsbeauftragten

stimmt sich nach § 76 StaRUG, der verschiedene überwachende und prüfende[114] Aufgaben vorsieht. Bei einer Gruppe für die Verbraucher steht dem Restrukturierungsbeauftragten auch die Entscheidung darüber zu, wie der Restrukturierungsplan zur Abstimmung gebracht wird (§ 73 Abs. 1 S. 1 Nr. 1, § 76 Abs. 2 Nr. 1 StaRUG). Zu diesen im StaRUG geregelten Aufgaben kommt nach Abs. 5 S. 2 die Abwicklung der Verbraucherforderungen hinzu. Dies ist deshalb überraschend, da der Sachwalter weiter im Amt ist und der Unternehmer für dessen Vergütung und Auslagen den vorläufig festgesetzten Kostenbetrag in den Umsetzungsfonds eingezahlt hat (§ 24 Nr. 1). Andernfalls hätte das OLG das Umsetzungsverfahren nicht eröffnet. Da der Sachwalter im Regelfall für die Erfüllung der berechtigten Ansprüche zuständig ist (§ 27 Nr. 9), kann Abs. 5 S. 2 nur so verstanden werden, dass diese Regelzuständigkeit von der Zuständigkeit des Restrukturierungsbeauftragten verdrängt werden soll (lex specialis derogat legi generali). Die Verfasser des § 38 scheinen jedoch nicht bedacht zu haben, dass dies für den Unternehmer zu höheren Kosten führen könnte. Übernimmt der Restrukturierungsbeauftragte diese Aufgabe, ist dies bei der Festsetzung des Stundenbudgets nach § 81 Abs. 4 S. 2 StaRUG zu berücksichtigen. Die Kosten der Beauftragung hat nach § 82 Abs. 2 der Schuldner, also der Unternehmer, zu tragen. Gleichzeitig ist der Sachwalter für das Umsetzungsverfahren weiter zuständig und wird ggf., wenn der Sonderfall des § 38 Abs. 5 eintritt, schon Vergütungsansprüche erworben und Auslagen gehabt haben. Es könnte sein, dass ein gewisser Teil der Beträge des Umsetzungsfonds nicht benötigt wird, da Abwicklungstätigkeiten vom Restrukturierungsbeauftragten übernommen werden (§ 38 Abs. 5 S. 2). Die Beträge werden allerdings erst später und nach Maßgabe des § 37 frei (→ § 19 Rn. 19).

60 Praktisch hat der Restrukturierungsbeauftragte diejenigen Abwicklungen vorzunehmen, die andernfalls dem Sachwalter oblegen hätten.[115] Wurde der Unternehmer zur Zahlung eines kollektiven Gesamtbetrags verurteilt, **erfüllt** nun der Restrukturierungsbeauftragte berechtigte Ansprüche von Verbrauchern (§ 38 Abs. 5 S. 2 iVm § 25 Abs. 3 S. 1). Für eine etwaige **Entlassung** aus dem Amt und eine etwaige **Haftung** des Restrukturierungsbeauftragten gilt nicht das VDuG, sondern § 75 Abs. 2 und 4 StaRUG.

H. Rechtsmittel

61 Das VDuG regelt nicht, ob die Entscheidungen des OLG iRd § 38 rechtsmittelfähig sind. Die Gesetzesbegründung schweigt hierzu. Nach § 13 Abs. 1 S. 1 VDuG iVm § 252 ZPO findet gegen Entscheidungen, mit denen die **Aussetzung** des Verfahrens angeordnet oder abgelehnt wird, die sofortige Beschwerde statt.[116] Die Norm ist im Lichte des VDuG so zu lesen, dass die Rechtsbeschwerde zum BGH statthaft ist, allerdings nur, wenn sie das OLG in seinem Beschluss zugelassen hat (§ 13 Abs. 1 S. 1 VDuG iVm § 574 Abs. 1 S. 1 Nr. 2 ZPO).[117]

---

vorsieht. Dann ist die Bestellung vielmehr kraft Gesetzes erforderlich. Andernfalls wäre die Wahrnehmung dieser Aufgabe nicht möglich bzw. sie würde von einem Antrag des Schuldners, also des Unternehmers, oder einer Gläubigergruppe nach § 77 StaRUG abhängen. Siehe hierzu BeckOK StaRUG/Kümpel StaRUG § 77 Rn. 52.

[114] BT-Drs. 19/24181, 175.

[115] Schmittmann ZRI 2023, 277 (284); HK-VDuG/Röthemeyer VDuG § 38 Rn. 24.

[116] So HK-VDuG/Röthemeyer VDuG § 38 Rn. 12.

[117] Tendenziell auch HK-VDuG/Röthemeyer VDuG § 38 Rn. 12.

Nach § 13 Abs. 1 S. 1 VDuG iVm § 574 Abs. 1 S. 1 Nr. 2 ZPO findet gegen den Beschluss des OLG auf **Einstellung** nach § 38 Abs. 1 S. 2 oder 3 die Rechtsbeschwerde zum BGH statt, wenn sie das OLG in seinem Beschluss zugelassen hat (§ 13 Abs. 1 S. 1 VDuG iVm § 574 Abs. 1 S. 1 Nr. 2 ZPO).[118] Für die entsprechende Prüfung des OLG gilt § 574 Abs. 3 S. 1 iVm Abs. 2 ZPO. 62

Unterabschnitt 4 Individualklagen

§ 39 Offene Verbraucheransprüche

Hat der Sachwalter die Erfüllung eines vom Verbraucher geltend gemachten Anspruchs im Umsetzungsverfahren vollständig oder teilweise abgelehnt oder hat der Sachwalter einen Anspruch eines Verbrauchers bis zur Beendigung des Umsetzungsverfahrens nicht oder nur teilweise erfüllt, so kann der Verbraucher diesen Anspruch im Wege der Individualklage geltend machen, soweit er ihn nicht bereits im Widerspruchsverfahren nach § 28 hätte geltend machen können.

Literatur: Bruns, Dogmatische Grundfragen der Verbandsklage auf Abhilfeleistung in Geld, ZZP 137 (2024), 3; Heerma, Das geplante Verbraucherrechtedurchsetzungsgesetz, ZZP 136 (2023), 425.

A. Überblick und Normzweck

Die Regelung soll klarstellen, dass **Verbraucher,** die sich für eine Teilnahme am Abhilfeverfahren entscheiden, **kein Risiko** eingehen, ihre materiell-rechtlichen **Ansprüche zu verlieren.** Damit bleibt Verbrauchern die Realisierung ihrer Ansprüche insbesondere auch dann möglich, wenn sie ihre Berechtigung nach den formalen Anforderungen des Umsetzungsverfahrens nicht nachzuweisen vermögen. 1

Durch den doppelten Vorrang sowohl des Umsetzungsverfahrens als auch des Widerspruchsverfahrens, das innerhalb des Umsetzungsverfahrens stattfindet, verfolgt die Vorschrift zugleich das Ziel, die **Gerichte** von der Durchführung entbehrlicher Individualklageverfahren zu **entlasten.** Eine hiernach verbleibende Individualklage ist nicht mehr Teil des Abhilfe- oder Umsetzungsverfahrens.[1] Für nach § 11 Abs. 1 ausgesetzte Verfahren markiert die Bestimmung ferner den Zeitpunkt, ab dem es durch den Verbraucher wieder aufgenommen werden kann (soweit er nicht zuvor seine Anmeldung gemäß § 46 Abs. 4 zurückgenommen hat). 2

Mit den Voraussetzungen, unter denen § 39 die Individualklage eröffnet, bestimmt die Vorschrift zugleich die Grenzen der **Rechtskraft** der im Verbandsklageverfahren ergangenen Entscheidungen bzw. greift diese auf. 3

---

[118] HK-VDuG/Röthemeyer VDuG § 38 Rn. 13.

[1] Vgl. BT-Drs. 20/6520, 97.

B. Umsetzung der Richtlinie

4 Die Bestimmung setzt **Art. 15 Verbandsklagen-RL** um, soweit die Mitgliedstaaten hiernach sicherzustellen haben, dass die rechtskräftige Entscheidung eines Gerichts als Beweismittel im Rahmen anderer Klagen vorgelegt werden kann, mit denen Abhilfeentscheidungen gegen denselben Unternehmer wegen derselben Praktik angestrebt werden.

5 Die Bestimmung steht zudem im Kontext von **Art. 9 Verbandsklagen-RL,** wonach einerseits gemäß Art. 9 Abs. 4 Verbandsklagen-RL sicherzustellen ist, dass Verbraucher nicht die Möglichkeit haben, eine Einzelklage aus demselben Klagegrund und gegen denselben Unternehmer zu erheben, Verbraucher andererseits aber auch gemäß Art. 9 Abs. 6 Verbandsklagen-RL aufgrund einer Abhilfeentscheidung Anspruch darauf haben sollen, dass ihnen die in diesen Abhilfeentscheidungen vorgesehene Abhilfe zugutekommt, ohne eine gesonderte Klage erheben zu müssen. Vor allem der erst später in § 39 Hs. 3 aufgenommene Vorrang des Widerspruchsverfahrens nach § 28 ist vor diesem Hintergrund nicht allein unter dem Aspekt einer Verfahrensstraffung, sondern auch unter dem Gesichtspunkt einer effektiveren Durchsetzung von Verbraucherrechten zu lesen.

C. Erfüllungsausfall

6 **Voraussetzung für die Zulässigkeit der Individualklage** ist, dass der Sachwalter entweder die Erfüllung eines vom Verbraucher geltend gemachten Anspruchs im Umsetzungsverfahren vollständig oder teilweise abgelehnt hat oder dass der Sachwalter einen Anspruch eines Verbrauchers bis zur Beendigung des Umsetzungsverfahrens nicht oder nur teilweise erfüllt.

I. Ablehnung der Erfüllung (Hs. 1)

7 Gemäß § 39 Hs. 1 muss der Sachwalter die Erfüllung ganz oder teilweise abgelehnt haben. Damit knüpft die Vorschrift an die korrespondierende **Befugnis des Sachwalters aus § 27 Nr. 11** an. Ausreichend für die Zulässigkeit der Individualklage ist dabei bereits die Ablehnungsentscheidung als solche. Gegen ihre fehlende Berechtigung vorzugehen, fordert § 39 hingegen nur in den Grenzen von § 39 Hs. 3 und damit nur innerhalb der dem Verbraucher in § 28 eingeräumten Widerspruchsmöglichkeiten.

II. Ausbleiben der Erfüllung (Hs. 2)

8 Neben einer (teilweise) ablehnenden Erfüllungsentscheidung reicht auch das bloße – vollständige oder teilweise – **faktische Ausbleiben der Erfüllung.** Auf die Gründe kommt es nicht an, sodass dem Verbraucher seine Individualklage insbesondere auch dann offensteht, wenn der kollektive Gesamtbetrag nach § 19 Abs. 1 nicht ausreichend war und ein Erhöhungsverfahren nach § 21 nicht geführt wurde.[2] Die beiden Formen des Erfüllungsausfalls können dabei – wiederum vollständig oder teilweise – **auch in Kombination** auftreten; denkbare Schwierigkeiten bei der rechtlichen Einordnung des Erfüllungsverhaltens sind daher rein akademischer Natur.

---

[2] Vgl. Köhler/Bornkamm/Feddersen/Scherer VDuG § 39 Rn. 1.

Ist die geschuldete Erfüllung **nicht auf Zahlung** gerichtet, sondern auf eine andere vertretbare Handlung (wie zB Reparatur oder Ersatzleistung[3]) oder auf eine nicht vertretbare Handlung, setzt die Zulässigkeit der Individualklage auch ein fruchtloses Durchlaufen des Zwangsmittelverfahrens nach § 29 VDuG voraus bzw. dessen ausbleibendes Betreiben durch den Sachwalter. 9

Da das Unterbleiben einer Erfüllungshandlung im Unterschied zu der gemäß 10 § 28 Abs. 1 in Textform zu erklärenden Erfüllungsablehnung von vornherein nicht in der Außenwelt hervortritt, trifft das Gesetz mit § 39 Hs. 2 eine negative Zulässigkeitsvoraussetzung. Hinsichtlich der den Verbraucher hierfür treffenden **Darlegungs- und Beweislast** gelten die allgemeinen Grundsätze für den Beweis negativer Tatsachen. Für ein etwaiges Bestreiten des Unternehmers bleibt angesichts der dem Sachwalter für den Schlussbericht in § 34 Abs. 2 Nr. 3 vorgegebenen Angaben freilich kaum Raum. Für den – wohl eher theoretischen – Fall einer unterbleibenden Ablehnungsmitteilung gilt Entsprechendes.

III. Entbehrlichkeit

Einen Erfüllungsausfall – ob in Gestalt einer (teilweise) ablehnenden Entschei- 11 dung oder einer (teilweise) unterbleibenden Erfüllungsleistung – braucht der Verbraucher nicht abzuwarten, wenn feststeht, dass er die im Abhilfegrundurteil gemäß § 16 Abs. 2 S. 1 Nr. 2 genannten **Berechtigungsnachweise im Umsetzungsverfahren nicht zu erbringen** vermag (insbesondere infolge eines Beweismittelverlustes).[4] Entbehrlich ist ein Erfüllungsausfall der einen wie der anderen Art zudem, wenn die **Beendigung des Umsetzungsverfahrens** – ob zu Recht oder zu Unrecht – gem. § 36 festgestellt wurde.[5] Eine Individualklage können Verbraucher zudem erheben, wenn das Umsetzungsverfahren eingestellt worden ist[6] oder der Unternehmer nicht einen im Eröffnungsbeschluss nach § 24 Nr. 2 festgesetzten kollektiven Gesamtbetrag iSv § 19 zahlt.[7]

D. Vorrang des Widerspruchsverfahrens (Hs. 3)

Nach dem Wortlaut der Vorschrift ist die fehlende Möglichkeit eines vorherigen 12 Widerspruchsverfahrens Voraussetzung dafür, dass der Verbraucher seinen Anspruch im Wege der Individualklage geltend machen kann, und betrifft damit die **Zulässigkeit** der Individualklage.[8]

§ 39 Hs. 3 erklärt Individualklagen für unzulässig, wenn – aber auch nur soweit – 13 der Verbraucher seinen Anspruch im Widerspruchsverfahren hätte geltend machen können. Auf diese Weise wird die **hypothetische Widerspruchsmöglichkeit** zur negativen Zulässigkeitsvoraussetzung im Individualprozess, für die – als dem Unternehmer günstiger Umstand – dieser die Darlegungs- und Beweislast trägt. Erst recht ist die Individualklage unzulässig, solange dem Verbraucher noch die **tatsächliche**

---

[3] Vgl. BT-Drs. 20/6520, 90 und Art. 9 Abs. 1 Verbandsklagen-RL.
[4] So auch Zöller/Vollkommer VDuG § 39 Rn. 3; HK-VDuG/Röthemeyer VDuG § 39 Rn. 6.
[5] Vgl. BT-Drs. 20/6520, 97; Zöller/Vollkommer VDuG § 39 Rn. 3.
[6] BT-Drs. 20/6520, 97.
[7] Anders/Gehle/Schmidt VDuG § 3 Rn. 2.
[8] So auch Zöller/Vollkommer VDuG § 39 Rn. 3; missverständlich HK-VDuG/Röthemeyer VDuG § 39 Rn. 6; offen Anders/Gehle/Schmidt VDuG § 3 Rn. 3.

Möglichkeit des Widerspruchsverfahrens nach § 28 eröffnet ist. Zulässigkeitsrelevanter Bestandteil des Widerspruchsverfahrens ist in beiden Fällen über die Entscheidung des Sachwalters betreffend den Widerspruch gemäß § 28 Abs. 3 hinaus auch das gerichtliche Entscheidungsverfahren nach § 28 Abs. 4. Hieraus folgt ein faktischer, prozessökonomisch sinnvoller Zwang für den wirksam angemeldeten Verbraucher, an dem Umsetzungsverfahren auch teilzunehmen.[9]

E. Individualklage

14 Steht dem Verbraucher nach den vorstehenden Voraussetzungen die Individualklage offen, folgt sie den **allgemeinen Vorschriften,** was in prozessualer Hinsicht vor allem zum **Gerichtsstand des Verbrauchers nach § 29c ZPO** führt. Ein gemäß § 11 Abs. 1 ausgesetztes Verfahren ist zu diesem Zweck aufzunehmen.

15 In materieller Hinsicht ist vor allem zu beachten, dass die **Verjährung** gegen Unternehmer gerichteter Verbraucheransprüche durch die Erhebung der Verbandsklage gemäß § 204a Abs. 1 S. 1 Nr. 3 und 4 BGB gehemmt wird, und dass die Hemmung nicht nur gemäß § 204 Abs. 2 Satz 1 BGB sechs Monate nach der rechtskräftigen Entscheidung oder anderweitigen Beendigung des eingeleiteten Verfahrens endet, sondern gemäß § 204a Abs. 3 Satz 2 BGB auch sechs Monate nach dem Zeitpunkt, zu dem der Verbraucher nicht mehr an der Klage teilnimmt, insbesondere durch die Rücknahme der Anmeldung zum Verbandsklageregister (vgl. § 46 Abs. 4 S. 1).

16 Die Individualklage ist nicht mehr Teil des Abhilfe- oder Umsetzungsverfahrens,[10] allerdings ist das **Gericht des Individualprozesses an dessen Ausgang gebunden.** Das gilt zum einen – in stattgebender wie abweisender Hinsicht – für die Urteilsformel des **Abhilfegrundurteils** (§ 16 Abs. 2) gem. § 11 Abs. 3. Gebunden ist das Gericht des Individualprozesses aber auch an die gerichtliche **Widerspruchsentscheidung** nach § 28 Abs. 4. Daher wird der Verbraucher mit dem Vorbringen, der Sachwalter habe die Erfüllung seines Anspruchs zu Unrecht gemäß § 27 Nr. 11 abgelehnt, im Individualprozess nicht mehr gehört.[11]

§ 40 Herausgabeanspruch des Unternehmers

(1) **Der Unternehmer kann Einwendungen, die den vom Verbraucher im Verbandsklageverfahren geltend gemachten Anspruch selbst betreffen, im Wege der Klage geltend machen, soweit er die Gründe, auf denen sie beruhen, vor dem Prozessgericht des Abhilfeverfahrens oder im Widerspruchsverfahren nach § 28 nicht hätte geltend machen können.**

(2) [1]**Der Herausgabeanspruch des Unternehmers gegen den Verbraucher bestimmt sich nach den Vorschriften des Bürgerlichen Gesetzbuchs über die Herausgabe der ungerechtfertigten Bereicherung.** [2]**§ 818 Absatz 3 des Bürgerlichen Gesetzbuchs ist nicht anzuwenden.** [3]**Der Anspruch erlischt, wenn er nicht binnen neun Monaten nach Leistung an den Verbraucher diesem gegenüber schriftlich geltend gemacht wird.**

---

[9] Heerma ZZP 136 (2023), 425 (455).

[10] BT-Drs. 20/6520, 97.

[11] Vgl. BT-Drs. 20/7631, 112; Zöller/Vollkommer VDuG § 39 Rn. 4.

Literatur: Bruns, Dogmatische Grundfragen der Verbandsklage auf Abhilfeleistung in Geld, ZZP 137 (2024), 3; Heerma, Das geplante Verbraucherrechtedurchsetzungsgesetz, ZZP 136 (2023), 425.

A. Überblick und Normzweck

1 Die Vorschrift beinhaltet ein **auf den Unternehmer zugeschnittenes Pendant** zu der dem Verbraucher in § 39 eröffneten Möglichkeit der Individualklage. Angelehnt an § 767 ZPO eröffnet sie dem Unternehmer **Verteidigungsmöglichkeiten,** die ihm im vorausgegangenen Abhilfe- bzw. Widerspruchsverfahren abgeschnitten waren. Darüber hinaus bestimmt sie für den Erfolgsfall des Unternehmers zugleich, wie dieser etwaig zuvor erbrachte **Erfüllungsleistungen herausverlangen** kann, die der Sachwalter im Abhilfeverfahren gegenüber dem Verbraucher erbracht hat.

B. Umsetzung der Richtlinie

2 Die Regelung ist **unionsrechtlich nicht determiniert.**

C. Einwendungen des Unternehmers (Abs. 1)

3 Soweit § 40 Abs. 1 von Einwendungen spricht, die den vom Verbraucher im Verbandsklageverfahren geltend gemachten Anspruch selbst betreffen, zielt dies nicht anders als in § 767 ZPO auf – rechtshindernde, rechtsvernichtende und rechtshemmende[1] – **materielle Einwendungen** gegen den im Verbandsklageverfahren gemäß § 16 Abs. 2 titulierten Anspruch ab.

4 Um das Kollektivverfahren nicht zu konterkarieren, sind die Einwendungen des Unternehmers auf solche begrenzt, die dieser **weder im Abhilfeverfahren noch im Widerspruchsverfahren** nach § 28 hätte geltend machen können. Dieser spezifische Zusammenhang zwischen Kollektiv- und Individualverfahren erklärt zugleich, weshalb § 40 Abs. 1 anders als § 767 Abs. 2 ZPO keine (rein) zeitliche Schranke zieht, aber auch, weshalb der Unternehmer auf materiell-rechtliche Einwendungen beschränkt ist, die den einzelnen konkreten Verbraucheranspruch betreffen.[2] Zugleich ist – schon deshalb – eine auf das Vorliegen der jeweiligen Einwendung bezogene **Kenntnis des Unternehmers irrelevant,** ohne dass es insoweit auf einen Rückgriff auf den Meinungsstand zu § 767 Abs. 2 ZPO ankäme.[3]

5 Nach welchen Prämissen die **Einordnung als kollektive oder individuelle Einwendung** zu erfolgen hat, wird für die betroffenen Sachverhalte präzise herauszuarbeiten sein. Handelt es sich etwa um Verbrauchergeschäfte, die strukturell vor allem junge Verbraucher betreffen, erscheint es naheliegend, den vom Gesetzgeber als Beispiel einer Einwendung genannten Fall der fehlenden (vollen) Geschäftsfähigkeit[4] nicht als Individualeinwand zu begreifen, sondern bereits bei den Berech-

---

[1] BT-Drs. 20/6520, 97.
[2] Vgl. BT-Drs. 20/6520, 97.
[3] So aber wohl HK-VDuG/Röthemeyer VDuG § 40 Rn. 4.
[4] Vgl. BT-Drs. 20/6520, 97.

tigungsmerkmalen nach § 16 Abs. 2 S. 1 Nr. 1 zu berücksichtigen. Für die rechtshemmende Einrede der Verjährung[5] können sich vergleichbare Fragen stellen.

D. Herausgabeanspruch des Unternehmers (Abs. 2)

6 Sind die Einwendungen des Unternehmers erfolgreich, unterwirft § 40 Abs. 2 das Verhältnis zwischen Sachwalter und Verbraucher den Regelungen des gesetzlichen Schuldverhältnisses der **ungerechtfertigten Bereicherung,** ohne eine eigenständige materiell-rechtliche Regelung zu treffen. Insofern enthält § 40 eine – freilich von den Präklusionsvorgaben nach § 40 Abs. 1 modifizierte – Rechtsgrundverweisung.

7 Nach § 40 Abs. 2 S. 1 VDuG iVm § 812 Abs. 1 S. 1 Alt. 1 BGB hat die Herausgabe durch **Rückgabe des Erlangten in Natur** zu erfolgen. Ist dies wegen der Beschaffenheit des Erlangten (etwa im Fall einer Reparatur) nicht möglich oder ist der Verbraucher aus einem anderen Grunde zur Herausgabe außerstande, schuldet er gemäß § 818 Abs. 2 BGB **Wertersatz.**

8 Für die praktisch besonders bedeutsame Frage des Anspruchsumfangs verschärft die unionsrechtlich nicht entsprechend begrenzte Regelung die bereicherungsrechtliche Wertersatzhaftung zulasten des Verbrauchers, indem durch § 40 Abs. 2 S. 2 die Erhebung des **Entreicherungseinwands gemäß § 818 Abs. 3 BGB ausgeschlossen** ist. Für den Gesetzgeber war maßgeblich, dass Verbraucher wegen der Möglichkeit des Unternehmers, Einwendungen nach § 40 Abs. 1 zu erheben, nicht darauf vertrauen können, dass sie das im Umsetzungsverfahren Erlangte behalten dürfen.[6]

9 Andererseits verschärft die Vorschrift aber auch die Rechtsverfolgung des Unternehmers, indem sie in § 40 Abs. 2 S. 3 das **Erlöschen des Herausgabeanspruchs** bereits dann anordnet, wenn er nicht binnen neun Monaten nach Leistung an den Verbraucher diesem gegenüber schriftlich geltend gemacht wird. Als Leistung wird dabei jede zur Erfüllung der titulierten Verbindlichkeit erbrachte Zuwendung anzusehen sein, unabhängig davon, ob sie durch den Sachwalter oder den Unternehmer selbst erfolgt.[7] Auf die **Verjährung** des rechtzeitig geltend gemachten Anspruchs ist § 40 Abs. 2 S. 3 hingegen nicht anzuwenden. Insoweit verbleibt es bei den allgemeinen Regelungen.[8]

10 In prozessualer Hinsicht unterliegt die Herausgabeklage – insbesondere ihre sachliche und örtliche Zuständigkeit – den allgemeinen Regeln.[9] Auch für die Individualklage des Unternehmers gilt freilich, dass das angerufene Gericht an die Urteilsformel des **Abhilfegrundurteils** (§ 16 Abs. 2) gemäß § 11 Abs. 3 ebenso wie an die gerichtliche **Widerspruchsentscheidung** nach § 28 Abs. 4 gebunden ist.[10]

---

5 Hierzu HK-VDuG/Röthemeyer VDuG § 40 Rn. 2.
6 Vgl. BT-Drs. 20/6520, 98; kritisch Anders/Gehle/Schmidt VDuG § 40 Rn. 3.
7 So auch Zöller/Vollkommer VDuG § 40 Rn. 6.
8 So auch Zöller/Vollkommer VDuG § 40 Rn. 7.
9 BT-Drs. 20/6520, 98.
10 Vgl. BT-Drs. 20/6520, 97; Zöller/Vollkommer VDuG § 40 Rn. 4.

Abschnitt 3 Musterfeststellungsklagen

§ 41 Musterfeststellungsklage

(1) **Mit der Musterfeststellungsklage begehrt die klageberechtigte Stelle die Feststellung des Vorliegens oder Nichtvorliegens von tatsächlichen und rechtlichen Voraussetzungen für das Bestehen oder Nichtbestehen von Ansprüchen oder Rechtsverhältnissen (Feststellungsziele) zwischen Verbrauchern und einem Unternehmer.**

(2) **Der Zulässigkeit einer Musterfeststellungsklage steht nicht entgegen, dass die klageberechtigte Stelle Abhilfeklage erheben könnte.**

Literatur: Balke/Liebscher/Steinbrück, Der Gesetzentwurf zur Einführung einer Musterfeststellungsklage – ein zivilprozessualer Irrweg, ZIP 2018, 1321; Beckmann/Waßmuth, Die Musterfeststellungsklage – Teil I, WM 2019, 45; Janal, Die Umsetzung der Verbandsklagenrichtlinie, GRUR 2023, 985; Tiffe, Unwirksamkeit der Zinsanpassungsregelungen für Sparverträge „S-Prämiensparen flexibel", VuR 2020, 306; Lerch/Valdini, Herausforderungen an den Zivilprozess bei Massenverfahren, NJW 2023, 420; Röthemeyer, Zweieinhalb Jahre Musterfeststellungsklage – eine Zwischenbilanz im Spiegel der Rechtsprechung, BKR 2021, 191; Waclawik, Die Musterfeststellungsklage, NJW 2018, 2921; Waßmuth/Asmus; Der Diskussionsentwurf des BMJV zur Einführung einer Musterfeststellungsklage, ZIP 2018, 657.

A. Überblick und Normzweck

Abs. 1 regelt die **Musterfeststellungsklage.** Die Norm entspricht **§ 606 Abs. 1 S. 1 ZPO aF** und führt das Rechtsinstrument der Musterfeststellungsklage weiter.[1] Durch die Überführung in das VDuG steht das Rechtsinstitut nun auch gesetzestechnisch in systematischem Zusammenhang mit der neu geschaffenen Abhilfeklage nach § 1 Abs. 1 Nr. 1. 1

Die Musterfeststellungsklage hat für Verbraucher oder kleine Unternehmen nach § 1 Abs. 2 eine **vorbereitende Funktion** im Rahmen der Rechtsdurchsetzung. Durch die Musterfeststellungsklage können Feststellungen über das Vorliegen oder Nichtvorliegen der tatsächlichen und rechtlichen Voraussetzungen für das Bestehen oder Nichtbestehen von Ansprüchen oder Rechtsverhältnissen zwischen Verbrauchern und einem Unternehmer eingeklagt werden, die nach § 11 Abs. 3 bindende Wirkung entfalten. Auf dieser Grundlage können Verbraucher anschließend eine individuelle Klage auf Leistung durchsetzen oder versuchen, eine außergerichtliche Einigung mit dem Unternehmer zu erzielen. Das Bündeln der Ansprüche erleichtert die Prozessführung und erlaubt es den Verbrauchern, ihr Prozessrisiko zu verringern.[2] 2

Abs. 2 regelt das **Konkurrenzverhältnis** der Musterfeststellungsklage zur Abhilfeklage und stellt klar, dass beide Arten der Verbandsklage nebeneinander zulässig sind (zur Klagehäufung → § 13 Rn. 30). Hierdurch haben klageberechtigte Stellen 3

---

[1] BT-Drs. 20/6520, 98.

[2] Zöller/Vollkommer VDuG § 41 Rn. 2.

ein Wahlrecht und können je nach Einzelfall entweder eine Abhilfeklage und/oder eine Musterfeststellungsklage erheben.[3]

B. Umsetzung der Richtlinie

4 § 41 hat **kein direktes Vorbild** in der Verbandsklagen-RL (vgl. aber ErwG 12 S. 1, wonach die Verbandsklagen-RL nicht die Regelung jedes Aspekts, insbesondere keine Vollharmonisierung anstrebt). Die Möglichkeit der Mitgliedstaaten, über die Regelungen der Verbandsklagen-RL hinaus Vorschriften für Feststellungsklagen zu erlassen, ergibt sich aus ErwG 11 S. 3. Die Gesetzesbegründung der Bundesregierung nennt daher bei § 41 keinen zugrundeliegenden Artikel oder Erwägungsgrund.[4]

C. Musterfeststellungsklage (Abs. 1)

5 Abs. 1 regelt die Musterfeststellungsklage und enthält eine Legaldefinition der zulässigen Feststellungsziele, welche die klageberechtigten Stellen geltend machen können.

I. Klageberechtigung

6 Die Musterfeststellungsklage kann von **qualifizierten Verbraucherverbänden** gem. § 2 Abs. 1 Nr. 1 erhoben werden. Daneben sind qualifizierte Einrichtungen **aus anderen Mitgliedstaaten** gem. § 2 Abs. 1 Nr. 2 klageberechtigt.

II. Feststellungsziele

7 Die Musterfeststellungsklage ist dem Namen nach nur auf Feststellungen gerichtet und grenzt sich dadurch von der Abhilfeklage ab, welche die Klage auf Leistung darstellt. **Feststellungsziele** sind nach der Legaldefinition in Abs. 1 die Feststellung des Vorliegens oder Nichtvorliegens von tatsächlichen und rechtlichen Voraussetzungen für das Bestehen oder Nichtbestehen von Ansprüchen oder Rechtsverhältnissen. Ein zulässiges Feststellungsziel muss danach für Ansprüche der Verbraucher oder für Rechtsverhältnisse vorgreiflich sein.[5] Der Kreis der davon erfassten zulässigen Feststellungsziele ist durch **extensive Auslegung** zu bestimmen.[6]

8 Feststellungsziele können auch **einzelne Elemente oder Vorfragen** von Ansprüchen oder Rechtsverhältnissen sein, wie die Anwendbarkeit von Zurechnungsnormen, die Mangelhaftigkeit eines Vertragsgegenstandes oder die Anforderungen an die Schadensberechnung.[7] Damit ist die Musterfeststellungsklage weiter gefasst als die allgemeine Feststellungsklage nach **§ 256 ZPO,** die bloße Elemente eines Rechtsverhältnisses nicht erfasst.[8] Die Feststellungsziele der Musterfeststellungs-

---

[3] BT-Drs. 20/6520, 98.

[4] Vgl. BT-Drs. 20/6520, 98.

[5] BGH BeckRS 2021, 30589 Rn. 31 zur Musterfeststellungsklage aF.

[6] HK-VDuG/Röthemeyer VDuG § 42 Rn. 4.

[7] Köhler/Bornkamm/Feddersen/Scherer VDuG § 41 Rn. 6; HK-VDuG/Röthemeyer VDuG § 42 Rn. 4.

[8] Vgl. Musielak/Voit/Foerste ZPO § 256 Rn. 2; Köhler/Bornkamm/Feddersen/Scherer VDuG § 41 Rn. 8.

klage gehen in Teilen auch weiter als die des **KapMuG,** welche nach § 2 Abs. 1 S. 1 KapMuG nur „die Feststellung des Vorliegens oder Nichtvorliegens anspruchsbegründender und anspruchsausschließender Voraussetzungen" erlaubt, ohne auf Rechtsverhältnisse Bezug zu nehmen.[9] Im Gegenzug ermöglicht § 2 Abs. 1 S. 1 KapMuG allerdings auch „die Klärung von Rechtsfragen" und damit eine abstrakte Auslegung von Rechtsnormen, während die Musterfeststellungsklage auf die konkrete Rechtsanwendung auf den Streitgegenstand begrenzt ist.[10]

Zukünftige Ansprüche oder Rechtsverhältnisse sind von der Legaldefinition der Feststellungsziele in § 41 Abs. 1 nicht erfasst. Dies entspricht auch dem Sinn und Zweck der Musterfeststellungsklage, die eine ressourcenschonende Beilegung von bereits wiederholt aufgetretenen Rechtsstreitigkeiten ermöglichen soll, was durch die Einbeziehung zukünftiger Konstellationen unterlaufen würde.[11] **9**

Das Feststellungsziel entspricht dem **Streitgegenstand** und definiert die Entscheidungskompetenz des Mustergerichts.[12] In der Praxis ist zu berücksichtigen, dass die Festlegung des Feststellungsziels weit genug sein muss, damit kein Teil der betroffenen Verbraucher ausgeschlossen wird. Die beantragten Feststellungen dürfen jedoch auch nicht ausufern, da ansonsten die Frage der individuellen Betroffenheit von Verbrauchern in den nachfolgenden Individualprozess verlagert wird, was dem eigentlichen Sinn der Musterfeststellungsklage widerspricht.[13] **10**

Zu beachten ist, dass der **maximale Streitwert** der Musterfeststellungsklage aufgrund der kostenrechtlichen Sonderregelung in § 48 Abs. 1 S. 2 GKG auf EUR 250.000 gedeckelt ist. Hierdurch sollen die klageberechtigten Stellen angelehnt an ErwG 70 S. 1 Verbandsklagen-RL vor einem unbegrenzten Kostenrisiko geschützt werden.[14] **11**

III. Sonstige Voraussetzungen

1. Antragsbefugnis. Die Bestimmung der Feststellungsziele steht gem. § 41 Abs. 1 S. 1 zunächst den **klageberechtigten Stellen** zu, die den Klageantrag formulieren und die Klage einreichen. **12**

Daneben steht es aber auch dem **Unternehmer** auf Beklagtenseite frei, sofern erforderlich, auf den Klageantrag zu reagieren und eigene Feststellungsziele im Wege der Widerklage in das Verfahren einzubringen.[15] Dies gebietet bereits der Grundsatz der **prozessualen Waffengleichheit.**[16] Ist beispielsweise der Feststellungsantrag der Klägerseite zu eng gewählt, muss es der Beklagtenseite zustehen, **13**

---

[9] Anders/Gehle/Schmidt VDuG § 41 Rn. 1.

[10] Zöller/Vollkommer VDuG § 41 Rn. 3; aA zur Musterfeststellungsklage aF OLG Dresden BeckRS 2020, 6640; Tiffe VuR 2020, 306 (306 f.).

[11] BGH NJW 2020, 341 zur Musterfeststellungsklage aF; Köhler/Bornkamm/Feddersen/Scherer VDuG § 41 Rn. 5.

[12] Anders/Gehle/Schmidt VDuG § 41 Rn. 2; Köhler/Bornkamm/Feddersen/Scherer VDuG § 41 Rn. 6.

[13] Köhler/Bornkamm/Feddersen/Scherer VDuG § 41 Rn. 7.

[14] BeckOK KostR/Toussaint GKG § 48 Rn. 30b; Janal GRUR 2023, 985 (990).

[15] So zur Musterfeststellungsklage aF Saenger/Rathmann ZPO § 606 Rn. 11; Zöller/Vollkommer, 34. Aufl. 2022, § 606 Rn. 6; Nordholtz/Mekat, Musterfeststellungsklage, 2019, § 8 Rn. 55; Balke/Liebscher/Steinbrück ZIP 2018, 1321 (1328); Waclawik NJW 2018, 2921 (2926), aA HK-VDuG/Röthemeyer VDuG § 42 Rn. 4 mwN.

[16] Waßmuth/Asmus ZIP 2018, 657 (663 f.) zur Musterfeststellungsklage aF; Welling, Was kann die Verbandsklage vom KapMuG lernen?, 2024, S. 292.

ergänzende Feststellungsbegehren einzubringen.[17] Andernfalls würde auch der **Zweck der Verbandsklage** unterlaufen, da die Beklagtenseite darauf verwiesen wäre, ihr Begehren in den folgenden oder sogar parallelen Individualverfahren zu erheben. Diese Auslegung steht weiter in Einklang mit dem **Wortlaut von § 41 Abs. 1,** welcher durch die Negativformulierung „Nichtbestehen" von Ansprüchen und „Nichtvorliegen" von Voraussetzungen auf die typischen Begehren der Beklagtenseite zugeschnitten ist.[18] Auch in systematischer Hinsicht ist zu berücksichtigen, dass sich die Musterfeststellungsklage am **Vorbild des KapMuG** orientiert, welches in § 15 KapMuG eine beiderseitige Bestimmung der Feststellungsziele vorsieht. Das behauptete Risiko einer drohenden Prozessverschleppung ist in diesem Kontext hinzunehmen und überschaubar, da den Feststellungszielen der Beklagtenseite die gleiche Breitenwirkung und Konnexität zum Rechtsstreit zukommen muss, wie es auch für die Klägerseite gilt (→ Rn. 16). Die Annahme, dies schaffe Raum für Missbrauch, indem die Beklagtenseite bei Zulassung der Anmeldung ausländischer Verbraucher Feststellungsanträge in Bezug auf ausländisches Sachrecht stellen könnte, ist ebenfalls verfehlt. Entscheidet sich die Klägerseite bewusst für einen extensiven Klageantrag mit dem Ziel grenzüberschreitender Geltung für ausländische Verbraucher – in Kenntnis der damit einhergehenden möglichen Verzögerungen (→ § 8 Rn. 24f.) –, steht ihr **kein Einwand des Rechtsmissbrauchs** zu, sofern die Beklagtenseite auf ihr Begehren eingeht und verbundene Feststellungsbegehren mit Breitenwirkung einbringt.

14 **2. Feststellungsinteresse.** An das Feststellungsinteresse sind **keine allzu strengen Anforderungen** zu stellen. Die allgemeine zivilprozessuale Erwägung, wonach das Feststellungsinteresse bei Möglichkeit der Leistungsklage entfalle, greift angesichts des in Abs. 2 verankerten Wahlrechts und der daraus resultierenden Klagekonkurrenz nicht durch (→ Rn. 18). Dass ein hinreichendes Feststellungsinteresse besteht, wird bereits dadurch sichergestellt, dass klageberechtigte Stellen gem. **§ 4 Abs. 1 S. 1 Nr. 2** nachvollziehbar darlegen müssen, dass von den Feststellungszielen die Ansprüche oder Rechtsverhältnisse von mindestens 50 Verbrauchern abhängen können (→ § 4 Rn. 9). Durch dieses Verbraucherquorum wird ein Mindestmaß an Breitenwirkung gewährleistet, welches den Anforderungen an das Vorliegen eines Feststellungsinteresses genügt.[19] Im Vergleich zur alten Rechtslage nach § 606 Abs. 2 S. 1 Nr. 2, Abs. 3 Nr. 2, Nr. 3 ZPO wurden die Anforderungen an das Verbraucherquorum erheblich gesenkt, da nicht mehr länger eine Mindestzahl an Eintragungen oder eine Glaubhaftmachung erforderlich sind.[20]

IV. Einbeziehung individueller Streitfragen

15 Bei der Frage, inwieweit konkrete Modalitäten, die nicht alle Verbraucher betreffen, in die Prüfung der Feststellungsziele einbezogen werden können, ist folgendes zu berücksichtigen:

16 **Ausgeschlossen** sind solche Feststellungsziele, die sich auf das **individuelle Rechtsverhältnis** eines einzelnen Verbrauchers zum Unternehmer beschränken.[21]

---

[17] In diese Richtung auch Waclawik NJW 2018, 2921 (2926) zur Musterfeststellungsklage aF.

[18] Waßmuth/Asmus ZIP 2018, 657 (663f.) zur Musterfeststellungsklage aF; Balke/Liebscher/Steinbrück ZIP 2018, 1321 (1328) zur Musterfeststellungsklage aF.

[19] Köhler/Bornkamm/Feddersen/Scherer VDuG § 41 Rn. 8.

[20] Köhler/Bornkamm/Feddersen/Scherer VDuG § 41 Rn. 9.

[21] Zöller/Vollkommer VDuG § 41 Rn. 5.

Die Musterfeststellungsklage dient der Bündelung von Verbraucherinteressen in einer Mehrzahl von Fällen und nicht der Klärung von Vorfragen für die Durchsetzung eines einzelnen Rechts, weshalb dem Feststellungsziel im Einzelfall kollektive Bedeutung zukommen muss.

Aufgrund der Beschränkung hinsichtlich individueller Einwände, kann die Haftung eines Unternehmers gegenüber einem Verbraucher oder kleinen Unternehmer im Musterfeststellungsverfahren nicht **„dem Grund nach"** festgestellt werden.[22] Die Feststellung, dass ein Anspruch „dem Grunde nach" besteht, erfordert die vollständige Erledigung und Bejahung aller Fragen zum Anspruchsgrund,[23] einschließlich individueller Einwände wie Verjährung und Verwirkung. Dafür spricht auch der Wortlaut des § 41, wonach nur einzelne Voraussetzungen eines Anspruchs feststellungsfähig sind.[24] Hierfür spricht weiter, dass auch im Kapitalanlegermusterverfahren als Vorbild der Musterfeststellungsklage ein Anspruch als solcher kein zulässiges Feststellungsziel sein kann.[25] **17**

D. Keine Subsidiarität (Abs. 2)

Abs. 2 regelt das **Konkurrenzverhältnis der Verbandsklagen** untereinander und bestimmt, dass die Musterfeststellungsklage neben der Abhilfeklage zulässig ist. Im allgemeinen Zivilprozess sind Feststellungsklagen regelmäßig aus prozessökonomischen Gründen subsidiär, da die unmittelbare Einforderung der Leistung oftmals einen einfacheren Weg der Zielerreichung darstellt und es damit am berechtigten Feststellungsinteresse des Klägers fehlt. Dieser Grundsatz lässt sich allerdings nicht unmittelbar auf das Verbandsklageverfahren übertragen. Klageberechtigte Stellen können trotz möglicher Klage auf Leistung ein berechtigtes Interesse an verbindlichen Feststellungen haben (→ Einleitung Rn. 12). Im Einzelfall kann die Abhilfeklage etwa den Klägern ein zu hohes Kostenrisiko aufbürden oder aber auch das nachfolgende Umsetzungsverfahren ungeeignet erscheinen.[26] Abhilfeklagen auf Leistung erscheinen daher nicht immer angemessen. Den klageberechtigten Stellen muss daher ein **Wahlrecht** offenstehen, welches ihnen erlaubt, im Interesse der Verbraucher die für den Einzelfall geeignetere Klage zu erheben. **18**

E. Sonstiges

Die Befugnis der Beklagtenseite, eigene Feststellungsziele in das Verfahren einzubringen (→ Rn. 13), sollte durch ein künftiges Änderungsgesetz explizit in das VDuG aufgenommen und diese Befugnis näher geregelt werden. Hierfür erscheint eine Orientierung am KapMuG als Vorbild der Musterfeststellungsklage sachgerecht.[27] **19**

---

[22] BeckOK ZPO/Lutz, 50. Ed., ZPO § 606 Rn. 17; aA Zöller/Vollkommer VDuG § 41 Rn. 3; mit Einschränkungen Röthemeyer BKR 2021, 191 (193f.) zur Musterfeststellungsklage aF.

[23] BeckOK ZPO/Elzer ZPO § 304 Rn. 13.

[24] Wassmuth/Asmus ZIP 2018, 657 (658) zur Musterfeststellungsklage aF.

[25] So zur Musterfeststellungsklage aF BGH BeckRS 2021, 30589 Rn. 31 unter Verweis auf BGHZ 177, 88 Rn. 24; Beckmann/Waßmuth WM 2019, 45 (48); BeckOK ZPO/Lutz, 50. Ed., ZPO § 606 Rn. 17.

[26] BT-Drs. 20/6520, 98.

[27] Balke/Liebscher/Steinbrück ZIP 2018, 1321 (1328) zur Musterfeststellungsklage aF.

§ 42 Revision

[1]Gegen Musterfeststellungsurteile findet die Revision statt. [2]Diese bedarf keiner Zulassung.

Literatur: Giesberts, Verbandsklagen für Kollektivinteressen – Die EU-Richtlinie und der Entwurf des deutschen Umsetzungsgesetzes, ZfPC 2023, 7; Röthemeyer, Musterfeststellungsklage – Anforderungen an qualifizierte Einrichtung, NJW 2023, 1816; Toussaint, Anfechtung des Musterfeststellungsurteils nach dem neuen § 614 ZPO, FD-ZVR 2018, 408457.

A. Überblick und Normzweck

1 Gegenstand der Norm ist die Regelung der **Revision als zulässiges Rechtsmittel** gegen ein Musterfeststellungsurteil (S. 1). Die Norm entspricht ihrem Regelungsinhalt nach **§ 614 S. 1 ZPO aF.**[1] Weiter wird durch die Norm klargestellt, dass die Revision keiner gesonderten Zulassung durch das OLG bedarf (S. 2). § 42 entspricht § 16 Abs. 5 und § 18 Abs. 4, welche ebenfalls die Möglichkeit einer Revision ohne Zulassungserfordernis vorsehen.

B. Umsetzung der Richtlinie

2 § 42 hat **kein direktes Vorbild** in der Verbandsklagen-RL (vgl. aber ErwG 12 S. 1, wonach die Verbandsklagen-RL nicht die Regelung jedes Aspekts, insbesondere keine Vollharmonisierung, anstrebt). Die Möglichkeit der Mitgliedstaaten, über die Regelungen der Verbandsklagen-RL hinaus Vorschriften für Musterfeststellungsklagen zu erlassen, ergibt sich aus ErwG 11 S. 3 Verbandsklagen-RL. Die Gesetzesbegründung der Bundesregierung nennt daher bei § 42 keinen zugrundeliegenden Artikel oder Erwägungsgrund.[2]

C. Revision (S. 1)

3 S. 1 regelt das einschlägige Rechtsmittelverfahren der Revision vor dem **BGH** gegen Musterfeststellungsurteile. Eine Berufung ist nicht vorgesehen. Demnach gibt es im Musterfeststellungsverfahren **nur eine Tatsacheninstanz** vor dem gem. § 3 Abs. 1 sachlich ausschließlich zuständigen OLG.

I. Musterfeststellungsurteile

4 Musterfeststellungsurteile sind alle im Musterfeststellungsverfahren ergehenden Urteile, einschließlich Klageabweisungen sowie Teil- und Zwischenurteile, die in erster Instanz vom OLG erlassen werden.[3]

---

[1] BT-Drs. 20/6520, 98.
[2] Vgl. BT-Drs. 20/6520, 98.
[3] HK-VDuG/Röthemeyer VDuG § 42 Rn. 3.

II. Sonstige Entscheidungen

Musterfeststellungsurteile sind von den sonstigen Entscheidungen des OLG abzugrenzen, auf die § 42 keine Anwendung findet. Sonstige Entscheidungen sind etwa **Beschlüsse nach §§ 6, 9, 23, 29, 30, 32, 36.** Für diese Entscheidungen enthält das VDuG keine ausdrückliche Regelung hinsichtlich des hiergegen einschlägigen Rechtsmittelverfahrens, sodass über **§ 13 Abs. 1 S. 1** die Vorschriften der ZPO anzuwenden sind. Einschlägiges Rechtsmittel gegen sonstige Entscheidungen ist danach die **Rechtsbeschwerde nach § 574 ZPO** (→ § 13 Rn. 38 und bspw. → § 29 Rn. 30, → § 30 Rn. 38).[4] 5

III. Revision

Für Musterfeststellungsurteile ist gem. § 42 S. 1 kraft Gesetzes die Revision zum BGH statthaft. So werden auch Fälle mit geringerem Streitwert durch Zusammenfassung im Musterfeststellungsverfahren aufgrund ihrer Breitenwirkung automatisch einer höchstrichterlichen Prüfung unterzogen.[5] 6

D. Fehlendes Zulassungserfordernis (S. 2)

Nach S. 2 bedarf die Revision gegen ein Musterfeststellungsurteil **keiner Zulassung** durch das OLG. Eine Prüfung der Zulassungsgründe nach § 543 Abs. 2 ZPO ist demnach nicht erforderlich. Hierdurch wurde die **höchstrichterliche Rechtsprechung zu § 614 ZPO aF** im Gesetz verankert, wonach eine Revision im Falle eines Musterfeststellungsurteils stets auch ohne Zulassung des OLG statthaft sein sollte.[6] Hintergrund ist, dass der Musterfeststellungsklage wegen ihrer Breitenwirkung stets grundsätzliche Bedeutung iSv § 543 Abs. 2 S. 1 Nr. 1 ZPO zukommt, weshalb es bloße Förmelei wäre, auf eine gesonderte gerichtliche Zulassungsprüfung zu bestehen.[7] Entsprechend gibt es auch keine Nichtzulassungsbeschwerde nach § 544 ZPO im Musterfeststellungsverfahren. 7

Für die **Rechtsbeschwerde nach § 13 Abs. 1 S. 1 VDuG iVm § 574 ZPO** gegen sonstige Entscheidungen des OLG ist dagegen kein vergleichbarer Ausschluss vom Zulassungserfordernis im VDuG geregelt. Mangels gesonderter Regelung bleibt für die Rechtsbeschwerde das **allgemeine Zulassungserfordernis** nach § 574 Abs. 1 S. 1 Nr. 2 ZPO bestehen (→ § 13 Rn. 38).[8] Demnach ist die Rechtsbeschwerde nur statthaft, sofern der sonstigen Entscheidung entweder grundsätzliche Bedeutung zukommt oder sie der Rechtsfortbildung oder Rechtsvereinheitlichung dient, § 574 Abs. 2 Nr. 1 und 2 ZPO (dazu bspw. → § 29 Rn. 30, → § 30 Rn. 41). Zugunsten einer **Vermutung der grundsätzlichen Bedeutung** kann das gesetzgeberische Ziel angeführt werden, Musterfeststellungs- und Abhilfeverfahren der höchstrichterlichen Prüfung zuzuführen,[9] ohne dass hierdurch jedoch bereits automatisch in jedem Fall die grundsätzliche Bedeutung zu bejahen wäre. 8

---

[4] BT-Drs. 20/6520, 73, 74, 85, 90, 91, 92, 95.
[5] Giesberts ZfPC 2023, 7 (8).
[6] BGH NJW 2023, 1816 mAnm Röthemeyer zur Musterfeststellungsklage aF.
[7] BT-Drs. 20/6520, 98.
[8] HK-VDuG/Röthemeyer VDuG § 42 Rn. 4.
[9] HK-VDuG/Röthemeyer VDuG § 42 Rn. 4.

E. Sonstiges

9 Durch den Ausschluss des Zulassungserfordernisses in § 42 S. 2 wurden die **Rechtsunsicherheiten behoben,** welche nach alter Rechtslage nach **§ 614 S. 2 ZPO aF** bestanden. § 614 S. 2 ZPO aF sah eine Zulassungsrevision unter Vermutung der grundsätzlichen Bedeutung nach § 543 Abs. 2 S. 1 Nr. 1 ZPO vor, führte allerdings zu Unsicherheiten, sofern das OLG die Revision nicht zuließ und im Rahmen der Nichtzulassungsbeschwerde nach § 544 ZPO der Wert der Beschwer unter EUR 20.000 lag.[10] Der BGH korrigierte dieses Problem durch eine entsprechende Auslegung von § 614 ZPO aF und stellte fest, dass die **Revision** gegen ein Musterfeststellungsurteil keiner gesonderten Zulassung des OLG bedürfe, sondern bereits **kraft Gesetzes nach § 614 ZPO aF zugelassen** sei.[11] Diese höchstrichterliche Rechtsprechung zur alten Rechtslage wurde im VDuG durch § 42 S. 2 angemessen umgesetzt.[12]

---

10 Toussaint FD-ZVR 2018, 408457 zur Musterfeststellungsklage aF.

11 BGH NJW 2023, 1816 mAnm Röthemeyer zur Musterfeststellungsklage aF.

12 HK-VDuG/Röthemeyer VDuG § 42 Rn. 2.

Abschnitt 4 Verbandsklageregister

§ 43 Verbandsklageregister

(1) [1]**Das Bundesamt für Justiz führt ein Register für Verbandsklagen (Verbandsklageregister).** [2]**Das Verbandsklageregister kann elektronisch betrieben werden.**

(2) [1]**Öffentliche Bekanntmachungen und Eintragungen sind unverzüglich vorzunehmen.** [2]**Die öffentliche Bekanntmachung von Terminen muss spätestens zwei Wochen vor dem jeweiligen Terminstag erfolgen.**

(3) **Die im Verbandsklageregister erfassten öffentlichen Bekanntmachungen und Eintragungen sind bis zum Schluss des zehnten Jahres nach der rechtskräftigen Entscheidung oder anderweitigen Beendigung des jeweiligen Verbandsklageverfahrens aufzubewahren und sodann zu löschen.**

Literatur: Schläfke/Lühmann, Kollektiver Rechtsschutz nach der Umsetzung der EU-Verbandsklagen-RL, NJW 2023, 3385.

Übersicht

A. Überblick und Normzweck

1 § 43 ist die **einleitende Vorschrift** in Abschnitt 4 des VDuG betreffend das Verbandsklageregister. Die nachfolgenden Vorschriften dieses Abschnitts betreffen die Bekanntmachung von Angaben zu Verbandsklagen (§ 44), die Veranlassung von Bekanntmachungen durch das Gericht (§ 45), die Anmeldung von Ansprüchen bzw. Rücknahme der Anmeldung (§ 46), Formvorschriften (§ 47), Einsichtnahme- und Auskunftsrechte (§ 48) sowie eine Verordnungsermächtigung (§ 49). Flankiert werden diese Bestimmungen durch die auf § 49 zurückzuführende, vom Bundesministerium der Justiz erlassene Verbandsklageregisterverordnung (VKRegV).[1] Sie fußt im Wesentlichen auf der früheren Musterfeststellungsklagenregisterverordnung (MFKRegV).[2]

2 In der Sache wird das bislang für Musterfeststellungsverfahren bestehende Klageregister als **Verbandsklageregister** fortgeführt. Insofern greift die Vorschrift den Rechtsgedanken des § 609 Abs. 1 ZPO aF auf.[3] Das damalige Klageregister begrün-

[1] Köhler/Bornkamm/Feddersen/Scherer VDuG § 43 Rn. 3.
[2] Vgl. Köhler/Bornkamm/Feddersen/Scherer VDuG § 43 Rn. 4.
[3] BT-Drs. 20/6520, 98.

dete der Gesetzgeber damit, dass potentiell betroffene Verbraucher über die Rechtshängigkeit der Musterfeststellungsklage informiert werden und ihnen zugleich ermöglicht wird, ihre Ansprüche oder Rechtsverhältnisse anzumelden.[4] Dies dürfte für das Verbandsklageregister ebenso gelten.

3 Allerdings wird die Brauchbarkeit des Verbandsklageregisters im Schrifttum – und hinsichtlich des Vorgängerregisters zur Musterfeststellungsklage auch innerhalb der Politik[5] – **infrage gestellt.**[6] Kritikern zufolge verbleibe die Verantwortung für eine ausreichende Kommunikation letztlich bei den klageberechtigten Stellen.[7] Abgesehen davon seien die öffentlichen Bekanntmachungen zumeist so verfasst, dass ein Laie sie ohnehin nicht verstehen könne.[8] Diese Kritik ist nicht völlig von der Hand zu weisen. Allerdings dürfte das Zusammenspiel aus klageberechtigten Stellen sowie deren Prozessbevollmächtigten, Medieninformationen und eigener Recherche der Verbraucher letztlich dazu führen, dass ein hinreichender Informationsfluss entsteht. Auch die Verbandsklageverfahren stellen einen Zivilprozess dar (vgl. § 13), für den ein **gewisses Maß an Eigenverantwortung** der Verfahrensbeteiligten im weiteren Sinne[9] auch im Falle eines Verbandsklageverfahrens charakteristisch ist.

4 Zugleich stand insofern die Infrastruktur für eine **„einfach zugängliche Plattform für Verbraucher“**[10] in der Form des Verbandsklageregisters schon vor Inkrafttreten des VDuG bereit und musste nur noch entsprechend angepasst werden. Gegenüber dem früheren Klageregister umfasst das Verbandsklageregister etwa neben der Musterfeststellungsklage zusätzlich die Abhilfeklage. Aufgrund dessen wurde das Register entsprechend erweitert.

B. Umsetzung der Richtlinie

5 Die Vorschrift setzt **Art. 9 Abs. 2 und Abs. 3 Verbandsklagen-RL** um.[11] Gemäß Art. 9 Abs. 2 Verbandsklagen-RL legen „Mitgliedstaaten […] Vorschriften dazu fest, auf welche Weise und in welchem Stadium einer Verbandsklage auf Abhilfeentscheidungen die einzelnen von einer Verbandsklage betroffenen Verbrau-

---

[4] BT-Drs. 19/2439, 17.

[5] Vgl. die Anfrage der Bundestagsfraktion „Die Linke“, BT-Drs. 19/4891, 4, wo nach „wissenschaftlichen, empirischen oder sonstig validen Erkenntnisse[n]“ gefragt wird, aufgrund derer die Bundesregierung von einer rechtzeitigen Information der Verbraucher ausgeht.

[6] Welling, Was kann die Verbandsklage vom KapMuG lernen?, 2024, S. 189.

[7] Welling, Was kann die Verbandsklage vom KapMuG lernen?, 2024, S. 189; zu früheren Musterfeststellungsverfahren Augenhofer, Stellungnahme zum Entwurf eines Gesetzes zur Einführung einer zivilprozessualen Musterfeststellungsklage (BT-Drucksache 19/2439 und 19/2507) sowie zum Entwurf eines Gesetzes zur Einführung von Gruppenverfahren (BT-Drucksache 19/243), 2018, 6f., die zudem darauf hinweist, dass Rechtsdienstleistungsunternehmen Erfolg hatten, weil sie den Verbrauchern leicht handhabbare Online-Portale zur Verfügung stellten.

[8] Welling, Was kann die Verbandsklage vom KapMuG lernen?, 2024, S. 205f.

[9] Vgl. zum Prinzip der Parteifreiheit und Parteiverantwortung im Zivilprozess Stein/Jonas/Kern ZPO Vorb. § 128 Rn. 161.

[10] So zum früheren Klageregister zu Musterfeststellungsverfahren Augenhofer, Stellungnahme zum Entwurf eines Gesetzes zur Einführung einer zivilprozessualen Musterfeststellungsklage (BT-Drucksache 19/2439 und 19/2507) sowie zum Entwurf eines Gesetzes zur Einführung von Gruppenverfahren (BT-Drucksache 19/243), 2018, 6.

[11] BT-Drs. 20/6520, 98.

cher nach Erhebung der Verbandsklage innerhalb einer angemessenen Frist ausdrücklich oder stillschweigend ihren Willen äußern können, ob sie durch die qualifizierte Einrichtung im Rahmen der Verbandsklage auf Abhilfeentscheidungen repräsentiert werden wollen und an das Ergebnis der Verbandsklage gebunden sein wollen". Gemäß Art. 9 Abs. 3 Verbandsklagen-RL „stellen die Mitgliedstaaten [ungeachtet des Abs. 2] sicher, dass einzelne Verbraucher, die ihren gewöhnlichen Aufenthaltsort nicht in dem Mitgliedstaat des Gerichts oder der Verwaltungsbehörde haben, vor dem beziehungsweise vor der eine Verbandsklage erhoben worden ist, ihren Willen, bei der Klage repräsentiert zu sein, ausdrücklich äußern müssen, damit diese Verbraucher an das Ergebnis des Verbandsklageverfahrens gebunden sind".

Der deutsche Gesetzgeber versteht dies so, dass Verbraucher nach Erhebung 6 einer **Abhilfeklage ihren Willen äußern können müssen,** durch die qualifizierte Einrichtung im Abhilfeverfahren repräsentiert zu werden, was durch Anmeldung zum Verbandsklageregister (§ 46) gewährleistet wird. Dieses Verbandsklageregister soll Verbrauchern mit Sitz im Inland wie auch in anderen EU-Mitgliedstaaten zur Verfügung stehen.[12] Der Gesetzgeber hat sich insofern für das **„Opt-in"-Modell** entschieden (→ § 46 Rn. 3ff.). Die Vorschrift blieb während des Gesetzgebungsverfahrens im Übrigen **weitgehend konstant.** Anders als der Referentenentwurf[13] erfasst der Wortlaut des heutigen § 43 Abs. 3 neben der „rechtskräftigen Entscheidung" auch die „anderweitige Beendigung" des jeweiligen Verbandsklageverfahrens.[14]

C. Verbandsklageregister (Abs. 1)

§ 43 Abs. 1 stellt die **Grundvorschrift zum Verbandsklageregister** dar. § 43 7 Abs. 1 S. 1 beinhaltet die Legaldefinition des Verbandsklageregisters als ein vom Bundesamt für Justiz geführtes Register für Verbandsklagen. Gemäß § 43 Abs. 1 S. 2 kann dieses Verbandsklageregister **elektronisch** betrieben werden. Das Verbandsklageregister ist im Internet einsehbar.[15] § 4 KapMuG stellt eine Parallelvorschrift dar. Für das Register zur KapMuG ist ebenfalls das Bundesamt für Justiz zuständig.[16]

Die lediglich **optionale** elektronische Führung des Verbandsklageregisters (vgl. 8 § 43 Abs. 1 S. 2 „kann") ist auf die Ausgangslage bei der Schaffung der Vorbildnorm § 609 ZPO aF zurückzuführen. Weshalb die elektronische Führung heutzutage und in Anbetracht der bestehenden Infrastruktur nicht zwingend ist, lässt sich **nicht ergründen.** Ursprünglich war hierfür der damals besonders präsente „Dieselskandal" verantwortlich. Dieser löste Zeitdruck aus, weswegen das Klageregister zunächst manuell geführt werden sollte. Allerdings war es dem Bundesamt für Justiz gelungen, bereits mit Inkrafttreten der Vorschriften zur Musterfeststellungsklage ein elektronisches Klageregister bereitzustellen. Unmittelbar nach Inkrafttreten der Vorschriften zur Musterfeststellungsklage wurde das Register trotzdem manuell geführt. Eine vollständige elektronische Registerführung war erst für die Zukunft an-

---

12 BT-Drs. 20/6520, 98.

13 VRUG-RefE, 22.

14 BT-Drs. 20/6520, 24 und 98f.

15 Die Internetadresse lautet https://www.bundesjustizamt.de/DE/Themen/Verbraucherrechte/VerbandsklageregisterMusterfeststellungsklagenregister/Verbandsklagenregister/Verbandsklagen/Verbandsklagen_node.html.

16 HK-VDuG/Röthemeyer VDuG § 43 Rn. 2.

gedacht. Die anfängliche manuelle Führung selbst verlief jedoch auch nicht immer reibungslos.[17]

D. Öffentliche Bekanntmachungen und Eintragungen (Abs. 2)

9 § 43 Abs. 2 betrifft **öffentliche Bekanntmachungen und Eintragungen.** Die Vorschrift ist mit § 44 und § 46 verzahnt. Zuständig für die öffentlichen Bekanntmachungen und Eintragungen ist das Bundesamt für Justiz als registerführende Stelle, vgl. § 43 Abs. 1 S. 1.

I. Unverzügliche Vornahme öffentlicher Bekanntmachungen und Eintragungen (Abs. 2 S. 1)

10 Gemäß § 43 Abs. 2 S. 1 sind öffentliche Bekanntmachungen und Eintragungen **unverzüglich** vorzunehmen. § 44 beinhaltet einen Katalog derjenigen Angaben zu Verbandsklagen, die öffentlich bekanntzumachen sind. Diese Angaben sind unabhängig von der Zulässigkeit bzw. Unzulässigkeit der Verbandsklage öffentlich bekanntzumachen.[18] § 46 Abs. 3 bestimmt hingegen, dass die Angaben der wirksamen Anmeldung von Ansprüchen (vgl. § 46 Abs. 2) ohne inhaltliche Prüfung in das Verbandsklageregister eingetragen werden.

11 Der Gesetzgeber verwendet bezüglich der zeitlichen Vorgaben zur Vornahme der öffentlichen Bekanntmachungen und Eintragungen den Begriff „unverzüglich", also entsprechend § 121 Abs. 1 S. 1 BGB **ohne schuldhaftes Zögern.**[19] Deshalb ist regelmäßig erforderlich, dass noch am Tag des Eingangs der Informationen oder spätestens am darauffolgenden Werktag jene Informationen öffentlich bekanntgemacht bzw. eingetragen werden.[20] Eine frühzeitige Vornahme ist insbesondere zu Beginn des Verbandsklageverfahrens wichtig, damit **zügig Klarheit** über den genauen Gegenstand und die sonstigen Angaben der rechtshängigen Verbandsklage herrscht.[21] Die Verletzung dieser Pflichten ist allerdings im Rahmen des VDuG **sanktionslos** (siehe aber sogleich → Rn. 12). In der Regel haben die Verbraucher auch bei kleineren Verzögerungen noch ausreichend Zeit, ihre Ansprüche bzw. Rechtsverhältnisse anzumelden, Anmeldungen zurückzunehmen oder aus einem Vergleich auszutreten.[22]

12 Denkbar sind aber Ansprüche **nach § 839 BGB iVm Art. 34 GG,** wenn infolge einer Verzögerung Schäden entstehen.[23] In derartigen Fällen sind allerdings Diskussionen darüber zu erwarten, ob die Registerführung eine **drittbezogene Amtspflicht**[24] darstellt oder das Register im **öffentlichen Interesse** und damit

---

[17] Siehe die Schilderung bei HK-VDuG/Röthemeyer VDuG § 43 Rn. 2.

[18] Schläfke/Lühmann NJW 2023, 3385 (3386).

[19] BT-Drs. 20/6520, 98.

[20] HK-VDuG/Röthemeyer VDuG § 43 Rn. 4; zur früheren Rechtslage auch Musielak/Voit/Stadler ZPO § 609 Rn. 2: „angesichts der kurzen Fristen für Anmeldung und Rücknahme der Anmeldung unerlässlich".

[21] Vgl. zur früheren Rechtslage MüKoZPO/Menges ZPO § 609 Rn. 5.

[22] Vgl. Zöller/Vollkommer VDuG § 43 Rn. 3.

[23] So Anders/Gehle/Schmidt VDuG § 43 Rn. 2.

[24] Zu diesem Begriff ausführlich MüKoBGB/Papier/Shirvani BGB § 839 Rn. 295 ff.

für die Allgemeinheit geführt wird. Letzteres würde bedeuten, dass individuelle Ansprüche auf Schadensersatz wegen Amtspflichtverletzung ausscheiden.[25] Die Gesetzesbegründung ließe sich allerdings so verstehen, dass das Verbandsklageregister tatsächlich den individuellen Verbraucher schützt.[26] Eindeutig ist dies aber nicht.

II. Öffentliche Bekanntmachung von Terminen (Abs. 2 S. 2)

§ 43 Abs. 2 S. 2 betrifft die öffentliche Bekanntmachung von Terminen, die spätestens zwei Wochen vor dem jeweiligen Terminstag erfolgen muss. Durch die Frist von zwei Wochen soll gewährleistet werden, Verbraucher mit **ausreichend zeitlichem Vorlauf** zu informieren.[27] Diesbezüglich hat der Gesetzgeber gegenüber § 607 Abs. 3 S. 2 ZPO aF nachgebessert, dessen Frist an die Ladungsfrist des § 217 ZPO angelehnt war und lediglich eine Woche betrug. Diese Verlängerung ist zu **begrüßen.** Für die Verbraucher entsteht ein gewisser Vorbereitungsaufwand, wenn sie selbst am Termin teilnehmen oder sich insofern durch einen Rechtsanwalt vertreten lassen.[28] Eine Frist von zwei Wochen dürfte hier Abhilfe schaffen, ohne das Verfahren im Übrigen nennenswert zu verzögern. 13

Damit das Bundesamt für Justiz seine dahingehenden Pflichten erfüllen kann, muss ihm das zuständige Gericht gemäß § 45 unverzüglich **veröffentlichungsfähige Fassungen** der im Verbandsklageregister öffentlich bekannt zu machenden Angaben (§ 44 Nr. 1 bis 6 und 9 bis 18), insbesondere der Terminsbestimmungen, Hinweise, Zwischenentscheidungen, Beschlüsse und Urteile, übermitteln. 14

E. Aufbewahrung und Löschung erfasster öffentlicher Bekanntmachungen und Eintragungen (Abs. 3)

Gemäß § 43 Abs. 3 sind die im Verbandsklageregister erfassten öffentlichen Bekanntmachungen und Eintragungen bis zum Schluss des zehnten Jahres nach der rechtskräftigen Entscheidung oder anderweitigen Beendigung des jeweiligen Verbandsklageverfahrens **aufzubewahren** und sodann zu **löschen.** Die Vorschrift orientiert sich an § 609 Abs. 2 S. 2 ZPO aF. Gegenüber dieser Vorschrift ist die Frist jedoch von bisher drei auf zehn Jahre verlängert. Hierdurch wird eine etwaige Verfahrensbeendigung des Verbandsklageverfahrens aufgrund einer **Rücknahme** oder eines **Vergleichs** berücksichtigt. Die angemeldeten Verbraucher sollen auch in diesen Fällen ausreichend lange Zeit haben, Einsicht in öffentliche Bekanntmachungen und die sie betreffenden Eintragungen im Verbandsklageregister zu nehmen, damit sie ihre Ansprüche gegebenenfalls selbst gerichtlich geltend machen können.[29] 15

---

[25] So liegt der Fall aufgrund des § 4 Abs. 4 FinDAG, soweit Bürger Ansprüche gegen die BaFin verfolgen, siehe OLG Frankfurt a. M. BeckRS 2023, 2762 Rn. 26.

[26] Siehe BT-Drs. 20/6520, 99 zu § 44: „Ziel der Bekanntmachung ist es in erster Linie, die betroffenen Verbraucherinnen und Verbraucher über die Rechtshängigkeit einer Verbandsklage zu informieren und ihnen so zu ermöglichen, von dem Verfahren durch die Anmeldung eigener Ansprüche oder Rechtsverhältnisse zu profitieren."

[27] BT-Drs. 20/6520, 98.

[28] HK-VDuG/Röthemeyer VDuG § 43 Rn. 5, der zudem meint, dass die Prozessbevollmächtigten des Verbandsklageverfahrens selbst diesen Vorbereitungsaufwand nicht betreiben müssen.

[29] BT-Drs. 20/6520, 98 f.

16 Im Falle einer Musterfeststellungsklage kann ferner ein **schriftlicher Auszug über die Angaben eines angemeldeten Verbrauchers** aus dem Klageregister (vgl. § 48 Abs. 3) dazu dienen, die Bindungswirkung aus § 11 Abs. 3 zu belegen.[30] Ein entsprechender Auszug sollte demnach auch für eine ausreichend lange Zeit verfügbar sein. Die frühere Frist aus § 609 Abs. 2 S. 2 ZPO aF korrespondierte zwar mit der regelmäßigen Verjährungsfrist aus §§ 195, 199 Abs. 1 BGB.[31] Im Schrifttum wurde aber kritisiert, dass sie einen ausreichenden Zeitraum der Einsichtnahme zwecks eigener Rechtsverfolgung nicht immer gewährleisten konnte.[32]

17 Anders als die Vorgängervorschrift § 609 Abs. 2 S. 2 ZPO aF beinhaltet § 43 Abs. 3 nicht nur eine Aufbewahrungspflicht, sondern ausdrücklich auch eine anschließende **Löschungspflicht.** Eine entsprechende Löschungspflicht wurde – wohl um dem Datenschutz Rechnung zu tragen[33] – auch in § 609 Abs. 2 S. 2 ZPO aF hineingelesen.[34] Der Wortlaut adressierte jedoch nur eine Aufbewahrungspflicht.[35] § 43 Abs. 3 schafft hier Klarheit und schreibt dem Bundesamt für Justiz vor, die Angaben entsprechend zum Schluss des zehnten Jahres nach der rechtskräftigen Entscheidung oder anderweitigen Beendigung des jeweiligen Verbandsklageverfahrens zu löschen. Dadurch ist gewährleistet, dass **datenschutzrelevante Angaben** der Unternehmer (zB zu deren Geschäftsmodell, das im Rahmen des § 44 Nr. 6 thematisiert werden kann) nicht unbegrenzt öffentlich einsehbar sind.

§ 44 Bekanntmachung von Angaben zu Verbandsklagen

Die folgenden Angaben zu einer rechtshängigen Verbandsklage sind im Verbandsklageregister öffentlich bekannt zu machen:

1. **Bezeichnung der Parteien,**
2. **Bezeichnung des Gerichts und des Aktenzeichens,**
3. **Art der Verbandsklage,**
4. **Zeitpunkt der Anhängigkeit und der Rechtshängigkeit,**
5. **Abhilfeantrag des Klägers, einschließlich der Merkmale, nach denen sich die Gleichartigkeit der von Verbrauchern geltend gemachten Ansprüche bestimmt, oder die Feststellungsziele,**
6. **kurze Darstellung des vom Kläger vorgetragenen Lebenssachverhalts,**
7. **Zeitpunkt der Bekanntmachung im Verbandsklageregister,**
8. **Befugnis der Verbraucher, Ansprüche oder Rechtsverhältnisse, die mit der Abhilfe- oder Musterfeststellungsklage geltend gemacht werden, zur Eintragung in das Verbandsklageregister anzumelden, Form, Frist und Wirkung der Anmeldung sowie ihrer Rücknahme,**
9. **Terminsbestimmungen, Hinweise und Zwischenentscheidungen des Gerichts,**

---

[30] BT-Drs. 19/2439, 26.

[31] BT-Drs. 19/2439, 26.

[32] HK-VDuG/Röthemeyer VDuG § 43 Rn. 6; zur früheren Musterfeststellungsklage HK-MFK/Röthemeyer ZPO § 609 Rn. 7.

[33] Jedenfalls Musielak/Voit/Stadler ZPO § 609 Rn. 1 sah § 609 Abs. 2 S. 2 ZPO aF als Vorschrift im Zusammenhang mit dem Datenschutz, ohne selbst auf eine etwaige Löschungspflicht einzugehen.

[34] So etwa HK-ZPO/Rathmann ZPO § 609 Rn. 2.

[35] Siehe auch HK-MFK/Röthemeyer ZPO § 609 Rn. 7.

10. gerichtlich genehmigte Vergleiche, Befugnis der angemeldeten Verbraucher zum Austritt aus dem Vergleich, Form, Frist und Wirkung des Austritts,
11. Urteile im Verbandsklageverfahren,
12. Einlegung eines Rechtsmittels,
13. Eintritt der Rechtskraft,
14. Beschluss über die Bestellung eines Sachwalters, Beschluss, durch den die Ablehnung eines Sachwalters für begründet erklärt wird, sowie Beschluss über die Entlassung eines Sachwalters,
15. Beschluss über die Eröffnung eines Umsetzungsverfahrens,
16. Beschluss über die Feststellung der Beendigung des Umsetzungsverfahrens,
17. sonstige Beendigung des Verbandsklageverfahrens,
18. die Eröffnung des Insolvenzverfahrens über das Vermögen des Unternehmers,
19. Verpflichtung des Bundesamts für Justiz, einem angemeldeten Verbraucher auf dessen Verlangen einen Auszug über die Angaben zu überlassen, die im Verbandsklageregister zu ihm und seiner Anmeldung erfasst sind.

Literatur: Gsell, Die Umsetzung der Verbandsklagenrichtlinie – Effektiver Rechtsschutz für Verbraucher und Entlastung der Justiz durch die neue Verbands-Abhilfeklage?, GRUR 2024, 979.

Übersicht

A. Überblick und Normzweck

1 § 44 betrifft die **Bekanntmachung von Angaben zu Verbandsklagen.** Systematisch steht die Vorschrift in Abschnitt 4 des VDuG, betreffend das Verbandsklageregister. Durch sie wird klargestellt, welche Angaben in das Verbandsklageregister iSd § 43 Abs. 1 aufgenommen werden müssen.[1] Damit die Angaben überhaupt bekannt gemacht werden können, muss das zuständige Gericht diese gegebenenfalls gemäß § 45 an das Bundesamt für Justiz übermitteln. Zudem ergibt sich erst aus § 46, welcher Verbraucher Ansprüche oder Rechtsverhältnisse angemeldet oder diese Anmeldung zurückgenommen hat.[2] Im Übrigen ist § 44 angelehnt an § 607 Abs. 1 ZPO aF. Entsprechend wird kritisiert, dass Schwächen der Vorgängerregelung mit § 44 **fortgeschrieben werden.** So mangele es weiterhin an einer Möglichkeit zur dialogbasierten digitalen Kommunikation.[3] Ob und unter welchen Gesichtspunkten eine solche Kommunikation erforderlich sein soll, **ist unklar.** Schließlich besteht die Möglichkeit der Kommunikation zwischen den Parteien und dem zuständigen Gericht – wie auch in sonstigen Zivilprozessen – über das Verbandsklageregister hinaus. Ein interaktives Verbandsklageregister, an dem sich womöglich auch Verbraucher kommunikativ beteiligen können, wäre möglicherweise der Übersichtlichkeit des Verbandsklageregisters **abträglich.**

2 Die Bekanntmachung verfolgt nach gesetzgeberischer Vorstellung mehrere Ziele. So sollen die Bekanntmachungen die betroffenen Verbraucher über die Rechtshängigkeit einer Verbandsklage **informieren** und ihnen so ermöglichen, von dem Verfahren durch die Anmeldung eigener Ansprüche oder Rechtsverhältnisse zu **profitieren.** Die im Verbandsklageregister öffentlich bekanntgemachten Informationen sollen zudem eine **niedrigschwellige Informationsquelle**[4] sein, da sie für jeden Verbraucher einsehbar und allen Betroffenen einfach zugänglich sind. Ferner sollen die Bekanntmachungen auch die Gerichte entlasten. Durch die Bekanntmachung im Verbandsklageregister entfällt die Zustellung beispielsweise

[1] Vgl. BT-Drs. 20/6520, 99: „Die im Verbandsklageregister bekannt zu machenden Angaben beschränken sich auf die aufgeführten Angaben."

[2] Köhler/Bornkamm/Feddersen/Scherer VDuG § 44 Rn 1.

[3] Zöller/Vollkommer VDuG § 44 Rn. 5.

[4] Kritisch hierzu HK-VDuG/Röthemeyer VDuG § 44 Rn. 2, da der Verbraucher überhaupt erst auf die Idee kommen müsse, im Verbandsklageregister nachzusehen. Dies trifft zu. Allerdings begegnet ein gewisses Maß an Eigeninitiative und Recherche der Verbraucher in einem Masseverfahren keinen besonderen Bedenken. Zudem geht der Gesetzgeber davon aus, dass die qualifizierten Einrichtungen auch über Verbandsklagen informieren, siehe zu den früheren Musterfeststellungsklagen die Antwort der Bundesregierung auf die Kleine Anfrage der Fraktion Bündnis 90/Die Grünen, BT-Drs. 19/2710, 5 (zu Nr. 12).

von Terminsbestimmungen, gerichtlichen Entscheidungen oder auch eines von den Parteien geschlossenen Vergleichs an alle im Verbandsklageregister angemeldeten Verbraucher.[5] Hierin liegt nach gesetzgeberischer Vorstellung in Masseverfahren eine **enorme Zeit- und Kostenersparnis.**[6] Die öffentliche Bekanntmachung ist eine Form der öffentlichen Zustellung, die fristauslösend wirken kann (siehe etwa § 10 Abs. 1 S. 2).[7]

B. Umsetzung der Richtlinie

In der Gesetzesbegründung zu § 44 wird **kein Bezug** zu Vorgaben aus der Verbandsklagen-RL hergestellt. Dennoch dürfte die Vorschrift der Umsetzung des **Art. 14 Abs. 1 Verbandsklagen-RL** dienen.[8] Danach können die Mitgliedstaaten nationale elektronische Datenbanken einrichten, die über Websites öffentlich zugänglich sind und die Informationen über qualifizierte Einrichtungen, die vorab für die Erhebung innerstaatlicher und grenzüberschreitender Verbandsklagen benannt wurden sowie allgemeine Informationen über laufende und abgeschlossene Verbandsklagen enthalten. Damit verzahnt ist auch Art. 13 Abs. 2 Verbandsklagen-RL, wonach die Mitgliedstaaten Vorschriften erlassen, mit denen sichergestellt wird, dass den von einer laufenden Verbandsklage auf Abhilfeentscheidungen betroffenen Verbrauchern rechtzeitig und durch geeignete Mittel Informationen über die Verbandsklage gegeben werden, sodass die Verbraucher die Möglichkeit haben, ausdrücklich oder stillschweigend ihren Willen zu äußern, in dieser Verbandsklage gemäß Art. 9 Abs. 2 Verbandsklagen-RL repräsentiert werden zu wollen. 3

Seine finale Fassung fand § 44 erst durch die Beschlussempfehlung des Rechtsausschusses des Bundestags. Zunächst beinhaltete der Katalog der Vorschrift nur 16 Nummern. Infolge der Beschlussempfehlung **wuchs die Anzahl auf 19 Nummern.** Neu hinzu kamen die heutigen Nummern 3, 4 und 14.[9] Auf den Hintergrund dieser **Erweiterungen** wird unter → Rn. 10, → Rn. 11 und → Rn. 21 eingegangen. 4

C. Bekanntmachungen von Angaben zu Verbandsklagen

I. Überblick

Die öffentliche Bekanntmachung der Angaben gemäß § 44 ist vom Bundesamt für Justiz als **registerführende Stelle** (vgl. § 43 Abs. 1 S. 1) vorzunehmen. Zu veranlassen hat jedoch das zuständige Gericht einen Teil der Bekanntmachungen, indem es die notwendigen Informationen gemäß § 45 der registerführenden Stelle zur Verfügung stellt. Dies hat das Gericht unabhängig davon zu veranlassen, ob es die Verbandsklage für zulässig hält oder nicht. Wirksam im Verbandsklageregister angemeldete Verbraucher profitieren somit **in jedem Fall** von der verjährungshemmenden Wirkung (§ 204a BGB) der Verbandsklage.[10] 5

---

[5] BT-Drs. 20/6520, 99.
[6] BT-Drs. 20/6520, 99.
[7] Zöller/Vollkommer VDuG § 44 Rn 1.
[8] So wohl auch Köhler/Bornkamm/Feddersen/Scherer VDuG § 44 Rn. 2.
[9] BT-Drs. 20/7631, 36f.
[10] BT-Drs. 20/6520, 99.

6 Die Pflicht zur Veranlassung der öffentlichen Bekanntmachung ungeprüfter Verbandsklagen ist ein **fragwürdiges** gesetzgeberisches Ansinnen. Die öffentliche Bekanntmachung von Angaben zu unzulässigen Verbandsklagen birgt für beklagte Unternehmer das Risiko **empfindlicher Reputationsschäden,** weswegen die Zulässigkeit der Verbandsklage jedenfalls summarisch bzw. auf Schlüssigkeit geprüft werden sollte (ausführlich → § 45 Rn. 6 ff.).

II. Angaben im Einzelnen

7 § 44 Nr. 1 bis 19 beinhaltet die Angaben, die zu einer rechtshängigen Verbandsklage bekannt zu machen sind. Hierbei handelt es sich um eine **abschließende Auflistung** der verbindlichen Angaben.[11] Sie entsprechen weitgehend § 607 ZPO aF. **Ein Novum** sind jedoch beispielsweise Angaben betreffend das Umsetzungsverfahren. Ein solches fand im Zusammenhang mit der Musterfeststellungsklage nicht statt. Innerhalb des VDuG folgt es auf eine Abhilfeklage (vgl. § 22 Abs. 1). Insgesamt orientiert sich die Auswahl der zwingenden Angaben am **Informationsinteresse der Verbraucher.**[12] Die Informationsbedürfnisse der Verbraucher können gegenwärtig allerdings nicht durchweg befriedigt werden. Wird eine Abhilfeklage zugunsten **namentlich benannter Verbraucher** (vgl. § 16 Abs. 1 S. 2) erhoben, können die Verbraucher etwa nicht erkennen, ob sie auch ihrem Willen entsprechend tatsächlich in der Klageschrift namentlich benannt wurden. Hintergrund ist, dass die Veröffentlichung der Klageschrift im Katalog des § 44 **nicht enthalten ist** (→ Einleitung Rn. 19). Sofern das zuständige Gericht die Klageschrift nach § 45 übermittelt, müssen Namen der Verbraucher sogar **geschwärzt** werden (→ § 45 Rn. 14).

8 **1. Bezeichnung der Parteien (§ 44 Nr. 1).** Zu einer rechtshängigen Verbandsklage ist die **Bezeichnung der Parteien** gemäß § 44 Nr. 1 im Verbandsklageregister öffentlich bekannt zu machen. Dies informiert die Verbraucher darüber, von wem und gegen wen das Verbandsklageverfahren geführt wird.[13] Dadurch kann der Verbraucher einschätzen, ob er der klageberechtigten Stelle eine **erfolgreiche Prozessführung zutraut.** Zudem erlangt der Verbraucher Kenntnis davon, wer als Prozessbevollmächtigter der klageberechtigten Stelle auftritt. Diese Information wird ebenfalls öffentlich bekanntgegeben.[14] Anhand dieser Information kann der Verbraucher sich ein Bild davon machen, inwieweit der Prozessbevollmächtigte bzw. die Prozessbevollmächtigten auf derartige Verfahren **spezialisiert** sind und ob deren Größe vermuten lässt, dass **ausreichende Ressourcen** vorhanden sind, um einen umfassenden Verbandsklageprozess zu betreuen.

---

[11] Vgl. BT-Drs. 20/6520, 99.

[12] HK-VDuG/Röthemeyer VDuG § 44 Rn. 4.

[13] BT-Drs. 20/6520, 99.

[14] Siehe zuletzt die öffentliche Bekanntmachung zur Abhilfeklage und Musterfeststellungsklage des Bundesverbands der Verbraucherzentralen und Verbraucherverbände – Verbraucherzentrale Bundesverband e.V. gegen die Vodafone GmbH, Vodafone Deutschland GmbH und die Vodafone West GmbH vor dem OLG Hamm, I-12 VKl 1/23, abrufbar unter https://www.bundesjustizamt.de/DE/Themen/Verbraucherrechte/Verbandsklageregister/Musterfeststellungsklagenregister/Verbandsklagenregister/Verbandsklagen/Klagen/202403/VRUG_3_2024_node.html.

2. Bezeichnung des Gerichts und des Aktenzeichens (§ 44 Nr. 2). Zu einer rechtshängigen Verbandsklage **ist die Bezeichnung des Gerichts und des Aktenzeichens** gemäß § 44 Nr. 2 im Verbandsklageregister öffentlich bekannt zu machen. Dies informiert die Verbraucher darüber, vor welchem Gericht das Verbandsklageverfahren geführt wird. In Kombination mit der Bekanntmachung des Aktenzeichens wird ermöglicht, dass die Verbraucher ihre Ansprüche oder sie betreffenden Rechtsverhältnisse zu dem sie betreffenden Rechtsstreit klar zugeordnet anmelden können.[15] 9

3. Art der Verbandsklage (§ 44 Nr. 3). Zu einer rechtshängigen Verbandsklage ist die **Art der Verbandsklage** gemäß § 44 Nr. 3 im Verbandsklageregister öffentlich bekannt zu machen. Diese Ziffer wurde erst aufgrund einer entsprechenden Beschlussempfehlung des Rechtsausschusses des Bundestags ergänzt. Die Angabe soll der **Übersichtlichkeit** des Verbandsklageregisters dienen.[16] Für den Verbraucher wird hierdurch zudem ersichtlich, ob der Unternehmer sogleich auf **Leistung** (Abhilfeklage) oder „nur" auf **Feststellung** (Musterfeststellungsklage) **verklagt wurde.** 10

4. Zeitpunkt der Anhängigkeit und der Rechtshängigkeit (§ 44 Nr. 4). Zu einer rechtshängigen Verbandsklage ist der **Zeitpunkt der Anhängigkeit und der Rechtshängigkeit der Verbandsklage** gemäß § 44 Nr. 4 im Verbandsklageregister öffentlich bekannt zu machen. Wie auch § 44 Nr. 3 geht dies auf eine Beschlussempfehlung des Rechtsausschusses des Bundestags zurück. Dieser hielt die Änderung für ratsam, damit einerseits das auf eine Verbandsklage anwendbare Recht (siehe § 46 EGZPO) aus dem Verbandsklageregister heraus erkennbar wird und andererseits die Berechnung der Verjährungshemmung ohne zusätzliche Angaben bereits **aus dem Register heraus selbst** berechnet werden kann.[17] 11

5. Abhilfeantrag oder Feststellungsziele des Klägers (§ 44 Nr. 5). Zu einer rechtshängigen Verbandsklage sind der **Abhilfeantrag des Klägers, einschließlich der Merkmale, nach denen sich die Gleichartigkeit der von Verbrauchern geltend gemachten Ansprüche bestimmt, oder die Feststellungsziele** gemäß § 44 Nr. 5 im Verbandsklageregister öffentlich bekannt zu machen. Diese Angabe dient dazu, dass Verbraucher die Relevanz der in der Verbandsklage geltend gemachten Ansprüche bzw. Feststellungsziele für eigene Ansprüche oder Rechtsverhältnisse **einschätzen können.**[18] Dies hilft bei der Entscheidung über die Teilnahme am Verbandsklageverfahren, wozu die Anmeldung gemäß § 46 nötig wäre.[19] 12

6. Kurze Darstellung des Lebenssachverhalts (§ 44 Nr. 6). Zu einer rechtshängigen Verbandsklage ist eine **kurze Darstellung des vom Kläger vorgetragenen Lebenssachverhalts** gemäß § 44 Nr. 6 im Verbandsklageregister öffentlich bekannt zu machen. Diese Angabe dient – wie auch § 44 Nr. 5 – dazu, dass Verbraucher die Relevanz der in der Verbandsklage geltend gemachten Ansprüche bzw. Feststellungsziele für eigene Ansprüche oder Rechtsverhältnisse einschätzen können.[20] Damit dienen auch diese Angaben den Verbrauchern als Hilfestellung 13

---

[15] BT-Drs. 20/6520, 99.
[16] BT-Drs. 20/7631, 111.
[17] BT-Drs. 20/7631, 111.
[18] BT-Drs. 20/6520, 99.
[19] Köhler/Bornkamm/Feddersen/Scherer VDuG § 44 Rn. 8.
[20] BT-Drs. 20/6520, 99.

bei der Entscheidung, ob überhaupt am Verbandsklageverfahren teilgenommen werden soll.[21]

14 **7. Zeitpunkt der Bekanntmachung im Verbandsklageregister (§ 44 Nr. 7).** Zu einer rechtshängigen Verbandsklage ist **der Zeitpunkt der Bekanntmachung im Verbandsklageregister** gemäß § 44 Nr. 7 im Verbandsklageregister öffentlich bekannt zu machen. Diese Ziffer bezweckt die umfassende Information der Verbraucher.[22]

15 **8. Anmeldebefugnis der Verbraucher sowie Rücknahme (§ 44 Nr. 8).** Zu einer rechtshängigen Verbandsklage ist die Befugnis der Verbraucher, Ansprüche oder Rechtsverhältnisse, die mit der Abhilfe- oder Musterfeststellungsklage geltend gemacht werden, zur Eintragung in das Verbandsklageregister anzumelden, Form, Frist und Wirkung der Anmeldung sowie ihrer Rücknahme gemäß § 44 Nr. 8 im Verbandsklageregister öffentlich bekannt zu machen. Diese Ziffer bezweckt – ebenso wie § 44 Nr. 7 – die **umfassende Information** der Verbraucher.[23]

16 **9. Terminsbestimmungen, Hinweise und Zwischenentscheidungen des Gerichts (§ 44 Nr. 9).** Zu einer rechtshängigen Verbandsklage sind **Terminsbestimmungen, Hinweise und Zwischenentscheidungen des Gerichts** gemäß § 44 Nr. 9 im Verbandsklageregister öffentlich bekannt zu machen. Diese Angaben ermöglichen den Verbrauchern, den Gang des Verbandsklageverfahrens zu verfolgen.[24]

17 **10. Vergleiche und Austrittsbefugnis der Verbraucher (§ 44 Nr. 10).** Zu einer rechtshängigen Verbandsklage sind gerichtlich genehmigte Vergleiche, Befugnis der angemeldeten Verbraucher zum Austritt aus dem Vergleich, Form, Frist und Wirkung des Austritts gemäß § 44 Nr. 10 im Verbandsklageregister öffentlich bekannt zu machen. Diese Angabe zielt darauf ab, die Verbraucher über die **Vergleiche** und zugleich über ihre Befugnis zum Austritt, dessen Modalität und Folgen **zu informieren.**[25]

18 **11. Urteile im Verbandsklageverfahren (§ 44 Nr. 11).** Zu einer rechtshängigen Verbandsklage sind **Urteile im Verbandsklageverfahren** gemäß § 44 Nr. 11 im Verbandsklageregister öffentlich bekannt zu machen. Diese Angabe ist informatorisch.[26] Erfasst sind alle für das Verbandsklageverfahren denkbaren Urteilsformen, → § 13 Rn. 52. Öffentlich bekanntzumachen ist auch ein **Revisionsurteil** des BGH. Die Verbraucher verfügen über ein dahingehendes Informationsbedürfnis, denn erst nach Abschluss einer etwaigen Revisionsinstanz ist der Rechtsstreit **abschließend** entschieden. Aus diesem Grund ist auch ein Beschluss des BGH öf-

---

[21] Köhler/Bornkamm/Feddersen/Scherer VDuG § 44 Rn. 8.

[22] BT-Drs. 20/6520, 99.

[23] BT-Drs. 20/6520, 99.

[24] BT-Drs. 20/6520, 99. Gsell GRUR 2024, 979 (985 ff.) erkennt hier in § 44 Nr. 9 ein Regelungsdefizit. Demnach sollte die Vorschrift auch vorschreiben, dass auch der Schluss der mündlichen Verhandlung bekanntgegeben werden muss. Dies hätte man zwar zur zwingenden Angabe machen können. Ein Regelungsdefizit entsteht daraus allerdings nicht zwangsläufig. Einerseits ist zu erwarten, dass die klageberechtigte Stelle gewisse Informationen an die Verbraucher weiterträgt. Andererseits handelt es sich um eine optionale Angabe, die trotz zwingender Vorschrift den Weg in das Verbandsklagergister finden kann (→ Rn. 27 ff.).

[25] BT-Drs. 20/6520, 99.

[26] Vgl. die allgemein gehaltene Begründung, BT-Drs. 20/6520, 99.

fentlich bekanntzumachen, durch den eine Revision **verworfen** wird. Dies geht über den Wortlaut des § 44 Nr. 11 hinaus, ist aber sachgerecht. Schließlich schreibt § 44 Nr. 12 (→ Rn. 19) vor, dass auch die Einlegung eines Rechtsmittels öffentlich bekannt zu machen ist. Dann erscheint es nur konsequent, wenn auch darauffolgende Entscheidungen jedweder Form öffentlich bekannt gemacht werden. Anderenfalls bestünde innerhalb des Verbandsklageregisters ein **Informationsdefizit** hinsichtlich des jeweiligen Verfahrensausgangs. Deshalb sind insbesondere auch **Beschlüsse betreffend die Nichtzulassungsbeschwerde** nach § 13 Abs. 1 S. 1 VDuG iVm § 544 Abs. 8 S. 1 ZPO öffentlich bekannt zu machen. Selbiges gilt für **Zurückweisungsbeschlüsse** betreffend die Nichtzulassungsbeschwerde gemäß § 13 Abs. 1 S. 1 VDuG iVm § 552a ZPO.

12. Einlegung eines Rechtsmittels (§ 44 Nr. 12). Zu einer rechtshängigen 19
Verbandsklage ist **die Einlegung eines Rechtsmittels** gemäß § 44 Nr. 12 im Verbandsklageregister öffentlich bekannt zu machen. Diese Angabe ist – wie § 44 Nr. 11 – **informatorisch.**[27]

13. Eintritt der Rechtskraft (§ 44 Nr. 13). Zu einer rechtshängigen Ver- 20
bandsklage ist **der Eintritt der Rechtskraft** gemäß § 44 Nr. 13 im Verbandsklageregister öffentlich bekannt zu machen. Diese Angabe ist – wie § 44 Nr. 11 und 12 – informatorisch.[28] Für den Verbraucher ist diese Information insbesondere mit Blick auf § 11 Abs. 3 bedeutsam. Erst ein rechtskräftiges Urteil im Verbandsklageverfahren löst die Bindungswirkung für Folgeprozesse aus.[29] Außerdem ermöglicht diese Information die grobe Einschätzung, ab wann mit einem Umsetzungsverfahren zu rechnen ist.[30]

14. Beschlüsse bzgl. des Sachwalters (§ 44 Nr. 14). Zu einer rechtshängigen 21
Verbandsklage sind der Beschluss über die Bestellung eines Sachwalters, der Beschluss, durch den die Ablehnung eines Sachwalters für begründet erklärt wird, sowie der Beschluss über die Entlassung eines Sachwalters gemäß § 44 Nr. 14 im Verbandsklageregister öffentlich bekannt zu machen. Diese Angabe wurde auf die Beschlussempfehlung des Rechtsausschusses des Bundestags hin ergänzt. Demnach haben die angemeldeten Verbraucher, die ihre Berechtigung gegenüber dem Sachwalter nachweisen müssen, **ein berechtigtes Interesse** an den Informationen betreffend den Sachwalter.[31]

**15. Beschluss über die Eröffnung eines Umsetzungsverfahrens (§ 44 22
Nr. 15).** Zu einer rechtshängigen Verbandsklage ist **der Beschluss über die Eröffnung eines Umsetzungsverfahrens** gemäß § 44 Nr. 15 im Verbandsklageregister öffentlich bekannt zu machen. Durch diese Angabe werden die Verbraucher darüber in Kenntnis gesetzt, dass das Umsetzungsverfahren beginnt. Dadurch wissen sie, dass ihr zum Verbandsklageregister angemeldeter Anspruch nun vom Sachwalter geprüft wird.[32] Insbesondere wird durch diesen Beschluss aber deutlich, dass der Unternehmer alle nach § 24 geschuldeten Zahlungen in den **Umsetzungs-**

---

[27] Vgl. die allgemein gehaltene Begründung, BT-Drs. 20/6520, 99.
[28] Vgl. die allgemein gehaltene Begründung, BT-Drs. 20/6520, 99.
[29] Köhler/Bornkamm/Feddersen/Scherer VDuG § 44 Rn. 10; vgl. HK-VDuG/Röthemeyer VDuG § 44 Rn. 5.
[30] Köhler/Bornkamm/Feddersen/Scherer VDuG § 44 Rn. 10.
[31] BT-Drs. 20/7631, 111.
[32] BT-Drs. 20/6520, 99.

fonds geleistet hat. Das zuständige OLG fasst den Eröffnungsbeschluss nämlich nicht, bevor diese Zahlung vollständig geleistet wurde.[33]

23 **16. Beschluss über die Feststellung der Beendigung des Umsetzungsverfahrens (§ 44 Nr. 16).** Zu einer rechtshängigen Verbandsklage ist **der Beschluss über die Feststellung der Beendigung des Umsetzungsverfahrens** gemäß § 44 Nr. 16 im Verbandsklageregister öffentlich bekannt zu machen. Diese Bekanntmachung bewirkt, dass Verbraucher darüber informiert werden, dass nun alle im Umsetzungsverfahren zu berücksichtigenden Ansprüche geprüft wurden.[34] Der Wortlaut der Vorschrift erfasst bei strenger Lesart die Einstellung des Umsetzungsverfahrens gemäß § 38 Abs. 1 S. 2 und 3 nicht. Allerdings fällt die Einstellung des Verfahrens unter den weiten Begriff der „Beendigung" und ist für Verbraucher nicht minder bedeutsam als die ausdrücklich erwähnten Fallgruppen. Deshalb handelt es sich bei der **Einstellung des Umsetzungsverfahrens** auch um eine öffentlich bekannt zu machende Angabe.[35]

24 **17. Sonstige Beendigung des Verbandsklageverfahrens (§ 44 Nr. 17).** Zu einer rechtshängigen Verbandsklage ist **die sonstige Beendigung des Verbandsklageverfahrens im Verbandsklageregister** gemäß § 44 Nr. 17 im Verbandsklageregister öffentlich bekannt zu machen. Wie auch § 44 Nr. 16 zielt diese Angabe darauf ab, die Verbraucher über die Beendigung des Verfahrens – beispielsweise durch einen Vergleich nach § 9 – zu informieren.[36] Weitere Gründe für eine „sonstige Beendigung" sind eine **Klagerücknahme oder übereinstimmende Erledigungserklärungen.**[37] Bedeutsam ist diese Information auch hinsichtlich § 11 Abs. 1. Nach dieser Vorschrift setzt das Gericht, wenn ein Verbraucher vor der Bekanntgabe der Verbandsklage im Verbandsklageregister eine Klage gegen den Unternehmer erhoben hat, die die Ansprüche oder Rechtsverhältnisse oder Feststellungsziele und den Lebenssachverhalt der Verbandsklage betrifft, und sodann seinen Anspruch oder sein Rechtsverhältnis zum Verbandsklageregister anmeldet, das (individuelle Klage-)Verfahren des Verbrauchers bis zur rechtskräftigen Entscheidung über die Verbandsklage oder bis zur sonstigen Erledigung der Verbandsklage oder bis zur wirksamen Rücknahme der Anmeldung zum Verbandsklageregister aus. Damit lässt sich anhand der Angabe gemäß § 44 Nr. 17 auch erkennen, wann die Verfahrensaussetzung endet.

25 **18. Eröffnung des Insolvenzverfahrens über das Vermögen des Unternehmers (§ 44 Nr. 18).** Zu einer rechtshängigen Verbandsklage ist **die Eröffnung des Insolvenzverfahrens über das Vermögen des Unternehmers** gemäß § 44 Nr. 18 im Verbandsklageregister öffentlich bekannt zu machen. Hintergrund dieser Angabe ist, dass die Verbraucher nach der Eröffnung des Insolvenzverfahrens noch die Möglichkeit haben, ihre nicht erfüllten Ansprüche zur Tabelle im Insolvenzverfahren anzumelden (§ 174 InsO). Relevant ist dies insbesondere für Ansprüche, die im Umsetzungsverfahren voraussichtlich nicht mehr erfüllt werden.[38] Im Falle der Einstellung des Umsetzungsverfahrens ist für die Verbraucher zudem relevant, dass

---

[33] Ausführlich Zöller/Vollkommer VDuG § 24 Rn. 2.
[34] BT-Drs. 20/6520, 99f.
[35] So auch Köhler/Bornkamm/Feddersen/Scherer VDuG § 44 Rn. 12.
[36] BT-Drs. 20/6520, 100.
[37] HK-VDuG/Röthemeyer VDuG § 44 Rn. 6.
[38] BT-Drs. 20/6520, 100.

sie sich zwecks Befriedigung nun an den Sachwalter als Sonderinsolvenzverwalter wenden müssen, vgl. § 38 Abs. 3 S. 2.[39]

19. Verpflichtung des Bundesamts für Justiz zur Überlassung eines Auszugs aus dem Verbandsklageregister (§ 44 Nr. 19). Zu einer rechtshängigen Verbandsklage ist die Verpflichtung des Bundesamts für Justiz, einem angemeldeten Verbraucher auf dessen Verlangen einen Auszug über die Angaben zu überlassen, die im Verbandsklageregister zu ihm und seiner Anmeldung erfasst sind, gemäß § 44 Nr. 19 im Verbandsklageregister öffentlich bekannt zu machen. Durch diese Angabe sollen die Verbraucher zunächst darüber **informiert werden,** dass ihnen ein entsprechender Auskunftsanspruch zusteht. Dadurch können sie einen Auszug über ihre Angaben im Verbandsklageregister erhalten. Dies ist wichtig, wenn sie in einem etwaigen Folgeprozess ihre wirksame Anmeldung **darlegen und ggf. beweisen** müssen. Dies ist mit Blick auf § 11 Abs. 3 bedeutsam.[40] Die Auskunft kann schriftlich oder als den Anforderungen des § 130a ZPO entsprechendes elektronisches Dokument überlassen werden.[41] Die genauen Modalitäten des Auszugs sind in § 6 Verbandsklageregisterverordnung (VKRegV) geregelt. Darin finden sich unter anderem Angaben zum Dateiformat und zur Art der Übermittlung an den Anspruchsteller. 26

D. Optionale Angaben

§ 44 beinhaltet einen Katalog an Angaben, die im Verbandsklageregister öffentlich bekannt zu machen sind. Die Vorschrift beschränkt aber nicht die Möglichkeit des Bundesamts für Justiz, darüber hinausgehende Angaben öffentlich bekannt zu machen. **Optionale Angaben** können bewirken, dass Informationen über Verfahrensentwicklungen weiterhin primär durch das Bundesamt für Justiz zur Verfügung gestellt werden und die **Medienlandschaft** hierbei eine geringere Rolle spielt.[42] Denkbar sind Angaben zu Klageänderungen (zu dieser Möglichkeit → § 13 Rn. 47), Beweisbeschlüssen, Entscheidungen zu Ablehnungsgesuchen aufgrund von Befangenheit, der Anordnung von Zwangsmitteln gegen den Unternehmer (→ § 29 Rn. 9ff.), dem Beschluss über den Schluss der mündlichen Verhandlung oder auch dem (anonymisierten) Schlussbericht des Sachwalters gemäß § 34.[43] Überdies kann es sachgerecht sein, wenn auch über den Inhalt eines Termins (vgl. § 44 Nr. 9) in der Form der öffentlichen Bekanntmachung informiert wird.[44] 27

Ergänzend zu § 44 Nr. 8 kann es sich in **grenzüberschreitenden Sachverhalten,** bei denen nur bestimmte Sachverhaltskomplexe vom Streitgegenstand der jeweiligen Verbandsklage erfasst sind, anbieten, auf diese Beschränkung hinzuweisen. Die Verbraucher sollten erkennen können, dass sie Bestandteil eines der **erfassten Sachverhaltskomplexe** sein müssen, um von den Wirkungen der Verbandsklage profitieren zu können. Zudem bietet sich ein Hinweis auf parallele Verbandsklageverfahren aus anderen Mitgliedstaaten der EU an.[45] Über § 44 Nr. 9 hin- 28

[39] Köhler/Bornkamm/Feddersen/Scherer VDuG § 44 Rn. 13.

[40] Vgl. auch HK-VDuG/Röthemeyer VDuG § 44 Rn. 5.

[41] BT-Drs. 20/6520, 100.

[42] Siehe zur Prognose, dass die Informationsaufgabe primär durch die Medien wahrgenommen werden könnte Welling, Was kann die Verbandsklage vom KapMuG lernen?, 2024, S. 206.

[43] HK-VDuG/Röthemeyer VDuG § 44 Rn. 9.

[44] Vgl. Welling, Was kann die Verbandsklage vom KapMuG lernen?, 2024, S. 205.

[45] Zöller/Vollkommer VDuG § 44 Rn. 8.

aus ist auch der Wiedereintritt in die geschlossene mündliche Verhandlung öffentlich bekanntzumachen. Denn hiermit geht auch die Wiedereröffnung des Verbandsklageregisters zwecks Anmeldung einher, vgl. § 46 Abs. 1 S. 1.[46]

29 Insbesondere infolge zahlreicher Klageänderungen kann es sich anbieten, zur besseren Verständlichkeit eine **konsolidierte Fassung** der Verbandsklage im Verbandsklageregister bekannt zu machen.[47] Dadurch würde das Verbandsklageregister insbesondere für solche Verbraucher übersichtlicher, die sich erst nach diesen Änderungen erstmals anmelden wollen. Mit Blick auf den künftig geltenden § 7a VKRegV könnte es sich auch anbieten, die Erforderlichkeit der Angabe einer E-Mail-Adresse zwecks Information in dieser Form öffentlich bekannt zu machen (→ Rn. 30ff.).

E. Perspektivische Änderungen – Informationen per E-Mail gemäß § 7a VKRegV

30 **Perspektivisch** wird das Bundesamt für Justiz ohnehin seine **Informationspraxis verändern.**[48] Ab dem 1.1.2026 gilt § 7a der Verbandsklageregisterverordnung (VKRegV).[49] Danach benachrichtigt das Bundesamt für Justiz Verbraucher und kleine Unternehmer, die im Rahmen ihrer Anmeldung zu einer Verbandsklage nach § 1 Abs. S. 1 eine E-Mail-Adresse angegeben haben, wenn im Register zu dieser Verbandsklage Angaben nach § 44 Nr. 7 bis 14 bekanntgemacht werden (§ 7a S. 1 VKRegV). Sie müssen dadurch nicht zwingend das Verbandsklageregister auf etwaige neue öffentliche Bekanntmachungen überprüfen, sondern werden **per E-Mail** auf sie hingewiesen. Dabei soll die E-Mail zumindest die Kategorie der Eintragung bezeichnen. Die konkrete öffentliche Bekanntmachung kann der Verbraucher dann im Verbandsklageregister einsehen.[50]

31 Die Vorschrift scheint noch vom Katalog des § 44 auszugehen, der die Beschlussempfehlung des Rechtsausschusses des Bundestags noch nicht berücksichtigt.[51] Damit **alle Angaben** abgedeckt werden, die sich erst im Verfahrenslauf der Verbandsklage verändern können[52], müsste richtigerweise auf § 44 Nr. 7 bis 19 Bezug genommen werden. Über diesen Verweis hinaus stünde es dem Bundesamt für Justiz zudem frei, über alle Umstände per E-Mail zu informieren, die sich nach Rechtshängigkeit der Verbandsklage verändern. Infolge einer Klageänderung kann es beispielsweise auch zu einer Parteiänderung kommen. Die Parteibezeichnung wäre im Ausgangspunkt gemäß § 44 Nr. 1 ebenfalls im Verbandsklageregister öffentlich bekannt zu machen. Selbiges könnte dann für eine **entsprechende Änderung** gelten.

32 Die Benachrichtigung nach § 7a S. 1 VKRegV ist gemäß § 7a S. 2 VKRegV **unverzüglich** an die angegebene E-Mail-Adresse zu versenden. Dies soll die Infor-

---

[46] Zöller/Vollkommer VDuG § 44 Rn. 11.
[47] HK-VDuG/Röthemeyer VDuG § 44 Rn. 10.
[48] Vgl. die Überschrift vor HK-VDuG/Röthemeyer VDuG § 44 Rn. 12: „Proaktive Benachrichtigungen: Von der Hol- zur Bringschuld".
[49] BT-Drs. 20/6520, 104.
[50] BT-Drs. 20/6520, 104.
[51] HK-VDuG/Röthemeyer VDuG § 44 Rn. 12: „Redaktionsversehen".
[52] Vgl. zu dieser Kategorisierung der § 44 Nr. 9ff. Welling, Was kann die Verbandsklage vom KapMuG lernen?, 2024, S. 189.

mation der Verbraucher verbessern. „Unverzüglich" versteht der Gesetzgeber hier nicht ausdrücklich iSd § 121 Abs. 1 S. 1 BGB („ohne schuldhaftes Zögern"), sondern als **„schnellstmöglich im Rahmen der technischen Möglichkeiten"**. Die Mitwirkung der Verbraucher ist aber insoweit erforderlich, als sie eine E-Mail-Adresse angeben müssen.[53]

Das zeitversetzte Inkrafttreten der Regelung am 1.1.2026 dient dem Zweck, **erforderliche technische Anpassungen** vornehmen zu können. Bis dahin will das Bundesamt für Justiz eine kurzfristig umzusetzende Lösung in der Form eines allgemeinen Verbandsklage-Newsletters einrichten.[54] 33

§ 45 Veranlassung der Bekanntmachung durch das Gericht

Das Gericht übermittelt dem Bundesamt für Justiz unverzüglich veröffentlichungsfähige Fassungen der im Verbandsklageregister öffentlich bekannt zu machenden Angaben (§ 44 Nummer 1 bis 6 und 9 bis 18), insbesondere der Terminsbestimmungen, Hinweise, Zwischenentscheidungen und Urteile.

Literatur: Münscher, Die Abhilfeklage nach dem neuen Verbraucherrechtedurchsetzungsgesetz, WM 2023, 2082; Vollkommer, Musterfeststellungsverfahren: Fehlende Klagebefugnis einer Schutzgemeinschaft (Urteilsanmerkung), MDR 2022, 482.

A. Überblick und Normzweck

Damit das registerführende Bundesamt für Justiz (§ 43 Abs. 1 S. 1) seine in der öffentlichen Bekanntmachung bestimmter Angaben bestehende Aufgabe (§ 44) ordnungsgemäß ausführen kann, ist es auf **Informationen** des für die Verbandsklage **zuständigen Gerichts** angewiesen.[1] Aus diesem Grund regelt § 45 die **Veranlassung** der Bekanntmachung durch das Gericht, indem es dem Bundesamt für Justiz veröffentlichungsfähige Fassungen der im Verbandsklageregister öffentlich bekannt zu machenden Angaben (§ 44 Nr. 1 bis 6 und 9 bis 18), insbesondere der Terminsbestimmungen, Hinweise, Zwischenentscheidungen und Urteile, **zu übermitteln hat.** 1

B. Umsetzung der Richtlinie

§ 45 dient nicht unmittelbar der Umsetzung einer bestimmten Vorgabe der Verbandsklagen-RL. Vielmehr **flankiert** § 45 diejenigen Vorschriften, die die Vorgaben zum Verbandsklageregister gemäß Art. 9 Abs. 2 und 3 Verbandsklagen-RL umsetzen. Zudem besteht ein **Zusammenhang** zu Art. 13 Abs. 2 Verbandsklagen-RL, wonach die Mitgliedstaaten Vorschriften erlassen, mit denen sichergestellt wird, dass den von einer laufenden Verbandsklage auf Abhilfeentscheidungen betroffenen Verbrauchern rechtzeitig und durch geeignete Mittel Informationen 2

[53] BT-Drs. 20/6520, 104.
[54] BT-Drs. 20/6520, 104.
[1] Vgl. HK-VDuG/Röthemeyer VDuG § 45 Rn. 1; Köhler/Bornkamm/Feddersen/Scherer VDuG § 45 Rn. 1.

über die Verbandsklage gegeben werden, sodass die Verbraucher die Möglichkeit haben, ausdrücklich oder stillschweigend ihren Willen zu äußern, in dieser Verbandsklage gemäß Art. 9 Abs. 2 Verbandsklagen-RL repräsentiert werden zu wollen. Grundsätzlich stellt das Bundesamt für Justiz diese Informationen über § 44 zur Verfügung.[2] Allerdings gibt die Verbandsklagen-RL zu verstehen, dass die Mitgliedstaaten geeignete Vorschriften erlassen sollten, wie Verbraucher über Verbandsklagen zu informieren sind (ErwG 59 S. 2 Verbandsklagen-RL). Die Entscheidung, in wessen Zuständigkeit die Verbreitung dieser Informationen liegt, obliegt dabei den Mitgliedstaaten (ErwG 59 S. 3 Verbandsklagen-RL). Der deutsche Gesetzgeber hat sich hier für eine **geteilte Informationsverantwortung** entschieden. Die zuständigen Gerichte übermitteln notwendige Informationen an das Bundesamt für Justiz, welches diese dann der Öffentlichkeit über das Verbandsklageregister zugänglich macht.

3 Infolge der Beschlussempfehlung des Rechtsausschusses des Bundestags wurde die Vorschrift **leicht verändert.** Hintergrund ist die Änderung des § 44 infolge selbiger Beschlussempfehlung. Sie machte erforderlich, dass der Verweis auf § 44 in der jetzigen Fassung andere Nummern der Vorschrift betrifft.[3]

C. Veranlassung der Bekanntmachung durch das Gericht

I. Adressat der Norm

4 Adressat des § 45 ist **„das Gericht“.** Gemeint ist damit das Gericht, bei dem die jeweilige Verbandsklage **anhängig** ist. Dies ist in erster Instanz stets ein OLG. Da allerdings auch Entscheidungen innerhalb eines Revisionsverfahrens öffentlich bekanntzumachen sind (→ § 44 Rn. 18), kann auch der BGH Adressat des § 45 sein. Nur beim jeweils mit dem Verbandsklageverfahren befassten Gericht sind insbesondere die Informationen zu Terminsbestimmungen, Hinweisen, Zwischenentscheidungen, Beschlüssen und Urteilen unmittelbar verfügbar und können zur öffentlichen Bekanntmachung an das Bundesamt für Justiz übermittelt werden. Der Gesetzgeber spricht davon, dass dem Gericht diese Aufgabe „obliegt“.[4] Das dürfte untechnisch zu verstehen sein. Bei Nichtbefolgung drohen schließlich keine Nachteile wie Rechtsverluste für das Gericht. Stattdessen kann eine Pflichtverletzung bezüglich der Übermittlung gerichtlich angegriffen werden.[5] **Gerichtsintern** dürfte der jeweilige **Vorsitzende** des Senats die Bekanntmachung zu veranlassen haben. Die tatsächliche Ausführung übernimmt die **Geschäftsstelle.**

II. Voraussetzungen der Norm

5 Damit die Pflicht zur Übermittlung einsetzt, muss die Verbandsklage lediglich **rechtshängig** sein (vgl. § 44). Die Zulässigkeit der Klage ist keine Voraussetzung. Das Gericht hat die Übermittlung der Informationen unabhängig davon zu veranlassen, ob es die Verbandsklage für zulässig bzw. unzulässig hält. Dadurch soll ge-

[2] Primär wurde Art. 13 Verbandsklagen-RL aber durch § 12 umgesetzt, siehe Köhler/Bornkamm/Feddersen/Scherer VDuG § 45 Rn. 2.
[3] Vgl. BT-Drs. 20/7631, 37 und 113.
[4] BT-Drs. 20/6520, 100.
[5] Vgl. zu § 607 Abs. 2 aF ZPO BGH NJW 2020, 341 Rn. 7.

währleistet werden, dass Verbraucher in jedem Fall von der verjährungshemmenden Wirkung der Verbandsklage profitieren (vgl. § 204a BGB).[6]

Nach alter Rechtslage zur Musterfeststellungsklage war die Veranlassung durch das Gericht gemäß § 607 Abs. 2 ZPO aF noch davon abhängig, dass die Voraussetzungen des § 606 Abs. 2 S. 1 ZPO aF erfüllt sind. Deshalb wurden aufgrund des § 606 Abs. 2 S. 1 Nr. 2 ZPO aF nur solche Feststellungsziele veröffentlicht, von denen die Ansprüche oder Rechtsverhältnisse von mindestens zehn Verbrauchern abhingen.[7] An dieser Voraussetzung hält § 45 nicht fest. Dies birgt zwar das Risiko, dass die öffentlichen Bekanntmachungen gemäß § 44 sich auch auf unzulässige Ansprüche bzw. Rechtsverhältnisse (vgl. § 4 Abs. 1 S. 1) beziehen. Dadurch können Erwartungen der Verbraucher **enttäuscht werden.** Zugleich **verschlankt** dieses Vorgehen den Prüfungsumfang des Gerichts, was wiederum zu einer **Verfahrensbeschleunigung** führen kann.[8] Allerdings würde eine vorherige Zulässigkeitsprüfung Unternehmer vor **öffentlichkeitswirksamen, reputationsschädigenden Klagen schützen**[9], deren öffentliche Bekanntmachung eigentlich nicht angezeigt gewesen wäre.[10] 6

Beide Sichtweisen haben ihre Daseinsberechtigung und lösen ein **Spannungsverhältnis** aus. Für eine vorherige Zulässigkeitsprüfung sprechen Billigkeitserwägungen. Ein von einer unzulässigen Verbandsklage betroffener Unternehmer sollte infolge dieser unzulässigen Verbandsklage keinen **Reputationsschaden** erleiden.[11] Gegen eine vorherige Zulässigkeitsprüfung spricht jedoch der Gedanke der Verfahrensbeschleunigung. Die ErwG 7, 9, 19, 35 und 47 Verbandsklagen-RL betonen die Bedeutung der **Effizienz des Verbandsklageverfahrens.** Gemeint ist damit grundsätzlich auch eine zügige Verfahrenserledigung. Diese beiden – in diesem Fall widerstreitenden – Umstände müssen in **Einklang gebracht werden.** 7

Dieses Problem bestand im Kern auch schon nach der alten Rechtslage. Deshalb hat sich seinerzeit in der Rechtsprechung die Praxis entwickelt, bei **offensichtlichen und schweren Mängeln** die Bekanntmachung einer Musterfeststellungsklage – nach vorheriger Anhörung der Parteien – zu versagen, was einer **Abweisung der Klage durch Prozessentscheidung** gleichkommt.[12] Diese Praxis wird auch für Verbandsklagen nach dem VDuG vorgeschlagen.[13] 8

Dies erscheint **sachgerecht.** Die Zulässigkeit der Verbandsklage muss zu einem bestimmten Zeitpunkt ohnehin geprüft werden. Um den zeitigen Eintritt der Verjährungshemmung (§ 204a BGB) zu gewährleisten, sollte die Prüfung in diesem 9

[6] BT-Drs. 20/6520, 99.

[7] Hierzu und zur damaligen Rechtsprechungspraxis HK-VDuG/Röthemeyer VDuG § 45 Rn. 4.

[8] Vgl. HK-VDuG/Röthemeyer VDuG § 45 Rn. 4.

[9] Vollkommer MDR 2022, 482 (483).

[10] Für eine Zulässigkeitsprüfung daher Welling, Was kann die Verbandsklage vom KapMuG lernen?, 2024, S. 193.

[11] Welling, Was kann die Verbandsklage vom KapMuG lernen?, 2024, S. 193: „Prangerwirkung"; siehe zu dieser Befürchtung schon zur alten Musterfeststellungsklage Nordholtz/Mekat Musterfeststellungsklage/Boese/Bleckwenn § 4 Rn. 30.

[12] Zöller/Vollkommer VDuG § 44 Rn. 3; vgl. hierzu BGH NJW 2021, 1018ff. und dort insbesondere Rn. 32: „der die Bekanntmachung der Musterfeststellungsklage ablehnende Beschluss des OLG [schließt] wie ein die Musterfeststellungsklage als unzulässig abweisendes Prozessurteil das Musterfeststellungsverfahren ab[…]".

[13] Münscher WM 2023, 2082 (2084); Zöller/Vollkommer VDuG § 44 Rn. 3.

Stadium allerdings nicht zu intensiv ausfallen (→ Rn. 5). Eine **salomonische Lösung** wäre beispielsweise eine **summarische Zulässigkeitsprüfung bzw. die Zulässigkeit betreffende Schlüssigkeitsprüfung**[14] des Gerichts, die **offenkundige Missbrauchsfälle** verhindern könnte. Dies dürfte den hier widerstreitenden Gesichtspunkten gerecht werden. **Völlig ungeprüfte** öffentliche Bekanntmachungen hätten jedoch zur Folge, dass die Sperrwirkung des § 8 S. 1 verfrüht eintritt.[15] Ferner könnten die zwingenden Vorschriften der §§ 5 Abs. 1, 15 Abs. 2 zur Form der Klageschrift ansonsten sanktionslos missachtet werden.[16] Eine weniger intensive Prüfung der Zulässigkeit dürfte überdies ermöglichen, dass die strenge zeitliche Vorgabe zur Übermittlung innerhalb des § 45 eingehalten wird (→ Rn. 16f.).

III. Zu übermittelnde Informationen im Einzelnen

10 § 45 ist im Zusammenhang mit § 44 zu sehen. Deshalb muss das **Gericht veröffentlichungsfähige Fassungen** der im Verbandsklageregister öffentlich bekannt zu machenden Angaben übermitteln. Hier ist zwischen **zwingenden** und **optionalen Angaben** zu unterscheiden.

11 **1. Zwingende Angaben.** Die **zwingenden Angaben** folgen aus dem Normtext des § 45. Sie beziehen sich auf den **Katalog des § 44.** Damit sind die für die öffentliche Bekanntmachung im Sinne des § 44 Nr. 1 bis 6 und 9 bis 18 relevanten Informationen zu übermitteln (im Einzelnen zu diesen Ziffern → § 44 Rn. 8ff.). Die ursprüngliche Fassung des § 45 bezog sich noch auf die überholte Fassung des § 44, der lediglich 15 Nummern beinhaltete. Die Beschlussempfehlung des Rechtsausschusses des Bundestags führte zu einer **Erweiterung** des Katalogs des § 44, die wiederum eine Anpassung des § 45 erforderlich machte.[17] Die Nummern 7 und 8 sind **richtigerweise** ausgespart. Hierbei handelt es sich um Informationen, über die das Gericht selbst nicht verfügt bzw. für die es nicht die Verantwortung trägt (→ § 44 Rn. 14f.). Deshalb können diese Angaben auch ohne Mitwirkung des Gerichts vom Bundesamt für Justiz als registerführende Stelle (§ 43 Abs. 1 S. 1) gemäß § 44 Nr. 7 und 8 öffentlich bekannt gemacht werden.

12 Über den Wortlaut hinaus muss das Gericht auch die Information übermitteln, dass das Umsetzungsverfahren gemäß § 38 Abs. 1 S. 2 und 3 **eingestellt wurde.**[18] Siehe zum Hintergrund dessen → § 44 Rn. 23.

13 **2. Optionale Angaben.** § 44 beinhaltet einen Katalog an Angaben, die vom Bundesamt für Justiz **zwingend** im Verbandsklageregister öffentlich bekannt zu machen sind. Die Aufzählung ist aber insoweit nicht **abschließend,** als **optional** weitere Angaben veröffentlicht werden können (→ § 44 Rn. 27ff.). Wenn das Gericht weitere Informationen für so wichtig erachtet, dass die Verbraucher darüber in Kenntnis gesetzt werden sollten, kann es diese Informationen ebenso **in geeigneter Form übermitteln.** Das Bundesamt für Justiz ist aber **nicht verpflichtet,** alle übermittelten Angaben öffentlich bekannt zu machen. Hier ist § 44 als abschließende Regelung dahingehend zu verstehen, welche Angaben zwingend

---

[14] Vgl. zur alten Musterfeststellungsklage und im Zusammenhang mit § 606 Abs. 2 Nr. 2 ZPO aF Nordholtz/Mekat Musterfeststellungsklage/Boese/Bleckwenn § 4 Rn. 37.

[15] Zöller/Vollkommer VDuG § 44 Rn. 4.

[16] Zöller/Vollkommer VDuG § 44 Rn. 3.

[17] BT-Drs. 20/7631, 37.

[18] Köhler/Bornkamm/Feddersen/Scherer VDuG § 45 Rn. 6.

öffentlich bekannt zu machen sind.[19] Allerdings dürfte dies beim Bundesamt für Justiz regelmäßig dazu führen, dass es selbst überprüft, ob die öffentliche Bekanntmachung dieser Angaben sachgerecht wäre und sich dann gegebenenfalls für oder gegen eine öffentliche Bekanntmachung entscheidet.

IV. Form der Übermittlung

Die zu übermittelnden Informationen **können unter Datenschutzgesichtspunkten durchaus sensibel** sein. Deshalb sind die Angaben in **„veröffentlichungsfähigen Fassungen"** zu übermitteln. Aus diesem Grund sollen bestimmte personenbezogene Daten **anonymisiert** werden. Nach gesetzgeberischer Vorstellung sind beispielsweise in einer Klageschrift enthaltene Namen, Anschriften oder Angaben zum persönlichen Vermögen Betroffener vom Gericht unkenntlich zu machen.[20] Der Grad der erforderlichen Anonymisierung ist hierbei vom Gericht nach den Umständen des Einzelfalls zu beurteilen. Hierbei kann sich das Gericht an seiner Praxis der Anonymisierung bei der Urteilsveröffentlichung orientieren.[21] Insofern entsteht für das Gericht bei der Beurteilung kein großer Aufwand. Hier kann auf den bestehenden Erfahrungsschatz zurückgegriffen werden.[22] In der Vergangenheit verlief die Anonymisierung im Rahmen der Musterfeststellungsklage allerdings nicht immer reibungslos.[23] 14

§ 45 schafft keine Vorgaben dazu, in welcher **Form** die Informationen übermittelt werden können. Dies konkretisiert **§ 2 Abs. 2 Verbandsklageregisterverordnung (VKRegV).** Danach übermittelt das Gericht die bekannt zu machenden Angaben als strukturierten maschinenlesbaren Datensatz im Dateiformat XML in der jeweils gültigen XJustiz-Version oder im Dateiformat PDF auf einem sicheren Übermittlungsweg (§ 130a Abs. 4 ZPO) an das Bundesamt für Justiz. Der hinreichende Grad der Anonymisierung ist zu beachten. Die Vorgabe einer digitalen Form führt in der Regel zu einer zügigeren Übermittlung. Dies ist in Anbetracht der strengen zeitlichen Vorgabe zur Übermittlung ein sinnvolles Konzept (→ Rn. 16). 15

V. Zeitliche Vorgaben

Das Gericht hat die veröffentlichungsfähigen Fassungen im Sinne des § 45 **unverzüglich** dem Bundesamt für Justiz zu übermitteln. Unverzüglich meint entsprechend § 121 Abs. 1 S. 1 BGB **ohne schuldhaftes Zögern.**[24] Eine Übermittlung am Tag der eigenen Kenntnis von relevanten Informationen, spätestens aber am folgenden Werktag, ist in Anbetracht dieser strengen Vorgabe angezeigt. Abweichungen hiervon sind denkbar, wenn etwa die kurze Darstellung des Lebenssachverhalts (vgl. § 44 Nr. 6) **komplex ist und mehr Zeit erfordert.**[25] 16

---

[19] Vgl. BT-Drs. 20/6520, 99.
[20] BT-Drs. 20/6520, 100.
[21] BT-Drs. 20/6520, 100.
[22] Siehe etwa OLG Karlsruhe GRUR-RS 2020, 37424 Rn. 36 ff.
[23] Siehe hierzu mit Beispielen aus der Rechtsprechung zur damaligen Musterfeststellungsklage der ZPO HK-VDuG/Röthemeyer VDuG § 45 Rn. 9.
[24] Köhler/Bornkamm/Feddersen/Scherer VDuG § 45 Rn. 3; HK-VDuG/Röthemeyer VDuG § 45 Rn. 8.
[25] HK-VDuG/Röthemeyer VDuG § 45 Rn. 8.

17 Die zeitliche Vorgabe ist gegenüber der Vorgabe in § 607 Abs. 2 ZPO aF **weniger konturiert.** Dort war für die Übermittlung eine starre Frist von zwei Wochen vorgesehen. Dieser Zeitraum von zwei Wochen wird im Schrifttum als „knapp bemessen" angesehen.[26] Eine „unverzügliche" Übermittlung verschärft die zeitliche Vorgabe insofern. In Anbetracht dessen, dass sich der Aufwand bei der Übermittlung der in § 45 vorgesehenen Informationen auf Anonymisierung und den (postalischen oder elektronischen) Versand an das Bundesamt für Justiz beschränkt, begegnet diese Verschärfung allerdings **keinen Bedenken.**

§ 46 Anmeldung von Ansprüchen; Rücknahme der Anmeldung

(1) [1]**Verbraucher können Ansprüche oder Rechtsverhältnisse, die Gegenstand einer Verbandsklage sind, bis zum Ablauf von drei Wochen nach dem Schluss der mündlichen Verhandlung zur Eintragung in das Verbandsklageregister anmelden.** [2]**§ 193 des Bürgerlichen Gesetzbuchs findet keine Anwendung.**

(2) [1]**Die Anmeldung ist nur wirksam, wenn sie frist- und formgerecht erfolgt und folgende Angaben enthält:**
1. **Name und Anschrift des Verbrauchers,**
2. **Angabe, ob die Anmeldung als kleines Unternehmen im Sinne des § 1 Absatz 2 erfolgt,**
3. **Bezeichnung des Gerichts und Aktenzeichen,**
4. **Bezeichnung des Beklagten,**
5. **Gegenstand und Grund des Anspruchs oder des Rechtsverhältnisses des Verbrauchers,**
6. **Versicherung der Richtigkeit und Vollständigkeit der Angaben.**

[2]**Wird ein Zahlungsanspruch angemeldet, so soll die Anmeldung auch Angaben zur Höhe dieses Anspruchs enthalten.**

(3) **Die Angaben der wirksamen Anmeldung werden ohne inhaltliche Prüfung in das Verbandsklageregister eingetragen.**

(4) [1]**Die Anmeldung kann bis zu dem in Absatz 1 genannten Zeitpunkt zurückgenommen werden.** [2]**§ 193 des Bürgerlichen Gesetzbuchs findet keine Anwendung.**

Literatur: Bruns, Dogmatische Grundfragen der Verbandsklage auf Abhilfeleistung in Geld, ZZP 137 (2024), 3; Heerma, Das geplante Verbraucherrechtedurchsetzungsgesetz: Abhilfeurteile und deren Umsetzung nach dem VDuG – Licht und Schatten bei der nationalen Integration des europäischen Verbraucherschutzrechts – 100% eines Schadens wollen gut ersetzt sein, ZZP 136 (2023), 425; Kern/Uhlmann, Kollektiver Rechtsschutz 2.0? Möglichkeiten und Chancen vor dem Hintergrund der Verbandsklagen-RL, ZEuP 2022, 849; Röß, Die Abhilfeklage zugunsten namentlich benannter Verbraucher, NJW 2024, 1302; Röß, Die Auswirkungen einer Zession auf das Verhältnis von Musterfeststellungs- und Individualverfahren, NJW 2020, 953; Röß, Die Klageänderung bei Verbandsklagen, MDR 2023, 1417; Schuschnigg, Die Verbandsklagen-Richtlinie – Umsetzungsbreite und ihre Grenzen, EuZW 2022, 1043; Vollkommer, Anmeldung zum MFK-Klageregister – Anspruchsindividualisierung (Urteilsanmerkung), NJW 2023, 1888.

---

[26] Welling, Was kann die Verbandsklage vom KapMuG lernen?, 2024, S. 191.

Übersicht

A. Überblick und Normzweck

1 § 46 betrifft die **Anmeldung** von Ansprüchen oder Rechtsverhältnissen, die Gegenstand einer Verbandsklage sind. Zudem regelt die Vorschrift die **Rücknahme der Anmeldung** selbiger. Hier trifft sie einige Vorgaben zum Verfahren, wie etwa zur Anmeldefrist in § 46 Abs. 1. § 46 ist eine zentrale Vorschrift der §§ 43ff.[1] Erst durch die Anmeldung wird den Verbrauchern ermöglicht, von den Wirkungen der Verbandsklage zu **profitieren,** ohne selbst ein Prozesskostenrisiko einzugehen.[2] Je nach gewählter Verbandsklage können in der Folge ihre offenen Forderungen gegen den Unternehmer befriedigt werden (auf eine Abhilfeklage folgt uU ein Umsetzungsverfahren, §§ 22ff.) oder sie kommen jedenfalls in den Genuss der Bindungswirkung des § 11 Abs. 3 (im Falle einer Musterfeststellungsklage).[3] Anhand mehrerer Vorschriften des VDuG ist erkennbar, dass die Anmeldung **conditio sine qua non** dafür ist, von den Ergebnissen des Verbandsklageverfahrens profitieren zu können (vgl. § 9 Abs. 1 S. 1 „angemeldete Verbraucher"; § 11 Abs. 3 „einem angemeldeten Verbraucher"). Dementsprechend ist eine Anmeldung auch dann **erforderlich,** wenn in der Sache eine **Abhilfeklage zugunsten namentlich benannter Verbraucher** verfolgt wird.[4] Die Anmeldung ist zudem für den **Eintritt der Verjährungshemmung** gemäß § 204a Abs. 1 S. 1 Nr. 3 und 4 BGB maßgeblich.[5]

2 Die Vorschrift ist besonders mit **§ 47** verzahnt, der die Form von Anmeldung und Rücknahme näher regelt. Diese Vorschrift wird wiederum von §§ 3 und 4 Verbandsklageregisterverordnung („VKRegV") flankiert. In diesem Kontext ist auch

[1] HK-VDuG/Röthemeyer VDuG § 46 Rn 1.
[2] BT-Drs. 20/6520, 100.
[3] Köhler/Bornkamm/Feddersen/Scherer VDuG § 46 Rn. 1.
[4] Implizit Röß NJW 2024, 1302 (1305).
[5] Zöller/Vollkommer VDuG § 46 Rn. 1.

§ 7 VKRegV für den Fall einer technischen Störung bei der Anmeldung bzw. Rücknahme zu beachten.[6]

3 § 46 ist **rechtspolitisch** besonders bedeutsam. Durch die Vorschrift kommt das **„Opt-in"-Modell** zur Geltung, für das sich der deutsche Gesetzgeber entschieden hat.[7] Darüber hinaus ist sie für die Ausgestaltung des Verbandsklageverfahrens **zentral.** Wenn sich Verbraucher freiwillig und bewusst für den Anschluss an eine Verbandsklage entscheiden, erklären sie sich mit einer **repräsentativen Wahrnehmung ihrer Interessen** durch eine klageberechtigte Stelle einverstanden. Dadurch wird ihnen nur mittelbar rechtliches Gehör gewährt. Deshalb können sie zwar individuell auf das Verfahren nur einen geringen Einfluss nehmen. Das Verfahren bietet ihnen dafür aber andere Vorteile. Einerseits ist die Anmeldung zum Verbandsklageregister kostenlos, sodass **ohne Prozesskostenrisiko** – und ohne notwendige anwaltliche Vertretung – von der Verbandsklage **profitiert** werden kann. Dadurch wird zugleich die Möglichkeit der Rechtsdurchsetzung für Verbraucher **gestärkt.** Denn durch die einfach gestaltete Anmeldung zum Verbandsklageverfahren wird das **„rationale Desinteresse"** der Verbraucher überwunden.[8] Das rationale Desinteresse bezeichnet die grundsätzliche Hemmschwelle, zur Verfolgung einer niedrigen Forderung einen gegebenenfalls mit Kostenrisiken verbundenen Prozess zu führen.[9] Durch die Verbandsklage lassen sich demgegenüber auch geringe Forderungen auf einfache Weise durchsetzen.[10]

4 Zugleich werden auch die **Interessen der Unternehmer** durch das Konzept der Verbandsklage gewahrt. Die Bindungswirkung eines **klageabweisenden Urteils** erstreckt sich ebenso auf alle angemeldeten Verbraucher. Wenn der Unternehmer den Verbandsklageprozess gewinnt, ist es nur sachgerecht, wenn er im Anschluss nicht mehr mit dem Risiko zahlreicher Individualklagen konfrontiert wird.[11]

B. Umsetzung der Richtlinie

5 § 46 hat **keine direkte Entsprechung** in der Verbandsklagen-RL. Trotzdem stellt § 46 eine Vorschrift dar, die Vorgaben aus der Verbandsklagen-RL umsetzt. Durch diese Norm entscheidet sich der deutsche Gesetzgeber nämlich für das sogenannte „Opt-in"-Modell und nicht das „Opt-out"-Modell. Beim „Opt-in"-Modell muss ein gruppenangehöriger Verbraucher seinen Willen ausdrücken, dass er am Verfahren teilnehmen will.[12] Beim „Opt-out"-Modell hingegen ist die Teilnahme zunächst ein Automatismus, von dem sich ein Verbraucher im Wege einer Austrittserklärung lösen kann.[13] Grundsätzlich steht es den Mitgliedstaaten nach

---

[6] Köhler/Bornkamm/Feddersen/Scherer VDuG § 46 Rn. 4.
[7] Köhler/Bornkamm/Feddersen/Scherer VDuG § 46 Rn. 12.
[8] BT-Drs. 20/6520, 100.
[9] Vgl. zur alten Musterfeststellungsklage BT-Drs. 19/2439, 14: „Gerade wenn der erlittene Nachteil im Einzelfall gering ist, werden Schadensersatz- oder Erstattungsansprüche oft nicht individuell verfolgt, da der erforderliche Aufwand aus Sicht des Geschädigten unverhältnismäßig erscheint („rationales Desinteresse").
[10] BT-Drs. 20/6520, 100.
[11] BT-Drs. 20/6520, 100.
[12] Vgl. Schuschnigg EuZW 2022, 1043 (1045).
[13] Vgl. Kern/Uhlmann ZEuP 2022, 849 (853); Schuschnigg EuZW 2022, 1043 (1045).

der Verbandsklagen-RL frei, ob sie das „Opt-in“ oder „Opt-out“-Modell wählen.[14] Dies zeigt Art. 9 Abs. 2 und 3 Verbandsklagen-RL. Art. 9 Abs. 2 Verbandsklagen-RL gibt vor, dass die Mitgliedstaaten Vorschriften dazu festlegen, auf welche Weise und in welchem Stadium einer Verbandsklage auf Abhilfeentscheidungen die einzelnen von einer Verbandsklage betroffenen Verbraucher nach Erhebung der Verbandsklage innerhalb einer angemessenen Frist ausdrücklich oder stillschweigend ihren Willen äußern können, ob sie durch die qualifizierte Einrichtung im Rahmen der Verbandsklage auf Abhilfeentscheidungen repräsentiert werden wollen und an das Ergebnis der Verbandsklage gebunden sein wollen. Art. 9 Abs. 3 Verbandsklagen-RL regelt darüber hinaus, dass ungeachtet des Art. 9 Abs. 2 die Mitgliedstaaten sicherstellen, dass einzelne Verbraucher, die ihren gewöhnlichen Aufenthaltsort nicht in dem Mitgliedstaat des Gerichts oder der Verwaltungsbehörde haben, vor dem beziehungsweise vor der eine Verbandsklage erhoben worden ist, ihren Willen, bei der Klage repräsentiert zu sein, ausdrücklich äußern müssen, damit diese Verbraucher an das Ergebnis des Verbandsklageverfahrens gebunden sind. Damit ist hinsichtlich solcher Verbraucher, die ihren gewöhnlichen Aufenthalt in einem anderen Mitgliedstaat als dem haben, in dem die Verbandsklage rechtshängig ist, das „Opt-in“-Modell **zwingend.** Dies gilt auch, wenn der Gesetzgeber im Wohnsitzmitgliedstaat des jeweiligen Verbrauchers das „Opt-out“-Modell gewählt hat.[15]

§ 46 – insbesondere die Anmeldefrist gemäß § 46 Abs. 1 – wurde im Gesetz- 6
gebungsverfahren **kontrovers diskutiert.**[16] Nach dem Referentenentwurf sollte sich die Vorschrift vollständig an § 608 Abs. 1 ZPO aF orientieren.[17] Danach wäre eine Anmeldung „bis zum Ablauf des Tages vor Beginn des ersten Termins“ möglich gewesen.[18] Der spätere Gesetzentwurf der Bundesregierung sah dann eine mögliche Anmeldung „bis zum Ablauf von zwei Monaten nach dem ersten Termin zur Eintragung“ vor.[19] Der Bundesrat **begrüßte** hier zwar grundsätzlich, dass der späteste Zeitpunkt für eine Anmeldung im Vergleich zum Referentenentwurf nach hinten verlagert wurde. Gleichzeitig stellte er fest, dass eine über die Anfangsphase des Verfahrens hinausgehende Anmeldemöglichkeit ein **entscheidender Faktor** für den Erfolg und die Wirkbreite der Verbandsklage sei. Im Interesse einer effektiven, ressourcenschonenden Rechtsdurchsetzung solle das Ziel einer Verbandsklage sein, möglichst viele Ansprüche zu bündeln. Anderenfalls sei aufgrund vergangener Erfahrungen mit massenhaften Individualklagen zu rechnen. Dies gelte es im Interesse der Justiz (Entlastung) und der Unternehmer (zügige Rechtssicherheit) zu unterbinden. Je länger der Zugang zur Verbandsklage möglich ist, desto größer sei der erwünschte Bündelungseffekt. Die Informationsgrundlage für die Anmeldung werde insofern immer ausgereifter. Deshalb wurde eine Frist bis zum Ablauf der mündlichen Verhandlung vorgeschlagen, was auch mit Blick auf Klageänderungsmöglichkeiten im gewöhnlichen Zivilprozess **systemkonform** sei.[20]

Letztlich wurde im Zuge der Beschlussempfehlung des Rechtsausschusses des 7
Bundestags eine (vermeintliche) **Kompromisslösung**[21] gefunden, indem zwar

---

14 Köhler/Bornkamm/Feddersen/Scherer VDuG § 46 Rn. 11.
15 Köhler/Bornkamm/Feddersen/Scherer VDuG § 46 Rn. 3.
16 Ausführlich Musielak/Voit/Stadler VDuG Vorbemerkungen Rn. 21 f.
17 VRUG-RefE, 105.
18 Siehe zur damaligen Rechtslage Musielak/Voit/Stadler ZPO § 608 Rn. 8.
19 BR-Drs. 145/23, 22.
20 Zum Ganzen BT-Drs. 20/6878, 6 (Stellungnahme des Bundesrats).
21 Zöller/Vollkommer VDuG § 46 Rn. 1: „politische[r] Kompromiss“.

keine Anmeldung bis zwei Monate nach dem ersten Termin, sondern drei Wochen nach dem Schluss der mündlichen Verhandlung ermöglicht wurde.[22] Zugleich tritt die Verjährungshemmung gemäß § 204a Abs. 1 S. 1 Nr. 3 und 4 BGB nur dann ein, wenn sich der Verbraucher **wirksam** zur Verbandsklage angemeldet hat.[23] Dies erscheint zunächst mit Blick darauf **sachgerecht,** dass ein zutreffender Überblick über die Anzahl der Verbraucher beispielsweise für Prozessfinanzierungen, Vergleichsverhandlungen[24] oder auch die Schätzung des kollektiven Gesamtbetrags (→ § 19 Rn. 17) bedeutsam ist. Zudem verfügen die Verbraucher über ein **berechtigtes Interesse** daran, die Erfolgsaussichten des Verfahrens einschätzen zu können. Die Anmeldefrist darf deshalb in der Tat **weder zu knapp noch zu großzügig** bemessen werden, um die widerstreitenden Interessen angemessen zu berücksichtigen.[25] Dies ist durch die jetzige Fassung des § 46 Abs. 1 allerdings nur **bedingt gelungen.** Das Prozessrisiko wurde **deutlich** zu Lasten der Unternehmer **verschoben.** Ihnen fehlt aufgrund der jetzigen Regelung die zuverlässige Möglichkeit, die Höhe der erforderlichen Zahlungen infolge eines Prozessverlustes abschätzen zu können. Demgegenüber können die Verbraucher bis zum Zeitpunkt nach der mündlichen Verhandlung den Prozess beobachten und entscheiden, ob sie daran partizipieren möchten.[26] Erschwerend kommt hinzu, dass bei einer Wiedereröffnung der mündlichen Verhandlung die Frist nicht abgelaufen ist, sondern sich die Verbraucher vielmehr bis zum tatsächlichen Schluss der mündlichen Verhandlung noch anmelden können.[27] **Besondere Friktionen** löst die gesetzgeberische Gestaltung der Anmeldefrist in Fällen aus, in denen eine **Abhilfeklage zugunsten namentlich benannter Verbraucher** betrieben wird (vgl. § 16 Abs. 1 S. 2). Hier kann es Situationen geben, in denen es noch nach dem Schluss der mündlichen Verhandlung vermehrt zu Anmeldungen kommt. Die verfahrensrechtlichen Folgen einer derartigen Situation sind problematisch und diskussionswürdig.[28]

C. Anmeldefrist (Abs. 1)

8 Gemäß § 46 Abs. 1 S. 1 können Verbraucher Ansprüche oder Rechtsverhältnisse, die Gegenstand einer Verbandsklage sind, bis zum Ablauf von drei Wochen nach dem Schluss der mündlichen Verhandlung zur Eintragung in das Verbandsklageregister anmelden (zur Entstehungsgeschichte und zu Kritik an dieser Frist

---

22 BT-Drs. 20/7631, 36 und 111.

23 Dem Wortlaut des § 204a BGB lässt sich dies nicht unmittelbar entnehmen. Allerdings ist BT-Drs. 20/6520, 107 eindeutig.

24 HK-VDuG/Röthemeyer VDuG § 46 Rn 2.

25 Vgl. Zöller/Vollkommer VDuG § 46 Rn. 1.

26 Kritisch insofern auch Röß MDR 2023, 1417 Rn. 26 ff. sowie Köhler/Bornkamm/Feddersen/Scherer VDuG § 46 Rn. 16, die von einem möglichen Abwarten bis „kurz vo[r] Urteilsverkündung" ausgeht. Dies ist allerdings nicht gesichert, denn das zuständige OLG darf den Verkündungstermin nicht unmittelbar, sondern nicht vor Ablauf von sechs Wochen nach Schluss der mündlichen Verhandlung bestimmen, vgl. § 13 Abs. 4. Denkbar ist insofern, dass gemäß § 13 Abs. 1 S. 2 VDuG iVm § 310 Abs. 1 S. 2 ZPO ein Verkündungstermin deutlich später – etwa 10 Wochen nach Schluss der mündlichen Verhandlung – angesetzt wird. Die Anmeldefrist wäre dann bereits seit 7 Wochen abgelaufen. Von einer Anmeldung „kurz vor Urteilsverkündung" kann dann nur schwerlich die Rede sein.

27 BT-Drs. 20/7631, 113; sehr kritisch hierzu Heerma ZZP 136 (2023), 425 (434 f.).

28 Siehe ausführlich Röß NJW 2024, 1302 ff.

→ Rn. 6f.). Der Wortlaut der Vorschrift ließe sich auf zwei verschiedene Arten verstehen. Einerseits wäre es denkbar, dass die „mündliche Verhandlung" diejenige vor der Verkündung des **Abhilfeendurteils** ist. Andererseits ließe sich der Begriff so verstehen, dass er sich auf die Verkündung des **Abhilfegrundurteils** bezieht. Nach hier vertretener Auffassung ist – trotz des missverständlichen Wortlauts – die mündliche Verhandlung vor der Verkündung des Abhilfegrundurteils gemeint. Anderenfalls läge der Zeitpunkt, in dem sich ein Verbraucher noch gemäß § 46 Abs. 4 VDuG abmelden kann, zeitlich in einem **zu fortgeschrittenen Verfahrensstadium.**[29] Dies birgt das **Risiko,** dass sich Verbraucher bei einer nur teilweise begründeten Verbandsklage noch nach der Verkündung des Abhilfegrundurteils der Bindungswirkung des § 11 Abs. 3 S. 1 **entziehen könnten.** Diese Vorschrift soll aber auch den Unternehmer davor **schützen,** sich nach einer erfolgreichen Verteidigung gegen eine Verbandsklage noch Individualklagen von teilnehmenden Verbrauchern ausgesetzt zu sehen. Über diesen Schutz sollen Verbraucher nicht disponieren können. Für diese Auslegung sprechen gewichtige weitere Argumente, die in → § 16 Rn. 25 und → § 19 Rn. 17 dargestellt sind. Für die Verbraucher wird der Schluss der mündlichen Verhandlung dadurch ersichtlich, dass das zuständige Gericht gemäß § 13 Abs. 1 S. 2 VDuG iVm § 310 Abs. 1 ZPO einen **Termin zur Urteilsverkündung bestimmt.**[30] Bei dieser Terminsbestimmung handelt es sich wiederum um eine bekanntzumachende Angabe, siehe § 44 Nr. 9. Durch diese bekanntgemachte Angabe können die Verbraucher erkennen, ob ein Termin zugleich den Schluss der mündlichen Verhandlung bedeutet.[31] Ein Urteil darf allerdings **frühestens sechs Wochen** nach dem Schluss der mündlichen Verhandlung ergehen, § 13 Abs. 4. Dies ist bei der Terminsbestimmung zu beachten.[32]

Anmelden können sich lediglich **Verbraucher.** Dies folgt bereits aus dem eindeutigen Wortlaut der Vorschrift. **Unternehmer** können sich selbst dann nicht anmelden, wenn sie von Verbrauchern angemeldete Rechte geltend machen.[33] Insoweit löst die Anmeldung eines Unternehmers keine Rechtsfolgen aus, sodass etwa die Verjährungshemmung gemäß § 204a BGB **nicht eintritt.**[34] Etwas anderes gilt für **Kleinunternehmer,** die im Anwendungsbereich des VDuG als Verbraucher gelten (§ 1 Abs. 2). Sie können ihre Ansprüche bzw. Rechtsverhältnisse ebenso anmelden. Dies verdeutlicht § 46 Abs. 2 S. 1 Nr. 2. **9**

Die Verbraucher können sich bei der Anmeldung auch **vertreten lassen.** Trotz § 13 Abs. 1 S. 1 findet § 79 Abs. 2 ZPO keine Anwendung. Die Anmeldung ist nämlich eine **materiell-rechtliche Erklärung** und **keine Prozesshandlung.** Schließlich wird die Anmeldung nicht gegenüber einem Gericht, sondern gegenüber dem Bundesamt für Justiz als registerführende Stelle (vgl. § 43 Abs. 1 S. 1) erklärt.[35] Daraus folgt auch, dass kein Anwaltszwang besteht, vgl. § 13 Abs. 1 S. 1 VDuG iVm § 78 ZPO.[36] Die Vollmacht zur Anmeldung muss nicht nachgewiesen **10**

---

29 Vgl. allgemein zum späten Austrittszeitpunkt Musielak/Voit/Stadler VDuG § 11 Rn. 6.

30 BT-Drs. 20/7631, 113.

31 Köhler/Bornkamm/Feddersen/Scherer VDuG § 46 Rn. 13.

32 Zöller/Vollkommer VDuG § 46 Rn. 13.

33 Anders/Gehle/Schmidt VDuG § 46 Rn. 1.

34 Anders/Gehle/Schmidt VDuG § 46 Rn. 1; s. zur alten Musterfeststellungsklage BGH BeckRS 2022, 33057 Rn. 13ff.

35 Zöller/Vollkommer VDuG § 46 Rn. 10.

36 Zöller/Vollkommer VDuG § 46 Rn. 10; siehe auch Anders/Gehle/Schmidt VDuG § 46 Rn. 2.

werden, eine anwaltliche Vollmacht aber **versichert** werden (arg. ex. § 47 Abs. 2 S. 4 VDuG iVm § 703 ZPO).[37]

11 Die Anmeldung ist möglich, sobald das Verbandsklageregister hierfür eröffnet ist. **Fristauslösendes Ereignis** ist der Schluss der mündlichen Verhandlung. Fristende ist entsprechend drei Wochen nach Schluss der mündlichen Verhandlung. Hier gelten gemäß § 13 Abs. 1 S. 1 VDuG iVm § 222 ZPO iVm §§ 187 Abs. 1, 188 Abs. 2 BGB die allgemeinen Vorschriften zur Fristberechnung.[38] Wird die mündliche Verhandlung somit am 5.3.2024 (Dienstag) geschlossen, läuft die Frist mit Ablauf des 26.3.2024 (Dienstag um 00.00 Uhr) ab. Eine Anmeldung am 27.3.2024 wäre dann nicht mehr fristgerecht. Maßgeblich ist der **Eingang der Anmeldung beim Bundesamt für Justiz.** Dies ist insbesondere dann relevant, wenn der Verbraucher nicht das Online-Formular nutzt, sondern seine Anmeldung schriftlich übermittelt.[39]

12 Wird die Frist des § 46 Abs. 1 versäumt, scheidet eine Wiedereinsetzung in den vorigen Stand gemäß § 13 Abs. 1 S. 1 VDuG iVm §§ 233ff. ZPO aus. § 46 Abs. 1 S. 1 stellt nämlich **keine Notfrist** dar.[40]

13 Mit Wiedereröffnung der mündlichen Verhandlung trotz Verkündungstermin bleiben auch Anmeldungen bzw. deren Rücknahme **weiterhin möglich.**[41] Wenn das Gericht beispielsweise doch noch nicht entscheidet, sondern stattdessen **erneut in die mündliche Verhandlung eintritt,** eine **Beweisaufnahme anordnet** oder wenn **gegen ein Versäumnisurteil** gemäß § 13 Abs. 1 S. 2 VDuG iVm § 331 ZPO **Einspruch eingelegt wird** und der Prozess dadurch gemäß § 13 Abs. 1 S. 2 VDuG iVm § 342 ZPO in die Lage vor Eintritt der Versäumnis zurückversetzt wird, sind Anmeldungen entsprechend wieder möglich.[42] Eine zunächst verfristete Anmeldung wird durch einen solchen Vorgang **geheilt.**[43] Eine mündliche Verhandlung vor dem BGH als nächstinstanzliches Gericht wirkt sich allerdings nicht dergestalt aus.[44] Diskutabel ist, ob eine **Aufhebung und Zurückverweisung** diese Folge auslöst. Im Schrifttum wird dies zumindest für Fälle angenommen, in denen die Abweisung einer Abhilfeklage als unzulässig keinen Bestand hat.[45] Im Falle einer Aufhebung und Zurückverweisung findet eine **vollwertige mündliche Verhandlung** vor dem OLG statt.[46] Konsequent ist dieser Vor-

---

[37] Zöller/Vollkommer VDuG § 46 Rn. 10. Der dortige Verweis auf § 47 Abs. 2 S. 5 dürfte ein Versehen sein.

[38] HK-VDuG/Röthemeyer VDuG § 46 Rn 7.

[39] HK-VDuG/Röthemeyer VDuG § 46 Rn. 10.

[40] Zöller/Vollkommer VDuG § 46 Rn. 14; aA HK-VDuG/Röthemeyer VDuG § 46 Rn. 9, der die Vorschriften zur Wiedereinsetzung in den vorigen Stand analog heranziehen will. Dieser Vorschlag verdient keine Zustimmung. Der Verbraucher, der die Frist versäumt hat, kann weiterhin individuell klagen. Die Wiedereinsetzung in den vorigen Stand betrifft hingegen Konstellationen, in denen die Durchsetzung des Prinzips der Fristenstrenge als nicht erträglich empfunden würde (BGH NJW-RR 2014, 369 Rn. 16). Dies ist schwer vertretbar hinsichtlich eines Sachverhalts, in dem trotz Fristversäumung eine individuelle Rechtsverfolgung weiterhin möglich ist. Deshalb fehlt es an einer vergleichbaren Interessenlage.

[41] BT-Drs. 20/7631, 113.

[42] Zöller/Vollkommer VDuG § 46 Rn. 16.

[43] HK-VDuG/Röthemeyer VDuG § 46 Rn. 6.

[44] Zöller/Vollkommer VDuG § 46 Rn. 16.

[45] Zöller/Vollkommer VDuG § 46 Rn. 16.

[46] Vgl. Musielak/Voit/Ball ZPO § 563 Rn. 7 (bezogen auf die Entscheidung des Berufungsgerichts).

gang wie ein erneuter Eintritt in die mündliche Verhandlung zu behandeln. Allerdings gilt dies nur insoweit, wie auch tatsächlich neu verhandelt werden muss. Ist ein Teil der Entscheidung von der Aufhebung und Zurückverweisung nicht betroffen und teilrechtskräftig geworden[47], ist eine Anmeldung bzw. dahingehende Rücknahme nicht wieder möglich.

Einen **Sonderfall** betrifft **§ 7 VKRegV.** Nach § 7 S. 1 VKRegV gilt für den Fall, **14**
dass der Verbraucher glaubhaft macht, dass seine Anmeldung oder seine Rücknahme der Anmeldung aufgrund einer vorübergehenden technischen Störung des Verbandsklageregisters nicht eingegangen ist, und er die Anmeldung oder die Rücknahme unverzüglich nachholt, so ist sie als zum Zeitpunkt der glaubhaft gemachten vorherigen Anmeldung oder Rücknahme eingegangen anzusehen. Durch diese **Fiktion** wird gewährleistet, dass technische Störungen beim Anmeldevorgang nicht zu Lasten des Verbrauchers gehen. Derartige Störungen fallen insofern nicht in den Risikobereich des Verbrauchers und sollen deshalb keine nachteiligen Folgen auslösen.[48] Weigert sich das Bundesamt für Justiz als registerführende Stelle (vgl. § 43 Abs. 1 S. 1) die Anmeldung in so einem Fall nachträglich in das Verbandsklageregister einzutragen, kann hiergegen ein **Antrag gemäß §§ 23 ff. EGGVG** gestellt werden.[49]

§ 46 Abs. 1 S. 2 regelt, dass § 193 BGB keine Anwendung findet. Für den **Frist-** **15**
ablauf ist es damit unerheblich, ob dieser auf einen Sonntag oder einen am Sitz des Gerichts staatlich anerkannten Feiertag fällt. Dies soll dem Bundesamt für Justiz als registerführende Stelle (vgl. § 43 Abs. 1 S. 1) die Registerführung **erleichtern.**[50] Worin diese Erleichterung genau bestehen soll, erschließt sich nicht unmittelbar.[51] Allenfalls könnte hieraus ein etwas verminderter Arbeitsaufwand resultieren, wenn sich einzelne Verbraucher unter Berufung auf den Fristablauf an einem Feiertag verspätet anmelden. Dann muss das Bundesamt für Justiz die Frist nicht neuberechnen bzw. anpassen, sondern kann gleich auf § 46 Abs. 1 S. 2 verweisen. Durch die elektronische Registerführung in Kombination mit der Bekanntgabe des Termins und der dann laufenden Frist steht den Verbrauchern jedenfalls **ausreichend Zeit zur Verfügung,** um sich anzumelden.[52] Vor diesem Hintergrund spricht augenscheinlich nichts dagegen, die Anwendung des § 193 BGB auszuschließen. Tatsächlich kann man die gesetzgeberische Entscheidung als Reaktion auf Rechtsprechung zur früheren Musterfeststellungsklage verstehen, innerhalb derer § 222 Abs. 2 ZPO beim Fristablauf berücksichtigt wurde.[53] Der Gesetzgeber wollte offenbar nicht, dass diese Rechtsprechungslinie fortgesetzt wird.[54]

---

[47] Vgl. Musielak/Voit/Ball ZPO § 562 Rn. 2.

[48] Vgl. Köhler/Bornkamm/Feddersen/Scherer VDuG § 46 Rn. 18.

[49] Zöller/Vollkommer VDuG § 46 Rn. 14; vgl. zur alten Rechtslage bereits BGH NJW 2021, 2740.

[50] BT-Drs. 20/6520, 100.

[51] Skeptisch auch Anders/Gehle/Schmidt VDuG § 46 Rn. 3; HK-VDuG/Röthemeyer VDuG § 46 Rn. 8.

[52] Vgl. BT-Drs. 20/6520, 100; zustimmend Köhler/Bornkamm/Feddersen/Scherer VDuG § 46 Rn. 17.

[53] BGH BeckRS 2021, 8278.

[54] HK-VDuG/Röthemeyer VDuG § 46 Rn. 8, wobei dann in der Tat der Ausschluss des § 222 ZPO – den Röthemeyer für sachgerechter hält – naheliegender gewesen wäre.

D. Voraussetzungen einer wirksamen Anmeldung (Abs. 2)

16 § 46 Abs. 2 regelt die Voraussetzungen einer wirksamen Anmeldung. Die Vorschrift entspricht § 608 Abs. 2 ZPO aF.[55] Der Katalog beinhaltet **besondere inhaltliche Vorgaben.**[56] Die Vorschrift orientiert sich an den Anforderungen, die gemäß § 253 Abs. 2 ZPO an eine gewöhnliche Klageschrift gestellt werden.[57] Für die Anmeldung fällt **keine Gebühr** an,[58] obwohl eine solche zur Vermeidung von missbräuchlichen Anmeldungen ins Spiel gebracht wurde.[59] Eine anwaltliche Vertretung ist ebenfalls nicht nötig.[60] Wird ein Rechtsanwalt mit der Anmeldung beauftragt, sollen die Anwaltskosten nicht gemäß § 13 Abs. 1 S. 1 VDuG iVm § 788 ZPO (analog) erstattungsfähig sein.[61] Ein Anspruch gemäß §§ 280 Abs. 1, 2, 286 BGB soll hingegen denkbar sein.[62]

I. Name und Anschrift des Verbrauchers (Abs. 2 S. 1 Nr. 1)

17 Gemäß § 46 Abs. 2 S. 1 Nr. 1 ist die Anmeldung nur wirksam, wenn sie den **Namen und die Anschrift des Verbrauchers** enthält. Diese Angaben sind für die Übersendung etwaiger Auskünfte durch das Bundesamt für Justiz erforderlich. Ferner stellen sie sicher, dass der verklagte Unternehmer die Identität der angemeldeten Verbraucher erfahren kann. Hier besteht ein **Gleichlauf** zu § 48 Abs. 2[63] (→ § 48 Rn. 9ff.).

II. Angaben zur Kleinunternehmereigenschaft (Abs. 2 S. 1 Nr. 2)

18 Gemäß § 46 Abs. 2 S. 1 Nr. 2 ist die Anmeldung nur wirksam, wenn sie die Angabe enthält, ob die Anmeldung als **kleines Unternehmen** iSd § 1 Abs. 2 erfolgt. Diese Vorschrift geht auf die Beschlussempfehlung des Rechtausschusses des Bundestags zurück.[64] Die Angabe soll sicherstellen, dass das Gericht darüber in Kenntnis gesetzt wird, dass Gegenstand der Verbandsklage auch Ansprüche oder Rechtsverhältnisse von kleinen Unternehmen sind. Dies kann nach der Vorstellung des Rechtsausschusses für eine ordnungsgemäße Verfahrensführung sowie für Umfang und Strukturierung der Prüfung der mit einer Verbandsklage geltend gemachten Ansprüche bzw. der von ihr aufgeworfenen Tatsachen- und Rechtsfragen wichtig sein.[65] Eine weitergehende Begründung, inwiefern sich ein Verbandsklageverfahren unter Beteiligung von kleinen Unternehmen und Verbrauchern unterscheidet, sucht man hier vergeblich. Schließlich lässt sich aus § 1 Abs. 2 folgern, dass kleine

---

[55] BT-Drs. 20/6520, 101.
[56] S. zu § 608 ZPO aF BT-Drs. 19/2507: „notwendige[r] Inhalt".
[57] Vgl. BT-Drs. 20/6520, 101.
[58] HK-VDuG/Röthemeyer VDuG § 46 Rn. 23.
[59] BR-Drs. 176/18(B), 5.
[60] Anders/Gehle/Schmidt VDuG § 46 Rn. 2.
[61] HK-VDuG/Röthemeyer VDuG § 46 Rn. 21.
[62] HK-VDuG/Röthemeyer VDuG § 46 Rn. 22.
[63] BT-Drs. 20/6520, 101.
[64] BT-Drs. 20/7631, 37.
[65] BT-Drs. 20/7631, 113.

Unternehmen und Verbraucher **prozessual gleichgestellt** und dementsprechend auch gleichbehandelt werden sollen. Deshalb erschließt sich nicht, inwieweit sich die Verfahrensführung usw. überhaupt unterscheiden sollte.

III. Bezeichnung des Gerichts und Aktenzeichen (Abs. 2 S. 1 Nr. 3)

Gemäß § 46 Abs. 2 S. 1 Nr. 3 ist die Anmeldung nur wirksam, wenn sie die Bezeichnung des Gerichts und das Aktenzeichen enthält. Diese Angabe dient der **zweifelsfreien Zuordnung der Anmeldung.**[66] 19

IV. Bezeichnung des Beklagten (Abs. 2 S. 1 Nr. 4)

Gemäß § 46 Abs. 2 S. 1 Nr. 4 ist die Anmeldung nur wirksam, wenn sie die Bezeichnung des Beklagten enthält. Damit ist der Unternehmer gemeint. Diese Vorschrift dient der **fehlerfreien Zuordnung der Anmeldung.**[67] 20

V. Gegenstand und Grund des Anspruchs oder Rechtsverhältnisses des Verbrauchers (Abs. 2 S. 1 Nr. 5)

Gemäß § 46 Abs. 2 S. 1 Nr. 5 ist die Anmeldung nur wirksam, wenn sie den Gegenstand und Grund des Anspruchs oder des Rechtsverhältnisses des Verbrauchers enthält. Damit will der Gesetzgeber erreichen, dass der **potentielle Streitgegenstand** bezeichnet wird.[68] Anhand dieser Bezeichnung ist es den Parteien und Gerichten in einem nachfolgenden Rechtsstreit möglich, die Verjährungshemmung hinsichtlich des konkreten Verbraucheranspruchs zu überprüfen. Um hier einen effektiven Zugang der Verbraucher zur Verbandsklage zu ermöglichen, sind nach gesetzgeberischer Vorstellung an die Angaben **keine zu hohen Anforderungen** zu stellen. Lediglich die **Individualisierung** des betreffenden Anspruchs in einem etwaigen späteren Rechtsstreit muss sichergestellt bleiben.[69] 21

Dies entspricht nicht der Rechtsprechung zur alten Musterfeststellungsklage. Der BGH stellte hier eher strenge Anforderungen an die Bezeichnung des Streitgegenstands. Die Formulierung „Software Manipulation VW Touran Bj. 2011" wurde beispielsweise für **unzureichend** befunden.[70] Nach Ansicht des BGH sei es für die bestimmte Angabe von Gegenstand und Grund des Anspruchs in der Klageschrift nach der Vorbildvorschrift § 253 Abs. 2 Nr. 2 ZPO erforderlich, aber im Allgemeinen auch ausreichend, dass der Anspruch als solcher identifizierbar ist, indem er durch seine Kennzeichnung von anderen Ansprüchen so unterschieden und abgegrenzt werden kann, dass er Grundlage eines der materiellen Rechtskraft fähigen Vollstreckungstitels sein kann. Dabei komme es nicht darauf an, ob der maßgebende Lebenssachverhalt bereits vollständig beschrieben oder der Klageanspruch schlüssig und substanziiert dargelegt ist. Vielmehr müsse der Kläger – im Kontext der Anmeldung demnach der Verbraucher – seinen Tatsachenvortrag allerdings so weit konkretisieren, dass die Identität des Lebenssachverhalts, den er zum Streitgegenstand machen will, unverwechselbar feststeht.[71] 22

---

[66] BT-Drs. 20/6520, 101.
[67] BT-Drs. 20/6520, 101.
[68] Vgl. BT-Drs. 20/6520, 101.
[69] BT-Drs. 20/6520, 101.
[70] BGH NJW 2023, 1888 2. Leitsatz (mAnm Vollkommer).
[71] BGH NJW 2023, 1888 Rn. 17 (mAnm Vollkommer).

23 **Hohe Anforderungen** an die Bezeichnung des potentiellen Streitgegenstands wurden seinerzeit im Schrifttum und vom Bundesrat **kritisiert.**[72] Deren Übertragung auf § 46 Abs. 2 S. 1 Nr. 5 wird entsprechend kritisch gesehen.[73] Tatsächlich sind überzogene Anforderungen **unsachgemäß.** Schließlich wird man von einem Laien kaum erwarten können, dass ihm der Begriff des „Streitgegenstandes" überhaupt geläufig ist, geschweige denn, dass er diesen minutiös bezeichnen kann.[74] Gleichzeitig sind **zu niedrige Anforderungen** ebenso wenig wünschenswert. Eine Individualisierung muss möglich bleiben. Hierfür steht mit der **Ausfüllanleitung** des Bundesamts für Justiz ein **detailliertes Hilfsmittel** bereit.[75] Durch diese Ausfüllanleitung wird der fehlende Anwaltszwang kompensiert. Zugleich sind Verbraucher hierdurch in der Lage, den potentiellen Streitgegenstand hinreichend zu bezeichnen. Deshalb kann jedenfalls die Anforderung gestellt werden, dass sich die Bezeichnung des potentiellen Streitgegenstands nicht nur in einer allgemeinen, schlagwortartigen Bezeichnung erschöpft.[76] Ausreichend ist es allerdings, wenn der Verbraucher die in der Ausfüllanleitung aufgeworfenen Fragen (zum Gegenstand, Vertrag und Geschehen) beantwortet.[77]

VI. Versicherung der Richtigkeit und Vollständigkeit der Angaben (Abs. 2 S. 1 Nr. 6)

24 Gemäß § 46 Abs. 2 S. 1 Nr. 6 ist die Anmeldung nur wirksam, wenn sie eine Versicherung der Richtigkeit und Vollständigkeit der Angaben enthält. Dadurch soll zunächst **Missbrauch** ausgeschlossen werden. Ferner soll dies gewährleisten, dass Sinn und Zweck aller Angaben im Rahmen des § 46 Abs. 2 nicht verfehlt werden

---

[72] Kritisch zur BGH-Rechtsprechung Vollkommer NJW 2023, 1888 (1891); allgemein gegen hohe Anforderungen, die sich an § 253 Abs. 2 Nr. 2 ZPO orientieren BR-Drs. 176/18(B), 8.

[73] HK-VDuG/Röthemeyer VDuG § 46 Rn. 13ff.

[74] Zöller/Vollkommer VDuG § 46 Rn. 5 verlangt deshalb weder eine schlüssige noch eine substantiierte Darstellung, sondern lässt es genügen, wenn das Interesse des Anmelders am Verbandsklageverfahren vom Gericht und den Prozessparteien nachvollzogen werden kann.

[75] Die Anleitung ist auf der Internetpräsenz des Bundesamts für Justiz abrufbar und lautet wie folgt: „Der öffentlichen Bekanntmachung der Verbandsklage können Sie entnehmen, welche/-s Feststellungsziel/-e bei Musterfeststellungsklagen der Kläger des Verbandsklageverfahrens verfolgt bzw. welche Ansprüche bei Abhilfeklagen mit der Klage durchgesetzt werden sollen. Ihre Rechtsverhältnisse oder Ansprüche, die Sie zum Verbandsklageregister anmelden möchten, müssen mit diesen Feststellungszielen oder geltend gemachten Ansprüchen übereinstimmen. Beschreiben Sie hier genau und eindeutig den Sachverhalt, der Ihrem Anspruch zugrunde liegt. Erklären Sie dabei, inwiefern Ihr Anspruch oder Rechtsverhältnis von den Feststellungszielen der Musterfeststellungsklage abhängt bzw. von den Ansprüchen der Abhilfeklage betroffen ist. Beschreiben Sie das tatsächliche Geschehen, zum Beispiel: Welcher Gegenstand ist betroffen? Welcher Vertrag liegt zugrunde (bspw. unter Angabe von Vertragsdatum oder -nummer)? Was ist passiert? Durch Ihre konkrete Darlegung des Sachverhalts soll Ihr Anspruch individualisiert werden. Diese Individualisierung kann für die Prüfung Ihres Anspruchs unter anderem in dem Umsetzungsverfahren oder einem etwaigen späteren Rechtsstreit relevant sein. Rechtliche Ausführungen sind nicht erforderlich. Ihre Ausführungen sollten sich auf maximal 6.000 Zeichen beschränken."

[76] Köhler/Bornkamm/Feddersen/Scherer VDuG § 46 Rn. 28.

[77] Ähnlich Köhler/Bornkamm/Feddersen/Scherer VDuG § 46 Rn. 28.

und die Anmeldung nicht lediglich zu **Täuschungszwecken** erfolgt. Deshalb sind die Richtigkeit und Vollständigkeit **zu versichern.**[78] Wie effektiv diese Vorgabe wirkt, ist zweifelhaft. Sanktionen für falsche Versicherungen sind nicht vorgesehen.[79] Mangels eidesstattlicher Versicherung wäre eine falsche Versicherung auch nicht gemäß § 156 StGB strafbewehrt.[80] Der Effekt dieser Vorschrift dürfte sich darin erschöpfen, den Verbrauchern **die Tragweite und Bedeutung der Anmeldung zu vergegenwärtigen.** Dies allein könnte tatsächlich zu richtigen und wahrheitsgemäßen Angaben incentivieren. Gewissermaßen wird dadurch die fehlende inhaltliche Prüfung der Angaben (§ 46 Abs. 3) kompensiert.[81]

VII. Angaben zur Höhe des Zahlungsanspruchs (Abs. 2 S. 2)

Gemäß § 46 Abs. 2 S. 2 soll die Anmeldung, wenn ein Zahlungsanspruch an- **25**
gemeldet wird, auch Angaben zur Höhe dieses Anspruchs enthalten. Diese Angabe gibt Unternehmern sowie Sachwaltern Aufschluss darüber, wie hoch der einzelne geltend gemachte Verbraucheranspruch ist. Anders als die zwingenden Vorgaben des § 46 Abs. 2 S. 1 handelt es sich aber nur um eine **„Soll-Vorschrift",** sodass mit einer fehlenden oder irrtümlich falschen Angabe **keine nachteiligen Folgen** für die Verbraucher verbunden sind.[82] Diese Angabe ist beispielsweise für die geschätzte Höhe des kollektiven Gesamtbetrags bedeutsam (→ § 19 Rn. 16).[83]

Der Wortlaut der Vorschrift ist allerdings **sehr offen.** „Angaben zur Höhe" **26**
zwingen nicht dazu, die Höhe genau zu beziffern. Auch eine „ca."-Angabe oder eine Betragsspanne wäre vom Wortlaut umfasst.[84] Zudem wird die Angabe auch in der Ausfüllanleitung des Bundesamts für Justiz als „freiwillig" bezeichnet.[85]

Durch diese relativierende Gestaltung der Vorschrift erscheint es **zweifelhaft,** **27**
dass die Parteien und hierbei insbesondere der Unternehmer die wirtschaftliche Bedeutung der Verbandsklage tatsächlich abschätzen können.[86] Ermöglicht wird allenfalls, dass die **ungefähre Größenordnung** der Verbandsklage schätzbar wird. Ob diese Einschätzung letztlich zutrifft, dürfte vom Einzelfall abhängen. Schließlich ist die Angabe freiwillig und wenn die Verbraucher diese freiwillige Angabe wenig substantiiert gestalten (beispielsweise eine Betragsspanne von EUR 6.000 bis EUR 16.000 angeben), können Einschätzung und letztliche Größenordnung bei einer hohen Anzahl angemeldeter Verbraucher spürbar **auseinanderfallen.**[87] Hier wäre eine ausführlichere Beschreibung in der Ausfüllanleitung wünschenswert ge-

---

[78] BT-Drs. 20/6520, 101.

[79] Anders/Gehle/Schmidt VDuG § 46 Rn. 4.

[80] Zöller/Vollkommer VDuG § 46 Rn. 8; so auch HK-VDuG/Röthemeyer VDuG § 46 Rn. 16, der allerdings eine Strafbarkeit nach § 263 StGB für denkbar hält.

[81] Ähnlich HK-VDuG/Röthemeyer VDuG § 46 Rn. 16.

[82] BT-Drs. 20/6520, 101.

[83] Vgl. Köhler/Bornkamm/Feddersen/Scherer VDuG § 46 Rn. 31.

[84] Ähnlich HK-VDuG/Röthemeyer VDuG § 46 Rn. 17.

[85] Die Anleitung ist auf der Internetpräsenz des Bundesamts für Justiz abrufbar und lautet wie folgt: „Wenn es sich bei dem von Ihnen erhobenen Anspruch um die Zahlung einer Geldsumme handelt, können Sie hier Angaben zur Höhe des Anspruchs machen. Die Angabe ist freiwillig."

[86] So aber Zöller/Vollkommer VDuG § 46 Rn. 7; HK-VDuG/Röthemeyer VDuG § 46 Rn. 17.

[87] Im Ergebnis auch kritisch Köhler/Bornkamm/Feddersen/Scherer VDuG § 46 Rn. 31: „faktisch nutzlos".

wesen[88], damit die legitimen Interessen, insbesondere der Unternehmer, an einer fundierten Informationsgrundlage gewahrt werden. Die zuständigen Gerichte verfügen zudem über gleichgerichtete Interessen (→ § 19 Rn. 16).

VIII. Folgen einer wirksamen Anmeldung

28 Die wirksame Anmeldung hat zur Folge, dass an dem Verbandsklageverfahren teilgenommen wird. Entsprechend treten die **Wirkungen der §§ 11, 26 VDuG und § 204 a Abs. 1 S. 1 Nr. 3, 4 BGB** ein.[89] Dies gilt selbst für eine Anmeldung, die nur die Hemmung der Verjährung bezweckt und zeitnah zurückgenommen wird[90] (zur Rücknahme → Rn. 38 f.).

29 Der Verbraucher wird durch die Anmeldung nicht zum Verfahrensbeteiligten. Verfahrensbeteiligte sind weiterhin die klageberechtigte Stelle (Kläger) und der Unternehmer (Beklagter).[91] Ob zwischen den Verbrauchern und der klageberechtigten Stelle ein Rechtsverhältnis besteht und falls ja, wie dieses zu qualifizieren ist, wird **kontrovers diskutiert**[92] (→ Einleitung Rn. 18).

30 Ein kontroverses Thema im Rahmen der alten Musterfeststellungsklage war, wie sich eine **Rechtsnachfolge** auf die Wirkungen der Anmeldung auswirkt.[93] Im Falle der Abtretung sollen die Wirkungen der Anmeldung entfallen, wenn die Abtretung vor dem Zeitpunkt der Registerschließung erfolgt. Dann muss sich der Zessionar selbst anmelden. Der Zedent hingegen kann seine Anmeldung zurücknehmen (§ 46 Abs. 4). Dadurch ließe sich die Konstellation vermeiden, dass ein Zedent mit Verbrauchereigenschaft an einen Unternehmer abtritt, der sodann von der Anmeldung profitiert.[94]

31 Nach Registerschließung hingegen soll die Anmeldung des Zedenten für den Zessionar fortwirken. Die Verbrauchereigenschaft soll in diesem Stadium **irrelevant sein.** Diese Ansicht hätte zur Folge, dass der Verbraucher seinen Anspruch nach Registerschließung an einen Unternehmer – wie etwa **Inkasso-Dienstleister** – abtreten könnte. Dieser profitiert sodann von der Bindungswirkung des § 11 Abs. 3.[95] Dies folgt aus einer analogen Anwendung des § 325 ZPO.[96] Der Wortlaut des § 11 Abs. 3 spricht zwar lediglich vom „angemeldeten Verbraucher". Damit ist in Übereinstimmung mit den zivilprozessualen Maßgaben der **§§ 265, 325, 261 Abs. 3 Nr. 1 ZPO** aber nicht der Rechtsinhaber selbst, sondern das **streitbefangene Recht** gemeint.[97] Für den Fall, dass über eine Musterfeststellungsklage entschieden wurde, ist dem grundsätzlich zuzustimmen. Hier ist nicht erkennbar, weswegen die Verbraucher nach Registerschließung daran gehindert sein sollten, ihre Forderungen an Unternehmer abzutreten. Die anschließende Vollstreckung der Forderung bestimmt sich schließlich nicht mehr nach dem VDuG und ist damit

---

88 HK-VDuG/Röthemeyer VDuG § 46 Rn. 17 macht sich etwa für „vertiefende uU auch fallspezifische Hinweise durch das BfJ" stark.

89 Zöller/Vollkommer VDuG § 46 Rn. 17.

90 Zur alten Musterfeststellungsklage BGH NJW 2021, 3250 3. Leitsatz.

91 Zöller/Vollkommer VDuG § 46 Rn. 18.

92 Vgl. etwa Bruns ZZP 137 (2024), 3 (14 ff.).

93 Vgl. etwa Röß NJW 2020, 953.

94 Zöller/Vollkommer VDuG § 46 Rn. 20.

95 So Zöller/Vollkommer VDuG § 46 Rn. 20.

96 HK-VDuG/Röthemeyer VDuG § 11 Rn. 35 f.; Zöller/Vollkommer VDuG § 46 Rn. 20.

97 Köhler/Bornkamm/Feddersen/Scherer VDuG § 11 Rn. 18; Müller GWR 2019, 399 (400).

nicht zwingend auf die Konstellation **„Verbraucherrechtsdurchsetzung gegenüber einem Unternehmer"** zugeschnitten.

Komplizierter ist die Einzelrechtsnachfolge jedoch, wenn eine Abhilfeklage er- **32**
geht und ein **Umsetzungsverfahren** stattfindet. Der Unternehmer soll nach die-
ser Sichtweise an ihn abgetretene Ansprüche gegebenenfalls über § 39 geltend
machen können.[98] Dies ist fraglich. Im Ausgangspunkt ließe sich vertreten, dass die
Individualklage außerhalb des speziellen – auf die Konstellation durchzusetzender
Verbraucherrechte gegenüber einem Unternehmer – Systems des VDuG abläuft.
Dann wäre es **unschädlich**, wenn die materiell-rechtliche Inhaberschaft der
Rechte nicht mehr bei den Verbrauchern, sondern bei einem Unternehmer läge.
Dies ließe sich wie zuvor schon in → Rn. 31 vertreten, sofern man hierin nur einen
Bezug auf das streitbefangene Recht und nicht den Rechtsinhaber erkennen will.

Diese Sichtweise lässt sich allerdings schwer mit dem Wortlaut des § 39 in Ein- **33**
klang bringen. Dort ist die Rede von einem „vom Verbraucher geltend gemachten
Anspruch im Umsetzungsverfahren", den „der Verbraucher […] im Wege der Individualklage geltend machen kann". Der Wortlaut des § 39 geht demnach davon aus,
dass der **Verbraucher selbst die Individualklage erheben** muss. Zudem entfällt
die Möglichkeit der Individualklage, wenn der Anspruch bereits im Widerspruchsverfahren gemäß § 28 hätte geltend gemacht werden können. Diese Vorschrift ist
Bestandteil des Umsetzungsverfahrens und darauf zugeschnitten, dass weiterhin der
Verbraucher Rechtsinhaber ist.[99] Andererseits ist die Individualklage gemäß
§ 39 **kein Teil des Abhilfe- oder Umsetzungsverfahrens.**[100] Erkennt man in
§ 39 deshalb nur eine Art „Öffnungsklausel" hin zum gewöhnlichen Zivilprozess,
könnte es tatsächlich unerheblich sein, ob innerhalb dieser Individualklage der **Verbraucher als Kläger auftritt oder ein Unternehmer als Zessionar.**

Der **Gesamtrechtsnachfolger** (§ 1922 BGB) profitiert hingegen von § 11 **34**
Abs. 3 und den weiteren Folgen des Verbandsklageverfahrens.[101] Hiervon geht der
Gesetzgeber erkennbar aus. Mit **§ 3 Abs. 5 Verbandsklageregisterverordnung
(VKRegV)** steht eine Vorschrift bereit, die für diesen Fall eine Eintragung in das
Verbandsklageregister vorsieht. Daraus lässt sich schließen, dass der Gesamtrechts-
nachfolger vollständig an die Stelle des verstorbenen angemeldeten Verbrauchers
tritt.[102] Entsprechend kann der Gesamtrechtsnachfolger dann allerdings auch die
Annahme innerhalb der geltenden Frist zurücknehmen (→ Rn. 38 f.).

E. Keine inhaltliche Prüfung (Abs. 3)

Gemäß § 46 Abs. 3 werden die Angaben der wirksamen Anmeldung **ohne in-** **35**
haltliche Prüfung in das Verbandsklageregister eingetragen. Die Vorschrift entspricht § 608 Abs. 2 S. 3 ZPO aF und stellt klar, dass nur nach Maßgabe des § 46

---

[98] So Zöller/Vollkommer VDuG § 46 Rn. 20.
[99] Dies lässt sich aus BT-Drs. 20/6520, 87 ff. folgern. Die §§ 26 ff. werden in der Form begründet, dass stets nur von „Verbrauchern" die Rede ist, nicht aber von Abtretungskonstellationen oÄ. Siehe zB zu § 27 Nr. 3: „Es ist Aufgabe […] des Sachwalters, die Berechtigung
der am Umsetzungsverfahren teilnehmenden […] Verbraucher nach Maßgabe des Abhilfegrundurteils zu prüfen."
[100] BT-Drs. 20/6520, 97.
[101] Zöller/Vollkommer VDuG § 46 Rn. 22.
[102] Ähnlich HK-VDuG/Röthemeyer VDuG § 11 Rn. 36.

Abs. 2 wirksame Anmeldungen einzutragen sind.[103] Nach Maßgabe des § 43 Abs. 2 sind die Anmeldungen **unverzüglich** einzutragen (→ § 43 Rn. 11 ff.). Gemeint dürfte mit der fehlenden inhaltlichen Prüfung zuvorderst sein, dass beispielsweise **keine materiell-rechtliche Prüfung** etwa der Inhaberschaft des Anspruchs[104], der Verbrauchereigenschaft der angemeldeten Person[105] oder einer vorherigen rechtskräftigen Entscheidung über den Anspruch[106] stattfindet. Diese Prüfungen sind dem Umsetzungsverfahren (§§ 22 ff.) oder den individuellen Nachverfahren (etwa § 39) vorbehalten.[107] Hintergrund ist, dass das Verbandsklageverfahren in diesem Stadium noch nicht mit **langwierigen Prüfungen** belastet werden soll.[108] Zudem kann die rechtliche Prüfung der Inhaberschaft eines Anspruchs in komplexen Abtretungskonstellationen mit Schwierigkeiten verbunden sein. Damit sollte ein Gericht betraut sein.

36 Daraus folgt aber nicht, dass das Bundesamt für Justiz keine **Frist-, Vollständigkeits- und Plausibilitätskontrolle** durchführen kann.[109] Die Vollständigkeitskontrolle ist im Wortlaut des § 46 Abs. 3 angelegt. Denn eine „wirksame Anmeldung" ist nur eine solche, die fristgerecht im Sinne des § 46 Abs. 1 S. 1 erfolgt und die Angaben des § 46 Abs. 2 S. 1 beinhaltet. Die Plausibilitätskontrolle hingegen ist in der Vorschrift nicht angelegt. Hierfür besteht aber ein Bedürfnis. Schließlich sind die Anmeldungen für die Schätzung des kollektiven Gesamtbetrags bedeutsam (→ § 19 Rn. 17).

37 Deshalb sollte es dem Bundesamt für Justiz als registerführende Stelle (vgl. § 43 Abs. 1 S. 1) möglich sein, **offensichtlich missbräuchliche oder scherzhafte Anmeldungen** auch nicht in das Verbandsklageregister einzutragen. Eine Anmeldung von „Dagobert Duck aus Entenhausen" ist schnell als offenkundiger Scherz identifiziert und muss nicht eingetragen werden. Dies bietet den Vorteil, dass weder der beklagte Unternehmer noch das zuständige Gericht selbst solche Fälle herausfiltern müssen, wenn sie die Größenordnung der Verbandsklage bzw. die Höhe des kollektiven Gesamtbetrags abschätzen. Zudem ist es ratsam, das Verbandsklageregister bei einer Vielzahl angemeldeter Verbraucher **übersichtlich** zu halten. Hierbei kann eine reduzierte Anzahl an Eintragungen helfen. Offenkundig unplausible Anmeldungen sind deshalb nicht einzutragen.

F. Rücknahme der Anmeldung (Abs. 4)

38 Gemäß § 46 Abs. 4 S. 1 kann die Anmeldung bis zu dem in Abs. 1 genannten Zeitpunkt **zurückgenommen** werden. Durch die Rücknahme entfallen für die betroffenen Verbraucher die **Bindungswirkung des Urteils** (§ 11 Abs. 3) sowie die **Verjährungshemmung** (§ 204 a Abs. 1 Nr. 3, 4 Abs. 2 Nr. 2 BGB).[110] Darüber hinaus entfallen die Aussetzungspflicht gemäß § 11 Abs. 1 und die Sperrwirkung

[103] BT-Drs. 20/6520, 101.
[104] Vgl. Zöller/Vollkommer VDuG § 46 Rn. 11.
[105] HK-VDuG/Röthemeyer VDuG § 46 Rn. 25.
[106] HK-VDuG/Röthemeyer VDuG § 46 Rn. 25.
[107] Zöller/Vollkommer VDuG § 46 Rn. 11; vgl. auch Köhler/Bornkamm/Feddersen/Scherer VDuG § 46 Rn. 32.
[108] HK-VDuG/Röthemeyer VDuG § 46 Rn. 25.
[109] Anders/Gehle/Schmidt VDuG § 46 Rn. 6; vgl. HK-VDuG/Röthemeyer VDuG § 46 Rn. 25.
[110] BT-Drs. 20/6520, 101.

gemäß § 11 Abs. 2.[111] Mit der Rücknahme enden zudem **Informationsrechte** bzw. -**obliegenheiten,** vgl. § 48 Abs. 3 (ausführlich → § 48 Rn. 6ff.).[112] Die Möglichkeit der Rücknahme besteht bis **zum Ende des Anmeldezeitraums.**[113] Entsprechend ist sie bis drei Wochen nach dem Schluss der mündlichen Verhandlung möglich. **Diskutabel** sind die Folgen einer sog. **Totalabmeldung.** Gemeint ist damit eine Konstellation, in der alle angemeldeten Verbraucher ihre Anmeldung nach § 46 Abs. 4 zurücknehmen (hierzu → Einleitung Rn. 20).

Für die Rücknahme gilt gemäß § 47 Abs. 1 die **Textform,** wobei bei Vertretung durch einen Rechtsanwalt gemäß § 47 Abs. 2 Besonderheiten gelten (→ § 47 Rn. 4ff.). Sie ist zudem gegenüber dem Bundesamt für Justiz als registerführende Stelle (vgl. § 43 Abs. 1 S. 1) zu erklären. § 47 wird durch § 4 Verbandsklageregisterverordnung (VKRegV) flankiert (→ § 47 Rn. 5). 39

§ 47 Formvorschriften

(1) **Anmeldung und Rücknahme sind in Textform gegenüber dem Bundesamt für Justiz zu erklären.**

(2) **[1]Wird die Anmeldung oder die Rücknahme durch einen Rechtsanwalt erklärt, muss für die Erklärung das vom Bundesamt für Justiz hierfür elektronisch bereitgestellte Formular genutzt werden. [2]Ist dies aus technischen Gründen vorübergehend nicht möglich, so ist die Übermittlung in Textform zulässig. [3]Die vorübergehende Unmöglichkeit ist bei der Ersatzeinreichung oder unverzüglich danach glaubhaft zu machen; auf Anforderung des Bundesamts für Justiz ist die Erklärung mittels des elektronisch bereitgestellten Formulars nachzuholen. [4]§ 703 der Zivilprozessordnung gilt entsprechend.**

(3) **Die Absätze 1 und 2 sind auf die Erklärung des Austritts aus einem Vergleich entsprechend anzuwenden.**

A. Überblick und Normzweck

§ 47 beinhaltet **Formvorschriften.** § 47 Abs. 1 ordnet für die Erklärung der Anmeldung und Rücknahme gegenüber dem Bundesamt für Justiz die **Textform** an. § 47 Abs. 2 betrifft dieselben Vorgänge, allerdings für den Fall, dass ein Rechtsanwalt die Anmeldung oder Rücknahme erklärt. Dann ist ein grundsätzlich vom Bundesamt für Justiz bereitgestelltes **Formular** zu nutzen.[1] § 47 Abs. 3 erklärt die Abs. 1 und 2 für die **Erklärung des Austritts aus einem Vergleich** für entsprechend anwendbar. Die Vorschrift ist § 608 Abs. 4 ZPO aF nachempfunden.[2] Von der Vorbildvorschrift versprach sich der Gesetzgeber eine Anmeldung und Rücknahme gegenüber der klageregisterführenden Stelle auf einfache Weise.[3] Dies dürfte auch für die Nachfolgervorschrift § 47 gelten. 1

---

[111] Köhler/Bornkamm/Feddersen/Scherer VDuG § 46 Rn. 34.
[112] HK-VDuG/Röthemeyer VDuG § 46 Rn. 33.
[113] BT-Drs. 20/6520, 101.
[1] Anders/Gehle/Schmidt VDuG § 47 Rn. 1: „Formularzwang".
[2] BT-Drs 20/6520, 102.
[3] BT-Drs 19/2507, 24.

2 Die Vorschrift ist erkennbar **mit § 46 verzahnt.** Die Formvorschriften beziehen sich auf die darin geregelte Anmeldung bzw. Rücknahme. Aufgrund von § 47 Abs. 3 ist die Regelung auch im Zusammenhang mit § 10 zu sehen, der den Austritt aus dem Vergleich regelt.

B. Umsetzung der Richtlinie

3 § 47 hat **keine Entsprechung** in der Verbandsklagen-RL. Ein Zusammenhang besteht lediglich zu Art. 9 Abs. 2 und 3 Verbandsklagen-RL, die die Vorgaben zum Verbandsklageregister beinhalten. Insbesondere Art. 9 Abs. 2 Verbandsklagen-RL besagt, dass die Mitgliedstaaten Vorschriften dazu festlegen, auf welche Weise und in welchem Stadium einer Verbandsklage auf Abhilfeentscheidungen die einzelnen von einer Verbandsklage betroffenen Verbraucher nach Erhebung der Verbandsklage innerhalb einer angemessenen Frist ausdrücklich oder stillschweigend ihren Willen äußern können, ob sie durch die qualifizierte Einrichtung im Rahmen der Verbandsklage auf Abhilfeentscheidungen repräsentiert werden wollen und an das Ergebnis der Verbandsklage gebunden sein wollen. Die Wendung **„auf welche Weise"** eröffnet den Mitgliedstaaten auch die Möglichkeit, Formvorschriften festzulegen. Von dieser Möglichkeit hat der deutsche Gesetzgeber durch § 47 Gebrauch gemacht.

C. Textform (Abs. 1)

4 Gemäß § 47 Abs. 1 sind Anmeldung und Rücknahme in Textform gegenüber dem Bundesamt für Justiz zu erklären. Gemeint sind damit die Anmeldung und Rücknahme im Sinne des § 46 gegenüber dem Bundesamt für Justiz als registerführende Stelle (§ 43 Abs. 1 S. 1). Textform ist im VDuG nicht näher definiert. Deshalb ist auf die **allgemeine Vorschrift des § 126b BGB** zurückzugreifen. Die Formanforderung der Textform ist erfüllt, wenn eine lesbare Erklärung, in der die Person des Erklärenden genannt ist, auf einem dauerhaften Datenträger abgegeben wird (§ 126b S. 1 BGB). Dabei ist ein dauerhafter Datenträger jedes Medium, das es dem Empfänger ermöglicht, eine auf dem Datenträger befindliche, an ihn persönlich gerichtete Erklärung so aufzubewahren oder zu speichern, dass sie ihm während eines für ihren Zweck angemessenen Zeitraums zugänglich ist (§ 126b S. 2 Nr. 1 BGB) und geeignet ist, die Erklärung unverändert wiederzugeben (§ 126b S. 2 Nr. 2 BGB).

5 Einen solchen „dauerhaften Datenträger" macht das Bundesamt für Justiz den Verbrauchern dadurch zugänglich, dass es auf seinem **Online-Portal** unentgeltlich ein entsprechendes **Online-Formular** für die Anmeldung bzw. Rücknahme bereitstellt.[4] Die Vorgaben zu diesem Formular sind bezüglich der Anmeldung und Eintragung von Ansprüchen oder Rechtsverhältnis in **§ 3 Verbandsklageregisterverordnung** (VKRegV) und hinsichtlich der Rücknahme der Anmeldung in **§ 4 VKRegV** konkretisiert. Generell gelten als dauerhafter Datenträger aber **Papierdokumente** wie auch **elektronische Dokumente**[5], wobei die letztgenannte Gruppe durch die Vorgaben des § 126b S. 2 BGB konkretisiert wird.[6]

---

[4] BT-Drs. 20/6520, 102.

[5] Siehe HK-VDuG/Röthemeyer VDuG § 47 Rn. 2.

[6] HK-BGB/Dörner BGB § 126b Rn 4.

Allerdings bleibt den Verbrauchern auch eine **schriftliche Erklärung** (entsprechend § 126 BGB) unbenommen. Diese Möglichkeit richtet sich an Verbraucher, die Online-Angebote möglicherweise nicht nutzen können.[7] In der Vorschrift wird diese Möglichkeit nicht explizit erwähnt. Dafür besteht allerdings auch kein Bedürfnis. Die Textform ist die „schwächste" Formvorgabe im deutschen Recht. Sie kann deshalb durch alle anderen Formen – wie etwa die Schriftform oder notarielle Beurkundung – ersetzt werden.[8] Allerdings priorisiert das Bundesamt für Justiz die Nutzung des Online-Formulars. Der Zugang etwa zum in § 3 Abs. 1 S. 2 und § 4 Abs. 1 S. 2 VKRegV vorgesehenen Papier-Formular wird beispielsweise als **kompliziert und schwerfällig** beschrieben.[9] Dies wird man als Anstoß in Richtung der Verbraucher verstehen dürfen, die moderneren Dokumente zu nutzen. Wenn die technischen Möglichkeiten hierzu bereitstehen, dürfte dies die Verbraucher in der Regel auch vor keine größeren Herausforderungen stellen. Das komplexeste Formular betreffend der Anmeldung von Ansprüchen bzw. Rechtsverhältnissen ist mit einer Ausfüllanleitung versehen (§ 3 Abs. 1 S. 1 VKRegV) und dürfte deshalb leicht handhabbar sein. Rücknahme bzw. Austrittsformulare dürften hingegen weitgehend selbsterklärend sein. 6

D. Elektronische Form bei Erklärung durch einen Rechtsanwalt (Abs. 2)

Gemäß § 47 Abs. 2 S. 1 muss für die Erklärung der Anmeldung oder der Rücknahme durch einen Rechtsanwalt das vom Bundesamt für Justiz bereitgestellte Formular genutzt werden. Gemeint ist damit das jeweils in § 3 bzw. § 4 VKRegV beschriebene Online-Formular. Hintergrund ist, dass bevollmächtigte Rechtsanwälte, die die entsprechenden Erklärungen für Verbraucher abgeben, in der Regel auch über die **technischen Voraussetzungen** zur Nutzung des Online-Portals verfügen.[10] In der Tat dürfte seit Inkrafttreten der §§ 130 a ff. ZPO am 1.8.2022 und insbesondere der Nutzungspflicht für Rechtsanwälte gemäß § 130 d ZPO die digitale Infrastruktur in allen Rechtsanwaltskanzleien hinreichend ausgebaut sein.[11] 7

Die fortschreitende Digitalisierung hinsichtlich der Anmeldung oder Rücknahme gemäß § 46 durch die Formvorgabe gemäß § 47 Abs. 2 S. 1 ist eine **begrüßenswerte Entwicklung.** § 47 Abs. 2 S. 1 dient auch der Entlastung des Bundesamts der Justiz, denn eine händische Übertragung der Anmeldung bzw. Rückmeldung verursacht einerseits einen beträchtlichen Zeitaufwand und birgt andererseits auch ein Risiko für Fehler bei der Datenübertragung.[12] Letzteres würde den Zeitaufwand gegebenenfalls weiter erhöhen und wäre insofern **ineffizient.** 8

§ 47 Abs. 2 S. 2 macht von S. 1 eine Ausnahme. Ist die Erklärung in der Form des § 47 Abs. 2 S. 1 für den Rechtsanwalt aus technischen Gründen vorübergehend nicht möglich, so ist die Übermittlung in Textform zulässig. Diese Ausweichmöglichkeit ist den Rechtsanwälten aus § 130 d S. 2 ZPO bekannt. Der Wortlaut beschränkt sich auf **„vorübergehende"** Unmöglichkeiten. Ob eine Unmöglich- 9

[7] BT-Drs. 20/6520, 102.
[8] MüKoBGB/Einsele BGB § 126 b Rn. 10.
[9] Vgl. die Schilderungen bei HK-VDuG/Röthemeyer VDuG § 47 Rn. 4.
[10] BT-Drs. 20/6520, 102.
[11] Ähnlich Köhler/Bornkamm/Feddersen/Scherer VDuG § 47 Rn. 4.
[12] BT-Drs. 20/6520, 102.

keit „vorübergehend ist“, lässt sich erst im Nachhinein beurteilen. Dem Gesetzgeber kam es bei der Einschränkung im Rahmen des § 130d S. 2 ZPO – und dies dürfte auch für § 47 Abs. 2 S. 2 gelten – darauf an, dass die elektronische Übermittlungsform in jedem Fall zunächst gewählt wird, damit auf erste Störungen oder fortbestehende Störungen weiter hingewiesen wird, damit unverzüglich Abhilfe geschaffen werden kann. Die Dauer selbst spielt deshalb keine Rolle.[13] Richtigerweise erfasst ist deshalb auch eine **längerfristige oder dauerhafte Unmöglichkeit (argumentum a fortiori).**[14] Für die Textform (§ 126b BGB) gelten die Ausführungen unter → Rn. 4f. entsprechend. Den Rechtsanwalt trifft für Fälle des § 47 Abs. 2 S. 2 allerdings gemäß § 47 Abs. 2 S. 3 die Pflicht, die vorübergehende Unmöglichkeit bei der Ersatzeinreichung oder unverzüglich danach glaubhaft zu machen (§ 13 Abs. 1 S. 2 VDuG iVm § 294 ZPO) und auf Anforderung des Bundesamts für Justiz die Erklärung mittels des elektronisch bereitgestellten Formulars nachzuholen. Dieser Vorgang entspricht den Vorgaben des § 130d S. 3 ZPO und sollte den Rechtsanwälten – inklusive der strengen Handhabung des § 130d S. 3 ZPO[15] – deshalb geläufig sein.

10 § 47 Abs. 2 S. 4 trifft für die Rechtsanwälte noch eine Bestimmung zum **Nachweis der Vollmacht.** Die Vorschrift erklärt § 703 ZPO für entsprechend anwendbar. Danach bedarf es im Mahnverfahren nicht des Nachweises einer Vollmacht (§ 703 S. 1 ZPO). Wer als Bevollmächtigter einen Antrag einreicht oder einen Rechtsbehelf einlegt, hat seine ordnungsgemäße Bevollmächtigung allerdings zu versichern (§ 703 S. 2 ZPO). Die Vorschrift dient innerhalb des Mahnverfahrens der Verfahrensvereinfachung[16], was ebenso für ihre Anwendung im VDuG gelten dürfte. Die entsprechende Anwendung dieser Vorschrift hat zur Folge, dass der Nachweis der Vollmacht nicht notwendig ist, wenn der Rechtsanwalt für einen Verbraucher eine Anmeldung im Sinne des § 46 vornimmt. Allerdings muss der Rechtsanwalt seine ordnungsgemäße Bevollmächtigung in einem solchen Fall **versichern.**[17] Die Erklärungen des Rechtsanwalts sind allerdings **unwirksam,** wenn sich im Nachhinein herausstellt, dass er nicht ordnungsgemäß bevollmächtigt wurde.[18] Der angeblich vertretene Verbraucher kann dies jederzeit rügen. Zugleich besteht aber auch die Möglichkeit, die unwirksame Erklärung des Rechtsanwalts **zu genehmigen.**[19] Dadurch wird die Anmeldung wirksam.

11 Die Mandatierung eines Rechtsanwalts für die Anmeldung bzw. Rücknahme der Anmeldung ist **nicht verpflichtend.**[20] Deshalb kann es sein, dass ein erheblicher Teil der Verbraucher **ohne anwaltliche Vertretung** agiert. Zu sehen ist nämlich, dass die Anmeldung bzw. Rücknahme selbiger **kostenlos** ist.[21] Demgegenüber dürfte in Übereinstimmung mit der Rechtslage nach § 608 ZPO aF für

---

[13] Vgl. zu § 130d S. 2 ZPO etwa Musielak/Voit/Stadler ZPO § 130d Rn. 3.
[14] So auch HK-VDuG/Röthemeyer VDuG § 47 Rn. 5.
[15] Zöller/Vollkommer VDuG § 47 Rn. 3.
[16] BT-Drs. 7/2729, 104.
[17] BT-Drs. 20/6520, 102.
[18] Köhler/Bornkamm/Feddersen/Scherer VDuG § 47 Rn. 5; zu § 703 ZPO im ursprünglichen Anwendungsbereich Musielak/Voit/Voit ZPO § 703 Rn. 2.
[19] Vgl. zu § 703 ZPO im ursprünglichen Anwendungsbereich Musielak/Voit/Voit ZPO § 703 Rn. 2.
[20] BT-Drs. 20/6520, 100; Welling, Was kann die Verbandsklage vom KapMuG lernen?, 2024, S. 199.
[21] BT-Drs. 20/6520, 100.

die Vornahme dieser Erklärungen durch den Rechtsanwalt in Ermangelung eines speziellen Gebührentatbestands die volle Geschäftsgebühr anfallen.[22] Der DAV schlug einen solchen speziellen Gebührentatbestand (0,8 Verfahrensgebühr)[23] entsprechend RVG Anlage 1 – VV 3338 bei Musterverfahren nach dem KapMuG auch für Anmeldungen bzw. Rücknahmen im Rahmen des VDuG vor. Diesen Vorschlag hat der Gesetzgeber jedoch nicht angenommen bzw. umgesetzt.[24] Eine volle Geschäftsgebühr dürfte der vom VDuG grundsätzlich angestrebten Überwindung des **rationalen Desinteresses** (→ Einleitung Rn. 8) nicht zuträglich sein.[25] Jedenfalls ist zu erwarten, dass dadurch viele Verbraucher ohne anwaltliche Vertretung an den Verbandsklageverfahren teilnehmen werden. Entsprechend häufig dürfte dann noch § 47 Abs. 1 gelten.

E. Entsprechende Anwendung der Formvorgaben auf die Erklärung des Austritts aus einem Vergleich gemäß § 10 (Abs. 3)

Gemäß § 47 Abs. 3 sind die Abs. 1 und 2 auf die Erklärung des Austritts aus 12
einem Vergleich entsprechend anzuwenden. Gemeint ist damit der Vergleich gemäß § 10. Je nachdem, ob der Verbraucher selbst oder dessen Rechtsanwalt als Prozessbevollmächtigter die Erklärung abgibt, sind also für die **Austrittserklärung** die Vorgaben des § 47 Abs. 1 bzw. 2 zu beachten. Die Formvorgaben sind bezüglich des Austritts aus einem Vergleich gemäß § 10 besonders bedeutsam. Denn nur wenn ein Verbraucher gemäß § 10 Abs. 1 S. 1 innerhalb einer Frist von einem Monat gegenüber dem Bundesamt für Justiz den Austritt zum Vergleich erklärt, entfaltet dieser gemäß § 10 Abs. 2 S. 1 keine Bindungswirkung (siehe § 9 Abs. 1 iVm § 11 Abs. 3) gegenüber diesem Verbraucher (hierzu → § 10 Rn. 13ff.). Voraussetzung hierfür ist aber eine **form- und fristgerechte Austrittserklärung.**[26] Die Folgen einer unwirksamen Austrittserklärung aufgrund einer fehlenden ordnungsgemäßen Bevollmächtigung eines Rechtsanwalts sind daher gegebenenfalls **schwerwiegend** (→ Rn. 10).

Im Schrifttum wird teilweise bemängelt, dass es in der VKRegV an einer Vor- 13
schrift fehlt, die das zu verwendende Formular für den Austritt aus einem Vergleich konkretisiert. Deshalb soll der Verweis in § 47 Abs. 3 sich auch auf § 4 Abs. 1 VKRegV beziehen. Das darin befindliche Formular zur Rücknahme einer Anmeldung soll dann entsprechend für den Austritt aus dem Vergleich genutzt werden können.[27] Dieser entsprechenden Anwendung bedarf es allerdings nicht. Mit **§ 4a VKRegV** steht eine Vorschrift bereit, die ein Formular für den Austritt aus einem gerichtlichen Vergleich vorsieht (Abs. 1) und auch das diesbezügliche Verfahren erläutert (Abs. 2 und 3).

[22] Welling, Was kann die Verbandsklage vom KapMuG lernen?, 2024, S. 227.
[23] DAV Stellungnahme VRUG, Rn. 6.
[24] Welling, Was kann die Verbandsklage vom KapMuG lernen?, 2024, S. 227.
[25] So schon Welling, Was kann die Verbandsklage vom KapMuG lernen?, 2024, S. 300.
[26] Vgl. Köhler/Bornkamm/Feddersen/Scherer VDuG § 10 Rn. 6.
[27] So Köhler/Bornkamm/Feddersen/Scherer VDuG § 47 Rn. 7.

§ 48 Einsichtnahme und Auskunft

(1) Öffentliche Bekanntmachungen können von jedermann unentgeltlich im Verbandsklageregister eingesehen werden.

(2) [1]Das Bundesamt für Justiz hat dem Gericht sowie dem bestellten Sachwalter auf dessen Anforderung jeweils einen Auszug aller im Verbandsklageregister erfassten Angaben über die Verbraucher zu übersenden, die sich wirksam zu einer Verbandsklage zur Eintragung in das Verbandsklageregister angemeldet und ihre Anmeldung nicht wirksam zurückgenommen haben. [2]Das Gericht übermittelt den Parteien formlos eine Abschrift des Auszugs.

(3) Das Bundesamt für Justiz hat einem angemeldeten Verbraucher auf dessen Verlangen einen schriftlichen Auszug über die Angaben zu überlassen, die im Klageregister zu ihm und seiner Anmeldung erfasst sind.

(4) Das Bundesamt für Justiz hat den Parteien einer Verbandsklage auf deren Anforderung jeweils einen Auszug aller im Verbandsklageregister erfassten Angaben über diejenigen Verbraucher zu überlassen, die sich wirksam zu einer Verbandsklage zur Eintragung in das Verbandsklageregister angemeldet und ihre Anmeldung nicht wirksam zurückgenommen haben.

A. Überblick und Normzweck

1 § 48 betrifft Einsichtnahmerechte in das Verbandsklageregister und Auskunftsansprüche gegenüber dem Bundesamt für Justiz. Im Wesentlichen dient die Vorschrift dazu, allen am Verbandsklageverfahren beteiligten Akteuren die Möglichkeit zu geben, sich über das jeweilige Verfahren zu informieren.[1] Als Oberbegriff bietet es sich daher an, § 48 als eine Regelung zu verschiedenen Informationsansprüchen anzusehen. Die Nuancen dieser Informationsansprüche im weiteren Sinne werden im Kontext der einzelnen Absätze näher erläutert (s. zu Abs. 1 → Rn. 5 ff.; Abs. 2 → Rn. 8 ff.; Abs. 3 → Rn. 12 ff.; Abs. 4 → Rn. 15).

2 Die Vorschrift ist mit § 44 verzahnt. Das Einsichtnahmerecht aus § 48 Abs. 1 bezieht sich auf die Angaben, die gemäß § 44 im Verbandsklageregister öffentlich bekanntgemacht werden. Die Vorschrift ist zunächst für das OLG und dessen Anwendung des § 19 bedeutsam. Für die in § 19 vorgesehene Bestimmung der Höhe des kollektiven Gesamtbetrags nach freier Überzeugung unter Würdigung aller Umstände (§ 19 Abs. 1) und der entsprechenden Anwendung des § 287 ZPO (§ 19 Abs. 2) dient ein aktueller Auszug aus dem Verbandsklageregister dem OLG als Schätzkriterium (→ § 19 Rn. 17). Ferner besteht ein Zusammenhang zu § 27 Nr. 2, wonach der Sachwalter vom Bundesamt für Justiz einen Auszug aus dem Verbandsklageregister verlangen kann, der die am Umsetzungsverfahren teilnehmenden Verbraucher sowie sämtliche Angaben ausweist, die im Verbandsklageregister zu den geltend gemachten Ansprüchen vermerkt sind.[2] Das Zusammenspiel dieser Vorschriften

[1] Vgl. BT-Drs. 20/6520, 102; Köhler/Bornkamm/Feddersen/Scherer VDuG § 48 Rn. 1; Zöller/Vollkommer VDuG § 48 Rn. 1.

[2] Köhler/Bornkamm/Feddersen/Scherer VDuG § 48 Rn. 1.

ermöglicht eine ordnungsgemäße und auf hinreichender tatsächlicher Grundlage basierende Planung des Umsetzungsverfahrens für den Sachwalter. Zugleich ermöglicht dies dem Gericht, das gemäß §30 Abs. 1 den Sachwalter beaufsichtigt, sich Informationen vom Bundesamt für Justiz zu verschaffen. Diese Informationen benötigt das Gericht ohnehin, um das Verbandsklageverfahren sachgerecht zu leiten.[3]

B. Umsetzung der Richtlinie

§48 hat **keine Entsprechung** in der Verbandsklagen-RL. Informationspflich- 3
ten richten sich innerhalb der Verbandsklagen-RL zumeist an die qualifizierten Einrichtungen.[4] Allerdings geht aus **ErwG 59 Verbandsklagen-RL** hervor, dass auch die Mitgliedstaaten bzw. deren Einrichtungen Informationen bereitstellen sollten. Demnach sollten die betroffenen Verbraucher – unbeschadet der dahingehenden Verpflichtung der qualifizierten Einrichtungen – über die laufende Verbandsklage auf Abhilfe informiert werden, damit sie ausdrücklich oder stillschweigend ihren Willen äußern können, bei einer solchen Verbandsklage repräsentiert zu werden, wobei die Mitgliedstaaten geeignete Vorschriften dazu erlassen sollten, wie Verbraucher über Verbandsklagen zu informieren sind und zudem entscheiden sollten, in wessen Zuständigkeit die Verbreitung dieser Informationen liegt.

Der deutsche Gesetzgeber hat sich dazu entschieden, die Informationsverant- 4
wortung im Kern beim **Bundesamt für Justiz** als registerführende Stelle (§43 Abs. 1 S. 1) anzusiedeln. Entsprechend richten sich die Informationsansprüche aus §48 gegen das Bundesamt für Justiz.

C. Einsichtnahmerecht (Abs. 1)

Gemäß §48 Abs. 1 können öffentliche Bekanntmachungen von jedermann un- 5
entgeltlich im Verbandsklageregister eingesehen werden. Gemeint sind damit die zwingenden (§44) und optionalen öffentlichen Bekanntmachungen (hierzu → §44 Rn. 26ff.). Die Vorschrift entspricht §609 Abs. 3 ZPO aF. Sie stellt sicher, dass jedermann Einsicht in die wesentlichen Informationen des Abhilfe- oder Musterfeststellungsverfahrens erhält.[5] Das Einsichtnahmerecht soll ferner gewährleisten, dass sich Interessierte darüber informieren können, ob eine sie betreffende Verbandsklage rechtshängig ist und ob insofern eine **Anmeldung** eigener Ansprüche oder Rechtsverhältnisse **in Betracht kommt.**[6] Zudem ist die Einsichtnahme für Verbraucher bedeutsam, damit sie einschätzen können, ob sie an einen gerichtlichen Vergleich (§9) gebunden werden wollen (§9 Abs. 1 iVm §11 Abs. 3) oder aus diesem Vergleich austreten wollen, um der Bindungswirkung zu entgehen vgl. §10 Abs. 2 S. 1.[7] Ferner ist dadurch der Zugriff auf Informationen zum Beginn oder der Beendigung eines Umsetzungsverfahrens möglich.[8]

---

3 Vgl. Köhler/Bornkamm/Feddersen/Scherer VDuG §48 Rn. 2.

4 Köhler/Bornkamm/Feddersen/Scherer VDuG §48 Rn. 3.

5 BT-Drs. 20/6520, 102.

6 BT-Drs. 20/6520, 102.

7 HK-VDuG/Röthemeyer VDuG §48 Rn. 2; Köhler/Bornkamm/Feddersen/Scherer VDuG §48 Rn. 3.

8 Köhler/Bornkamm/Feddersen/Scherer VDuG §48 Rn. 3.

6 Die Einsichtnahme ist **unentgeltlich** und löst dementsprechend keine Kosten aus. Das Bundesamt für Justiz als registerführende Stelle (§ 43 Abs. 1 S. 1) gewährleistet die Einsichtnahme.[9] Der Begriff **„jedermann"** erfährt keinerlei Restriktionen innerhalb des VDuG oder der Gesetzesbegründung. Entsprechend ist § 48 Abs. 1 Ausdruck eines Rechts auf freie Einsichtnahme in alle öffentlich bekannt gemachten Angaben.[10] Aus diesem Grund sollte das Gericht, das gemäß § 45 die relevanten Informationen für die öffentlichen Bekanntmachungen gemäß § 44 in veröffentlichungsfähiger Fassung – also hinreichend anonymisiert – zur Verfügung stellt (hierzu → § 45 Rn. 14), sorgfältig prüfen, dass keine sensiblen Daten übermittelt werden.[11] Sensible Daten könnten beispielsweise durch die Bekanntmachung der kurzen Darstellung des vom Kläger vorgetragenen Lebenssachverhalts gemäß § 44 Nr. 6 berührt werden. Wenn hierbei etwa in Abhilfeklagen betreffend Rückzahlung infolge angeblich illegitimer Preiserhöhungen auch die Berechnungsgrundlage des Unternehmens veröffentlicht würde[12], stellte dies gegebenenfalls ein **Geschäftsgeheimnis** dar. Dieses wäre sodann für einen unbestimmten Personenkreis zugänglich.[13] Daher ist Vorsicht geboten. Mit dem Einsichtnahmerecht geht allerdings **kein Recht** der Verbraucher **auf Akteneinsicht** sowie eigenen Vortrag bzw. kein Anspruch auf rechtliches Gehör (Art. 103 Abs. 1 GG) einher.[14] Hintergrund ist die mangelnde direkte Beteiligung der Verbraucher. Diskutabel bzgl. des Einsichtnahmerechts ist aber die über § 13 Abs. 1 S. 1 mögliche Anwendung des § 299 Abs. 2 ZPO.[15] Der Mehrwert des § 299 Abs. 2 ZPO für Verbraucher muss aber erklärt werden. Die Verbraucher haben mit § 48 Abs. 3 nämlich bereits einen eigenen Anspruch auf Überlassung eines Auszugs (→ Rn. 12ff.). Deshalb müsste § 299 Abs. 2 ZPO auf Informationen abstellen, die weder über § 48 Abs. 1 noch Abs. 3 erlangt werden können. Denkbar wäre dies etwa bezüglich ausgetauschter Schriftsätze zwischen den Parteien.[16] Auch ließe sich darüber gegebenenfalls nachvollziehen, wie viele Verbraucher ihre Anmeldung zurückgenommen haben. Diese Informationen könnten wertvoll sein, um die Erfolgsaussichten des Verbandsklageverfahrens zu evaluieren.

7 Perspektivisch könnte das Einsichtnahmerecht an Bedeutung verlieren.[17] Sobald § 7a **Verbandsklageregisterverordnung** (VKRegV) gilt – also **ab** dem **1. 1. 2026** –, wer-

---

[9] BT-Drs. 20/6520, 102.

[10] Köhler/Bornkamm/Feddersen/Scherer VDuG § 48 Rn. 4.

[11] BT-Drs. 20/6520, 102.

[12] Aus diesem Grund verhält sich die öffentliche Bekanntmachung vom 26.02.2024 zu OLG Hamm, Az. I-2 VKl 2/23 (ExtraEnergie GmbH) auch nicht zu der konkreten Berechnungsgrundlage.

[13] HK-VDuG/Röthemeyer VDuG § 48 Rn. 2 will hingegen den Anwendungsbereich des § 48 Abs. 1 sogleich so einschränken, dass Eintragungen im Zusammenhang mit der Anmeldung von Ansprüchen nach § 46 nicht von der Vorschrift erfasst sind. Hierbei handele es sich um individuelle Daten, also datenschutzrechtlich personenbezogene Angaben, die für die Öffentlichkeit nur von begrenztem Interesse seien. Diese Einschränkung gibt der Wortlaut nicht her. Sie wäre auch nicht nötig, wenn die Daten hinreichend anonymisiert sind. Die individuelle Anspruchshöhe kann etwa auch für die Öffentlichkeit bedeutsam sein, der zugehörige Name des angeblichen Anspruchsinhabers hingegen anonymisiert werden.

[14] Köhler/Bornkamm/Feddersen/Scherer VDuG § 48 Rn. 4.

[15] Siehe zur früheren Musterfeststellungsklage die Ausführungen bei Nordholtz/Mekat/de Lind van Wijngaarden Musterfeststellungsklage § 6 Rn. 34f.

[16] Nordholtz/Mekat/de Lind van Wijngaarden Musterfeststellungsklage § 6 Rn. 35.

[17] So auch HK-VDuG/Röthemeyer VDuG § 48 Rn. 1.

den Verbraucher, die ihre E-Mail-Adresse zur Verfügung stellen, proaktiv über Ereignisse im Verfahrensgang informiert (→ § 44 Rn. 29ff.).

D. Auszug aus dem Verbandsklageregister an Gericht und Sachwalter (Abs. 2)

8 Gemäß § 48 Abs. 2 S. 1 hat das Bundesamt für Justiz dem Gericht sowie dem bestellten Sachwalter auf dessen Anforderung jeweils einen Auszug aller im Verbandsklageregister erfassten Angaben über die Verbraucher zu übersenden, die sich wirksam zu einer Verbandsklage zur Eintragung in das Verbandsklageregister angemeldet und ihre Anmeldung nicht wirksam zurückgenommen haben. Diese Regelung **entspricht § 609 Abs. 5 ZPO aF.**[18] Überprüft wird vor Übersendung durch das Bundesamt für Justiz von diesem lediglich die **Rechtzeitigkeit** und **Formgemäßheit** der Anmeldung, nicht aber deren materielle Wirksamkeit. Dies lässt sich aus § 3 Abs. 3 S. 1 und 2 VKRegV schließen, die die Prüfung des Bundesamts für Justiz auf diese Umstände beschränken.[19] Etwa die materiell-rechtliche Inhaberschaft bezüglich des Anspruchs bzw. Rechtsverhältnisses prüft das Bundesamt für Justiz somit nicht.

9 Das **zuständige Gericht** – und grundsätzlich nicht Prozessgerichte, bei denen andere Verbandsklagen anhängig sind[20] – erhält damit einen Auszug sämtlicher verfahrensrelevanter Informationen, die im Verbandsklageregister erfasst sind. Dies betrifft insbesondere Angaben über die angemeldeten Verbraucher.[21] Diese Informationen sind für eine ordnungsgemäße Verfahrensführung zentral. Dazu bekommen im Falle eines Umsetzungsverfahrens nach dem VDuG auch das für dieses Verfahren zuständige Gericht und der gerichtlich bestellte Sachwalter alle verfahrensrelevanten Informationen. Das Gericht benötigt diese Daten etwa als Kriterium zur Schätzung des kollektiven Gesamtbetrags (→ § 19 Rn. 17). Zudem müssen sowohl das Gericht als auch der Sachwalter insofern erkennen können, wie viele Verbraucher ihre Ansprüche bzw. Rechtsverhältnisse wirksam zum Verbandsklageregister gemäß § 46 angemeldet haben. Erst die Kenntnis dieser Umstände ermöglicht eine sachgerechte Prozessführung, insbesondere hinsichtlich der Verhandlung über einen Vergleich und auch die Durchführung des Umsetzungsverfahrens (erneut → § 19 Rn. 17). Das **Gericht** muss ferner in der Lage sein, die von den Verbrauchern gemachten Angaben auf **Plausibilität** zu überprüfen, um sich einen Überblick über den Verfahrensgegenstand zu verschaffen.[22] Originär ist die Prüfung der Anspruchsberechtigung der am Umsetzungsverfahren teilnehmenden Verbraucher nach Maßgabe des Abhilfegrundurteils gemäß § 27 Nr. 3 zwar Aufgabe des Sachwalters.

---

18 BT-Drs. 20/6520, 102.

19 Ähnlich Zöller/Vollkommer VDuG § 48 Rn. 4.

20 Zöller/Vollkommer VDuG § 48 Rn. 2; andere Ansicht HK-VDuG/Röthemeyer VDuG § 48 Rn. 9, der § 48 Abs. 2 und 3 hier analog anwenden will oder alternativ Art. 35 GG ins Feld führt. Mit Blick auf die von Röthemeyer thematisierte etwaige Sperrwirkung einer Verbandsklage ggü. einer Individualklage (§ 11 Abs. 1 und 2) kann diese Information durchaus für andere Gerichte bedeutsam sein. In diesen Fällen kann es sachgerecht sein, auch einem solchen Gericht die Informationen zur Verfügung zu stellen. Dann müsste die Anforderung aber dahingehend konkretisiert werden, dass der jeweilige Parteiprozess hinsichtlich seines Streitgegenstandes im Wesentlichen mit der rechtshängigen Verbandsklage übereinstimmt.

21 BT-Drs. 20/6520, 102.

22 BT-Drs. 20/6520, 102.

Dieser wird aber vom Gericht überwacht, § 30 Abs. 1. Eine Plausibilitätsprüfung ist sachgerecht, um diese Aufsicht zu gewährleisten. Im Übrigen ist dies ebenso für eine angemessene Prozessführung mit Blick auf einen etwaigen Vergleichsschluss – der eine ausreichende Tatsachengrundlage erfordert und ein Umsetzungsverfahren vermeiden kann – notwendig. Allerdings sollte die Verwendung der erhaltenen Angaben im Zuge der Datensparsamkeit auf das für die Aufgabenerfüllung nötige Mindestmaß beschränkt werden.[23]

10 § 609 Abs. 5 ZPO aF sah noch vor, dass das Gericht den Auszug nur auf Aufforderung erhält. In § 48 Abs. 2 S. 1 gestaltet sich der Wortlaut so, dass „dessen Aufforderung" sich grammatikalisch nur auf den Sachwalter bezieht.[24] Mangels entsprechender Ausführungen in der Gesetzesbegründung ist unklar, ob das Gericht den Auszug daher anfordern muss[25] oder das Bundesamt für Justiz diesen von Amts wegen übersendet[26]. Die Gesetzesbegründung gibt immerhin zu verstehen, dass § 48 Abs. 2 S. 1 dem früheren § 609 Abs. 5 ZPO entspricht.[27] Daraus lässt sich schließen, dass auch der Ablauf der Informationsübermittlung unverändert fortbestehen sollte. Mutmaßlich basiert der verunglückte Wortlaut lediglich auf einem **Redaktionsversehen.** Deshalb muss das **Gericht** den Auszug auch nach neuer Rechtslage **anfordern.** Eine **mehrfache** Anforderung – auch durch den Sachwalter – ist möglich. Schließlich wird das Verbandsklageregister laufend aktualisiert bzw. berichtigt (vgl. etwa § 3 Abs. 4 S. 1, Abs. 5 S. 1 VKRegV), weswegen sich Informationsbedürfnisse (insbesondere etwa hinsichtlich der Schätzung des kollektiven Gesamtbetrags, → § 19 Rn. 17) auch kontinuierlich erneuern.[28]

11 Gemäß § 48 Abs. 2 S. 2 übermittelt das Gericht den Parteien formlos eine Abschrift des Auszugs im Sinne des § 48 Abs. 2 S. 1. Auch die Parteien müssen die Angaben der Verbraucher auf Plausibilität prüfen können. Für sie ist eine ausreichende Tatsachengrundlage – wenn sie beispielsweise einen Vergleich erwägen – ebenfalls von zentraler Bedeutung.[29] Zudem muss ein Unternehmer zwecks Verteidigung gegen die Verbandsklage auch darlegen können, dass ein Teil der Anmeldungen fehlerhaft ist und diese Anmeldungen bei der Schätzung des kollektiven Gesamtbetrags abgezogen werden müssen (→ § 19 Rn. 19). Auch können sich anhand dieser Tatsachen die Kosten eines etwaigen Umsetzungsverfahrens besser kalkulieren lassen.[30] Deshalb übermittelt das Gericht diese Informationen auch an die Parteien. Die „formlose" Übermittlung bedeutet, dass beispielsweise ein Schriftstück oder aber auch ein elektronisches Dokument – etwa als PDF – den Parteien zugänglich gemacht werden kann. Aus § 6 Abs. 1 S. 1 und § 2 Abs. 2 VKRegV lässt sich schließen, dass das Gericht selbst den Auszug entweder als XML-Datei in der jeweils gültigen XJustiz-Version oder im Dateiformat PDF erhält bzw. mit diesen Dateiformaten gegenüber dem Bundesamt für Justiz arbeitet. In dieser Form darf es auch an die Parteien übermitteln, wenn dort – was in der Regel zu erwarten ist – die technischen Möglichkeiten des Empfangs bestehen. Entsprechend kommen als Über-

[23] BT-Drs. 20/6520, 102.
[24] Köhler/Bornkamm/Feddersen/Scherer VDuG § 48 Rn. 6.
[25] Dafür HK-VDuG/Röthemeyer VDuG § 48 Rn. 5; so wohl auch Zöller/Vollkommer VDuG § 48 Rn. 3.
[26] Dafür Köhler/Bornkamm/Feddersen/Scherer VDuG § 48 Rn. 6.
[27] BT-Drs. 20/6520, 102.
[28] Ähnlich Zöller/Vollkommer VDuG § 48 Rn. 3.
[29] BT-Drs. 20/6520, 102.
[30] Köhler/Bornkamm/Feddersen/Scherer VDuG § 48 Rn. 8.

mittlungswege auch die in § 130a Abs. 4 S. 1 ZPO genannten Möglichkeiten in Betracht. Das Bundesamt für Justiz dürfte den Auszug also auch im Wege des beA an den jeweiligen Prozessbevollmächtigten übermitteln (vgl. § 130a Abs. 4 S. 1 Nr. 2).

E. Auszug an Verbraucher bezüglich auf seine Person bezogene Angaben (Abs. 3)

Gemäß § 48 Abs. 3 hat das Bundesamt für Justiz einem angemeldeten Verbraucher auf dessen Verlangen einen schriftlichen Auszug über die Angaben zu überlassen, die im Klageregister zu ihm und seiner Anmeldung erfasst sind. Die Regelung entspricht **§ 609 Abs. 4 ZPO aF.** Hintergrund der Regelung ist, dass Verbraucher und ihnen gemäß § 1 Abs. 2 gleichgestellte kleine Unternehmen iSd VDuG nach gesetzgeberischer Vorstellung womöglich über keinen Auskunftsanspruch gemäß Art. 15 DS-GVO[31] verfügen.[32] Als betroffene Personen haben die Verbraucher und ihnen gemäß § 1 Abs. 2 gleichgestellte kleine Unternehmer aber das Recht, Auskunft darüber zu erhalten, inwieweit deren persönliche Daten verarbeitet werden. Dieses Recht steht speziell angemeldeten Verbrauchern als den insofern Betroffenen zu. Hintergrund ist, dass Anmeldungen und andere gespeicherte Informationen **personenbezogene Angaben** enthalten können. Angemeldete Verbraucher haben zudem nach Abschluss des Verbandsklageverfahrens – gegebenenfalls erst nach Beendigung des Umsetzungsverfahrens – ein berechtigtes Interesse und deshalb auch einen Anspruch auf Erteilung eines schriftlichen Auszugs ihrer Anmeldung. Auf diesem Wege können sie die darin befindlichen Informationen zwecks Beweissicherung erhalten.[33] Dies ist mit Blick auf eine etwaige Individualklage (§ 39) oder die Verteidigung gegen eine Herausgabeklage des Unternehmens (§ 40) bedeutsam.[34] Zudem sind die Verbraucher keine „Parteien" iSd § 48 Abs. 2 S. 2, weswegen sie einen **selbstständigen Anspruch**[35] benötigen. Im Falle der Musterfeststellungsklage ist der Auszug für die individuelle Rechtsverfolgung bedeutsam. Aufgrund der Beschlussempfehlung des Rechtsausschusses (6. Ausschuss) des Bundestags ist § 48 Abs. 3 zu einer gebundenen Entscheidung geworden. Das Bundesamt für Justiz verfügt deshalb hinsichtlich der Auszugsüberlassung über keinen Ermessensspielraum.[36] 12

Zudem ermöglicht dies den Verbrauchern auch über eine fehlerhafte, verspätete, unvollständige oder formwidrige Anmeldung Kenntnis zu erlangen. Ist deren jeweilige Anmeldung nämlich nicht ersichtlich, liegt offenbar ein solcher Fehler vor. Gleichzeitig kann diese Information auch die Grundlage dafür sein, sich gegen eine fälschlich unterbliebene Eintragung der Anmeldung (oder Rücknahme selbiger) zur Wehr zu setzen.[37] 13

---

[31] Ein solcher Anspruch bleibt im Übrigen unberührt, BT-Drs. 70/7631, 113. Grundsätzlich erscheint auch Art. 15 DS-GVO als taugliche Anspruchsgrundlage für die Überlassung des Auszugs. Vermutlich wollte der Gesetzgeber nur zur Sicherheit eine spezifisch auf diesen Fall zugeschnittene Anspruchsgrundlage schaffen.

[32] BT-Drs. 20/6520, 102.

[33] So zu § 609 Abs. 4 ZPO aF BT-Drs. 19/2507, 25.

[34] HK-VDuG/Röthemeyer VDuG § 48 Rn. 7.

[35] Vgl. HK-VDuG/Röthemeyer VDuG § 48 Rn. 5.

[36] Vgl. BT-Drs. 70/7631, 38.

[37] Vgl. HK-VDuG/Röthemeyer VDuG § 48 Rn. 6.

14 Für das Auskunftsersuchen stellt das Bundesamt für Justiz **unentgeltlich** ein **Formular** – elektronisch wie auch in Papierform – zur Verfügung, siehe § 3 Abs. 6 S. 1 und 2 VKRegV. Auskunft wird gemäß § 3 Abs. 6 S. 3 VKRegV nur erteilt, wenn die in dem Formular als verpflichtend gekennzeichneten Felder ausgefüllt sind.

F. Auszug an Parteien im Allgemeinen (Abs. 4)

15 Gemäß § 48 Abs. 4 hat das Bundesamt für Justiz den Parteien einer Verbandsklage auf deren Anforderung jeweils einen Auszug aller im Verbandsklageregister erfassten Angaben über diejenigen Verbraucher zu überlassen, die sich wirksam zu einer Verbandsklage zur Eintragung in das Verbandsklageregister angemeldet und ihre Anmeldung nicht wirksam zurückgenommen haben. Die Vorschrift entspricht **§ 609 Abs. 6 ZPO aF.** Die Parteien haben als unmittelbare Verfahrensbeteiligte des Verbandsklageverfahrens einen Anspruch auf einen entsprechenden Auszug aus dem Verbandsklageregister, insbesondere, um die gerichtlichen Feststellungen zur Zulässigkeit der Abhilfe- oder Musterfeststellungsklage überprüfen zu können. Das Informationsbedürfnis entspricht dem, das auch hinsichtlich § 48 Abs. 2 S. 2 besteht (vgl. daher → Rn. 11). Die Auskunft kann auch hier mehrfach verlangt werden.[38] Sie unterliegt keinerlei zeitlicher Begrenzung und kann geltend gemacht werden, solange die Informationen noch nicht gemäß § 43 Abs. 3 gelöscht wurden.[39] Für Unternehmer ist dies insbesondere bedeutsam, damit sie die Anzahl fehlerhafter Anmeldungen abschätzen und entsprechend darlegen können. Dadurch können sie gegebenenfalls die geschätzte Höhe des kollektiven Gesamtbetrags beeinflussen. Fehlerhafte Anmeldungen müssten bei der Schätzung insofern unberücksichtigt bleiben (→ § 19 Rn. 19).

§ 49 Verordnungsermächtigung

Das Bundesministerium der Justiz wird ermächtigt, durch Rechtsverordnung ohne Zustimmung des Bundesrates die näheren Einzelheiten zum Verbandsklageregister zu regeln, insbesondere Bestimmungen über Inhalt, Aufbau, Führung und Art des Betriebs des Verbandsklageregisters, die Einreichung, Eintragung, Änderung und Vernichtung der im Verbandsklageregister erfassten Angaben, die Erteilung von Auszügen aus dem Verbandsklageregister sowie zur Information angemeldeter Verbraucher, zur Datensicherheit und Barrierefreiheit zu treffen.

A. Überblick und Normzweck

1 § 49 betrifft eine **Verordnungsermächtigung des Bundesministeriums der Justiz.** Das Bundesministerium der Justiz wird demnach ermächtigt, durch Rechtsverordnung **ohne Zustimmung des Bundesrates** die näheren Einzelheiten zum Verbandsklageregister zu regeln, insbesondere Bestimmungen über Inhalt, Aufbau, Führung und Art des Betriebs des Verbandsklageregisters, die Einreichung, Eintragung, Änderung und Vernichtung der im Verbandsklageregister erfassten Angaben,

[38] Zöller/Vollkommer VDuG § 48 Rn. 6.
[39] HK-VDuG/Röthemeyer VDuG § 48 Rn. 8.

die Erteilung von Auszügen aus dem Verbandsklageregister sowie zur Information angemeldeter Verbraucher, zur Datensicherheit und Barrierefreiheit zu treffen. Die Vorschrift entspricht § 609 Abs. 7 ZPO aF.[1]

Verordnungsermächtigungen zielen grundsätzlich darauf ab, dem parlamentarischen Gesetzgeber **Detailarbeit** zu ersparen. Dessen Ressourcen sollen geschont werden, damit er sich auf **grundlegendere Vorhaben** konzentrieren kann. Außerdem sollen **Verordnungen zügige und kurzfristige Rechtsanpassungen ermöglichen,** um auf veränderte Verhältnisse reagieren zu können.[2] Diese Bedürfnisse bestehen zweifelsohne auch bezüglich des Verbandsklageregisters. Mit dem Musterfeststellungsklagenregister nach alter Rechtslage konnte man bereits Erfahrungen sammeln und in weiten Teilen auf eine bereits bestehende Infrastruktur aufbauen (→ § 43 Rn. 4). Dennoch steht das Verbandsklageregister **unter Beobachtung.** Bezüglich des Musterfeststellungsklagenregisters geäußerte Kritik setzt sich nämlich auch hinsichtlich des Verbandsklageregisters fort (→ § 43 Rn. 3). Eine umfassende Regelung durch ein formelles Gesetz wäre deshalb keine geeignete Wahl gewesen. Sachgerecht erscheint vielmehr, wenn auf **Fehlentwicklungen oder Missstände** beim Umgang mit dem Verbandsklageregister **zügig und ohne langwieriges parlamentarisches Gesetzgebungsverfahren** durch Verordnung reagiert werden kann. 2

Dementsprechend begründet der deutsche Gesetzgeber die Vorschrift. Das Bundesministerium der Justiz soll ohne Zustimmung des Bundesrats eine Rechtsverordnung erlassen können, in der die nähere **Ausgestaltung des Verbandsklageregisters,** insbesondere die Einzelheiten der elektronischen Registerführung, bestimmt werden.[3] 3

B. Umsetzung der Richtlinie

Die Vorschrift hat **kein unionsrechtliches Vorbild.** Die Möglichkeit, einzelne Details per Verordnung zu regeln, wird durch die Verbandsklagen-RL aber auch nicht ausgeschlossen. Gegenteiliges folgt jedenfalls nicht aus Art. 14 Abs. 1 Verbandsklagen-RL. Danach können die Mitgliedstaaten nationale elektronische Datenbanken einrichten, die über Websites öffentlich zugänglich sind und die Informationen über qualifizierte Einrichtungen, die vorab für die Erhebung innerstaatlicher und grenzüberschreitender Verbandsklagen benannt wurden, sowie allgemeine Informationen über laufende und abgeschlossene Verbandsklagen enthalten. Diese Vorschrift schreibt die konkrete Art der Regelungen nicht vor. Dies gilt auch für Art. 13 Abs. 2 Verbandsklagen-RL, wonach die Mitgliedstaaten Vorschriften erlassen, mit denen sichergestellt wird, dass den von einer laufenden Verbandsklage auf Abhilfeentscheidungen betroffenen Verbrauchern rechtzeitig und durch geeignete Mittel Informationen über die Verbandsklage gegeben werden, sodass die Verbraucher die Möglichkeit haben, ausdrücklich oder stillschweigend ihren Willen zu äußern, in dieser Verbandsklage gemäß Art. 9 Abs. 2 Verbandsklagen-RL repräsentiert werden zu wollen. Der deutsche Gesetzgeber hat entschieden, die hierauf basierenden Umsetzungsvorschriften durch Regelungen im Rahmen einer Verordnung zu **ergänzen.** 4

---

[1] BT-Drs. 20/6520, 103.

[2] Ausführlich Dreier/Bauer GG Art. 80 Rn. 12.

[3] BT-Drs. 20/6520, 103.

5 Die Vorschrift blieb im Gesetzgebungsverfahren **weitgehend konstant.** Gegenüber dem Referentenentwurf[4] wurde die Vorschrift in der aktuellen Fassung dahingehend erweitert, dass der Wortlaut auch „Informationen angemeldeter Verbraucher" betrifft.[5]

C. Verordnungsermächtigung

6 **Adressat** der Ermächtigung ist das Bundesministerium der Justiz. Denkbar wäre es entsprechend Art. 80 Abs. 1 S. 1 GG auch gewesen, die Bundesregierung oder die Landesregierungen zum Verordnungserlass zu ermächtigen. Dies wäre aber nicht sachgerecht gewesen. Registerführende Stelle – und damit am besten mit den Vorgängen hinsichtlich des Verbandsklageregisters vertraut – ist das Bundesamt für Justiz. Das Bundesamt für Justiz ist wiederum eine deutsche Bundesoberbehörde im Geschäftsbereich **des Bundesministeriums der Justiz** und steht daher unter dessen **Aufsicht.** Durch diese Verflechtung ist ein **zügiger und ergiebiger Austausch** über das Verbandsklageregister zu erwarten. Bei einer Ermächtigung der Bundesregierung bestünde diese Verbindung nicht in gleicher Art und Weise, ebenso wenig im Falle einer Ermächtigung der Landesregierungen.

7 Ein **Zustimmungserfordernis des Bundesrates** ist in § 49 nicht vorgesehen. Die im Rahmen des Art. 80 Abs. 2 GG etablierten Fallgruppen für ein solches sind hinsichtlich des Verbandsklageregisters auch **nicht relevant.**[6] Ein optionales Zustimmungserfordernis über diese Fallgruppen hinaus (vgl. Art. 80 Abs. 2 GG: „vorbehaltlich anderweitiger bundesgesetzlicher Regelung") war auch nicht angezeigt. Mit dem Bundesamt für Justiz ist eine Bundesbehörde mit der Registerführung betraut (§ 43 Abs. 1 S. 1) und das Verbandsklageregister wirkt sich auf die generelle Verfahrensführung an den Gerichten nicht nennenswert aus. Deshalb sind **Länderinteressen** kaum betroffen.[7]

D. Verbandsklageregisterverordnung (VKRegV)

8 Das Bundesministerium der Justiz hat – aufbauend auf die Musterfeststellungsklagenregisterverordnung (MFKRegV)[8] – die Verbandsklageregisterverordnung (VKRegV) geschaffen.[9] In der Sache handelt es sich ausweislich Art. 2 VRUG lediglich um eine **Änderung der MFKRegV.** Deshalb nimmt die VKRegV in den Vorbemerkungen noch auf § 609 Abs. 7 ZPO aF Bezug.

9 Inhaltlich **konkretisiert** die VKRegV die Vorgaben der §§ 43ff. So betrifft § 1 VKRegV im Allgemeinen das „Register für Verbandsklagen" und flankiert insoweit § 43. § 2 VKRegV regelt öffentliche Bekanntmachungen und Mitteilungen des Gerichts. Damit ist § 2 VKRegV mit § 44 und § 45 verzahnt. Die §§ 3 und 4 VKRegV betreffen die Anmeldung und Eintragung von Ansprüchen oder Rechtsverhältnissen bzw. die Rücknahme der Anmeldung. Damit handelt es sich um **De-**

4 VRUG-RefE, 25.
5 BT-Drs. 20/6520, 26.
6 Vgl. zu diesen Fallgruppen Dreier/Bauer GG Art. 80 Rn. 59ff.
7 Ähnlich HK-VDuG/Röthemeyer VDuG § 49 Rn. 1.
8 Vgl. Köhler/Bornkamm/Feddersen/Scherer VDuG § 49 Rn. 4.
9 Köhler/Bornkamm/Feddersen/Scherer VDuG § 49 Rn. 3.

tailregelungen zu §§ 46, 47. § 4a VKRegV betrifft den Austritt aus einem gerichtlichen Vergleich und bezieht sich deshalb auf § 47 Abs. 3. § 5 VKRegV betrifft maschinell erstellte Ablehnungsbescheide für Fälle, in denen eine gemäß § 46 angestrebte Anmeldung bzw. Rücknahme nicht erfolgt.

§ 6 VKRegV beinhaltet **Detailvorgaben zum Auszug aus dem Verbandsklageregister** und ist deshalb für die Anwendung und das Verständnis des § 48 bedeutsam. § 6 Abs. 2 VKRegV bezieht sich insofern ausdrücklich auf § 48 Abs. 4 VDuG. § 7 VKRegV betrifft technische Störungen des Klageregisters. Diese Vorschrift bezieht sich auf den Sonderfall des § 47 Abs. 2 S. 2 und 3 (s. hierzu → § 47 Rn. 9). § 7 VKRegV trifft insofern die Regelung, dass der Zeitpunkt der Anmeldung oder Rücknahme im Falle einer vorübergehenden Störung auf den Zeitpunkt datiert wird, in dem die ursprüngliche Anmeldung oder Rücknahme erfolgte, sofern der Verbraucher diese Handlung unverzüglich nachholt und glaubhaft macht, dass die ursprüngliche Anmeldung bzw. Rücknahme aufgrund der vorübergehenden technischen Störung nicht eingegangen ist. 10

§ 7a VKRegV tritt erst am 1.1.2026 in Kraft und betrifft **künftige Benachrichtigungen** der Verbraucher über Änderungen im Verbandsklageregister per E-Mail durch das Bundesamt für Justiz (→ § 44 Rn. 30ff.). § 8 VKRegV ist die **Schlussvorschrift zur Verbandsklageregisterverordnung** und betrifft deren Inkrafttreten. Mit Ausnahme des § 7a VKRegV tritt die Verordnung am 1.11.2018 in Kraft. Hintergrund dieses frühen Zeitpunkts ist der Umstand, dass die VKRegV lediglich eine Änderung der MFKRegV darstellt, siehe Art. 2 VRUG.[10] 11

[10] Vgl. auch Köhler/Bornkamm/Feddersen/Scherer VDuG § 49 Rn. 2.

Abschnitt 5 Schlussvorschriften

§ 50 Evaluierung

Dieses Gesetz ist fünf Jahre nach dem Inkrafttreten zu evaluieren.

A. Überblick und Normzweck

1 Die Vorschrift sieht vor, dass das **Gesetz fünf Jahre** nach seinem Inkrafttreten am 13.10.2023 **zu evaluieren** ist. Die Regelung geht zurück auf den Rechtsausschuss.[1] Im Referenten- und im Regierungsentwurf war eine Evaluierung nicht vorgesehen.[2]

B. Umsetzung der Richtlinie

2 Die Verbandsklagen-RL enthält **keine Vorgaben** zu einer Evaluierung der Umsetzungsgesetze durch die Mitgliedstaaten. Art. 23 Verbandsklagen-RL sieht aber eine Evaluierung der Richtlinie durch die Kommission vor.

C. Regelungsgegenstand

3 Nach der Vorstellung des nationalen Gesetzgebers sollen „**[w]esentlicher Gegenstand** der Evaluierung […] insbesondere die Regelungen über den **Sachwalter,** über die **Frist zur Anmeldung** sowie zur **Verjährungshemmung** sein“[3]. Auch alle anderen Regelungen des Gesetzes sind nach dem Wortlaut der Norm und dieser Begründung Gegenstand der Evaluierung, wenn auch nicht zwingend „wesentlicher“ Gegenstand, sodass eine weniger tiefgehende Evaluierung möglich bleibt.

4 Es versteht sich, dass auf Grundlage der **Evaluierung** des VDuG **keine Vorschriften aufgehoben** werden können, die der **Umsetzung** der **verpflichtenden Vorgaben** der **Verbandsklagen-RL** dienen.

---

[1] BT-Drs. 20/7631, 39, 111.
[2] S. VRUG-RefE, 68; BT-Drs. 20/6520, 68.
[3] BT-Drs. 20/7631, 111.

Sachverzeichnis

Die fett gedruckten Ziffern bezeichnen Paragraphen,
die magereren Ziffern bezeichnen die Randnummern.

Sachverzeichnis

Sachverzeichnis

Sachverzeichnis

Sachverzeichnis